LES AMENDES EN DROIT FRANÇAIS ET EN DROIT EUROPÉEN DES PRATIQUES ANTICONCURRENTIELLES

Logiques Juridiques

Fondée par Gérard Marcou
Dirigée par Jean-Claude Némery et Thomas Perroud

Le droit n'est pas seulement un savoir, il est d'abord un ensemble de rapports et pratiques que l'on rencontre dans presque toutes les formes de sociétés. C'est pourquoi il a toujours donné lieu à la fois à une littérature de juristes professionnels, produisant le savoir juridique, et à une littérature sur le droit, produite par des philosophes, des sociologues ou des économistes notamment.

Parce que le domaine du droit s'étend sans cesse et rend de plus en plus souvent nécessaire le recours au savoir juridique spécialisé, même dans des matières où il n'avait jadis qu'une importance secondaire, les ouvrages juridiques à caractère professionnel ou pédagogique dominent l'édition, et ils tendent à réduire la recherche en droit à sa seule dimension positive. À l'inverse de cette tendance, la collection « Logiques juridiques » des éditions L'Harmattan est ouverte à toutes les approches du droit. Tout en publiant aussi des ouvrages à vocation professionnelle ou pédagogique, elle se fixe avant tout pour but de contribuer à la publication et à la diffusion des recherches en droit, ainsi qu'au dialogue scientifique sur le droit. Comme son nom l'indique, elle se veut plurielle.

Dernières parutions

Cristina Elena POPA TACHE, *Vers un droit de l'âme et des bioénergies du vivant*, 2022.
Sabine NDZENGUE AMOA, *Le permis de construire dans le droit de l'urbanisme*, 2022.
Demba MBOW, *Le secret dans l'arbitrage international, Approche critique*, 2021.
Benoît GRÉMARE, *De l'arme nucléaire française. Essai sur la constitutionnalisation de la force de frappe*, 2021.
Gladys TREZENEM, *La dignité de la personne humaine et le juge administratif*, 2021.

Alexandre APEL

LES AMENDES EN DROIT FRANÇAIS ET EN DROIT EUROPÉEN DES PRATIQUES ANTICONCURRENTIELLES

Préface de Martine BEHAR-TOUCHAIS
Avant-propos d'Isabelle DE SILVA

L'Harmattan

5-7, rue de l'Ecole-Polytechnique, 75005 Paris

www.editions-harmattan.fr

ISBN : 978-2-343-25127-1
EAN : 9782343251271

SOMMAIRE

PRÉFACE

Il m'est particulièrement agréable de présenter la thèse de Monsieur Alexandre APEL sur « Les amendes en droit français et en droit européen des pratiques anticoncurrentielles ».

Il est toujours très satisfaisant de voir arriver à son terme une œuvre qui n'a été possible que par la détermination de son auteur, sa profonde conviction, et son envie de convaincre ses lecteurs.

La thèse de M. APEL est de celles-là. Il s'agit d'une étude pratique et théorique de la manière dont les amendes sont mises en droit des pratiques anticoncurrentielles, et de ce qui pourrait permettre d'améliorer cette fixation de l'amende, ce que certains pourraient appeler de l'amendologie (L. IDOT, « Le Tribunal de l'Union se prononce pour la première fois sur la procédure de transaction », *Revue des contrats* n° 4-2015, p. 928). Son travail porte donc sur un sujet essentiel, car les amendes sont le nerf de la guerre, et l'un des vecteurs d'efficacité de la politique de concurrence.

En droit français on parle plutôt de sanction pécuniaire, mais l'auteur a fait le choix d'employer le terme d'amende pour unifier le vocabulaire de la thèse, entre l'amende du droit de l'Union et la sanction pécuniaire du droit français, même si M. APEL mettra très bien en valeur dans son travail, les différences entre la pratique de l'Autorité de la concurrence et la pratique de la Commission européenne.

M. APEL distingue le caractère punitif de l'amende, de son caractère dissuasif. Si ce plan peut de prime abord surprendre, il convainc très vite le lecteur. Le caractère punitif porte sur le passé, la dissuasion porte sur l'avenir. M. APEL se pose donc deux questions. Les amendes infligées aux entreprises ayant enfreint le droit de la concurrence sont-elles suffisamment punitives ? Les amendes infligées aux entreprises sont-elles également dissuasives ?

À la première question, M. APEL répond que les amendes en droit de la concurrence sont généralement punitives et même, toutes catégories confondues, les plus punitives de toutes celles infligées aux entreprises. « Cette hausse exponentielle des amendes a été d'abord le principal déterminant de la crédibilité des autorités de concurrence », écrit M. APEL. C'est aussi ce qui a conduit les entreprises à préférer prendre des engagements ou à transiger plutôt que d'avoir à supporter de telles amendes, ou encore à dénoncer les cartels pour tenter de prétendre à une immunité.

À la seconde question, concernant la dissuasion, M. APEL ne nie pas que le risque concurrentiel soit pris très au sérieux par les entreprises qui se sentent surveillées, voire susceptibles d'être dénoncées. Mais, il émet un certain nombre de réserves quant à la portée dissuasive des amendes, pensant par ailleurs qu'on élude trop la responsabilité personnelle du dirigeant.

Pour arriver à ces constats, M. APEL a décortiqué les décisions avec minutie, non pour en faire une simple description, mais pour **rendre visible ce qui était invisible**, selon l'heureuse expression de Georges DECOCQ lors de la soutenance.
On apprend ainsi beaucoup de la lecture de la thèse :
- D'une part, les grandes entreprises sont beaucoup moins sanctionnées proportionnellement que les petites.
- D'autre part, c'est presque toujours une somme proche du montant de base qui sera retenue in fine.
- Encore, l'Autorité de la concurrence s'éloigne de plus en plus souvent de son communiqué, ce qui révèle peut-être qu'il est inadapté aux affaires françaises, plus diversifiées que celles traitées par la Commission européenne.
- Par ailleurs, la procédure de transaction n'a pas abouti, grâce à son économie de moyens, à augmenter parallèlement le nombre de décisions et à diminuer le stock des affaires.
- En outre, très souvent la condamnation d'un cartel, dans un secteur en crise, se termine par une concentration du secteur. M. APEL soutient qu'un cartel temporaire est peut-être moins préjudiciable qu'une concentration durable du secteur. L'on peut alors s'interroger : le risque de concentration du secteur pourrait-il être pris en considération par l'Autorité de concurrence lors de la fixation de la sanction ? Cela affecterait-il la dissuasion ?

À lire la thèse de M. APEL, on voit que tout le droit des pratiques anticoncurrentielles se concentre souvent sur le calcul de l'amende.

Tout ce qui ressort de l'examen minutieux et méthodique de toutes ces décisions fait déjà de la thèse de M. APEL un véritable travail de chercheur. Mais son travail est aussi une véritable thèse, en ce que M. APEL fait des **propositions d'améliorations**. Pour n'en citer que quelques-unes, il propose de revoir à la baisse le critère de la durée de l'infraction ; de supprimer le dommage à l'économie (ce qui est de la plus grande actualité) ; de proportionner et d'individualiser le montant de base en tenant compte par exemple de la profitabilité de l'entreprise ; de réévaluer la prise en compte insatisfaisante de la situation mono-produit des entreprises au titre de l'ajustement du montant de base ; d'imposer aux demandeurs de clémence de dénoncer toutes les ententes auxquelles ils participent au risque de perdre ultérieurement le bénéfice de la clémence, voire d'être condamné plus sévèrement (« penalty plus ») ; ou encore de renoncer à la transaction (dont l'auteur démontre les effets pervers, et la difficulté pour les entreprises de se positionner assez vite, au mépris souvent de leurs droits de la défense) (proposition qui se trouve, elle, plutôt à contre-courant).

Le travail de M. APEL comporte 26 propositions de thèse argumentées, et nuancées pour améliorer la fixation de l'amende, par la Commission ou par l'Autorité de la concurrence.

Œuvre d'une maturité remarquable, reconnue par tous les membres de son jury, la thèse de M. APEL fera date. Elle sera utile pour les praticiens qui y trouveront la réponse à presque toutes leurs questions concernant la fixation de l'amende, et pour les théoriciens auxquels cette thèse permettra de prendre du recul et de dépasser certaines idées préconçues.

Les grandes qualités de M. APEL ont d'ores et déjà été reconnues, puisqu'il a récemment intégré la magistrature, et a été nommé substitut du procureur au tribunal judiciaire d'Ajaccio. Il lui appartient à présent de les utiliser au service de la belle et exigeante profession qu'il a embrassée, en souhaitant que sa carrière le ramènera, s'il le souhaite, sur les rivages du droit de la concurrence.

Martine BEHAR-TOUCHAIS
Professeur à l'École de droit de la Sorbonne (Université Panthéon-Sorbonne Paris 1)
Directrice du Département des masters de droit privé
Ancien membre du collège du Conseil de la concurrence

AVANT-PROPOS

Les sanctions, pour quoi faire ?

Les autorités de concurrence disposent, pour mener à bien leur mission de protection de la concurrence, de différents outils mis à la disposition. Mais aucun n'est aussi central et stratégique que le pouvoir d'infliger des sanctions pécuniaires. J'essayerai, dans ces quelques lignes introduisant l'excellente thèse d'Alexandre APEL, de dire pourquoi.

La sanction pécuniaire est considérée comme un « marqueur » de l'action de l'Autorité de la concurrence. L'Autorité s'est en effet illustrée, de longue date, par un usage affirmé de ses pouvoirs de sanction. Cette importance spécifique peut être mesurée à l'aune de critères quantitatifs, par le nombre de décisions comportant un dispositif de sanction pécuniaire, ou encore par les montants, individuels et cumulés, résultant de ces dernières. À titre d'exemple, en 2020, l'Autorité a ainsi infligé un montant cumulé d'amendes de 1,8 milliard d'euros de sanction, chiffre le plus élevé depuis la création de l'Autorité. L'Autorité était aussi, ce faisant, l'autorité ayant prononcé le montant le plus élevé de sanctions à l'échelle mondiale. Elle est également, depuis plusieurs années, l'autorité nationale la plus active du réseau européen de concurrence, en considération du nombre de décisions rendues, mais aussi du montant cumulé de sanctions infligées sur le fondement des articles 101 et 102 du Traité sur le fonctionnement de l'Union européenne. Reste à savoir pourquoi on constate cette prééminence des sanctions pécuniaires : quel est leur objectif et comment leur maniement a-t-il évolué au fil du temps ?

Pour répondre à ces questions, la thèse d'Alexandre APEL s'imposera désormais comme un ouvrage de référence et fera date : en s'intéressant de façon approfondie et exhaustive aux amendes, il permet de comprendre le rôle spécifique de cet outil juridique au sein de « l'arsenal » dont disposent les autorités de concurrence, et aussi de mieux appréhender la façon dont il a été mis en œuvre. Répression, dissuasion ... l'auteur envisage ces différentes faces de l'objet sanction, et nourrit son analyse théorique d'une étude fouillée et structurée de la pratique. Il faut saluer le parti consistant à inscrire, d'emblée, l'étude sous le double prisme du droit français et du droit européen. Le développement du recours aux sanctions pécuniaires dans le droit français des pratiques anticoncurrentielles est en effet marqué, à de multiples égards, par la forte attraction exercée par le « modèle européen ». Le modèle européen s'est diffusé, au-delà du creuset initial constitué par les articles 101 et 102 du TFUE, par des instruments juridiques édifiant progressivement un ordre juridique européen toujours plus intégré en matière de sanctions – tout particulièrement le règlement 1/2003 créant le réseau européen de concurrence (REC), suivi désormais par la directive ECN+ –, mais aussi par un effet d'influence concernant tant les choix procéduraux que la pratique décisionnelle. La Commission européenne, en adoptant en 1998 ses premières Lignes directrices en matière d'amendes (suivies par les actuelles Lignes directrices adoptées en 2006), inaugurait, sous l'impulsion des juridictions, le recours à cet outil relevant du droit souple. Elle a été suivie par l'Autorité qui a adopté son propre « communiqué sanctions » en 2011. Par ailleurs, la pratique de la Commission consistant à infliger, au fil des années, des sanctions de plus en plus significatives pour qu'elles soient réellement dissuasives a incontestablement inspiré l'autorité française, qui a suivi un chemin similaire.

Pourquoi dire, en définitive, que la sanction est un élément central dans la mise en œuvre du droit de la concurrence ?

On relèvera tout d'abord que, sur le plan de la perception, l'aspect répressif de l'action de l'Autorité s'incarne, de prime abord, par la sanction prononcée : cet élément de la décision – et de son dispositif – en est souvent la partie la plus « visible », celle qui « marque » les commentateurs et les entreprises qui en sont les destinataires.

La sanction frappe les esprits, et les commentaires des décisions rendues par l'Autorité, dans la presse ou le grand public, se focalisent souvent sur le montant infligé. On peut d'ailleurs être étonné que les autres éléments propres à l'affaire - les faits de l'espèce, la nature des griefs retenus, une qualification juridique nouvelle – ne soient pas davantage analysés – ceci ne valant évidemment pas pour la presse juridique ou spécialisée. Le montant pécuniaire de la sanction infligée concentre l'attention et suscite, par lui-même, le débat, avec des réactions souvent contrastées : pour une même décision, le montant infligé sera jugé disproportionné par les uns, « bien mérité » pour les autres ou encore « dérisoire » par rapport à la surface de l'entreprise sanctionnée.

Si la sanction attire la lumière, ce n'est pas tout à fait sans raison. De fait, elle modifie les choses, par elle-même, et de façon forte. La situation financière de l'entreprise est très directement impactée. Quelle que soit la richesse de la motivation d'une décision de sanction (certaines pouvant compter plusieurs centaines de pages), pour le chef d'entreprise concerné, l'information essentielle sera, d'abord, le quantum de la sanction. Même si le risque de sanction peut être provisionné par une entreprise – lorsque le déroulement de la procédure d'instruction rend ce risque suffisamment palpable –, la sanction reste toujours une très mauvaise nouvelle, et parfois une surprise, pour l'entreprise qui la subit ; elle prélève des ressources qui auraient pu être utilisées pour investir, développer de nouveaux projets ou rémunérer les actionnaires. Et le montant de la sanction, s'il peut être estimé, peut rarement être connu à l'avance, tant les paramètres à prendre en compte sont nombreux et font l'objet de délibérations attentives du collège de l'Autorité. À cet égard, la procédure de transaction, introduite en 2015, présente l'intérêt de permettre à l'entreprise de connaître à l'avance les bornes haute et basse de la sanction à laquelle elle est exposée.

La force de la sanction dans le droit français de la concurrence tient aussi à son régime d'exigibilité. Dès que la sanction est infligée par l'Autorité, elle devient exigible, compte tenu de la force exécutoire qui s'attache à elle, comme il est de règle pour les décisions administratives. En pratique, le délai de recouvrement commence à courir à compter de l'émission du titre exécutoire qui suit la notification de la décision et la procédure est aussi rapide qu'efficace. Ainsi, même si la décision qui inflige la sanction fait l'objet d'un recours devant la cour d'appel de Paris, elle devra néanmoins être payée. Certes, un sursis à exécution peut être demandé au magistrat délégué par le premier président de la cour d'appel, mais ce sursis est accordé avec parcimonie et il appartient aux entreprises de démontrer que les conditions auxquelles il est soumis sont remplies. En outre, l'Autorité ayant pris en compte dans la détermination de la sanction les capacités contributives de l'entreprise, il n'y a généralement pas matière au prononcé d'un tel sursis. La sanction doit ainsi être immédiatement payée, sous réserve de reversements ultérieurs si la sanction est annulée ou réformée par la juridiction saisie.

La sanction frappe ainsi directement et rapidement les comptes et les caisses de l'entreprise qui en fait l'objet. Mais son « effet financier » ne se limite pas à ce prélèvement immédiat.

Aujourd'hui plus encore qu'hier, la sanction crée un « halo », un risque financier démultiplié par la possibilité de voir les victimes de la pratique former des actions indemnitaires contre l'entreprise sanctionnée. Toute sanction est, en effet, nécessairement fondée sur un constat d'infraction : or celui-ci expose l'entreprise à des poursuites indemnitaires de la part de tous ceux qui ont subi un préjudice direct du fait des pratiques anticoncurrentielles mises en œuvre. Il en est d'autant plus ainsi depuis que la directive « dommages » de 2014 (2014/104/UE du 26 novembre 2014 relative à certaines règles régissant les actions en dommages et intérêts en droit national pour les infractions aux dispositions du droit de la concurrence des États membres et de l'Union européenne), transposée à l'article L. 481-2 du Code de commerce, prévoit qu'une victime de pratique anticoncurrentielle peut se fonder sur une décision définitive de sanction de l'Autorité, qui vaut présomption irréfragable de faute à son endroit. Libérée de la charge de la preuve de la faute, la victime doit simplement prouver que la faute résultant de la méconnaissance du droit de la concurrence lui a directement causé un préjudice réel et certain. Et l'on voit désormais certaines actions indemnitaires se multiplier à l'échelle européenne, devant des juridictions des différents États membres, à la suite de décisions de sanction prises en matière de cartel. L'affaire dite du « cartel des camions » (dans laquelle la Commission européenne a sanctionné plusieurs fabricants par décisions du 19 juillet 2016 et 27 septembre 2017) est un exemple particulièrement marquant : ce sont des dizaines de recours indemnitaires qui ont été introduits contre les entreprises sanctionnées, et ce à l'échelle de l'ensemble du territoire européen. On estime désormais que les sommes dues au titre des actions indemnitaires peuvent désormais peser aussi lourd que la sanction prononcée, voire lui être plusieurs fois supérieure.

À cet effet de démultiplication de la sanction par les actions indemnitaires qui peuvent s'appuyer sur elle s'ajoute un effet possible de contagion « géographique », au-delà des frontières. Les dernières années ont vu la coopération internationale s'intensifier, au sein des instances existantes (REC, OCDE, CNUCED ou ICN), mais aussi au sein de nouveaux forums de discussion, comme le G7 (avec le Common understanding des autorités de concurrence des États membres du G7 signé le 5 juin 2019 à Paris) ou dans des cadres bilatéraux ou associant un nombre restreint d'autorités. Dans cette constitution progressive d'un ordre international de la mise en œuvre du droit de la concurrence, on voit désormais des actions être ouvertes par certaines autorités à la suite de décisions ayant donné lieu à sanction dans d'autres juridictions : plusieurs procédures ont ainsi été ouvertes aux États-Unis qui s'inspirent directement de décisions de sanction prises par la Commission européenne ou des autorités nationales de concurrence à l'égard de plateformes numériques structurantes.

Si on associe aujourd'hui l'action de l'Autorité au prononcé de sanctions très élevées, aussi bien au regard de la pratique d'autres autorités de concurrence en Europe ou dans le reste du monde, que par comparaison avec les autres autorités administratives indépendantes françaises dotées d'un pouvoir de sanction, tel n'a pas toujours été le cas. Plusieurs facteurs ont contribué à l'évolution vers le prononcé de sanctions de montant élevé et réellement dissuasives. La condition première tenait, bien évidemment, au cadre légal applicable. C'est parce que le législateur a autorisé l'Autorité à infliger des sanctions pouvant aller jusqu'à 10 % du chiffre d'affaires mondial de l'entreprise ou du groupe auquel elle appartient (ce plafond, initialement fixé à 5 % par l'ordonnance de 1986, a été relevé par la loi NRE de 2001 à 10 %) que les sanctions peuvent « monter » très haut. En procédant ainsi, le législateur retenait un critère décidément « économique », car fonction de l'activité de chaque entreprise ; il écartait l'option du plafond fixé en valeur absolue plus souvent applicable aux infractions pénales commises par les personnes physiques, voire les personnes morales. La définition d'un plafond

ainsi défini recelait, en elle-même, la potentialité du prononcé de sanctions de montants considérables.
Mais ce mouvement vers des sanctions de montant dissuasif n'était pas pour autant mécanique ou écrit. Il ne suffit pas qu'il existe un plafond légal formulé en de tels termes pour que des sanctions nombreuses et conséquentes soient prononcées.

Pour que l'Autorité soit en mesure d'infliger des sanctions fortes, elle devait, d'abord, construire sa pratique, mouvement qui a été réalisé, au fil des années, par la montée en puissance et en compétence du Conseil, puis de l'Autorité de la concurrence.

La pratique suivie en matière de sanctions par la Commission européenne a également joué un rôle d'aiguillon, en plaçant progressivement la barre des sanctions de plus en plus haut, comme le montre fort bien l'auteur. Il était en effet difficilement concevable, après la création, par le règlement 1/2003, du réseau européen de concurrence qui repose sur une application intégrée du droit européen de la concurrence, qu'il y ait une déconnexion entre la pratique des sanctions par la Commission et celle de l'Autorité.

Un autre élément fondateur de cette évolution a été l'adoption, en 2011, du premier « communiqué sanctions » de l'Autorité. Celui-ci s'inspirait des Lignes directrices de la Commission, tout en s'inscrivant résolument à l'avant-garde du développement de règles relevant du « droit souple » dans la pratique des autorités de régulation. Ce document est devenu un élément incontournable de la pratique de l'Autorité, et les parties au litige, comme les juridictions de contrôle, l'ont pleinement intégré. En apportant une forme d'objectivation de la détermination des sanctions, le communiqué sanction renforçait à la fois la transparence sur cette étape de la décision, mais favorisait aussi la prévisibilité pour les entreprises, y compris en ce qui concerne le risque financier encouru en cas de pratique contraire au droit de la concurrence.

Mais le mouvement de convergence en matière de sanctions n'était pas encore achevé. Et la thèse d'Alexandre APEL prend tout son sens alors que nous sommes, à nouveau, à un moment de changement significatif pour les sanctions infligées sur le fondement du droit européen et français de la concurrence.

C'est en effet sous l'effet de trois textes successifs que le régime de sanctions appliqué par l'Autorité est appelé à évoluer, à compter de 2021. La première évolution significative est celle qui résulte de la directive 2019/1 du 11 décembre 2018 visant à doter les autorités de concurrence des États membres des moyens de mettre en œuvre plus efficacement les règles de concurrence et à garantir le bon fonctionnement du marché intérieur, connue sous le nom de « directive ECN+ ». Celle-ci fait en effet le choix d'imposer aux États membres de doter chacune des autorités nationales de concurrence (ANC) d'une « boîte à outils » réglementaire similaire, au sein de laquelle doivent, en vertu de l'article 13, figurer les sanctions pécuniaires administratives. La directive ECN+ impose donc aux EM de doter les ANC de la compétence pour infliger ou requérir des sanctions pécuniaires administratives qui soient « effectives, proportionnées et dissuasives », lorsque les entreprises et associations d'entreprises méconnaissent les articles 101 et 102 du TFUE. Ce changement est très substantiel pour les ANC qui ne disposaient pas encore d'une telle capacité. Mais ce changement, qui n'a pas toujours été perçu à sa juste mesure, au motif que « les sanctions existaient déjà de longue date » dans le droit français de la concurrence, crée désormais un « effet cliquet » et interdit désormais de revenir en arrière sur le mécanisme existant en France, c'est-à-dire celui d'une autorité administrative indépendante dotée du pouvoir d'infliger des sanctions aux entreprises.

La directive pose, en outre, des règles applicables à la détermination des sanctions, celles-ci devant prendre en compte « la gravité de l'infraction ainsi que la durée de celle-ci », selon l'article 14, lorsqu'elles déterminent le montant de l'amende. Et la directive conduit, aussi, à l'application d'un régime unifié entre les entreprises et les associations d'entreprises – y compris les organismes professionnels – ces derniers étant désormais exposés à des sanctions lourdes, dont le montant maximum doit désormais être égal, selon l'article 15 de la directive, en cas d'infraction ayant trait aux activités de ses membres, à *« 10 % de la somme du chiffre d'affaires mondial total réalisé par chaque membre actif sur le marché affecté par l'infraction de l'association ».*

L'ordonnance de transposition de cette directive, n° 2021-649 du 26 mai 2021, prise sur le fondement de la loi n° 2020-1508 du 3 décembre 2020 portant diverses dispositions d'adaptation au droit de l'Union européenne en matière économique et financière, constitue le deuxième temps de cet *aggiornamento* du régime des sanctions en droit français de la concurrence. L'ordonnance introduit des changements importants pour les acteurs économiques, avec la suppression de l'ancien plafond de 3 millions d'euros qui était jusqu'alors applicable aux « organismes » – dont faisaient partie les organismes professionnels, qu'il s'agisse de fédérations professionnelles, d'ordres professionnels ou encore de syndicats –, le nouveau plafond décrit ci-dessus étant désormais applicable en cas d'infraction ayant trait à l'activité de leurs membres, tandis que le plafond est désormais fixé à 10 % du CA mondial total de l'association d'entreprises dans le cas général. Par ailleurs, la référence au « dommage à l'économie » ne figure plus au nombre des critères devant être pris en compte pour la détermination de la sanction, la nouvelle rédaction de l'article L. 464-2 du Code de commerce disposant désormais que les

« sanctions pécuniaires sont appréciées au regard de la gravité et de la durée de l'infraction, de la situation de l'association d'entreprises ou de l'entreprise sanctionnée (...) et de l'éventuelle réitération de pratiques prohibées par le présent titre ». Il résulte de ces modifications que les sanctions prononcées par l'Autorité seront désormais fixées, comme celles que prononce la Commission européenne sur le fondement des 2. et 3. de l'article 23 du règlement 1/2003, en prenant en considération la durée et la gravité de l'infraction.

Enfin, troisième acte de cette mise à jour, le nouveau communiqué sanctions publié par l'Autorité le 30 juillet 2021 intègre les évolutions résultant de la directive et de l'ordonnance de transposition, et reprend en outre, dans une logique de convergence, un certain nombre d'éléments qui figuraient dans les Lignes directrices de la Commission, telle la prise en compte pleine de chaque année d'infraction pour la détermination du coefficient de durée (paragraphe 33 du nouveau communiqué) ou la possibilité d'ajouter une majoration spécifique pour les infractions les plus graves, abus de position dominante ou accords de fixation de prix, de répartition de marché et de limitation de production (paragraphe 31).

Alors que l'on atteint ainsi un nouveau palier dans la convergence entre pratiques française et européenne en matière de sanction pécuniaire, il convient de revenir sur l'objectif poursuivi par ces sanctions. L'effectivité des sanctions est-elle toujours assurée ? La flèche est acérée, certes, mais atteint-elle sa cible ?

Les membres du collège de l'Autorité, qui sont régulièrement conduits à déterminer si une sanction doit être imposée, et quel doit être son montant, en sont convaincus : il est indispensable que l'infraction au droit de la concurrence expose l'entreprise à une sanction forte et dissuasive. Celle-ci doit, comme l'a démontré la théorie économique, être proportionnée au gain illicite, résultat des pratiques, en prenant en compte le risque de la détection. On le constate depuis plusieurs années à présent : c'est en raison du risque financier encouru que les entreprises, sous l'impulsion de leurs plus hauts dirigeants, prennent désormais le « risque concurrence » très au sérieux et engagent des moyens importants dans la définition et la mise en œuvre des programmes de conformité. Le volet répressif contribue ainsi à la dissuasion, et pour ce faire les sanctions doivent « faire mal ».

L'importance donnée aux sanctions dans l'action des autorités de concurrence est toutefois remise en cause dans certains cercles, qui critiquent parfois leur inefficacité, au motif qu'elles représenteraient juste pour certaines entreprises « *the cost of doing business* », un simple poste de coût, sans conduire des dernières à modifier leurs pratiques.

Cette vision des choses me semble erronée. Tout d'abord, il ne faut jamais l'oublier, la sanction est la face émergée de l'iceberg, mais plus important encore est son fondement, c'est-à-dire la caractérisation de certains comportements comme fautifs. Chaque décision de sanction contribue à identifier des comportements « interdits » par le droit, et construit, pas à pas, l'édifice du droit de la concurrence. On pourrait le qualifier d'effet « jurisprudence », même si les autorités créent plutôt, selon le terme consacré, une « pratique décisionnelle », la jurisprudence relevant des tribunaux. À cet égard, dire qu'une sanction ne « change rien » est méconnaître cet effet puissant. On pourrait tout aussi bien dire que l'annulation d'une décision pour excès de pouvoir peut toujours être suivie d'une nouvelle décision illégale par l'autorité administrative. Mais ce serait oublier qu'une administration n'agit pas délibérément en violation du principe de légalité, de même qu'une entreprise choisira rarement de reproduire délibérément un comportement sanctionné par une autorité de concurrence. Il ne faut ainsi jamais oublier que la sanction est comme la surface d'une sphère dont la faute serait la sphère elle-même : elle n'est rien sans la définition de l'infraction qui la fonde.

Certains considèrent aussi que la sanction serait impuissante à modifier le comportement des entreprises dans le sens souhaité, seuls les remèdes pouvant atteindre ce résultat.

Ici encore, il y a un problème de perspective. Il peut être fort utile de préciser dans une décision, sous forme d'injonction, que l'entreprise sanctionnée devra modifier les contrats qu'elle applique pour mettre par exemple un terme à des clauses d'exclusivité. Mais il s'agit là d'une explicitation, car c'est l'identification même de la faute qui conduit l'entreprise à devoir y remédier pour l'avenir, dans tous ses éléments, et même si la décision ne le précise pas explicitement. De même, il peut être fort utile, dans certaines affaires très complexes, d'accompagner la décision de sanction d'une identification formelle des remèdes à apporter pour remédier à l'abus, par exemple des injonctions dans une affaire d'abus de position dominante, ou même des engagements (comme l'Autorité l'a fait récemment dans la décision n° 21-D-11 du 7 juin 2021 Google Newscorp, relative à des pratiques mises en œuvre dans le secteur de la publicité sur Internet, qui combine de façon inédite transaction, sanction pécuniaire et engagements). Mais la partie essentielle de la décision reste toujours l'identification de la faute, car c'est elle qui fera référence pour déterminer si l'entreprise concernée s'est bien mise en règle, et pour apprécier à l'avenir les comportements de toutes les entreprises. En désignant la faute, l'Autorité impose à l'entreprise de se mettre en règle, y compris si elle doit pour cela changer en profondeur son modèle d'affaires, et adresse par ailleurs un signal à toutes les entreprises placées dans une situation similaire.

Par ailleurs, il faut bien évidemment rappeler que la sanction est un outil parmi d'autres à la disposition des autorités de concurrence : lorsque les circonstances s'y prêtent, des procédures d'engagements peuvent ainsi constituer une réponse adaptée et alternative à la sanction, de même que certaines problématiques nouvelles pourront relever des procédures d'avis ou enquêtes sectorielles.

Et enfin, la sanction ne peut être appréciée uniquement à l'aune du montant pécuniaire infligé : la motivation est tout aussi importante, de même que d'autres aspects procéduraux comme la durée d'instruction ou d'intervention. Une sanction intervenant rapidement, alors que les faits sont toujours en cours, sera bien plus efficace qu'une sanction plus tardive. Et la sanction doit être envisagée de façon conjointe avec l'outil de mesure conservatoire, cette dernière pouvant être le prélude au prononcé d'une sanction, et garantissant en tout cas qu'un comportement susceptible de méconnaître le droit de la concurrence ne crée pas de dommage irréparable.

Pour conclure, je voudrais remercier chaleureusement Alexandre APEL pour le travail considérable qu'il a accompli. Riche de ressources pour les juristes, sa thèse constituera également une somme très utile aux autorités de concurrence, afin qu'elles puissent affiner en permanence l'usage de cet outil que constitue la sanction pécuniaire, et le manier toujours à bon escient.

Isabelle DE SILVA
Membre du Conseil d'État
Ancienne présidente de l'Autorité de la concurrence

À mes parents et à tous ceux qui se reconnaîtront,

LIBRES PROPOS DE L'AUTEUR

Ce présent essai sur les amendes infligées en droit de la concurrence résulte essentiellement de mes travaux de thèse réalisés sous la direction de Madame Martine Béhar-Touchais, Professeur à l'Université Paris I – Panthéon Sorbonne. J'en profite pour la remercier d'avoir cru en moi et d'avoir accepté de préfacer cet ouvrage. Que sa bienveillance, sa rigueur et ses conseils puissent profiter à de nombreux autres étudiants.

Il me tient particulièrement à cœur de remercier mon épouse, Florissia, pour sa patience, ses relectures et son précieux soutien.

De même, les travaux présentés n'auraient probablement pas pu aboutir sans le soutien juridique et amical de Marie Dumarçay et Julien Simond.

Cet essai a grandement profité des échanges enrichissants que j'ai pu avoir avec Madame Virginie Beaumeunier, Directrice générale de la DGCCRF, Monsieur Koen Lenaerts, Président de la Cour de justice, Madame Madeleine Guidoni, Monsieur Henri Génin, avocats généraux à la cour d'appel de Paris et de Versailles, Messieurs André Marie, chef du bureau « Politique de la concurrence » à la DGCCRF et Jean-Michel Moriceau, directeur à la Trésorerie de Châtellerault, ainsi que Maîtres Éric Barbier de La Serre, Hugues Calvet, Christophe Lemaire, et Pierre Zelenko. Qu'ils reçoivent ici l'expression de ma très vive gratitude.

Il me revient, en outre, de remercier Mesdames Emmanuelle Claudel, Irène Luc, Valérie Michel-Amsellem et Monsieur Georges Decocq d'avoir accepté de faire partie des membres du jury de ma thèse.

J'adresse, enfin, mes plus sincères remerciements à Madame Isabelle de Silva, ancienne Présidente de l'Autorité de la concurrence, de l'honneur qu'elle m'a fait en acceptant de rédiger les avant-propos de cet essai de façon aussi éclairante.

La question des amendes en droit de la concurrence reste très délicate. Elle ne peut et ne doit pas être traitée sous le seul angle du droit ou de l'économie. Cette thèse n'est peut-être pas consensuelle ni majoritaire. Mais comme l'explique Hegel dans sa recherche du savoir, cet essai exprime le « ressenti » d'un ancien fonctionnaire de la DGCCRF qui a également connu diverses expériences professionnelles dans des autorités administratives indépendantes et en juridictions.

Il m'importe, à cet égard, de préciser que je suis dépourvu de tout conflit d'intérêts. Les opinions émises dans cet essai me sont propres et n'engagent pas les ministères de l'Économie ni de la Justice. De même, l'École de droit de l'Université Paris I – Panthéon Sorbonne n'apporte ni approbation ni improbation de mes opinions.

Puisqu'il faut avoir des attentes mesurées, je souhaite que cet essai apporte une ou deux idées pertinentes sur la question des amendes et qu'il puisse inspirer les travaux d'autres personnes. Ce serait déjà un succès.

Alexandre APEL

LISTE DES PRINCIPALES ABRÉVIATIONS

aff.	affaire
aff. jtes.	affaires jointes
AJ Contrats d'affaires, Concurrence – Distribution	Revues Dalloz
Autorité	Autorité de la concurrence
BOCCRF	Bulletin officiel de la concurrence, de la consommation et la répression des fraudes
Bull.	Bulletin
CA	cour d'appel
Cah. dr. eur.	Cahiers de droit européen
Cass. civ.	Chambre civile de la Cour de cassation
Cass. com.	Chambre commerciale de la Cour de cassation
Cass. crim.	Chambre criminelle de la Cour de cassation
CCC	Revue contrats, concurrence, consommation
CE	Communauté européenne
CEDH	Cour européenne des droits de l'Homme
CEE	Communauté économique européenne
CESDH	Convention européenne de sauvegarde des droits de l'Homme
CJCE	Cour de justice des Communautés européennes
CJUE	Cour de justice de l'Union européenne
coll.	collection
comm.	commentaire
Concurrences	Revue des droits de la concurrence
cons.	considérant
Conseil	Conseil de la concurrence
contra	position contraire
D.	Dalloz
D. aff	Dalloz Affaires

DGCCRF	Direction générale de la concurrence, de la consommation et de la répression des fraudes
dir.	sous la direction de
e. a.	et autres
ECLR	European Competition Law Review
éd.	édition
EEE	Espace économique européen
Europe	Revue du droit de l'Union européenne
Gaz. Pal.	Gazette du Palais
GCR	Global Competition Review
infra	ci-dessous
JCL	JurisClasseur
JCP E	JurisClasseur périodique (Semaine juridique). Édition entreprise.
JCP G	JurisClasseur périodique (Semaine juridique). Édition générale
JDE	Journal du droit européen
JOCE	Journal officiel des Communautés européennes
JORF	Journal officiel de la République française
JOUE	Journal officiel de l'Union européenne
Journal of ECL	Journal of European Competition Law & Practice
L.	loi ou law
LGDJ	Librairie générale de droit et de jurisprudence
LPA	Les petites affiches
n°	numéro
OCDE	Organisation de coopération et de développement économiques
OFT	Office of Fair Trading (ancienne autorité de la concurrence britannique)
Ord.	Ordonnance
p. / pp.	page/pages
para.	paragraphe
préc.	précité

PUAM	Presses universitaires d'Aix-Marseille
PUF	Presses universitaires de France
QPC	Question prioritaire de constitutionnalité
RD aff. int.	Revue de droit des affaires internationales
REC	Réseau européen de la concurrence
RENV	Rendu sur renvoi de la CJCE/CJUE
Rev. arb.	Revue de l'arbitrage
Rev. conc. conso.	Revue de la concurrence et de la consommation
RIDE	Revue internationale de droit économique
RJ com.	Revue de jurisprudence commerciale
RLC	Revue Lamy droit de la concurrence
RLDA	Revue Lamy droit des affaires
RSC	Revue des sciences criminelles
RTD civ	Revue trimestrielle de droit civil
RTD com.	Revue trimestrielle de droit commercial et de droit économique
RTD eur.	Revue trimestrielle de droit européen
s.	suivants
spéc.	spécialement
SSRN	Social Science Research Network
supra	ci-dessus
t.	tome
T. com.	Tribunal de commerce
T. corr.	Tribunal correctionnel
TFUE	Traité sur le fonctionnement de l'Union européenne
TPICE	Tribunal de première instance des Communautés européennes
Trib. UE	Tribunal de l'Union européenne
TUE	Traité sur l'Union européenne
V.	voir
Vol.	volume
World competition	Revue World Competition

INTRODUCTION GÉNÉRALE

« Le magistrat est la loi vivante. Car la loi en soi ne porte que les commandements ou défenses qui seraient illusoires si la peine et le magistrat ne leur donnaient une sanction. La force du commandement gît en la contrainte », Jean BODIN, *Les Six Livres de la République*, 1576.

1. **Droit des pratiques anticoncurrentielles et amendes.** La concurrence est un phénomène abstrait[1]. Il n'y a dès lors rien d'étonnant à ce que la lutte contre les atteintes aux règles de concurrence ne soit pas prioritaire dans l'opinion publique. À l'évocation de la délinquance économique, ce n'est pas l'atteinte à la concurrence qui vient généralement à l'esprit. L'escroquerie, la corruption, les fraudes fiscales, le blanchiment d'argent, etc. sont des délits plus connus et médiatisés. À l'évocation de la concurrence, les gens y associent le plus souvent le terme de « déloyale »[2], voire de « fiscale ». Plus abstraites, moins perceptibles, les pratiques anticoncurrentielles ne sont pas toujours bien comprises. Certains vecteurs habituels qui auraient permis de mieux faire connaître l'intérêt de la matière, comme le cinéma par exemple[3], n'ont pas rencontré un franc succès. Quoi qu'il en soit, l'objectif de diffusion de la culture de concurrence et même appliquer le droit des pratiques anticoncurrentielles, y compris en France, n'était pas chose aisée[4].

Mais la donne a changé depuis une vingtaine d'années environ, à une période où les gendarmes de la concurrence ont commencé à infliger des amendes de plus en plus élevées à l'encontre des entreprises. Ces amendes, qui se comptent en millions voire en milliards d'euros, ont beaucoup participé à la connaissance puis à la médiatisation de cette branche du droit économique. Le milliard d'euros infligé par l'Autorité de la concurrence en 2014 aux grands fournisseurs de *Produits d'hygiène et d'entretien*[5], ou les 4,34 milliards d'euros imposés par la Commission européenne en 2018 au monopoleur *Google*[6], à titre d'exemple, ont fait la une des plus grands journaux. Ces amendes « record », voire « astronomiques », n'avaient

---

1 D. GERBER, « Le temps, le droit et la construction de la concurrence : Construire un modèle européen de la concurrence » *in À quoi sert la concurrence ?*, M. BÉHAR-TOUCHAIS, N. CHARBIT, R. AMARO (dir.), Concurrences, 2014.

2 L. VOGEL, *Traité de droit des affaires. Du droit commercial au droit économique*, t. 1, LGDJ, 2016, n°s 745 et s.

3 On pense aux films « Antitrust » sorti en salles en 2001, réalisé par P. Howitt sur un scénario de H. Franklin et « The Informant ! », sorti en salles en 2009, réalisé par S. Soderbergh sur un scénario de S. Z. Burns.

4 B. LASSERRE, « La culture de la concurrence : La démonstration par la preuve », *in À quoi sert la concurrence ?*, préc..

5 V. décision de l'Autorité n° 14-D-19 du 18 décembre 2014, Secteur des produits d'entretien et des insecticides et dans le secteur des produits d'hygiène et de soins pour le corps (ci-après « Produits d'hygiène et d'entretien »). Cette décision est définitive pour l'ensemble des entreprises à l'exception de L'Oréal (CA Paris, 18 juin 2020, L'Oréal e. a., n° 19/08826).

6 V. décision de la Commission du 18 juillet 2018, Android (Communiqué de presse IP/18/4581). Cette décision fait actuellement l'objet d'un recours devant le Tribunal dans l'aff. T-604/18.

jamais été prononcées à l'encontre de ces entreprises. De telles amendes ont aussi permis à certaines affaires judiciaires d'être notoires et, par conséquent, d'attirer l'attention du grand public sur les pratiques condamnées. À la fois sévères et publicitaires, les amendes infligées par les autorités de concurrence ont permis au droit de la concurrence de sortir de son relatif anonymat.

2. **Rôle des amendes et droit des pratiques anticoncurrentielles.** Au-delà de l'effet publicitaire évoqué, c'est surtout à travers les amendes infligées aux entreprises contrevenantes que s'exprime la politique répressive des autorités de concurrence. En condamnant, par exemple, onze banques à une amende totale avoisinant les deux milliards d'euros dans l'affaire de l'*Euribor*[7], la volonté de sévir de la Commission est manifeste. C'est la même approche qui anime le Conseil de la concurrence lorsqu'il avait sanctionné les trois opérateurs de téléphonie mobile à une amende totale de 530 millions d'euros[8]. L'« escroquerie » ou le « vol » commis par ces entreprises, pour ainsi dire, est puni par une amende élevée, ce qui n'est pas sans rappeler la loi du talion qui veut une exacte réciprocité entre le crime et la peine.

Il ne faudrait cependant pas réduire l'analyse téléologique de l'amende à sa seule sanction des faits passés. L'ambition politique des autorités de concurrence a été également d'orienter, notamment par l'amende, le comportement des entreprises. Il s'agit de la dimension préventive, dissuasive, voire moralisatrice des amendes. Ce concept n'est pas récent en France et le ministre de l'Économie l'avait développé, le 20 février 1987, dans son allocution relative à l'installation du Conseil de la concurrence[9]. L'idée générale a été d'augmenter le *quantum* des amendes jusqu'à ce qu'il ne soit plus intéressant pour quiconque de commettre des pratiques contraires au droit de la concurrence. Ce postulat renvoie largement à la notion de « châtiment » chez Thomas Hobbes[10]. Il est donc escompté des entreprises qu'elles ne réitèrent plus les pratiques sanctionnées, qu'elles n'en mettent pas d'autres du même type en œuvre ou qu'elles les cessent immédiatement. Les autres entreprises, non sanctionnées, doivent être incitées à ne pas être impliquées dans des pratiques anticoncurrentielles, voire à y mettre un terme si elles sont déjà engagées.

---

7 V. décisions de la Commission du 4 décembre 2013 (résumé publié au JOUE 2017 C 206, p. 7) et du 7 décembre 2016, Produits dérivés de taux d'intérêt en euro (ci-après « Euribor ») (Communiqué de presse IP-16-4304). Cette deuxième décision fait actuellement l'objet de recours devant les juridictions de l'Union européenne.

8 V. décision du Conseil de la concurrence n° 05-D-65 du 30 novembre 2005, Secteur de la téléphonie mobile (ci-après « Téléphonie mobile »). Cette décision est définitive (Cass. com., Orange France e. a., 30 mai 2012, n° X 11-22.144).

9 Rapport annuel du Conseil de la concurrence de 1987, p. XXVI et s..

10 T. HOBBES, *Léviathan*, 1651.

3. **Efficacité questionnée des amendes et droit des pratiques anticoncurrentielles.** Quelles que soient les ambitions placées dans les amendes, leur efficacité demeure toutefois très discutée. Certains font valoir que l'augmentation du *quantum* des amendes n'a pas eu pour effet de réduire les infractions au droit de la concurrence, encore moins de constater la disparition desdites pratiques. Les propositions de « remèdes » divergent. D'un côté, des économistes nous disent qu'il faudrait augmenter encore les amendes afin qu'elles soient plus dissuasives[11]. De l'autre côté, d'autres économistes nous rétorquent que les amendes sont déjà très élevées et même parfois contreproductives[12]. Les auteurs discutent alors d'une amende dite « optimale », réduisant par là même l'analyse de l'efficacité des amendes à leur *quantum*.

4. **Concurrence effective des sanctions et droit des pratiques anticoncurrentielles.** La réponse à la question posée n'empêche pas de constater en France et à l'échelon européen l'existence d'un « monopole » des amendes, alors que d'autres voies complémentaires de condamnation et d'orientation sont possibles[13]. À cet égard, du retard avait été pris dans le développement de ces autres sanctions[14], comme l'indemnisation des victimes des pratiques[15]. Il est en passe d'être comblé avec l'adoption de l'ordonnance n° 2017-303 du 9 mars 2017 consacrée à l'indemnisation des victimes[16]. Pour preuve, le tribunal de commerce de Paris a récemment fait condamner l'opérateur Orange à verser environ 350 millions d'euros

---

[11] J. CONNOR, « About cartel overcharges : Kroes is correct », *Concurrences* n° 1-2010, p. 1 ; E. COMBE, C. MONNIER, « Le calcul de l'amende en matière de cartels : Une approche économique », *Concurrences* n° 3-2007, p. 39 ; G. DE MONCUIT DE BOISCUILLÉ, *La faute lucrative en droit de la concurrence*, M. CHAGNY (dir.), th. Univ. Paris – Saclay, Concurrences, 2020.

[12] M.-L. ALLAIN, M. BOYER, J.-P. PONSSARD, « The determination of optimal fines in cartel cases : Theory and practice », *Concurrences* n° 4-2011, p. 32 ; C. CRAYCRAFT, J. CRAYCRAFT, J. GALLO, « Antitrust Sanctions and a Firm's Ability to Pay », *Review of Industrial Organization*, avril 1997, Vol. 12, Issue 2, p. 171.

[13] S. BENZIOUCHE, *Les sanctions des pratiques anticoncurrentielles : une approche critique*, P. REIS (dir.), th. Univ. Nice, 2015.

[14] S. MAIL-FOUILLEUL, *Les sanctions de la violation du droit communautaire de la concurrence*, R. KOVAR (dir.), th. Univ. Strasbourg 3, 2000 ; R. AMARO, *Le contentieux privé des pratiques anticoncurrentielles : Étude des contentieux privés autonome et complémentaire devant les juridictions judiciaires*, M. BÉHAR-TOUCHAIS (dir.), th. Univ. Paris-Descartes, 2012.

[15] M. BEHAR-TOUCHAIS, D. BOSCO, C. PRIETO (dir.), *L'intensification de la réparation des dommages issus de pratiques concurrentielles*, Bibliothèque de l'IRJS, t. 70, 2016 ; M. DUMARÇAY, *la situation de l'entreprise victime dans les procédures de sanction des pratiques anticoncurrentielles : étude des procédures française et communautaire d'application du droit communautaire des pratiques anticoncurrentielles*, V. SÉLINSKY (dir.), th. Univ. Montpellier 1, 2008.

[16] Ordonnance n° 2017-303 du 9 mars 2017 relative aux actions en dommages et intérêts du fait des pratiques anticoncurrentielles (JORF n° 59 du 10 mars 2017, texte n° 29), transposant la directive 2014/104/UE du Parlement européen et du Conseil du 26 novembre 2014 régissant les actions en dommages et intérêts en droit national pour les infractions aux dispositions du droit de la concurrence des États membres et de l'Union européenne.

d'indemnités à Digicel[17], en réparation des préjudices subis du fait de plusieurs pratiques anticoncurrentielles mises en œuvre par Orange[18].

D'autres types de sanctions, comme des sanctions pécuniaires et des peines d'emprisonnement pour les personnes impliquées dans des pratiques anticoncurrentielles, sont également prévues en France[19]. L'application de ces textes répressifs a été maintes fois jugée insatisfaisante[20]. Il a en effet été démontré que les poursuites contre les personnes physiques n'ont pas été exercées aussi souvent qu'elles auraient dû l'être et que les sanctions prononcées n'ont pas forcément été à la hauteur[21]. Quelques condamnations pécuniaires, voire des peines de prison avec sursis[22], ont été toutefois prononcées à l'encontre de dirigeants à la suite de coalitions dans des affaires d'ententes à l'occasion de marchés publics[23]. Le récent lancement d'enquêtes pénales sur proposition du Rapporteur général de l'Autorité[24], Monsieur Stanislas Martin, de même que la compétence « concurrente » du Parquet National Financier pourraient bien relancer l'intérêt de recourir aux sanctions pénales en droit des pratiques anticoncurrentielles[25]. Cela étant, ce constat en France est sans commune mesure avec la politique répressive menée outre-Atlantique. Comme le rappelait l'ancien président de l'Autorité, Monsieur Bruno Lasserre, les autorités antitrust états-uniennes ont prononcé entre 2000 et 2009 la totalité de 348 années de prison ferme à l'encontre de dirigeants d'entreprises[26]. L'exemple récent de la

---

17 T. com. Paris, 18 décembre 2017, SA Digicel e. a., n° 2009016849 et la note de C. PAULHAC, *CCC* n° 5-2018, n° 23, confirmé pour l'essentiel par CA Paris, 17 juin 2020, SA Orange e. a., n° 17/23041.

18 V. décision de l'Autorité n° 09-D-36 du 9 décembre 2009, Marchés de services de communications électroniques dans les départements de la Martinique, de la Guadeloupe et de la Guyane (ci-après « Orange Caraïbe »). Cette décision est définitive (Cass. com., 6 janvier 2015, Orange caraïbe e. a., n°B 13-21.305 et A 13-22.477).

19 Sur l'article L. 420-6 du Code de commerce, v. *Le Lamy droit économique*, Wolters Kluwer, 2011, n° 1341.

20 E. CLAUDEL, « Sanctions pénales des pratiques anticoncurrentielles : le printemps de l'article L. 420-6 du code de commerce », *RTD com.*, 2003, p. 80 ; V. M.-P. LUCAS DE LEYSSAC, C. LUCAS DE LEYSSAC, « L'inquiétant art. L. 420-6 du C. com., et comment se rassurer », *in Mélanges dédiés à Bernard Bouloc*, Dalloz, 2007, p. 651 et, plus récemment, *Rapport pour une réforme du droit de la concurrence. Le club des juristes*, G. CANIVET, F. JENNY (dir.), janvier 2018, p. 68 à 70.

21 J.-B. BLAISE, « La sanction pénale » *in* colloque « Les sanctions du droit de la concurrence », *Concurrences* n° 1-2013, p. 23 ; É. DAVID, « Les poursuites pénales contre les auteurs de pratiques anticoncurrentielles », *Concurrences* n° 2-2006, p. 175.

22 B. BOULOC, « Remarques en vue d'un aménagement du droit pénal de la concurrence », *RLC* n° 14-2008, n° 1012.

23 Cass. crim., 16 mai 2001, n° 97-83.467 et 97-80.888, et la note d'E. CLAUDEL, *RTD com.* 2003, p. 80 ; T. corr. Saint-Étienne, 26 juillet 2004, et la note de B. BOULOC, *RLC* n° 4-2005, n° 298 et Cass. crim., 20 février 2008, n° 02-82.676 et n° 07-82.110, et la note de B. BOULOC, *RLC* n° 17-2008, n° 1225.

24 S. MARTIN, « Enquêtes pénales, transactions… : Entre efficacité de l'action de l'Autorité de la concurrence et effectivité des droits de la défense », *Concurrences* n° 4-2018.

25 M. DUMARÇAY, « L'extension des compétences du Parquet National Financier en droit de la concurrence : la clef d'une revalorisation du contentieux pénal de la concurrence ? », *RLC* n° 96-2020, n° 3855.

26 Interview de B. LASSERRE, « Il faut avoir le courage de sanctionner de manière dissuasive » dans le journal Les Échos, n° 20849, entretien du 17 janvier 2011, p. 14.

condamnation de deux dirigeants d'*AU Optronics* à trois ans de prison par un jury populaire, dans l'affaire des *Écrans LCD*, démontre à quel point le risque d'incarcération est sérieux aux États-Unis[27].

5. **Prédominance des amendes en droit français et en droit de l'Union européenne.** On l'aura compris, il n'existe pas une seule forme de sanctions en droit des pratiques anticoncurrentielles, mais une pluralité de sanctions administratives, civiles et pénales. Même si d'autres types de sanctions sont plus ou moins appliqués, le prononcé d'amendes reste à ce jour largement prééminent en droit des pratiques anticoncurrentielles en France et à l'échelon de l'Union. Ce constat invite à approfondir la politique de sanction des autorités de concurrence. Or, la politique de sanction dépend étroitement de la norme au fond. D'une manière antéprédicative, l'analyse implique avant toute chose de tenir pour acquis le bien-fondé des règles de concurrence. Il conviendra néanmoins de présenter en introduction ce qui est considéré comme répréhensible (§1). Il sera ensuite présenté les amendes prononcées en la matière dans une perspective à la fois fonctionnelle, historique et processuelle (§2). À la lumière de ces développements introductifs, il conviendra enfin de borner le champ de cette étude (§3).

§ 1 – Sur les infractions en droit des pratiques anticoncurrentielles

6. **Notion de concurrence.** Avant même d'énoncer la ou les finalités de la concurrence, puis l'interdit qui en découle, il convient d'essayer de définir la notion de concurrence. À défaut d'une définition textuelle ou prétorienne[28], ce qui étonne et interroge dans une matière se voulant répressive, il n'est pas inutile de revenir aux origines de ce terme. En étymologie, le terme concurrence est issu du verbe latin *concurrere* qui signifie « accourir avec ». Comme définition, le dictionnaire Larousse nous propose une définition générale de la concurrence comme la « rivalité d'intérêts entre plusieurs personnes qui poursuivent un même but ». Une autre définition plus circonstanciée est celle de la « structure d'un marché qui se caractérise par une pluralité d'entreprises en compétition les unes par rapport aux autres pour bénéficier de la préférence des consommateurs ». Si les termes de « rivalité » et « compétition » reviennent régulièrement dans les définitions proposées[29], il n'est pas forcément juste de réduire la

---

27 United States of America v. AU Optronics Corporation, United States District court, N.D. California, San Francisco Division, 20 septembre 2012 et le communiqué du Department of Justice (ci-après le « DOJ »), « Taiwan-Based AU Optronics Corporation Sentenced to Pay $500 Million Criminal Fine for Role in LCD Price-Fixing Conspiracy », disponible sur le site du DOJ.

28 L. ZEVOUNOU, *Les usages de la notion de la concurrence en droit*, LGDJ, 2012, coll. « Droit Public ».

29 G. CORNU, *Vocabulaire juridique*, Association Henri Capitant, Coll. Quadrige, PUF, 2020.

concurrence à un monde amoral où les entreprises se livrent à une guerre sans merci.

7. **Finalité(s) évolutive(s) du droit de la concurrence.** De même que la notion de concurrence, la doctrine juridique et économique est loin d'être unanime sur la ou les multiples finalités du droit de la concurrence : baisse des prix, protection du consommateur, bien-être économique ou du consommateur, protection du marché et des concurrents, innovation et même progrès économique. Autant de finalités non hiérarchisées qui ne se rejoignent pas systématiquement quand elles ne sont pas inconciliables, voire contradictoires. Les juges ont, à cet égard, toujours veillé à ne pas trop s'immiscer dans cette discussion de nature politique[30]. La question est pourtant loin d'être anodine. À la différence d'autres matières répressives, la détermination des finalités de la concurrence a, en effet, des conséquences immédiates sur les infractions poursuivies et même sur le contenu du droit[31].

Au début du 20ème siècle, après l'adoption de la loi Sherman, le droit états-unien antitrust avait vocation à juguler le pouvoir des monopoles qui s'étaient constitués. Cette vision a perduré jusqu'au milieu des années 70 avant d'être évincée par une approche davantage ciblée sur l'analyse économique. La maximisation du bien-être du consommateur, défendue par l'École de Chicago, a ensuite été le critère prédominant, voire exclusif du droit de la concurrence. D'une concurrence dite libre, nous sommes passés à la recherche de l'efficacité économique et au « consumer welfare ». Ce modèle purement « consumériste » a néanmoins été fortement débattu ces dernières années à l'aune de la prédominance des GAFAM et notamment par les travaux de Madame le Professeur Lina Khan[32]. Des objectifs d'intérêt général, tels que l'environnement, des besoins de justice, tels que la préservation d'un rapport de force équilibré entre le capital et le travail, ou bien encore le protectionnisme sont désormais des finalités qui devraient être revendiquées au nom du droit de la concurrence. C'est donc sur des finalités mouvantes et régulièrement débattues que les infractions au droit des pratiques anticoncurrentielles ont été édictées et appliquées.

---

30 N. Petit, *Droit européen de la concurrence*, 2e éd., LGDJ, 2018.

31 R. Bork, *The Antitrust Paradox : A Policy at War with Itself*, Basic Books, 1978 ; C. Mongouachon, « Le droit européen de la concurrence face à ses finalités : un débat philosophique », *in Revue de la Recherche Juridique - Droit prospectif*, J.-Y. Chérot (dir.), PUAM, 2018.

32 L. Khan, « Amazon's Antitrust Paradox », *Yale Law Journal*, Vol. 126, février 2017.

8. **Sur les ententes anticoncurrentielles.** La première grande catégorie d'infraction est le délit d'entente anticoncurrentielle[33]. L'entente, la concertation ou l'accord n'est pas forcément vu comme vertueux en droit des pratiques anticoncurrentielles. Nos amis canadiens francophones parlent à juste titre de complot[34]. Ce type de pratiques concertées ou de coalitions peut être qualifié d'anticoncurrentiel. Le délit d'entente est caractérisé par une concertation entre plusieurs acteurs économiques qui décident d'agir ensemble pour ajuster leurs comportements afin d'en retirer des bénéfices, au lieu de concevoir leur stratégie commerciale de façon indépendante, comme des concurrents. Les ententes sont prohibées lorsqu'elles empêchent, restreignent ou faussent le jeu de la concurrence sur un marché. Quotas, boycott, échanges d'informations sur les prix, création de barrières à l'entrée de concurrents, répartitions de marchés en sont quelques exemples. Ces infractions, pour certaines d'entre elles, ne sont pas sans rappeler l'association de malfaiteurs ou l'infraction commise en réunion ou en bande organisée punies dans le Code pénal[35]. Toutes les pratiques relatives à des ententes ne sont toutefois pas interdites, certaines peuvent résulter de l'application de la loi ou assurer un progrès économique. Quoi qu'il en soit, l'opinion française commence à doucement se familiariser avec ce type de délinquance économique. De célèbres affaires y ont largement contribué. Il en est ainsi du *Cartel de la téléphonie mobile*, au sein duquel les trois opérateurs de téléphonie s'étaient notamment entendus sur une tarification à la minute concernant les forfaits mobiles de leurs clients[36]. Le fait qu'une partie des Français ait pu se sentir directement victimes des pratiques en cause, comme dans l'affaire du prix des *Lessives*[37], a aussi contribué à cette prise de conscience. C'est également la dimension politique de certaines affaires, comme celle des marchés publics des *Lycées d'Île-de-France*[38], qui a permis la médiatisation de ce type de pratiques.

---

33 M.-C. Boutard-Labarde, G. Canivet, E. Claudel, V. Michel-Amsellem, J. Vialens, *L'application en France du droit des pratiques anticoncurrentielles*, LGDJ, 2009 ; G. Decocq, A. Decocq, *Droit de la concurrence - Droit interne et droit de l'Union européenne*, 8e éd., LGDJ, 2018 ; N. Petit, *Droit européen de la concurrence*, 2e éd., LGDJ, 2018 ; R. Whish, D. Bailey, *Competition Law*, 9e éd., Oxford, 2018.

34 V. le site Internet du « Bureau de la concurrence » au Canada, consultable sur canada.ca/fr/bureau-concurrence.html.

35 Dans l'entente relative au *Papier peint*, les entreprises s'étaient d'ailleurs surnommées « l'Association des Malfaiteurs du Papier peint » (décision de l'Autorité n° 14-D-20 du 22 décembre 2014, Secteur du papier peint en France (ci-après « Papier peint »), para. 66 et la note de M. Debroux, *Concurrences* n° 2-2015, p. 90).

36 V. décision du Conseil de la concurrence n° 05-D-65 du 30 novembre 2005, Cartel de la téléphonie mobile. Cette décision est définitive (Cass. com., Orange France e. a., 30 mai 2012, n° X 11-22.144).

37 V. décision de l'Autorité n° 11-D-17 du 8 décembre 2011, Secteur des lessives (ci-après « Lessives »). Cette décision est définitive (CA Paris, 30 janvier 2014, Colgate Palmolive e. a., n° 2012/00723).

38 V. décision du Conseil n° 07-D-15 du 9 mai 2007, Secteur des marchés publics relatifs aux lycées d'Île-de-France (ci-après « Lycées d'Île-de-France »). Cette décision est définitive (Cass. com., 13 octobre 2009, Spie e. a., n° Z 08-18.224).

9. **Lutte contre les ententes anticoncurrentielles.** Contrairement aux idées reçues, les premières dispositions légales relatives à la concurrence ne datent pas du traité de Rome[39]. Les origines de la concurrence sont bien plus lointaines. En France, le jurisconsulte Jean Domat gagne à ne pas être seulement lu pour ses célèbres travaux en droit civil[40], tant il avait déjà parfaitement théorisé l'interdiction des ententes et des monopoles[41]. Les prémisses de règles favorisant la concurrence avaient été également érigées par Turgot, contrôleur général des finances du roi Louis XVI, à une époque où la bourgeoisie devenait de plus en plus puissante[42]. À la suite du décret d'Allarde de 1791 ayant proclamé la liberté du commerce et de l'industrie et la fin des corporations, il a fallu réorganiser la vie économique en France. Les premières règles ont été érigées en 1810, à l'article 419 du Code pénal qui punissait dans sa rédaction originelle, inchangée jusqu'en 1926, les coalitions entre détenteurs d'une même marchandise cherchant à ne la vendre qu'à un certain prix[43].

Le caractère injustifié des ententes n'a pas été tout de suite admis. Sans demander leur condamnation pour autant, la doctrine libérale classique, Adam Smith en tête, avait mis en garde contre les tentatives d'ententes sur les prix[44]. Ce combat semblait vain ou perdu d'avance. L'histoire lui a donné raison sur un point : il n'est probablement pas une richesse de ce monde qui n'a pas fait l'objet d'un cartel où se réunirent exploitants, fabricants et financiers. Les autres courants politiques tels que le socialisme et, en particulier, le marxisme n'ont pas vu d'un bon œil ce type de pratiques[45], encore que le courant léniniste ait pu estimer que les cartels et les monopoles étaient l'une des étapes à franchir vers le socialisme[46].

Suivant les époques, les ententes anticoncurrentielles et même les cartels ont été plus ou moins condamnés, tolérés, voire autorisés en France[47]. Mais les choses ont récemment changé. Depuis le début des années 90, il y a un très large consensus sur la nocivité des ententes, en particulier les cartels considérés comme « le cancer de l'économie » [48] ou « le mal suprême de

---

39 Pour une excellente présentation historique du droit de la concurrence, v. D. BOSCO, C. PRIETO, *Droit européen de la concurrence : Ententes et abus de position dominante*, Bruylant, 2013.

40 J. DOMAT, *Les Lois civiles dans leur ordre naturel*, 1689.

41 J. DOMAT, *Le droit public, suite des loix civiles dans leur ordre naturel*, Coignard, 1697.

42 J. BAINVILLE, *Histoire de France*, éd. Tallandier, 1924.

43 F. CARON, « Ententes et stratégies d'achat dans la France du XIXe siècle », *Revue française de gestion* n° 70, 1988, p. 127 à 133.

44 A. SMITH, *La richesse des nations*, GF-Flammarion, 1776.

45 K. MARX, F. ENGELS, *Le capital*, t 3, Livre III, section V, 1894.

46 R. HILFERDING, *Le capital financier*, 1910 ; V. I. LÉNINE, *L'impérialisme, stade suprême du capitalisme*, 1916.

47 O. HARDY-HÉMERY, « Une limite au libéralisme intégral ? Ententes et cartels dans le monde au XIXe et dans le premier tiers du XXe siècle », *Revue du Nord*, t. 75, n° 300, p. 319.

48 M. MONTI, « Fighting Cartels : Why and How ? », discourt au Third Nordic Competition Policy Conference, Stockholm, 11-12 septembre 2000.

l'antitrust »[49]. La lutte contre ce type de pratiques est devenue prioritaire pour les gendarmes de la concurrence[50]. Deux raisons sont principalement avancées à cela. Tout d'abord, les pratiques mises en œuvre au sein d'un cartel lèsent injustement les intérêts des acteurs économiques avec lesquels les cartellistes interagissent et notamment les consommateurs. La seconde raison ensuite avancée, moins souvent invoquée, semble plus déterminante encore. Les cartels ne sont, en effet, que des formes masquées de concentration, souvent très forte[51], des marchés avec tous les effets néfastes que cela implique (blocage à l'entrée ou exclusion des concurrents, hausse des prix, frein à l'innovation, etc.). Quand bien même cette focalisation sur les cartels ferait fi des autres formes de domination existantes, il sera tenu pour acquis dans la suite de notre démonstration du bien-fondé de la condamnation des cartels et autres formes d'ententes anticoncurrentielles jugées nocives.

10. **Sur les abus de position dominante.** La seconde grande catégorie d'infraction au droit de la concurrence est l'abus de position dominante[52]. Les abus de position dominante sont en général des pratiques unilatérales émanant d'un acteur économique qui use de sa position de force sur un marché pour le verrouiller, pour évincer ses concurrents ou pour empêcher l'arrivée de nouveaux entrants. Les abus de position dominante peuvent prendre différentes formes par des pratiques de clauses d'exclusivité, remises liées, prix prédateurs, boycott, etc. Deux conditions sont indispensables à la caractérisation de cette infraction, à savoir l'existence d'une position dominante sur un marché donné et l'exploitation abusive de cette situation avantageuse.

Contrairement aux ententes, l'idée d'un monopole parle davantage à l'opinion publique[53]. La puissance du monopoleur est généralement plus visible. Qu'un monopoleur puisse abuser de sa situation avantageuse est également bien compris. Lorsque l'on pense à un monopoleur qui abuse de sa position, le cas de *Microsoft* est peut-être le plus cité. Cette affaire, sans nul doute, a largement contribué à faire connaître la politique de

---

49 Rapport de l'OCDE sur les ententes injustifiables de 2005, disponible sur le site de l'OCDE, p. 8, en référence à l'arrêt de la Cour suprême des États-Unis dans l'aff. Verizon Communications c/ Trinko, 540 U.S. 398, 408(2004).

50 Communication de la Commission au Parlement européen et Conseil, du 9 juillet 2014, « Dix ans de mise en œuvre des règles concernant les pratiques anticoncurrentielles sous le régime du règlement n° 1/2003 : bilan et perspectives » (COM/2014/0453 final), points 11 à 13.

51 E. COMBE, C. MONNIER, « Les cartels en Europe, une analyse empirique », *Revue française d'économie*, vol. xxvii, n° 2-2012, p. 187.

52 M.-C. BOUTARD-LABARDE, G. CANIVET, E. CLAUDEL, V. MICHEL-AMSELLEM, J. VIALENS, *L'application en France du droit des pratiques anticoncurrentielles*, LGDJ, 2009, n° 178 et s. ; M. MALAURIE-VIGNAL, *L'abus de position dominante*, LGDJ, 2003.

53 Qui n'a jamais aimé jouer au Monopoly ?

concurrence de la Commission[54]. Plus récemment, les affaires *Intel* et *Google* ont été très médiatisées[55]. En France, l'Autorité de la concurrence est plus active encore dans la lutte contre les abus de position dominante. Il y a eu la condamnation d'à peu près tous les anciens monopoleurs publics qui ont vu leurs secteurs d'activités être ouverts à la concurrence. C'est à l'opérateur France Télécom, devenu Orange, que l'on pense le plus. Il faut dire que cette entreprise détient sans doute le triste record du nombre de condamnations à ce titre en France[56]. Il y a également eu la condamnation de la SNCF en 2012, qualifiée de « structurante » pour le secteur du *Fret ferroviaire*[57].

Mais les opérateurs autres que les anciens monopoleurs publics ne sont pas non plus épargnés par l'Autorité. Les affaires *Google* et *Apple* en témoignent[58]. Il en a été de même du leader belge *Umicore* dans le secteur du zinc pour les bâtiments[59]. Il ne faudrait toutefois pas voir l'abus de position dominante comme une infraction seulement commise par les grands leaders d'un marché. Certains abus de position dominante en France ont été commis dans des secteurs dits de « niche ». Un exemple topique est celui de la condamnation d'Obut dans l'affaire des *Boules de pétanque*[60]. Même des marchés locaux par nature, comme celui des pompes funèbres[61], peuvent faire l'objet d'abus de position dominante par des sociétés de type PME.

---

54 V. décision de la Commission du 24 mars 2004, Lecteur Windows Media (résumé publié au JOCE 2007, L 32, p. 23). Cette décision est définitive (TPICE, 17 septembre 2007, aff. T-201/04, Microsoft Corp. e. a. c/ Commission e. a.).

55 V. décisions de la Commission du 27 juin 2017, Google (Shopping) (Résumé publié au JOUE 2018 C 9, p. 8), confirmée pour l'essentiel par Trib. UE, 10 novembre 2021, aff. T-612/17, Google e. a. c/ Commission ; du 18 juillet 2018, Appareils mobiles Android (Communiqué de presse IP/18/4581) et du 20 mars 2019, Google (AdSense for Search) (Communiqué de presse IP/19/1770). Ces deux dernières décisions font actuellement l'objet de recours devant le Tribunal dans les aff. T-604/18 et T-334/19.

56 V., par exemple, décisions du Conseil n° 97-D-53 du 1er juillet 1997 ; n° 01-D-46 du 13 juillet 2001 ; n° 05-D-59 du 7 novembre 2005 ; n° 07-D-33 du 15 octobre 2007 et de l'Autorité n° 09-D-36 du 9 décembre 2009. Ces décisions sont définitives.

57 V. décision de l'Autorité n° 12-D-25 du 18 décembre 2012, Secteur du transport ferroviaire de marchandises (ci-après « Fret ferroviaire »). Cette décision est définitive (Cass. com., 9 juin 2019, SNCF Mobilités e. a., n° N 19-10.943).

58 V. décisions de l'Autorité du 19 décembre 2019 n° 19-D-26, Secteur de la publicité en ligne liée à la recherche (ci-après « Google ») et n° 20-D-04 du 16 mars 2020, Secteurs de la distribution de produits de marques Apple (ci-après « Apple »). Ces décisions font actuellement l'objet de recours devant la cour d'appel de Paris.

59 V. décision de l'Autorité n° 16-D-14 du 23 juin 2016, Secteur du zinc laminé et des produits ouvrés en zinc destinés au bâtiment (ci-après « Umicore »). Cette décision est définitive (Cass. com., 2 septembre 2020, Umicore e. a., n° H 18-18.501, V 18-18.582, P 18-19.933).

60 V. décision de l'Autorité n° 17-D-02 du 10 février 2017, Secteur des boules de pétanque de compétition (ci-après « Boules de pétanque »). Cette décision a fait l'objet d'une transaction.

61 V. décision du Conseil n° 08-D-09 du 6 mai, Secteur des pompes funèbres à Lyon et dans son agglomération et décision de l'Autorité n° 17-D-13 du 27 juillet 2017, Secteur des pompes funèbres dans le département de l'Ain.

11. Lutte contre les abus de position dominante. Comme pour les ententes, l'illégitimité des monopoles n'était en rien évidente, à l'image de Joseph Schumpeter qui soutenait que les grandes entreprises et souvent les monopoles étaient le moteur principal du progrès technique[62]. En France, les monopoles mis en place par Colbert faisaient partie intégrante de la politique économique si prospère que la France a connu lors du règne de Louis XIV[63]. Mais qui dit monopole dit aussi et surtout puissance génératrice de nombreux abus. Comme le résumait très bien Montesquieu, « c'est une expérience éternelle que tout homme qui a du pouvoir est porté à en abuser : il va jusqu'à ce qu'il trouve des limites [...] Pour qu'on ne puisse abuser du pouvoir, il faut que, par la disposition des choses, le pouvoir arrête le pouvoir »[64]. Il ne pouvait en être autrement concernant les entreprises. Aux États-Unis, c'est la crainte de la prolifération de situations monopolistiques qui a été à l'origine d'un droit *antitrust.*

Malgré la réglementation et l'action des autorités de concurrence, ces dernières décennies ont été très marquées par la naissance et la consolidation très rapide de géants économiques, en position dominante sur un ou plusieurs marchés. [65] Il en est ainsi de l'apparition récente des ultra-dominants « GAFAM »[66]. Selon l'économiste Joseph Stiglitz, des changements techniques non contrôlés ou l'action des États ont pu contribuer directement à la fortune injustifiée de certains monopoles[67]. L'exemple symptomatique de la « rente autoroutière » octroyée aux concessionnaires des autoroutes françaises confirme sa thèse. Par conséquent et en dépit de nos grandes réserves quant aux bienfaits de la libéralisation des secteurs publics de réseau[68], il sera également tenu pour acquis du caractère néfaste de la position dominante abusive.

---

62 J. SCHUMPETER, *Capitalisme, Socialisme et Démocratie*, éd. Payot, 1942. Rapport annuel de la Cour de cassation pour l'année 2005, l'innovation technologique appréhendée par le juge. Innovation technologique et concurrence, disponible sur le site de la Cour de cassation.

63 D. BOSCO, C. PRIETO, *Droit européen de la concurrence : Ententes et abus de position dominante*, préc., n° 33.

64 Ch. L. DE SECONDAT dit « Montesquieu », *De l'esprit des lois*, Flammarion, 1748.

65 Avis de l'Autorité n° 14-A-13 du 17 septembre 2014 sur le secteur des autoroutes après la privatisation des sociétés concessionnaires, et l'audition au Sénat du 22 octobre 2014 de l'ancien président de l'Autorité, Monsieur Bruno Lasserre, sur l'avis de l'Autorité relative au secteur des autoroutes.

66 *L'effectivité du droit face à la puissance des géants de l'Internet.* Actes des journées du 20, 21 et 22 octobre 2015, M. BÉHAR-TOUCHAIS (dir.), t. 74, vol. 2, *IRJS Éd.*, 2016.

67 J. STIGLITZ, *Le prix de l'inégalité*, Babel, 2013.

68 Rapport au Parlement européen, Les effets de la libéralisation des services publics / services d'intérêt général, P. BAUBY (dir.), 2019, disponible sur le site europaong.org., p. 9 : « Pour les transports ferroviaires, l'électricité et les services postaux, la situation est passée de la domination d'un monopole (l'opérateur public national) à la domination d'un très petit nombre de grandes entreprises (oligopole). La concurrence oligopolistique n'est ni libre (on n'entre pas facilement sur le marché), ni non faussée, puisque les acteurs ont le pouvoir de fixer eux-mêmes les prix, la variété des services... On se retrouve ainsi avec les défauts du monopole, sans ses avantages ! ». L'un des plus fervents libéraux français, Léon Walras, ne défendait-il pas la gestion publique des services d'intérêt général

12. **Bases légales des infractions en droit français et de l'Union de la concurrence.** Il n'y a évidemment de sanction qu'à la condition de qualifier une infraction prévue par un texte. C'est à partir du traité de Rome sur la Communauté Économique Européenne de 1957, sous la plume de Jean Monnet et de ses *lawyers* états-uniens, que les interdictions d'ententes anticoncurrentielles et d'abus de position dominante ont été énoncées. Ces règles de concurrence, inscrites dans le droit primaire de l'Union, sont actuellement codifiées aux articles 101 et 102 du TFUE.

En France, le droit des pratiques anticoncurrentielles n'est pas constitutionnalisé[69]. Les règles françaises ont longtemps été élaborées par voie d'ordonnances. S'il ne fallait en retenir qu'une seule, ce serait l'ordonnance relative à la liberté des prix et de la concurrence du 1er décembre 1986[70]. Cette ordonnance a énoncé la prohibition des ententes anticoncurrentielles et des abus de position dominante sur le territoire français[71]. Les réformes qui ont suivi n'ont pas changé la portée de ces deux dispositions qui sont respectivement retranscrites aux articles L. 420-1 et L. 420-2 du Code de commerce[72].

13. **Compétences « concurrentes » des autorités de concurrence.** Dès lors que des infractions relativement similaires sont sanctionnées par l'Autorité et la Commission, il convient d'aborder le champ de compétence respectif de ces deux autorités de concurrence. Lorsque les pratiques illicites présentent un élément d'extranéité et dépassent le cadre national, il y a « concurrence » de compétence entre les autorités de concurrence[73]. Ce conflit positif de compétence est né de l'application décentralisée du droit

---

et l'existence de « monopoles moraux » ? (L. WALRAS, *Éléments d'économie politique pure*, 1874 ; « L'État et les chemins de fer », *Revue du Droit public et de la Science politique*, 1875).

69 P. HUBERT, A. CASTAN, « Droit constitutionnel et liberté de la concurrence », *Nouveaux Cahiers du Conseil constitutionnel*, n° 49, octobre 2015, p. 15.

70 Ordonnance n° 86-1243 du 1er décembre 1986 relative à la liberté des prix et de la concurrence (JORF du 9 décembre 1986, p. 14773) et M.-C. BOUTARD-LABARDE, *Le nouveau Droit de la concurrence : commentaire de l'ordonnance du 1er décembre 1986 relative à la liberté des prix et de la concurrence*, Montchrestien, 1987.

71 En France, il a été également prévu d'interdire l'abus de dépendance économique à l'article L. 420-2, alinéa 2, du Code de commerce et l'offre de prix abusivement bas à l'article L. 420-5 du même code. Ces dispositions sont restées lettre morte pour ainsi dire (L. VOGEL, *Traité de droit des affaires. Du droit commercial au droit économique*, t 1, LGDJ, 2016). La très récente affaire Apple a néanmoins largement relancé l'intérêt de l'article L. 420-2, alinéa 2, du Code de commerce (A.-S. CHONÉ-GRIMALDI, « Les géants du numérique face à l'interdiction des abus de dépendance économique : Les Français contre-attaquent », *Concurrences* n° 4-2020, p. 84).

72 Il doit être constaté, en outre, la prolifération récente de dispositions relatives à des pratiques anticoncurrentielles dans des secteurs spécifiques au mieux redondantes avec les deux interdictions classiques du droit de la concurrence (articles L. 420-2-1 et L. 420-2-2 du Code de commerce). Ces dispositions ont peu de chances d'être beaucoup appliquées à l'avenir (L. IDOT, « Halte à la renationalisation rampante du droit des pratiques anticoncurrentielles ! », *Concurrences* n° 3-2017, p.1).

73 Pour aller plus loin, v. N. LENOIR, É. DAVID, « L'organisation des compétences entre la Commission européenne et les autorités nationales de concurrence », *Le Lamy droit économique*, Wolters Kluwer, 2018, n° 1068.

de l'Union par les autorités nationales de concurrence avec l'entrée en vigueur, au 1er mai 2004, du règlement n° 1/2003[74]. Il s'agit donc d'un régime de compétences parallèles entre la Commission et les autorités de concurrence des États membres. En règle générale, la Commission est considérée comme étant la mieux placée pour traiter des infractions qui ont eu des effets sur la concurrence dans plus de trois États membres[75]. Lorsque les effets des pratiques se sont produits sur le territoire français, l'Autorité de la concurrence est compétente pour traiter de l'affaire. Depuis la loi de modernisation de l'économie[76], l'Autorité peut toutefois laisser à la Direction générale de concurrence, de la consommation et de la répression des fraudes (ci-après « DGCCRF ») le soin de régler les affaires de dimension locale par le biais de transactions-injonctions[77].

§ 2 – Sur les amendes infligées en droit des pratiques anticoncurrentielles

14. **Développement des amendes administratives.** L'interdiction des pratiques mises à jour, comme seule sanction, aurait été insuffisante dans un grand nombre de cas[78]. Par le passé, certaines entreprises étaient à peine condamnées qu'elles réitéraient déjà leurs pratiques. À partir de l'entrée en vigueur du règlement n° 17, adopté en 1962, la Commission a eu le pouvoir d'infliger des amendes administratives. Dans ses décisions, la Commission n'a pas toujours donné le même sens à l'amende infligée, considérant l'amende comme un remède[79], une mesure de redressement[80], voire une sanction[81]. On parle aujourd'hui d'amende à Bruxelles alors qu'est évoquée la sanction pécuniaire à Paris. Cette différence sémantique est toutefois sans

---

74 M. Béhar-Touchais, « La décentralisation du droit communautaire de la concurrence : un nouveau défi pour le Conseil de la concurrence » *in Le nouveau droit communautaire de la concurrence*, G. Canivet et F. Brunet (dir.), LGDJ, 2008, p. 443 et s. et L. Vogel, préc., p. 1020 et s..

75 Communication de la Commission du 27 avril 2004 relative à la coopération au sein du réseau des autorités de concurrence (ci-après « REC ») (JOCE C101, p. 43), point 14.

76 Loi n° 2008-776 du 4 août 2008 de modernisation de l'économie (ci-après « LME ») (JORF n° 181 du 5 août 2008, p. 12471, texte n° 1) et ordonnance n° 2008-1161 du 13 novembre 2008 portant modernisation de la régulation de la concurrence (JORF n° 0265 du 14 novembre 2008, p. 17391, texte n° 8).

77 Articles L. 462-8 et L. 464-9 du Code de commerce. Pour aller plus loin, v. A. Marie, « Les pratiques anticoncurrentielles de dimension locale », *Le Lamy droits économique*, Wolters Kluwer, 2018, n° 1548 et N. Homobono, A. Marie, « Le rôle de la DGCCRF dans l'application du droit des pratiques anticoncurrentielles depuis la réforme de 2008 », *Concurrences* n° 1-2012, p. 30.

78 Articles 103 du TFUE et L. 420-3 du Code de commerce.

79 V. décision de la Commission du 22 décembre 1987, Eurofix-Bauco/Hilti (JOCE 1988 L 65, p. 19). Cette décision est définitive (CJCE, 2 mars 1994, aff. C-53/92 P, Hilti AG c. a. c/ Commission).

80 V. décision de la Commission du 18 juillet 1988, Napier Brown - British Sugar (JOCE L 284, p. 41). Cette décision n'a pas fait l'objet de recours.

81 V. décision de la Commission, du 19 décembre 1990, Carbonate de soude (JOCE 1991 L 152, p. 1). Cette décision n'a pas fait l'objet de recours.

importance dans le cadre de notre étude[82]. Comme l'amende infligée par la Commission, la sanction pécuniaire prononcée par l'Autorité a une nature administrative[83]. Plus concrètement encore, l'amende et la sanction pécuniaire renvoient toutes les deux, en effet, à la réalité de la somme d'argent à payer par une entreprise condamnée par l'Autorité ou la Commission. Le prononcé d'amende est, ni plus ni moins, l'un des principaux pouvoirs coercitifs octroyés aux autorités de concurrence. C'est même devenu leur mode d'intervention privilégié, que les amendes soient ou non accompagnées d'injonctions et/ou d'astreintes. Il faut reconnaître que ces autorités de concurrence n'ont eu guère le choix. Ni l'Autorité de la concurrence[84] ni la Commission européenne[85], en effet, ne disposent d'un arsenal répressif qui leur permet d'infliger des sanctions civiles ou pénales.

15. **Augmentation des amendes de l'Union.** Si l'on cantonne l'analyse au montant des amendes infligées par les autorités de la concurrence, celles infligées aujourd'hui par la Commission sont sans doute les plus redoutées par les entreprises. Les records d'amendes, pour ainsi dire, tombent les uns après les autres dans les affaires de cartels. En 2007, on s'est déjà rapproché du milliard d'euros d'amendes infligé à cinq entreprises dans la décision relative aux *Ascenseurs et escaliers mécaniques*[86]. En 2012, c'est un total de 1,5 milliard d'euros qui a été réclamé à une demi-douzaine d'entreprises par la Commission dans l'affaire des *Tubes cathodiques pour téléviseurs et écrans d'ordinateur*[87]. Le dernier record en date est à relever dans l'affaire des *Producteurs de camions* dans laquelle six entreprises ont été condamnées à payer un total de 3,8 milliards d'euros[88]. Cette augmentation *crescendo* des amendes remonte au début des années 90[89]. Certaines entreprises peuvent très bien en témoigner comme la Saint-Gobain, par exemple, qui avait été condamnée à payer 1,5 million d'écus dans le secteur

---

82 C. LUCAS DE LEYSSAC, « Sanction pécuniaire ou amende ? », *Concurrences* n° 2-2010, p. 1.

83 CA Paris, 9 avril 2002, Geodis Overseas France e. a., n° 2001/19855, 19 925 et 19 931.

84 V. décision du Conseil Constitutionnel n° 2009-580 DC, du 10 juin 2009, sur la loi relative à la diffusion et à la protection de la création sur Internet.

85 En l'absence d'attribution explicite dans les traités (CJCE, 11 novembre 1981, aff. 203/80, Casati), le principe est celui de l'absence de toute prérogative de l'Union européenne en matière pénale.

86 V. décision de la Commission du 21 février 2007, Ascenseurs et escaliers mécaniques (résumé publié au JOUE 2008 C 75, p. 10). Cette décision est définitive (CJUE, aff. C-493/11 P, C-494/11 P et C-501/11 P).

87 V. décision de la Commission du 5 décembre 2012, Tubes cathodiques pour téléviseurs et écrans d'ordinateur (résumé publié au JOUE 2013 C 303, p. 7). Cette décision est définitive (CJUE, aff. C-588/15 P ; C-608/15 P ; C-615/15 P ; C-622 et 623/15 P).

88 V. décisions de la Commission du 19 juillet 2016 (résumé publié au JOUE 2017 C 108, p. 6) et du 27 septembre 2017 (Communiqué de presse IP/17/3502), Producteurs de camions. Cette seconde décision fait actuellement l'objet d'un recours devant le Tribunal dans l'aff. T-799/17.

89 F. BRUNET, « La nouvelle politique de la Commission européenne à l'égard des ententes horizontales : ententes illicites et coopération licite » *in Le nouveau droit communautaire de la concurrence*, préc., p. 5.

du verre plat en 1984[90]. C'est à 134 millions d'euros que l'entreprise française a été condamnée pour avoir participé à un cartel dans le même secteur en 2007[91], et enfin à près de 900 millions euros, un an plus tard, pour son implication dans l'affaire du *Verre automobile*[92].

La même tendance inflationniste est à observer pour les abus de position dominante. Certes, moins de décisions sont à relever, mais les chiffres ne mentent pas. En 2004, l'entreprise Microsoft avait été condamnée à près de 500 millions d'euros[93]. Cinq ans plus tard, Intel a été condamnée à une amende deux fois plus élevée[94]. Google est, à ce jour, l'entreprise la plus lourdement sanctionnée avec une première amende de 2,42 milliards d'euros, une seconde de 4,34 milliards d'euros et même une troisième de 1,49 milliard d'euros pour avoir abusé de sa position dominante[95].

16. **Augmentation des amendes françaises.** La pratique de la Commission a fait des émules en France. Une augmentation significative des amendes s'est opérée au cours de ces vingt dernières années. Peu de personnes se souviennent encore des premières amendes infligées dans les années 90 dont le montant était parfois inférieur à 10 000 francs[96]. La politique répressive du Conseil de la concurrence s'est durcie avec le temps. Début des années 2000, l'affaire du *Crédit immobilier* a vu, pour la première fois, des entreprises condamnées à une somme totale dépassant le milliard de francs[97]. Le passage à l'euro n'a pas endigué la tendance. L'Autorité de la

90 V. décision de la Commission du 23 juillet 1984, Verre plat (JOCE L 212, p. 13). Cette décision est définitive.

91 V. décision de la Commission du 28 novembre 2007, Verre plat (résumé publié au JOUE 2008, C 127, p. 11). Cette décision est définitive.

92 V. décision de la Commission du 12 novembre 2008, Verre automobile (résumé publié au JOUE 2009, C 173, p. 8) réformée par Trib. UE, 27 mars 2014, aff. T-56/09 et T-73/09, Saint-Gobain e. a. c/ Commission. Cet arrêt n'a pas été frappé de pourvoi.

93 V. décision de la Commission du 24 mars 2004, Lecteur Windows Media. Cette décision est définitive (TPICE, 17 septembre 2007, aff. T-201/04, Microsoft Corp. e. a. c/ Commission e. a.).

94 V. décision de la Commission du 13 mai 2009, Intel (résumé publié au JOUE C 227, p. 7). Cette décision fait actuellement l'objet d'un recours devant le Tribunal dans l'aff. T-286/09 RENV.

95 V. décisions de la Commission du 27 juin 2017, Google (Shopping) confirmée pour l'essentiel par Trib. UE, 10 novembre 2021, aff. T-612/17, Google e. a. c/ Commission ; du 18 juillet 2018, Appareils mobiles Android, et du 20 mars 2019, Google (AdSense for Search) et l'article d'I. DE SILVA, « Pratiques anticoncurrentielles : amende record pour Google », *Recueil Dalloz* 2017, p. 1648 et de C. PRIETO, « Nouveaux abus de position dominante de Google : après celui lié à Google Shopping, ceux relatifs à Android », *RTD Eur.* 2018, p. 513.

96 V. décisions du Conseil n° 91-D-55 du 3 décembre 1991, Secteur des géomètres experts ; n° 92-D-09 du 11 février 1992, Secteur de l'enseignement de la conduite des véhicules dans le département de l'Hérault et n° 92-D-69 du 6 décembre 1992, Secteur de la lingerie féminine. Ces décisions sont définitives.

97 V. décision du Conseil n° 00-D-28 du 19 septembre 2000, Secteur du crédit immobilier (ci-après « Crédit immobilier »). Cette décision est définitive (Cass. com., 23 juin 2004, Société Générale e. a., n° 01-17896 et 02-10066).

concurrence[98], prolongeant l'action entreprise par son prédécesseur[99], a commencé à infliger des amendes en dizaine de millions d'euros et même désormais en centaine de millions d'euros[100]. L'entente relative aux *Messageries*, impliquant une vingtaine d'entreprises, a été sanctionnée à hauteur de 670 millions d'euros[101]. Dans l'affaire des *Produits d'hygiène et d'entretien*, c'est la somme totale de 950 millions d'euros qui a été exigée à une douzaine d'entreprises[102]. En 2020, le géant californien Apple a été condamné à une amende record de 1,1 milliard d'euros[103]. Les amendes infligées dans les années 90 n'ont plus du tout le même impact sur les entreprises. L'évolution du *quantum* des amendes infligées à France Télécom, devenue Orange, est la plus représentative. Certes, toutes les infractions relevées dans le chef de l'opérateur historique des télécommunications ne sont pas toutes de la même gravité. Il est toutefois frappant que d'amendes libellées en francs et évaluées à quelques dizaines de millions, au début des années 2000[104], on en soit arrivé à un montant individuel de 350 millions d'euros quinze ans plus tard[105].

17. **Problématique téléologique de l'amende.** À la lecture de ces chiffres, une première réflexion s'impose à propos de ces amendes. Comment se fait-il, en effet, que ces amendes aient autant augmenté ces dernières années ? Comment expliquer par exemple que les lessiviers, sanctionnés à hauteur de 38 millions de francs en 1994, aient été condamnés pour des pratiques similaires à 368 millions d'euros en 2011[106] ? Quel est donc l'objectif poursuivi par les autorités de concurrence ou, dis autrement, leur politique de sanction ? Pour tenter de répondre à ces questions, il faut tout d'abord procéder à une analyse téléologique des amendes, en d'autres termes

---

98 I. DE SILVA, « 10 years of the French *Autorité de la concurrence*: looking back and looking ahead, *Journal of Antitrust Enforcement* », 2019, 7, p. 129.

99 B. LASSERRE, A. RONZANO, C. LEMAIRE, « Bruno Lasserre : La nouvelle Autorité de la concurrence », *Concurrences* n° 1-2009, p. 6.

100 Sur l'évolution des amendes infligées par l'Autorité, v. tableaux du rapport annuel du Conseil pour l'année 2006, p. 21 et tableaux n° 12 et 13 du rapport annuel de l'Autorité pour l'année 2015, p. 21 et 22.

101 V. décision de l'Autorité n° 15-D-19 du 15 décembre 2015, Secteurs de la messagerie et de la messagerie express (ci-après « Messageries »).

102 V. décision de l'Autorité n° 14-D-19 du 18 décembre 2014, Produits d'hygiène et d'entretien.

103 V. décision de l'Autorité n° 20-D-04 du 16 mars 2020, Apple. Cette décision fait actuellement l'objet de recours devant la cour d'appel de Paris.

104 V., par exemple, décisions du Conseil n° 97-D-53 du 1er juillet 1997 relative à des pratiques mises en œuvre par France Télécom et par la société Transpac dans le secteur de la transmission de données et n° 01-D-46 du 23 juillet 2001 relative à des pratiques mises en œuvre par la société France Télécom à l'occasion d'une offre sur mesure conclue en 1999.

105 V. décision de l'Autorité n° 15-D-20 du 17 décembre 2015, Secteur des communications électroniques (ci-après « Communications électroniques ») et la note d'E. CLAUDEL, *RTD Com.* 2016, p. 279. Cette décision a fait l'objet d'une transaction.

106 V. décisions du Conseil n° 94-D-60 du 13 décembre 1994, Secteur des lessives et de l'Autorité n° 11-D-17 du 8 décembre 2011, Lessives.

expliquer quelles sont leurs finalités. Les amendes infligées en droit de la concurrence ont une triple fonction. L'amende a un caractère punitif, qui vise à punir le coupable à hauteur de la faute commise, et un effet dissuasif qui s'attache à son exemplarité pour prévenir la commission de l'infraction ; elle a enfin une troisième fonction corrective de rétablissement de l'ordre public économique.

18. **Amende punitive.** La fonction punitive de l'amende vise le passé. Elle a, en effet, pour but de sanctionner l'entreprise ayant commis une infraction. En d'autres termes, la peine est « un mal infligé par le pouvoir social à l'auteur d'un délit, à raison de ce délit »[107]. Si cette amende n'était pas effectivement imposée par l'autorité chargée de veiller au respect des règles du droit de la concurrence, c'est tout l'édifice qui serait privé d'effectivité et de crédibilité. Cette fonction punitive de l'amende est dite rétributive lorsqu'elle est prononcée en réponse et proportionnellement à la commission d'une infraction et avec les comportements reprochés. Ces amendes punitives ont donc une limite et obéissent à un principe de proportionnalité. Selon la doctrine économique, cette fonction punitive est remplie si l'amende parvient à confisquer les gains réalisés par l'intermédiaire de son action anticoncurrentielle. Ce faisant, cette captation du profit illicite confère à l'amende une finalité correctrice.

19. **Politique de sanctions punitives.** L'augmentation spectaculaire des amendes n'est dans un premier temps que la résultante de la politique de sanction punitive ou répressive mise en place par les autorités de concurrence. L'objectif, pour reprendre les termes de Monsieur Bruno Lasserre, ancien président de l'Autorité, a été tout « d'abord [de] mener une politique de sanction crédible »[108]. Il n'est pas contestable, en effet, que les amendes infligées par le passé ne fussent ni adaptées à la gravité des pratiques reprochées ni ajustées aux auteurs des infractions. En d'autres termes, les entreprises n'étaient pas suffisamment sanctionnées au regard de la gravité de leurs infractions et du gain qu'elles en ont retiré. C'est donc en quelque sorte en réévaluant ces critères et en adoptant une démarche plus répressive que les autorités de concurrence ont commencé à élever leurs amendes.

À cet égard, les amendes en droit de la concurrence se démarquent des autres amendes dans la mesure où elles frappent régulièrement des entreprises de grandes tailles, pour ne pas dire parfois gigantesques. Certaines affaires sont d'excellentes illustrations de la puissance démesurée

---

107 J. ORTOLAN, *Éléments de droit pénal*, Plon, 2e éd., 1859, n° 1320.

108 B. LASSERRE, « 20e anniversaire de l'ordonnance du 1er décembre 1986 « Vingt ans après » », disponible sur le site de l'Autorité.

de certaines d'entre elles. Dans l'affaire des *Carburéacteurs*[109], on apprend par exemple que le groupe Chevron avait en 2007 un chiffre d'affaires d'environ 11 000 000 000 de dollars, le groupe Shell d'environ 350 000 000 000 de dollars et le groupe Exxon, enfin, supérieur à 400 000 000 000 de dollars[110]. Certes, le secteur des produits pétroliers et gaziers se porte particulièrement bien. Mais il existe d'autres entreprises de taille comparable dans d'autres secteurs d'activités et qui ont fait l'objet de condamnation de la part des autorités de concurrence. Il peut être mentionné, au hasard, les plus grandes banques, Bayer, Procter & Gamble, Google, Toyota, etc. De manière générale, ce sont les riches qui ont des tentations anticoncurrentielles, si bien qu'il a fallu adapter et donc augmenter les amendes aux entreprises sanctionnées.

20. **Amende dissuasive.** La fonction dissuasive vise quant à elle l'avenir. Cette composante de l'amende doit permettre, d'une part, d'éviter que l'entreprise sanctionnée ne récidive et, d'autre part, de donner un exemple aux autres. Elle découle directement de l'analyse économique des amendes[111]. La fonction dissuasive est en quelque sorte la peur généralisée du gendarme. C'est une fonction dite préventive, utilitariste, voire instrumentale de l'amende. C'est d'ailleurs d'après Monsieur Bruno Lasserre, ancien Président de l'Autorité, la spécificité même des amendes administratives en droit des pratiques anticoncurrentielles[112]. Puisqu'il est conféré une telle finalité à l'amende, cette fonction dissuasive, si elle est parfaitement remplie, doit conduire à faire disparaître les pratiques anticoncurrentielles ou à en réduire largement le nombre. Si son efficacité n'est pas totale, la fonction préventive de l'amende doit toutefois parvenir à limiter cette forme de délinquance économique.

21. **Politique de sanctions dissuasives.** Les tenants de la théorie utilitariste de la prévention ont, dans un second temps, éclipsé la fonction répressive de l'amende en droit des pratiques anticoncurrentielles. Inspirées, voire séduites par les travaux de l'économiste Gary Becker[113], les autorités de concurrence ont eu à souhait de faire davantage que punir par l'amende, à savoir dissuader et orienter les agents économiques. Il est difficile

109 V. décision du Conseil n° 08-D-30 du 4 décembre 2008, relative à des pratiques mises en œuvre par les sociétés des Pétroles Shell, Esso SAF, Chevron Global Aviation, Total Outre-Mer et Total Réunion (ci-après « Carburéacteurs »), para. 531 à 535. Cette décision est définitive (Cass. com., 20 janvier 2015, Chevron Products Company e. a., n° V 13-16.745, R 13-16.764, S 13-16.765 et V 13-16.955).

110 Pour se rendre compte de la taille de certaines entreprises, il est parfois plus parlant de ne pas écrire « millions » ou « milliards » mais d'écrire tous les zéros...

111 E. COMBE, J. CONNOR, F. JENNY, P. BUCCIROSSI, G. SPAGNOLO, « L'efficacité des sanctions contre les cartels : Une perspective économique », *Concurrences* n° 4-2006, p. 10.

112 B. LASSERRE, « Le rôle de la sanction pécuniaire en droit de la concurrence », *RLC* n° 24 2010, p. 74.

113 G. S. BECKER, « Crime and punishment : an economic approach », *The Journal of Political Economy*, vol. 76, 1968, n° 2 et rapport annuel du Conseil de la concurrence pour l'année 2005, étude thématique, p. 104 et s..

d'expliquer cette approche mieux que ne l'a fait Monsieur Guy Canivet lors d'une table ronde de l'OCDE. L'ancien Premier président de la Cour de cassation avait exposé qu' « [...] une sanction, quelle qu'elle soit, a une double fonction : la première est de punir le coupable à la mesure de la faute commise, c'est ce qu'on appelle le caractère rétributif de la peine, la seconde est de dissuader ceux qui seraient tentés de commettre une telle infraction, c'est l'exemplarité de la peine. Dans le cadre d'une politique régulatrice des rapports de concurrence, l'utilité de la peine se mesure à son caractère dissuasif, c'est-à-dire sa propriété à faire en sorte que les opérateurs économiques comprennent qu'ils n'ont plus intérêt à mettre en œuvre des pratiques anticoncurrentielles et qu'ils y renoncent »[114]. Si l'on devait résumer, les amendes ont donc pour objectif de « punir le contrevenant, décourager la réitération et dissuader tout autre contrevenant potentiel »[115].

Cette politique de sanction dissuasive a été entérinée par le juge de l'Union, pour qui « si l'amende devait être fixée à un niveau qui se limiterait à annuler le bénéfice de l'entente, elle n'aurait pas d'effet dissuasif. Il peut en effet être raisonnablement présumé que des entreprises tiennent rationnellement compte, dans le cadre de leur calcul financier et de leur gestion, non seulement du niveau des amendes qu'elles risquent de se voir infliger en cas d'infraction, mais également du niveau de risque de détection de l'entente. [Ainsi], tant l'effet dissuasif que l'effet répressif de l'amende justifient que la Commission puisse imposer une amende qui [...] peut dépasser substantiellement le montant du bénéfice escompté par l'entreprise en cause »[116]. Cette approche dissuasive est partagée par le juge français pour qui « la procédure de sanctions [...] bien que de nature administrative, vise [...], comme en matière pénale, par leur montant élevé et la publicité qui leur est donnée, à punir les auteurs de pratiques anticoncurrentielles et à dissuader les opérateurs de se livrer à de telles pratiques »[117]. Le Conseil constitutionnel a d'ailleurs rappelé que cet objectif de dissuasion assigné à l'amende dans les travaux de la loi NRE ne méconnaissait pas les principes de nécessité et de proportionnalité des peines[118].

---

114 Table ronde de l'OCDE, 1997.

115 Premier point du rapport de l'ECA « Les sanctions pécuniaires des entreprises en droit de la concurrence - Principes pour une convergence », 2008, disponible sur le site de l'Autorité.

116 Trib. UE, 27 mars 2014, aff. T-56/09 et T-73/09, Saint-Gobain Glass France e. a. c/ Commission, point 390 et la jurisprudence citée.

117 CA Paris, 9 avril 2002, Geodis Overseas France e. a., n° 2001/19855, 19 925 et 19 931.

118 V. décision du Conseil constitutionnel n° 2015-489 QPC du 14 octobre 2015, Société Grands Moulins de Strasbourg SA e. a. (JORF n° 240 du 16 octobre 2015), p. 19325, texte n° 75, cons. 14 et les notes de C. LEMAIRE, S. NAUDIN, *Concurrences* n° 1-2016, p. 179 et A. RONZANO, *Concurrences* n° 1-2016, n° 78072.

22. **Politique de rétablissement de l'ordre public économique.** Enfin, l'amende participe à la mission de protection de l'ordre public économique confiée aux autorités de concurrence[119], en accompagnant le constat d'illégalité des pratiques relevées[120]. Le lien entre l'amende et l'ordre public économique a même été directement établi par la Cour de justice selon laquelle l'amende doit notamment refléter « la détérioration de l'ordre public économique »[121]. Cette troisième fonction est la résultante des deux premières énoncées puisque l'imposition d'une amende a pour objectif de contribuer au rétablissement et au maintien durable du jeu concurrentiel. C'est l'interdiction des pratiques qualifiées d'anticoncurrentielle et notamment l'amende infligée en répression, qui incitent, voire orientent, les entreprises à ne plus mettre en œuvre des pratiques anticoncurrentielles et permettent d'éradiquer cette forme de délinquance économique.

23. **Évaluation des politiques de sanction.** La volonté d'infliger des amendes punitives et dissuasives a largement participé, à première vue, au rehaussement constaté des amendes. Les conditions relatives à cette politique répressive sont-elles remplies ? Comment justifier de telles amendes ? Quels ont été les effets observés ? Cette politique répressive doit-elle connaître des limites ? Autant de questions liées à l'idée d'acceptabilité de telles amendes par le corps social. Certes, l'objectif de ce durcissement des amendes est largement connu. Il s'agit *in fine* de contraindre les entreprises à ne plus mettre en œuvre des pratiques anticoncurrentielles. Peut-on toutefois autant attendre de cette politique de sanctions ? Quels ont été les résultats de cette politique répressive mise en place en France et à l'échelon européen ? Ces objectifs placés dans l'amende, aussi ambitieux soient-ils, semblent d'ailleurs très difficiles à atteindre en soi. Ces objectifs d'efficacité de l'amende, par ailleurs, ne sont sans doute pas les seuls objectifs qui guident l'action des autorités de concurrence. D'autres facteurs et objectifs liés au prononcé d'une amende à l'encontre d'une entreprise sont à prendre en compte, lesquels sont difficilement conciliables quand ils ne sont pas contraires à cette politique répressive. Enfin, la mise en œuvre d'une politique répressive n'est pas le seul objectif, ni même le seul moyen de parvenir à l'objectif ultime des autorités de concurrence, à savoir un marché pleinement concurrentiel.

---

[119] Cass. com., 12 mai 2015, Sociétés Cogent e. a., n° 14-10792 et sur l'ordre public économique, M.-A. FRISON-ROCHE, « Les différentes natures de l'ordre public économique », *in Archives de philosophie du droit, L'ordre public*, t. 58, *Dalloz*, 2015, p. 105 et A. LAGET-ANNAMAYER (dir.), *L'ordre public économique*, coll. Droit et Économie, LGDJ, Lextenso éd., 2018.

[120] En revanche, les amendes infligées par les autorités de concurrence n'ont pas pour objectif de réparer les dommages, subis par les consommateurs ou par les entreprises, victimes des pratiques mises en cause.

[121] CJCE, 7 janvier 2004, Aalborg Portland e. a. c/Commission, aff. C-204/00 P, C-205/00 P, C-211/00 P, C-213/00 P, C-217/00 P et C-219/00 P, point 91.

24. **Amende recouvrée et astreintes.** Que l'on soit ou non convaincu des buts assignés à l'amende, c'est une lapalissade de dire qu'une amende n'a d'abord d'effet que si elle est recouvrée. Lorsqu'une amende est infligée à une contrevenante au droit de la concurrence, celle-ci est immédiatement exigible. Or, l'arsenal répressif mis en place pour le recouvrement des amendes est des plus contraignants. Les amendes infligées en droit de la concurrence sont aujourd'hui pleinement recouvrées. Aux entreprises qui s'obstineraient à ne pas respecter une décision ou à ne pas vouloir payer, les dispositions légales françaises et de l'Union prévoient de leur infliger de lourdes astreintes[122]. Le II de l'article L. 464-2 du Code de commerce et l'article 24 du règlement n° 1/2003 prévoient d'infliger des astreintes dans la limite de 5 % du chiffre d'affaires journalier moyen réalisé au cours de l'exercice social précédent par jour de retard à compter de la date fixée dans la décision.

L'exemple de Microsoft, condamnée une première fois à 280 millions d'euros d'astreintes en 2006[123], puis une seconde fois à près de 900 millions d'euros[124], a été des plus mémorables. Pour ne pas avoir respecté une décision d'engagements, l'entreprise Microsoft a encore été récemment condamnée à une amende de 561 millions d'euros[125]. Sans atteindre de tels montants d'amendes, la problématique est également prise très au sérieux en France. En 2004, le Conseil de la concurrence a décidé de sanctionner France Télécom à une amende de 20 millions d'euros pour non-respect d'injonctions, montant qui a été doublé par la cour d'appel de Paris à la suite d'un recours incident de la part du ministre de l'Économie[126].

Il n'est donc pas aisé ni sans risque de refuser de s'acquitter du paiement des amendes en droit de la concurrence. Le taux de recouvrement de ces amendes, proche des 100 %, en est la meilleure preuve. Il sera également mentionné, à toutes fins utiles, que ces amendes ne sont ni déductibles[127], ni

---

[122] Sur les astreintes, v. S. MAIL-FOUILLEUL, préc., p. 523 et s..

[123] V. décision de la Commission du 12 juillet 2006, Microsoft (résumé publié au JOUE 2008, C 138, p. 7). Cette décision est définitive à la suite du désistement de Microsoft dans l'aff. T-271/06.

[124] V. décision de la Commission du 27 février 2008, Microsoft (résumé publié au JOUE 2009 C 166, p. 8) et la note d'A. RONZANO, *Concurrences* n° 2-2008, art. n° 64453 et Trib. UE, 27 juin 2012, aff. T-167/08, Microsoft Corp. e. a. c/ Commission et la note de L. IDOT, *Europe*, août-septembre 2012, comm. n° 8-9, p. 44 et d'É. BARBIER DE LA SERRE, *RLC* n° 33-2012, p. 63. Cet arrêt n'a pas été frappé de pourvoi.

[125] V. décision de la Commission du 6 mars 2013, Microsoft – Ventes liées (résumé publié au JOUE C 120, p. 6). Cette décision est définitive.

[126] V. décision du Conseil n° 04-D-18 du 13 mai 2004, concernant l'exécution de la décision n° 00MC-01 du 18 février 2000 relative à une demande de mesures conservatoires présentée par la société Télécom Réseau, réformée par CA Paris, 11 janvier 2005, France Télécom e. a., CT0175. Cet arrêt est définitif (Cass. com., 14 mai 2006, France Télécom e. a., n° 358 F-D et la note d'A. RONZANO, *Concurrences* n° 3-2006, art. n° 55626).

[127] Article 39, 2. du Code général des impôts modifié par article 85 de la loi n° 2001-420 du 15 mai 2001 sur les Nouvelles Régulations Économiques (ci-après « NRE ») (JORF n° 113 du 16 mai 2001, p. 7776, texte n° 2) et CJCE, 11 juin 2009, aff. C-429/07, Inspecteur Van de Belastingdienst c/ X BV et la note de É. BARBIER DE LA SERRE, M. LAVEDAN, *RLC* n° 21-2009, p. 68.

a priori assurables[128]. Si l'on devait résumer le choix qui se pose aujourd'hui aux entreprises intéressées à enfreindre le droit de la concurrence, ce serait réussir son coup ou risquer d'avoir la corde au cou.

25. **Justification des amendes.** Devant la politique répressive mise en place par l'Autorité et la Commission[129], les entreprises ont commencé à régulièrement contester le montant des amendes infligées, estimant qu'elles étaient disproportionnées et calculées « au doigt mouillé »[130]. Très vite, il n'a plus été tenable de juger que « le montant de l'amende n'a[vait] pas à être motivé »[131] ! Cette montée en puissance des amendes ne s'est pas faite sans résistance de la part des entreprises ni, parfois, sans revers de la part des autorités de concurrence[132]. Ces entreprises ont d'abord réclamé toutes les garanties issues du droit à un procès équitable, en remettant en cause l'origine administrative des amendes dans une matière « para » ou « quasi pénale », selon que l'on se situe à Paris ou à Luxembourg[133], voire résolument « pénale », si l'on se trouve à Strasbourg[134]. Quoi qu'il en soit, certains garde-fous entourant les amendes ont été prévus en droit français et en droit de l'Union par le législateur et exigés par le juge. C'est ainsi qu'une amende ne peut être prononcée qu'à la condition d'être notamment motivée, individualisée et proportionnée à l'entreprise condamnée, et qu'elle ne dépasse pas un maximum prévu par la loi[135].

26. **Adoption des grilles de sanction.** Il n'est pas exagéré de dire qu'un premier grand changement en matière d'amende s'est produit dans l'affaire *Trefilunion* dans laquelle le Tribunal a invité sinon pressé la Commission à préciser sa méthode de détermination de ses amendes[136]. En réponse, la Commission a d'abord publié ses premières lignes directrices en matière

128 Cass. civ., 14 juin 2012, M. X. e. a., n° 11-17.367 dans lequel a été affirmé l'inassurabilité des amendes de l'Autorité des Marchés Financiers prononcées envers une personne physique en raison du caractère intentionnel de la faute ; CA Paris, 14 février 2012, M. Y. X. e. a., n° 09/06711, même hypothèse, mais sous l'angle de la contrariété à l'ordre public prévue à l'article 6 du Code civil.

129 B. VESTERDORF, « Are fines the final answer to cartels in Europe ? », *Concurrences* n° 2-2009, p. 1.

130 I. VAN BAEL, « Fining à la carte : the Lottery of EU Competition law », *ECLR*, 1995, p. 237.

131 CA Paris, 28 janvier 1988, Lyonnaise des eaux e. a., BOCCRF 87-88, p. 58.

132 En Allemagne, la méthode de détermination des sanctions du *Bundeskartellamt* a été désavouée par la Haute Cour de Düsseldorf dans l'affaire des Ciments où les amendes de cinq producteurs à hauteur de 649 millions d'euros ont été ramenées à 330 millions d'euros.

133 Trib. UE, 27 mars 2014, aff. T-56/09 et T-73/09, Saint-Gobain Glass France e. a. c/ Commission, points 76 à 80.

134 CEDH, Jussila c/Finlande du 23 novembre 2006, req. n° 73053/01, Recueil des arrêts et décisions, 2006-XIII, para. 30 et 31.

135 En droit français, L. 464-2, I., quatrième alinéa du Code de commerce ; en droit de l'Union européenne, article 23, paragraphe 2 du règlement européen n° 1/2003 et articles 41, paragraphe 2 sous c) et 49 de la Charte des droits fondamentaux de l'Union européenne (2000/C 364/01).

136 TPICE, 6 avril 1995, aff. T-148/89, Trefilunion c/ Commission, points 140 à 142 et les notes de L. IDOT, *Europe*, juin 1995, comm. n° 220, 221 et 226 et de L. VOGEL, *CCC* n° 88-1995, p. 11.

d'amende, en 1998[137], et en a adopté de secondes en 2006 qui sont toujours en vigueur[138]. En France, à la suite d'un arrêt controversé de la cour d'appel de Paris dans l'affaire de l'*Acier*, le ministre de l'Économie a missionné trois personnalités sur le sujet des amendes infligées en droit de la concurrence[139]. De ce rapport toujours intéressant à relire, il en est finalement ressorti une invitation faite à l'Autorité de préciser, elle aussi, sa méthode de sanctions. L'Autorité ne s'est pas privée de le faire en adoptant en mai 2011 son « communiqué sanctions », ce dernier ayant pour objectif d'apporter de la transparence et enrichir le débat contradictoire[140]. Ce communiqué sanctions a ensuite été révisé, pratiquement 10 ans plus tard, le 30 juillet 2021[141]. Dès lors, l'examen des amendes imposées en droit de la concurrence impliquera d'analyser et de comparer les grilles de sanctions de l'Autorité et de la Commission.

27. **Contrôle juridictionnel des décisions de sanction de l'Autorité.** Devant l'importance des amendes prononcées et l'étendue des prérogatives dont disposent les autorités administratives pour poursuivre et sanctionner les pratiques anticoncurrentielles, de nombreuses voix se sont également fait entendre pour demander que soit pleinement reconnu le droit à une protection juridictionnelle effective[142], souvent perçu comme le moyen de s'assurer que le pouvoir de l'administration n'est ni arbitraire ni discrétionnaire. Il reste encore à savoir si ces exigences, plusieurs d'entre elles ayant été fixées dans l'arrêt *Menarini* de la CEDH, sont satisfaites dans la procédure française[143].

---

137 Lignes directrices pour le calcul des amendes infligées en application de l'article 15 para. 2 du règlement n° 17 et de l'article 65 para. 5 du traité CECA (JOCE C 9, p. 3) (ci-après les « lignes directrices de 1998 »).

138 Lignes directrices pour le calcul des amendes infligées en application de l'article 23, paragraphe 2, sous a), du règlement (CE) n° 1/2003 (JOCE C 210, p. 2) (ci-après les « lignes directrices de 2006 »).

139 Rapport sur l'appréciation de la sanction en matière de pratiques anticoncurrentielles, J. M. FOLZ, C. RAYSSEGUIER, et A. SCHAUB (ci-après le « rapport Folz »), 2010, disponible sur le site ladocumentationfrancaise.fr.

140 Communiqué de l'Autorité de la concurrence du 16 mai 2011, relatif à la méthode de détermination des sanctions pécuniaires (ci-après le « communiqué sanctions de 2011 »), points 13 et s. et l'article d'E. CLAUDEL, « L'art (et les limites) du communiqué », *Concurrences* n° 1-2011, p. 7 et de C. PRIETO, « Détermination des sanctions pécuniaires : Tenants et aboutissants de la méthode retenue par l'Autorité de la concurrence », *Concurrences* n° 3-2011, p. 54.

141 Communiqué de l'Autorité de la concurrence du 30 juillet 2021, relatif à la méthode de détermination des sanctions pécuniaires (ci-après le « communiqué sanctions de 2021 »).

142 H. LEGAL, « Le contentieux communautaire de la concurrence entre contrôle restreint et pleine juridiction », *Concurrences* n° 2-2005, p. 1.

143 CEDH, 27 sept. 2011, req. n° 43509/08, A. Menarini Diagnostics SRL c/ Italie et les articles de G. MUGUET-POULLENNEC, D. DOMENICUCCI, « Amende infligée par une autorité de concurrence et droit à une protection juridictionnelle effective : les enseignements de l'arrêt Menarini de la CEDH », *RLC* n° 30-2012, n° 1988 et T. BOMBOIS, « L'arrêt Menarini c/Italie de la CEDH. Droit *antitrust*, champ pénal et contrôle de pleine juridiction », *Cah. dr. eur.*, 2011, p. 541. Dans l'arrêt *Menarini*, la Cour européenne des Droits de l'Homme a considéré que le respect de l'article 6 de la CESDH n'exclut pas que dans une procédure de nature administrative, une sanction soit imposée au sens qu'il est donné à ce mot en matière pénale. Cette possibilité suppose cependant que la décision d'une

À l'origine, le contentieux des pratiques anticoncurrentielles relevait du Conseil d'État, lequel statuait dans le cadre de sa compétence de pleine juridiction. L'adoption de l'ordonnance de 1986 sur la liberté des prix a été l'occasion pour le législateur, sous le contrôle du Conseil constitutionnel[144], d'opérer un transfert de compétence du contrôle des pratiques anticoncurrentielles vers la cour d'appel de Paris[145], juridiction de l'ordre judiciaire[146]. La cour procède à un contrôle de la légalité externe et interne de la décision qui lui est déférée. Elle a l'obligation de vérifier que l'amende infligée par l'Autorité est conforme à tous les critères fixés par l'article L. 464-2 du Code de commerce[147]. Les juges de l'actuelle chambre 5-7 vérifient notamment que l'Autorité n'a pas commis d'erreur manifeste d'appréciation, notamment quant à la proportionnalité de l'amende. De même, la cour d'appel de Paris peut statuer par voie de réformation[148]. Elle a donc la possibilité de procéder à une nouvelle appréciation des éléments de fait et de droit et de substituer, en tout ou partie, sa décision à celle de l'Autorité. Il en résulte que la cour d'appel de Paris, lorsqu'elle connaît de ce contentieux spécifique, est en quelque sorte une juridiction administrative qui s'ignore[149], dotée d'un pouvoir d'annulation et de réformation similaire à celui qu'exerçait auparavant le Conseil d'État.

C'est ainsi que la cour d'appel de Paris a notamment la possibilité d'annuler, ou de réduire les amendes infligées par l'Autorité. Plus rare, elle peut augmenter le *quantum* de l'amende en cas de recours du ministre en charge de l'Économie[150]. Lorsque l'Autorité se réfère à son communiqué sanctions, la cour d'appel de Paris a l'obligation de vérifier qu'elle en a fait

---

autorité de concurrence qui ne remplit pas elle-même les conditions de l'article 6, paragraphe 1, de la CESDH puisse être contrôlée ultérieurement par un tribunal. Parmi les caractéristiques d'un tel tribunal, la CEDH énonce le « pouvoir de réformer en tous points, en fait comme en droit, la décision » adoptée par l'autorité de concurrence. Ce tribunal doit être compétent pour trancher « toutes les questions de fait et de droit pertinentes pour le litige dont il se trouve saisi ».

144 V. décision du Conseil constitutionnel n° 86-224 DC du 23 janvier 1987 relatif à la loi transférant à la juridiction judiciaire le contentieux des décisions du Conseil de la concurrence et les commentaires de L. FAVOREU, L. PHILIP, *Grandes décisions du Conseil constitutionnel*, Sirey, 1991, 6e éd. n° 43, p. 709 et de M. LONG, P. WEIL, G. BRAIBANT, P. DELVOLVE et B. GENEVOIS, *Grands arrêts de la jurisprudence administrative*, Sirey, 9e éd., 1990, n° 113, p. 717.

145 C. ARENS, « Propos conclusifs (Les entretiens de la concurrence III, 18 octobre 2016, Paris) », *Concurrences* n° 1-2017, art. n° 83416 et C. ARENS, « La cour d'appel de Paris, au cœur des droits de la concurrence », *Concurrences* n° 3-2018, p. 1.

146 J.-J. ISRAEL, « Contentieux administratif et contentieux de la concurrence », *in Mélanges en l'honneur de René Chapus*, Montchrestien, 1992, p. 315.

147 Cass. com., 10 mars 1992, France loisirs, n° 90-16.298, Bull. 1992 IV, n° 111, p. 81.

148 M.-C. BOUTARD LABARDE, G. CANIVET, E. CLAUDEL, V. MICHEL-AMSELLEM, *L'application en France du droit des pratiques anticoncurrentielles*, LGDJ, 2008, p. 473.

149 P. DÉLVOLVE, « La cour d'appel de Paris, juridiction administrative », *in Mélanges Jean-Marie Auby*, Dalloz, 1992, p. 463.

150 CA Paris, du 2 avril 1996, Pro-Gec, confirmé par Cass. com., 24 mars 1998, Sade-CGTH e. a. ; du 11 janvier 2005, France Télécom e. a., ct0175, confirmé par Cass. com., 14 mars 2006, France Télécom e. a., n° 05-11.232.

une bonne application[151]. Cette grille de sanctions, toutefois, n'est qu'une directive dépourvue de valeur normative et qui ne s'impose donc pas à la cour d'appel de Paris[152]. Le rôle de cette dernière dans la détermination du *quantum* des amendes a été et continue d'être débattu. Il ne s'agit pas, comme il a parfois été soutenu, d'une chambre d'enregistrement des amendes prononcées par l'Autorité de la concurrence. Preuve en est que par un arrêt qui a fait couler tant d'encre, la cour d'appel de Paris avait divisé par huit, de 575 millions à 72 millions d'euros, le montant total des amendes prononcées par le Conseil de la concurrence en 2008 à l'égard de onze entreprises de négoce de produits sidérurgiques[153].

Enfin, un pourvoi formé devant la Cour de cassation peut être formé un mois après que l'arrêt de la cour d'appel de Paris ait été rendu[154]. Ces affaires sont attribuées à la Chambre commerciale, financière et économique de la Cour[155]. Les moyens invoqués devant la Cour de cassation doivent être des moyens de droit et non de fait. Elle n'a donc pas vocation à quantifier le montant de l'amende. Elle vérifie toutefois qu'aucune illégalité n'a été commise lors de la détermination du *quantum* de l'amende[156]. La Cour peut soit rejeter le pourvoi, soit casser et annuler l'arrêt avec la possibilité de renvoyer l'affaire devant la cour d'appel de Paris autrement composée.

28. Contrôle juridictionnel des décisions de sanctions de la Commission. L'Union européenne ayant finalement de ne pas adhérer à la CESDH, c'est à la charte des droits fondamentaux de l'Union européenne qu'il faut se référer à Luxembourg[157]. Cela n'a pas empêché la Cour de justice de l'Union européenne d'estimer que les décisions infligeant des amendes en matière de concurrence adoptées par la Commission n'étaient pas en soi contraires à l'article 6 de la CESDH. Selon la Cour de justice, le principe de protection juridictionnelle effective est aujourd'hui inscrit à l'article 47 de la charte des droits fondamentaux de l'Union européenne et correspond,

---

151 Cass. com. 18 octobre 2016, Sanofi e. a. n° X 1 510 384, p. 9.

152 CA Paris, 10 octobre 2013, Nestlé Purina Care France e. a., n° 2012/07909, p. 38 confirmé par Cass. com., 17 mars 2015, Royal Canin e. a., n° G 13-26.003, V 13-26.083 et F 13-26.185, p. 11 à 13.

153 V. décision du Conseil de la concurrence n° 08-D-32 du 16 décembre 2008, Secteur du négoce des produits sidérurgiques (ci-après « Acier »), réformée par CA Paris, 19 janvier 2010, AMD Sud-Ouest e. a., n° 2009/334 et, sur cette affaire, v., *infra*, n°s 75, 261, 267, 475 et 560.

154 L. 464-8, alinéa 3 du Code de commerce.

155 Sur le rôle de la Cour de cassation, il est renvoyé au discours de Madame Chantal Arens, Première présidente de la Cour de cassation, en ouverture du colloque « Autonomie et droit de la concurrence », 29 novembre 2019, disponible sur le site de la Cour de cassation.

156 Cass. com., 27 septembre 2017, EDF e. a., n° U 15-20.087 et R 15-20.291, p. 15 et du 8 novembre 2017, Président de l'Autorité e. a., n° E 16-17.226 et T 16-17.330, p. 5 et 6.

157 Avis n° 2/13 de l'assemblée plénière de la CJUE du 18 décembre 2014 et la note de J.-L. SAURON, *Gaz. Pal.* 2014, n° I, Jur., p. 4.

dans le droit de l'Union, à l'article 6, paragraphe 1, de ladite convention, dans le cadre du contrôle de légalité prévu par le TFUE[158].

Le système de contrôle juridictionnel des décisions de la Commission relatives aux procédures d'application des articles 101 et 102 TFUE consiste en un contrôle de légalité des actes des institutions désignées par l'article 263 TFUE qui peut être complété, en application de l'article 261 TFUE et sur demande des requérants, par l'exercice par le Tribunal de l'Union européenne d'une compétence de pleine juridiction en ce qui concerne les amendes infligées en ce domaine par la Commission[159]. Cette compétence de pleine juridiction lui est reconnue par l'article 31 du règlement n° 1/2003 qui l'habilite à substituer son appréciation à celle de la Commission et, en conséquence, à supprimer, à réduire ou à majorer l'amende ou l'astreinte infligée[160]. Il est rarement arrivé que le Tribunal annule purement et simplement une amende infligée à une entreprise[161]. Il est plus fréquent qu'il réduise le montant de l'amende et parfois même dans de grandes proportions. Comme excellent exemple peut être cité l'arrêt *Wabco* rendu dans l'affaire des *Installations sanitaires pour salles de bains*, dans lequel le Tribunal a diminué de 240 millions d'euros l'amende infligée à la contrevenante pour retenir finalement un montant de 120 millions d'euros[162].

L'arrêt rendu par le Tribunal peut être enfin frappé d'un pourvoi devant la Cour de justice de l'Union[163]. Cette dernière a souvent rappelé que son contrôle dans le cadre du pourvoi se limite à répondre aux moyens soulevés par la requérante sans qu'elle ait à procéder d'office à un contrôle complet de l'arrêt attaqué. À la différence de la Cour de cassation, le règlement de procédure de la Cour de justice prévoit qu'elle puisse, en cas de censure, définitivement statuer au fond si l'affaire est en état d'être jugée. Le contrôle de la Cour a pour objet, d'une part, d'examiner dans quelle mesure le Tribunal a correctement pris en considération tous les facteurs essentiels pour apprécier la gravité d'un comportement anticoncurrentiel, et, d'autre part, de vérifier si le Tribunal a répondu à suffisance de droit à l'ensemble

158 CJUE, 18 juillet 2013, aff. C-501/11 P, Schindler Holding e. a. c/ Commission, points 33, 36, et 38.

159 CJUE, 21 janvier 2016, aff. C-603/13 P, Galp Energía España e. a. c/ Commission, point 71 et du 26 décembre 2018, aff. C-99/17 P, Infineon Technologies c/ Commission, point 47 et la note de G. DECOCQ, *CCC* n° 1-2019, comm. 13.

160 CJUE, du 8 décembre 2011, aff. C-386/10 P, Chalkor c/Commission, point 63 et du 26 janvier 2017, aff. C-626/13 P, Villeroy & Boch Austria c/Commission, point 81 et l'article de G. MUGUET-POULLENNEC, D. DOMENICUCCI, F. HOSEINIAN, « Sanctions prévues par le règlement n° 1/2003 et droit à une protection juridictionnelle effective : les leçons des arrêts KME et Chalkor de la CJUE », *RLC* n° 32-2012, p. 57.

161 Trib. UE, 15 septembre 2011, aff. T-234/07, Koninklijke Grolsch c/ Commission. Cet arrêt n'a pas été frappé de pourvoi.

162 Trib. UE, 16 septembre 2013, aff. T-380/10, Wabco e. a. c/ Commission, points 186 à 192 et la note d'A. RONZANO, *Concurrences* n° 4-2013, art. n° 59601. Cet arrêt n'a pas été frappé de pourvoi.

163 K. LENAERTS, K. GUTMAN, I. MASELIS, *EU Procedural Law*, Oxford University Press, 2014.

des arguments invoqués au soutien de la demande de suppression de l'amende ou de réduction du montant de celle-ci[164]. Cependant, la Cour a estimé qu'il ne lui appartenait pas, en principe, de substituer, pour des motifs d'équité, son appréciation à celle du Tribunal sur le *quantum* des amendes infligées à des entreprises. Ce contrôle n'interviendrait que si elle estimait que le montant de l'amende est non seulement inapproprié, mais également excessif, au point d'être disproportionné et d'y relever, en conséquence, une erreur de droit[165].

29. Amendes et détection. Il n'y a également de politique répressive effective qu'à la condition de détecter un nombre suffisant d'infractions[166]. Si trop peu de contrevenantes sont condamnées, ces dernières seront moins intimidées à l'idée d'une lourde condamnation[167]. C'est l'idée que la peine doit apparaître comme le destin du crime[168]. En France et en Europe, les autorités de concurrence ont recentré leur action sur la lutte contre les cartels. Or, ce sont les pratiques les plus sophistiquées et les plus difficiles à détecter. Dans ce type d'infractions, les informations échangées sont confidentielles, les réunions sont tenues secrètes[169], les documents dématérialisés ou détruits, les communications se font avec des téléphones dédiés[170], etc. L'affaire dite du logiciel *Drapo*, au moyen duquel 34 entreprises du BTP se sont réparti de nombreux marchés publics en France sans réelle concurrence, en est l'un des meilleurs exemples[171]. Tout est fait pour ne pas se faire repérer ni attraper. Sauf exception notable[172], il est rare que ces infractions sortent de la confidentialité. Un premier écueil est ainsi posé, à savoir la détection et la collecte des preuves relatives à ces pratiques. Certes, la Commission dispose de ses services d'enquêtes spécialisés à Bruxelles. En France, la DGCCRF et l'Autorité jouissent également de leurs propres services d'enquête. Cela étant, l'enquête reste

---

164 CJUE, 26 janvier 2017, aff. C-637/13 P, Laufen Austria c/ Commission, point 58 et du 26 décembre 2018, aff. C-99/17 P, Infineon Technologies c/ Commission, point 192.

165 CJUE, du 30 mai 2013, aff. C-70/12 P, Quinn Barlo Ltd e. a. c/ Commission, point 57 et du 10 avril 2014, aff. jtes. C-247/11 P et C-253/11 P, Areva SA e. a. c/ Commission, point 177.

166 L. VOGEL, « Les sanctions administratives : Efficacité du contrôle ou sécurité juridique ? » *in* « Les sanctions du droit de la concurrence », *Concurrences* n° 1-2013, art. n° 50524.

167 W. WILS, « Optimal Antitrust Fines : Theory and Practice », *Journal of Competition Law and Economics*, décembre 2005, vol. n° 4.

168 G. F. HEGEL, *Principes de la philosophie du droit*, Gallimard, 1821.

169 Communiqué de presse de l'Autorité relatif à la décision n° 14-D-19, Produits d'hygiène et d'entretien.

170 Communiqué de presse de l'Autorité relatif à la décision n° 15-D-03 du 11 mars 2015 relative à des pratiques mises en œuvre dans le secteur des produits laitiers frais (ci-après « Produits laitiers »).

171 V. décision du Conseil n° 06-D-07 bis* du 21 mars 2006, Secteur des travaux publics dans la région Île-de-France (ci-après « Drapo »). Cette décision est définitive (CA Paris, 10 octobre 2013, Razel e. a., n° 12/13744).

172 Communiqué de presse du Conseil relatif à la décision n° 05-D-64 du 25 novembre 2005, Palaces parisiens.

une mission ardue et le risque d'être détecté pour les entreprises n'est sans doute pas très élevé.

Les autorités de concurrence ont donc dû répondre au défi de parvenir à détecter et à prouver ces pratiques secrètes. La solution la plus simple a finalement été trouvée en incitant les entreprises, elles-mêmes, à dénoncer les pratiques auxquelles elles se sont adonnées. Dans ce que l'on peut appeler du « donnant-donnant », la première entreprise à dénoncer les pratiques est amnistiée ou exonérée de sanction par une autorité de concurrence. Il s'agit de la procédure dite de « clémence », dans laquelle l'avocat d'une entreprise devient subitement son procureur. Née aux États-Unis[173], cette procédure a été instaurée par la Commission, à partir de 1996 et en France, en 2001 par la loi NRE. Pourvoyeuse de nombreuses affaires, cette procédure a connu un succès tel que l'on pourrait conclure en concurrence que « la clémence vaut mieux que la justice »[174]. Il y a toutefois un défaut majeur dans les affaires résolues au moyen de la « clémence », c'est qu'une entreprise, au moins, s'en sort toujours à bon compte. C'est ainsi que, par exemple, Samsung a échappé à une amende de 684 millions d'euros dans l'affaire des *Écrans LCD*[175]. En se « confessant » également à la Commission, la banque UBS a évité une amende record de 2,5 milliards d'euros dans l'affaire de l'*Euribor*[176]. Ces quelques exemples chiffrés démontrent qu'une analyse des amendes infligées par les autorités de concurrence n'a de pertinence qu'en tenant compte de leurs politiques de clémence et de leurs effets.

30. Amendes et transaction. D'une manière plus générale, il n'est plus possible de mesurer l'efficacité d'une politique judiciaire sans tenir compte des procédures négociées qui l'entourent. Le droit de la concurrence, loin d'être hostile à la négociation, ne fait pas exception. Depuis quelques années, les entreprises peuvent « transiger » avec les autorités de concurrence. En d'autres termes, les entreprises ne contestent pas ce qui leur est reproché, conviennent d'une amende avec les autorités et s'abstiennent de contester ensuite la décision conclue. Chacune des parties peut avoir un intérêt à transiger. D'un côté, les autorités de concurrence règlent plus rapidement les affaires et s'évitent de lourdes suites contentieuses. C'est ainsi que le cartel des *Roulements*, sanctionné pourtant à hauteur d'un milliard d'euros, a fait l'objet d'un accord entre la Commission et six

---

173 J.-C. RODA, *La clémence en droit de la concurrence : étude comparative des droits américain et européens*, C. PRIETO (dir.), th. Univ. Aix-Marseille 3, 2006.

174 Citation de Luc DE CLAPIERS MARQUIS DE VAUVENARGUES.

175 V. décision de la Commission du 8 décembre 2010, Écrans LCD (résumé publié au JOUE 2011 C 295, p. 8). Samsung n'a pas formé de recours contre la décision.

176 V. décision de la Commission du 4 décembre 2013, Euribor (Communiqué de presse IP-13-1208). Cette décision a fait l'objet de transactions.

entreprises[177]. Il en est de même en France concernant le cartel des *Revêtements des sols résilients*, où cinq entreprises ont transigé avec l'Autorité pour un montant total de 304 millions d'euros[178]. De l'autre, les entreprises peuvent notamment négocier l'amende qui leur sera imposée. C'est ainsi que, par exemple, le groupe Daimler AG a économisé au minimum 100 millions d'euros en s'abstenant de contester sa responsabilité dans le cartel des *Producteurs de camions*[179]. C'est pour ainsi dire une autre forme de donnant-donnant. Au-delà de l'impact sur le *quantum* de l'amende, l'aspect nouvellement transigible de l'amende est un changement de paradigme à intégrer dans l'analyse de la politique judiciaire menée en matière d'amendes.

31. **Amendes et entreprise.** Il va également de soi qu'une amende n'a d'effet envisageable qu'à la condition de s'intéresser à celui qui est condamné. Or, le sujet du droit de la concurrence est l'entreprise. En se focalisant sur l'entreprise et non sur les personnes physiques, les autorités de concurrence ont d'abord fait le choix de la solvabilité. Cela étant, il n'est pas simple de définir ce que recouvre exactement une entreprise en droit de la concurrence, en particulier lorsque l'on condamne régulièrement des multinationales et de grands groupes avec de multiples ramifications. Dans ce type de structures, c'est le plus souvent au sein de filiales opérationnelles que sont mises en œuvre les pratiques. Or, ces filiales jouissent d'une autonomie juridique qui peut d'abord être considérée comme un premier obstacle à la condamnation des groupes de sociétés. En outre, le groupe de sociétés auquel appartient une filiale n'a longtemps été qu'un être collectif désincarné et sans existence juridique. Il n'était donc pas simple d'appréhender un groupe de sociétés en le qualifiant d'entreprise responsable.

C'est pourtant le choix qui a été fait par la Commission et qui constitue l'un des tournants en matière de politique répressive. Il va sans dire que condamner une société avec un chiffre d'affaires exprimé en millions d'euros n'a rien à voir avec sanctionner le groupe auquel elle appartient et qui lui peut générer des milliards d'euros. Quant à s'assurer que la filiale et tout le groupe auquel elle appartient soient incités à modifier leur comportement à la suite d'une amende, c'est une autre difficulté qu'il conviendra d'examiner. Il ne faudrait pas oublier, en effet, la nature désincarnée et volatile de la personne morale. Cette dernière peut muter ou disparaître avec une grande aisance. La personne morale peut être

---

177 V. décision de la Commission du 19 mars 2014, Roulements (résumé publié au JOUE C 238/09, p. 10). Cette décision a fait l'objet de transactions.

178 V. décision de l'Autorité n° 17-D-20 du 18 octobre 2017, Secteur des revêtements de sols résilients (ci-après « Revêtements de sols »). Cette décision a fait l'objet de transactions.

179 V. décision de la Commission du 19 juillet 2016, Producteurs de camions, cons. 16 et 17 du résumé. Cette décision a fait l'objet de transactions.

rapidement liquidée, restructurée, ou même cédée à une autre personne morale appartenant à une autre entreprise. On assiste à cet égard à ce que l'on nomme une vague de fusions-acquisitions. Ce phénomène n'est sans doute pas sans incidence sur les amendes infligées et cette étude ne doit pas le négliger.

32. **Amendes et capacités contributives.** Ce phénomène d'augmentation des amendes, esquissé à ce stade, ne peut être enfin étudié sans tenir compte de la faculté d'une entreprise à payer, autrement dit de sa capacité contributive. Chaque entreprise a une capacité contributive, au-delà de laquelle sa pérennité est en jeu. Les limites légales du *quantum* de l'amende, fixées à 10 % du chiffre d'affaires mondial, ne sont pas nécessairement les limites réelles d'une entreprise. Les limites d'une entreprise sont même, la plupart du temps, largement en deçà de ce seuil légal. Du fait de ce maximum légal très élevé, la Commission et l'Autorité ont donc la possibilité, en théorie, d'infliger des amendes qui peuvent conduire les entreprises sanctionnées à disparaître ou à être revendues. Or, certaines entreprises dégagent des bénéfices plus ou moins importants. D'autres sont endettées, voire lourdement endettées ou prétendent l'être. Les autorités de concurrence peuvent être confrontées à des entreprises qui s'estiment, de bonne foi ou non, incapables de payer.

Il n'y a pas *a priori* de « peines de mort » prononcées à l'encontre des sociétés en droit de la concurrence[180]. L'exigence d'une sanction proportionnée a conduit les autorités de concurrence à tenir compte de l'existence des difficultés financières des entreprises. La disparition d'un acteur d'un marché n'est d'ailleurs pas, économiquement parlant, une bonne nouvelle si l'on considère que le marché se resserre et nuit à l'animation concurrentielle[181]. C'est ainsi que l'entreprise Technicolor a été condamnée dans le cartel des *Tubes cathodiques pour téléviseurs et écrans d'ordinateur* à une amende de 38 millions d'euros tenant compte de ses sérieuses difficultés, alors qu'elle aurait théoriquement dû être sanctionnée d'une amende avoisinant les 260 millions d'euros[182].

Mais si les capacités contributives apparaissent comme une frontière indépassable au-delà de laquelle l'entreprise est contrainte de disparaître, encore faut-il la délimiter et se questionner ensuite sur les conséquences acceptables d'une amende pour une entreprise. L'amende peut-elle priver une entreprise de ses investissements prévus ? Peut-elle avoir pour effet d'endetter une entreprise ? Peut-elle avoir pour conséquence d'entraver l'accès d'une entreprise aux marchés de capitaux ? Plus dommageable encore, la vente de l'activité ou de la société est-elle également une

---

180 On relèvera toutefois que la dissolution judiciaire est possible en matière pénale.

181 V. décision de l'Autorité n° 15-D-03, Produits laitiers, para. 105 et CA Paris, 23 mai 2017, Laïta e. a., n° 2015/08224, points 727.

182 S. BERRA, « CRT cartelist obtains record inability-to-pay fine cut », *GCR*, 18 décembre 2012.

conséquence acceptable ? Les réponses à apporter à ces questions ne sont pas si simples. Il peut être toutefois observé que la sanction conduisant à la liquidation ou à la vente contrainte et forcée, *de facto*, n'est pas impossible en droit de la concurrence. Il en ressort qu'une analyse sérieuse des effets des amendes prononcées par les autorités de concurrence nécessite de prendre en considération la capacité contributive des entreprises condamnées.

§ 3 – Sur le champ de l'étude

33. **Champ de l'étude relative aux caractères punitifs et dissuasifs des amendes.** Il ressort essentiellement de ces propos introductifs qu'une double fonction a été assignée aux amendes infligées en droit de la concurrence, à la fois punitive et dissuasive. Autant d'objectifs à atteindre et résumés dans la problématique de cette étude à travers la question suivante : les amendes en droit de la concurrence sont-elles punitives et dissuasives ? Si l'analyse économique a – excessivement – réduit les réponses à ces deux questions au montant des amendes infligées, tel n'est pas notre postulat. L'une de ces réponses s'intéresse au passé, l'autre à l'avenir. Le montant de l'amende n'est, en outre, qu'un des déterminants des caractères punitifs et dissuasifs des amendes infligées en droit de la concurrence. Dis autrement et indépendamment du *quantum*, une amende peut être punitive sans être dissuasive et inversement. D'autres paramètres liés notamment aux auteurs de l'infraction, à leur capacité financière et aux conséquences possiblement néfastes des amendes, en effet, nous semblent d'importance et exigent de traiter distinctement le caractère punitif et dissuasif des amendes. L'analyse téléologique et empirique des amendes qui sera proposée en réponse à l'ensemble des questions posées nécessite de préalablement délimiter le champ de cette étude. Si l'un des plus grands philosophes de la dialectique a énoncé que « le vrai est le tout »[183], qu'il nous soit pardonné d'avoir eu à circonscrire notre étude. Certains choix sont imposés et n'en sont donc pas réellement, d'autres nous appartiennent.

34. **Délimitation matérielle de l'étude : amendes infligées par l'Autorité et la Commission.** Comme l'indique son titre, cet essai portera sur les amendes infligées par l'Autorité de la concurrence et la Commission européenne. L'importance des autres mesures coercitives prononcées à l'encontre des entreprises, telles que les astreintes, les mesures conservatoires, les injonctions et les condamnations à faire publier les décisions, ne sont pas à négliger, mais ne seront que brièvement envisagées. Plus précisément, il s'agira d'étudier les amendes prononcées à l'encontre

---

183 G. F. HEGEL, *Phénoménologie de l'esprit*, 1807.

des entreprises condamnées dans le cadre d'ententes et abus de position dominante[184].

Quand bien même les agissements anticoncurrentiels s'exercent sous plusieurs formes, c'est le cartel qui préoccupe au plus les autorités de concurrence[185]. Leur politique, centrée sur les cartels, nous contraindra à principalement examiner ces infractions au droit des pratiques anticoncurrentielles considérées quasi unanimement comme les plus graves. Les amendes infligées dans le cadre de pratiques unilatérales et d'ententes verticales, moins fréquentes, seront toutefois prises en compte dans la démonstration.

De même, cet essai vise à analyser les amendes infligées aux entreprises qui enfreignent le droit des pratiques anticoncurrentielles, ce qui n'inclut pas les amendes prononcées dans le cadre du contrôle des concentrations. Ces amendes ont une autre portée, même s'il est admis que ce contentieux est devenu d'un intérêt évident vu les montants évoqués[186]. Si les dommages-intérêts et les sanctions pénales ont également une vertu punitive et dissuasive, ils ne seront pas non plus examinés ici. En effet, derrière l'examen des fonctions de l'amende, c'est la politique des autorités de concurrence en matière d'amende qui est aussi l'objet de cette étude.

35. **Délimitation temporelle de l'étude.** Il convient enfin de borner la période temporelle d'analyse de cette étude. Comme le temps met tout en lumière[187], il est important d'étudier les amendes infligées sur une période suffisamment représentative. Ce sont donc les amendes infligées à partir de

---

184 Des amendes potentiellement lourdes ont été également prévues au V de l'article L. 464-2 du Code de commerce et au 1 de l'article 23 du règlement n° 1/2003 pour les entreprises qui auraient en tête d'empêcher les services de la Commission et de l'Autorité de mener leurs enquêtes ou d'instruire. Ces amendes peuvent atteindre 1 % du montant du chiffre d'affaires. Des amendes « exemplaires » ont été prononcées ces dernières années. Il vient à l'esprit les 38 millions d'euros infligés à E.ON pour avoir commis un bris de scellés (V. décision de la Commission du 30 janvier 2008, E.ON Energie AG. Cette décision est définitive (CJUE, 22 novembre 2012, aff. C-89/11 P, E.ON Energie AG c/ Commission)) ou bien encore les 30 millions d'euros imposés à Brenntag pour s'être opposée à l'instruction de l'Autorité (V. décision de l'Autorité n° 17-D-27 du 21 décembre 2017 relative à des pratiques d'obstruction mises en œuvre par Brenntag (ci-après « Brenntag »). Cette décision fait l'objet d'un recours devant la cour d'appel de Paris). Ces amendes infligées pour obstruction participent aux politiques répressives mises en œuvre par les autorités de concurrence. Elles ne seront toutefois pas envisagées dans le cadre de cette étude.

185 M. BÉHAR-TOUCHAIS, « Vers une réorientation du contrôle du Conseil de la concurrence sur les pratiques les plus graves », *in* G. CANIVET, L. IDOT (dir.), *Vingtième anniversaire de l'ordonnance du 1er décembre 1986. Évolutions et perspectives*, p. 81.

186 Sur les pratiques de « gun jumping », v. décision de l'Autorité n° 16-D-24 du 8 novembre 2016, Altice et SFR, et l'intervention de I. DE SILVA dans « Les Rendez-vous de l'Autorité », du 23 mars 2017, disponible sur le site de l'Autorité ; v. décisions de la Commission du 10 juin 2009, Electrabel/Compagnie nationale du Rhône (résumé publié au JOUE C 279, p. 8) et du 24 avril 2018, Altice et PT Portugal, M.7993 (IP/18/3522) et l'article d'I. DE SILVA, « Gun jumping: Quelles sont les pratiques à éviter ? Réflexions sur la mise en œuvre anticipée des opérations de concentration », *Concurrences* n° 3-2018, p. 55.

187 Citation de THALÈS DE MILET, VIe s. av. J.-C..

1986[188], année d'adoption de l'ordonnance relative à la liberté des prix et de la concurrence[189], jusqu'au 30 juillet 2021, date de révision du communiqué sanctions de l'Autorité, qui feront l'objet de cette étude[190]. L'objectif de cette démarche empirique, aussi difficilement atteignable soit-il, sera d'analyser au cours de ce laps de temps le maximum de décisions du Conseil, celles de son successeur l'Autorité et de la Commission. Quelques décisions rendues par la DGCCRF et d'autres autorités de concurrence seront parfois mentionnées lors de cette étude exhaustive. Il sera également étudié les arrêts qui auront été rendus dans le cadre de ces décisions par les juges de contrôle de ces autorités de concurrence. Ce laps de temps a été jugé nécessaire afin de démontrer la montée en puissance des amendes, d'examiner leurs conséquences et, enfin, de mesurer leur efficience.

36. **Amende punitive et dissuasive : division de l'étude.** Ces prolégomènes invitent donc à analyser les deux principaux objectifs assignés aux amendes infligées en droit de la concurrence, ce qui conduit à examiner, lors de la première partie de cette étude, le caractère punitif des amendes infligées aux entreprises (PREMIÈRE PARTIE) et dans une seconde partie, leur caractère dissuasif (SECONDE PARTIE).

---

188 Plusieurs décisions de la Commission et de la Cour de justice des communautés européenne antérieures à la période observée seront néanmoins évoquées dans cet essai.

189 Ordonnance n° 86-1243 du 1er décembre 1986 relative à la liberté des prix et de la concurrence (JORF du 9 décembre 1986, p. 14773) et l'étude de M.-C. BOUTARD-LABARDE, *Le Nouveau droit de la concurrence : commentaire de l'ordonnance du 1er décembre 1986 relative à la liberté des prix et de la concurrence*, Montchrestien, 1987.

190 Le nouveau communiqué sanctions de l'Autorité, révisé le 30 juillet 2021, ne sera donc pas envisagé dans cet essai. Plusieurs des évolutions engendrées par ce nouveau communiqué sanctions seront néanmoins mentionnées.

PREMIÈRE PARTIE : LA RECHERCHE D'AMENDES PUNITIVES

INTRODUCTION À LA PREMIÈRE PARTIE

37. **Pouvoir d'infliger des amendes : le bâton.** Lorsqu'est évoquée la direction générale de la concurrence de la Commission européenne ou l'Autorité de la concurrence, c'est leur pouvoir d'infliger des amendes aux entreprises qui vient en premier à l'esprit. Ces deux « gendarmes »[191] de la concurrence disposent en effet d'un pouvoir répressif impressionnant puisque les législateurs de l'Union et français ont prévu qu'ils puissent prononcer des amendes pouvant s'élever jusqu'à 10 % du chiffre d'affaires mondial d'une entreprise[192]. Les entreprises qui contreviennent au droit de la concurrence se savent menacer par l'existence d'un pouvoir punitif très fort et surtout exercé, dans les faits, de plus en plus sévèrement.

38. **Augmentation du *quantum* des amendes.** Il est en effet notoire que la Commission et de l'Autorité ont pleinement fait usage de leur pouvoir d'infliger des amendes à l'encontre des entreprises. Si l'objectif aisément devinable a été d'infliger des amendes crédibles, punitives, voire dissuasives, il est néanmoins difficile d'établir précisément à quelle date les amendes prononcées par ces deux autorités de concurrence ont commencé à être prises au sérieux par les entreprises. C'est vraisemblablement à partir des années 90 qu'elles ont commencé à infliger des amendes plus élevées, et de façon plus régulière, aux entreprises qui avaient contrevenu au droit de la concurrence. Cette augmentation croissante et continue des amendes infligées par la Commission et l'Autorité ne s'est pas démentie jusqu'à aujourd'hui. La célèbre entreprise américaine Procter & Gamble, récemment condamnée à 211 millions d'euros par la Commission[193], puis à 392 millions d'euros par l'Autorité[194], pourrait en témoigner. À ce sujet, de nombreux auteurs ont prétendu que les amendes ont très largement augmenté à partir du moment où les deux autorités précitées ont adopté des grilles de sanctions. Il est difficile de leur donner tort. Lorsque Google s'est vu condamné en 2017 par la Commission à une amende de 2,42 milliards d'euros puis en 2018 à une deuxième amende record de 4,34 milliards

---

191 B. LASSERRE, « La culture de la concurrence : La démonstration par la preuve » et M. BÉHAR-TOUCHAIS, « À quoi sert la concurrence ? *(Préface à l'ouvrage « Anniversaire des 10 ans de la Revue Concurrences »)* », *Concurrences* n° 3-2014, art. n° 68458.

192 Article 15, 2. du Règlement du Conseil de la Communauté Économique Européenne (ci-après « CEE ») n° 17, entré en vigueur le 3 mars 1962, Premier règlement d'application des articles 85 et 86 du traité (JOCE n° 13, p. 204) et article 73 de la loi n° 2001-420 du 15 mai 2001 (JORF du 16 mai 2001) relative aux Nouvelles Régulations Économiques (ci-après « NRE ») modifiant l'article L. 464-2 du Code de commerce.

193 V. décision de la Commission, 13 avril 2011, Détergents domestiques (résumé publié au JOUE C 193, p. 14).

194 V. décisions de l'Autorité n° 11-D-17, Lessives, et n° 14-D-19, Produits d'hygiène et d'entretien.

d'euros, et enfin en 2019 à une troisième amende de 1,9 milliard d'euros[195], la Commission n'a fait finalement qu'appliquer les règles de calcul d'amende fixées dans ses lignes directrices. Il en est de même en France où l'Autorité a infligé *via* son communiqué sanctions une amende totale d'environ 670 millions d'euros dans l'affaire des *Messageries* et même un record de 950 millions d'euros dans celle des *Produits d'hygiène et d'entretien*[196].

39. **Pouvoir de négocier : la carotte.** Concomitamment à l'usage plus marqué de ce pouvoir punitif des autorités de concurrence, ces dernières ont développé et fait montre d'une véritable aptitude à la négociation avec les entreprises à partir du milieu des années 90. Cette négociation conduit systématiquement à ce qu'une autorité obtienne quelque chose de la part d'une entreprise, en échange de lui concéder un avantage de nature pécuniaire. Elle s'est manifestée sous plusieurs formes. Dans certaines affaires, il y a d'abord eu le recours à la procédure d'engagements qui a été pour l'Autorité et la Commission de nature à mettre un terme à leurs « préoccupations » relatives à la légalité de certaines pratiques[197]. Cette procédure a donc permis aux entreprises d'éviter un contentieux et, par conséquent, le prononcé d'une amende[198]. Pour les affaires qui ont abouti à une décision de sanction, la négociation n'a pas été oubliée. La Commission puis le Conseil de la concurrence ont d'abord adopté une politique dite de « clémence » visant à exonérer de toute amende la première entreprise à lui révéler sa participation à une des infractions les plus graves du droit de la concurrence, à savoir les accords horizontaux secrets. Ultérieurement, il a été décidé de poursuivre cette négociation avec les entreprises jusqu'à l'aboutissement de l'affaire *via* un règlement transactionnel. Les entreprises qui acceptent de transiger avec les autorités de concurrence et qui renoncent, par conséquent, à contester la décision de sanction se verront accorder une réduction de leur amende encourue.

---

195 V. décisions de la Commission du 27 juin 2017, Google (Shopping) ; du 18 juillet 2018, Appareils mobiles Android, et du 20 mars 2019, Google (AdSense for Search). Ces décisions font actuellement l'objet de recours devant le Tribunal dans les aff. T-612/17, T-604/18 et T-334/19.

196 V. décisions de l'Autorité n° 14-D-19, Produits d'hygiène et d'entretien et n° 15-D-19, Messageries.

197 Cons. 13, articles 5 et 9 du règlement n° 1/2003 et article L. 464-2, I. du Code de commerce.

198 Les engagements acceptés constituent une mesure corrective régulatrice pour les comportements futurs sans que les autorités ne constatent une infraction passée. Cette procédure est exclue en ce qui concerne les cartels et a été utilisée en ce qui concerne les ententes verticales et surtout les abus de position dominante. La procédure d'engagements ne sera pas traitée dans le cadre de cette étude dans la mesure où une décision d'engagements n'aboutit pas à un constat d'infraction ni à une amende. Pour aller plus loin, v. P. KIPIANI, *Les engagements en matière de pratiques anticoncurrentielles. Analyse des droits français, européen et américain*, LGDJ, 2014.

40. **Augmentation du processus de négociation.** Ce qui est désormais dénommé un droit négocié s'est progressivement développé jusqu'à concerner, aujourd'hui, l'ensemble des procédures administratives en droit de la concurrence. Or, il n'est pas peu dire que les entreprises et les autorités de concurrence sont particulièrement enclines à trouver un terrain d'« entente ». Que l'on parle de clémence et/ou de transaction, il sera en effet relevé que ces procédures trouvent aujourd'hui application dans la majorité des affaires de la Commission et de l'Autorité. En apparence, tout le monde semble gagnant. D'un côté, la Commission comme l'Autorité prennent connaissance d'affaires dont elles ignoraient souvent l'existence et, en transigeant avec les entreprises, n'ont pas à défendre leur décision devant les juridictions de contrôle. De l'autre, les entreprises évitent l'imposition d'une lourde amende ou obtiennent l'atténuation de celle-ci. Les effets de ces procédures négociées sur le *quantum* des amendes et sur leur caractère punitif interpellent puisque la Commission et l'Autorité s'engagent à réduire le montant des amendes encourues par les entreprises en échange de leur coopération et/ou de leurs aveux.

41. **Interactions de ces deux pouvoirs.** Ces deux principaux pouvoirs de sanction et de négociation octroyés à la Commission et à l'Autorité sont nécessairement en interaction dans la grande majorité des affaires contentieuses de ces deux autorités. Tels que présentés, ils semblent fatalement se confronter au vu de leurs finalités respectives. Le premier vise à prononcer une amende sévère, le second a pour conséquence de la réduire voire de la supprimer. Leur lien antagoniste est peut-être plus trompeur qu'il n'y paraît. Il est en effet possible de s'interroger sur le fait que les deux pouvoirs mentionnés sont, en réalité, plus complémentaires qu'on ne veut bien le dire. Dans le cadre de cette étude, l'analyse des relations entre les procédures négociées et la détermination du *quantum* des amendes prononcées permettra de confirmer si ces amendes peuvent être qualifiées de punitives à l'égard des entreprises.

42. **Division.** Il ressort de ces propos introductifs consacrés à la première partie de cette étude que la Commission et l'Autorité ont donc à la fois la faculté de sanctionner et de négocier. La question de l'articulation de ces deux pouvoirs se pose et, incidemment, celle de la portée répressive de l'amende. Pour répondre à ces questions, il importe d'examiner ces deux pouvoirs dans l'ordre dans lequel ils sont exercés par l'Autorité et la Commission, si bien que l'on examinera le processus de détermination de ces amendes punitives (TITRE PREMIER), avant d'envisager l'effet de ces procédures négociées sur les amendes infligées (TITRE SECOND).

TITRE PREMIER : LE CARACTÈRE PUNITIF DE L'AMENDE INFLIGÉE À UNE ENTREPRISE

43. **Bases légales et critères de l'amende en droit de l'Union.** À défaut de compétence en matière pénale, il a été décidé en droit de l'Union de sanctionner les entreprises à des amendes « administratives ». Les premières dispositions ont été inscrites en 1962 au sein du règlement n° 17 de la CEE. Elles ont été reprises dans le règlement n° 1/2003 actuellement en vigueur. Peu d'éléments nous sont indiqués à l'article 23 consacré aux « Amendes », si ce n'est que l'amende ne doit pas excéder 10 % du chiffre d'affaires total réalisé par l'entreprise au cours de l'exercice social précédent et qu'il convient de prendre en considération, « outre la gravité de l'infraction, la durée de celle-ci » pour déterminer son *quantum*.

44. **Bases légales et critères de l'amende en droit français.** En France, les amendes infligées aux entreprises sont prévues à l'article L. 464-2 du Code de commerce. Issue de l'ordonnance de 1986, cette disposition a été modifiée à de multiples reprises. Le législateur français a été plus disert que son homologue européen. Dans sa version en vigueur depuis le 28 mai 2021, l'article L. 464-2 du Code de commerce dispose notamment que les amendes doivent être « appréciées au regard de la gravité et de la durée de l'infraction, de la situation de l'association d'entreprises ou de l'entreprise sanctionnée ou du groupe auquel l'entreprise appartient et de l'éventuelle réitération de pratiques prohibées par le présent titre. Elles sont déterminées individuellement pour chaque entreprise ou organisme sanctionné et de façon motivée pour chaque sanction. […] Le montant maximum de la sanction est, pour une entreprise [et pour une association d'entreprises], de 10 % du montant du chiffre d'affaires mondial hors taxes le plus élevé réalisé ».

45. **Adoption des grilles de sanctions.** Comme annoncé en introduction de cette partie, il a souvent été fait le lien entre l'adoption d'une grille de sanctions et l'augmentation du *quantum* des amendes. Il n'est pas contesté que les amendes les plus élevées ont été infligées lorsque l'Autorité et la Commission ont suivi leur méthode de calcul de leur amende. Il semble toutefois que ce phénomène d'augmentation des amendes ne date pas de l'adoption de ces grilles de sanctions. Bien avant les premières lignes directrices de la Commission, cette dernière commençait déjà à infliger des amendes de plus de 10 et de 20 millions d'euros dans les années 80[199], et de plus de 75 millions d'euros au début des années 90[200]. En France, la

[199] V. décisions de la Commission du 14 décembre 1985, ECS/AKZO Chemie, (JOCE L 374, p. 1) et du 19 décembre 1990, Carbonate de soude - Solvay (JOCE 1991 L 152, p. 21).

[200] V. décision de la Commission du 24 juillet 1991, Tetra Pak II (JOCE 1992, L 72, p. 1).

condamnation en 2005 des trois opérateurs Orange, SFR et Bouygues à l'une des amendes totales les plus élevées à ce jour encore, d'un montant de 534 millions d'euros, a été prononcée avant même l'adoption du communiqué relatif aux sanctions[201]. C'est précisément l'augmentation progressive des amendes qui a été à l'origine de ces grilles de sanctions. Invitée par le Tribunal de première instance dans l'arrêt *Trefilunion* à préciser sa méthode de calcul[202], la Commission a adopté ses premières lignes directrices concernant la détermination de ses amendes en 1998, qui ont été ensuite révisées en 2006. La situation n'a pas été aussi cordiale en France. Pourtant, le besoin d'une grille de sanctions avait été identifié très en amont par Monsieur Bruno Lasserre, alors président du Conseil de la concurrence[203]. Ce n'est toutefois qu'en 2011 et à la suite d'un arrêt retentissant rendu par la cour d'appel de Paris dans l'affaire du cartel de l'*Acier*, lequel ayant abaissé l'amende totale de 570 millions à environ 75 millions d'euros, que l'Autorité a publié un premier communiqué relatif aux sanctions pécuniaires. L'Autorité s'est ensuite référée régulièrement à ce premier communiqué sanctions avant de le réviser, à la suite de la transposition en droit français de la directive ECN+, le 30 juillet 2021[204].

46. Grille de sanctions et naissance de l'« amendologie ». Il était prévisible que des entreprises de plus en plus sévèrement sanctionnées allaient réagir face à cette logique mécanique de l'amende. Le contentieux s'est progressivement centré sur la légitimité de la méthode de calcul de l'Autorité et de la Commission et leur façon de l'appliquer. Certains recours des entreprises n'évoquent même plus le fond de l'affaire et débattent uniquement des amendes infligées. La moindre étape de calcul est scrutée. Par exemple, l'entreprise Geodis a réussi à réduire le montant de son amende de 30 millions d'euros en ayant convaincu la cour d'appel de Paris qu'elle n'avait participé à l'infraction que durant 4 années au lieu des 5 reprochées par l'Autorité[205]. Les débats sur le montant des amendes sont

---

201 V. décision du Conseil de la concurrence n° 05-D-65, Téléphonie mobile et la note d'A. RONZANO, *Concurrences* n° 1-2006, art. n° 54824. Cette décision est définitive (Cass. com., du 30 mai 2012, Orange France e. a., n° X 11-22.144 et la note de M. DEBROUX, *Concurrences* n° 3-2012, p. 95).

202 TPICE, 6 avril 1995, aff. T-148/89, Trefilunion c/ Commission, point 142 dans lequel le Tribunal avait estimé qu'il était souhaitable que les entreprises, afin de pouvoir arrêter leur position en toute connaissance de cause, puissent connaître en détail, selon tout système que la Commission jugerait opportun, le mode de calcul de l'amende qui leur a été infligée, et la note de L.€IDOT, *Europe*, juin 1995, comm. n° 220, p. 10, n° 221, p. 13 et n° 226, p. 15 ; de L. VOGEL, *CCC* n° 88-1995, p. 11 et de J.-B. BLAISE, C. ROBIN-DELAINE, *Revue des affaires européennes*, 1995, n° 3, p. 104.

203 B. LASSERRE, « Le Conseil de la concurrence dans le réseau communautaire », *Concurrences* n° 3-2005, p. 42.

204 Communiqué sanctions de l'Autorité du 30 juillet 2021. Ce communiqué sanctions a été précédé d'un projet de révision faisant l'objet d'une consultation publique.

205 V. décision de l'Autorité n° 15-D-19, Messageries, para. 932 à 937 réformée sur ce point par CA Paris du 19 juillet 2018, Chronopost e. a., n° 16/01270, points 324 à 337 et la note de G. DECOCQ, *CCC* n° 11-2018, comm. 195. Cet arrêt a été confirmé par la Cour de cassation (Cass. com., 22 septembre 2021, Chronopost SAS e. a., n° X 18-21.436 e. a.).

devenus si techniques qu'il est très juste d'évoquer le phénomène d'« amendologie » du droit de la concurrence[206].

47. **Détermination d'un montant de base élevé.** Les lignes directrices de la Commission et le communiqué sanctions de l'Autorité ont en commun d'avoir prévu tout d'abord d'ériger un montant de base de l'amende. Chaque entreprise se verra retenir un montant de base calculé suivant la prise en considération de déterminants communs à toutes les entreprises, d'où l'idée d'un montant de base « objectif ». À ce stade, l'approche punitive de la Commission et de l'Autorité est déjà très marquée. L'objectif, en effet, est de définir le montant d'une amende « confiscatoire »[207] puisqu'il s'agit d'évaluer une amende qui, pour chaque entreprise, représente le profit illégitime qui a été généré par les pratiques qualifiées d'illégales[208]. Or, il est estimé que les profits indus engendrés par des pratiques anticoncurrentielles sont très élevés, particulièrement dans le cadre des cartels[209]. Il en ressort ainsi des montants de base impressionnants, ce ne sont pas la Lufthansa et British Airways, respectivement menacées par des montants de base évalués à hauteur de 260 et 730 millions d'euros dans l'affaire du *Fret aérien*[210], qui soutiendront le contraire. Quand bien même ce montant est dit de base et peut être ajusté à la hausse ou à la baisse, tel n'est pas toujours le cas. Il est même fréquent que le montant de base ne soit plus modifié – à l'exception notable de l'application des procédures négociées – et devienne le montant final de l'amende qui sera imposée à une entreprise. Il en a été notamment ainsi pour Scania dans l'affaire des *Producteurs de camions* qui s'est vue condamnée à 880 millions d'euros en l'absence de tout ajustement de son amende[211]. Dès lors s'impose l'analyse de la méthode et des déterminants du montant de base de l'Autorité et de la Commission sous le prisme de la dimension punitive des amendes.

---

206 L. IDOT, *Revue des contrats* n° 4-2015, p. 928.

207 N. PETIT, « Les stratégies juridiques en droit des coordinations entre entreprises – Une approche scénarisée », *GCLC* Working Paper 01/09.

208 C. PRIETO, « Détermination des sanctions pécuniaires : Tenants et aboutissants de la méthode retenue par l'Autorité de la concurrence », *Concurrences* n° 3-2011, p. 54.

209 J. CONNOR, « About cartels overcharges : Kroes is correct », *Concurrences* n° 1-2010 ; E. COMBE, C. MONNIER, « Les amendes contre les cartels : la Commission européenne en fait-elle trop ? », *Concurrences* n° 4-2009, p. 41.

210 V. décision de la Commission du 8 mai 2015, Fret aérien (résumé publié au JOUE 2017 C 188, p. 14), cons. 1216. Cette décision fait actuellement l'objet de recours devant le Tribunal.

211 V. décision de la Commission du 27 septembre 2017, Producteurs de camions concernant Scania condamnée à 880 millions d'euros. Le communiqué de presse de la Commission précise que « Scania ayant choisi de ne pas coopérer avec la Commission lors de l'enquête, elle ne bénéficiera pas d'une réduction d'amende au titre de la communication sur la clémence de 2006 ou de la communication relative aux procédures de transaction de 2008 » (IP/17/3502). Cette décision fait l'objet d'un recours pendant devant le Tribunal dans l'aff. T-799/17.

48. Ajustement du montant de base. L'objectif d'infliger une amende confiscatoire n'est pas le seul déterminant des amendes infligées aux entreprises. Cet objectif doit se concilier avec le fait qu'une amende doit être « individualisée » et « proportionnée ». En d'autres termes, l'amende qui sera infligée à une entreprise doit tenir compte de l'existence d'un contexte comme elle doit être déterminée en fonction de l'entreprise en cause et de ses capacités financières. Il s'agit d'adapter la peine à son destinataire. Partant, le montant de base retenu à l'égard d'une entreprise peut être modifié en raison de la prise en compte d'une ou plusieurs circonstances personnelles à l'entreprise et/ou liées à la taille de celle-ci. Ce montant, suivant la situation de l'entreprise, peut donc être augmenté comme il peut être diminué. Si l'on résume caricaturalement les choses, l'idée est de ne pas traiter de la même façon une grande entreprise récidiviste et le petit acteur du marché qui n'a fait que suivre les directives des entreprises dominantes. Cela est d'autant plus important que des entreprises de tailles très hétérogènes peuvent être condamnées dans une même affaire. Il n'est pas juste de sanctionner de la même manière le géant mondial Fedex et la PME de transport normande[212]. En d'autres termes, chaque cas n'appelle pas la même réponse ni le même degré de sévérité dans l'amende qui sera prononcée. C'est sous l'angle de la proportionnalité, de l'individualisation et de l'égalité de traitement que se vérifient les amendes infligées et cela renvoie, plus généralement, à l'idée d'une sanction juste. Que le montant de base ait été ajusté ou non, il y a encore lieu pour la Commission comme pour l'Autorité de vérifier, *in fine*, que ledit montant ne soit pas supérieur au maximum légal de l'amende. Ce maximum légal de l'amende est de 10 % du chiffre d'affaires de chaque entreprise condamnée. Ce n'est qu'après avoir effectué cette vérification que les réductions au titre des procédures négociées et/ou des difficultés de paiement pourront intervenir. Le montant ajusté sera donc le montant définitivement prononcé à l'entreprise lorsqu'elle n'aura pas eu recours aux procédures négociées et ne fera pas état de difficultés financières. Il importera donc de mesurer la portée punitive du montant de l'amende à la suite de la phase d'ajustement, de même qu'il devra être vérifié si les entreprises sont sanctionnées de façon juste.

---

212 V. décision de l'Autorité n° 15-D-19, Messageries et la note de P. DELEBECQUE, *Revue Énergie - Environnement - Infrastructures* n° 2, février 2016, comm. 18, para. 932 à 937 et CA Paris du 19 juillet 2018, Chronopost e. a., préc. et la note de G. DECOCQ, *CCC* n° 11-2018, comm. 195. Cet arrêt a été confirmé par la Cour de cassation (Cass. com., 22 septembre 2021, Chronopost SAS e. a., n° X 18-21.436 e. a.).

49. Division. Les deux étapes précitées doivent être analysées dans l'ordre chronologique dans lequel elles sont prises en compte par l'Autorité et la Commission, si bien qu'il y a lieu d'examiner la détermination d'un montant de base élevé (CHAPITRE I), avant d'envisager son ajustement pour chaque entreprise (CHAPITRE II).

CHAPITRE I – LA DÉTERMINATION D'UN MONTANT DE BASE ÉLEVÉ

50. **Grille de sanctions et consécration du montant de base.** Préalablement à l'adoption du communiqué sanctions ou des lignes directrices, le montant de base de l'amende n'avait aucune existence. Ce n'était que par un raisonnement inversé, c'est-à-dire en partant du montant final de l'amende, que l'on pouvait « deviner » un éventuel montant de base[213]. Il a donc fallu attendre sa consécration dans les lignes directrices de la Commission puis dans le communiqué sanctions de l'Autorité. Il s'agit d'une étape essentielle dans le calcul puisque la prise en compte ultérieure d'éventuelles circonstances liées au comportement ou à la taille de l'entreprise ne fera que diminuer et/ou augmenter ledit montant de base. Ce dernier est, par ailleurs, d'autant plus important que de nombreuses entreprises se voient infliger une amende dont le montant final est sensiblement le même que celui déterminé à la base.

51. **Objectif punitif du montant de base.** La Commission comme l'Autorité ont annoncé dans le préambule de leur grille de sanctions qu'elles doivent veiller au caractère répressif de leur action[214]. Certes, ces autorités de concurrence n'ont pas expressément énoncé vouloir atteindre cet objectif au stade intermédiaire du montant de base. Une telle volonté ne fait cependant aucun doute dès lors que le montant de base de l'amende déterminé à l'encontre d'une entreprise est susceptible de rester inchangé. En d'autres termes, le montant de base de l'amende peut être retenu comme le montant de l'amende finalement infligée à une entreprise par la Commission ou l'Autorité.

52. **Critère de la gravité de l'infraction et du dommage à l'économie.** Dans ses anciennes comme actuelles lignes directrices, la Commission a toujours considéré que le montant de base devait être calculé « en fonction du degré de gravité de l'infraction »[215]. Il est donc supposé qu'une amende sera d'autant plus élevée que l'infraction commise sera grave. Participer à une entente secrète sur les prix de dimension mondiale est analysé comme bien plus grave que d'avoir mis en œuvre une restriction verticale de dimension locale. S'inspirant de la méthode élaborée par la Commission, l'Autorité a également fait le choix de fixer un montant de base fondé sur « la gravité des faits reprochés ». La méthode de l'Autorité n'est toutefois pas

---

213 N. JALABERT-DOURY, « L'Autorité de la concurrence officialise et précise la refonte de sa politique de sanction » *in* « Refonte des sanctions concurrence : Le projet de communiqué de l'AdlC », *Concurrences* n° 1-2011, p. 11.

214 Point 11 du communiqué sanctions de 2011, points 8 et 9 du communiqué sanctions de 2021 et point 4 des lignes directrices de 2006.

215 Point 1., A. des lignes directrices de 1998 et point 19 des lignes directrices de 2006.

exactement la même puisqu'elle évalue également le montant de base de l'amende en fonction du dommage à l'économie[216], ce dernier fait office d'exception française puisqu'il n'a aucune reconnaissance en droit de l'Union ni dans la grande majorité des droits nationaux au sein du REC. Il est donc également présumé en droit français qu'une amende sera d'autant plus élevée que le dommage causé à l'économie sera important. Le montant qui résulte de la gravité de l'infraction, et en droit français également du dommage causé à l'économie, sera qualifié de montant de départ de l'amende.

53. **Critère de la durée de l'infraction**. Le montant de départ de l'amende est ensuite ajusté en fonction de la durée de participation d'une entreprise à l'infraction. Il s'agit d'un critère légal en droit de l'Union qui a longtemps été oublié par le législateur français, sauf à considérer que la durée de l'infraction faisait partie intégrante de l'évaluation de la gravité et/ou du dommage à l'économie. Ce débat n'a de toute façon plus lieu d'être puisque le critère de la durée a été consacré comme l'un des déterminants de l'amende par la loi portant diverses dispositions d'adaptation du droit national au droit de l'Union européenne (DDADUE)[217]. De son côté, le Conseil de la concurrence et ensuite l'Autorité n'ont pas attendu l'action du législateur pour tenir compte de la durée du comportement infractionnel. Ce critère a été intégré dans la grille de sanctions de l'Autorité et même appliqué distinctement des autres critères légaux. La durée est donc vue comme un facteur aggravant de l'infraction mise en œuvre et qui appelle une amende d'autant plus élevée que les pratiques auront été longues.

54. **Calcul du montant de base.** Même si la Commission et l'Autorité s'en défendent, leur grille de sanctions ressemble beaucoup à une « méthode de calcul arithmétique » ou à un « barème mécanique »[218] au stade du montant de base. Le montant de base (MB) de l'amende répond bien à une formule de calcul dont la résultante dépend de l'évaluation des critères susmentionnés. Bien qu'elles présentent de nombreux points de ressemblances, les lignes directrices de 2006 de la Commission et le communiqué sanctions de 2011 de l'Autorité n'ont pas exactement la même formule. Il importe dès lors de les présenter tous les deux et d'identifier les différences dans l'approche de ces deux autorités.

---

216 Point 21 du communiqué sanctions de 2011. Le critère du dommage causé à l'économie a été abrogé en 2021 par le législateur et non retenu ensuite par l'Autorité dans son communiqué sanctions du 30 juillet 2021.

217 Loi n° 2020-1508 du 3 décembre 2020 portant diverses dispositions d'adaptation au droit de l'Union européenne en matière économique et financière (DDADUE). La codification de la durée à l'article L. 464-2 du Code de commerce avait été déjà envisagée dans la loi PACTE mais de nombreuses dispositions de cette loi relatives au droit des pratiques anticoncurrentielles avaient été censurées par décision du Conseil constitutionnel n° 2019-781 DC du 16 mai 2019 pour défaut de lien avec le projet initial.

218 Point 4 des lignes directrices de 2006 et point 11 du communiqué sanctions de 2011.

55. **Montant de base devant l'Autorité.** Pour donner une traduction chiffrée à son appréciation de la gravité des faits et de l'importance du dommage causé à l'économie, l'Autorité retient, comme montant de base de l'amende (MB), une proportion de la valeur des ventes de produits ou de services réalisés par une entreprise en relation avec l'infraction (vv). L'Autorité s'est engagée à ce que cette proportion ne dépasse pas 30 % (t). Il en résulte un montant de départ qu'il convient encore d'ajuster au titre de la durée. Il s'agit d'un coefficient multiplicateur évalué en fonction du nombre d'années durant lequel l'infraction a duré (d), étant précisé que les années ne se comptent que par moitié à partir de la deuxième année (1 puis 0,5). La méthode de calcul pour le montant de base de l'Autorité peut ainsi se formuler de la manière suivante :

$$MB = (0\,\% \leq t \leq 30\,\% \text{ x } vv) \text{ x } (1 + 0{,}5 \text{ x } d-1)$$

56. **Montant de base devant la Commission.** De la même manière que l'Autorité, la Commission détermine préalablement un montant de départ. À cette fin, elle applique un pourcentage sur la valeur des ventes de biens ou services en relation directe ou indirecte avec l'infraction (vv). La Commission a annoncé que la proportion ne dépassera pas 30 % de la valeur des ventes (t). Ce montant de départ est ensuite multiplié par le nombre d'années de participation à l'infraction (d). À ce montant ajusté au titre de la durée, la Commission peut encore ajouter une somme comprise entre 15 % et 25 % de la valeur des ventes (t'), au titre du droit d'entrée (*entry fee*). Le montant de base édicté par la Commission peut se résumer avec la formule suivante :

$$MB = (0\,\% \leq t \leq 30\,\% \text{ x } vv \text{ x } d) + (0\,\% \leq t' \leq 25\,\% \text{ x } vv)$$

57. **Division.** L'examen comparatif de ces deux formules nous donne une première indication sur les amendes infligées par ces deux autorités. À situation égale, les amendes infligées par la Commission semblent en effet plus élevées que celles de l'Autorité. Le calcul d'un coefficient de durée plus élevé et la prise en considération d'une majoration dissuasive (*entry fee*) en attestent. Il conviendra toutefois de vérifier cette impression dans les affaires traitées par ces autorités. Au-delà de ces différences arithmétiques dans l'approche, l'évaluation de la portée punitive des amendes impose de procéder à l'examen du montant de base. Dans cette optique, il a déjà été dit que le montant de base de l'amende est façonné en deux temps. D'abord, il y a l'évaluation d'un montant de départ déterminé en fonction de la gravité de l'infraction et, spécifiquement en droit français,

du dommage causé à l'économie (PREMIÈRE SECTION). Puis, ce montant de départ est augmenté par le facteur aggravant de la durée de l'infraction (SECONDE SECTION).

PREMIÈRE SECTION – LA GRAVITÉ DE L'INFRACTION ET LE DOMMAGE À L'ÉCONOMIE

58. **Critère de la gravité de l'infraction.** En droit de l'Union, la « gravité » de l'infraction était déjà inscrite au sein du règlement n° 17 de 1962 et ce critère a été repris dans les mêmes termes dans le règlement n° 1/2003[219]. En droit français, « la gravité » des faits reprochés est même le premier des critères énumérés à l'article L. 464-2 du Code de commerce. Ce critère se justifie par l'idée qu'une amende doit être graduée en fonction de la gravité du manquement à la règle. Dans le cadre de l'examen du montant de base, la gravité est entendue comme la gravité intrinsèque des pratiques et non comme le comportement individuel des entreprises dans la mise en œuvre des pratiques, ce dernier aspect relevant davantage de l'individualisation de l'amende. À ce stade, une entreprise doit donc répondre de la gravité intrinsèque de l'infraction qui a pu être générée, le cas échéant, par le collectif des entreprises mises en cause.

59. **Critère du dommage à l'économie.** Spécificité française ou presque[220], le critère du dommage à l'économie n'a aucune reconnaissance légale en droit de l'Union. Ce critère est également délaissé en pratique par la Commission lorsqu'elle sanctionne les entreprises. D'un point de vue historique, le critère du dommage causé à l'économie n'est pas un sujet neuf en France. La notion a été introduite en 1977 par la loi de n° 77-806 relative à la Commission de concurrence qui prévoyait que les amendes imposées par le ministre devaient être fixées « compte tenu de la gravité des faits reprochés et de l'importance des dommages causés à l'économie ». Ce critère a été repris lors de l'ordonnance de 1986, le législateur français ayant fait du dommage causé à l'économie le deuxième déterminant de l'amende énoncé à l'article L. 464-2 du Code de commerce. Lors de l'élaboration du communiqué sanctions de 2011, l'Autorité a fait le choix d'associer ces deux critères pour déterminer le montant de base de l'amende[221]. Comme la gravité de l'infraction, l'importance du dommage causé à l'économie s'apprécie de façon globale pour l'infraction en cause, c'est-à-dire au regard de l'action cumulée de tous les participants à la pratique sans qu'il y ait besoin d'identifier la part imputable à chaque entreprise prise séparément. Chaque entreprise doit donc répondre de l'ensemble de la « perturbation générale » causée par sa participation à des pratiques anticoncurrentielles.

---

219 Article 15, 2., b) du règlement 17 et article 23, 3. du règlement n° 1/2003 : « Pour déterminer le montant de l'amende, il y a lieu de prendre en considération [...] la gravité de l'infraction [...] ».

220 Rapport annuel de l'Autorité de 2014, étude thématique consacrée au dommage à l'économie, p. 62 et 63.

221 Point 21 du communiqué sanctions de 2011.

60. **Proportion de la valeur des ventes : traduction chiffrée.** Dès lors que la gravité des pratiques – et en droit français le dommage causé à l'économie – a été évaluée, il reste encore à leur donner une traduction chiffrée en euros. Or, les lignes directrices comme le communiqué sanctions prévoient de déterminer un montant de départ qui est évalué par l'application d'un pourcentage sur la valeur des ventes retenue. Par valeur des ventes, il ne doit pas être entendu la totalité du chiffre d'affaires réalisé par l'entreprise, mais la part de ce chiffre d'affaires qui est concernée par l'infraction. Or, c'est précisément la gravité de l'infraction – et en droit français le dommage causé à l'économie – qui permettra d'apprécier le taux à appliquer sur la valeur des ventes. Le taux retenu sur la valeur des ventes sera d'autant plus élevé que l'affaire sera grave. Le montant qui en ressortira sera le point de départ dans le calcul de l'amende et une étape intermédiaire dans l'évaluation du montant de base.

61. **Division.** Avant même d'envisager l'aspect punitif de l'amende à travers la proportion de la valeur des ventes retenues (§2), il y a lieu d'examiner les pratiques poursuivies avec l'évaluation de leur gravité et de leur dommage causé à l'économie (§1).

§ 1 – La détermination d'un montant de départ suivant l'infraction

62. **Gravité de l'infraction et dommage à l'économie.** Comme indiqué précédemment, seule la gravité de l'infraction est retenue à la fois par la Commission et l'Autorité. En droit français, le dommage causé à l'économie par les pratiques condamnées doit également guider l'Autorité dans la détermination de l'amende. Ce critère sera également examiné, quand bien même la suppression de ce dernier dans le cadre de la transposition de la directive ECN+ à travers la loi DDADUE ne peut être occultée. Il est donc logique d'analyser la détermination du montant de départ en commençant par examiner la gravité de l'infraction (A) avant d'envisager la spécificité française visant à évaluer l'importance du dommage causé à l'économie par les pratiques (B).

A) – La gravité de l'infraction

63. **Évaluation « objective » et « globale » de la gravité.** À l'inverse de ce qu'elle avait fait dans le cadre de ses premières lignes directrices de 1998, la Commission a opté dans ses lignes directrices de 2006 pour une indication très sommaire de l'appréciation de la gravité. Elle indique seulement que « l'appréciation de la gravité sera faite au cas par cas pour chaque type d'infraction, tenant compte de toutes les circonstances pertinentes de l'espèce ». En France, l'estimation de la gravité n'a pas fondamentalement

changé avec l'adoption du premier communiqué sanctions[222]. Ce dernier reprend la pratique décisionnelle de l'Autorité relative à l'évaluation de la gravité, telle que celle-ci s'est développée sous le contrôle juridictionnel du juge français[223]. À cet égard, le point 25 du communiqué sanctions de 2011 confirme l'approche objective et globale de l'Autorité s'agissant de la gravité des faits, « sans préjudice des éléments propres au comportement et à la situation individuelle de chacun d'entre eux, qui sont pris en considération ultérieurement ».

64. Nature des pratiques. Que ce soit devant la Commission ou l'Autorité, c'est d'abord et surtout le caractère intrinsèque des pratiques en cause qui échelonne la gravité de l'infraction et, par conséquent, le montant des amendes infligées aux entreprises. L'Autorité ne s'est pas trompée en l'indiquant comme le premier de ses critères dans l'évaluation de la gravité des comportements reprochés.

Moins disert que l'Autorité, la Commission n'évoque pas directement les critères tenant à l'évaluation de la gravité d'une infraction. Des éléments sont toutefois indiqués au point 22 des lignes directrices de la Commission consacré au taux appliqué sur la valeur des ventes, ce taux étant supposé refléter la gravité de l'infraction. Elle indique tenir compte de plusieurs critères dans l'évaluation du taux et, en premier lieu, de la « nature de l'infraction ». En pratique, la nature de l'infraction est le principal critère sur lequel s'appuie la Commission pour déterminer la gravité des pratiques. Il a même été soutenu qu'il s'agissait du seul critère réellement pris en compte par la Commission dans ses affaires contentieuses[224].

Or, certaines pratiques contraires au droit de la concurrence sont présumées être d'une grande gravité. Il en est ainsi des ententes horizontales secrètes sur les prix ou de répartition de marchés qui figurent, à titre d'exemple, parmi les infractions « injustifiables »[225]. Cette analyse est partagée de manière générale par l'ensemble des autorités de concurrence. C'est ainsi que les cartels dits de « crise » ou « défensifs » ne peuvent plus faire l'objet d'une quelconque exception ou exemption. Cet élément n'a plus été pris en compte par la Commission au titre des circonstances atténuantes depuis 2003 et l'affaire des *Viandes bovines françaises*[226]. En droit français, ces circonstances ne permettent d'obtenir, le cas échéant,

---

[222] C. PRIETO, « Détermination des sanctions pécuniaires : Tenants et aboutissants de la méthode retenue par l'Autorité de la concurrence », *Concurrences* n° 3-2011, p. 54.

[223] CA Paris du 30 janvier 2014, Colgate Palmolive e. a., n° 2012/00723, p. 35 et la note de M. BÉHAR-TOUCHAIS, *Concurrences* n° 2-2014, p. 8. Cet arrêt n'a pas fait l'objet d'un pourvoi.

[224] É. BARBIER DE LA SERRE, E. LAGATHU, « The Law on Fines Imposed in EU Competition Proceedings : Converging Towards Hazier Lines », *Journal of ECL*, 2018.

[225] Recommandation de l'OCDE n° C(98)35/Final du 25 mars 1998 concernant une action efficace contre les ententes injustifiables.

[226] V. décision de la Commission du 2 avril 2003, Viandes bovines françaises (JOUE L 209, p. 12), cons. 180 à 186. Sur les cartels de crise, v., *infra*, n°s 173, 563 et s..

qu'une faible atténuation de la gravité des pratiques – ou du dommage causé à l'économie – comme cela s'est vu dans l'affaire du *Porc charcutier* ou des *Produits d'hygiène et d'entretien*[227].

65. **Autres critères de l'Autorité.** Le point 26 du communiqué sanctions de 2011 de l'Autorité fait état de trois autres critères permettant d'évaluer la gravité de l'infraction[228]. Deuxième critère dans l'ordre de leur énumération, il est prévu de prendre en considération la nature des activités, des secteurs ou des marchés en cause ainsi que la nature du paramètre de la concurrence affecté par les pratiques. Il est bien entendu fait référence aux ententes dans le cadre de marchés publics qui ont sans doute été les plus graves de toutes celles sanctionnées à l'époque du Conseil de la concurrence[229]. Il est également évoqué les infractions dans les secteurs récemment ouverts à la concurrence. C'est ainsi qu'il a souvent été rappelé la responsabilité conférée à l'opérateur historique dans le contexte de l'ouverture à la concurrence d'un secteur[230]. Troisième critère énoncé, l'Autorité évalue la gravité d'une infraction en fonction de la nature des personnes susceptibles d'être affectées (PME, consommateurs vulnérables, etc.). Quatrième et dernier critère, la gravité de l'infraction est également évaluée au regard des caractéristiques objectives de l'infraction. Ce critère renvoie essentiellement à la gravité très affirmée des cartels en raison de leur caractère secret, de leur degré de sophistication et de l'existence de mesures de rétorsion. C'est ainsi qu'il a été précisé en France que les ententes horizontales qui se sont déroulées dans le cadre d'organisations professionnelles auxquelles le pouvoir réglementaire a confié un certain nombre de missions de gestion et d'organisation du marché sont moins graves que les cartels[231].

---

227 V. décisions de l'Autorité n° 13-D-03 du 13 février 2013, Secteur du porc charcutier (ci-après « Porc charcutier »), para. 328 confirmée sur ce point par CA Paris du 25 septembre 2014, Groupe Bigard e. a., n° 2013/05595, p. 13 et 14. Cet arrêt est définitif ; n° 14-D-19, Produits d'hygiène et d'entretien, para. 1350 et s. confirmé sur ce point par CA Paris du 27 octobre 2016, Beiersdorf e. a., n° 2015/01673, points 328 à 336 et par Cass. com., 27 mars 2019, L'Oréal e. a., n° E 16-26.472 e. a., p. 73 et 74 et la note de G. DECOCQ, *CCC* n° 6-2019, comm. 108.

228 Ces critères ont été en substance repris au point 28 du communiqué sanctions de 2021. Ce dernier précise toutefois au point 29 que cette liste de critères est non-exhaustive.

229 B. LASSERRE, « La coopération entre Autorités de concurrence en Europe et hors d'Europe », exposé prononcé à l'European American Chamber of Commerce – Groupe interparlementaire France-USA le 8 janvier 2007.

230 V. décision de l'Autorité n° 17-D-06, Engie, para. 175.

231 V. décision de l'Autorité n° 12-D-08 du 6 mars 2012, Secteur de la production et de la commercialisation des endives (ci-après « Endives »), para. 612 ; n° 12-D-27 du 20 décembre 2012, Secteur de la billetterie de spectacles (ci-après « Billetterie de spectacles »), para. 241 et, sur cette question, v. M. DESCHAMPS, P. REIS, « Contourner le droit de la concurrence par les organisations professionnelles : Une analyse des limites de l'interdit », *in Stratégies d'instrumentalisation juridique et concurrence*, A. MASSON (dir.), H. BOUTHINON-DUMAS, V. DE BEAUFORT et F. JENNY, Larcier, 2013, p. 191.

66. Autres critères de la Commission. Devant la Commission, ce ne sont pas les mêmes critères qui peuvent constituer un facteur d'aggravation du taux retenu sur la valeur des ventes. La Commission a indiqué au point 22 de ses lignes directrices qu'elle tient compte de « la part de marché cumulée de toutes les parties concernées, l'étendue géographique de l'infraction, et la mise en œuvre ou non de l'infraction ». Certains des critères susmentionnés se rapprochent de ceux pris en compte par l'Autorité dans le cadre de son examen du dommage causé à l'économie[232]. Ces critères, comme nous le verrons plus loin, ne peuvent que renforcer la gravité des pratiques et non les atténuer, ce qui confirme que c'est la nature intrinsèque des pratiques qui détermine principalement leur gravité.

67. Absence d'éléments intentionnels. Dans une matière quasi pénale, il peut être regretté que l'élément intentionnel de l'infraction ne soit pas davantage pris en compte au moment d'apprécier sa gravité, fût-elle évaluée globalement à ce stade du calcul. La volonté des personnes ayant mis en œuvre les pratiques, en particulier en droit de la concurrence, devrait participer à la mesure de la gravité de l'infraction[233]. Comme précisé par la Cour de justice, des éléments tels que le comportement et le rôle de l'entreprise peuvent avoir plus d'importance que ceux relatifs auxdits effets, surtout lorsqu'il s'agit d'infractions intrinsèquement graves[234]. Certes, le défaut de volonté infractionnelle peut être invoqué comme circonstance atténuante au stade de l'ajustement du montant de l'amende. Cette réduction n'a été que trop rarement accordée[235], en particulier dans certains types d'infractions. Si la volonté des personnes ayant participé à des ententes secrètes est évidente, elle l'est beaucoup moins lorsqu'il s'agit, par exemple, d'infractions qui n'avaient jamais été sanctionnées par le passé. De même, les personnes ayant participé à des échanges d'informations confidentielles n'ont pas toujours pleinement conscience des conséquences de leurs actes.

68. Lutte prioritaire contre les cartels. Comme précisé au point 25 des lignes directrices de 2006, les accords horizontaux dont l'objet est de fixer les prix, se répartir les marchés et/ou de limiter la production sont des infractions très graves par nature. Il est désormais pleinement assumé par la Commission et l'Autorité que la lutte contre ce type de pratiques est désormais leur priorité. Certaines affaires relatent le cumul de répartition de marchés et d'entente sur les prix et sont considérées comme très graves, comme en France, dans

---

232 V., *infra*, n° 77.

233 J.-C. GRALL, N. DE CROUY-FOURNIER, « La politique de sanction de l'Autorité de la concurrence : de l'unité à la diversité. L'intention du cartelliste : un facteur de diversification des sanctions ? », *RLC* n° 35-2013, n° 2319.

234 CJCE, 3 septembre 2009, aff. C-534/07 P, Prym et Prym Consumer c/ Commission, point 96 et la jurisprudence citée.

235 V., *infra*, n° 171.

l'affaire des *Farines* ou des *Produits laitiers*[236]. Il n'empêche qu'une entente ayant eu pour effet d'affecter un seul des paramètres essentiels de la concurrence peut être qualifiée de très grave. Il en a été ainsi dans l'affaire des *Lessives*, dans laquelle l'accord horizontal entre les concurrents visait à manipuler le prix des lessives standard en s'accordant directement sur les prix de vente aux distributeurs[237]. Il en a été de même, par exemple, dans l'affaire des *Transformateurs de puissance* qui a vu les entreprises européennes et asiatiques s'abstenir de se concurrencer les uns chez les autres[238]. Dans le cadre de cartels, les mesures de représailles ou de rétorsions sont souvent des aspects particulièrement bien analysés par l'Autorité et peuvent rehausser la gravité des pratiques[239].

69. **Gravité des ententes verticales.** De moins en moins sanctionnées, il ne faudrait pas en conclure pour autant que les ententes verticales fassent l'objet d'une certaine mansuétude de la part de la Commission et de l'Autorité. Certes, les ententes verticales sur les prix ne sont pas regardées avec autant de sévérité que les ententes horizontales. Toutefois, elles figurent parmi les plus graves des pratiques anticoncurrentielles en droit de l'Union[240], comme en droit français[241]. Certaines des affaires condamnées par l'Autorité faisaient état de pratiques très graves, car des plus ingénieuses, ainsi en était-il le cas dans l'affaire des *Jouets*, dans laquelle les entreprises avaient mis en place des opérations commerciales incitant les consommateurs à effectuer une veille des prix pour leur compte en remboursant, par exemple, 10 fois la différence s'ils trouvaient moins cher ailleurs[242].

---

236 V. décisions de l'Autorité n° 12-D-09 du 13 mars 2012, Secteur des farines alimentaires (ci-après « Farines ») et n° 15-D-03 du 11 mars 2015, Secteur des produits laitiers frais (ci-après « Produits laitiers »).

237 V. décision de l'Autorité n° 11-D-17 du 8 décembre 2011, Lessives, para. 585 et 586 confirmée par CA Paris, du 30 janvier 2014, Colgate Palmolive e. a., n° 2012/00723, p. 33 à 35.

238 V. décision de la Commission du 7 octobre 2009, Transformateurs de puissance (JOUE C 296, p. 21), cons. 241 à 243 confirmée par Trib. UE, 21 mai 2014, aff. T-519/09 Toshiba Corporation e. a. c/ Commission, points 280 à 284 et par CJUE, 20 janvier 2016, aff. C-373/14 P, Toshiba Corporation e. a. c/ Commission, point 28.

239 V., par exemple, décisions du Conseil de la concurrence n° 06-D-04 bis* du 13 mars 2006, secteur de la parfumerie de luxe (ci-après « Parfums »), para. 98 à 103 et 780 et 781 et n° 08-D-32, Acier, para. 162 à 171 et 331 à 334.

240 CJCE, 21 septembre 2006, aff. C-167/04 P, JCB Service c/ Commission, point 216 et la note de L. IDOT 20, *Europe*, novembre 2006, comm. n° 332, p. 32.

241 CA Paris, du 26 juin 2007, Beauté Prestige International, n° 2006/07821, p. 54 et du 4 mars 2008, José Alvarez e. a., n° 2007/00370.

242 V. décision du Conseil de la concurrence n° 07-D-50 du 20 décembre 2007, Secteur de la distribution de jouets (ci-après « Jouets ») confirmée sur ce point par CA Paris du 28 janvier 2009, Epsé Joué Club, n° 2008/00255, p. 17 et confirmé par Cass. com., 7 avril 2010, Carrefour France SAS e. a., n° K 09-11.936, p. 3.

70. **Gravité des pratiques unilatérales.** De manière générale, les autorités de concurrence considèrent que les abus de position dominante sont des infractions graves par nature. De même que pour les ententes verticales, l'évaluation de la gravité des pratiques unilatérales dépend étroitement de l'analyse des pratiques en cause. Les pratiques d'éviction sont traditionnellement considérées comme graves[243], en particulier lorsqu'elles tendent à élever les barrières à l'entrée et à empêcher un concurrent de se développer[244]. En droit de l'Union, il a également été considéré que des pratiques d'éviction commises par des entreprises dominantes constituent des infractions graves, voire particulièrement graves pour certaines d'entre elles[245]. Après une période d'inertie due à une pratique soutenue d'« engagements », un net regain d'intérêts de la part de la Commission à vouloir sanctionner les abus de position dominante est à noter, notamment avec la nouvelle « saga » de Google qui semble faire suite à celle de Microsoft. En France, cette question ne s'est pas vraiment posée. Le Conseil de la concurrence suivi de l'Autorité a pris pour habitude de sanctionner des abus de position dominante qui se sont révélés d'une gravité variable selon les affaires. Certains abus de position dominante sont d'une gravité modérée et relèvent d'un marché limité, alors que certaines pratiques peuvent être qualifiées de très graves, car mises en place par d'anciens monopoleurs publics ou des leaders mondiaux[246].

71. **Conclusion sur la gravité de l'infraction.** Il résulte de cette analyse relative à la gravité de l'infraction que la majorité des affaires traitées par l'Autorité et la Commission sont d'une grande gravité. Ces deux autorités ont, en effet, décidé de concentrer leurs moyens dans la lutte contre les cartels qui sont considérés comme très graves par nature. Il est devenu très rare, en particulier s'agissant de la Commission, de constater des infractions considérées comme peu graves. Il en est ainsi des pratiques dans le cadre d'échanges d'informations qui sont, de plus en plus souvent qualifiées de graves, voire de très graves[247]. L'une des explications tenant à

---

243 V. décision du Conseil de la concurrence n° 04-D-13 du 8 avril 2004, Secteur des fromages à pâte persillée, para. 72, confirmée par CA Paris du 9 novembre 2004, Société anonyme des caves et des producteurs réunis de roquefort e. a., n° 2004/08960, p. 7.

244 V. décisions de l'Autorité n° 09-D-36 du 9 décembre 2009, Orange Caraïbe, para. 446 ; n° 12-D-25 du 18 décembre 2012, Fret ferroviaire, para. 677, et n° 14-D-02 du 20 février 2014, Presse d'information sportive, para. 358.

245 CJUE, 14 octobre 2010, aff. C-280/08 P, Deutsche Telekom AG c/Commission, point 275 et la note de L. IDOT, *Europe*, décembre 2010, comm. n° 12, p. 31 ; M. REYSEN, *Competition Law Insight* 2011, vol. 10, 2, p.11 et C. PRIETO, J.-C. RODA, *Journal du droit international*, 2011, p. 553.

246 Sur les opérateurs historiques, v., par exemple, décisions n° 15-D-20, Communications électroniques et n° 17-D-06, Engie, ces deux décisions sont définitives. Sur les autres opérateurs, v., par exemple, décisions n° 16-D-14, Umicore et n° 19-D-26, Google.

247 Trib. UE, 14 mars 2013, aff. T-587/08, Fresh Del Monte Produce c/ Commission, points 771 et 772 confirmé par CJUE, 24 juin 2015, aff. C-293/13 P, et la note de M. BÉHAR-TOUCHAIS, *Concurrences* n° 2-2015, p. 81.

l'augmentation du *quantum* des amendes tient donc à la gravité des pratiques sanctionnées. Ce serait la simple application de la loi qui voudrait que les amendes soient « proportionnées à la gravité des faits reprochés » et, depuis la loi DDADUE, « appréciées au regard de la gravité [...] de l'infraction ». Il en ressort cependant le sentiment que toute « infraction au droit de la concurrence » est automatiquement qualifiée de « très grave » au stade de la détermination des amendes. Or, cette approche plutôt dogmatique fondée sur la nature des pratiques pourrait paradoxalement revenir à considérer que si tout est grave, rien ne l'est véritablement.

Une telle grille d'analyse n'est pas sans poser des difficultés au regard du fait que la Commission et l'Autorité n'ont pas toujours besoin de démontrer les effets néfastes des pratiques dans le cadre de cartels. À cet égard, il importe de préciser l'existence d'un standard de preuves relativement peu exigeant quant à la participation d'une entreprise à ces infractions considérées comme très graves. Il est généralement considéré que la participation à une seule réunion est suffisante pour retenir un constat d'infraction à l'égard d'une entreprise[248]. Il en résulte qu'une entreprise peut voir sa responsabilité engagée du seul fait d'avoir assisté à une réunion et être qualifiée comme auteur d'une infraction très grave, quand bien même les effets n'auront pas été démontrés[249]. Certaines entreprises, présentes au mauvais endroit au mauvais moment, peuvent donc le payer très cher.

B) – Le dommage à l'économie

72. **Critère légal du dommage à l'économie en droit français.** Même si la suppression du critère du dommage causé à l'économie a été actée par le législateur français dans le cadre de la transposition de la directive ECN+, l'analyse de ce critère s'impose pour plusieurs raisons. Au-delà d'avoir été spécifiquement appliqué en droit français, le critère du dommage à l'économie a sans doute été l'un des plus débattus par les acteurs du droit de la concurrence. L'intérêt et la légitimité de ce critère ont été défendus par les économistes qui, pour certains d'entre eux, considèrent même qu'il s'agit du seul critère pertinent dans la détermination du montant de l'amende et qu'il n'aurait pas dû être « dilué » dans le montant de base[250].

---

[248] CJUE, 4 juin 2009, aff. C-8/08, T-Mobile Netherlands BV, KPN Mobile NV, Orange Nederland NV et Vodafone Libertel NV c/ Raad van bestuur van de Nederlandse Mededingingsautoriteit, points 54 à 62 pour laquelle une seule réunion peut être suffisante pour constituer une infraction à l'article 101 TFUE, et la note de L. IDOT, *Revue des contrats* 2009, p. 1401 et M. DEBROUX, *Concurrences* n° 2009-3, p. 70.

[249] Sur la question de la preuve en droit en droit de la concurrence, v. l'excellent article de L. IDOT, « Réflexions sur l'évolution de la preuve des pratiques anticoncurrentielles devant les autorités de concurrence », *Concurrences* n° 4-2017, p. 45.

[250] A. CHAPSAL, « Vers une réelle prise en compte du dommage causé à l'économie ? », *in* « Refonte des sanctions concurrence : Le projet de communiqué de l'AdlC », *Concurrences*, n° 1-2011, p. 13.

C'est l'expression de l'approche prônée par Becarria pour qui la véritable mesure des délits est celle du dommage qu'ils causent à la société. À ce sujet, le juge français a toutefois eu à rappeler que « la sanction ne se déduit pas du seul dommage à l'économie »[251]. Toujours est-il que l'Autorité a décidé d'associer le critère légal de la gravité des faits reprochés avec celui du dommage causé à l'économie dans le cadre de la détermination du montant de base de l'amende. Comme expliqué en introduction de la présente section, le fait que ce critère s'apprécie « au regard de l'action cumulée de tous les participants à la pratique »[252], tout comme le critère de la gravité des faits reprochés, a sans doute justifié qu'ils soient associés lors de la détermination du montant de base en droit français.

73. **Absence du critère du dommage à l'économie en droit de l'Union.** Il n'a jamais été fait référence au critère du « dommage causé à l'économie » au sein des règlements n°s 17 et 1/2003. La Commission avait toutefois prévu de tenir compte, dans les premières lignes directrices sur les amendes, de l'« impact concret » de l'infraction au titre de la gravité de l'infraction[253]. Ce critère de l'impact concret se rapprochait de celui du dommage causé à l'économie. Déterminer l'impact concret d'une infraction sur le marché, d'après la Cour de justice, supposait en effet de comparer la situation du marché résultant de l'entente avec celle qui aurait résulté du libre jeu de la concurrence[254]. L'intérêt et le poids de ce critère étaient toutefois tempérés par ces mêmes lignes directrices, lesquelles l'imposaient seulement « lorsqu'il [était] mesurable ». Il faut également noter, comme en droit français avec le dommage causé à l'économie, que l'impact concret sur le marché ne se présumait pas en droit de l'Union. En outre, l'impact concret n'avait rien de « déterminant » dans l'évaluation de la gravité de l'infraction et ce critère n'empêchait pas la Commission de qualifier une infraction de très grave sur le seul fondement de sa « nature propre »[255].

Le critère de l'impact concret de l'infraction a disparu avec l'adoption des lignes directrices de 2006, ce qui n'a pas manqué d'être relevé par le

---

251 CA Paris, 29 mars 2012, Lacroix Signalisation e. a., n° 2011/01228, p. 39 confirmé par Cass. com., 28 mai 2013, Lacroix Signalisation e. a., n° A 12-18.195, J 12-18.410, R 12-18.577.

252 CA Paris, 19 juillet 2018, Chronopost e. a., n° 16/01270, point 949, confirmé par Cass. com., 22 septembre 2021, Chronopost SAS e. a., n° X 18-21.436 e. a..

253 Lignes directrices de 1998, 1., A. et l'excellente analyse d'A. WINCKLER, « Une comparaison entre la pratique communautaire et la pratique française » *in* « Compte-rendu du séminaire DGTPE-Concurrence du 4 décembre 2008 », disponible sur le site du ministère de l'Économie.

254 CJUE, 8 décembre 2011, aff. C-272/09 P, KME e. a. c/ Commission, point 31 et la note de C. SARRAZIN, *Concurrences* n° 1-2012, p. 89, A. LACRESSE, *Concurrences* n° 1-2012, p. 181 et de L. IDOT, *Europe*, février 2012, comm. n° 2, p. 30.

255 Trib. UE, 7 juin 2011, aff. T-217/06, Arkema France e. a. c/ Commission, points 179 à 181 et la note de L. IDOT, *Europe*, août-septembre 2011, comm. n° 8-9, p. 32 et J. PHILIPPE, M. TRABUCCHI, *Gaz. Pal.* 2011 n° 259-260, Jur. p. 20.

Tribunal de l'Union européenne[256]. En lieu et place, il est fait état de la possible prise en compte de la « mise en œuvre ou non de l'infraction »[257]. Cette mise en œuvre de l'infraction n'est retenue que si la Commission a les moyens de la démontrer[258]. Un avocat spécialisé en droit de la concurrence attribue ce changement à la volonté de la Commission de s'épargner le développement d'un contentieux relatif à la mesure de l'impact concret des pratiques anticoncurrentielles sur l'économie[259]. Quoi qu'il en soit, ce critère ne s'impose nullement à la Commission lorsqu'elle souhaite qualifier une infraction de très grave.

Certes, l'intérêt de mesurer l'impact concret d'une infraction aurait pu réapparaître au point 31 des lignes directrices de la Commission qui prévoit que cette dernière « prendra également en compte la nécessité de majorer la sanction afin de dépasser le montant des gains illicites réalisés grâce à l'infraction, lorsqu'une telle estimation est possible ». Cette circonstance aggravante, modifiant le montant de base, n'a toutefois jamais été retenue par la Commission depuis l'application de ses lignes directrices en 2006[260].

74. Notion et objet du dommage à l'économie. Le dommage à l'économie est en théorie simple à comprendre puisqu'il repose sur « la comparaison entre la situation présente, celle qui est consécutive à la pratique anticoncurrentielle, et une situation théorique, celle qui aurait prévalu si les entreprises n'avaient pas mis en œuvre cette pratique »[261]. Il s'agit donc d'évaluer les effets réels produits par les pratiques illégales sur les marchés pertinents. Cette situation de référence est dénommée « contrefactuel ». Ce contre-factuel n'est cependant pas simple à établir puisque la science économique fait état de plusieurs hypothèses de départ et qu'il peut en ressortir des résultats très différents[262]. Les circonstances de l'affaire en cause peuvent également rendre son examen encore plus difficile[263]. À cet égard, le point 30 du communiqué de 2011 énonce prudemment que

---

256 Trib. UE, 16 juin 2011, aff. T-199/08, Ziegler SA c/ Commission, point 138 et la note de L. IDOT, *Europe*, août-septembre 2011, comm. n° 8-9, p. 33 confirmé par CJUE, 11 juillet 2013, aff. C-439/11 P.

257 Point 22 des lignes directrices de 2006 et l'article d'É. BARBIER DE LA SERRE, « Les lignes directrices de 2006 pour le calcul des amendes », *RLC* n° 9-2006, n° 620.

258 V. décision de la Commission du 12 novembre 2008, Verre automobile (résumé publié au JOUE 2009, C 173, p. 13), cons. 673 à 678.

259 A. WINCKLER, préc..

260 V., *infra*, n° 242, note en bas de page n° 765.

261 A. PERROT, « L'évaluation des dommages à l'économie » *in* « Compte-rendu du séminaire DGTPE-Concurrence » du 4 décembre 2008, disponible sur le site du ministère de l'Économie.

262 D. SEVY, « L'évaluation des dommages causés par les pratiques anticoncurrentielles » *in* « Le dommage à l'économie et sanction pécuniaire », *Concurrences* n° 4-2010 et D. SPECTOR, « La définition économique du dommage à l'économie, l'importance de son évaluation dans la mise en œuvre de la politique de la concurrence et les techniques d'évaluation » *in* « Compte-rendu du séminaire DGTPE-Concurrence » du 4 décembre 2008, préc..

263 D. THEOPHILE, « Notion actuelle et évolutions possibles » *in* « Le dommage à l'économie et sanction pécuniaire », *Concurrences* n° 4-2010, n° 32731.

« l'Autorité ne procède cependant pas à la reconstitution, nécessairement hypothétique, de la situation qui aurait pu exister en l'absence de l'infraction ». Il convient d'approuver l'approche de l'Autorité. En effet, il n'est pas inutile de rappeler que l'analyse économique n'est pas une science exacte, mais relève d'un jeu d'hypothèses et de scénarios multiples et que, dans ces conditions, il ne peut en être autrement s'agissant d'un contre-factuel qui, par définition, n'a jamais existé.

75. **Étendue du dommage à l'économie.** Une autre question est celle du champ du dommage à l'économie. Pris négativement, le point 27 du communiqué sanctions de 2011 exclut que le dommage à l'économie soit « limite[r] aux seuls gains illicites que son ou ses auteurs ont pu escompter en retirer ». Défini positivement, le dommage à l'économie « englobe tous les aspects de la perturbation qu'elle est de nature à causer au fonctionnement concurrentiel des activités, secteurs ou marchés directement ou indirectement concernés, ainsi qu'à l'économie générale. Il intègre non seulement le transfert et la perte de bien-être que l'infraction est de nature à engendrer au détriment des consommateurs intermédiaires ou finaux et de la collectivité dans son ensemble, mais aussi, notamment, son incidence négative sur les incitations des autres acteurs économiques, par exemple en matière d'innovation »[264]. Or, seule la « perte de surplus » subie par l'État devrait être, en théorie[265], exigée par l'Autorité aux entreprises condamnées si l'on part du postulat que les victimes de l'infraction iront ester en justice et obtenir des dommages et intérêts qui correspondent *a minima* au transfert de leur surplus. Le fait d'inclure la perte du consommateur dans l'évaluation du dommage à l'économie, lui-même l'un des déterminants du montant des amendes infligées aux entreprises, pourrait être contesté sous l'angle du principe *non-bis in idem*. Ce risque a été l'un des principaux éléments avancés par le gouvernement pour demander la suppression du dommage à l'économie dans le cadre de la transposition de la directive ECN+ à travers la loi DDADUE[266].

76. **Appréciation qualitative du dommage à l'économie.** Le dommage à l'économie ne soulève pas seulement des difficultés dans la méthode du contre-factuel et de délimitation, son appréciation est également âprement débattue. Lorsque l'Autorité apprécie le dommage à l'économie, elle ne procède pas à une quantification de celui-ci à l'euro près au grand dam des conseils juridiques et économiques des entreprises. Les éléments qu'elle

---

264 Point 27 du communiqué sanctions de 2011.

265 Pour une explication de la perte de surplus, v. rapport annuel de 2014 de l'Autorité, étude thématique consacrée au dommage à l'économie, p. 70 et l'article d'E. COMBE, « Une introduction économique » *in* « Le dommage à l'économie et sanction pécuniaire », *Concurrences* n° 4-2010.

266 Loi n° 2020-1508 du 3 décembre 2020, DDADUE. Il est renvoyé à la consultation publique lancée en 2021 par la DGCCRF, disponible sur son site Internet.

prend en considération sont généralement de nature qualitative, mais peuvent également être de nature quantitative lorsque de tels éléments sont disponibles et fiables[267]. Lorsque l'Autorité apprécie des éléments quantitatifs, elle se garde cependant de procéder « à une reconstitution chiffrée, nécessairement hypothétique, de la situation qui aurait pu exister en l'absence d'infraction »[268], ce qui lui a été maintes fois reproché par des auteurs économistes[269]. En réponse à ces critiques, il sera reproduit les propos tenus par l'ancien vice-président de l'Autorité à une conférence sur le sujet, lequel rappela qu'« en cherchant à produire un chiffre précis on finit par raisonner comme si on regardait dans des entrailles de poulet. [...] Même faux, un chiffre impressionne plus [...] qu'un raisonnement qualitatif. [...] Le calcul n'a de valeur que si les données sur lesquelles il se fonde sont elles-mêmes précises, ce qui n'est jamais le cas »[270].

77. **Critères d'appréciation du dommage à l'économie.** Pour apprécier l'importance du dommage causé à l'économie, le communiqué sanctions de 2011 énonce, en son point 32, la prise en compte de plusieurs critères, évalués en fonction de leur pertinence et dans la mesure où l'Autorité dispose de données fiables. Ces critères ne sont pas nécessairement cumulatifs, l'Autorité se réservant le droit de n'en examiner qu'un ou plusieurs de ceux-ci[271]. Certains des critères du communiqué sanctions sont analysés simultanément[272].

L'ampleur de l'infraction est le premier critère mentionné dans le communiqué sanctions. Cette ampleur est estimée au moyen de plusieurs indicateurs mentionnés dans le communiqué sanctions, tels que la couverture géographique, le nombre d'infractions, ou bien encore l'importance et les parts de marché cumulées des entreprises en cause[273].

---

267 V., par exemple, décisions du Conseil de la concurrence n° 06-D-07 bis* du 21 mars 2006, Drapo, para. 789 et 790 et n° 00-D-28 du 19 septembre 2000, Crédit immobilier, p. 44.

268 Point 30 du communiqué sanctions de 2011.

269 F. JENNY, « Autorité de la concurrence : les sanctions en débat », Option Finance/Option Droit & Affaires, mars 2011 ; G. DE MUIZON, « Mais pourquoi l'Autorité de la concurrence refuse-t-elle de mobiliser les outils de la théorie économique dans la détermination des sanctions pécuniaires ? », *RLDA* n° 62-2011, n° 3547 ; A. CHAPSAL, « Vers une réelle prise en compte du dommage causé à l'économie ? », *in* « Refonte des sanctions concurrence : Le projet de communiqué de l'AdlC », *Concurrences* n° 1-2011, p. 13.

270 T. DAHAN, « Qu'est-ce que le dommage à l'économie ? », Conférence de la revue *Concurrences* du 29 juin 2016.

271 Pour une analyse de la pratique décisionnelle de l'Autorité, v. rapport annuel de l'année 2014 de l'Autorité, étude thématique consacrée au dommage à l'économie, p. 59 et s..

272 V. décision de l'Autorité n° 14-D-05 du 13 juin 2014, Secteur de la téléphonie mobile à destination de la clientèle résidentielle à La Réunion et à Mayotte (ci-après « SRR »), para. 232.

273 V., par exemple, décision de l'Autorité n° 15-D-20, Communications électroniques, para. 373 à 375. Cette décision a fait l'objet d'une transaction. Il est à noter que la Commission examine également les parts de marchés cumulées, cette analyse relève toutefois de l'évaluation de la proportion retenue de la valeur des ventes qui est l'expression de la gravité de l'infraction.

Deuxièmement, les caractéristiques économiques des activités, des secteurs ou des marchés en cause peuvent être examinées par l'Autorité (barrières à l'entrée[274], degré de concentration[275], élasticité-prix de la demande[276], marge bénéficiaire, etc.).

Troisièmement, les conséquences conjoncturelles de l'infraction ou des infractions peuvent être évoquées dans l'appréciation du dommage causé à l'économie (surprix escompté[277], absence d'une baisse de prix attendue, impact indirect sur des secteurs ou des marchés connexes, en amont ou en aval, etc.). C'est notamment au sujet du surprix que les entreprises opposent bon nombre d'études économétriques. Ces études sont souvent focalisées sur l'effet de surprix qu'elles nient ou qu'elles minimisent très fortement[278]. Or, cette monomanie du chiffre est d'autant moins pertinente que le surprix n'est pas tout le dommage causé à l'économie qui[279], lui-même, n'épuise pas les critères légaux de l'amende infligée aux entreprises[280].

Quatrièmement, les conséquences structurelles des infractions peuvent être également étudiées par l'Autorité (création de barrières à l'entrée, effets d'éviction, de discipline ou de découragement vis-à-vis des concurrents, baisse de la qualité ou de l'innovation, entrave au progrès technique, impact sur la compétitivité du secteur en cause ou d'autres secteurs, etc.). Cinquièmement, l'Autorité de la concurrence pourra enfin tenir compte de l'incidence plus générale de l'infraction sur l'économie, sur les opérateurs économiques en amont, sur les utilisateurs en aval et sur les consommateurs finaux.

78. Qualification finale du dommage à l'économie par l'Autorité. En matière de cartels, le dommage à l'économie est en règle générale « certain ». L'Autorité distingue toutefois l'ampleur du dommage causé à l'économie en fonction des caractéristiques des affaires. Dans la décision relative aux *Farines*, l'Autorité a estimé que les pratiques de répartition de

---

274 V., par exemple, décision de l'Autorité n° 14-D-02 du 20 février 2014, Presse d'information sportive, para. 366, confirmée par CA Paris du 15 mai 2015, Amaury e. a., n° 2014/05554, p. 16 et 17 et Cass. com., 1er mars 2017, M 15-19.068, p. 10 et 11.

275 V., par exemple, décision de l'Autorité n° 17-D-20, Revêtements de sols résilients, para. 459. Cette décision a fait l'objet de transactions.

276 V., par exemple, décision de l'Autorité n° 12-D-06 du 26 janvier 2012, Secteur des agrégats et des marchés aval à Saint-Pierre-et-Miquelon (ci-après « Saint-Pierre-et-Miquelon »), para. 248. Cette décision est définitive.

277 V., par exemple, décision du Conseil de la concurrence n° 09-D-05 du 2 février 2009, Secteur du travail temporaire (ci-après « Travail temporaire »), para. 128 et s., confirmée par CA Paris du 26 janvier 2010, Adecco France e. a., n° 2009/03532, p. 18 et 19 et Cass. com., 29 mars 2011, Manpower France e. a., n° T 10-12.913 et G 10-13.686, p. 7.

278 CA Paris du 23 mai 2017, Laïta e. a., n° 15/08224, points 264 et s. et du 19 juin 2018, Chronopost e. a., préc., points 1035 à 1040.

279 CA Paris du 27 octobre 2016, Beiersdorf e. a., préc., point 367.

280 T. DAHAN, « Sanctions des infractions aux règles de concurrence. Bilan de la pratique décisionnelle de l'Autorité de la concurrence », Conférence de la revue *Concurrences* du 22 novembre 2016.

marchés avaient causé un dommage certain à l'économie, dont l'importance a été jugée « significative »[281]. En matière de marchés publics, le dommage à l'économie a été qualifié dans une affaire de certain et significatif sur le marché pertinent de Saint-Pierre-et-Miquelon, tout en restant limité par rapport à l'économie générale française dans son ensemble[282]. Le montant des marchés concernés et leur durée d'exécution limitée peuvent également tendre à restreindre l'appréciation portée sur le dommage à l'économie[283]. Dans de récentes affaires, plusieurs facteurs mentionnés au sein de ces décisions ont toutefois conduit l'Autorité à tempérer son importance[284], voire à estimer le dommage à l'économie d'une faible importance[285]. Dans l'affaire du *Porc charcutier*, le dommage causé à l'économie par l'entente en cause a été considéré comme étant d'une importance très faible[286]. En matière de pratiques unilatérales, le dommage à l'économie est très souvent caractérisé. L'analyse empirique des décisions de l'Autorité révèle toutefois que l'ampleur du dommage causé à l'économie dépend étroitement des circonstances des affaires. Dans l'affaire *Stihl*, l'existence d'une réelle concurrence et le fait que la vente en ligne des produits en cause n'était pas très développée ont notamment conduit l'Autorité à estimer que le dommage à l'économie généré par les pratiques était « limité »[287].

79. **Contrôle juridictionnel du dommage à l'économie.** La cour d'appel de Paris et la Cour de cassation ont très souvent eu l'occasion de se prononcer sur le critère du dommage à l'économie. Hormis des interprétations divergentes recensées dans quelques arrêts comme dans les affaires de l'*Acier* et du *Stade à Furiani*[288], la cour d'appel de Paris a validé en règle

---

281 V. décision de l'Autorité n° 12-D-09, Farines, para. 818 confirmée sur ce point par CA Paris, 20 novembre 2014, Grands Moulins de Paris e. a., n° 2012/06826, p. 80 et Cass. com., 8 novembre 2016, VK-Mühlen e. a., n° D 14-28.234 e. a., p. 32 et 33.

282 V. décision de l'Autorité n° 12-D-06 du 26 janvier 2012, Saint-Pierre-et-Miquelon, para. 253. Cette décision n'a pas fait l'objet de recours.

283 V. décision de l'Autorité n° 11-D-07 du 24 février 2011, Secteur des travaux de peinture d'infrastructures métalliques (ci-après « Peinture d'infrastructures métalliques »), para. 161. Cette décision n'a pas fait l'objet de recours.

284 V. décisions de l'Autorité n° 11-D-17, Lessives, para. 635, et n° 15-D-19, Messageries, para. 1295.

285 V. décision de l'Autorité n° 12-D-08 du 6 mars 2012, Endives, para. 633, confirmée sur ce point par CA Paris, 1er juillet 2021, SCA Cambresis Artois Picardie Endives – CAP Endives e. a., n° 19/00595, points 667 à 678.

286 V. décision de l'Autorité n° 13-D-03 du 13 février 2013, Porc charcutier, para. 407 et 447 confirmée sur ce point par CA Paris du 25 septembre 2014, Bigard e. a., n° 2013/05595, p. 15.

287 V. décision de l'Autorité n° 18-D-23 du 24 octobre 2018, Secteur de la distribution de matériel de motoculture (ci-après « Stihl »), para. 309 à 317, confirmée sur ce point par CA Paris, 17 octobre 2019, Andreas Stihl e. a., n° 18/24456, points 366 à 368. Cet arrêt a été frappé de pourvoi.

288 V. décisions du Conseil de la concurrence n° 08-D-32, Acier, para. 418, réformée sur ce point par CA Paris, 19 janvier 2010, AMD Sud ouest e. a., n° 2009/334, p. 43, et la note de D. FERRÉ, K. BIANCONE, *RLDA* n° 47-2010, p. 37 et n° 06-D-13 du 6 juin 2006, Marché public de travaux pour la reconstruction du stade Armand Cesari à Furiani, réformée sur ce point par CA Paris, 25 septembre 2007, Entreprise Vendasi et Cie e. a., n° 2006/07961, et la note de V. SÉLINSKY, *RLC* n° 14-2008, n° 984. Ces deux arrêts n'ont pas été frappés de pourvois.

générale l'appréciation du dommage causé à l'économie réalisée par l'Autorité. Dans un arrêt de revirement, la Cour de cassation avait jugé que le dommage à l'économie ne se présume pas[289]. Cet arrêt a été ensuite porté aux nues par les économistes et les conseils des entreprises. C'est néanmoins oublier que cette même Cour de cassation, saisie une nouvelle fois dans cette affaire, avait néanmoins jugé que l'Autorité n'avait pas à affiner davantage son analyse de la réduction du surplus du consommateur, ce qui revient à dire que le dommage à l'économie n'avait pas à être chiffré précisément[290]. Cet arrêt n'a toutefois pas mis fin aux demandes visant à ce que l'Autorité quantifie et chiffre précisément le dommage à l'économie, partant du postulat que ce chiffrage allait démontrer que les amendes infligées allaient bien au-delà du trouble causé à l'économie. Cette demande est toujours restée lettre morte, il est de jurisprudence constante que l'Autorité n'a pas à quantifier le dommage à l'économie[291].

Il est seulement exigé de l'Autorité qu'elle procède à une appréciation de son existence et de son importance, en se fondant sur une analyse aussi complète que possible des éléments du dossier et en expliquant comment l'économie a été perturbée par les pratiques en cause[292]. Malgré les nombreuses contestations des entreprises, l'appréciation qualitative du dommage à l'économie faite par l'Autorité n'a été que rarement invalidée par le juge français[293]. Cela n'a pas changé depuis l'application du communiqué sanctions de 2011[294], le fait que le dommage causé à l'économie ait été placé en retrait dans la grille de sanctions l'Autorité n'a pas mécontenté la cour d'appel de Paris[295].

80. Conclusions sur le dommage à l'économie. Il a été observé que le dommage causé à l'économie est une notion à la fois imprécise, floue, difficile à déterminer et dont les contours englobent, en outre, le préjudice subi par le consommateur. Faisant un constat assez similaire, les auteurs du rapport Folz avaient proposé de réduire le champ de ce concept. Ils

---

289 Cass. com., 7 avril 2010, Orange e. a., n° 09-12.984, 09-13.163 et 09-65.940, et la note de G. DECOCQ, *CCC*, juin 2010, n° 6, comm. 164, de V. SÉLINSKY, *RLC* n° 24-2010, n° 1641 et de N. DORANDEU, *RLC* n° 23-2010, n° 1709.

290 Cass. com., 30 mai 2012, Orange e. a., n° X 11-22.144, p. 5 et 6 et la note de F. VENAYRE, *RLC* n° 33-2012, n° 2143.

291 D. THEOPHILE, « Notion actuelle et évolutions possibles » *in* « Le dommage à l'économie et sanction pécuniaire », *Concurrences* n° 4-2010, n° 32731.

292 CA Paris, 26 janvier 2012, Beauté Prestige International e. a., n° 2012/23945, p. 89 et du 27 octobre 2016, Beiersdorf e. a., préc., points 265 à 268 et rapport annuel de l'Autorité de 2014, étude thématique consacrée au dommage à l'économie, p. 61 et s..

293 CA Paris, du 18 décembre 2014, Sanofi e. a., n° 2013/12370, p. 24, du 21 décembre 2017, Royer Holding e. a., n° 16/06962, p. 15 et 16, du 15 mars 2018, Sermétal Réunion e. a., 16/14231, points 183 à 193 et du 19 juillet 2018, Chronopost e. a., n° 16/01270, points 949 à 1041.

294 V. MICHEL-AMSELLEM, *in* « Qu'est-ce que le dommage à l'économie ? », Conférence de la revue *Concurrences* du 29 juin 2016.

295 Sur l'incidence du dommage à l'économie sur la proportion de la valeur des ventes, v., *infra*, n° 110.

suggéraient la prise en compte du dommage à l'économie uniquement au stade des pondérations, comme circonstance atténuante ou aggravante, dans les seuls cas où il peut être véritablement identifié[296]. Cette proposition n'a pas été suivie par l'Autorité qui a maintenu et justifié le dommage à l'économie au sein de sa grille de sanctions de 2011. Ce critère a été toutefois relégué au second rang derrière le critère de la gravité des faits reprochés. Cette affirmation se vérifiera au moment d'analyser la traduction chiffrée de ce critère dans l'amende retenue par l'Autorité. Il est d'ailleurs étonnant qu'un critère, aussi peu influent sur le *quantum* de l'amende soit-il[297], ait été autant débattu par les conseils des entreprises et leurs économistes. Quoi qu'il en soit, les inconvénients et faiblesses méthodologiques de ce critère ont logiquement conduit le gouvernement à l'abroger[298].

§ 2 – La proportion de la valeur des ventes

81. Consécration de la valeur des ventes. Il a été nécessaire pour la Commission comme pour l'Autorité de choisir un premier critère d'évaluation de l'amende qui s'applique à l'ensemble des entreprises condamnées. Plutôt que se référer à la totalité du chiffre d'affaires des entreprises comme le prévoit la loi[299], la Commission et l'Autorité ont progressivement opté pour le critère de la valeur des ventes. Ces deux autorités de concurrence ont été ensuite jusqu'à consacrer ce critère de la valeur des ventes comme l'« assiette » des amendes dans leurs grilles de sanctions respectives. Lors de la première étape de calcul, il ne s'agit donc pas de retenir la totalité du chiffre d'affaires réalisé par les entreprises, mais la valeur de l'ensemble des catégories de produits et/ou de services en relation avec l'infraction. Cette évaluation affinée semble de prime abord plus favorable aux entreprises puisqu'il ne s'agit pas de tenir compte de la totalité de leur chiffre d'affaires, mais seulement de la fraction affectée par les pratiques. L'examen de cette façon de procéder et de délimiter la valeur des ventes donnera une première indication de l'approche des autorités précitées quant à la détermination du *quantum* des amendes.

---

296 Rapport Folz, p. 35.

297 T. DAHAN, « Qu'est-ce que le dommage à l'économie ? », Conférence de la revue *Concurrences* du 29 juin 2016.

298 Il n'est d'ailleurs pas si étonnant que cela qu'une entreprise ait soulevé, même en vain, le caractère anticonstitutionnel du critère du dommage causé à l'économie qu'elle jugeait inquantifiable (Cass. com., QPC, 19 novembre 2013, société Inéo réseaux Sud-Ouest, n° 13-16.602).

299 CA Paris, 27 octobre 2016, Beiersdorf e. a., n° 15/01673, point 183.

82. **Taux appliqué sur la valeur des ventes.** Dès lors que cette valeur des ventes a été définie, l'Autorité et la Commission lui appliquent un taux pour retenir un montant de départ de l'amende. Ce taux est supposé être la traduction chiffrée de la gravité de l'infraction et[300], spécifiquement en droit français, du dommage à l'économie[301]. C'est à l'aune de la proportion retenue qu'il sera également apprécié le degré de sévérité des amendes en cours de détermination. Bien que l'assiette de l'amende soit d'une importance capitale dans l'évaluation du *quantum* final, les précautions relatives à l'analyse de ce montant de départ s'imposent. En effet, il faut garder à l'esprit que ce montant de départ est ensuite augmenté par un coefficient de durée d'où en résultera un montant de base. Or, ce n'est qu'à partir du montant de base que l'on aura une première idée précise du *quantum* des amendes et, par conséquent, de leur caractère punitif.

83. **Division.** Ces éléments présentés, il importe de distinguer ces deux premières étapes et d'examiner tout d'abord la délimitation de l'assiette de l'amende, à savoir la valeur des ventes (A), avant d'envisager le taux qui sera appliqué à celle-ci (B).

A) – La détermination de la valeur de ventes

84. **Assiette de l'amende.** Les amendes infligées aux entreprises n'ont pas toujours été fondées en fonction de la valeur des ventes qu'elles avaient réalisées. D'autres critères, en particulier le chiffre d'affaires total, ont pu longtemps constituer l'assiette de l'amende. Il y a eu un certain tâtonnement de la part du juge de l'Union pour déterminer lequel de ces critères devait être la référence de calcul des amendes. Deux célèbres arrêts témoignent bien de ce flottement. Dans l'arrêt *Musique Diffusion*, la Cour de justice avait insisté sur l'importance du critère du chiffre d'affaires total[302]. Ce n'est pas la solution qui avait été retenue quelques années plus tard dans l'arrêt *Tréfileurope*, dans lequel le Tribunal de première instance avait approuvé la démarche consistant à retenir le critère du chiffre d'affaires relatif au marché concerné. Selon le Tribunal, la Commission n'avait commis aucune illégalité puisque cette approche respectait le plafond de 10 % du chiffre d'affaires total des entreprises et se révélait, en substance, plus précise et favorable aux entreprises[303]. Les mêmes difficultés ont eu lieu en France. Dans des arrêts assez contradictoires, la cour d'appel de Paris avait pu juger, d'une part, que le « chiffre d'affaires à retenir [était] celui du secteur dans

---

[300] Sur la gravité de l'infraction, v., *supra*, n°s 63 et s..

[301] Sur le dommage à l'économie, v., *supra*, n°s 72 et s..

[302] CJCE, 7 juin 1983, aff. 100 à 103/80, Musique Diffusion française e. a. c/ Commission, points 120 et 121.

[303] TPICE, 6 avril 1995, aff. T-141/89, Tréfileurope c/ Commission, point 183. Cet arrêt n'a pas été frappé d'un pourvoi devant la Cour.

lequel a été commise l'infraction »[304], comme elle avait pu, d'autre part, approuver le Conseil de la concurrence d'avoir pris en compte le chiffre d'affaires de l'entreprise « toutes activités confondues »[305], ou bien de s'y être référée, car la loi n'établit « aucune distinction en ce qui concerne les secteurs d'activité de l'entreprise »[306]. À cet égard, un arrêt de la Cour de cassation rendu en assemblée plénière avait entériné le critère du chiffre d'affaires total[307]. Il faut dire qu'en droit français comme en droit de l'Union, le chiffre d'affaires total est le seul critère prévu dans la loi et donc le seul qui s'impose véritablement aux autorités de concurrence et aux juges. En l'absence d'une grille de sanctions, la prise en compte de la valeur des ventes était possible dans certaines affaires, mais à l'appréciation, voire à la discrétion de la Commission et de l'Autorité.

85. **Codification de la valeur des ventes.** Comme la Commission aux points 13 à 18 de ses lignes directrices de 2006, l'Autorité a définitivement opté pour la prédominance du critère de la valeur des ventes dans son communiqué sanctions de 2011. En d'autres termes, c'est le chiffre d'affaires affecté par l'infraction qui doit servir d'assiette pour le calcul de l'amende[308]. À cet égard, le point 23 du communiqué sanctions de 2011 énonce que « ce paramètre constitue généralement une référence appropriée et objective permettant de proportionner au cas par cas l'assiette de la sanction à la réalité économique de l'infraction en cause, et plus précisément à son ampleur ainsi qu'au poids relatif sur le secteur concerné de chacune des entreprises qui y a participé ». Les points 33 et 35 dudit communiqué précisent qu'il s'agit de « la valeur de l'ensemble des catégories de produits ou de services en relation avec l'infraction » ou du « chiffre d'affaires de l'entreprise ou de l'organisme concerné relatif aux produits ou services en cause ». L'assiette de la valeur des ventes semble plus large dans les lignes directrices de la Commission puisqu'elles se réfèrent aux ventes « en relation directe », mais également « indirecte ». En France, il était initialement prévu de reprendre l'assiette de la valeur comme mentionnée dans les lignes directrices de 2006, mais les ventes « indirectes » n'ont finalement pas été incluses au sein du communiqué[309]. Cette différence

---

304 CA Paris, 29 avril 1993, Juin International e. a., BOCCRF du 18 juin 1993 et V. MICHEL-AMSELLEM *in L'application en France du droit des pratiques anticoncurrentielles*, préc., n° 528, confirmé par Cass. com., 30 mai 1995, Ghiglion e. a., n° 93-15355.

305 CA Paris, 24 avril 2007, JH Industries SAS e. a., n° 2006/06912, p. 7. Cet arrêt n'a pas été frappé d'un pourvoi.

306 CA Paris, 23 mai 1995, Gonfrand Frères e. a., BOCCRF du 16 juin 1995 confirmé par Cass. com., 13 mai 1997, Gonfrand Frères e. a., n° 95-16.378.

307 Cass. com., Assemblée plénière, 14 mars 1997, SPIE Batignolles et SPIE Trindel e. a., n° 94-15133.

308 Rapport Folz, p. 33.

309 Le projet du communiqué sanctions de 2011 faisait état d'une prise en compte des ventes « en relation tant directe qu'indirecte avec l'infraction » comme le prévoit le point 13 des lignes directrices de 2006 de la Commission. Cette référence aux ventes « indirectes » a été abandonnée lors de l'adoption du texte définitif de l'Autorité à la suite de commentaires très défavorables à ce sujet (Point 74 des

d'approche, plus théorique que pratique aux yeux de l'Autorité[310], a été définitivement effacée avec l'adoption du second communiqué sanctions de 2021, qui précise au point 22 qu'il convient de se référer à « l'ensemble des catégories de produits ou de services en relation directe ou indirecte avec l'infraction ».

86. Valeur des ventes et droit d'entrée. En droit de l'Union, la valeur des ventes occupe une place encore plus importante, notamment du fait qu'elle peut être prise en compte à deux reprises dans le calcul de la Commission. Cette dernière, en effet, prévoit d'ajouter une majoration dissuasive dénommée « droit d'entrée » (*entry fee*) également calculée sur la base de la valeur des ventes[311]. Conformément au point 25 des lignes directrices de 2006, il est en effet prévu d'inclure dans le montant de base une somme comprise entre 15 et 25 % de la valeur des ventes « afin de dissuader les entreprises de participer à des accords horizontaux de fixation de prix, de répartition de marché et de limitation de production ». Ce droit d'entrée, qui n'a pas été retenu dans le communiqué sanctions de 2011 de l'Autorité, a été intégré au point 31 du communiqué sanctions de 2021, rapprochant encore sa grille de sanctions de celle de la Commission.

87. Légalité de la valeur des ventes. En comparaison avec la méthode forfaitaire utilisée par la Commission sous l'empire des lignes directrices de 1998[312], le critère de la valeur des ventes a assurément apporté de la transparence à la méthode de calcul de l'amende. Il en est de même pour l'Autorité qui, avant d'appliquer son communiqué sanctions, n'édictait pas de montant de base et se référait principalement au critère légal du chiffre d'affaires total[313]. Comme expliqué précédemment, les autorités de concurrence ont pu parfois se référer au critère de la valeur des ventes avant même qu'il ne soit codifié dans leurs grilles de sanctions, avec le cas échéant l'aval du juge de l'Union[314], ou du juge français[315]. Il n'est dès lors pas

observations de l'Association des Praticiens du Droit de la Concurrence et p. 2 des observations du MEDEF sur le projet de communiqué relatif à la méthode de détermination des sanctions pécuniaires, disponibles sur le site de l'Autorité) et les notes de N. JALABERT-DOURY, *Concurrences* n° 1-2011, art. n° 34016 et d'A. RONZANO, *Concurrences* n° 3-2011, art. n° 54436.

310 CA Paris, 21 décembre 2017, TDF e. a., n° 16/15499, point 279.

311 H. DE BROCCA, « Les nouvelles Lignes directrices de la Commission en matière d'amendes », *Concurrences* n° 4-2006, p. 37.

312 Lignes directrices de 1998, 1., A.

313 Cass. com., 15 janvier 2008, Colas Île-de-France e. a., n° 07-11677 ; 07-12132 et 07-12357, confirmant CA Paris, 30 janvier 2007, Le Foll e. a., n° 06/00566, p. 17 et 18.

314 CJCE, 28 juin 2005, aff. C-189/02 P, Dansk Rørindustri e. a. c/ Commission, points 251 à 270 et la note de M. VAN DER WOUDE, *Concurrences* n° 3-2005, p. 68 et Trib. UE, 24 mars 2011, aff. T-377/06, Comap SA c/ Commission, point 107.

315 V. décision de l'Autorité n° 10-D-39 du 22 octobre 2010, Signalisation routière verticale, para. 442 à 444 et la note d'A. RONZANO, *Concurrences* n° 1-2011, art. n° 58051 et CA Paris du 29 mars 2012, Lacroix Signalisation e. a., n° 2011/01228, p. 37 et 38, confirmé par Cass. com., 28 mai 2013, Lacroix

étonnant que la légalité du critère de la valeur des ventes, une fois ce critère codifié dans les grilles de sanctions de la Commission et de l'Autorité, ait été confirmée par leur juge respectif[316].

88. Pertinence de la valeur des ventes. La valeur des ventes est également un critère qui, conceptuellement, permet de mieux proportionner l'amende en fonction de l'infraction commise. Ce critère permet de mieux identifier la partie du chiffre d'affaires d'une entreprise qui a indûment bénéficié des pratiques. Il n'en crée pas moins en même temps une différence entre les entreprises qui concentrent l'essentiel de leur activité dans le secteur en cause et les entreprises diversifiées[317]. Les premières, souvent d'une taille limitée, seront proportionnellement plus sanctionnées que les secondes, souvent de grande ou de très grande taille. Si l'on retourne le problème, la valeur des ventes est un critère qui favorise les grandes entreprises, car il n'a pas vocation à tenir compte de leur taille réelle. Il en ressort que la valeur des ventes est un critère qui respecte sans doute l'exigence de prononcer une amende proportionnée, mais qui, pris isolément, ne permet pas forcément d'atteindre une amende « individualisée ».

Un autre inconvénient relatif au choix du chiffre d'affaires affecté comme seul point de départ du calcul de l'amende est de ne pas prendre en compte la rentabilité intrinsèque du secteur d'activités concerné. À partir du même montant de chiffre d'affaires, des secteurs comme le luxe et la grande distribution, par exemple, ne génèrent pas du tout des profits du même ordre de grandeur. La nature « approximative » du chiffre d'affaires – entendu comme valeur des ventes – a déjà été soulignée, en particulier du fait qu'il « ne fait pas de distinction ni entre les secteurs à forte valeur ajoutée et les secteurs à faible valeur ajoutée ni entre les entreprises profitables et celles qui le sont moins »[318]. À cet égard, le rapport Folz préconisait de faire du profit réalisé un critère de l'amende sans pour autant fonder entièrement le montant des sanctions sur lui, sachant que la détermination de cette marge moyenne peut s'avérer particulièrement délicate[319]. En réalité, aucun critère n'est parfait et celui de la valeur des ventes ne fait pas exception. C'est

---

e. a., n° 12-18195, 12-18410 et 12-18577 et la note de N. JALABERT-DOURY, *Concurrences* n° 3-2013, p. 77.

316 CJUE, 19 mars 2015, aff. C-286/13 P, Dole Food e. a. c/ Commission, points 146 à 149 et CA Paris, 10 octobre 2013, Nestlé Purina Care France e. a., n° 2012/07909, p. 38 et 39 et la note d'A. RONZANO, *Concurrences* n° 4-2013, art. n° 60290.

317 Sur les entreprises mono-produits, v., *infra*, n°s 234 et s..

318 TPICE, 6 mai 2009, aff. T-127/04, KME Germany e. a. c/ Commission, point 93 et la note de L. IDOT, *Europe*, juillet 2009, comm. n° 277, p. 15 ; Trib. UE, du 19 mai 2010, aff. T-25/05, KME Germany e. a. c/ Commission, point 100 et la note d'É. BARBIER DE LA SERRE, *RLC* n° 24-2010, p. 56 et l'article de C. GALOKHO, « Les atteintes au principe d'égalité dans le cadre du calcul des amendes en droit européen des ententes », *RIDE* 2014/2 (t. XXVIII), p. 183.

319 Rapport Folz, p. 34 et observations de la Commission de la concurrence du Comité National Français de la Chambre de Commerce Internationale (ICC France) sur le projet de communiqué sanctions de l'Autorité de la concurrence, p. 10.

peut-être pour cette raison que la valeur des ventes ne devrait pas être l'unique critère de référence concernant l'assiette de l'amende. En complément de la valeur des ventes, d'autres critères pourraient intervenir comme le profit et/ou le chiffre d'affaires total afin de mieux rendre compte de la taille réelle de l'entreprise et des secteurs dans lesquels elle opère.

89. **Impact de la valeur des ventes sur l'amende.** À première vue, la valeur des ventes a une incidence lointaine et indirecte sur le *quantum* de l'amende. Mais plus l'assiette de la valeur des ventes sera élevée, plus l'amende le sera également. Aussi bien en France que dans l'Union européenne, la délimitation de la valeur des ventes de chaque entreprise est éminemment débattue. En théorie, le concept de la valeur des ventes se comprend parfaitement. Dans la pratique, il n'est pas toujours aisé de circonscrire la valeur des ventes affectées par l'infraction. La délimitation de la valeur des ventes a fait l'objet d'une abondante jurisprudence, les entreprises tentant régulièrement de la réduire à son strict minimum.

90. **Délimitation de la valeur des ventes en relation avec l'infraction.** La délimitation de la valeur des ventes a pris plusieurs années pour être clarifiée, les approches de l'Autorité et de la Commission ayant été largement validées. Il ne sera pas traité de l'ensemble des questions afférentes à sa circonscription « scientifique ». Quelques-uns des arguments exposés par les entreprises méritent toutefois d'être mentionnés. C'est d'abord en combattant, en vain, l'idée que la valeur des ventes est différente du chiffre d'affaires réalisé sur le marché pertinent que les entreprises ont contesté l'approche des autorités de concurrence[320]. Cela étant, la délimitation d'un marché pertinent ne permet pas toujours d'aisément déterminer les produits et/ou services affectés par les pratiques.

Dans l'hypothèse où les produits ou prestations cartellisés sont intégrés dans un produit fini comme dans l'affaire des *LCD*, la Commission a pu retenir la seule fraction cartellisée des produits finis avec l'aval de la Cour de justice[321]. La Commission semble toutefois être allée plus loin dans l'affaire du *Transit* en ayant tenu compte de l'offre d'ensemble et non la seule partie de l'offre ayant fait l'objet d'une entente. Cette approche a été toutefois validée par la Cour de justice. En effet et même si les parties à l'entente ne s'entendent que sur un élément donné du prix global payé par les clients, cela n'empêche pas en théorie la Commission de calculer l'amende sur la base du chiffre d'affaires total généré par les ventes du

---

320 CJUE, 23 avril 2015, aff. C-227/14 P, LG Display e. a. c/ Commission, point 66 et la note de G. DECOCQ, *CCC* n° 7-2015, comm. 181 et Trib. UE, 16 juin 2011, aff. T-204/08 et T-212/08, Team Relocations NV e. a. c/ Commission, point 63, confirmée par CJUE, 13 juillet 2015, aff. C-444/11 P, Team Relocations NV e. a. c/ Commission, point 79 et CA Paris du 27 octobre 2016, Beiersdorf e. a., préc., point 187 et du 15 mars 2018, Sermétal Réunion e. a., n° 16/14231, point 147.

321 CJUE, 9 juillet 2015, aff. C-231/14 P, InnoLux Corp. c/ Commission, point 53 et la note de M. BÉHAR-TOUCHAIS, *Concurrences* n° 4-2015, p. 102.

produit final incluant le composant faisant l'objet de l'entente[322]. Il y a toutefois lieu de s'inquiéter de la portée d'une telle solution pour les entreprises qui conçoivent et commercialisent un produit de A à Z. Dans l'hypothèse où les entreprises ne s'entendent que sur une infime partie du produit final qui sera vendu, la question de la délimitation de la valeur des ventes se pose. Prendre en compte le produit final pourrait se révéler contraire au principe de proportionnalité. Une telle solution reviendrait, par exemple, à ce que des constructeurs automobiles qui s'entendent sur le prix d'une option de leurs véhicules (climatisation, toit ouvrant, etc.) soient condamnés sur la base du prix de la voiture finalement vendue.

91. **Preuve de la valeur des ventes.** C'est ensuite sous l'angle probatoire que les entreprises ont le plus souvent tenté de réduire l'assiette de la valeur des ventes. Les entreprises ont notamment essayé d'imposer aux autorités de concurrence de ne retenir que les ventes dont il a pu être prouvé qu'elles ont été affectées par l'entente. Dans un premier temps, ce type d'argumentation a été rejeté par le juge de l'Union, ce dernier estimant que la valeur des ventes ne peut se réduire au « chiffre d'affaires réalisé avec les seules ventes pour lesquelles il est établi qu'elles ont réellement été affectées par cette entente »[323]. Cette délimitation jurisprudentielle floue et incertaine n'a pas permis de mettre un terme à ce débat probatoire[324]. De manière beaucoup plus claire, la Cour de justice a dans un second temps confirmé que la notion de valeur des ventes « englobe les ventes réalisées sur le marché concerné par l'infraction [...], sans qu'il importe de déterminer si ces ventes ont été réellement affectées par cette infraction »[325].

92. **Valeur des ventes réalisées dans l'EEE et au-delà.** Lorsque la Commission évalue la valeur des ventes de l'entreprise, elle tient compte de l'ensemble des ventes réalisées dans l'espace économique européen (EEE). Une telle disposition laisse penser que la Commission ne s'occupe que de ses affaires internes, celles qui relèvent du territoire de l'EEE. Mais avec des produits de plus en plus fabriqués, assemblés, vendus et revendus dans

---

322 Trib. UE, 29 février 2016, aff. T-254/12, Kühne + Nagel International e. a. c/ Commission ; aff. T-265/12, Schenker Ltd c/ Commission ; aff. T-267/12, Deutsche Bahn AG e. a. c/ Commission et aff. T-270/12, Panalpina World Transport (Holding) Ltd e. a. c/ Commission, confirmés par CJUE du 1er février 2018, aff. C-261/16 P ; aff. C-263/16 P ; aff. C-264/16 P et C-271/16 P et la note critique d'A.-S. CHONÉ-GRIMALDI, *Concurrences* n° 2-2018, p. 65.

323 CJUE, 11 juillet 2013, aff. C-444/11 P, Team Relocations NV e. a. c/ Commission, points 76 et 88 ; du 12 novembre 2014, aff. C-580/12 P, Guardian Industries et Guardian Europe c/ Commission, point 57, et du 23 avril 2015, aff. C-227/14 P, LG Display e. a. c/ Commission, point 56.

324 CA Paris, 3 décembre 2020, Brenntag SA e. a., n° 13/13058, point 345. Cet arrêt a été frappé d'un pourvoi.

325 CJUE, 9 mars 2017, aff. C-615/15 P, Samsung SDI e. a. c/ Commission, point 52 et la note d'A.-S. CHONÉ-GRIMALDI, *Concurrences* n° 2-2017, p. 88 et de G. DECOCQ, *CCC* n° 6-2017, comm. 132. Le point 52 de l'arrêt Samsung a été cité en référence au point 348 de l'arrêt de la cour d'appel de Paris, 17 mai 2018, Umicore e. a., n° 16/16621.

différents pays, il n'est plus réellement évident de déterminer si les ventes sont réalisées dans l'EEE. Dans les arrêts *Innolux* et *Samsung*, il a été jugé que le lieu de livraison est une donnée importante à prendre en compte pour déterminer si les ventes relèvent de l'EEE. Dès lors que les ventes ont été effectuées dans l'EEE, que ce soit le produit cartellisé ou le produit fini qui intègre ledit produit cartellisé, la Commission est compétente et il y a même lieu de considérer qu'il s'agit de ventes relevant de l'EEE[326].

Lorsque l'étendue géographique d'une infraction dépasse le territoire de l'EEE, le point 18 des lignes directrices de 2006 n'exclut pas de prendre en compte des ventes en dehors de l'EEE afin de refléter de manière adéquate le poids de chaque entreprise dans l'infraction. La légalité discutable et discutée de cette disposition a été validée par la Cour de justice[327]. Dans un certain nombre de situations, il est toutefois permis de s'interroger sur une certaine forme d'extraterritorialité du droit de l'Union de la concurrence et sur une possible violation du principe *non-bis in idem*[328]. À l'encontre des conclusions de Monsieur l'avocat général Wathelet dans l'affaire *Innolux*[329], la Cour de justice a confirmé que la Commission est compétente pour sanctionner des produits cartellisés dans l'EEE alors même que ces produits ont été intégrés dans des produits finis vendus hors de l'EEE. Au final, c'est du gagnant-gagnant pour la Commission. Cette dernière est compétente pour sanctionner les pratiques relatives à des produits cartellisés vendus en dehors de l'EEE s'ils ont été intégrés à des produits finis qui ont été vendus au sein de l'EEE. Cette règle ne s'impose toutefois pas à la Commission lorsqu'elle aboutirait à son incompétence puisque la Cour de justice l'estime toujours compétente si le produit cartellisé au sein de l'EEE a été intégré dans des produits finis vendus hors de l'EEE.

93. Valeur des ventes réalisées en France. Le point 24 du communiqué sanctions de 2011 dispose que les ventes retenues sont celles réalisées en France[330]. Cette restriction nationale peut se justifier du fait que l'Autorité est amenée, en vertu de la communication sur le Réseau européen de la concurrence (ci-après le « REC »)[331], à ne condamner que des pratiques

---

326 CJUE, du 9 juillet 2015, aff. C-231/14 P, InnoLux Corp. c/ Commission, points 53 et conclusions de Monsieur l'avocat général Wathelet présentées le 30 avril 2015 et la note de M. BÉHAR-TOUCHAIS, *Concurrences* n° 4-2015, p. 102 ; et du 9 mars 2017, aff. C-615/15 P, Samsung SDI e. a. c/ Commission, points 53 à 55 et la note d'A.-S. CHONÉ-GRIMALDI, *Concurrences* n° 2-2017, p. 88 et de G. DECOCQ, *CCC* n° 6-2017, comm. 132.

327 CJUE, 9 octobre 2014, aff. C-467/13 P, Industries Chimiques du Fluor SA c/ Commission, points 179 à 193 et la note d'A. RONZANO, *Concurrences* n° 1-2015, art. n° 70803.

328 M. BÉHAR-TOUCHAIS, « La reconnaissance mutuelle des sanctions pécuniaires et la règle « Non Bis In Idem » », *in* Travaux du Comité français de droit international privé, 2008, 17, *Éd. Pedone*, p. 165.

329 CJUE, aff. C-231/14 P, InnoLux Corp. c/Commission, préc., point 55.

330 Cette référence à la valeur des ventes réalisées en France a été reprise au point 23 du communiqué sanctions de 2021.

331 Communication de la Commission relative à la coopération au sein du réseau des autorités de concurrence (JOUE C 101 du 27 avril 2004, p. 43), points 10 à 15, spéc. 14 et l'allocution de

affectant le territoire français et, éventuellement, le territoire d'un ou de deux autres États membres. Du fait de l'étendue géographique limitée des pratiques mises en œuvre, l'Autorité est donc amenée à généralement retenir une valeur des ventes inférieures à celle de la Commission. Toujours est-il que cette limitation peut soulever des difficultés pour certains types d'infractions. Dans des cartels dits de répartition, certaines entreprises peuvent s'entendre pour s'abstenir de se concurrencer les unes chez les autres. Dans la décision des *Farines*, c'est précisément ce type d'ententes qui a été condamné par l'Autorité. En l'espèce, les entreprises françaises sont restées en France et les entreprises allemandes en Allemagne si l'on peut résumer ainsi. L'Autorité a dû alors se retrancher sur la valeur des ventes réalisées en Allemagne par les meuniers allemands, cette démarche n'ayant pas été censurée par le juge français[332].

94. **Valeur des ventes du dernier exercice comptable.** À l'instar de la Commission[333], l'Autorité retient normalement le dernier exercice comptable complet de participation à l'infraction[334]. Ce choix traduit une approche dissuasive. En effet, les pratiques en cause permettent parfois à des entreprises d'accumuler des gains[335], certaines d'entre elles ont pu par exemple tripler leur part de marchés en une dizaine d'années[336]. Les effets des pratiques s'observeraient mieux à la fin de l'infraction d'où le choix de se référer à la toute dernière année. C'est également la conception du Tribunal de l'Union qui considère que la dernière année « permet d'apprécier la taille et la puissance économique de chaque entreprise ainsi que l'ampleur de l'infraction commise par chacune d'entre elles, ces éléments étant pertinents pour apprécier la gravité de l'infraction commise par chaque entreprise »[337].

B. LASSERRE, « Le Conseil de la concurrence dans le réseau communautaire », prononcée à la Cour de cassation le 21 avril 2005 à l'occasion de l'Assemblée générale de l'Association Française d'Étude de la Concurrence (ci-après l'« AFEC »), disponible sur le site de l'Autorité.

332 V. décision de l'Autorité n° 12-D-09 du 13 mars 2012, Farines, para. 779 confirmée sur ce point par CA Paris, 20 novembre 2014, Grands Moulins de Paris SA e. a., n° 2012/06826, p. 70 et la note de M. BÉHAR-TOUCHAIS, *Concurrences* n° 1-2015, p. 90, confirmée sur ce point par Cass. com., 8 novembre 2016, VK-Mühlen e. a., n° D 14-28.234 e. a., p. 29 et 30. Cette exception à la valeur des ventes retenues en France a été inscrite au point 26 du communiqué sanctions de 2021.

333 Point 13 des lignes directrices de 2006.

334 Point 33 du communiqué sanctions de 2011 et point 25 de celui de 2021.

335 V. décision de l'Autorité n° 21-D-09 du 24 mars 2021, Secteur de la fabrication et de la commercialisation de sandwichs sous marque de distributeur (ci-après « Sandwichs »), para. 233.

336 V. décision de réadoption de la Commission du 8 décembre 2009, Ronds à béton (résumé publié au JOUE 2011, C 98, p. 16), cons. 27 du résumé.

337 TPICE, 30 septembre 2009, aff. T-175/05, Akzo Nobel e. a. c/ Commission, point 143 et du 2 février 2012, aff. T-83/08, Denki Kagaku Kogyo Kabushiki Kaisha et Denka Chemicals GmbH c/ Commission, points 134 à 140 et la note de L. IDOT, *Europe*, avril 2012, comm. n° 4, p. 22.

Si ce dernier exercice comptable ne constitue manifestement pas une référence représentative[338], il est possible de retenir un exercice plus approprié ou une moyenne d'exercices, en motivant ce choix[339]. Il est en effet assez fréquent que la Commission et l'Autorité se réfèrent à une moyenne d'exercices[340]. Pour certains auteurs, il s'agit d'une « véritable source d'incertitudes pour les entreprises »[341]. Il aurait sans doute été plus adéquat de généraliser la retenue d'une moyenne d'exercice et non la dernière année de l'infraction. Une approche plus juste aurait également pu consister, comme en droit états-unien, à partir de l'ensemble du chiffre d'affaires réalisé au cours de la période infractionnelle (« *volume of commerce* »)[342].

95. Valeur des ventes et entreprise. En droit de l'Union, le point 14 des lignes directrices de 2006 énonce que la valeur des ventes retenue correspondra en général à la somme de la valeur des ventes des membres d'une entreprise au sens du droit de la concurrence. Comme souvent en droit de la concurrence, il faut raisonner par rapport à l'entreprise et donc à l'ensemble de ses membres qui ont vendu les produits et/ou services en cause[343]. Plusieurs difficultés se posent cependant à propos de la valeur des ventes des entreprises qui sont des groupes de sociétés. Comme l'a jugé la cour d'appel de Paris dans la récente affaire du *Plavix*, les différentes réorganisations sociétaires internes à l'entreprise ne sont pas de nature à modifier l'assiette de la valeur des ventes retenues[344]. En revanche et contrairement à la Cour de justice[345], la Cour de cassation a jugé qu'il est nécessaire d'imputer les pratiques à une société pour inclure dans le périmètre de la valeur des ventes le chiffre d'affaires réalisé par cette

---

338 Trib. UE, du 11 juillet 2014, aff. T-540/08, Esso e. a. c/ Commission, points 110 à 114 et du 9 septembre 2015, aff. T-84/13, Samsung SDI e. a. c/ Commission, points 212 à 215.

339 Point 13 du communiqué sanctions de 2011 et point 25 de celui de 2021.

340 V. décisions de la Commission du 21 février 2018, Systèmes de freinage (résumé publié au JOUE C 143, p. 4), cons. 93 et du 21 février 2018, Transporteurs maritimes de véhicules automobiles (résumé publié au JOUE C 314, p. 8), cons. 105 et l'article de É. BARBIER DE LA SERRE, E. LAGATHU, « The Law on Fines Imposed in EU Competition Proceedings: The Ever-Increasing Reach of Settlements », *Journal of ECL*, 2019, vol. 10, n° 8; V. décisions de l'Autorité n° 12-D-24, On net/Off net, para. 611 et 612 ; n° 14-D-19, Produits d'hygiène et d'entretiens, para. 1274 ; n° 16-D-17 du 21 juillet 2016, Secteur des appareils de chauffage mobiles à combustible liquide (ci-après « Chauffage mobile »), para. 183.

341 L. LESUR, J. BUHART, « Séminaire droit et économie "Amendes : Un an de mise en œuvre du communiqué sanctions" », *Concurrences* n° 2-2013, art. n° 51479.

342 Points 5 et 16 des observations de l'*American Bar Association* sur le projet de communiqué sanctions de l'Autorité, disponible sur le site de l'Autorité.

343 V. décision de l'Autorité n° 20-D-11 du 9 septembre 2020, Secteur du traitement de la dégénérescence maculaire liée à l'âge (DMLA), para. 1124 à 1126. Cette décision fait actuellement l'objet de recours devant la cour d'appel de Paris.

344 CA Paris du 18 décembre 2014, Sanofi e. a., n° 2013/12370, p. 21 confirmé par Cass. com., 18 octobre 2016, n° X 15-10.384, p. 9 et 10.

345 CJUE, 19 mars 2015, aff. C-286/13 P, Dole Food e. a. c/ Commission, point 139.

dernière, quand bien même sa société mère verrait sa responsabilité engagée par ailleurs[346]. L'Autorité et la Commission n'ont en revanche pas la même position s'agissant des ventes intragroupes, c'est-à-dire les ventes effectuées au sein même d'une entreprise. La Commission tient compte dans l'assiette de la valeur des ventes intragroupes avec l'aval du juge de l'Union[347], alors que l'Autorité s'est refusée à en tenir compte dans l'affaire des *Messageries*[348].

96. **Valeur des ventes réduites.** Jugée appropriée et objective, la valeur des ventes n'est pourtant pas sans créer des difficultés suivant les affaires. Parfois, la prise en considération habituelle de la valeur des ventes aurait abouti à prononcer des amendes disproportionnées. Pour éviter de telles conséquences, l'Autorité comme la Commission ont été contraintes d'affiner voire de réduire l'assiette de la valeur des ventes. Certaines décisions peuvent être mentionnées. Dans l'affaire *On net/off net*, il semble que l'Autorité ait sensiblement restreint l'assiette de la valeur des ventes retenues à l'encontre d'Orange et de SFR. Outre le fait que l'Autorité ait éprouvé des difficultés à établir la valeur des ventes dans cette affaire, elle a appliqué deux abattements significatifs de 20 % et de 50 % sur une partie du chiffre d'affaires retenu au titre de l'assiette de l'amende[349]. Il en a été de même pour la Commission dans l'affaire du *Perindopril* en réduisant les valeurs de ventes de 50 % et parfois même de 92 %[350]. Il peut être également mentionné l'affaire du *Fret aérien*, dans laquelle la Commission a éprouvé des difficultés à circonscrire la valeur des ventes au sein de l'EEE et a accordé une réduction *ad hoc* de 50 % aux entreprises[351].

---

346 Cass. com., 27 mars 2019, L'Oréal e. a., n° E 16-26.472 e. a., p. 79 et la note de G. DECOCQ, *CCC* n° 6-2019, comm. 108. Dans son arrêt rendu sur renvoi, la cour d'appel de Paris a toutefois maintenu sa solution tendant à inclure le chiffre d'affaires de la filiale Gemey dans la valeur des ventes de sa société mère L'Oréal (CA Paris du 18 juin 2020, L'Oréal e. a., n° 19/08826 et l'article d'A. APEL, « Amende et groupe de sociétés : la cour d'appel de Paris s'oppose à la Cour de cassation dans l'affaire des Produits d'hygiène et d'entretien et persiste à inclure la valeur des ventes d'une filiale non poursuivie dans l'assiette de la sanction infligée à sa société mère », *RLC* n° 98-2020, n° 3900). Cet arrêt a été frappé d'un pourvoi devant la Cour de cassation.

347 CJUE, 12 novembre 2014, aff. C-580/12 P, Guardian e. a. c/ Commission, points 59 à 62 et la note de L. IDOT, *Europe*, janvier 2015, comm. n° 1, p. 24, de M. DEBROUX, *Concurrences* n° 1-2015, p. 73 et d'A. RONZANO, *Concurrences* n° 1-2015, art. n° 71691 ; CJUE, 23 avril 2015, aff. C-227/14 P, LG Display Co. Ltd c/ Commission, points 46 à 60 et la note critique de M. DEBROUX, *Concurrences* n° 3-2015, p. 59 ; aff. C-231/14 P, InnoLux c/ Commission, préc., points 55 et 56 et la note de M. BÉHAR-TOUCHAIS, *Concurrences* n° 4-2015, p. 102 ; CJUE, 14 septembre 2017, aff. jtes. C-588/15 P et C-622/15 P, LG Electronics e. a. c/ Commission, points 69 et 70.

348 V. décision de l'Autorité n° 15-D-19, Messageries, para. 1204 et la note d'A. RONZANO, *Concurrences* n° 1-2016, art. n° 78044.

349 V. décision de l'Autorité n° 12-D-24, On net/Off net, para. 609 et 610.

350 V. décision de la Commission, 9 juillet 2014, Perindopril (AT.39612), cons. 3128.

351 V. décision de la Commission, 17 mars 2017, Fret aérien (résumé publié au JOUE 2017 C 188, p. 11), cons. 22 du résumé et l'article d'É. BARBIER DE LA SERRE, E. LAGATHU, « The Law on Fines Imposed in EU Competition Proceedings : Converging Towards Hazier Lines », *Journal of ECL*, 2018. Cette décision fait actuellement l'objet de recours devant le Tribunal.

97. **Clauses d'exception à la valeur des ventes.** L'Autorité et la Commission ont paré aux éventualités où la valeur des ventes ne serait pas appropriée aux fins de la détermination de l'amende[352]. Par exemple, l'Autorité s'est engagée à ne pas se référer au critère de la valeur des ventes dans les affaires spécifiques de marchés publics[353]. Cette situation se présente toutefois plus souvent à l'Autorité qui est davantage confrontée à des pratiques hétérogènes et à des acteurs de tailles diverses. C'est ainsi que l'Autorité, depuis l'application du communiqué sanctions, n'a pas appliqué le critère de la valeur des ventes dans plusieurs affaires. Il en a été ainsi dans les affaires des *Endives*, des *Mannequins* ou des *Volailles*[354]. Lorsque l'Autorité ne tient pas compte de la valeur des ventes, elle se détourne alors de son communiqué sanctions et se réfère aux critères légaux et en particulier au chiffre d'affaires total. Elle inflige en conséquence des amendes dites forfaitaires. Ces amendes forfaitaires qui en ressortent sont généralement moins élevées que si elles avaient été calculées en fonction du communiqué sanctions[355].

Moins fréquemment que l'Autorité, la Commission a pu également s'écarter de la méthode classique de détermination du montant de base de l'amende à l'égard de plusieurs entreprises. Lorsque tel était le cas, elle ne se référait donc pas à la valeur des ventes et a infligé des amendes forfaitaires calculées sur la base du chiffre d'affaires des entreprises. Contrairement à ce que l'on peut croire de prime abord, le changement de méthode n'est pas forcément favorable à l'entreprise. Dans l'affaire des *Stabilisants thermiques*, la Commission a retenu un montant de base forfaitaire pour une société de consultance qui organisait les réunions, en l'absence de toute activité sur le marché en cause. L'entreprise en question a été sévèrement sanctionnée puisqu'elle s'est vu infliger deux amendes,

---

352 Point 37 des lignes directrices de 2006 et point 39 du communiqué sanctions de 2011 et l'article de C. PRIETO, « Détermination des sanctions pécuniaires : Tenants et aboutissants de la méthode retenue par l'Autorité de la concurrence », *Concurrences* n° 3-2011, p. 54, spéc. point 37.

353 Point 67 du communiqué sanctions de 2011 et décisions de l'Autorité n° 13-D-09 du 17 avril 2013, Miradors de Perpignan, para 147, n° 18-D-05 du 13 mars 2018, secteur de la sécurisation des débits de tabac en Isère (ci-après « Sécurisation des débits de tabac en Isère »), para. 95 et s., confirmée par CA Paris, 20 décembre 2018, Sécurité Vol Feu e. a., n° 18/07722, points 63 à 67 et n° 21-D-06 du 11 mars 2021, Sécurisation des débits de tabac dans les régions Pays de la Loire et Nouvelle-Aquitaine, para. 91.

354 V. décisions de l'Autorité n° 12-D-08 du 6 mars 2012, Endives, para. 602 et s. ; n° 15-D-08 du 5 mai 2015, Secteur de la commercialisation de la viande de volaille (ci-après « Volaille »), para. 293 et s. et n° 16-D-20 du 29 septembre 2016, Secteur des prestations réalisées par les agences de mannequins (ci-après « Mannequins »), para. 447 et s..

355 Par exception notable, l'Autorité semble avoir privilégié la méthode forfaitaire dans l'affaire Google en vue d'infliger une amende plus élevée et dissuasive qu'en recourant à la valeur des ventes prévue dans le communiqué sanctions de 2011 (V. décision de l'Autorité du 19 décembre 2019 n° 19-D-26, Google, para. 529 à 539 et la note de M. CARTAPANIS, *Concurrences* n° 2-2020, p. 87. Cette décision fait l'objet d'un recours devant la cour d'appel de Paris).

chacune étant égale à 10 % de son chiffre d'affaires total[356]. Cette approche forfaitaire de la part de la Commission, à l'égard de ces facilitateurs, n'a cependant plus été jugée suffisamment motivée par le juge de l'Union dans l'affaire des *Produits dérivés de taux d'intérêt libellés en yens*[357].

98. Montants retenus par la Commission. La pratique décisionnelle de la Commission confirme la valeur des ventes très large qui peut être retenue au titre de l'amende. Les chiffrages aboutissent à des résultats très élevés. Le tableau suivant fournit quelques exemples de chiffres d'affaires retenus à titre de valeur des ventes pour plusieurs entreprises :

Décisions de la Commission*	**Entreprise**	**Valeur des ventes (€)****
Cire de bougies (2008)	Sasol	[160 000 000 – 180 000 000] €
Intel (2009)	Intel	3 860 000 000 €
DRAM (2010)	Samsung	[300 000 000 – 350 000 000] €
Détergents (2011)	Procter & Gamble	[660 000 000 – 730 000 000] €
Roulements (2014)	Schaeffler	[320 000 000 – 420 000 000] €

Aussi impressionnants soient ces chiffres, ce ne sont pas les valeurs de vente les plus élevées qui sont mentionnées dans le tableau ci-dessus. Dans les affaires les plus récentes de la Commission où les amendes les plus élevées ont été infligées, les valeurs des ventes des entreprises ne sont pas indiquées dans les versions non confidentielles des décisions. Beaucoup de données sont même manquantes et, le plus souvent, il est impossible de retrouver le montant de la valeur des ventes même en partant du montant final des amendes infligées. Dans certaines affaires emblématiques

[356] V. décision de la Commission du 11 novembre 2009, Stabilisants thermiques. L'entreprise s'est vue infligée deux amendes chacune égale à 10 % de son chiffre d'affaires total, confirmée par arrêt de la CJUE, 22 octobre 2015, aff. C-194/14 P, AC-Treuhand c/ Commission et la note de C. PRIETO, *Bruylant*, p. 517 et A. VALLERY, C. SCHELL, *Journal of ECL*, 2016, vol. 7, n° 4, p. 254.

[357] V. décision de la Commission du 4 février 2015, Produits dérivés de taux d'intérêt libellés en yens, réformée par Trib. UE, aff. T-180/15, 10 novembre 2017, ICAP e. a. c/ Commission, points 281 à 299. Le pourvoi de la Commission a été rejeté par CJUE, 10 juillet 2019, aff. C-39/18 P, Commission c/ NEX (anciennement ICAP) e. a. et la note de L. IDOT, *Europe* 2019, comm. n° 10, p. 34. Il est également renvoyé dans cette affaire aux conclusions très critiques de Monsieur l'avocat général Tanchev, présentées le 2 mai 2019, dans lesquelles il compare la méthodologie de calcul de l'amende de la Commission à la formule confidentielle du coca-cola… (note en bas de page n° 15).

* Liste non exhaustive.

** Estimations en fonction des données disponibles.

comme celles des *Producteurs de camions* et de l'*Euribor*, les valeurs de ventes ne peuvent s'imaginer qu'en milliards d'euros au vu des amendes infligées.

99. **Montants retenus par l'Autorité.** Quand bien même l'étendue géographique des pratiques est plus limitée dans les affaires de l'Autorité, cette dernière a déjà retenu des valeurs des ventes très élevées depuis l'application du communiqué sanctions de 2011. Les infractions mises en œuvre sur le marché français sont parfois de grande envergure et concernent de grandes entreprises. Les valeurs de ventes retenues à l'encontre de certaines entreprises peuvent parfois se compter en centaines de millions d'euros, ainsi que le confirme le tableau suivant :

Décisions de l'Autorité*	Entreprise	Valeur des ventes (€)
Farines (12-D-09)	Grands Moulins de Paris	22 009 000 €
On net Off net (12-D-24)	Orange	1 423 266 000 €
Plavix (13-D-11)	Sanofi	208 307 785 €
Électricité photovoltaïque (13-D-20)	EDF	39 811 800 €
Produits d'hygiène et d'entretien (14-D-19)	Reckitt Benckiser	435 700 654 €
Produits laitiers frais (15-D-03)	Novandie	239 855 744 €
Messageries (15-D-19)	DHL	281 124 000 €
Umicore (16-D-14)	Umicore	125 896 778 €

100. **Large délimitation de la valeur des ventes.** Ces éléments exposés, il apparaît très clairement que l'Autorité comme la Commission ont les coudées franches pour retenir une assiette de sanction très élevée. Si l'on résume l'approche, la Commission ou l'Autorité est compétente dès lors que les ventes ont été effectuées à un moment ou un autre sur leur territoire. Le chiffre d'affaires au titre de la valeur des ventes sera celui de la dernière année de l'infraction, sans doute l'un des plus élevés, et peut concerner l'ensemble du produit ou service dans lequel il est intégré, étant précisé qu'il

* Liste non exhaustive.

n'est pas nécessaire de prouver que toutes les ventes aient été affectées. Présentée comme cela, la valeur des ventes définie par une autorité de concurrence semble difficilement contestable. Certains s'interrogent[358], voire affirment que la délimitation de la valeur des ventes est une nouvelle présomption créée en droit de la concurrence[359].

Certes, l'arrêt de la cour d'appel de Paris rendu dans l'affaire des *Messageries* prouve que le débat n'est pas tout à fait clos[360]. Il n'en reste cependant pas moins que la valeur des ventes peut s'entendre de manière large, allant même parfois au-delà du spectre de l'infraction. La valeur des ventes, calculée comme telle, ne s'oppose pas et même conforte, en réalité, la volonté des autorités de concurrence d'infliger des amendes élevées.

101. **Conclusion sur le choix de la valeur des ventes.** Bien qu'encore mentionné par l'Autorité, le critère légal du chiffre d'affaires total a été largement supplée par le critère de la valeur des ventes au moment de constituer l'assiette de l'amende[361]. Plus encore, le critère du chiffre d'affaires a été rendu totalement caduc à ce stade du calcul de l'amende depuis l'application des lignes directrices de 2006 et du communiqué sanctions. C'est désormais la prise en considération du chiffre d'affaires total qui est devenu loisible à la Commission[362]. Pris isolément, le critère de la valeur des ventes n'est pourtant pas sans présenter des défauts ni sans soulever des difficultés. Ce ne sont pas les entreprises mono-produit qui diront le contraire. La question se pose de savoir si les autorités ont fait le bon choix en ayant fait de la valeur des ventes la seule référence de l'assiette de l'amende. Plutôt que d'influer sur l'amende à un stade intermédiaire voire en toute fin de calcul, le critère du chiffre d'affaires total pourrait encore avoir un rôle à jouer dès l'évaluation du montant de base. Si ces critères sont souvent opposés, rien n'empêche à ce que la valeur des ventes puisse partager le premier rôle avec le chiffre d'affaires total. En d'autres termes, leurs rôles pourraient être complémentaires comme l'expliquait déjà parfaitement la Cour de justice en 1983 dans l'arrêt *Musique Diffusion*[363]. Le chiffre d'affaires total, ou un autre critère approprié tel que le bénéfice

---

358 É. BARBIER DE LA SERRE, E. LAGATHU, « The Law on Fines Imposed in EU Competition Proceedings : Consolidating the Foundations Before the Tide Goes Out », *Journal of ECL*, vol. 7, n° 5, 2016, p. 335.

359 CJUE, 23 avril 2015, aff. C-227/14 P, LG Display Co. Ltd e. a. c/ Commission, point 64 et la note de L. IDOT, *Europe*, juin 2015, comm. n° 6, p. 38 et CA Paris, 19 juillet 2018, Chronopost e. a., n° 2016/01270, point 865, confirmé par Cass. com., 22 septembre 2021, Chronopost SAS e. a., n° X 18-21.436 e. a., points 50 à 55, spec. 54.

360 CA Paris, Chronopost e. a., préc., points 813 à 888 et la note de G. DECOCQ, *CCC* n° 11-2018, comm. 195. Cet arrêt a été frappé de pourvois.

361 V. décision de l'Autorité du 20 février 2014, Presse d'information sportive, para. 348, référence est faite à Cass. com. du 13 mai 1997, Gondrand frères e. a., n° 95-16378.

362 CJUE, 19 mars 2015, aff. C-286/13 P, Dole Food e. a. c/ Commission, point 145 et la jurisprudence citée et la note de M. BÉHAR-TOUCHAIS, *Concurrences* n° 2-2015, p. 81.

363 CJCE, 7 juin 1983, aff. 100 à 103/80, Musique Diffusion e. a. c/ Commission, points 120 et 122.

total ou réalisé sur le marché en cause, pourraient également être de solides indicateurs dans l'évaluation du montant de départ afin de mieux distinguer les entreprises en fonction de leur puissance financière. Cette approche était, en substance, celle de la Commission à l'époque des lignes directrices de 1998, ces dernières avaient le mérite de vouloir individualiser le montant des amendes à ce stade du calcul.

B) – Le pourcentage de la valeur de ventes

102. **Prise en compte d'une proportion de la valeur des ventes retenues.** Quand bien même l'Autorité ou la Commission définit une valeur des ventes très large, encore faut-il tenir compte de la proportion, autrement dit du pourcentage de ce chiffre d'affaires qui sera retenu au titre de l'amende. À la suite de cette étape, il en ressortira ainsi un montant de départ qu'il conviendra encore d'ajuster au titre de la durée de l'infraction afin d'obtenir un montant de base de l'amende. Il se déduit également de cette étape que le montant de départ de l'amende sera d'autant plus élevé que la proportion retenue sur la valeur des ventes est importante.

103. **Évaluation de la proportion.** Ce taux, annonce la Commission dans ses lignes directrices de 2006, est déterminé « en fonction du degré de gravité de l'infraction » qui sera elle-même évaluée « au cas par cas »[364]. Selon les paragraphes 21 et 22 desdites lignes directrices, la Commission fixe la proportion de la valeur des ventes en fonction de facteurs tels que la nature de l'infraction, la part de marché cumulée des entreprises concernées, l'étendue géographique de l'infraction et la mise en œuvre ou non de l'infraction. Dans son communiqué sanctions de 2011, l'Autorité suit la même approche que la Commission en déterminant le taux en fonction de la gravité de l'infraction, à l'exception près qu'elle l'évalue également en fonction du dommage causé à l'économie[365].

104. **Autolimitation sur le taux appliqué sur la valeur des ventes.** La Commission et l'Autorité se sont chacune engagées dans leurs grilles de sanctions respectives à ne pas retenir un taux qui dépasserait un certain seuil. Au point 21 de ses lignes directrices de 2006, la Commission a ainsi prévu qu'« en règle générale, la proportion de la valeur des ventes prise en compte sera fixée à un niveau pouvant aller jusqu'à 30 % ». De manière similaire, le point 40 du communiqué sanctions de 2011 de l'Autorité précise que la proportion de la valeur des ventes est comprise entre 0 et 30 %[366]. Partant, se pose la question en droit français du poids respectif de la gravité et du dommage à l'économie dans la détermination du taux, encore que des

[364] Points 19 et 20 des lignes directrices de la Commission de 2006.

[365] Point 40 du communiqué sanctions de 2011.

[366] Cette marge a été reprise au point 30 du communiqué sanctions de 2021.

éléments de réponse soient apportés par le communiqué sanctions en ce qui concerne les cartels.

105. **Autolimitation sur le taux appliqué en cas de majoration dissuasive (droit d'entrée).** Comme précisé précédemment, la Commission a prévu de retenir un droit d'entrée fondé sur la valeur des ventes en complément du taux retenu au titre de la gravité de l'infraction lorsqu'il s'agit des infractions les plus graves. C'est ainsi que le point 25 des lignes directrices de 2006 dispose que « la Commission *inclura* dans le montant de base une somme comprise entre 15 % et 25 % de la valeur des ventes [...], afin de dissuader les entreprises de même participer à des accords horizontaux de fixation de prix, de répartition de marché et de limitation de production » (soulignement ajouté)[367]. Cette majoration dissuasive est prise en compte « indépendamment de la durée de la participation d'une entreprise à l'infraction ».

106. **Justification des taux.** Du point de vue de l'analyse économique, le taux appliqué à la valeur des ventes doit être au minimum égal au taux de marge indu, de façon à ce que le montant de base de l'amende soit au moins égal au profit indu engrangé. C'est l'idée d'infliger une amende confiscatoire ou de dire que le crime ne doit pas payer. Autrement dit, si une infraction a injustement permis à une entreprise d'augmenter son chiffre d'affaires de 10 %, la proportion retenue sur la valeur des ventes doit être *a minima* de 10 %. Il faudrait même d'après la théorie économique pondérer le profit indu par la probabilité de détection pour obtenir un montant de l'amende adéquat et pleinement dissuasif[368].

107. **Taux appliqués pour les accords horizontaux.** Sans être des plus disertes, la Commission a énoncé dans ses lignes directrices que « la proportion des ventes prise en compte [...] sera généralement retenue en haut de l'échelle » lorsqu'il s'agit de sanctionner des cartels. La Commission a été plus précise en ce qui concerne le droit d'entrée qui est également retenu à l'encontre des entreprises qui se sont adonnées à ce type de pratiques. Un taux plancher de 15 % au titre du droit d'entrée a été en effet prévu par la Commission dans ses lignes directrices. Il a été ensuite considéré qu'un tel taux plancher s'appliquait également concernant l'évaluation de la gravité de ce type d'infraction[369].

---

367 Si le communiqué sanctions de 2011 de l'Autorité ne mentionnait pas ce droit d'entrée, la grille de sanctions de 2021 l'a consacré et retient les mêmes taux que la Commission.

368 W. WILS, « Optimal Antitrust Fines : Theory and Practice », *World Competition*, vol. 29, n° 2, 2006 et E. COMBE, C. MONNIER-SCHLUMBERGER, « Le calcul de l'amende en matière de cartel : Une approche économique », *Concurrences* n° 3-2007, p. 39.

369 CJUE, 26 janvier 2017, aff. C-618/13 P, Zucchetti Rubinetteria SpA c/Commission, point 54 et l'article d'É. BARBIER DE LA SERRE, E. LAGATHU, « The Law on Fines Imposed in EU Competition Proceedings : Converging Towards Hazier Lines », *Journal of ECL*, 2018.

Plus explicite, l'Autorité a énoncé au point 41 de son communiqué sanctions que « cette proportion est comprise entre 15 et 30 % dans le cas des accords horizontaux entre concurrents ayant pour objet une fixation des prix, une répartition des marchés ou des clients, ou encore une limitation de la production, en fonction de l'importance du dommage qu'ils causent à l'économie ». Il s'ensuit que la gravité d'un cartel justifie à lui seul de retenir 15 % de la valeur des ventes et que c'est le dommage réalisé à l'économie qui fixe ensuite la proportion entre 15 et 30 %[370].

108. Justification des taux pour les accords horizontaux. Si une partie des commentateurs du projet de communiqué sanctions de 2011 de l'Autorité ont considéré qu'un taux plus faible aurait dû être retenu[371], la nature même des cartels justifierait une proportion élevée[372]. D'après les travaux de Monsieur John Connor, il est en effet admis que les cartels ont pour effet de majorer artificiellement les prix de l'ordre de 20 à 30 %[373]. Bien que confirmée par d'autres économistes et adoptée par la grande majorité des autorités de concurrence dans le monde[374], la théorie selon laquelle les cartels font monter les prix de 20 % en moyenne est encore très discutée dans les cercles d'économistes[375]. Il est principalement fait référence à un article de Madame Marie-Laure Allain, de Messieurs Marcel Boyer et de Jean-Pierre Ponssard qui fait autorité selon Monsieur Frédéric Jenny[376]. D'après ce dernier, cet article a dénoncé les faiblesses méthodologiques des travaux de Monsieur John Connor sur les gains illicites des cartels et, en particulier, ses erreurs de modélisation et d'estimation, ainsi que les biais d'échantillonnage de la méthode qu'il proposait. De même ont-ils critiqué les travaux de Monsieur Emmanuel Combe, dont ils ont souligné la confusion méthodologique, les erreurs de modélisation, le manque de rigueur dans la définition de la dissuasion, et la surestimation du profit du

---

370 G. DE MUIZON, « Mais pourquoi l'Autorité de la concurrence refuse-t-elle de mobiliser les outils de la théorie économique dans la détermination des sanctions pécuniaires ? », *RLDA* n° 62-2011, n° 3547.

371 Rapport Folz, p. 33 et, notamment, observations de l'Association Française d'Étude de la Concurrence, de l'Association des Praticiens du Droit de la Concurrence, et de l'*American Bar Association* relatives au projet de communiqué sanctions de l'Autorité, disponibles sur le site de l'Autorité.

372 B. LASSERRE, « Le rôle de la sanction pécuniaire en droit de la concurrence », *RLC* n° 24-2010, p. 74.

373 J. CONNOR, Y. BOLOTOVA, « Cartel Overcharges : Survey and Meta-Analysis », *International Journal of Industrial Organization*, 2006, 24, p. 1109 et J. CONNOR, R. LANDE, « The Size of Cartel Overcharges : Implications for U.S. and EU Fining Policies », *Antitrust Bulletin*, 2006, 51, p. 983.

374 E. COMBE, C. MONNIER, « Les amendes contre les cartels : La Commission européenne en fait-elle trop ? », *Concurrences* n° 4-2009, p. 41.

375 C. EHMER, F. ROSATI, « Science, Myth, and Fines: Do Cartels Typically Raise Prices by 25 %? », *Concurrences* n° 4-2009.

376 M.-L. ALLAIN, M. BOYER, J.-P. PONSSARD, « The determination of optimal fines in cartel cases : Theory and practice », *Concurrences* n° 4-2011, p. 32.

cartel fondée sur l'utilisation des travaux critiquables de Monsieur John Connor plutôt que sur des travaux alternatifs[377].

Il ne nous appartient pas de nous prononcer sur la pertinence des travaux économiques des uns et des autres, encore que ces débats démontrent que l'inexactitude tant décriée de la science juridique n'a pas à rougir face à celle des sciences économiques. S'il n'est pas contestable que les prix aient pu beaucoup baisser à la suite du démantèlement d'ententes secrètes et en particulier dans le domaine des marchés publics[378], tous les cartels ne semblent pas avoir eu des effets aussi néfastes sur les prix. De telles baisses n'ont pas toujours été vérifiées à la suite de démantèlement de cartels[379]. Il a même été parfois constaté l'inverse quand les prix avaient continué d'augmenter[380].

109. **Pratique décisionnelle de l'Autorité.** Malgré la volonté affichée de l'Autorité de se concentrer sur des ententes secrètes de grande envergure, il est encore à relever des décisions relatives à d'autres types de pratiques. Les décisions sont même très hétérogènes en ce qui concerne la nature des pratiques (entente verticale, échanges d'informations, etc.), la taille des entreprises (grandes entreprises, PME, organisations professionnelles), la dimension géographique (locale, nationale, internationale), etc. Il peut cependant être procédé à une classification des taux appliqués par l'Autorité en fonction du type d'infractions, en distinguant les ententes horizontales, les ententes verticales et les pratiques unilatérales.

110. **Taux retenus par l'Autorité relatifs aux ententes horizontales.** Statistiquement, les ententes horizontales sont les infractions les plus condamnées par l'Autorité de la concurrence. Le tableau à la page suivante relate les taux appliqués sur la valeur des ventes des entreprises dans plusieurs décisions :

---

377 F. JENNY, « L'articulation des sanctions en matière de droit de la concurrence du point de vue économique » *in* « Les sanctions du droit de la concurrence *(Paris, 31 octobre 2012)* », *Concurrences* n° 1-2013, art. n° 50524.

378 Audition de Monsieur Bruno Lasserre du 19 février 2014 par la Commission des affaires économiques de l'Assemblée nationale, disponible sur le site de l'Assemblée, qui indiquait que « dans les cas de l'entente sur la restauration des monuments historiques et de celle sur les panneaux de signalisation routière fournis aux collectivités locales, que nous avons démantelées, la fin du cartel a induit une baisse des prix de 20 à 25 % ».

379 Cette affirmation est d'autant plus vraie dans les cartels ayant précisément pour objet de réduire les prix pratiqués sur un marché. V., par exemple, décision de la Commission du 8 février 2017, Recyclage de batteries automobiles (résumé publié au JOUE C 396, p. 6), cons. 6 et 7 du résumé.

380 A. WINCKLER, « Sanctions : Is more always better ? (New Frontiers of Antitrust Conference) », *Concurrences* n° 2-2010, art. n° 31041.

Décisions de l'Autorité*	**Pratiques**	**Gravité**	**Dommage à l'économie**	**Taux appliqués sur la valeur des ventes**
Lessives (11-D-17)	Entente secrète sur les prix	Très grave	Certain, mais modéré	20 %
Ingénierie des loisirs (12-D-02)	Entente sur les prix au sein d'une organisation professionnelle	Grave	Certain, mais très limité	9 %
Saint-Pierre-et-Miquelon (12-D-06)	Entente sur les prix et verrouillage	Très grave	Certain, mais limité	13 % - 16 %
Farines (12-D-09)	Entente secrète de répartition	Très grave	Significatif	19 %
	Entente de répartition	Gravité modérée	Significatif	17 % - 16 %
Commodités chimiques (13-D-12)	Entente secrète de répartition et sur les prix	Grave	Certain, mais modéré	20 %
Produits d'hygiène et d'entretien (14-D-19)	Entente secrète sur les prix	Particulièrement grave	Important	15 %
Messageries (15-D-19)	Entente secrète sur les prix	Très grave	Certain, mais limité	9 %

Dans des affaires qualifiées de « très graves » et où le dommage à l'économie est « certain », voire « significatif », on relèvera malgré tout que le taux final appliqué sur la valeur des ventes n'a jamais dépassé 20 %. Dans l'affaire des *Lessives*, le taux de 20 % a été retenu à l'égard de toutes les entreprises impliquées[381]. La même proportion a été prise en compte dans l'affaire des *Commodités chimiques*[382]. Dans la première décision relative aux *Farines*, des taux de 19 % et de 16-17 % ont été appliqués aux valeurs des ventes des entreprises[383]. Des taux assez élevés peuvent être retenus alors même que les pratiques sont d'une dimension locale. Dans l'affaire de

* Liste non exhaustive.

381 V. décision de l'Autorité n° 11-D-17 du 8 décembre 2011, Lessives, para. 636.

382 V. décision de l'Autorité n° 13-D-12 du 28 mai 2013, Secteur des commodités chimiques (ci-après « Commodités chimiques »), para. 945, confirmée sur ce point par CA Paris, 3 décembre 2020, Brenntag SA e. a., n° 13/13058, points 372 à 382. Cet arrêt a été frappé de pourvois.

383 V. décision de l'Autorité n° 12-D-09 du 13 mars 2012, Farines, para. 822, 920 et 921.

Saint-Pierre-et-Miquelon, des proportions de 13 % et 16 % ont été retenues à l'encontre des entreprises impliquées[384]. À cet égard, l'existence d'un taux plancher et fixé à 15 % dans le cadre d'accords horizontaux a été validée par la cour d'appel de Paris dans l'affaire des *Produits laitiers*, reléguant ainsi au second rang le critère du dommage à l'économie[385]. Des taux plus bas dans l'échelle peuvent être toutefois relevés. Il en a été ainsi dans l'affaire des *Messageries* dans laquelle un taux de 9 % a été retenu alors qu'il s'agissait d'une entente horizontale secrète portant sur des hausses tarifaires. La faiblesse de ce taux retenu pour une affaire de cette gravité s'explique sans doute en raison de la situation du secteur et des difficultés économiques rencontrées par certaines entreprises.

111. **Taux retenus par l'Autorité relatifs aux ententes verticales.** Les taux retenus par l'Autorité sont moindres pour les ententes verticales, ainsi qu'en atteste le tableau ci-dessous :

Décisions de l'Autorité*	**Pratiques**	**Gravité**	**Dommage à l'économie**	**Taux appliqués sur la valeur des ventes**
Gadget et articles de fantaisie (11-D-19)	Ententes verticales sur les prix de revente	Grave	Faible importance	9 %
Alimentation pour chiens et chats (12-D-10)	Ententes verticales sur les prix de revente	Gravité limitée	Certain, mais modéré	[5-10] et [3-7] %
Chauffages mobiles (16-D-17)	Ententes verticales sur les prix de revente	Grave	Certain, mais modéré	6 %

Dans l'affaire des *Gadgets*, alors que la gravité et le dommage à l'économie étaient limités[386], l'Autorité a appliqué un taux de 9 % sur la valeur des ventes. Dans des affaires moins graves et où le dommage à l'économie était qualifié de « modéré », « limité, voire inexistant », l'Autorité a été encore moins sévère avec les entreprises. Ainsi, dans la décision relative à l'*Alimentation pour chiens et chats*, des proportions comprises entre 5 et 10 % pour plusieurs entreprises et entre 3 et 7 % pour une entreprise ont été

[384] V. décision de l'Autorité n° 12-D-06 du 26 janvier 2012, Secteur des agrégats et des marchés aval à Saint-Pierre-et-Miquelon (ci-après « Saint-Pierre-et-Miquelon »), para. 254 et 255.

[385] CA Paris, 23 mai 2017, Laïta e. a., n° 15/08224, points 378 à 382 et 388.

* Liste non exhaustive.

[386] V. décision de l'Autorité n° 11-D-19 du 15 décembre 2011, Gadgets, para. 138 à 142 et 151 à 153 et la note de M. DEBROUX, *Concurrences* n° 1-2012, p. 101.

prises en compte[387]. L'affaire du *Chauffage mobiles* illustre bien la différence de gravité entre une entente horizontale et verticale, puisque la situation des deux concurrents et de l'entreprise verticalement intégrée a été distinguée par l'Autorité. C'est ainsi que les deux concurrents en entente se sont vu appliquer un taux de 20 % alors que l'entreprise verticalement intégrée n'a été sanctionnée qu'à hauteur de 6 % de sa valeur des ventes[388].

112. **Taux retenus par l'Autorité relatifs aux pratiques unilatérales.** Les abus de position dominante restent des pratiques régulièrement condamnées par l'Autorité. Le tableau ci-dessous recense des taux qui ont pu être appliqués par l'Autorité *via* le communiqué sanctions :

Décisions de l'Autorité*	**Pratiques**	**Gravité**	**Dommage à l'économie**	**Taux appliqués sur la valeur des ventes**
On net/Off net (12-D-24)	Pratiques de différenciation tarifaire	Gravité limitée	Certain, mais limité	5 %
Plavix (13-D-11)	Dénigrement et effet d'éviction	Particulièrement grave	Certain	13 %
Presse d'information sportive (14-D-02)	Éviction d'un concurrent	Grave	Certain	9 %
Cegedim (14-D-06)	Refus de vente	Grave	Modéré	4 %
Umicore (16-D-14)	Exclusivités et effet d'éviction	Particulièrement grave	Significatif	10 %
Fentanyl (17-D-25)	Dénigrement et effet d'éviction	Particulièrement grave	Certain	15 %

387 V. décision de l'Autorité n° 12-D-10 du 20 mars 2012, Secteur de l'alimentation pour chiens et chats (ci-après « Alimentation pour chiens et chats »), para. 265 et 266 et la note de N. JALABERT-DOURY, *Concurrences* n° 2-2012, p. 61.

388 V. décision de l'Autorité n° 16-D-17 du 21 juillet 2016, Chauffage mobiles, para. 197, 224 et 225 et la note d'A. RONZANO, *Concurrences* n° 4-2016, art. n° 82169.

* Liste non exhaustive.

Les décisions relatives à des pratiques unilatérales font état de proportions retenues plus faibles que dans le cadre d'ententes horizontales secrètes. La concordance entre la gravité, le dommage à l'économie et le taux appliqué, suivant les décisions, n'est pas toujours évidente. Dans l'affaire *On net/off net*, l'Autorité n'a retenu qu'un pourcentage de 5 % de la valeur des ventes des entreprises Orange et SFR[389]. Cela s'explique sans doute du fait que la valeur des ventes retenues à leur encontre était extrêmement élevée. Dans l'affaire de la *Presse d'information sportive*, alors que la pratique d'éviction était particulièrement grave et le dommage à l'économie certain du fait d'un retour à une situation monopolistique, l'Autorité n'a pourtant retenu qu'un taux de 9 % à l'encontre du groupe Amaury[390].

113. **Pratique décisionnelle de la Commission.** La pratique décisionnelle de la Commission est moins diversifiée que celle de l'Autorité. La grande majorité des condamnations de la Commission concernent des ententes horizontales secrètes sur les prix. Pour ce type de pratiques, il est également rappelé que la Commission retient en complément un droit d'entrée qui est également un taux appliqué à la valeur des ventes des entreprises. En ce qui concerne les autres types d'infractions, le nombre de condamnations a fortement décliné ces quinze dernières années. Il en a été ainsi des affaires relatives à des pratiques unilatérales qui se sont souvent réglées par la voie d'engagements, jusqu'à ce que la Commission se montre beaucoup active dans la sanction des abus de position dominante sous l'ère Vestager.

114. **Taux retenus par la Commission relatifs aux ententes horizontales.** Une analyse empirique des décisions de la Commission relatives à des ententes horizontales secrètes révèle en moyenne une proportion des valeurs des ventes qui se situe à 16-17 %, soit environ la moitié du plafond de 30 % prévu par les lignes directrices de 2006. Le tableau à la page suivante en atteste :

---

389 V. décision de l'Autorité n° 12-D-24 du 13 décembre 2012, On net/Off net.

390 V. décision de l'Autorité n° 14-D-02 du 20 février 2014, Presse d'information sportive, para. 359, 360, 367 et 368.

Décisions de la Commission*	**Pratiques**	**Taux appliqués**	**Droit d'entrée (+ 15 %-25 %)**
Caoutchouc chloroprène (2007)	Cartel	21 %	20 %
Chlorate de sodium (2008)	Cartel	19 %	17 %
Bananes (2008)	Cartel	15 %	15 %
Verre plat (2008)	Cartel	16 %	16 %
Tuyaux marins (2009)	Cartel	25 %	25 %
Compresseurs frigorifiques (2011)	Cartel	17 %	17 %
Écrans pour téléviseurs et ordinateurs (2012)	Cartel	19 % - 18 %	19 % - 18 %
Bougies d'allumage (2018)	Cartel	17 %	17 %

La Commission a appliqué des taux en moyenne plus élevés que l'Autorité dans plusieurs décisions. Dans l'affaire du *Caoutchouc chloroprène*, la Commission a en effet fixé un taux de 21 %. Le taux record de 25 % a même été atteint dans l'affaire des *Tuyaux marins*[391]. Comme la Commission l'a laissé entendre dans l'affaire du *Recyclage de batteries automobile*, elle n'a pas prévu de descendre en dessous d'un taux de 15 % dans le cadre d'accords horizontaux[392]. C'est donc principalement la nature de l'infraction qui fixe le taux appliqué par la Commission.

Il est évidemment très difficile de comparer la pratique décisionnelle actuelle de la Commission avec les décisions adoptées à l'époque des lignes directrices de 1998. Ces dernières, en effet, ne se référaient pas expressément à la valeur des ventes. En revanche, le conseiller auditeur de la Commission a indiqué que la Commission retenait des taux moyens de 2 à 4 % avant l'adoption des lignes directrices de 1998. C'est bien inférieur aux taux actuels moyens de 17-18 % retenus à l'encontre des entreprises. Il

* Liste non exhaustive.

391 V. décision de la Commission du 28 janvier 2009, Tuyaux marins (résumé publié au JOUE C 168, p. 6), cons. 445.

392 V. décision de la Commission du 8 février 2017, Recyclage de batteries automobiles (résumé publié au JOUE C 396, p. 6), cons. 330.

en conclut logiquement que les amendes ont, sur ce seul élément de calcul, plus que doublé depuis l'adoption des lignes directrices de 2006[393].

115. **Taux retenus par la Commission relatifs aux pratiques unilatérales.** Il est difficile d'évaluer la pratique décisionnelle de la Commission en matière de pratiques unilatérales. Non seulement il y a trop peu de décisions, mais ces dernières sont souvent restées confidentielles sur les taux retenus à l'encontre des entreprises condamnées. Le tableau suivant en atteste :

Décisions de la Commission*	Pratiques	Taux appliqués	Droit d'entrée (+ 15 %-25 %)
Intel (2009)	Abus de position dominante	5 %	N/A
Télécommunications polonaises (2011)	Abus de position dominante	10 %	N/A
ARA Foreclosure (2016)	Abus de position dominante	2 %	N/A
Google Shopping (2017)	Abus de position dominante	10 %	10 %
Qualcomm (2018)	Abus de position dominante	[confidentiel]	[confidentiel]
Google Android (2018)	Abus de position dominante	[confidentiel]	[confidentiel]

Il semble que la Commission, à l'instar de l'Autorité, prenne en compte un taux plus faible dans les affaires relatives à un abus de position dominante. Les taux auraient tendance à augmenter selon un membre de la Commission européenne, passant de 5 à 10 % en moyenne[394]. Il ne faut cependant pas en conclure qu'un abus de position dominante est moins sanctionné qu'un cartel. Quand bien même les taux sont moins élevés, les chiffres d'affaires retenus au titre de la valeur des ventes sont souvent très importants. Les valeurs des ventes peuvent même culminer à des milliards d'euros, d'où des amendes à ce stade du calcul qui peuvent s'évaluer en centaines de millions, voire en milliards d'euros.

116. **Taux évalué en fonction de la nature de l'infraction.** Du fait que le seul examen de la nature de l'infraction permet d'établir un taux plancher de 15 % dans le cadre de cartels, il est évident que ce critère est le principal

---

393 W. Wils, « The Use of Leniency in EU Cartel Enforcement : An Assessment after Twenty Years », *World Competition*, 2016, n° 39, p. 327.

* Liste non exhaustive.

394 A. Papanikolaou *in* « Antitrust fines : Is the sky the limit ? », Conférence de la revue *Concurrences* du 14 mai 2019.

déterminant de ce taux au vu des taux moyens de 17-18 % retenus par la Commission. Les trois autres critères, listés de façon non exhaustive au point 22 des lignes directrices, ont une importance relativement mineure dans le taux appliqué sur la valeur des ventes. Il en est ainsi du critère relatif à la mise en œuvre des accords qui est supposée moduler ce taux. Dans la décision relative aux *Stabilisants thermiques*, la Commission a distingué les entreprises qui avaient mis en œuvre l'accord de celles qui ne l'avaient pas fait, ce qui s'est matérialisé par une différence sur le pourcentage de la valeur des ventes de seulement 1 %[395]. Dans une autre affaire, le juge de l'Union a quant à lui confirmé que la Commission pouvait qualifier une entente de « très grave », sans avoir à démontrer l'impact concret de l'infraction sur le marché, ce critère n'étant pas au demeurant « décisif pour la détermination du niveau des amendes »[396]. C'est dire le peu d'importance qu'accorde la Commission au critère qui se rapproche de celui du dommage causé à l'économie. De la même manière que la mise en œuvre de l'infraction, la portée géographique de celle-ci et la part de marché cumulée des entreprises concernées n'ont pas de réelle incidence sur le taux pratiqué par la Commission[397]. Il ressort même de plusieurs arrêts rendus par la Cour de justice que la portée géographique de l'infraction ne peut que légèrement augmenter le taux de 15 % retenu pour les cartels[398]. Ce constat a conduit un auteur autorisé à en conclure que la nature de l'infraction est le principal si ce n'est le seul critère d'évaluation du taux retenu au titre de la gravité[399].

117. **Taux retenus par la Commission relatifs au droit d'entrée.** La pratique plus sévère de la Commission, lors du calcul du montant de départ, ne s'observe pas seulement sur le taux retenu à l'encontre des entreprises au titre de la gravité de l'infraction. Cette plus grande sévérité se manifeste aussi lorsqu'elle retient un droit d'entrée. Systématiquement pris en compte pour les cartels, la légalité du droit d'entrée a été confirmée par le juge de l'Union[400]. La Commission est toutefois en droit d'appliquer un montant

---

395 V. décision de la Commission du 11 novembre 2009, Stabilisants thermiques (résumé au JOUE 2010, C 307, p. 9), cons. 700 et 706 à 709, confirmée par Trib. UE, 20 mars 2014, aff. T-46/10, Faci SpA c/ Commission, points 132 à 137.

396 Trib. UE du 13 juillet 2011, aff. T-59/07, Polimeri Europa c/ Commission, point 225 confirmé sur ce point par CJUE, 13 juin 2013, aff. C-511/11 P, Versalis SpA c/ Commission, points 82 et s. et la note de L. IDOT, *Europe*, août 2013, comm. n° 8-9, p. 38 et C. SARRAZIN, *Concurrences* n° 3-2013, p. 65.

397 V., par exemple, décision de la Commission du 25 mai 2016, Grenaille abrasive métallique (résumé publié au JOUE C 366, p. 6), cons. 214 à 216, dans laquelle le pourcentage de 15 % a été augmenté de 1 % pour tenir compte de l'extension géographique de l'infraction à l'ensemble de l'EEE.

398 CJUE, 26 janvier 2017, aff. C-618/13 P, Zucchetti Rubinetteria SpA c/ Commission, point 54 ; aff. C-636/13 P, Roca Sanitario c/ Commission, point 54 et l'article d'É. BARBIER DE LA SERRE, E. LAGATHU, « The Law on Fines Imposed in EU Competition Proceedings : Converging Towards Hazier Lines », *Journal of ECL*, 2018.

399 É. BARBIER DE LA SERRE, E. LAGATHU, préc., *Journal of ECL*, 2018.

400 Trib. UE, 15 juillet 2015, aff. T-389/10 et T-419/10, Siderurgica Latina Martin SpA (SLM) e. a. c/ Commission, points 258 à 265 confirmé sur ce point par CJUE, 14 septembre 2016, aff. jtes. C-490/15 P et C-505/15 P, Ori Martin SA e. a. c/ Commission, points 84 à 87.

additionnel dans le cas d'autres types d'infractions. Il en a été ainsi dans l'affaire *Google Shopping*[401].

Concernant le taux retenu, la Commission s'est autolimitée à ne pas descendre en dessous de 15 %. Elle a plutôt tendance à retenir un taux au titre du droit d'entrée proche ou identique à celui précédemment retenu au titre de la gravité, soit 17 %-18 % en moyenne. Il s'agit donc d'un taux plutôt élevé. Il n'a rien de neutre puisqu'il équivaut à considérer que l'infraction a duré une année supplémentaire[402]. Il contribue donc à créer une réelle différence dans le chiffrage du montant de base entre la Commission et l'Autorité puisque cette dernière n'a pas retenu une *entry fee* dans son communiqué sanctions de 2011[403].

118. **Unicité des taux relatifs à la gravité de l'infraction.** Conséquence directe de l'appréciation « globale » et « objective » de l'Autorité et de la Commission, le taux appliqué à la valeur des ventes des entreprises est – sauf exception notable[404] – identique pour chacune d'entre elles. Même le fait pour une entreprise d'avoir moins participé à l'infraction que les autres n'est pas de nature à modifier le taux retenu à son encontre selon la Commission, ainsi que l'a confirmé le juge de l'Union[405]. Or, le fait d'appliquer le même taux à toutes les entreprises n'est pas sans créer de fortes différences dans le poids des amendes infligées suivant la situation économique et la taille d'une entreprise. Il résulte en effet de ces taux uniformes qu'une entreprise qui concentre l'essentiel de ses activités sur le marché en cause, dite « mono-produit », d'une taille en règle générale moins importante que des sociétés plus diversifiées, dites « multi-produits », se verra automatiquement sanctionner d'une amende plus importante au regard de la proportion de son chiffre d'affaires. Une telle méthode n'a pas été jugée contraire aux principes de proportionnalité et d'égalité de traitement[406]. Pourtant, la légalité d'une telle pratique interroge d'autant plus que les taux habituellement retenus sont très élevés. Avec des taux aussi élevés, plus l'entreprise est mono-produit – c'est-à-dire qu'elle concentre

---

401 V. décision de la Commission du 27 juin 2017, Google Shopping, cons. 749 et 750, confirmée par Trib. UE, 10 novembre 2021, aff. T-612/17, Google e. a. c/ Commission.

402 Sur l'impact de la durée sur l'amende, v., *infra*, n°s 122 et s..

403 Le point 31 du communiqué sanctions de 2021 a consacré la même *entry fee* que celle retenue par la Commission (15 % - 25 %). Or, il a été vu que l'Autorité retient rarement des taux excédant 15 % (v., *supra*, n°s 110 à 112).

404 V. décision de la Commission du 2 avril 2014, Câbles électriques, cons. 998 à 1010, confirmée sur ce point par Trib. UE, 12 juillet 2018, aff. T-441/14, Brugg Kabel e. a. c/ Commission, points 248 à 257.

405 CJUE, 6 décembre 2012, aff. C-441/11 P, Commission c/ Verhuizingen Coppens NV, points 79 à 82 et conclusions de Madame l'avocate générale Kokott présentées le 24 mai 2012, point 66 et la note de L. IDOT, *Europe*, février 2013, comm. n° 2, p. 39 ; C. ROBIN, *RLC* n° 35-2013, p. 26, et de G. MUGUET-POULLENEC, É. BARBIER DE LA SERRE, *RLC* n° 35-2013, p. 81.

406 CJUE, 7 septembre 2016, aff. C-101/15 P, Pilkington e. a. c/ Commission, points 60 à 69 et la note d'A. LACRESSE, *Concurrences* n° 4-2016, p. 160, et CJUE, 16 février 2017, aff. C-95/15 P, H&R ChemPharm c/ Commission, points 101 et 102.

l'essentiel de son activité sur le marché en cause –, plus le risque est grand que l'amende se rapproche du plafond légal de 10 % de son chiffre d'affaires[407].

119. Unicité des taux relatifs aux droits d'entrée. La pratique de l'*entry fee* de la Commission aurait pu, à cet égard, être intéressante afin d'adapter le montant de base à la taille des entreprises condamnées. Cependant, le droit d'entrée est lui aussi – sauf exception notable[408] – appliqué indistinctement à toutes les entreprises condamnées[409]. S'il est procédé à une comparaison du droit d'entrée avec la majoration dissuasive sous l'empire des lignes directrices de 1998, l'ancienne pratique décisionnelle de la Commission semblait plus juste. L'ancienne méthode voulait que la Commission, après avoir déterminé les montants de départs respectifs des entreprises en fonction du chiffre d'affaires réalisé sur le marché en cause[410], puisse encore ajouter une majoration dissuasive qui ne s'appliquait seulement qu'aux entreprises dotées des plus grands chiffres d'affaires[411]. En outre, les coefficients multiplicateurs appliqués aux entreprises variaient selon la taille de l'entreprise.

120. Effets aggravants des taux appliqués à une entreprise mono-produit. Si l'on ne devait mentionner qu'un seul exemple, le cas des entreprises Soliver et Saint-Gobain condamnées dans l'affaire du *Verre automobile* illustre parfaitement la différence d'impact d'une amende infligée à un grand groupe de sociétés avec celle prononcée à l'encontre d'une société de type PME ou avec un chiffre d'affaires bien moindre. Lors du calcul du montant de base, les deux entreprises susmentionnées se sont vu retenir dans la décision un taux de 16 % au titre de la gravité et un autre taux de 16 % au titre de la dissuasion[412]. Pour Soliver, après que le montant de départ ait été ajusté au titre de la durée, ce dernier demeurait supérieur au plafond légal, d'où sa réduction à 4 396 000 euros, soit 10 % de son chiffre d'affaires

---

407 Le point 48 du communiqué sanctions de 2011 a prévu à un stade ultérieur du calcul de l'amende de réduire le montant de base pour tenir compte notamment du fait que « l'entreprise concernée mène l'essentiel de son activité sur le secteur ou marché en relation avec l'infraction (entreprise « mono-produit ») ». Sur l'entreprise mono-produit, v., *infra*, n°s 234 et s..

408 Dans l'affaire des DRAMs, il convient de souligner que la Commission a retenu un droit d'entrée uniquement à NEC et Hitachi (décision du 19 mai 2010, DRAM, cons. 106).

409 Trib. UE, 11 juillet 2019, aff. T-523/15, Italmobiliare SpA e. a. c/ Commission, points 122 à 135, confirmé sur ce point par CJUE, 15 avril 2021, aff. C-694/19 P, points 114 à 119.

410 V. décisions de la Commission du 19 janvier 2005, Acide monochloracétique (résumé publié au JOUE 2006, L 353, p. 12), cons. 299 ; du 20 octobre 2005, Tabac brut italien (résumé publié au JOUE 2006, L 353, p. 45), cons. 373 à 376, et du 21 décembre 2005, Produits chimiques pour le traitement du caoutchouc (JOUE 2006, L 353, p. 50), cons. 311.

411 CJCE, 26 juin 2006, aff. C-289/04 P, Showa Denko KK c/ Commission, points 16 à 18 et la note de M. DEBROUX, *Concurrences* n° 3-2006, p. 85 et l'article de F. CASTILLO DE LA TORRE, « The 2006 Guidelines on Fines : Reflections on the Commission's Practice », *World Competition*, 33, n° 3, 2010, p. 359.

412 V. décision de la Commission du 12 novembre 2008, Verre automobile, cons. 678 et 682.

total[413]. Pour Saint-Gobain, alors que le coefficient au titre de la durée de son amende était plus élevé que celui de Soliver, que le montant de base de son amende a été majoré de 60 % au titre de la récidive[414], l'amende qui lui a été finalement imposée s'élevait à 896 millions d'euros. Certes d'un montant nominal bien plus impressionnant, l'amende de Saint-Gobain ne représentait pourtant qu'environ 2 % de son chiffre d'affaires mondial[415]. Or, la sévérité d'une amende s'apprécie mieux au regard du pourcentage du chiffre d'affaires de l'entreprise concernée qu'elle représente plutôt qu'au regard de son montant[416].

121. **Conclusion sur le taux appliqué à la valeur des ventes.** En retenant des taux élevés sur la valeur des ventes des entreprises, les autorités de concurrence ont renforcé le risque – pourtant identifié par l'Autorité – que le critère de la valeur des ventes revête « une importance disproportionnée par rapport à d'autres éléments à prendre en considération »[417]. Les débats à propos de la circonscription de la valeur des ventes confirment que ce critère joue un rôle déterminant dans le *quantum* des amendes. Vu la délimitation de la valeur des ventes et les taux appliqués, les montants de départs des amendes sont donc déjà élevés à la suite de cette première étape. À cet égard, les entreprises qui concentrent l'essentiel de leur activité sur le marché en cause se verront être davantage sanctionnées que les grands groupes diversifiés. Il ne peut en être autrement si l'Autorité et la Commission suivent leurs barèmes des sanctions. Vu les taux retenus dont la moyenne est supérieure à 10 %, il est même prévisible qu'un certain nombre d'entreprises aient déjà une amende calculée qui, déjà à ce stade, dépasse le maximum légal de 10 % de leur chiffre d'affaires total. Des pondérations d'amendes sont d'autant plus indispensables que d'autres critères viennent majorer les amendes prononcées. En effet et aussi important que soit le taux retenu de la valeur des ventes dans l'élaboration des amendes, il ne faut cependant pas oublier que cette étape de calcul partage le premier rôle avec un autre critère, à savoir la durée de l'infraction.

---

413 V. décision de la Commission Verre automobile, cons. 711 annulée par Trib. UE du 10 octobre 2014, aff. T-68/09, Soliver NV c/ Commission, concernant la preuve de sa participation à l'infraction et la note de L. IDOT, *Europe*, décembre 2014, comm. n° 12, p. 28 et de V. BOTTKA, *Journal of ECL*, 2015, vol. 6, n° 4, p. 250. Cet arrêt n'a pas été frappé d'un pourvoi.

414 V. décision de la Commission, Verre automobile, cons. 681 et 686, réformée au regard de la récidive et avec une amende ramenée à 715 millions d'euros par Trib. UE, 27 mars 2014, aff. T-56/09 et 73/09, Saint-Gobain Glass France e. a. c/ Commission et la note de L. IDOT, *Europe*, mai 2014, comm. n° 5, p. 35 et de R. BURTON, *Journal of ECL*, 2014, vol. 5, n° 9, p. 624. Cet arrêt est définitif.

415 Au regard des données financières disponibles sur le site saint-gobain.fr.

416 CA Paris du 23 mai 2017, Laïta e. a., n° 2015/08224, point 430 et du 20 décembre 2018, Graham & Brown e. a., n° 17/21459, point 74.

417 Point 24 du communiqué sanctions de 2011.

SECONDE SECTION – LA DURÉE DE L'INFRACTION

122. **Facteur temps.** Dès lors que la valeur des ventes a été délimitée et qu'un pourcentage de celle-ci a été retenu au titre de l'amende, il convient ensuite de moduler le montant obtenu en fonction de la durée de l'infraction. Or, le facteur temps est loin d'être négligeable en droit de la concurrence. Le temps occupe une place importante dans le calcul des amendes, il s'agit d'un élément jugé « très aggravant » dans les pratiques mises en œuvre[418]. La durée a même été jugée comme étant l'un des principaux responsables de l'accroissement du *quantum* des amendes. Les autorités de concurrence partent en effet du postulat que les infractions de longue durée ont des effets plus dommageables sur l'économie que les infractions de courte durée[419]. Le retour à l'état de libre concurrence est d'autant plus difficile et long que la durée de l'infraction a elle-même été longue[420]. Il peut être également supposé, dans le même ordre d'idées, qu'une entreprise tirera davantage de profits d'une infraction qui a duré longtemps. Il est donc attendu que les amendes prononcées par les autorités de concurrence soient calculées en fonction de la durée des infractions relevées.

123. **Primauté de la durée de l'infraction.** Toute période infractionnelle a un début et une fin dont la démonstration incombe aux autorités de concurrence. Il leur appartient également de prouver que l'infraction n'a pas été suspendue durant la période infractionnelle retenue. Dans le cadre d'un délit d'entente, c'est la durée individuelle de participation de chaque entreprise qui est prise en compte. La durée de l'infraction n'est donc pas un impondérable. Cela étant, une tout autre question qui se pose est de mesurer l'impact de la durée de l'infraction sur l'amende. Autrefois reléguée au second rang dans le calcul du montant de base établi par la Commission, la « durée du comportement »[421] a désormais le premier rôle depuis les lignes directrices de 2006. Quant à l'Autorité, elle a également consacré le critère temporel dans son communiqué sanctions de 2011. Les conséquences de la durée sur le montant de l'amende sont telles qu'elles peuvent générer des débats portant sur des mois, voire des jours durant lesquels l'infraction s'est déroulée. De par son impact sur l'amende, la durée de l'infraction peut être autant sinon plus importante que la gravité du

---

418 Rapport Folz, p. 33 et l'article d'E. CLAUDEL, « Le rapport sur l'appréciation de la sanction en matière de pratiques anticoncurrentielles, présenté par Jean-Martin Folz, Christian Raysseguier, Alexander Schaub : de multiples et intéressantes propositions », *RTD Com.* 2011, p. 70.

419 V., par exemple, décisions de l'Autorité n° 11-D-17, Lessives, para. 637 et n° 14-D-19, Produits d'hygiène et d'entretien, para. 1412.

420 CJUE, 8 décembre 2011, aff. C-389/10 P, KME Germany e. a. c/ Commission, point 75 et la note de C. SARRAZIN, *Concurrences* n° 1-2012, p. 89.

421 A.-L. SIBONY, *Le juge et le raisonnement économique en droit de la concurrence*, th. Univ. Paris-Dauphine, avant-propos de B. VERSTERDORF, G. CANIVET (préf.), M.-A. FRISON-ROCHE (dir.), LGDJ, 2008, n° 516 et note 301.

comportement. Il est dès lors intéressant d'examiner à quel point la toute-puissance de Chronos se fait particulièrement ressentir dans les amendes infligées en droit de la concurrence.

124. **Division.** Ces précisions apportées, l'influence et le poids de la durée sur le *quantum* de l'amende peuvent diverger selon les grilles de sanctions des autorités de concurrence[422]. C'est le cas de la Commission et de l'Autorité qui n'ont pas opté pour le même impact de la durée sur le *quantum* de l'amende. Il convient donc de les analyser distinctement. À cette fin, il sera d'abord examiné la prise en compte plus mesurée de la durée en droit français (§1), avant d'étudier l'effet plus aggravant de la durée en droit de l'Union (§2).

§ 1 – La prise en compte de la durée en droit français

125. **Intérêt récent du critère de la durée.** Le critère de la durée de l'infraction a longtemps été le parent pauvre de la fixation du montant de l'amende. Il faut dire que l'article L. 464-2 du Code de commerce ne mentionnait pas, jusqu'à très récemment, la durée comme l'un des critères de détermination du montant de l'amende. L'aspect temporel de l'infraction n'était qu'une donnée complémentaire – voire incidente – dans l'évaluation de la gravité de l'infraction[423] et/ou du dommage causé à l'économie[424], sans que son incidence soit mathématiquement évaluée[425]. Nul doute que l'adoption du communiqué sanctions de 2011 a permis de remédier à cet oubli. La grille de sanctions de l'Autorité a fait de la durée un critère distinctif[426], mesuré et, par conséquent, contesté par les entreprises devant l'Autorité et les juridictions françaises de contrôle. Enfin, il est à noter que le critère de la

---

[422] Pour une étude comparative de la durée, v. grilles de sanctions du Bundeskartellamnt sur le site Internet bundeskartellamt.de ; Guidelines Manual de l'United States Sentencing Commission du 1er novembre 2012, sur le site ussc.gov ; lignes directrices de l'OFT (423) de 2012, sur le site gov.uk/competition, et du Nederlandse Mededingingsautoriteit sur le site acm.nl/en.

[423] V. décisions du Conseil n° 05-D-65 du 30 novembre 2005, Téléphonie mobile, para. 334 ; n° 06-D-09 du 11 avril 2006, Secteur de la fabrication des portes (« Fabrication des portes »), para. 426 ; n° 07-D-01 du 17 janvier 2007, Marchés publics de travaux de canalisations dans le département du Morbihan (ci-après « Canalisations dans le Morbihan »), para. 119.

[424] Par le passé, le Conseil de la concurrence tenait compte de l'importance de la « durée des pratiques, [considérant qu'il s'agissait d'] un élément qui majore arithmétiquement le dommage à l'économie » (Rapport annuel du Conseil de 2005, p. 118). V., à cet égard, décisions du Conseil n° 05-D-65, Téléphonie mobile, para. 337 et n° 06-D-09 du 11 avril 2006, Fabrication des portes, para. 428.

[425] Le rapport Folz regrettait, à cet égard, que la prise en compte de la durée ne soit pas « [...] définie avec plus de précision et [qu']une large discrétion [soit] laissée à l'Autorité de la concurrence sur ces points précis » (Rapport Folz, p. 15).

[426] Il doit être toutefois préciser que l'Autorité peut encore prendre en considération la durée des pratiques dans l'évaluation du dommage causé à l'économie (V., par exemple, décision n° 18-D-26 du 20 décembre 2018, Secteur de la commercialisation des fertilisants liquides pour la production hors-sol dédiés à la culture domestique, para. 356, confirmée sur ce point par CA Paris, 16 janvier 2020, Canna France SASU e. a., n° 19/34010, points 64 à 65. Cet arrêt n'a pas été frappé d'un pourvoi).

durée de l'infraction a été codifié à l'article L. 464-2 du Code de commerce à la suite de l'ordonnance du 26 mai 2021[427].

126. **Prise en compte de la durée.** Conformément à la jurisprudence française, le point 22 du communiqué sanctions de 2011 a désormais fait de la durée un critère pertinent pour apprécier tant la gravité des faits[428], que l'importance du dommage causé à l'économie[429]. Examiné distinctement, ce critère influe sur toute l'assiette de la valeur des ventes retenues par l'Autorité[430]. Mathématiquement parlant, la prise en considération de la durée se traduit à travers un coefficient multiplicateur qui s'applique sur le montant de départ issu d'une proportion de la valeur des ventes. Ce coefficient de durée est toutefois calculé de manière dégressive[431]. La première année de l'infraction est entièrement prise en compte[432], alors que les autres années ne comptent, pour ainsi dire, que par moitié. Par exemple, une entreprise qui a participé 3 ans à une infraction se verra retenir un coefficient multiplicateur au titre de la durée de 2 (1 + 0,5 + 0,5). Le communiqué sanctions de 2011 précise par ailleurs que la période restante d'une année incomplète est prise en compte au mois près[433]. Il s'agit donc de calculer un coefficient multiplicateur arrondi au mois près. Par exemple, une entreprise ayant participé 3 ans et 6 mois à un cartel se verra appliquer un coefficient multiplicateur de 2,25 (1 + 0,5 + 0,5 + 0,25). Enfin, l'Autorité applique cette méthode pour toutes les infractions au droit de la concurrence, sans différencier le type d'infraction en cause.

---

427 Ordonnance n° 2021-649 du 26 mai 2021 relative à la transposition de la directive (UE) 2019/1 du Parlement européen et du Conseil du 11 décembre 2018 visant à doter les autorités de concurrence des États membres des moyens de mettre en œuvre plus efficacement les règles de concurrence et à garantir le bon fonctionnement du marché intérieur.

428 Cass. com., 30 mai 2012, Orange France e. a., n° 11-22144 et la note de M. DEBROUX, *Concurrences* n° 3-2012, p. 95.

429 Cass. com., 12 juillet 2011, Lafarge ciments e. a., n° 10-17482 et 10-17791 et la note d'A. RONZANO, *Concurrences* n° 4-2011, art. n° 52914.

430 Sur la valeur des ventes, v., *supra*, n°s 81 et s..

431 Rapport Folz, p. 25, 33 et 34 qui préconisait une prise en compte de la durée dégressive fondée selon le modèle de l'Autorité espagnole de la concurrence.

432 En l'absence de précisions textuelles dans l'hypothèse où l'infraction dure moins d'une année, l'Autorité a eu le choix d'arrondir à 1 an et de retenir un coefficient égal à 1, ou de calculer la durée au *prorata*. Dans l'affaire du *Plavix*, Sanofi a vainement contesté l'application d'un coefficient de 1, alors qu'elle avait mis en œuvre une infraction qui avait duré moins d'une année (V. décision de l'Autorité n° 13-D-11 du 14 mai 2013, Secteur pharmaceutique (ci-après « Plavix »), para. 638 à 685 confirmée par CA Paris, 18 décembre 2014, Sanofi e. a., n° 2013/12370, p. 22 et par Cass. com., 18 octobre 2016, n° X 15-10.384, p. 10 et la note d'A. RONZANO, *Concurrences* n° 1-2017, art. n° 83217). L'Autorité n'est pas toujours aussi sévère avec les entreprises. Dans l'affaire de la *Presse d'information sportive*, la durée de l'infraction était également inférieure à un an. Une approche plus favorable et plus juste envers l'entreprise Amaury a été retenue par l'Autorité avec l'application d'un coefficient de durée de 0,75 (V. décision de l'Autorité n° 14-D-02 du 20 février 2014, Secteur de la presse d'information sportive (ci-après « Presse d'information sportive »), para. 354, 368, 372 et 373 et la note de V. SELINSKY, *RLC* n° 39-2014, n° 2511, confirmée par Cass. com., 1er mars 2017, EPA e. a., n° 15-19068, et la note d'A.WACHSMANN, N. ZACHARIE, *Concurrences* n° 2-2017, p. 102).

433 Point 42 du communiqué sanctions de 2011.

127. **Justification de la prise en compte dégressive de la durée.** Il a souvent été soutenu que les pratiques anticoncurrentielles n'ont pas vocation à perdurer[434]. Cependant, il est tout autant admis qu'une infraction qui dure longtemps aura des effets plus néfastes sur le marché[435]. Il faut également garder à l'esprit que le temps, c'est de l'argent pour les entreprises en infraction[436]. Les chiffres d'affaires, les parts de marchés, les profits, et la puissance financière des cartellistes peuvent augmenter – parfois sensiblement – avec le temps. Pour le dire plus simplement, le temps fait son œuvre. L'incidence de la durée des pratiques sur la gravité de l'infraction et le dommage à l'économie ne font pas réellement débat. Partant, la nécessité que corresponde le montant de l'amende à une infraction d'une durée donnée apparaît comme des plus justifiées. Il en résulte que l'objectif d'infliger une amende crédible ne peut être atteint qu'au moyen d'une amende prenant en compte l'ensemble des effets néfastes réalisés dans le temps.

Dès lors, une prise en compte dégressive de la durée comme le préconisait le rapport Folz ne semble pas pertinente de prime abord[437]. Une partie de la doctrine économique considère que l'Autorité a adopté une approche trop clémente sur ce point[438]. Seule la première année, en effet, est prise en entier par l'Autorité alors que les années suivantes sont comptées par moitié. Cette application dégressive pourrait avoir pour conséquence que les ententes de courtes durées soient sanctionnées d'une amende proportionnellement plus élevée que les ententes de longues durées. En particulier, ceux qui ont mis en œuvre une infraction durant une année ou moins payeront proportionnellement plus que ceux ayant été en infraction plusieurs années.

Cependant, il est tout autant nécessaire de garder à l'esprit que le coefficient de durée majore sensiblement les amendes et que les entreprises qui ont mis en œuvre des infractions au long cours se verront infliger une amende beaucoup plus élevée. Cet argument n'a sans doute pas convaincu

---

[434] La durée moyenne des cartels est, en moyenne, d'un peu plus de 6 ans pour J. Zimmerman, J. Connor, « Determinants of Cartel Duration : A Cross-Sectional Study of Modern Private International Cartels », 2005 ; C. Veljanovski, « Deterrence, Recidivism and European Cartel Fines », 2011, disponible sur le site ssrn.com ; E. Combe, C. Monnier considèrent que 36 % des cartels durent moins de 5 ans et seulement 19 % plus de 10 ans, disponible sur le site emmanuelcombe.fr.

[435] E. Combe, J. Connor, F. Jenny, P. Buccirossi, G. Spagnolo, « L'efficacité des sanctions contre les cartels : une perspective économique », *Concurrences* n° 4-2006, p. 10, note de bas de page n° 1.

[436] Il est bien évidemment fait allusion à la célèbre citation « Remember that time is money » de B. Franklin, *Advice to a Young Tradesman*, 1748.

[437] Rapport Folz, p. 34 et observations du cabinet d'avocats Coutrelis et Associés relatives à l'adoption du communiqué sanctions, points 24 et 36 et les observations de M. Motta, P. Rey, C. Angelucci, point 5, disponibles sur le site de l'Autorité.

[438] Compte-rendu du séminaire Philippe Nasse du mardi 3 mai 2016 : « La sanction des pratiques anticoncurrentielles », V. Selinsky, B. Deffains, E. Combe, disponible sur le site du ministère de l'Économie, p. 11.

l'Autorité au moment de réviser son communiqué sanctions. L'une des grandes innovations du communiqué sanctions de 2021 résulte dans une prise en compte renforcée de la durée. Suivant le modèle des lignes directrices de 2006, l'Autorité a décidé de prendre en entier chaque année d'infraction[439]. Cette modification devrait avoir pour effet de majorer très sensiblement les montants de base des amendes[440].

128. **Début de l'infraction.** Dès lors que la durée de l'infraction est un critère essentiel dans le calcul de l'amende, les débats se sont logiquement intensifiés sur la détermination de celle-ci[441]. En matière d'entente, le fait d'assister à une réunion secrète est suffisant pour que l'Autorité puisse présumer qu'une entreprise a participé à l'infraction[442]. Ce standard de preuves a pu être jugé comme très sévère à l'encontre des entreprises[443]. Le début de l'infraction correspond généralement à la date de la première réunion à laquelle a participé une entreprise. Par exception dans la décision relative aux *Messageries*, l'Autorité avait considéré que la date de participation de Geodis à l'infraction précédait la date de sa première réunion. Pour cela, l'Autorité s'était fondée sur le fait que Geodis avait été auparavant destinataire des circulaires litigieuses. L'argumentation n'a pas convaincu la cour d'appel de Paris[444]. Au cours de la période infractionnelle, il est par ailleurs possible que l'entente ait été suspendue, auquel cas cette période sera décomptée de la durée de l'infraction retenue par l'Autorité[445].

129. **Fin de l'infraction.** De même, la date de la fin de l'infraction n'est pas simple à préciser. En matière d'entente, il peut être légitimement estimé que la date de la dernière réunion infractionnelle ne marque pas forcément l'arrêt des pratiques. Les effets des pratiques ne s'estompent pas immédiatement à la date de la dernière réunion. Dans l'affaire des *Farines*, l'Autorité a

---

439 Points 32 à 34 du communiqué sanctions de 2021.

440 Sur la comparaison entre l'application des deux communiqués sanctions, v., *infra*, n° 148.

441 La durée de l'infraction ne peut toutefois plus être débattue lorsque l'entreprise entrait en procédure de non-contestation des griefs et, aujourd'hui, en transaction. Sur la non-contestation des griefs et la transaction, v., *infra*, n°s 359, 360 et note en bas de page 1138.

442 Le standard de preuves est plus élevé lorsque la concertation anticoncurrentielle se déroule au cours de réunions tenues dans le cadre statutaire d'une organisation professionnelle ou syndicale (V. décisions n° 11-D-17, Lessives, para. 487 et n° 16-D-20, Mannequins, et la note d'A.-S. CHONÉ-GRIMALDI, *Concurrences* n° 1-2017, p. 96 confirmée par CA Paris du 6 juillet 2017, Smith & Smith Characters e. a., n° 16/22365 et la note d'A-S. GRIMALDI, *Concurrences* n° 4-2017, p. 87).

443 E. CLAUDEL, « La participation à une entente fait-elle la preuve d'une entente : le droit français entre singularité et mimétisme », *RTD. Com.*, 2004, p. 455.

444 V. décision de l'Autorité n° 15-D-19, Messageries, para. 932 à 937 réformée sur ce point par CA Paris du 19 juillet 2018, Chronopost e. a., n° 16/01270, points 324 à 337 et la note de G. DECOCQ, *CCC* n° 11-2018, comm. 195. Cet arrêt a été confirmé par la Cour de cassation (Cass. com., 22 septembre 2021, Chronopost SAS e. a., n° X 18-21.436 e. a.).

445 V. décision de l'Autorité n° 11-D-17, Lessives, para. 447 à 486 confirmée par CA Paris du 30 janvier 2014, 2012/00723 et la note de M. BÉHAR-TOUCHAIS, *Concurrences* n° 2-2014, p. 82. Cet arrêt n'a pas fait l'objet d'un pourvoi.

considéré qu'il n'y avait pas lieu de déresponsabiliser une entreprise du seul fait qu'elle ait cessé de participer aux réunions de l'entente alors même que les réunions s'étaient poursuivies avec les autres membres de l'entente. C'est ainsi qu'elle a considéré, en particulier, que les deux entreprises VK Mühlen et Grands Moulins de Paris ne s'étaient pas publiquement distanciées de l'infraction et que leur participation à l'infraction se poursuivait. Toutefois, cette absence de distanciation publique de la part des entreprises n'a pas été jugée suffisante, en soi, par la Cour de cassation pour en conclure qu'elles avaient continué l'infraction jusqu'à la fin des pratiques. Il est nécessaire que l'Autorité apporte d'autres éléments factuels qui établissent la poursuite du comportement anticoncurrentiel de la part de l'entreprise[446]. En matière de pratiques abusives, l'Autorité a considéré dans l'affaire *Umicore* que l'entreprise en question avait cessé ses pratiques à la date de la dernière mesure de représailles connue[447], alors même qu'il s'agissait de pratiques d'exclusivités et que les contrats litigieux continuaient à être appliqués.

130. **Montant de base élevé résultant de la durée.** Au-delà de la question probatoire, la durée de l'infraction est devenue une composante importante du calcul de l'amende depuis l'adoption du communiqué sanctions. Le critère de la durée est d'autant plus décisif qu'il s'applique lors de la détermination du montant de base. Comme annoncé dans le communiqué sanctions, la durée fait désormais l'objet d'une prise en considération distincte et chiffrée, encore que l'Autorité tende parfois à relever des éléments temporels aux fins d'examiner le dommage à l'économie[448]. Sans atteindre des amendes aussi élevées que celles prononcées par la Commission, la sévérité de l'Autorité dans la détermination de la durée n'est pourtant plus à démontrer. La durée de l'infraction tient bien le rôle crucial qui lui a été attribué par l'Autorité dans sa grille de sanctions. La longévité des pratiques est en effet un facteur très aggravant du montant de l'amende. Il suffit de constater le *quantum* des montants de base pour s'en rendre compte. Le critère de la durée a même permis à l'Autorité de sécuriser et de conforter sa politique d'amendes élevées, voire d'en permettre

---

446 Cass. com., 8 novembre 2016, VK-Mühlen AG e. a., n° D 14-28.234 e. a., p. 35 et 36 et la note d'A-S. CHONÉ-GRIMALDI, *Concurrences* n° 1-2017, p. 92. Sur renvoi, la cour d'appel de Paris a réduit les amendes infligées à ces deux entreprises (CA Paris du 4 juillet 2019, Goodmills Deutschland GmbH e. a., n° 16/23609, points 96 à 109, 423 à 443 confirmé par Cass. com., 10 février 2021, Goodmills Deutschland GmbH e. a., n° G 19-20.599 et la note d'A. RONZANO, *Concurrences* n° 1-2021, art. n° 99310).

447 V. décision de l'Autorité n° 16-D-14 du 23 juin 2016, Umicore, para. 1015 et la note d'A. WACHSMANN, *Concurrences* n° 4-2016, p. 101, confirmée sur ce point par CA Paris, 17 mai 2018, Umicore e. a., n° 2016/16621, points 335 à 338.

448 V. décisions de l'Autorité n° 12-D-06 du 26 janvier 2012, Secteur des agrégats et des marchés aval à Saint-Pierre-et-Miquelon (ci-après « Saint-Pierre-et-Miquelon »), para. 239 et 241 et n° 13-D-09 du 17 avril 2013, Miradors de Perpignan, para. 167. Ces décisions sont définitives.

l'aggravation. Les montants de base retenus dans certaines affaires peuvent être des plus élevés, ainsi qu'en atteste le tableau ci-dessous :

Décisions de l'Autorité*	**Entreprise**	**Durée de l'infraction**	**Coefficient multiplicateur**	**Montant de base (€)****
On net/Off net (12-D-24)	SFR	3 ans	2	119 470 000 €
Produits d'hygiène et d'entretien (14-D-19)	Reckitt Benckiser	2 ans et 6 mois	1,75	114 371 422 €
Produits laitiers (15-D-03)	Novandie	5 ans et 2 mois	3,08	118 200 911 €
Messageries (15-D-19)	DHL	5 ans et 5 mois	3,20	80 963 712 €
Umicore (16-D-14)	Umicore	9 ans	5	62 948 389 €

131. **Poids de la durée dans le montant de base.** Plus l'infraction dure, plus l'amende sera élevée. Quand bien même l'Autorité ne tient compte que de la moitié de la valeur des ventes dans le cas d'infractions qui se sont prolongées plus d'une année, les résultats chiffrés sont impressionnants. La durée est l'un des facteurs aggravants si ce n'est parfois le plus important dans le calcul d'une amende prononcée par l'Autorité[449]. Par exemple, Orange a vu son amende augmenter de plus de 71 millions d'euros en raison de la durée de l'infraction dans l'affaire *On net/Off net*[450]. Dans la décision relative aux *Lessives*, la prise en compte de la durée a eu pour effet de majorer l'amende infligée à Procter & Gamble de 168 millions d'euros[451]. Le tableau à la page suivante recense le poids important de la durée de l'infraction dans le *quantum* des amendes infligées à plusieurs entreprises :

---

* Liste non exhaustive.

** Estimations.

449 N. JALABERT-DOURY, « L'Autorité de la concurrence officialise et précise la refonte de sa politique de sanction » *in* « Refonte des sanctions concurrence : Le projet de communiqué de l'AdlC », *Concurrences* n° 1-2011, p. 11.

450 V. décision de l'Autorité n° 12-D-24 du 13 décembre 2012, On net/Off net, para. 613, 663, 668 et 669 et la note de V. SELINSKY, *RLC* n° 35-2013, n° 2267.

451 V. décision de l'Autorité n° 11-D-17 du 8 décembre 2011, Lessives, para. 582, 636, 644 et 645 et la note de J.-L. RESPAUD, *RLC* n° 31-2011, n° 2026.

Décisions de l'Autorité*	Entreprise	Durée de l'infraction	Coefficient multiplicateur	Augmentation du montant de l'amende au titre de la durée (€)**
Lessives (11-D-17)	Procter & Gamble	5 ans, 9 mois et 12 jours	3,37	168 952 560 €
Distribution de gadgets et articles de fantaisie (11-D-19)	Kontiki	4 ans et 2 mois	2,58	8 247 600 €
Farines (12-D-08)	Axiane Meunerie	5 ans et 11 mois	3,45	14 151 200 €
Farines (12-D-08)	Euromill Nord	46 ans	13	32 656 500 €
On net/Off net (12-D-24)	Orange	3 ans	2	71 163 300 €
Presse d'information sportive (14-D-02)	Groupe Amaury	9 mois et 6 jours	0,75	- 2 928 915 €
Messageries (15-D-19)	Gefco	5 ans et 11 mois	3,45	26 759 880 €

132. **Application assouplie de la durée.** L'Autorité n'a toutefois pas toujours suivi à la lettre son communiqué sanctions de 2011, cela a notamment été le cas dans la décision des *Farines*. Dans cette affaire, l'une des deux infractions visées avait pu durer, pour certains des participants, jusqu'à 46 ans. Une infraction au droit de la concurrence d'une telle longévité est exceptionnelle. L'Autorité a donc dû moduler, fortement à la baisse, ses critères de la durée. Au lieu d'un coefficient de 23,5, certaines entreprises se sont vu appliquer un coefficient de 13 au titre de la durée[452]. Cet exemple confirme que le poids de la durée doit être parfois relativisé et qu'une application purement mécanique du communiqué sanctions peut aussi amener à prononcer des amendes insoutenables pour les entreprises.

* Liste non exhaustive.

** Estimations.

452 V. décision de l'Autorité n° 12-D-09, Farines, para. 925 et 926, confirmée sur ce point par CA Paris, 4 juillet 2019, Goodmills Deutschland GmbH e. a., n° 16/23609, points 589 à 600.

133. **Application écartée de la durée.** Il y a également lieu de revenir sur le critère de la durée dans les affaires où l'Autorité s'est détournée de l'application mécanique de son communiqué sanctions de 2011[453]. Il faut dire que l'application d'un coefficient de durée, comme prévu par le communiqué sanctions, ne permet pas le plus souvent à l'Autorité de prononcer des amendes modérées lorsque les circonstances l'imposent. Dans les affaires qui le nécessitent, l'Autorité préfère alors recourir à des amendes forfaitaires[454], en se contentant d'indiquer seulement la durée durant laquelle l'infraction s'est déroulée.

134. **Contrôle juridictionnel de la durée.** Préalablement à l'adoption du premier communiqué sanctions, la durée de l'infraction, qui n'était pas quantifiable dans le *quantum* de l'amende à proprement parler, était peu contestée par les entreprises. Il n'empêche que l'importance de la durée de l'infraction n'avait pas été mésestimée par le juge français avant sa codification dans le communiqué sanctions. Sous l'empire de ce dernier, la légalité du critère de la durée de l'infraction a été validée par la cour d'appel de Paris puis confirmée, sur pourvoi, par la Cour de cassation dans l'affaire de l'*Alimentation pour chiens et chats*. Dans cet arrêt, la cour d'appel de Paris a en premier lieu rappelé qu'au vu de l'article L. 464-2 du Code de commerce, les amendes doivent être proportionnées à la gravité des faits reprochés ainsi qu'à l'importance du dommage causé à l'économie, cette disposition ne faisant « pas obstacle à la prise en compte par l'Autorité de la durée des pratiques ».

Validant la méthode de calcul du communiqué sanctions, la cour d'appel a ajouté, en second lieu, qu'« il s'agit seulement d'opérer, dans le cadre de la mise en œuvre de détermination des sanctions, une référence explicite, individualisée et circonstanciée au facteur de la durée qui affecte tant la gravité des pratiques que le dommage causé à l'économie ». En dernier lieu, il a été précisé que la prise en compte de la durée se justifie d'autant plus que « plus la période pendant laquelle se déroule une infraction est longue, plus l'atteinte qu'elle porte au jeu de la concurrence et la perturbation qu'elle entraîne pour le fonctionnement du secteur en cause et plus généralement pour l'économie sont susceptibles d'être substantielles et

---

453 V. notamment décisions de l'Autorité du 5 mai 2015 n° 15-D-08, Volaille, para. 293 à 324 et la note de M. DEBROUX, *Concurrences* n° 3-2015, p. 71. Cette décision n'a fait l'objet d'aucun recours ; n° 16-D-20 du 29 septembre 2016, Mannequins, para. 496 à 498 et la note d'A.-S. CHONÉ-GRIMALDI, *Concurrences* n° 1-2017, p. 96. L'inapplication du communiqué sanctions a été validée par CA Paris du 6 juillet 2017, Smith & Smith Characters e. a., n° 2016/22365, p. 8 à 10. Cet arrêt n'a pas été frappé de pourvoi.

454 V. décision n° 15-D-19, Messageries, para. 1166 à 1173 et CA Paris du 19 juillet 2018, Chronopost e. a., n° 16/01270, point 670 et s.. Cet arrêt a été confirmé par Cass. com., 22 septembre 2021, Chronopost SAS e. a., n° X 18-21.436 e. a..

persistantes »[455]. Au-delà de la conformité à la loi du critère de la durée, cette dernière précision du juge français conforte l'approche relativement sévère de l'Autorité quant à la prise en compte du temps dans une infraction.

§ 2 – La prise en compte renforcée de la durée en droit de l'Union

135. **Fort impact de la durée au sein des lignes directrices de 2006.** Depuis l'adoption des lignes directrices en matière d'amendes en 2006, la Commission a fait de la durée un de ses principaux critères d'élévation de l'amende[456]. Par le passé, la durée n'avait qu'une incidence modeste sous l'empire des lignes directrices de 1998. En général, la Commission augmentait le montant de l'amende de l'ordre de 10 % par année d'infraction[457]. Il ne faisait pourtant aucun doute que les infractions au long cours étaient reconnues comme plus néfastes que celles de courtes durées[458]. À l'ère des lignes directrices de 2006, le montant de départ sera désormais multiplié par le nombre d'années durant lequel a duré l'infraction[459]. Mathématiquement, si 10 ans étaient nécessaires afin de doubler le montant de l'amende sous l'empire des lignes directrices de 1998, seulement 2 ans, à l'aune des lignes directrices de 2006, permettent d'arriver au même résultat. Contrairement au coefficient de durée dégressif choisi par l'Autorité[460], la Commission a opté pour un coefficient de durée constant. Il en résulte que la Commission, en multipliant le montant de départ issu de la valeur des ventes par le nombre d'années d'infraction, a fait de la durée une « arme de dissuasion massive ». De l'avis même du juge de l'Union, la prise en compte de la durée a été « considérablement renforcée au sein des lignes

---

455 V. décision de l'Autorité n° 12-D-10 du 20 mars 2012, Alimentation pour chiens et chats, confirmée par CA Paris, 10 octobre 2013, Nestlé Purina Care France e. a., n° 2012/07909, p. 45 et la note de N. JALABERT-DOURY, *Concurrences* n° 1-2014, p. 62 et de C. LEMAIRE, *Concurrences* n° 1-2014, p. 181, confirmée par Cass. com., 17 mars 2015, Royal Canin e. a., n° G 13-26.003, V 13-26.083 et F 13-26.185, p. 13 et la note d'A. RONZANO, *Concurrences* n° 2-2015, art. n° 73328.

456 A. CONDOMINÈS, « La durée des pratiques anticoncurrentielles : enjeux et critères d'appréciation en droit français et européen », *CCC*, novembre 2016, n° 11, étude 10.

457 Lignes directrices de 1998, 1, B et v., notamment, décisions de la Commission du 10 décembre 2003, Peroxydes organiques (résumé publié au JOCE 2005, L 110, p. 44), cons. 466 à 469 ; du 19 janvier 2005, Acide monochloracétique (résumé publié au JOUE 2006, L 353, p. 12), cons. 301 et 302, et du 20 septembre 2006, Raccords (résumé publié au JOUE 2007, L 283, p. 63), cons. 734 et 774 à 776 et l'article de J.-F. BELLIS, « La détermination des amendes pour infraction au droit communautaire de la concurrence : bilan de cinq années d'application des lignes directrices de 1998 », *Cah. dr. eur.*, 2003, n° 3-4, p. 373.

458 V., notamment, décisions de la Commission du 16 février 1994, Producteurs européens de poutrelles (JOCE L 116, p. 1), cons. 303 ; du 8 décembre 2009, Ronds à béton (résumé publié au JOUE 2011, C 98, p. 16), cons. 24 du résumé.

459 H. DE BROCCA, « Les nouvelles Lignes directrices de la Commission en matière d'amendes », *Concurrences* n° 4-2006, p. 37 et F. PUEL, « Droit européen de la concurrence : La « nouvelle » politique de la Commission pour la fixation des amendes », *Journal des Tribunaux Droit européen*, 2007, n° 140, p. 161.

460 V., *supra*, n°s 125 et s..

directrices de 2006 »[461]. Les lignes directrices de 2006 précisent également que les périodes de plus de six mois, mais de moins d'un an doivent être comptées comme une année complète. Quant aux périodes restantes de moins d'un semestre, la grille de sanctions de la Commission prévoit de les compter comme une demi-année[462]. Enfin, la Commission retient cette méthode pour toutes les infractions au droit de la concurrence, sans différencier le type d'infraction en cause.

136. **Début de l'infraction.** Statistiquement, le débat sur la durée de l'infraction et les conséquences de celles-ci sont parmi les points les plus débattus devant le juge de l'Union[463]. Dans le cadre de cartels, il importe de rappeler que la participation d'une entreprise à une seule réunion suffit à présumer de sa culpabilité[464], sauf à ce que l'entreprise démontre qu'elle se soit distanciée publiquement[465]. C'est d'ailleurs à partir de la première réunion qu'il est généralement considéré qu'une entreprise débute sa participation à l'infraction. Il incombe à la Commission d'établir la participation à l'entente d'une entreprise du début à la fin[466]. À cet égard, il est possible que l'entente soit suspendue et qu'il ne soit pas tenu compte de cette période dans la durée de l'infraction[467].

137. **Fin de l'infraction.** Comme date de fin d'infraction, la date de la dernière réunion, voire celle des derniers échanges entre les cartellistes ne correspond pas forcément à la fin de la participation d'une entreprise à l'entente. L'absence de distanciation publique constitue une situation factuelle dont la Commission peut faire état pour prouver la poursuite du comportement anticoncurrentiel d'une entreprise. Toutefois, dans le cas où, au cours d'une période significative, plusieurs réunions collusoires auraient lieu en l'absence de participation des représentants de l'entreprise

---

461 Trib. UE, 16 juin 2011, aff. T-208/08 et T-209/08, Gosselin Group et Stichting Administratiekantoor Portielje c/ Commission, point 154.

462 Point 24 des lignes directrices de 2006.

463 Trib. UE, 28 avril 2010, aff. T-456/05 et T-457/05, Gütermann AG et Zwicky & Co. AG c/ Commission et la note de L. IDOT, *Europe*, juin 2010, comm. n° 213, p. 2 ; 19 mai 2010, aff. T-18/05, IMI e. a. c/ Commission et la note d'É. BARBIER DE LA SERRE, *RLC* n° 24-2010, p. 56 et du 24 mars 2011, aff. T-382/06, Tomkins plc. c/ Commission, et la note de M. VAN HUFFEL, *RLC* n° 28-2011.

464 CJUE, 4 juin 2009, aff. C-8/08, T-Mobile Netherlands e. a. et la note de L. IDOT, *Europe*, août-septembre 2009, comm. n° 323, p. 33 et de P. WILHELM, É. PROVOST, *RLDA* n° 41-2009, p. 45.

465 CJUE, 3 mai 2012, aff. C-290/11 P, Comap c/ Commission, points 74 à 76 et 17 septembre 2015, aff. C-634/13 P, Total Marketing Services SA c/ Commission, point 21 et la note de L. IDOT, *Europe*, novembre 2015, comm. n° 11, p.31.

466 TPICE, 27 juillet 2005, aff. jtes. T-49/02 à T-51/02, Brasserie nationale e. a. c/ Commission, point 185 ; du 5 décembre 2006, aff. T-303/02, Westfalen Gassen Nederland c/ Commission, point 138 et Trib. UE, 13 juillet 2011, aff. T-42/07, The Dow Chemical Company e. a. c/ Commission, points 88 à 100.

467 V., par exemple, décision de la Commission, 28 janvier 2009, Tuyaux marins, cons. 129, 130 et 402 et Trib. UE, 17 mai 2013, aff. T-154/09, Manuli Rubber Industries SpA (MRI) c/ Commission et la note de L. IDOT, *Europe*, juillet 2013, comm. n° 7, p. 39.

concernée, la Commission doit également fonder son appréciation sur d'autres éléments de preuve[468].

138. **Lignes directrices de 1998 et prise en compte de la durée.** Il a été précisé que les lignes directrices de 1998 préconisaient une prise en considération réduite de la durée de l'infraction, de l'ordre de 10 % par année d'infraction. Cette méthode de calcul n'empêchait toutefois pas la Commission de prononcer des montants de base élevés. Cela s'est particulièrement confirmé dans les dernières années d'application des lignes directrices de 1998, comme dans la première affaire de Microsoft ou dans l'affaire du cartel des *Ascenseurs et escaliers*, ainsi que l'illustre le tableau suivant :

Décisions de la Commission*	**Entreprise**	**Durée de l'infraction**	**Augmentation du montant de départ (%)**	**Montant de base (€)****
Lecteur Windows Media (2004)	Microsoft	5 ans et 6 mois	+ 50 %	497 196 304 €
AMCA (2005)	Akzo	15 ans	+ 150 %	112 500 000 €
Escaliers et Ascenseurs (2007)	ThyssenKrupp	5 ans et 10 mois	+ 55 %	345 100 000 €
Appareillages à commutation gazeuse (2007)	Siemens	13 ans et 6 mois	+ 135 %	264 375 000 €

468 CJUE, aff. C-634/13 P, Total Marketing Services SA c/ Commission, point 28 et l'article d'A. Condominès, « La durée des pratiques anticoncurrentielles : enjeux et critères d'appréciation en droit français et européen », *CCC*, novembre 2016, n° 11, étude 10.

* Liste non exhaustive.

** Estimations.

139. **Lignes directrices de 2006 et prise en compte renforcée de la durée.** Depuis l'entrée en application des lignes directrices de 2006, la Commission s'est donné les moyens d'accroître le montant des amendes infligées aux entreprises. La modification de la prise en considération de la durée en est l'une des principales causes. En effet, les amendes les plus élevées ont été infligées dans le cadre de cartels qui se sont démarqués par leur longévité. Il en a été ainsi dans le cartel des *Tubes cathodiques pour téléviseurs et écrans d'ordinateur* qui a duré près de 10 ans et qui a condamné l'ensemble des entreprises à une amende de 1,4 milliard d'euros[469]. Dans la décision relative aux *Producteurs de camions* qui a sanctionné 6 entreprises à une amende totale record de 3,8 milliards d'euros, la Commission a considéré que les pratiques avaient duré 14 ans, ce qui justifiait d'appliquer un coefficient multiplicateur de 14[470]. Les montants de base retenus dans certaines affaires peuvent être extrêmement élevés, ainsi qu'en atteste le tableau ci-dessous :

Décisions de la Commission*	**Entreprise**	**Durée de l'infraction**	**Coefficient multiplicateur**	**Montant de base (€)****
Cires de bougie (2008)	Sasol	12 ans et 7 mois	13	426 400 000 €
E.ON/GDF (2008)	E.ON/ GDF Suez	7 ans et 5 mois (grief 1) 5 ans et 1 mois (grief 2)	7,5 5,5	553 000 000 €
LCD (2010)	LG Display	4 ans et 2 mois	4,16	430 000 000 €
Fret aérien (2010)	Lufthansa	5 ans et 11 mois (grief 1) 1 an et 7 mois (grief 2) 3 ans et 6 mois (grief 3) 6 mois (grief 4)	5,92 1,58 3,5 0,5	730 000 000 €
Producteurs de camions (2016)	Man	14 ans	14	1 601 215 000 €

469 V. décision de la Commission, du 5 décembre 2012, Tubes cathodiques pour téléviseurs et écrans d'ordinateur, cons. 1071 et 1072.

470 V. décision de la Commission, Producteurs de camions, cons. 118 à 120.

* Liste non exhaustive.

** Estimations.

140. **Applications arrondies au semestre ou à l'année près.** Lors de ses premières décisions en application des lignes directrices de 2006, la Commission a appliqué à la lettre ses règles relatives à la durée. Peu importe, donc, que l'infraction ait cessé au cours du premier ou du second semestre de la dernière année pour retenir la moitié ou la totalité de cette dernière lors du calcul. Le tableau suivant atteste de l'approche sévère de la Commission qui a été retenue durant les premières années d'application des lignes directrices de 2006 :

Décisions de la Commission*	Entreprise	Durée de l'infraction	Coefficient multiplicateur
Bandes vidéo professionnelles (2007)	Sony	2 ans et 8 mois	3
Bananes (2008)	Chiquita	2 ans et 11 mois	3
Cire de bougies (2008)	Total Raffinage	12 ans et 7 mois	13
Chlorate de sodium (2008)	Akzo/EKA	5 ans et 4 mois	5,5

141. **Applications pondérées et proportionnées.** Si la Commission a pu arrondir à un semestre entier ou à la dernière année de l'infraction, cette pratique n'a apparemment pas perduré. Progressivement, la Commission a retenu un coefficient multiplicateur pondéré au mois près au titre de la durée. Même dans les affaires où les infractions ont duré moins d'une année, la Commission a retenu un facteur de 0,5, ce qui revient à diminuer le montant de départ de moitié[471]. Au vu de l'importance de la durée dans le *quantum* de l'amende, il est juste d'appliquer un coefficient de durée au mois près. À cet égard, le tableau à la page suivante atteste de l'impact pécuniaire parfois significatif entre la durée arrondie au mois près et lorsqu'elle est arrondie au semestre ou à l'année qui suit :

* Liste non exhaustive.

471 V. décisions de la Commission du 25 juin 2008, Fluorure d'aluminium (résumé publié au JOUE 2011 C 40, p. 22), cons. 11 et 12 du résumé, dans laquelle on relèvera que la Commission a toutefois retenu une *entry fee* équivalente à la prise en compte d'une année supplémentaire, et du 27 juin 2012, Fabricants de produits de gestion de l'eau (résumé publié au JOUE C 335, p. 4), cons. 10 à 12 du résumé.

Décisions de la Commission*	**Entreprise**	**Durée**	**Coefficient multiplicateur pondéré au mois**	**Augmentation au titre de la durée avec un coefficient au mois près (€)****	**Augmentation au titre de la durée avec un coefficient arrondi au semestre ou à l'année près (€)*****
DRAM (2010)	Samsung	3 ans et 11 mois	3,92	135 110 000 €	137 880 000 €
LCD (2010)	AU Optronics	4 ans et 3 mois	4,25	90 380 000 €	97 333 000 €
Détergents (2011)	Unilever	3 ans et 2 mois	3,16	80 000 000 €	92 590 000 €
Tubes cathodiques pour téléviseurs et écrans d'ordinateur (2012)	Samsung	8 ans, 11 mois et 12 jours	8,91	90 987 000 €	92 023 000 €

142. Illégalité de la durée arrondie au semestre ou à l'année. Cette façon de procéder en arrondissant au semestre ou à l'année supérieure a été vivement contestée par les entreprises. Dans un premier temps, la septième chambre du Tribunal de l'Union européenne avait estimé en 2012 que les lignes directrices de 2006, en son point 24 relatif à la durée, ne méconnaissaient pas les principes de proportionnalité et d'égalité de traitement[472]. Deux ans plus tard, cette chambre du Tribunal a été désavouée au regard de deux arrêts rendus dans l'affaire des *Réactifs*. Dans l'arrêt *Gigaset AG*, c'est sur le fondement de la violation du principe d'égalité de traitement, par rapport à une autre entreprise impliquée, que la troisième chambre du Tribunal a fait prévaloir la méthode de la durée pondérée au mois près[473]. La méthode

* Liste non exhaustive.

** Estimations.

*** Estimations.

472 Trib. UE, 2 février 2012, aff. T-77/08, The Dow Chemical Company c/ Commission, points 123 et 143 et la note de L. IDOT, *Europe*, avril 2012, comm. n° 4, p. 22. Cette question n'a pas été évoquée sur pourvoi (CJUE, 26 septembre 2013, aff. C-179/12 P et la note de L. IDOT, *Europe*, novembre 2013, comm. n° 11, p. 36).

473 Trib. UE, 23 janvier 2014, aff. T-395/09, Gigaset AG c/ Commission, points 153 à 181 et la note de L. IDOT, *Europe*, mars 2014, comm. n° 3, p. 28. Cet arrêt n'a pas été frappé d'un pourvoi devant la CJUE.

de la pondération au mois près a été confortée, et même renforcée, à la faveur de l'arrêt rendu dans l'affaire d'*Evonik Degussa*. Dans cet arrêt, c'est sous l'angle du principe de proportionnalité que la Commission a commis une illégalité s'agissant de la méthode arrondie au semestre ou à l'année près. Selon le Tribunal, la Commission a eu tort d'appliquer un multiplicateur de 0,5 correspondant à une demi-année de participation à l'infraction, alors qu'elle aurait dû utiliser un multiplicateur d'un tiers pour tenir compte du fait que leur participation à l'infraction n'avait duré que quatre mois[474]. Ce second courant jurisprudentiel s'est imposé avec l'arrêt *Total Raffinage Marketing*, dans lequel le Tribunal a confirmé que l'application d'un coefficient arrondi ne respectait pas ni le principe de proportionnalité ni le principe d'égalité de traitement[475]. Dans toutes ces affaires, la Commission n'a pas formé de pourvois et a donc pris acte des limites fixées par le Tribunal[476]. Cela étant, il y a lieu de préciser que la Commission n'avait pas attendu les arrêts du Tribunal précités pour revoir sa copie et calculer le coefficient multiplicateur au mois près[477].

143. **Limite de la prise en compte de la durée.** Il peut être reproché à une grille de sanctions de calculer le coefficient de durée de la même manière, quelle que soit l'infraction en cause. Avec une telle équation, un simple échange d'informations entre des entreprises, parfois inutile, et qui dure longtemps parce qu'elles n'en ont pas conscience peut les exposer à une amende colossale. Il peut être soutenu qu'il est dès lors plus intéressant pour une entreprise de mettre en œuvre une infraction très grave et brève plutôt que de participer à une infraction de faible gravité, mais sur une plus longue durée. Ce type d'exemples illustre également de l'importance parfois disproportionnée qu'est donnée au critère de la durée de l'infraction. Il pourrait être proposé de distinguer la prise en compte de la durée selon le type d'infractions en cause.

---

474 Trib. UE, 23 janvier 2014, aff. T-391/09, Evonik Degussa GmbH et AlzChem AG c/ Commission, points 227 à 236. Cet arrêt n'a pas été frappé d'un pourvoi devant la CJUE.

475 Trib. UE, 13 septembre 2013, aff. T-566/08, Total Raffinage Marketing c/ Commission, points 548 à 561. Cette question n'a pas été évoquée sur pourvoi (CJUE, aff. C-634/13 P, Total Marketing Services SA c/ Commission).

476 L. IDOT, *RSC* 2014, *Dalloz*, p. 77.

477 V. décisions de la Commission du 8 décembre 2010, LCD, cons. 417 et 418 et du 13 avril 2011, Détergents domestiques, cons. 79 à 81. Ce courant jurisprudentiel et la pratique décisionnelle de la Commission sont sans doute à prendre en considération dans le choix de l'Autorité d'adopter un calcul au *prorata temporis* de la participation à l'infraction dans son communiqué sanctions du 30 juillet 2021. Dans son projet de révision du communiqué sanctions, l'Autorité avait initialement annoncé qu'elle comptait arrondir les semestres ou les années d'infraction.

144. **Contrôle juridictionnel et réformation de la durée.** Lorsque les décisions ont été contestées devant le juge de l'Union, il est ressorti de l'examen de plusieurs affaires que la Commission ne disposait pas toujours d'éléments de preuves solides lui permettant de justifier la réalité des pratiques sur l'ensemble de la période infractionnelle retenue. Faute d'éléments suffisamment probants, de nombreux arrêts ont censuré des décisions de la Commission sur la durée effective de l'infraction, réduisant plus ou moins la période infractionnelle. Il est intéressant de revenir sur la réformation du *quantum* de l'amende à la suite d'une période infractionnelle raccourcie. Généralement, le Tribunal de l'Union réforme le montant de l'amende conformément à la durée rectifiée en suivant les lignes directrices de la Commission[478]. Cependant, il ne faut pas oublier que le juge de l'Union n'est pas tenu par les lignes directrices de la Commission[479]. Il a su particulièrement bien s'en souvenir lorsqu'il a réduit le *quantum* de l'amende au titre de la durée dans certaines affaires.

C'est ainsi que le Tribunal n'a pas réformé le *quantum* de l'amende en suivant les lignes directrices de 2006 dans l'affaire *E.ON/GDF*, dans laquelle les entreprises E.ON et GDF s'étaient chacune vu infliger une amende de 553 millions d'euros[480]. Constatant une erreur d'à peu près un an dans l'appréciation de la durée de l'accord de répartition des marchés français et allemand du gaz naturel, le Tribunal de l'Union européenne a partiellement annulé la décision attaquée à l'égard de ces deux entreprises[481]. Suivant la méthode de calcul de la Commission, le montant rectifié de l'amende des requérantes aurait été de 267 millions d'euros. Le Tribunal a cependant estimé qu'une telle diminution de l'amende infligée aux requérantes aurait été trop importante par rapport à l'importance de l'erreur constatée. En conséquence de quoi le Tribunal a réduit l'amende infligée à E.ON et GDF Suez à 320 millions d'euros[482]. Dans d'autres affaires, il a même déjà été constaté que le Tribunal avait pu réformer une décision concernant la période infractionnelle sans pour autant modifier le

---

478 TPICE, 6 juillet 2000, aff. T-62/98, Volkswagen c/ Commission, points 345 et 346 ; Trib. UE, du 24 mars 2011, aff. T-382/06, Tomkins plc. c/ Commission, point 55, du 16 juin 2011, aff. T-186/06, Solvay SA c/ Commission, points 440 et 441.

479 TPICE, 27 juillet 2005, aff. T-49/02 à T-51/02, Brasserie nationale c/ Commission, point 169, et du 12 décembre 2007, aff. T-101/05 et T-111/05, BASF et UCB c/ Commission, point 187 et la jurisprudence citée.

480 V. décision de la Commission du 8 juillet 2009, E.ON/GDF (résumé publié au JOUE C 248, p. 5), cons. 390 et 391 et la note d'A. RONZANO, *Concurrences* n° 4-2009, art. n° 55520.

481 Trib. UE, 29 juin 2012, aff. T-360/09, E.ON Ruhrgas et E.ON c/ Commission, points 297 et 298 et aff. T-370/09, GDF Suez c/ Commission, points 378 et 458 et la note de M. DEBROUX, *Concurrences* n° 3-2012, p. 94.

482 Trib. UE, aff. T-360/09, E.ON Ruhrgas et E.ON c/ Commission, préc., points 303 et 305, et aff. T-370/09, GDF Suez c/ Commission, préc., points 378 et 458. Ces arrêts n'ont pas été frappés d'un pourvoi.

montant de l'amende[483]. Derrière des concepts de gravité de l'infraction ou de montant approprié, c'est bien l'idée de maintenir une amende élevée qui a guidé le juge de l'Union à ne pas réformer le montant de l'amende en suivant les lignes directrices de la Commission. Ces exemples jurisprudentiels démontrent également que la durée occupe parfois une trop grande place dans le processus de calcul de l'amende.

483 TPICE, du 14 mai 1998, aff. T-311/94, Kartonfabriek de Eendracht c/ Commission, points 337 à 339 ; du 20 mars 2002, aff. T-21/99, Dansk Rørindustri c/ Commission, points 62 et 251, et du 13 janvier 2004, aff. T-67/01, JCB Service c/ Commission, points 184 et 185.

CONCLUSION DU PREMIER CHAPITRE

145. **Montant de base très élevé.** Il ressort de notre analyse que l'aspect punitif d'une amende est déjà très fortement marqué dès le calcul du montant de base de l'amende. Ce n'est que la résultante des méthodes de calcul de l'Autorité et de la Commission, lesquelles ont été conçues pour que des amendes très élevées soient prononcées. La large assiette de l'amende, le fort pourcentage appliqué et la prise en compte de la durée engendrent un montant de base de l'amende très élevé. Ledit montant de base est d'autant plus crucial lorsque l'on sait qu'il devient généralement le montant définitivement encouru par une entreprise, entendu dans le sens de celui exigé par l'Autorité ou la Commission en l'absence de procédures négociées. À cet égard, il est à noter que la Commission et l'Autorité ont encore la possibilité d'augmenter le *quantum* de leurs amendes. Leur marge de manœuvre est même confortable. Si l'on s'en tient qu'à la détermination du montant de base, il leur suffirait d'augmenter le pourcentage retenu sur la valeur des ventes, actuellement de 15 % en moyenne, jusqu'à la limite de 30 % qu'elles se sont imposé de ne pas dépasser. Dans l'absolu, la Commission et l'Autorité pourraient doubler leurs amendes sur la seule variable de la proportion de la valeur des ventes. Les grilles de sanctions de ces deux autorités conservent donc leur caractère menaçant auprès des entreprises. Il leur est donc toujours très difficile d'anticiper le montant de l'amende encourue, ce qui n'est pas et n'a pas à être l'objectif des autorités de concurrence.

146. **Approche plus sévère de la Commission.** Cette analyse comparative a permis de démontrer que les amendes imposées par l'Autorité sont déjà, au stade du montant de base, proportionnellement inférieures à celles infligées par la Commission. Ce n'est pas sur l'analyse de la gravité et de la durée que l'Autorité et la Commission divergent, c'est sur la traduction chiffrée de ces critères qu'il y a une nette différence. Les montants de base moyens des entreprises sont plus élevés lorsque c'est la Commission qui sanctionne. À la vérité, cet examen empirique n'a fait que vérifier une simple analyse arithmétique des grilles de sanctions de ces deux autorités de concurrence. Dans les actuelles lignes directrices de la Commission, la prise en compte de la durée plus sévère et l'application de l'*entry fee* donne un montant de base automatiquement plus élevé. À cet égard, il suffit de comparer les amendes infligées par l'Autorité et la Commission à situation égale. De simples projections, dans le tableau ci-dessous, permettent de se convaincre de la différence d'approche, qui peut s'avérer sensible, entre les deux calculs :

Détermination du montant de base	Autorité	Commission
Valeur des ventes	100	100
Pourcentage retenu (entre 15 % et 30 %)	15 %	15 %
Montant intermédiaire de base	15	15
Coefficient de durée (5 ans)	3	5
Droit d'entrée (+ pourcentage entre 15 % et 25 % de la valeur des ventes)	N/A	15
Montant de base	45	90

Pour le même chiffre d'affaires en cause (100), une même proportion (15 %), et pour la même durée d'une infraction (5 ans), il est observé une différence d'amende allant du simple au double selon l'autorité de concurrence compétente (45 et 95). Il semble donc ressortir de cette comparaison une volonté de sanctionner les entreprises plus affirmée chez la Commission.

147. **Justification de la différence d'approche.** Dans un contexte où la Commission souhaite une convergence des pratiques des autorités de concurrence en matière d'amende, il est opportun de s'interroger sur la différence d'approche de la part de l'Autorité et de la Commission. Au-delà de la différence de barème relevée, la nature des pratiques et l'étendue géographique de l'infraction, souvent plus vaste pour les affaires de la Commission, pourrait être une justification avancée. Mais ces éléments légitimes sont normalement pris en compte, pour ces deux autorités de concurrence, dans l'assiette et le taux de la valeur des ventes. En réalité, ce n'est pas tant la nature des pratiques ou leur étendue qui est en cause, mais leurs acteurs. À ce sujet, la méthode édictée dans les lignes directrices de la Commission semble en adéquation avec les entreprises concernées, qui sont le plus souvent de grandes tailles et même les leaders mondiaux. Elle n'est pas toujours transposable, à travers le communiqué sanctions de 2011, aux affaires de l'Autorité concernant parfois de plus petites entreprises. Ces dernières peuvent être, en effet, trop lourdement sanctionnées si l'on suit le barème de l'Autorité. Le fait que l'Autorité s'écarte, de plus en plus souvent[484], de l'application de son communiqué sanctions dans les affaires concernant des petites entreprises est le signe et même parfois l'aveu qu'un tel barème peut générer des résultats disproportionnés à leur encontre[485].

---

484 L'une des explications tient au fait que l'Autorité n'applique pas sa grille de sanctions en cas de transaction avec les entreprises. Sur l'inapplication du communiqué sanctions en cas de transaction, v., *infra*, n°s 411 et 412.

485 À l'exception de la décision n° 18-D-17 du 20 septembre 2018, secteur de l'élimination des déchets d'activités de soins à risque infectieux en Corse (ci-après « DASRI »), l'Autorité n'a pas appliqué le

148. **Communiqué sanctions de 2021 et alignement sur les lignes directrices de 2006.** Les différences exposées au paragraphe précédent n'ont toutefois pas empêché l'Autorité, 10 ans après l'adoption de son premier communiqué sanctions, de réviser sa grille de sanctions en vue d'un rapprochement avec les lignes directrices de la Commission. En adoptant un deuxième communiqué sanctions le 30 juillet 2021, l'Autorité a adressé un message double aux entreprises. Elle se dote d'abord d'un arsenal répressif inédit à l'encontre des entreprises, si celui-ci vient à être confirmé par le juge français. L'Autorité annonce ensuite aux entreprises qu'elle compte infliger des amendes aux entreprises à la hauteur de celles imposées par la Commission. La différence de calcul qui s'annonce entre la première et la seconde grille de sanctions de l'Autorité, à l'image de la différence entre le communiqué sanctions de 2011 et les lignes directrices de 2006, permet de prédire une approche plus répressive de sa part et équivalente à celle de la Commission. Pour s'en convaincre, l'exemple de la SNCF, sanctionnée dans l'affaire des *Messageries*, est particulièrement parlant. La différence de calcul entre les deux grilles de sanctions va du simple au double et aggrave le montant de base de la SNCF de pratiquement 200 millions d'euros. Cette projection, traduite de façon chiffrée dans le tableau ci-dessous, en atteste :

SNCF (15-D-19)	**Communiqué sanctions 2011**	**Communiqué sanctions 2021**
Valeur des ventes (€)	738 465 000 €	738 465 000 €
Pourcentage retenu	9 %	9 %
Coefficient de durée (4 ans et 11 mois)	2,95	4,95
Droit d'entrée (+ 9 % de la valeur des ventes)	N/A	66 461 850 €
Montant de base	196 062 458 €	395 448 008 €

communiqué sanctions dans les affaires qui lui sont soumises par le ministre en charge de l'Économie lorsqu'une procédure de transaction-injonction n'a pu être conclue entre une entreprise et les services de la DGCCRF. Sur les transactions-injonctions de la DGCCRF, v., *infra*, n°s 381 et 396.

149. Différence de traitement. Qu'il s'agisse des grilles de sanctions de la Commission ou de l'Autorité, toutes présentent également le défaut de proportionnellement sanctionner davantage les petites entreprises que les grandes entreprises. En d'autres termes, les amendes infligées aux petites entreprises se rapprochent de leur plafond de 10 % du chiffre d'affaires, bien plus que celles imposées aux grands groupes.

Pour expliquer ce constat, il est nécessaire de revenir sur le critère de la valeur des ventes considéré à juste titre comme « la pierre angulaire du calcul des amendes »[486].

De manière générale, l'assiette de la valeur des ventes a été présentée comme un outil pertinent au regard de l'objectif de proportionnalité des amendes. Il s'agit toutefois d'un critère qui s'est révélé favorable aux grands groupes diversifiés et non aux entreprises qui concentrent l'essentiel de leur activité sur le marché en cause et qui seront, proportionnellement parlant, plus sanctionnées. Or, il n'est pas inutile de préciser que la capacité contributive des entreprises d'une taille limitée est souvent réduite. Consciente de cette difficulté au moment d'élaborer sa grille de sanctions, l'Autorité a prévu au sein de son communiqué d'appliquer une réduction aux entreprises dont la valeur des ventes se rapproche du chiffre d'affaires total et qui est dénommée « mono-produits »[487]. Il conviendra d'examiner la prise en compte de cette circonstance atténuante lors de l'ajustement du montant de base.

Quoi qu'il en soit, l'ironie de cette histoire est que la valeur des ventes devait pallier cette absence d'équité visible sous l'empire des lignes directrices de la Commission de 1998. C'est d'ailleurs cet objectif d'équité qui a entraîné leur disparition et qui n'a manifestement pas été atteint avec les lignes directrices de 2006. Hegel y aurait vu un bel exemple de dialectique contradictoire. La difficulté vient peut-être du fait que l'Autorité comme la Commission ne se réfèrent qu'au seul critère de la valeur des ventes, qui a certes le mérite de la simplicité. Un ou plusieurs autres critères seraient sans doute les bienvenus en fonction de la taille des entreprises ou même du secteur sur lequel elles opèrent afin de personnaliser la dimension punitive des amendes. Cette personnalisation ou individualisation de l'amende est supposée intervenir, dans le cadre des grilles de sanctions de l'Autorité et de la Commission, lors de l'ajustement de l'amende.

---

[486] É. BARBIER DE LA SERRE, « Les lignes directrices de 2006 pour le calcul des amendes », *RLC* n° 9-2006, n° 620.

[487] Sur l'entreprise « mono-produit », v., *infra*, n°s 234 et s..

CHAPITRE II – L'INDIVIDUALISATION D'UNE AMENDE ÉLEVÉE

150. **Ajustement et individualisation du montant de base de l'amende.** Avec la gravité des faits, l'individualisation de la sanction est l'autre clé de voute de la pénologie moderne[488]. Chaque peine prononcée doit être adaptée à l'auteur de l'infraction, c'est-à-dire « individualisée » dans le cas d'une personne physique et « personnalisée » dans le cas d'une personne morale[489]. Aussi étonnant que cela puisse paraître aujourd'hui, le principe d'individualisation des peines a pris du temps pour être pleinement reconnu en France. Si ce principe légaliste joue un rôle de longue date dans l'élaboration des peines[490], il ne s'est toutefois vu conférer une valeur constitutionnelle que très récemment[491]. À l'échelle des amendes en droit de la concurrence, il a été assez singulier de constater que ce critère a été relégué au second rang lors de la détermination de l'amende. En effet et lors de la première étape de calcul de l'amende, qualifiée dans le précédent chapitre d'« objective », la primauté a été donnée au critère de la gravité de l'infraction. À l'issue de cette première étape, l'amende qui a été dégagée,semble somme toute assez désincarnée de la personne sanctionnée[492]. C'est précisément la recherche d'une amende individualisée qui a été voulue avec l'ajustement du montant de base dans un deuxième temps[493]. À une étape de calcul objective succède ainsi une étape d'ajustement subjective visant à la personnalisation ou à l'individualisation de l'amende.

151. **Individualisation de l'amende.** Dans l'optique d'infliger des amendes individualisées, c'est un truisme de dire qu'une autorité de concurrence est d'abord astreinte à prononcer une amende chiffrée à chacune des entreprises condamnées lorsqu'elles sont plusieurs à être sanctionnées au sein d'une même décision. Au-delà de l'obligation de condamner chaque entreprise à

488 R. Saleilles, L'individualisation de la peine, étude de criminalité sociale, Paris, 1898.

489 J. Pradel, *Le nouveau Code pénal (Partie générale) Loi n° 92-683 du 22 juillet 1992*, Dalloz, 1993, p. 169 et s.. En droit pénal français, la refonte du Code pénal en 1992 a consacré une section entière aux « modes de personnalisation des peines ».

490 J. Pradel, « L'individualisation de la sanction », *RSC* 1977, p. 723.

491 B. de Lamy, « Principe d'individualisation des peines : la personnalité du condamné n'est qu'un critère parmi d'autres », *RSC* 2008, p. 136.

492 Il sera toutefois rappelé qu'une entreprise risque une amende calculée en fonction du chiffre d'affaires qu'elle a réalisé (sur la valeur des ventes, v., *supra*, n°s 81 et s.). De même, c'est la participation individuelle à l'infraction qui peut être reprochée à une entreprise et non la période entière durant laquelle l'infraction a été mise en œuvre (sur la durée de l'infraction, v., *supra*, n°s 122 et s.).

493 Cass. com., 27 mars 2019, L'Oréal e. a., n° E 16-26.472 e. a., p. 65 et la note de G. Decocq, *CCC* n° 6-2019, comm. 108.

une amende « claire » et « précise »[494], c'est également le *quantum* de ces amendes qui doit être individualisé[495], afin de tenir compte de la personnalité de l'auteur d'une infraction et/ou des circonstances de celle-ci. Bien que le bref article 23 du règlement n° 1/2003 soit silencieux à cet égard, la Commission a l'obligation d'individualiser les amendes qu'elles prononcent lorsqu'elle exerce son pouvoir de sanction. Il est légalement exigé la même chose de la part de l'Autorité de la concurrence puisque l'article L. 464-2 du Code de commerce, au troisième alinéa du I., exige qu'elle prononce des amendes « déterminées individuellement pour chaque entreprise ».

152. **Individualisation d'une amende proportionnée, punitive et dissuasive.** Il est nécessaire de rappeler que les amendes prononcées en droit de la concurrence doivent répondre à plusieurs objectifs et n'ont pas pour seule caractéristique de correspondre à la personnalité de son destinataire. Comme autres buts à atteindre, il y a l'objectif extrêmement lié à celui de l'individualisation qui est de proportionner l'amende à l'entreprise sanctionnée ou, depuis la loi NRE de 2001, au groupe auquel elle appartient. Ce libellé a eu toutefois pour effet de proportionner une amende par rapport à une personne à géométrie variable, ce qui n'est pas sans soulever des difficultés. Il y a évidemment eu, dans l'esprit des rédacteurs de la loi NRE, la volonté de sanctionner la réelle personne – le groupe de sociétés – et de ne pas s'en tenir à la seule société – la filiale – derrière laquelle elle pourrait être dissimulée. De même, si l'objectif répressif de l'amende n'est pas évoqué à l'article L. 464-2 du Code de commerce, il a néanmoins été clairement exposé dans les motifs de la loi NRE. L'individualisation ne doit pas priver l'amende de sa portée répressive et dissuasive constitutionnellement reconnue.

En droit de l'Union, l'article 49.3 de la Charte sur des droits fondamentaux de l'Union européenne dispose que l'« intensité des peines ne doit pas être disproportionnée par rapport à l'infraction ». Cette règle impose donc à la Commission de ne pas infliger des amendes disproportionnées. Quant à la portée répressive de l'amende, elle a été inscrite dans les lignes directrices de la Commission et admise de longue date par la jurisprudence de la Cour de justice. Dès lors, il est également attendu de la Commission qu'elle atteigne l'ensemble des objectifs susmentionnés lorsqu'elle inflige une amende à une entreprise. Présentée comme cela, la convergence de ces trois objectifs – proportion, individualisation et répression – conférés à l'amende n'a rien d'évident.

---

494 Trib. UE, 13 septembre 2010, aff. T-40/06, Trioplast Industrier AB c/ Commission, point 161 et la note de L. IDOT, *Europe*, novembre 2010, comm. n° 11, p. 28. Cet arrêt n'a pas été frappé d'un pourvoi.

495 Cass. com., QPC, 18 septembre 2012, Sephora e. a., n° 12-14.401 e. a., et la note d'A. RONZANO, *Concurrences* n° 4-2012, art. n° 52877.

Ce triptyque est néanmoins le difficile résultat à atteindre par l'Autorité de la concurrence et la Commission européenne lors de cette étape de calcul de l'amende.

153. **Amende circonstanciée.** De la même manière qu'il existe des causes d'atténuation ou d'aggravation de la sanction en matière pénale, il y a lieu de tenir compte de l'existence de circonstances particulières dans lesquelles se sont déroulées les infractions en droit de la concurrence. Il s'agit de proportionner l'amende à la faute du coupable, l'amende étant vue comme la rétribution du délit. Cette exigence a d'autant plus d'importance lorsqu'il s'agit d'entreprises impliquées dans une infraction collective. Ces entreprises n'ont évidemment pas toutes tenu le même rôle dans la commission de l'infraction. Dans les ententes, certaines entreprises ont peut-être même plus subi les pratiques qu'autre chose ou n'ont pas mesuré la gravité de leur comportement (franc-tireur, l'ignorant, celui qui subit les représailles, etc.). *A contrario*, d'autres entreprises sont plus concernées et condamnables dès lors qu'elles ont tenu un rôle significatif dans la réalisation de l'infraction (meneur, incitateur, auteur de représailles, récidivistes, etc.). En d'autres termes, toutes les entreprises n'ont pas participé de manière égale à la commission des infractions. Au-delà d'égalité, c'est de justice dont il pourrait être également question. Les circonstances de l'infraction n'appellent pas le même degré de sévérité à l'égard des entreprises condamnées[496].

154. **Amende personnalisée.** La circonstance que l'amende doit être évaluée en fonction de la situation de la société ou du groupe auquel elle appartient revient à dire qu'elle doit être adaptée à la taille de l'entreprise et à ses ressources. D'un côté, la concurrence est souvent une affaire de puissants. De nombreuses infractions sont mises en œuvre par des entreprises qui jouissent d'une très large puissance financière. Il est fréquent de voir des entreprises condamnées ayant des chiffres d'affaires exprimés en milliards, en dizaine de milliards, voire en centaine de milliards d'euros. D'un autre côté, il n'y a pas que des leaders nationaux ou mondiaux aux premiers rangs des accusés. Un ou plusieurs membres d'une entente peuvent être d'une taille relativement limitée et/ou avec un faible pouvoir de marché. C'est l'exemple cité en introduction de la petite PME normande de transport qui ne peut pas être sanctionnée de la même manière que le géant mondial du transport Fedex.

---

496 Il est d'ailleurs à regretter que l'individualisation de l'amende soit plutôt absente dans les analyses de l'économie appliquée à la concurrence, qui se fonde principalement sur le profit réalisé par l'entreprise et sur la probabilité de détection (à l'exception de la récidive, v., par exemple, W. WILS, « Recidivism in EU Antitrust Enforcement : A Legal and Economic Analysis », 2011, disponible sur le site ssrn.com ; O. SAUTEL, « Comment l'analyse économique peut-elle éclairer la question d'une sanction aggravée en cas de récidive ? », *Concurrences* n° 4-2010, p. 13).

À ce sujet et comme analysé précédemment, le fait que le montant de base soit évalué à la lumière de la valeur des ventes n'a pas dissipé toutes les difficultés vis-à-vis du respect des principes d'égalité de traitement et de proportionnalité. Or, il est attendu de l'amende que son montant soit adapté à l'entreprise sanctionnée. Il peut donc être nécessaire d'ajuster l'amende d'une entreprise en fonction de sa taille et de ses ressources. Cet objectif n'a pas été oublié par la Commission et moins encore par l'Autorité de la concurrence au moment de l'élaboration du communiqué sanctions. La possibilité de moduler le montant de base de l'amende, à la hausse ou à la baisse, a été prévue dans la grille de sanctions. Pour reprendre les termes de Monsieur Bruno Lasserre, alors Président de l'Autorité, il s'agissait de se donner « les outils de l'égalité réelle des entreprises face à la sanction »[497]. Ainsi est-il juste que la taille de l'entreprise puisse être une donnée à prendre en considération dans les grilles de sanctions de l'Autorité et de la Commission. Ce garde-fou allant de soi, encore faut-il voir comment l'amende est rapportée à la taille de l'entreprise et dans quelle proportion.

155. **Plafond de l'amende ajustée.** Comme pour toute sanction énoncée dans la loi, l'amende infligée à une entreprise qui enfreint le droit de la concurrence a une limite maximale. Tant en droit de l'Union qu'en droit français, l'amende ne peut pas en effet dépasser 10 % du chiffre d'affaires mondial réalisé par l'entreprise. Il n'y a pas, en droit de la concurrence, de déplafonnement ou de relèvement de ce seuil maximal comme cela est parfois prévu dans le cadre de certaines infractions du Code pénal. Quand bien même ce pourcentage est la limite ultime, une amende qui représente un tel pourcentage du chiffre d'affaires d'une entreprise – avant la prise en compte des procédures négociées – semble à première vue excessive, voire inatteignable dans la très grande majorité des cas. Cette question est toutefois centrale dans l'élaboration des amendes infligées aux entreprises. Elle est même l'une des plus débattues. Cette prédominance du plafond de l'amende interroge sur son rôle exact. C'est ainsi qu'il faudra examiner si ce critère légal n'a d'importance qu'au stade de la vérification ou si son rôle dans le *quantum* de l'amende est plus ambigu qu'il n'y paraît. La mise en perspective des amendes par rapport à leur maximum légal donnera enfin un nouvel aperçu de leur sévérité.

156. **Division.** En procédant de la même manière que l'Autorité et la Commission, il convient d'analyser la modulation des amendes à raison du comportement des entreprises relatif à l'infraction (PREMIÈRE SECTION), avant d'approfondir les ajustements des amendes à raison de la taille de ces entreprises (SECONDE SECTION).

---

[497] B. LASSERRE, « Propos introductifs » *in* « Les PME face au droit de la concurrence », disponible sur le site du CREDA, 2011, p. 14.

PREMIÈRE SECTION – L'AJUSTEMENT DE L'AMENDE AU REGARD DU RÔLE D'UNE ENTREPRISE

157. **Codification des causes d'atténuation ou d'aggravation des amendes.** Avant l'adoption de grilles de sanctions, il faut bien admettre que la prise en compte de circonstance – aggravante ou atténuante – n'avait rien d'automatique. Des circonstances favorables ou non aux entreprises étaient néanmoins retenues par l'Autorité ou la Commission, encore que leur importance ne fût pas toujours quantifiée dans le montant de l'amende. Il n'en demeurait pas moins que la tâche des entreprises, qui souhaitaient invoquer et/ou réfuter la prise en compte de circonstance liée à l'infraction, n'avait rien de simple. Cette époque semble révolue dans la mesure où la Commission puis l'Autorité ont codifié un ensemble de circonstances pouvant être prises en compte dans leurs grilles de sanctions. Cette liste de circonstances n'est pas exhaustive et diffère selon que l'on se place du point de vue de l'Autorité ou de la Commission et résulte de leurs pratiques décisionnelles respectives. Il y a lieu de rappeler que la prise en compte d'une circonstance – aggravante ou atténuante – viendra ajuster un montant de base préalablement déterminé. C'est ainsi que les circonstances aggravantes viendront augmenter le *quantum* de l'amende quand les circonstances atténuantes, au contraire, viendront le diminuer.

158. **Circonstance légale de la réitération.** Au regard des objectifs assignés à l'amende, c'est la récidive ou la réitération des pratiques anticoncurrentielles qui doit être le meilleur indicateur de mesure de l'efficacité des amendes prononcées[498]. Dis autrement, cette circonstance symboliserait l'échec de la précédente amende infligée à une entreprise. Il s'agit même d'un cas d'individualisation légale qui s'impose à l'Autorité, car la « réitération de pratiques » est énoncée à l'article L. 464-2 du Code de commerce comme l'un des critères légaux permettant de quantifier l'amende. En droit de l'Union, la réitération n'est pas inscrite dans les critères de fixation de l'amende au sein du règlement n° 1/2003. Il a toutefois été prévu dans les lignes directrices de la Commission d'aggraver l'amende infligée à une entreprise qui « poursuit ou répète une infraction identique ou similaire ». La Commission parle même de récidive. Que l'on parle de réitération ou de récidive en droit de la concurrence, les conditions et les conséquences de ce statut devront être analysées du point de vue de leur efficacité punitive.

159. **Division.** Dans le cadre de cette étude, il conviendra d'examiner les circonstances personnelles aux entreprises qui peuvent être retenues par la Commission et/ou l'Autorité (§1), avant d'analyser, spécifiquement du fait de sa finalité, la circonstance de la réitération des pratiques (§2).

---

498 L. IDOT, « Récidive ou réitération ? », *Concurrences* n° 4-2010, p. 26.

§ 1 – La prise en compte de circonstances dans l'évaluation des amendes

160. **Caractérisation circonstanciée du comportement infractionnel.** Il est attendu de l'Autorité et de la Commission qu'elles sanctionnent l'auteur d'une infraction en droit de la concurrence à une amende adaptée aux circonstances de l'infraction et au rôle qu'il a joué. Cette question implique de distinguer les circonstances atténuantes, celles qui réduisent l'amende infligée à une entreprise, des circonstances aggravantes, celles qui l'augmentent. Les circonstances personnelles à l'entreprise qui a commis l'infraction peuvent donc jouer favorablement comme négativement envers les entreprises.

161. **Individualisation et ajustement du montant de base.** Que ce soit en droit français ou de l'Union européenne, il faut garder à l'esprit que les circonstances prises en compte au titre de l'individualisation viennent ajuster le montant de base, tel que celui-ci a été étudié dans le chapitre précédent. Ces ajustements, matérialisés en pourcentage, viennent réduire et/ou augmenter les montants de base des amendes. Ils viennent donc ajuster une amende de base dont il a été observé que le montant avait vocation à être très élevé. C'est ainsi qu'il conviendra de procéder à l'examen le poids de l'individualisation dans la détermination de l'amende, tout comme les montants d'amendes qui en résultent.

162. **Division.** Dès lors que l'Autorité et la Commission ont énoncé une liste de circonstances prises en considération dans le cadre des infractions relevant de leur compétence, il conviendra de procéder à leur examen (A), tout comme il sera ensuite envisagé leurs impacts sur le montant de l'amende (B).

A) – Les circonstances ajustant l'amende

163. **Prise en compte de circonstance subjective et non objective.** Au stade de l'individualisation de l'amende et de l'ajustement du montant de base, il s'agit « d'établir le rôle relatif dans l'infraction de chaque entreprise ». En d'autres termes, il n'y a en principe pas lieu d'examiner, lors de cette étape de calcul, des circonstances qui ne sont pas à proprement parlé personnelles aux entreprises. Par exemple, le fait qu'un fournisseur de la grande distribution ait décidé de participer à une entente afin de contrer la pression de la grande distribution est commun aux autres entreprises impliquées dans l'infraction en question. Or, cet aspect n'est pas personnel à une entreprise, mais relatif au critère du dommage à l'économie causé par l'infraction[499].

[499] V. décision de l'Autorité n° 14-D-19, Produits d'hygiène et entretien, para. 1350 et s., confirmé par CA Paris du 27 octobre 2016, Beiersdorf e. a., n° 15/01673, points 320 et s., et par Cass. com., 27 mars

Seules les circonstances individuelles sont supposées être prises en compte à ce stade de la détermination de l'amende. Que ce soit en droit français ou en droit de l'Union, il doit être admis que la nuance entre ce qui relève de la gravité de l'infraction (et du dommage à l'économie) et de l'individualisation n'est pas toujours limpide.

164. **Circonstances aggravantes et atténuantes.** Un ensemble de circonstances propres à une ou plusieurs entreprises, jugées atténuantes et/ou aggravantes, peuvent être prises en compte afin d'évaluer l'amende appropriée[500]. L'entreprise meneuse, le cas échéant, devrait être condamnée en proportion plus sévèrement que les autres. De même, l'entreprise qui prend des mesures de représailles devrait être plus lourdement sanctionnée. L'idée est d'aggraver le sort à celui par qui tout a commencé ou qui a abusé de sa position de force. À l'inverse, les entreprises contraintes de participer à l'infraction devraient bénéficier d'une amende réduite. Par ailleurs, il appert que certaines entreprises ne sont pas conscientes d'avoir violé les règles du droit de la concurrence, voire qu'elles ont été incitées dans leur démarche, ce qui peut également justifier d'atténuer leurs amendes. Il sera cependant constaté que l'Autorité et la Commission n'ont pas toujours la même approche dans la reconnaissance ou l'évaluation des bons et des mauvais comportements.

165. **Codification des circonstances.** Comme précédemment dits, le Conseil puis l'Autorité de la concurrence n'ont pas attendu l'adoption du communiqué sanctions pour retenir des circonstances considérées comme aggravantes ou atténuantes à l'égard des entreprises. Ces circonstances, listées de façon non exhaustive[501], ont été codifiées aux points 44 à 46 du communiqué sanctions de 2011[502]. Davantage que la codification de circonstances, le véritable apport du communiqué sanctions de 2011 est d'avoir précisé que la reconnaissance d'une circonstance personnelle à une entreprise venait ajuster le montant de base de son amende. À cet égard, l'Autorité n'a fait sur ce point que reprendre la méthode énoncée par la Commission aux points 27 à 29 de ses lignes directrices de 2006, visant à individualiser et à ajuster le montant de base de l'amende.

2019, L'Oréal e. a., n° E 16-26.472 e. a., p. 61 et 62 et la note d'A. RONZANO, *L'actu-concurrence* n° 12/2019. Sur les éléments relatifs au dommage à l'économie, v., *supra*, n°s 72 et s..

500 CJCE, 29 juin 2006, aff. C-308/04 P, SGL Carbon c/ Commission, point 71.

501 Toutes les circonstances invoquées et/ou retenues par les autorités de concurrence ne pourront être envisagées dans le cadre de cette étude. Des circonstances autres que celles mentionnées dans les grilles de sanctions mériteraient tout autant d'être examinées (absence de profits retirés de l'infraction, position limitée sur le marché, entreprise bénéficiaire d'aides d'État dans le secteur en cause, etc.).

502 Une liste non-exhaustive de 6 circonstances atténuantes et de 3 circonstances aggravantes ont été énoncées aux points 37 et 38 du communiqué sanctions de 2021.

166. **Division.** De par leurs effets sur les amendes, il importe donc de distinguer les circonstances atténuantes (1), qui profitent aux entreprises, des circonstances aggravantes, qui alourdissent leurs amendes (2).

1) – Les circonstances atténuantes

167. **Liste non exhaustive.** Il importe de rappeler que l'Autorité comme la Commission n'ont donné qu'une liste indicative des circonstances atténuantes qu'elles prennent en considération. En d'autres termes, des circonstances autres que celles mentionnées au point 45 du communiqué sanctions et 29 des lignes directrices de la Commission européenne peuvent être évoquées[503]. Les approches de ces deux autorités de concurrence sont toutefois assez divergentes. La Commission énumère cinq circonstances jugées atténuantes, quand l'Autorité n'en retient expressément que trois.

168. **Rôle de franc-tireur.** La première circonstance atténuante pour une entreprise est son rôle de franc-tireur dans l'infraction en cause. Pour l'Autorité, tel est précisément le cas pour « l'entreprise [qui] apporte la preuve qu'[elle] a durablement adopté un comportement concurrentiel [...] au point d'avoir perturbé, en tant que franc-tireur, le fonctionnement même de la pratique en cause »[504]. Souvent invoquée, cette circonstance n'est pas fréquemment admise par les autorités de concurrence[505]. Dans l'affaire des *Farines*, une entreprise a adopté un comportement pro-concurrentiel « au point d'entraîner des menaces et des tentatives de représailles de la part des autres entreprises en cause »[506]. Dans la décision relative aux *Produits laitiers frais*, une entreprise a vu sa peine atténuée pour avoir été à l'origine de la désorganisation des pratiques durant un certain temps[507]. Dans l'affaire des *Endives*, l'Autorité a même été jusqu'à constater que la viabilité économique d'une entreprise avait pu être mise en cause du fait de son comportement de franc-tireur[508]. Il s'en déduit que le rôle de franc-tireur échoie empiriquement à une entreprise d'une taille forcément plus petite que les autres membres d'une entente.

Cette circonstance a été sans doute inspirée des lignes directrices de la Commission de 2006 qui exigent également la preuve d'une participation

---

503 Pour un panorama des circonstances retenues par le Conseil de la concurrence, v. L. VOGEL, *Droit français de la concurrence*, Lawlex, JuriScience, 2009, p. 438 à 450 et A. CONDOMINES, *Guide pratique du droit français de la concurrence*, Lextensoéditions, 2014, p. 321 à 325.

504 La circonstance atténuante tirée du rôle de franc-tireur de l'auteur de l'infraction a été reprise au point 37 du communiqué sanctions de 2021.

505 CA Paris, 20 décembre 2018, Sécurité Vol Feu e. a., n° 18/07722, points 102 et 103.

506 V. décision de l'Autorité n° 12-D-09, Farines, para. 848.

507 V. décision de l'Autorité n° 15-D-03, Produits laitiers frais, para. 354 à 356.

508 V. décision de l'Autorité n° 12-D-08, Endives, para. 637 à 643.

réduite à l'infraction[509], ainsi que l'adoption d'un comportement concurrentiel sur le marché[510]. L'exigence d'un comportement qui s'est avéré pro-concurrentiel, rarement satisfaite aux yeux de la Commission et de l'Autorité, est souvent ce qui a empêché une entreprise de bénéficier de cette circonstance atténuante[511]. Il a été récemment précisé que l'entreprise ayant appliqué les accords tout en ayant eu un rôle passif pouvait toutefois bénéficier d'une réduction si elle démontrait qu'elle avait été contrainte de les mettre en œuvre[512]. Ces entreprises doivent regretter le libellé des précédentes lignes directrices de 1998, lesquelles n'exigeaient de la part d'une entreprise qu'un « rôle exclusivement passif ou suiviste dans la réalisation de l'infraction »[513].

169. **Contrainte.** Sans doute inspiré de la contrainte en droit pénal qui exclut la responsabilité de l'auteur de l'infraction, il est admis par l'Autorité qu'une entreprise contrainte à participer à une infraction peut se voir accorder une circonstance atténuante à ce titre[514]. Par contrainte, il est entendu en droit français qu'une entreprise n'a de choix autre que de participer à l'entente dans le but d'éviter « des représailles susceptibles de lui faire perdre son chiffre d'affaires »[515]. Cette preuve semble bien difficile à rapporter pour une entreprise dans cette situation[516]. Il n'a d'ailleurs pas été possible de recenser un tel cas devant l'Autorité. Ce constat est toutefois regrettable tant les rapports entre les membres d'une infraction, loin d'être toujours d'égal à égal, peuvent parfois déboucher sur une situation qui s'apparente à de la contrainte. Devant la Commission, les choses sont encore plus compliquées puisqu'elle n'admet pas l'idée d'une circonstance atténuante tirée de la

---

509 Trib. UE, 16 novembre 2011, aff. T-79/06, Sachsa Verpackung c/Commission, points 211 à 220.

510 Point 29, troisième tiret des lignes directrices de la Commission de 2006.

511 V. décision de l'Autorité n° 14-D-19, Produits d'hygiène et entretien, para. 1513 à 1520 et la note de M. Debroux, A. Moyrand, *Concurrences* n° 2-2015, p. 88, confirmée sur ce point par CA Paris, 27 octobre 2016, Beiersdorf e. a., n° 2015/01673, points 471 à 473 et par Cass. com., 27 mars 2019, L'Oréal e. a., n° E 16-26.472 e. a., p. 73 et 74 et la note de G. Decocq, *CCC* n° 6-2019, comm. 108.

512 CA Paris, 21 décembre 2017, LCL – Le Crédit Lyonnais e. a., n° 15/17638, points 640 et 641. Cet arrêt a été annulé sur pourvoi (Cass. com., 20 janvier 2020, La Banque postale e. a., n° T 18-10.967 et E 18-11.001) et l'affaire renvoyée devant la cour d'appel qui a annulé la décision (CA Paris, 2 décembre 2021, BNP Paribas SA, Crédit Mutuel e. a., n° 20/04626).

513 Lignes directrices de la Commission de 1998, 3) Circonstances atténuantes et décisions de la Commission du 21 décembre 2005, Produits chimiques pour le traitement du caoutchouc (résumé publié au JOUE 2006, L 353, p. 50), cons. 320 à 322, du 31 mai 2006, Méthacrylates (résumé publié au JOUE L 322, p. 20), cons. 372 à 374 et du 20 septembre 2006, Raccords en cuivre (résumé publié au JOUE 2007, L 283, p. 63), cons. 791 à 798.

514 La circonstance atténuante tirée de la contrainte exercée sur l'auteur de l'infraction a été reprise au point 37 du communiqué sanctions de 2021.

515 CA Paris, 19 juillet 2018, Chronopost e. a., n° 2016/16/01270, points 1188 à 1191. confirmé par Cass. com., 22 septembre 2021, Chronopost SAS e. a., n° X 18-21.436 e. a..

516 V. décision de l'Autorité n° 16-D-09 du 12 mai 2016, Secteur des Treillis soudés (ci-après « Treillis soudés »), confirmée par CA Paris, 15 mars 2018, Sermétal Réunion e. a., n° 16/14231, points 204 à 208 ; CA Paris, du 23 mai 2017, Laïta e. a., n° 2015/08224, points 453 à 456, et du 19 juillet 2018, Chronopost e. a., n° 2016/16/01270, points 1188 à 1191.

dépendance économique[517], seulement lorsqu'il s'agit de contraintes physiques[518].

170. **Rôle joué par les autorités publiques.** Il est également prévu d'accorder une réduction à une entreprise lorsque « l'infraction a été autorisée ou encouragée par les autorités publiques » [519]. Lorsque cette circonstance est retenue, elle bénéficie généralement à l'ensemble des entreprises concernées. Cette circonstance, en effet, n'a rien de très personnelle et concerne, au contraire, toutes les entreprises impliquées. Dans la décision relative à la *Viande bovine*, le ministre de l'Agriculture était intervenu dans la conclusion d'un accord qui s'est révélé anticoncurrentiel. Une réduction de 30 % a été accordée par la Commission européenne dans cette affaire[520]. Dans la décision relative aux *Messageries*, l'intervention des pouvoirs publics en faveur de la répercussion sur les clients des variations du coût du carburant avait créé une confusion dans l'esprit des entreprises. Cette circonstance a été si patente que l'Autorité a décidé, sur cet aspect de l'infraction, de recourir à des amendes forfaitaires modérées[521]. Il n'en a pas été jugé de même s'agissant du cadre réglementaire pourtant à l'origine des pratiques relevées depuis de nombreuses années dans le secteur des déménagements des militaires[522], ou dans le déménagement en droit belge[523]. Cette réduction n'est donc destinée qu'aux entreprises qui ont été trompées par les pouvoirs publics et non à celles qui l'ont utilisée.

La Commission a prévu la même circonstance atténuante dans ses lignes directrices, en ajoutant opportunément que le comportement anticoncurrentiel peut avoir été également favorisé par « la réglementation »[524]. Il en a été ainsi de la réglementation applicable dans l'affaire des *Bananes*, laquelle a justifié de fortes réductions à hauteur de 60 % du montant des amendes[525]. En dernière analyse, il est à regretter que ni les lignes directrices ni le communiqué sanctions ne visent la circonstance

---

517 Trib. UE, 16 juin 2011, aff. T-192/06, Caffaro c/ Commission, points 41 à 44 confirmé par CJUE, 5 décembre 2013, aff. C-447/11 P, Caffaro Srl c/ Commission, points 30 et 31.

518 V. décision de la Commission du 2 avril 2003, Viandes bovines françaises (JOCE C 38 279), cons. 177.

519 La circonstance atténuante tirée du rôle joué par les autorités publiques a été reprise au point 37 du communiqué sanctions de 2021, en précisant que l'infraction peut également avoir été « sollicitée ».

520 V. décision de la Commission du 2 avril 2003, Viandes bovines françaises, cons. 176.

521 V. décision de l'Autorité n° 15-D-19, Messageries, para. 1171 à 1173.

522 V. décision de l'Autorité n° 14-D-16 du 18 novembre 2014, Secteur du déménagement des militaires affectés en Martinique (« Déménagements des militaires à la Martinique »), para. 139.

523 V. décision de la Commission, 11 mars 2008, Déménagements internationaux (résumé publié au JOUE 2009, C 188, p. 16), cons. 596 à 599.

524 Point 29 des lignes directrices de 2006, dernier tiret.

525 V. décision de la Commission du 15 octobre 2008, Bananes (résumé publié au JOUE 2009, C 189, p. 12), cons. 467 confirmée sur ce point par Trib. UE, 14 mars 2013, aff. T-587/08, Fresh Del Monte Produce, Inc. e. a. c/ Commission, point 766. Cette affaire est définitive (CJUE, 24 juin 2015, aff. C-293/13 P e. a.).

dans laquelle le comportement n'est pas seulement facilité, mais véritablement imposé par les pouvoirs publics ou la réglementation[526]. Dans le cadre d'une question préjudicielle, la Cour de justice a néanmoins expliqué qu'il était impossible d'imposer une amende à des entreprises en présence d'une réglementation qui les empêche de pouvoir se concurrencer, et ce, tant qu'une autorité n'a pas déclaré ladite réglementation inapplicable[527].

171. **Négligence.** La Commission peut également diminuer l'amende d'une entreprise lorsqu'elle « apporte la preuve que l'infraction a été commise par négligence ». Il s'agit cependant d'une circonstance très difficile à démontrer et qui n'a été admise qu'à de faibles reprises[528]. Cette cause d'atténuation pourrait même avoir été jugée illégale par le Tribunal de l'Union. Dans l'arrêt *Arrow*, le Tribunal a très clairement considéré que le fait qu'une entreprise ait ignoré, pour quelque raison que ce soit, que son comportement enfreignait les règles de concurrence prévues par le droit de l'Union ne constitue pas une circonstance atténuante justifiant une réduction du montant de l'amende[529]. Certes, il est à relever plusieurs demandes abusives de la part des entreprises à ce sujet[530], encore plus de celles qui ont participé de longues années à un cartel[531]. Cette circonstance n'en reste pas moins légitime selon nous. Contrairement à la grande majorité des infractions qui relève du Code pénal, le droit de la concurrence n'est pas toujours le droit de l'évidence. La négligence, voire la méconnaissance du caractère infractionnel de son comportement, est une circonstance qui peut avoir été invoquée de bonne foi de la part d'entreprises. Il est à regretter que cette circonstance n'ait pas été reprise par l'Autorité à son compte dans son communiqué sanctions de 2011 ou de 2021. Cet alignement aurait d'autant plus été justifié que l'Autorité est plus souvent que la Commission amenée à condamner des sociétés de type PME. Or, ce sont la plupart du temps des entreprises de ce type qui n'ont pas compris à quoi elles avaient pris part, quand elles ne pensent pas naïvement pour certaines d'entre elles qu'entrer dans une entente est une preuve de leur réussite économique.

---

526 É. BARBIER DE LA SERRE, « Les lignes directrices de 2006 pour le calcul des amendes », *RLC* n° 2006/9.

527 CJCE, 9 septembre 2003, aff. C-198/01, CIF e. a., point 54 et la note de N. CHARBIT, *L'actualité juridique ; droit administratif*, 2004, p. 75.

528 V. décision de la Commission du 4 juillet 2007, Internet haut débit en Espagne (résumé publié au JOUE 2008 C 83, p. 5), cons. 765 et 766, confirmé par Trib. UE, 29 mars 2012, aff. T-336/07, Telefónica e. a. c/ Commission e. a., points 453 à 463 et par CJUE, 10 juillet 2014, aff. C-295/12 P, Telefónica e. a. c/ Commission e. a.).

529 Trib. UE, 8 septembre 2016, aff. T-467/13, Arrow Group ApS e. a. c/ Commission, points 371, 372 et 408 et la note de L. IDOT, *Europe*, novembre 2016, comm. n° 11, p. 29, confirmé sur ce point par CJUE, 25 mars 2021, aff. C-601/16 P, points 97 à 105.

530 V. décision de la Commission du 1er octobre 2008, Cire de bougies, cons. 707 et 708.

531 Trib. UE, 16 septembre 2013, aff. T-368/10, Rubinetteria Cisal c/ Commission, point 108. Cet arrêt n'a pas été frappé d'un pourvoi.

172. **Coopération de l'entreprise.** Parfois demandée et souvent refusée, la Commission peut récompenser « l'entreprise [qui] coopère effectivement avec la Commission, en dehors du champ d'application de la communication sur la clémence et au-delà de ses obligations juridiques de coopérer ». La simple coopération d'une entreprise n'est pas suffisante aux fins d'obtenir une quelconque atténuation de sa peine[532]. Cette circonstance atténuante n'a été qu'exceptionnellement accordée à une entreprise. Pour cela, il a fallu que la coopération de l'entreprise soit éclairante pour l'autorité de concurrence et que le programme de communication sur la clémence de la Commission fasse défaut à appréhender la coopération ou le cadre particulier dans lequel elle s'inscrit[533]. C'est donc le plus souvent en dehors des hypothèses de cartels que cette réduction peut être accordée[534]. La coopération d'une entreprise a été récemment récompensée dans ce cadre dans une affaire d'abus de position dominante[535], ainsi qu'à l'entreprise Facebook dans l'affaire de l'acquisition de *WhatsApp*[536].

173. **Contexte de crise.** Il n'est pas rare qu'un secteur d'activité traverse, pour diverses raisons, une crise économique et financière invoquée par les entreprises comme une cause d'exonération de responsabilité puis comme un facteur d'atténuation des amendes[537]. Depuis de nombreuses années, la Commission considère qu'il est vain pour les entreprises d'invoquer ce contexte comme un élément atténuant. D'après le gendarme européen de la concurrence, un tel contexte de crise ne peut justifier une réduction dès lors que ces infractions sont précisément mises en place en période de crise[538]. Ce contexte de crise, en revanche, avait été l'un des éléments jugés déterminants par la cour d'appel de Paris dans l'emblématique affaire de

---

532 Cette circonstance ne figure pas parmi les circonstances atténuantes reconnues par l'Autorité dans son communiqué de 2011. Lorsqu'une entreprise a demandé à ce que sa coopération soit récompensée en dehors du cadre la clémence, les mêmes exigences lui ont été opposées (CA Paris, 19 juillet 2018, Chronopost e. a., n° 16/01270, points 1188 à 1191). Le communiqué sanctions de 2021 prévoit désormais, au point 37, de récompenser les entreprises qui coopèrent au-delà de leurs obligations juridiques et en dehors du champ d'application de la clémence.

533 Trib. UE, 29 février 2016, aff. T-251/12, EGL e. a. c/ Commission, points 189 à 191.

534 Dans l'affaire des *Bananes*, le Tribunal avait accordé - en dehors de la clémence - une réduction de 10 % à une entreprise qui l'avait convaincu de la qualité particulière de sa coopération (Trib. UE, 14 mars 2013, aff. T-587/08, Fresh Del Monte Produce e. a. c/ Commission, points 831 et s.). Cette réduction a été annulée sur pourvoi par la Cour de justice (CJUE, 24 juin 2015, aff. jtes. C-293/13 P et C-294/13 P, Fresh Del Monte Produce e. a. c/ Commission, points 180 et s.).

535 V. décision de la Commission du 20 septembre 2016, ARA Foreclosure (AT. 39759), cons. 161 et s.. Cette décision a fait l'objet d'une transaction.

536 V. décision de la Commission du 17 mai 2017, Facebook/WhatsApp (M. 8228), cons. 102. Cette décision n'a pas fait l'objet de recours.

537 N. HOMOBONO, L. VOGEL, C. MONTALCINO *in* « Les actes des ateliers : le droit de la concurrence à l'épreuve de la crise économique », du 27 avril 2009, disponible sur le site du ministère de l'Économie.

538 V., notamment, décision de la Commission du 3 mai 2006, Agents blanchissants (résumé publié au JOUE L 353, p. 54), cons. 488 à 490 et la jurisprudence citée ; v. le discours de N. KROES du 8 octobre 2009, « Tackling cartels – a never-ending task » (SPEECH/09/454, disponible sur le site de la Commission).

l'*Acier*[539]. Cette circonstance a néanmoins été indirectement invalidée par la Cour de cassation dans l'arrêt rendu dans l'affaire du *Travail temporaire*[540]. Ainsi que nous le verrons plus loin, la crise du secteur continue toutefois d'être regardée par l'Autorité et la Commission sous l'angle des difficultés financières éprouvées par les entreprises[541].

174. **Versement d'indemnités.** Il est à première vue incohérent de réduire l'amende d'une entreprise qui a délibérément dédommagé ses victimes, si l'on part du principe que la sanction du *public enforcement* n'est pas à confondre avec celle du *private enforcement.* Une première nuance à cette stricte distinction avait été effectuée par la Commission dans la décision *Nintendo*, en réduisant l'amende de l'entreprise du fait qu'elle avait indemnisé les victimes des pratiques reprochées. Cette idée a été encouragée par une partie de la doctrine française, considérant qu'une indemnisation rapide des victimes avait pour effet de limiter le dommage qui leur a été occasionné[542]. Leur persévérance n'aura pas été vaine. Dans le cadre de l'ordonnance n° 2017-303 relative aux actions en dommages et intérêts en droit de la concurrence, le législateur a fait modifier l'article L. 464-2 du Code de commerce, en permettant à l'Autorité « de réduire le montant de la sanction pécuniaire infligée à une entreprise [lorsqu'elle a] versé à la victime [...] des pratiques anticoncurrentielles sanctionnées une indemnité due en exécution d'une transaction au sens de l'article 2044 du Code civil ». Si cette circonstance a été entérinée dans son communiqué sanctions de 2021, il n'est toutefois pas dit que l'Autorité soit véritablement intéressée par cette disposition. À notre connaissance, aucune réduction n'a été accordée à ce titre. Le fait de soustraire du montant de l'amende les indemnités versées aux victimes institue en effet un dangereux mélange des genres.

---

539 CA Paris, 19 janvier 2010, AMD Sud-ouest e. a., n° 2009/334 et les notes de D. MAINGUY, *Actualités du droit économique*, janvier 2010 et de L. BOY, *RLC* n° 23-2010, p. 21.

540 Cass. com., 29 mars 2011, Manpower e. a., n° T 10-12.913 et G 10-13.686, p. 33 et 34 et décision de l'Autorité n° 11-D-17, Lessives, para. 664 à 666.

541 Sur la prise en compte du contexte économique et social (capacité contributive), v., *infra*, n° 587.

542 M. DUMARÇAY, *La situation de l'entreprise victime dans les procédures de sanction des pratiques anticoncurrentielles : étude des procédures française et communautaire d'application du droit communautaire des pratiques anticoncurrentielles*, th. Univ. de Montpellier, 2008 ; C. PRIETO, « Détermination des sanctions pécuniaires : Tenants et aboutissants de la méthode retenue par l'Autorité de la concurrence », *Concurrences* n° 3-2011, p. 54 et J. RIFFAUT-SILK, « Autorité de la concurrence : les sanctions en débat », Option Finance/Option Droit & Affaires, mars 2011.

175. **Programme de conformité.** À l'ère de la conformité et de l'avènement d'un véritable droit de la compliance[543], se pose la question des programmes de conformité au droit de la concurrence adoptés par les entreprises sanctionnées. Il est en effet fréquent que les entreprises demandent à ce que l'adoption ou l'amélioration de leur programme de conformité soit considérée comme une cause d'atténuation de leur amende. Dans le cadre de cette étude, il ne sera pas beaucoup discuté de l'opportunité de mettre en place un programme de conformité. C'est le choix *a priori* louable d'une entreprise. Ce choix semble d'autant plus justifié que le risque concurrentiel n'est aujourd'hui plus seulement assumé par la seule société qui a mis en œuvre l'infraction. Lorsque cette société appartient à un groupe de sociétés, c'est à ce dernier qu'il incombe la prévention, la détection des infractions et les responsabilités pécuniaires qui s'ensuivent[544]. Dans cet essai, il ne sera disserté que de l'opportunité d'accorder une réduction à ces entreprises et de l'efficacité de ces mécanismes de conformité.

176. **Programme de conformité et réduction.** À la première partie de cette question, il sera rappelé que l'Autorité avait fait le choix en 2007[545], à la différence de la Commission[546], d'accorder une réduction aux entreprises qui présentaient des engagements pertinents, crédibles et vérifiables[547]. Des réductions ont été accordées aux entreprises dans de nombreuses affaires, comme dans l'affaire des *Monuments historiques*[548], ou bien encore de la *Signalisation routière*[549]. L'Autorité avait même, dans ce but, publié un document-cadre en 2012 sur les programmes de conformité aux règles de la concurrence[550]. Cette politique de récompense a, semble-t-il, rapidement montré ses limites[551]. De plus en plus si ce n'est toutes les grandes

---

543 M.-A. FRISON-ROCHE, « Droit de la concurrence et droit de la compliance », *Concurrences* n° 4-2018, p. 1.

544 Sur la responsabilité du groupe de sociétés, v, *infra*, n°s 436 et s..

545 V. décision du Conseil de la concurrence n° 07-D-26 du 26 juillet 2007, Marchés de fourniture de câbles à haute tension, para. 148 et 149 et la note de C. MOMÈGE, *Concurrences* n° 4-2007, p. 70 et l'article de J.-B. SIPROUDHIS, « Conformité concurrence 2.0 », *Concurrences* n° 1-2017, art. n° 83480.

546 CJUE, 18 juillet 2013, aff. C-501/11 P, Schindler e. a. c/Commission, points 113 à 116 ; TPICE, 8 juillet 2008, aff. T-53/03, BPB c/Commission, point 423 et brochure de la Commission du 23 novembre 2011, « Compliance matters - What companies can do better to respect EU competition rules », p. 20 et 21.

547 B. LASSERRE, « L'expérience de l'Autorité de la concurrence » *in* « colloque New Frontiers of Antitrust du 10 février 2012 », *Concurrences* n° 2-2012 ; F. ZIVY, « Les programmes de conformité aux règles de concurrence : de l'auto-évaluation à l'auto-régulation ? », *JCP E*, 2012, p. 1474.

548 V. décision n° 11-D-02 du 26 janvier 2011, Secteur de la restauration des monuments historiques (ci-après « Monuments historiques »), para. 271 à 277.

549 V. décision de l'Autorité n° 10-D-39, Signalisation routière, para. 424 à 428.

550 Document-cadre de l'Autorité du 10 février 2012 sur les programmes de conformité aux règles de la concurrence et brochure de l'Autorité, février 2012, La conformité avec les règles de concurrence. Des outils et des réflexes pour protéger les entreprises.

551 I. DE SILVA, « La conformité en droit de la concurrence », *Revue internationale de la compliance et de l'éthique des affaires*, n° 3, juin 2020, p. 7.

entreprises condamnées dans le cadre de cartels ont adopté un programme de conformité[552]. De nombreuses entreprises ont ensuite demandé à ce que l'on tienne compte des améliorations apportées à ces programmes de conformité[553], alors même que ces mécanismes avaient manifestement failli puisqu'ils n'avaient pas permis d'éviter la commission d'une ou plusieurs infractions. Ce développement généralisé de la *compliance* s'est d'ailleurs inscrit dans un contexte où la *compliance* est de plus en plus une exigence légale et non limitée au seul droit de la concurrence[554]. De même que l'idée de financer des programmes de conformité par la diminution d'une amende ne va pas de soi[555], la question de continuer à accorder des réductions d'amendes s'est rapidement posée à l'Autorité. C'est en 2017 à l'occasion de l'affaire des *Revêtements de sols*[556], dans le cadre d'un communiqué[557], que l'Autorité a décidé de ne plus s'engager à réduire les amendes des entreprises qui font état de l'adoption ou de l'amélioration d'un programme de conformité au droit de la concurrence[558].

177. **Efficacité des programmes de conformité.** À la seconde partie de la question relative à l'efficacité des programmes de conformité, il sera répondu qu'il est toujours difficile de mesurer la délinquance occulte et donc d'apprécier les bienfaits de ces mécanismes d'autorégulation. Il a été mentionné que l'ensemble des entreprises sont aujourd'hui dotées de programmes de conformité au droit de la concurrence et, de manière générale, à l'ensemble des droits répressifs à leurs égards[559]. Or, il n'y a pas de signe qui semble démontrer un infléchissement des infractions commises par les entreprises habituellement condamnées depuis la mise en place généralisée des mécanismes de conformité.

---

552 V. décision de l'Autorité n° 14-D-19, Produits d'hygiène et d'entretien et la note de M. DEBROUX, A. MOYRAND, *Concurrences* n° 2-2015, p. 88.

553 V. décision de l'Autorité n° 15-D-19, Messageries et la note de P. DELEBECQUE, *Revue Énergie - Environnement - Infrastructures* n° 2, février 2016, comm. 18.

554 S. MARTIN, « Enquêtes pénales, transactions... : Entre efficacité de l'action de l'Autorité de la concurrence et effectivité des droits de la défense », *Concurrences* n° 4-2018 et J-B. SIPROUDHIS, « Conformité concurrence 2.0 », *Concurrences* n° 1-2017, art. n° 83480.

555 S. MARTIN, *ibidem*, et N. PETIT, *Droit de la concurrence*, Montchrestien, Lextenso, 2012, note en bas de page n° 2222.

556 V. décision de l'Autorité n° 17-D-20 du 18 octobre 2017, Secteur des revêtements de sols résilients (ci-après « Revêtements de sols »), para. 452 et la note de M. DEBROUX, *Concurrences* n° 1-2018, p. 84.

557 Communiqué de l'Autorité du 19 octobre 2017 relatif à la procédure de transaction et aux programmes de conformité et la note de C. LEMAIRE, S. NAUDIN, *Concurrences* n° 1-2018, p. 156.

558 Point 4 du communiqué transaction de l'Autorité de 2018. La question des programmes de conformité n'a d'ailleurs pas été évoquée dans le communiqué sanctions de 2021. Il convient de préciser qu'encourager les entreprises à mettre en place des programmes de conformité en leur proposant une réduction de leur amende encourue n'a jamais été une obligation imposée par la cour d'appel de Paris (CA Paris, du 30 janvier 2014, Colgate Palmolive e. a., n° 2012/00723, p. 40 et 41).

559 M.-A. FRISON-ROCHE (dir.), *Régulation, supervision, compliance*, Dalloz, octobre 2017.

Ce qui est certain, en revanche, c'est qu'un mécanisme de *compliance*, aussi performant soit-il, n'apportera jamais une garantie totale à une entreprise. Il a déjà été constaté qu'un programme de conformité d'une entreprise, des plus exigeants envers ses employés et couplés d'une étroite surveillance, ne l'avait pas empêché de s'adonner aux pratiques de cartels[560]. En réalité, il y a sans doute le constat que les entreprises les plus appréhendées par le droit de la concurrence sont sans doute devenues trop grandes et mondialisées pour pouvoir pleinement s'autoréguler[561]. Modifier et surveiller le comportement d'une dizaine de personnes est une chose, en faire de même pour des milliers de personnes éparpillées dans des filiales du monde entier en est une autre. En d'autres termes, la sincérité de ces entreprises n'est peut-être pas nécessairement à remettre en cause pour la plupart d'entre elles, c'est leur incapacité structurelle à pleinement s'autocontrôler qui est en cause et, au final, les regarde. Ce qui est également certain, enfin, c'est que la *compliance* n'est pas un mécanisme de lutte efficace contre toutes les infractions au droit de la concurrence. Un programme de conformité, par exemple, n'empêchera jamais la commission d'une infraction lorsqu'elle est mise en place « de président à président »[562]. Il faut donc encourager ces mécanismes de conformité en ayant toutefois des attentes mesurées de leurs bienfaits.

2) – Les circonstances aggravantes

178. Liste non exhaustive. Comme pour les circonstances atténuantes, les circonstances aggravantes mentionnées dans les grilles de sanctions ne sont énoncées qu'à titre indicatif. D'autres circonstances que celles mentionnées au point 46 du communiqué sanctions de 2011 et 28 des lignes directrices de 2006 peuvent donc être retenues par l'Autorité ou la Commission[563]. À cet égard, les circonstances listées par l'Autorité et la Commission dans leurs textes respectifs ne sont pas tout à fait identiques. En substance, la Commission a listé trois circonstances aggravantes reprises par l'Autorité, cette dernière tenant compte d'un quatrième facteur aggravant, lorsque l'entreprise « jouit d'une capacité d'influence ou d'une autorité morale

---

[560] A. WINCKLER, « Le point de vue de l'avocat » *in* « Sanctions : Is more always better ? (New Frontiers of Antitrust Conference - Paris, 15 février 2010 - Panel III) », *Concurrences* n° 2-2010, art. n° 31041.

[561] V. décision de l'Autorité n° 14-D-19, Produits d'hygiène et entretien, para. 1513 à 1520 et la note de M. DEBROUX, A. MOYRAND, *Concurrences* n° 2-2015, p. 88.

[562] C'était le cas, par exemple, dans les affaires de la Téléphonie mobile (communiqué de presse dans la décision du Conseil n° 05-D-65) ou des Produits laitiers (communiqué de presse dans la décision de l'Autorité n° 15-D-03).

[563] La liste non-exhaustive des circonstances aggravantes du communiqué sanctions de 2011 a été reprise au point 38 du communiqué sanctions de 2021.

particulières, notamment parce qu'[elle] est chargé[e] d'une mission de service public »[564].

179. **Rôle de meneur ou d'incitateur.** Un meneur est parfois nécessaire au « bon » fonctionnement d'une entente anticoncurrentielle, comme dans toute organisation au demeurant. Cette circonstance aggravante exprime l'idée de sanctionner plus sévèrement « le chef de file »[565] d'une infraction collective, celui par qui tout a commencé, qui a coordonné ou organisé. Cette circonstance aggravante du rôle de meneur ou d'incitateur est retenue de longue date par la Commission qui, déjà dans ses lignes directrices de 1998[566], avait prévu une majoration pour les entreprises qui avaient tenu ce rôle. Avec la généralisation de la transaction qui pourrait avoir rendu négociable cet aspect aggravant[567], la Commission a davantage considéré avant l'entrée en vigueur de cette procédure en 2008 qu'une entreprise pouvait être meneuse ou incitatrice. En France, le Conseil puis l'Autorité de la concurrence ont eu pour pratique d'aggraver les amendes des meneurs ou des incitateurs bien avant l'adoption du communiqué sanctions et[568], le cas échéant, avec l'aval de la Cour de cassation[569]. L'Autorité n'a donc fait que codifier cet élément aggravant, évoquant également la situation moins claire de l'entreprise qui « a joué un rôle particulier dans la conception ou dans la mise en œuvre de l'infraction »[570]. Quelques entreprises sont parfois condamnées plus durement du fait de leur rôle d'incitateur ou de meneur par la Commission[571], comme par l'Autorité[572]. Cependant, il n'est pas aisé

---

564 Point 46, troisième tiret, du communiqué sanctions de 2011.

565 Cass. com., Assemblée plénière, 14 mars 1997, SPIE Batignolles e. a., n° 94-15133.

566 Lignes directrices de la Commission de 1998, 2. Circonstances aggravantes, troisième tiret et, par exemple, décisions de la Commission du 21 janvier 1998, Extra d'alliage (JOCE L 100, p. 55), cons. 81 ; du 2 octobre 2001, Gluconate de sodium (COMP/E-1/36.756), cons. 379 et 403 et du 5 décembre 2001, Acide citrique (JOCE 2002, L 239, p. 18), cons. 255 à 273.

567 V., *infra*, n°s 402 et s..

568 V. décision du Conseil de la concurrence n° 05-D-32 du 22 juin 2005, Pratiques mises en œuvre par la société Royal Canin et son réseau de distribution, para. 278.

569 Cass. com., 28 janvier 2003, Domoservices e. a., n° 01-00528 ; 18 février 2004, CERP e. a., n° 02-11754.

570 V. décision de l'Autorité n° 10-D-28, Chèques, para. 733 à 735 réformée sur ce point par CA Paris, 21 décembre 2017, LCL – Le Crédit Lyonnais e. a., n° 15/17638, points 630 à 636. Cet arrêt a été annulé sur pourvoi (Cass. com., 20 janvier 2020, La Banque postale e. a., n° T 18-10.967 et E 18-11.001) et la décision annulée sur renvoi (CA Paris, 2 décembre 2021, BNP Paribas SA, Crédit Mutuel e. a., n° 20/04626).

571 V. décision de la Commission du 1er octobre 2008, Cires de bougie (résumé publié au JOUE 2009, C 295, p. 17), cons. 681 à 686 confirmée par Trib. UE, 27 septembre 2012, aff. T-343/06, Shell Petroleum NV e. a. c/ Commission, points 140 à 237 et 277 à 279 et la note d'A. RONZANO, *Concurrences* n° 4-2012, art. n° 52881. Cet arrêt est devenu définitif à la suite du désistement des entreprises sur pourvoi, aff. C-585/12 P.

572 V. décision de l'Autorité n° 14-D-19, Produits d'hygiène et d'entretien, para. 1469 à 1480 confirmée sur ce point par CA Paris, 27 octobre 2016, Beiersdorf e. a., n° 2015/01673, points 474 et 475, et par Cass. com., 27 mars 2019, L'Oréal e. a., n° E 16-26.472 e. a..

d'identifier au sein d'un groupe si une entreprise, voire deux entreprises[573], ont pu jouer ce rôle particulier.

Il est enfin à regretter qu'une entreprise ne devienne pas inéligible à la clémence aux yeux de l'Autorité et de la Commission à la suite d'un tel constat[574], comme c'est le cas en Allemagne pour le *Bundeskartellamt*[575]. Qu'une entreprise ait pu inciter, organiser et mener une entente pour ensuite avoir le droit de se repentir au moyen de la clémence n'est pas juste[576], c'est même parfois contreproductif lorsque les autres entreprises se voient infliger des amendes qui les fragilisent sur le marché.

180. **Exercice de la contrainte et mesure de rétorsion.** Si la contrainte est seulement considérée par l'Autorité comme une circonstance atténuante vis-à-vis de l'entreprise victime, l'exercice de cette contrainte et/ou de mesures de rétorsion sont unanimement analysés par ces deux autorités comme une circonstance aggravante[577]. Il est à noter que la Commission rattache ces circonstances au rôle de meneur ou d'incitateur que peut jouer une entreprise dans une entente. Comme nous l'avons vu plus haut[578], l'exercice de contrainte et de mesures de rétorsion ne fait qu'illustrer les rapports de force qui existent entre les entreprises, quand bien même ces dernières ont décidé de former une entente. Quoi qu'il en soit, on relèvera la grande réticence de l'Autorité et de la Commission à constater puis à reprocher ce type de comportement à l'égard de certaines entreprises ayant participé à une entente[579]. Depuis l'adoption des lignes directrices de 2006 et du communiqué sanctions de 2011, la Commission n'a, semble-t-il, jamais identifié un « meneur contraignant » pas plus que l'Autorité n'a vu d'entreprises qui ont effectivement contraint ou pris des mesures de rétorsion à l'égard d'autres entreprises. Certes, il est difficile de rapporter la preuve de ce type de comportement y compris lorsqu'il est dénoncé par les autres entreprises[580]. Cependant, il faut surtout insister sur les conséquences

---

573 V. décision de la Commission du 24 janvier 2007, Appareillages de commutation à isolation gazeuse, cons. 514 et 522, réformée sur ce point par Trib. UE, 3 mars 2011, aff. T-117/07 et 121/07, Areva e. a. et Alstom c/ Commission, point 323 et les notes de M. DEBROUX, *Concurrences* n° 2-2011, p. 100 et N. TUOMINEN, *Revue du droit de l'Union européenne*, 2011, n° 2, p. 271.

574 V., par exemple, décision du Conseil de la concurrence n° 06-D-09 du 11 avril 2006, Fabrication de portes, para. 173 à 176, 430, 440, 443 et 444 et la note de C. MOMÈGE, *Concurrences* n° 2-2006, art. n° 793, p. 144, confirmée par CA Paris, 24 avril 2007, JH Industrie SAS e. a., n° 2006/06912 et la note de E. CLAUDEL, *Concurrences* n° 3-2007, p. 92.

575 Sur l'éligibilité à l'immunité à la clémence, v., *infra*, n°s 298 et s..

576 V., *infra*, n° 298.

577 V. décisions de la Commission du 28 janvier 1998, Volkswagen (JOCE L 124, p. 60), cons. 171 à 182 et du 21 décembre 2000, JCB (JOCE 2002 L 69, p. 1), cons. 255.

578 V., *supra*, n° 169.

579 V. décision de la Commission du 2 avril 2003, Viandes bovines françaises, cons. 176.

580 V., par exemple, décisions de la Commission du 14 septembre 2005, Fil industriel, cons. 366 et 367 ; du 31 mai 2006, Verre acrylique, cons. 371 ; du 9 novembre 2010, Fret aérien (résumé publié au JOUE 2014 C 371, p. 11), cons. 1280.

d'un tel constat. En effet, la caractérisation d'une telle circonstance rendrait inéligible toute entreprise à l'immunité ou à l'exonération totale au titre de la clémence. Or, et sans trop anticiper nos développements, la clémence est un système encouragé et promu par les autorités de concurrence. Il en résulte que la caractérisation fréquente de cette circonstance empêcherait un certain nombre d'entreprises de postuler à l'immunité, rendant ainsi moins attractifs les programmes de clémence[581].

181. **Capacité d'influence.** Circonstance très française, l'Autorité peut majorer la sanction pécuniaire de « l'entreprise [qui] jouit d'une capacité d'influence ou d'une autorité morale particulières, notamment parce qu'il est chargé d'une mission de service public ». Dit plus clairement, cette circonstance s'adresse principalement aux anciens monopoleurs publics français. Le projet du communiqué sanctions de 2011 y faisait même très clairement référence[582], l'idée a été toutefois abandonnée de réserver cette circonstance à l'égard des anciens monopoleurs publics dans le communiqué définitif. Certes, cette circonstance n'a jamais été retenue par l'Autorité à notre connaissance. Par le passé, le fait d'avoir été l'opérateur historique dominant avait été retenu comme facteur aggravant[583]. Cette circonstance n'était peut-être pas aussi nécessaire qu'il y paraît. D'une part, il est possible d'augmenter le montant de l'amende au regard de la taille, de la puissance économique et des ressources de l'entreprise. D'autre part, il ne semble pas que le Conseil devenu l'Autorité ait fait preuve de mansuétude à l'égard de ces anciens monopoleurs qui sont, plus que quiconque, les plus lourdement condamnés par l'Autorité[584].

182. **Refus de coopérer ou obstruction.** De toutes les circonstances aggravantes, celle du refus de coopérer ou de l'obstruction est sans doute l'une des plus redoutées des entreprises. Pour le comprendre, il ne faut pas s'attarder sur la codification de ce critère d'aggravation dans les lignes directrices de 1998 et de 2006 de la Commission, lequel a été retenu à l'égard d'entreprises dans quelques décisions[585]. En effet, le refus de coopération ou l'obstruction peut également constituer, en soi, une infraction passible d'une amende « procédurale ». Ces amendes n'ont

---

581 Sur l'éligibilité à la clémence, v., *infra*, n° 675.

582 Point 40 du projet de communiqué sanctions, disponible sur le site de l'Autorité.

583 V. décision du Conseil de la concurrence n° 01-D-46 du 23 juillet 2001, France Télécom, p. 20 et 21. Cette décision est définitive.

584 Sur les dernières amendes lourdes infligées à d'anciens monopoleurs publics, v., pour La Poste et la SNCF, décision de l'Autorité n° 15-D-19, Messageries, pour Orange, décision de l'Autorité n° 15-D-20, Communications électroniques et, pour Engie, n° 17-D-06, Engie.

585 V. décisions de la Commission du 21 octobre 1998, Conduites précalorifugées (JOCE 1999, L 24, p. 1) ; du 30 octobre 2002, Consoles de jeux, cons. 413 à 420 et du 20 septembre 2006, Raccords (Résumé publié au JOCE 2007, L 283, p. 63), cons. 785 et 786 confirmées par Trib. UE, 24 mars 2011, aff. T-384/06, IBP c/ Commission, point 117.

toutefois de procédurales que le nom si l'on s'en réfère à leurs montants. L'article 23, 1. du règlement n° 1/2003 permet à la Commission d'imposer une amende pouvant aller jusqu'à 1 % du chiffre d'affaires d'une entreprise qui a fait obstruction ou qui a fourni des informations inexactes ou dénaturées en réponse à une demande de renseignements. Les décisions de la Commission adoptées en la matière font état d'amendes exemplaires si l'on se fie aux montants prononcés[586]. Dans l'affaire *E.ON*, c'est une amende de 38 millions d'euros qui a été infligée pour un bris de scellés[587].

En France, l'Autorité n'a pas évoqué l'obstruction comme une circonstance aggravante au point 46 du communiqué sanctions de 2011 ni au point 38 de celui de 2021. De la même manière que la Commission, l'article L. 464-2, V., alinéa 2 du Code de commerce, en dépit de sa déclaration d'inconstitutionnalité[588], a permis à l'Autorité d'infliger des amendes procédurales très importantes aux entreprises ayant commis des faits d'obstruction à l'investigation ou à l'instruction. Dans l'affaire *Brenntag*, c'est la somme de 30 millions d'euros qui avait été réclamée pour obstruction à l'instruction menée par l'Autorité[589].

---

586 V. décisions de la Commission du 24 mai 2011, Suez Environnement (résumé publié au JOUE C251, p. 4). Cette décision n'a pas fait l'objet de recours ; et du 28 mars 2012, EPH e. a., confirmée par Trib. UE, 26 novembre 2014, aff. T-272/12, Energetický a průmyslový et EP Investment Advisors c/ Commission et l'excellent article de C. GAUER, F. CHRIST, « Les infractions procédurales en droit européen de la concurrence », *Concurrences* n° 4-2012, p. 29.

587 V. décision de la Commission du 30 janvier 2008, E.ON Energie AG (résumé publié au JOUE C240, p. 6), confirmée par Trib. UE, 15 décembre 2010, aff. T-141/08, E.ON Energie AG c/ Commission et par CJUE, aff. C-89/11 P, E.ON Energie AG c/ Commission.

588 V. décision du Conseil constitutionnel n° 2021-892 QPC du 26 mars 2021, Akka Technologies e. a.. Le Conseil constitutionnel a considéré que l'article L. 464-2, V., alinéa 2 du Code de commerce et l'article L. 450-8 du Code de commerce poursuivaient les mêmes intérêts sociaux et que la disposition contestée méconnaissait le principe de nécessité et de proportionnalité des peines (cons. 24). Les sages de la rue Montpensier ont toutefois précisé que la déclaration d'inconstitutionnalité peut seulement être invoquée lorsque l'entreprise poursuivie a préalablement fait l'objet de poursuites sur le fondement de l'article L. 450-8 du Code de commerce.

589 V. décision de l'Autorité n° 17-D-27 du 21 décembre 2017, Pratiques d'obstruction mises en œuvre par Brenntag et la note de C. LEMAIRE, S. CHIKH, *Concurrences* n° 2-2018, art. n° 86969. Cette décision fait actuellement l'objet d'un recours devant la cour d'appel de Paris. Dans cette affaire et dans l'affaire Akka (décision n° 19-D-09 du 22 mai 2019), le Conseil constitutionnel, saisi d'une QPC relative à l'article L. 464-2, V, alinéa 2 du Code de commerce (CA Paris, 17 décembre 2020, Brenntag SA e. a., n° 18/04601 et Cass. com., 13 janvier 2021, Akka technologies e. a., n° C 20-16.849), a considéré que cette disposition était contraire à la Constitution. Cette décision ne semble toutefois pas remettre en cause le cours des procédures de sanctions concernant les entreprises Brenntag et Akka.

B) – L'impact des circonstances personnelles sur l'amende

183. **Ordre de prise en compte des circonstances.** Il y a lieu de relever d'emblée que la Commission et l'Autorité divergent dans leur annonce. En effet, la Commission énonce d'abord la prise en considération de circonstances aggravantes suivies de circonstances atténuantes, alors que l'Autorité procède à l'inverse. Or, cet ordre de prise en compte des circonstances atténuantes et aggravantes est en théorie sans incidence sur le *quantum* de l'amende. Dans son communiqué sanctions de 2011, l'Autorité a énoncé aux points 45 et 46 que les circonstances atténuantes et aggravantes ajustent le « montant de base »[590], ce qui laisse penser que l'ordre de prise en compte des circonstances n'a pas d'importance[591]. Il semble en être de même en droit de l'Union, les circonstances énoncées aux points 28 et 29 des lignes directrices de 2006 sont supposées moduler le « montant de base »[592].

184. **Faible constat de circonstances personnelles.** Les exemples donnés dans les tableaux présentés aux points suivants ne doivent pas masquer le fait que très peu de circonstances personnelles, au final, ont été retenues en faveur ou à l'encontre des entreprises sanctionnées. De nombreuses décisions de la Commission ne relèvent aucune circonstance particulière[593]. Il en est de même des décisions de l'Autorité[594]. Ce ne sont, le cas échéant, qu'une ou deux circonstances qui sont généralement mentionnées dans une décision qui peut pourtant aller jusqu'à condamner une dizaine voire une quinzaine d'entreprises. Cette absence d'individualisation peut s'expliquer, premièrement, par le fait qu'aucune entreprise n'a en réalité joué de rôle particulier. Cette situation peut sans doute plus fréquemment se rencontrer dans les affaires où les entreprises en cause sont peu nombreuses et de tailles comparables[595]. Cette absence d'individualisation peut également se

[590] Il en est de même s'agissant des points 36 à 38 du communiqué sanctions de 2021.

[591] Il n'a pas été possible de le vérifier, car, à notre connaissance, il n'y a pas d'entreprise qui a cumulé des circonstances atténuantes et aggravantes au sein d'une même décision.

[592] On relèvera cependant une décision isolée qui a favorisé l'entreprise, en appliquant un pourcentage de réduction au titre d'une circonstance atténuante sur un montant de base majoré au titre d'une circonstance aggravante (V. décision de la Commission du 7 juin 2000, Acides aminés (JOCE 2001, L 152, p. 24), cons. 382 à 384).

[593] V., dernièrement, décisions de la Commission du 19 juillet 2016, Producteurs de camions, cons. 124 et 125 ; du 8 mars 2017, Systèmes thermiques (résumé publié au JOUE C 169, p. 15), cons. 29 du résumé ; du 22 novembre 2017, Systèmes de sécurité pour occupants fournis à des constructeurs automobiles japonais (résumé publié au JOUE 2018, C 135, p. 5), cons. 125 et 126.

[594] V., dernièrement, décisions de l'Autorité n° 16-D-09 du 12 mai 2016, Secteurs des armatures métalliques et des treillis soudés sur l'île de la Réunion (ci-après « Treillis soudés »), para. 530 ; n° 18-D-17 du 20 septembre 2018, DASRI, para. 261 à 263 ; n° 18-D-26 du 20 décembre 2018, Secteur de la commercialisation des fertilisants liquides pour la production hors-sol dédiés à la culture domestique, para. 376.

[595] V., par exemple, décision du Conseil de la concurrence, n° 05-D-65, Téléphonie mobile et décision de la Commission du 5 mars 2014, Bourses d'électricité (résumé publié au JOUE C 334, p. 6).

comprendre, deuxièmement, par la difficulté de rapporter la preuve de tel ou tel rôle tenu par une entreprise durant l'infraction. Troisièmement, il ne faut pas oublier l'impact des procédures négociées sur les amendes. Ce phénomène de désincarnation de l'amende s'est accentué ces dernières années avec le développement de la clémence et surtout de la transaction. La procédure de clémence, d'abord, a eu pour effet de rendre les autorités de concurrence moins regardantes sur le comportement des primo-demandeurs. La procédure de transaction, ensuite, a rendu négociable chaque étape de la détermination de l'amende y compris, le cas échéant, la retenue de telle ou telle circonstance aggravante. Ainsi qu'il sera observé plus loin[596], les entreprises qui transigent ont moins de risques de se voir reprocher une cause d'aggravation de sanction par rapport aux entreprises qui ne transigent pas.

185. **Pratique décisionnelle de l'Autorité.** Il convient de préciser à nouveau que le Conseil de la concurrence puis l'Autorité n'ont pas attendu l'élaboration du communiqué sanctions pour retenir des circonstances personnelles favorables et/ou défavorables à l'égard des entreprises[597]. Il est toutefois difficile d'évaluer l'impact de ces circonstances retenues avant la mise en œuvre du communiqué sanctions de 2011 puisque l'impact n'était pas chiffré dans les décisions. Depuis la mise en œuvre de sa grille de sanctions, l'Autorité a pu ajuster le montant des amendes de plusieurs entreprises en considération de leur rôle joué dans l'infraction. La pratique de l'Autorité s'est toutefois opacifiée lorsqu'elle transige avec les entreprises comme en atteste la décision relative aux *Produits électroménagers*[598]. Certaines des réductions et augmentations retenues au titre de l'individualisation sont indiquées dans le tableau ci-dessous :

---

596 V., *infra*, n°s 402 et 404.

597 V., par exemple, décision du Conseil de la concurrence n° 08-D-32 du 16 décembre 2008, Acier, para. 344 à 347 et décision de l'Autorité n° 10-D-28 du 20 septembre 2010, Chèques, para. 756 et 757 et pour une analyse plus approfondie, v. L. VOGEL, *Droit français de la concurrence*, Lawlex, JuriScience, 2009, p. 438 à 450 et A. CONDOMINES, *Guide pratique du droit français de la concurrence*, Lextensoéditions, 2014, p. 321 à 325.

598 V. décision de l'Autorité n° 18-D-24 du 5 décembre 2018, Produits électroménagers. Cette décision a fait l'objet de transactions.

Décisions de l'Autorité*	Entreprise	Montant de base (€)	Diminution / augmentation au titre de l'individualisation	Montant intermédiaire (€)**
Produits électroménagers (18-D-24)	Eberhardt	Non indiqué	Participation limitée (Non indiqué)	Non indiqué
Produits laitiers frais (15-D-03)	Novandie	76 800 000 €	Franc-tireur – 15 %	65 300 000 €
Produits d'entretien et d'hygiène (14-D-19)	Colgate Palmolive	19 829 428 €	Meneur + 50 %	29 744 141 €
	Reckitt Benckiser	128 896 592 € et 15 119 261 €	Non-contestation des griefs et conformité – 16 %	108 273 000 € et 12 700 000 €
Commodités chimiques (13-D-12)	Brenntag	48 194 370 €	Meneur + 15 %	55 423 525 €
On net/off net (12-D-24)	SFR	131 416 000 €	Cadre réglementaire – 50 %	65 708 000 €
Farines (12-D-09)	Bindewald	2 891 695 €	Franc-tireur – 10 %	2 602 525 €
Endives (12-D-08)	OP Fraileg	864 035 €	Franc-tireur – 25 %	648 026 €

186. Taux retenus par l'Autorité. Il ressort de cette analyse empirique que la pratique décisionnelle de l'Autorité de la concurrence est plutôt variée. À une même circonstance, suivant l'affaire, ne sera pas appliqué le même pourcentage de réduction ou de majoration. Ce n'est pas seulement la caractérisation du rôle tenu par une entreprise qui détermine le pourcentage qui sera retenu par l'Autorité. C'est également l'intensité de celui-ci qui est pris en compte. Par exemple, certaines entreprises ont été plus passives que d'autres et justifient d'une amende encore plus minorée. Certains taux sont élevés puisque l'amende a pu être réduite ou augmentée de 50 %. D'autres le sont moins et avoisinent les 20 %. S'agissant des circonstances aggravantes et à l'exception de la réitération[599], seul le rôle d'incitateur ou de meneur est véritablement retenu à l'encontre des entreprises. S'agissant des circonstances atténuantes, l'Autorité en a plus souvent reconnues et de

* Liste non exhaustive.

** Estimations.

599 Sur la réitération des pratiques, v., *infra*, n°s 191 et s..

différentes natures, comme la participation moindre à une infraction, le rôle de franc-tireur, le cadre réglementaire, etc. Sous l'empire de la procédure de non-contestation des griefs, il est également à noter les nombreuses réductions accordées aux entreprises qui s'engageaient dans la conformité au droit de la concurrence. En chiffres, l'adoption d'un programme de conformité permettait à une entreprise d'obtenir une réduction supérieure à 10 % et jusqu'à 25 %[600]. Cette politique d'incitation à la conformité par des réductions d'amende, à laquelle il a été mis fin en 2017[601], a permis à des entreprises de régulièrement bénéficier de réductions de l'ordre de 15 à 25 %[602].

187. **Pratique décisionnelle de la Commission.** Depuis l'adoption des lignes directrices de 2006, il semble que la Commission ait moins retenu de circonstances personnelles que sous l'empire des lignes directrices de 1998. Certaines circonstances prévues dans les lignes directrices de 2006 n'ont tout simplement jamais été retenues par la Commission à notre connaissance. Le tableau ci-dessous expose plusieurs des circonstances qui ont été prises en considération par la Commission et leur impact sur les amendes d'entreprises sanctionnées :

600 Sur la procédure de non-contestation des griefs, v., *infra*, spéc. n° 359.

601 V., *supra*, n° 176 et, *infra*, n° 364.

602 V., par exemple, décisions n° 12-D-09, Farines, n° 13-D-03, Porc charcutier, n° 14-D-19, Produits d'hygiène et d'entretien, et n° 15-D-19, Messageries.

Décisions de la Commission*	Entreprise	Montant de base (€)	Diminution / augmentation au titre de l'individualisation	Montant intermédiaire (€)**
Lecteurs de disques optiques (2015)	Sony	18 062 000 €	Non-responsable d'une partie de l'infraction – 3 %	17 520 000 €
Enveloppes (2014)	Mayer-Kuvert	57 769 000 €	Participation limitée à l'infraction – 10 %	51 992 100 €
Fret aérien (2010)	Air Canada	33 000 000 €	Autorisation ou incitation par la réglementation – 15 % et Participation limitée à l'entente – 10 %	24 750 000 €
Cire de bougie (2008)	Sasol	426 400 000 €	Meneur +50 %	636 400 000 €
Appareillage de commutation à isolation gazeuse (2007)	Alstom	43 350 000 €	Meneur +50 %	65 025 000 €
Méthacrylates (2006)	Barlo	18 000 000 €	Rôle passif – 50 %	9 000 000 €
Raccords (2006)	Aalberts Industries	63 000 000 €	Non-cessation de l'infraction +60 %	100 800 000 €
Gaz industriels et médicaux (2002)	Westfalen	510 000 €	Rôle passif – 15 %	430 000 €

* Liste non exhaustive.

** Estimations.

188. **Taux retenus par la Commission.** Comme l'Autorité, l'intensité dans le rôle joué par une entreprise vient moduler le pourcentage d'ajustement du montant de base. Il semble normal de différencier, par exemple, un meneur qui se contente d'organiser l'entente de celui qui a en outre pris des mesures de représailles. Concernant les circonstances aggravantes, ce sont surtout les incitateurs et meneurs qui voient leurs amendes être augmentées et généralement de l'ordre de 50 %. Il est toutefois à signaler une majoration de 60 % du montant de base des amendes infligées à trois entreprises dans l'affaire des *Raccords*, lesquelles n'avaient pas mis fin à l'infraction à la suite des premières vérifications de la Commission[603]. Concernant les circonstances atténuantes, les entreprises qui ont joué un rôle passif ou qui ont moins participé à l'infraction que d'autres ont eu la possibilité de se voir accorder une réduction. Les réductions octroyées ne dépassent normalement pas 50 %, sauf cas exceptionnels[604].

189. **Individualisation d'une amende punitive.** En conclusion, cette étape vise donc à ce qu'une amende soit, le cas échéant, adaptée à une entreprise en fonction du rôle qu'elle a tenu. Cette étape n'est jugée nécessaire que de temps en temps puisque la grande majorité des entreprises n'ont pas de rôle particulier dans les infractions relevées. Lorsque l'individualisation de l'amende s'opère, les augmentations et/ou réductions au titre d'une ou plusieurs circonstances aggravantes et/ou atténuantes ne sont pas indolores pour les entreprises. Cette première étape dans l'individualisation des amendes n'a toutefois ni pour objectif ni pour effet d'ôter ou de créer un aspect punitif à l'amende, seulement de le renforcer ou de l'amoindrir.

190. **Individualisation de l'amende et égalité de traitement.** Plus regrettable, ni l'Autorité ni la Commission n'ont saisi cette étape d'individualisation comme une façon de procéder à ce rééquilibrage parfois nécessaire des amendes. Comme expliqué au chapitre précédent consacré aux montants de base des amendes, les amendes infligées aux petites entreprises sont proportionnellement plus lourdes que celles des grandes entreprises avec lesquelles elles se sont entendues[605]. Or, cette première étape d'individualisation aurait pu permettre de mieux différencier la situation des grandes entreprises, plus souvent à l'origine des infractions et chefs de file, de celle des entreprises d'une taille limitée, plus souvent suiveuses et contraintes. Lorsque tel semble le cas pour l'Autorité ou la Commission, les résultats ne semblent pas suffisants pour rétablir un meilleur équilibre entre

---

603 V. décision de la Commission du 20 septembre 2006, Raccords, cons. 779 à 795 et l'analyse de N. Petit, *Droit de la concurrence*, Montchrestien, Lextenso, 2012, n° 1552. Cette circonstance aggravante n'a pas été analysée par le juge de l'Union dans l'affaire Aalberts (CJUE, 4 juillet 2013, aff. C-287/11 P, Commission c/ Aalberts Industries NV e. a.) et n'a pas été véritablement contestée dans l'affaire Comap (CJUE, 3 mai 2012, aff. C-290/11 P, Comap SA c/ Commission, points 66 et s).

604 V. décision de la Commission du 15 octobre 2008, Bananes, cons. 467.

605 V, *infra*, n° 149.

les amendes infligées à une grande entreprise et à une petite entreprise. Même en augmentant encore de 50 % les amendes infligées aux grandes entreprises et en réduisant du même taux celles infligées aux petites entreprises, les amendes de ces dernières restent encore plus élevées en proportion de leurs chiffres d'affaires affectés. Pour s'en convaincre, l'exemple déjà donné lors de l'étude du montant de base dans l'affaire du *Verre automobile* est des plus parlants[606]. Ces grandes entreprises, en outre, se démarquent des autres entreprises en raison du fait qu'elles ont pu être condamnées à de multiples reprises, ce qui renvoie à la circonstance aggravante de la réitération, laquelle doit être analysée distinctement.

§ 2 – La réitération des pratiques

191. **Notions.** Aussi étonnant soit-il, le concept de « récidive » a bien failli ne pas figurer dans la réforme du Code pénal de 1992[607]. Outre le fait que l'opinion publique considère qu'une telle circonstance aggrave l'infraction commise par son auteur, la récidive est dans le même temps un instrument de mesure de l'efficacité de la réponse pénale. À l'évocation de la récidive, qui concerne environ 5 condamnés sur 10 en France[608], on parle d'un phénomène qui touche, hélas, également les entreprises qui ont enfreint le droit de la concurrence[609]. Ce fléau concerne autant la Commission européenne que le Conseil de la concurrence, devenu l'Autorité. C'est même, statistiquement, la circonstance aggravante la plus souvent retenue. La récidive, c'est la répétition d'un comportement infractionnel, les pénalistes parlent de « premier terme » de la récidive pour désigner la première infraction devenue définitive, et de « second terme » pour celle qui est en instance d'être jugée.

192. **Critère légal de la réitération en droit français.** Cette circonstance de la récidive, jugée aggravante de longue date par le Conseil de la concurrence[610], n'avait jamais été insérée parmi les critères légaux de

---

606 V. décision de la Commission du 12 novembre 2008, Verre automobile, cons. 678 et 682 et, *supra*, n° 120.

607 B. BOULOC, *Droit pénal général*, Dalloz, 2009, 21e éd., nos 673 à 685.

608 Rapport de l'INSEE, « France Portrait Social 2013 », publié le 14 novembre 2013, disponible sur le site de l'INSEE.

609 J. CONNOR, « Recidivism Revealed : Private International Cartels 1990-2009 », 2010, spéc. p. 16 ; C. VELJANOVSKI, « European Cartel Fines under the 2006 Penalty Guidelines : A Statistical Analysis », 2010, « Deterrence, Recidivism and European Cartel Fines », 2011, disponibles sur le site ssrn.com et S. BROOS, A. GAUTIER, J. MARCOS RAMOS, N. PETIT, « Analyse statistique des affaires d'ententes dans l'UE (2004-2014) », *Revue économique*, 2016, n° 67.

610 V., par exemple, décisions du Conseil de la concurrence n° 98-D-23 du 24 mars 1998, Secteur des travaux de voirie et de revêtement de sols dans les Alpes-Maritimes, p. 14 et s. confirmée par CA Paris du 19 janvier 1999, Gerland routes e. a., *BOCCRF* du 16 juillet 1998 ; n° 00-D-20 du 17 mai 2000, Marchés d'électrification rurale dans la Somme, p. 22, confirmée sur ce point par CA Paris, 5 décembre 2000, Entreprise industrielle e. a., *BOCCRF* du 23 janvier 2001. Cet arrêt n'a pas été

l'amende jusqu'à la loi NRE de 2001[611], laquelle a ajouté que l'amende devait notamment tenir compte de « l'éventuelle réitération de pratiques prohibées »[612]. La réitération et la récidive, aussi similaires soient-elles, ne sont toutefois pas identiques[613]. Ces notions semblent d'autant plus difficiles à distinguer que le concept de « réitération » n'a fait véritablement son apparition en droit pénal qu'avec la loi n° 2005-1549 du 12 décembre 2005[614]. Les raisons d'être de la réitération éclaircissent sur ses différences avec la récidive puisque la première a vocation à suppléer la seconde. Il ressort en effet de la loi que l'on peut considérer être en présence de « réitération d'infractions pénales lorsqu'une personne a déjà été condamnée définitivement pour un crime ou un délit et commet une nouvelle infraction qui ne répond pas aux conditions de la récidive légale »[615]. Le régime juridique de la réitération en matière pénale est supposé plus souple que celui de la récidive, encore faudra-t-il examiner s'il en est de même en droit français des pratiques anticoncurrentielles.

193. **Codification et autonomies de la réitération.** C'est d'abord le Conseil de la concurrence[616], devenu l'Autorité[617], qui avait souligné le régime *sui generis* de la réitération au sens du droit français de la concurrence[618]. La loi ayant fait de la réitération un critère légal de l'amende, l'Autorité a

---

frappé d'un pourvoi ; n° 01-D-14 du 4 mai 2001, Marchés de fabrication et de mise en œuvre des enrobés bitumineux sur les routes départementales de l'Isère, p. 26 et s., confirmée sur ce point par CA Paris, 29 janvier 2002, SA APPIA e. a., et par Cass. com., 13 novembre 2003, Colas Rhône Alpes e. a., n° 02-12.084.

611 Loi NRE du 15 mai 2001 (JORF n° 113 du 16 mai 2001, page 7776), article 73.

612 Cass. com., QPC, 17 septembre 2010, Randstad e. a., 10-13.686 et l'article de L. IDOT, « Réflexions sur l'application de certains principes et notions du droit pénal en droit des pratiques anticoncurrentielles », *Concurrences* n° 2-2006, art. n° 46440.

613 R. MERLE, A. VITU, *Traité de droit criminel*, Cujas éd., 1997, 7e éd., I, n° 824 ; F. DESPORTES, F. LE GUNEHEC, *Droit pénal général*, Economica, 2009, p. 823 ; J. PRADEL, *Droit pénal général*, Cujas éd., 18e éd., 2015, p. 573 et B. BOULOC, *Droit pénal général*, 2009, Dalloz, 21e éd., n° 657.

614 D. THOMAS, « Quelques réflexions de politiques criminelles à propos de certains aspects de la loi du 12 décembre 2005 relative au traitement de la récidive des infractions pénales », *in Mélanges en l'honneur de Bernard Bouloc*, « Le droit et les droits », Dalloz, 2006, p. 1119, spéc. p. 1123.

615 Article 132-16-7 du Code pénal : « Il y a réitération d'infractions pénales lorsqu'une personne a déjà été condamnée définitivement pour un crime ou un délit et commet une nouvelle infraction qui ne répond pas aux conditions de la récidive légale. Les peines prononcées pour l'infraction commise en réitération se cumulent sans limitation de quantum et sans possibilité de confusion avec les peines définitivement prononcées lors de la condamnation précédente ».

616 V. décision du Conseil n° 07-D-33 du 15 octobre 2007, Secteur de l'accès à Internet à haut débit (ci-après « Internet à haut débit »), para. 114 et 115. Dans cette décision, le Conseil avait même considéré, au regard de l'arrêt de la cour d'appel de Paris rendu le 6 mai 1997, Société Bouygues e. a. (*BOCCRF* du 8 juillet 1997, *D. aff.* 1997, p. 1036), que la réitération en droit français de la concurrence devait être distinguée de notions voisines du droit pénal français, à savoir de la récidive ou même la réitération pénale.

617 V. décision de l'Autorité n° 09-D-36 du 9 décembre 2009, Orange Caraïbes, para. 469, confirmée sur ce point par CA Paris, 23 septembre 2010, Digicel Antilles Françaises Guyane e. a., n° 2010/00163, p. 33 à 35, et sur ce point par Cass. com., 6 janvier 2015, Orange Caraïbe e. a., n° 17 F-P+B, p. 12.

618 E. CLAUDEL, « La réitération en droit de la concurrence, un régime juridique sui generis bien sévère », *RTD Com*, janvier mars 2008, p. 63.

alors tenu expressément à la distinguer des autres circonstances aggravantes au sein de son communiqué sanctions de 2011[619]. Au-delà de son autonomie légale, les spécificités mêmes de cette circonstance et les questions qu'elle génère peuvent expliquer son régime si particulier. Les conditions relatives à la réitération, antérieurement fixées par l'Autorité sous le contrôle du juge, ont été reprises au sein du communiqué sanctions. Il ne faut cependant pas en conclure que l'Autorité s'est contentée de reprendre des règles fixées par la jurisprudence. L'un des apports du communiqué sanctions est d'avoir encore plus spécifié tant les conditions que les conséquences pécuniaires de la réitération. En encadrant les conditions d'application et son impact sur l'amende, l'Autorité s'est donc autolimitée dans l'appréciation de la réitération.

194. **Récidive en droit de l'Union.** C'est à notre connaissance dans la décision *Polypropylène* de 1986 que la Commission a, pour la première fois, tenu compte du fait que « des entreprises [...] avaient déjà fait l'objet d'amendes infligées par la Commission en raison d'une collusion [anticoncurrentielle] »[620]. Si le droit français évoque la réitération, c'est bien de récidive qu'il est question en droit de l'Union européenne. C'est le terme de « récidivistes » qui, en effet, avait été choisi par la Commission pour qualifier trois entreprises sanctionnées dans l'ancienne affaire du *Verre plat* de 1988[621], avant même que la récidive ne soit inscrite dans ses premières lignes directrices de 1998[622]. Ce régime de la récidive, aujourd'hui codifié au point 28 des lignes directrices de 2006, a également été fixé par la Commission sous le contrôle du juge de l'Union. Quoi qu'il en soit de la terminologie adéquate à employer[623], ce sont autant les conditions que les conséquences chiffrées de cette circonstance aggravante qui diffèrent selon qu'elle est appréhendée par l'Autorité ou la Commission[624]. Dans les cas de la réitération en droit français et de la récidive en droit de l'Union, il y a toutefois la répétition d'infractions au droit de la concurrence comme dénominateur commun à ces concepts. Il y a également, en conséquence, la volonté tant affichée par l'Autorité que par la Commission de condamner plus lourdement l'entreprise qui a déjà été précédemment sanctionnée.

---

619 Points 20, 21, 50 et s. du communiqué sanctions de 2011 ; Points 43 à 45 du communiqué sanctions de 2021.

620 V. décision de la Commission du 23 avril 1986, Polypropylène (JOCE L 230, p. 1), cons. 107.

621 V. décision de la Commission du 7 décembre 1988, Verre plat (JOCE 1989, L 33, p. 44), cons. 84.

622 Lignes directrices de la Commission sur les amendes de 1998, 2. Circonstances aggravantes, premier tiret.

623 Sur la question de récidive ou de réitération, v. l'excellent article de B. BOULOC, C. COLIN, « De quelques concepts pénaux maltraités en droit de la concurrence », *RLC* n° 27-2011, p. 54.

624 W. WILS, « Recidivism in EU Antitrust Enforcement : A Legal and Economic Analysis », 2011, disponible sur le site ssrn.com.

195. **Réitération, récidive et mesure de la réponse pénale.** Lorsque la réitération ou la récidive est établie à l'égard de l'auteur d'une infraction, il est très souvent fait le lien avec son (ou ses) précédent(s) constat(s) d'infraction. Pour la doctrine la plus autorisée, « la répétition de faits illicites par les mêmes personnes est le signe du caractère insuffisamment dissuasif de la sanction »[625]. Ce serait également une forme de « dédain affiché » pour l'ordre public qui ne devrait pas rester sans réponse et appellerait même une sanction spécifique[626]. *A priori*, il est difficile de ne pas être d'accord sur l'existence d'un lien entre le montant des amendes et le taux de récidive des entreprises. Puisque l'on parle d'entreprise en droit de la concurrence, il conviendra à tout le moins de vérifier si c'est bien la même personne qui a été jugée responsable de la première et de la seconde infraction. Cette vérification effectuée, il y aura ensuite lieu de mesurer l'aggravation de l'amende infligée aux entreprises en situation de récidive ou de réitération.

196. **Division.** Il ressort de ces propos introductifs que la réitération, du point de vue de l'Autorité, et la récidive, du point de vue de la Commission, ont une place incontournable dans le calcul des amendes et qu'elles participent à mesurer l'efficacité et la sévérité de la réponse pénale. Il sera préalablement examiné les règles qui encadrent la réitération en droit français et la récidive en droit de l'Union (A), puis l'impact de cette circonstance aggravante dans le *quantum* de l'amende sera analysé (B).

A) – Les conditions de la réitération et de la récidive

197. **Délimitation de la réitération et de la récidive.** Le communiqué sanctions de 2011 énonce, en son point 50, que « la réitération est une circonstance aggravante dont la loi prévoit, compte tenu de son importance particulière, qu'elle doit faire l'objet d'une prise en compte autonome, de manière à permettre à l'Autorité d'apporter une réponse proportionnée, en termes de répression et de dissuasion, à la propension de l'entreprise [...] à s'affranchir des règles de concurrence ». Pour apprécier l'existence d'une réitération, l'Autorité a précisé tenir compte, au point 51 de son communiqué sanctions de 2011, de quatre éléments cumulatifs[627]. Concernant la récidive, ses règles sont essentiellement jurisprudentielles et n'ont pas été codifiées dans les lignes directrices de 2006. Comme c'est souvent le cas dans les textes relatifs aux amendes, l'Autorité est beaucoup moins elliptique que la Commission. Cette dernière se contente d'indiquer au point 28 de ses lignes directrices de 2006, premier tiret, qu'elle

---

625 L. IDOT, « Récidive ou réitération ? », *Concurrences* n° 4-2010, p. 26.

626 D. BOSCO, « Ombres et lumières du traitement de la récidive par le droit des pratiques anticoncurrentielles », *Concurrences* n° 4-2010, p. 13.

627 Les conditions liées à la réitération ont été reprises et modifiées aux points 43 à 45 du communiqué sanctions de 2021.

sanctionnera plus lourdement une « entreprise [qui] poursuit ou répète une infraction identique ou similaire après que la Commission ou une autorité nationale de concurrence a constaté que cette entreprise a enfreint les dispositions de l'article [101] ou de l'article [102 du TFUE] ». Les approches de ces deux autorités de concurrence vis-à-vis de cette circonstance aggravante présentent à la fois des similitudes comme des différences qu'il convient de relever.

198. **Première condition : constat d'une précédente infraction.** Cette condition liée au constat d'une précédente infraction tombe apparemment sous le sens. En droit français comme en droit de l'Union, une précédente infraction au droit de la concurrence doit avoir été constatée avant la fin de la nouvelle pratique. Il n'est pas nécessaire que ce précédent constat d'infraction ait été assorti d'une amende[628]. À cet égard, le fait que les pratiques objets de la seconde infraction aient débuté avant que la précédente infraction ait fait l'objet d'un constat n'empêche pas de considérer qu'une entreprise est en situation de récidive dès lors que ces pratiques se sont poursuivies après ce premier constat d'infraction[629]. Ce qui est donc regardé par l'Autorité comme par la Commission, c'est si l'entreprise a continué à mettre en œuvre des pratiques anticoncurrentielles à la suite d'un premier constat d'infraction. C'est donc bien la volonté de s'affranchir des règles en droit de la concurrence qui est condamnée et non le seul constat de la répétition des infractions.

199. **Précédente infraction relevée par une autorité de concurrence du REC.** Dans le premier communiqué sanctions de 2011, il n'a pas été indiqué si ce précédent constat d'infraction devait impérativement émaner de l'Autorité, ou s'il pouvait s'agir d'une décision de la Commission, ou même d'une autre autorité du REC[630]. Habituée à retenir la situation de réitération au regard de ses anciennes décisions, l'Autorité de la concurrence s'est néanmoins démarquée dans l'affaire des *Produits de charcuterie*, en relevant la situation de réitération d'une entreprise au regard d'un précédent

---

[628] Point 51 du communiqué sanctions de 2011 qui précise qu'il ne peut néanmoins s'agir « ni d'une décision prononçant une mesure conservatoire en vertu de l'article L. 464-1 du code de commerce ni d'une décision rendant obligatoires des engagements au titre du I de l'article L. 464-2 du même code ».

[629] En droit français, CA Paris du 29 mars 2012, Lacroix Signalisation e. a., n° 2011/01228, p. 33 et 34, et du 28 janvier 2009, Epsé Joué Club, n° 2008/00255, p. 20 confirmé par Cass. com., 7 avril 2010, Carrefour France e. a., n° K 09-11.936. En droit de l'Union, TPICE du 8 juillet 2008, Lafarge c/ Commission, aff. T-54/03, points 738 et 739, confirmé par CJUE du 17 juin 2010, Lafarge c/ Commission, aff. C-413/08 P, point 91 et la note de É. BARBIER DE LA SERRE, *RLC* n° 25-2010, p. 65.

[630] L'Office of Fair Trading (ci-après « OFT »), devenue la Competition and Markets Authority (ci-après « CMA »), a également prévu dans sa grille de sanctions de retenir la récidive sur le fondement de précédentes décisions adoptées par la Commission ou les autorités du REC (Guidance de l'OFT, octobre 2012, point 2.14, note 24).

constat d'infraction émanant de la Commission[631]. Dans le prolongement de cette décision, l'Autorité a expressément annoncé dans son communiqué sanctions de 2021 qu'elle peut tenir compte d'une précédente décision de la Commission et/ou d'une autre autorité du REC[632]. Du côté de la Commission, ses lignes directrices de 2006 laissent la porte ouverte à un précédent constat d'une autorité nationale de concurrence[633]. En pratique, la Commission analyse toutefois la situation de récidive à la lumière seulement de ses anciennes décisions de sanctions et n'a pas relevé, comme nous le verrons plus loin, de précédentes décisions d'une autorité du REC.

200. **Précédente infraction relevée à l'égard de la même entreprise.** Il peut également relever du truisme que de dire que la réitération ou récidive ne soit caractérisée que si la précédente infraction au droit de la concurrence a été commise par la même entreprise[634]. C'est ce qu'avait d'ailleurs dit la Cour de cassation en jugeant que les règles en matière de réitération doivent suivre celles appliquées en matière d'imputabilité[635]. Cependant, cette évidence peut se transformer en une réelle complexité pour l'Autorité et la Commission au moment d'appréhender l'entreprise responsable[636]. Il n'est pas toujours simple de vérifier qu'il s'agit bien de la même entreprise lorsqu'elle est composée de plusieurs sociétés et, plus encore, lorsqu'elle a subi des transformations et restructurations. Or, certaines et non toutes les composantes de l'entreprise peuvent être en situation de récidive[637]. Plusieurs situations étant possibles, il sera seulement mentionné que les autorités de concurrence, confrontées à ce type de situation, ont parfois retenu la récidive à l'encontre de l'entreprise qu'il s'agisse de la première

---

[631] V. décision de l'Autorité n° 20-D-09, Produits de charcuterie, para. 930 à 940 et la note d'A. APEL, préc., *RLC* n° 101-2021, n° 3963. Cette décision fait actuellement l'objet de recours devant la cour d'appel de Paris. Sur cette question, v., *infra*, n° 212.

[632] Point 44, premier tiret, du communiqué sanctions de 2021.

[633] C. VELJANOVSKI, « European Cartel Fines under the 2006 Penalty Guidelines : A Statistical Analysis », décembre 2010, disponible sur le site ssrn.com.

[634] Par le passé, la cour d'appel de Paris a pu avoir une approche peu regardante lorsque le Conseil considérait que la gravité de l'infraction était accrue à l'égard de l'entreprise précédemment sanctionnée ou avertie. Dans l'affaire n° 98-D-23, une entreprise estimait que les précédentes décisions ne la visaient pas directement, mais sa société mère et sa société sœur, de sorte qu'elles ne lui étaient pas opposables. La Cour a brièvement écarté ce moyen, considérant que « les sanctions administratives prononcées par le Conseil de la concurrence ne revêtent pas de caractère pénal de sorte que la référence au principe de la personnalité des peines est inappropriée » (CA Paris du 19 janvier 1999, Gerland routes e. a., *BOCCRF* du 16 juillet 1998 et la note M. MALAURIE-VIGNAL, *CCC* n° 41-1999).

[635] Cass. com., 6 janvier 2015, Orange Caraïbe e. a., n° 17 F-P+B, p. 12.

[636] Sur la notion d'entreprise au sens du droit de la concurrence, v., *infra*, spéc. n°s 425 et 436.

[637] A. APEL, « Entreprise, amendes solidaires… et personnelles », *RLC* n° 43-2015, p. 79.

infraction de la société mère[638], ou de la première infraction de la filiale[639], comme elles ont pu parfois se contenter de seulement sanctionner plus lourdement la société en situation de récidive (et non l'entreprise dans son ensemble), qu'il s'agisse de la filiale[640], ou de la société mère[641].

201. Deuxième condition : première condamnation identique ou similaire. Pour que l'Autorité puisse retenir la réitération, la nouvelle pratique doit être identique ou similaire, par son objet ou ses effets, à celle ayant donné lieu au précédent constat d'infraction. Cette solution implique en droit français,

---

638 Peut-on retenir cette circonstance aggravante à l'encontre d'une « entreprise » à la suite d'une énième infraction commise par une filiale, alors qu'il ne s'agirait que de la première infraction de sa société mère ? Plusieurs hésitations ressortaient, en effet, de la jurisprudence du Tribunal de l'Union dans les arrêts *Shell Petroleum* (Trib. UE, 27 septembre 2012, aff. T-343/06, Shell Petroleum e. a. c/ Commission, points 248 à 254, 262 et 263 et la note de L. IDOT, *Europe*, novembre 2012, comm. n° 11, p. 36 et de C. ROBIN, *RLC* n° 34-2013, p. 32 et ordonnance de radiation du Président de la CJUE, 11 avril 2013, aff. C-585/12 P)), et *ThyssenKrupp* (Trib. UE, 13 juillet 2011, aff. T-144/07 e. a., ThyssenKrupp Liften Ascenseurs e. a. c/ Commission, point 318 et la note de L. IDOT, *Europe*, octobre 2011, comm. n° 10, p. 34 et de D. BOSCO, *CCC*, 2011, n° 10). La Cour de justice est venue apporter des éclaircissements à cette question dans les affaires *Versalis et ENI*. Dans l'hypothèse où la mère contrôlait la filiale au moment de la première infraction, mais n'avait pas été visée la première fois, la Cour a jugé qu'il était possible de retenir la récidive à l'encontre de la société mère lors d'une nouvelle décision. Ce qui importe, c'est que la société mère impliquée dans la seconde infraction formait avec la filiale, déjà au moment de la première infraction, une seule entreprise et que cette dernière ait été en mesure de se défendre au moment où la récidive lui est reprochée (CJUE, 5 mars 2015, aff. jtes. C-93/13 P, Commission c/ Versalis et Eni et C-123/13 P, Versalis et Eni c/Commission, points 91 et 93, et conclusions de l'avocat général Cruz Villalón du 17 juillet 2014, points 70 à 83 et les notes de M. DEBROUX, *Concurrences* n° 2-2015, p. 79 et d'A. LACRESSE, *Concurrences* n° 2-2015, p. 157). Cette solution a été reprise par l'Autorité à l'égard de Novartis Pharma SAS dans l'affaire du *DMLA*. Dans cette décision, faute d'avoir constaté que les sociétés mères et leur filiale formaient une entreprise au moment du premier terme de réitération, l'Autorité a seulement retenu la réitération à l'égard de Novartis Pharma SAS et non à ses sociétés mères (V. décision de l'Autorité n° 20-D-11 du 9 septembre 2020, DMLA, para. 1196 à 1201 et 1297 à 1301. Cette décision fait l'objet de recours devant la cour d'appel). Cette solution, par ailleurs, semble exclure la possibilité de retenir la récidive à l'égard de la société mère si cette dernière ne détenait pas la filiale en infraction au moment du premier terme de récidive.

639 CA Paris, 23 septembre 2010, Digicel e. a., préc., p. 34 et 35 et l'article de B. BOULOC, C. COLIN, « De quelques concepts pénaux maltraités en droit de la concurrence », *RLC* n° 27-2011, p. 54 ; TPICE, du 30 septembre 2003, aff. T-203/01, Michelin c/Commission, points 289 et 290 et la note de C. PRIETO, *Journal du droit international*, 2004, p. 622 et du 30 septembre 2009, aff. T-161/05, Hoechst GmbH c/ Commission, point 147 et la note de L. IDOT, *Europe*, novembre 2009, comm. n° 426, p. 34.

640 V. décision de la Commission, Chlorate de sodium (résumé publié au JOUE 2009 C 137, p. 6), 11 juin 2008, cons. 525 à 528 confirmée par Trib. UE, 17 mai 2011, aff. T-343/08, Arkema France c/ Commission, points 101 à 107 et l'article d'A. APEL, *RLC* n° 43-2015, p. 79. Cet arrêt n'a pas fait l'objet d'un pourvoi ; V. décision de l'Autorité n° 20-D-11 du 9 septembre 2020, DMLA, para. 1196 à 1201 et 1297 à 1301 et la note d'A. WACHSMANN, N. ZACHARIE, *Concurrences* n° 4-2020, p. 137. Cette décision fait actuellement l'objet de recours devant la cour d'appel de Paris.

641 V. décision de l'Autorité n° 12-D-24 du 13 décembre 2012, On net/Off net, para. 697, 680 et 695. Cette question n'a pas été soulevée devant la cour d'appel de Paris ni devant la Cour de cassation ; v. décision de la Commission, 17 avril 2015, Slovak Telekom (AT.39523), confirmée sur ce point par Trib. UE, 13 décembre 2018, aff. T-827/14, Deutsche Telekom AG c/ Commission e. a., points 52 et 501 à 514.

comme en droit de l'Union[642], de retenir la réitération ou la récidive à l'encontre d'une entreprise à la condition de pouvoir lui opposer une précédente infraction de même nature, ce qui renvoie pour l'essentiel à la base légale utilisée pour les qualifier[643]. En d'autres termes, une entreprise sanctionnée dans le cadre d'une entente pourra être considérée comme une récidiviste seulement si elle a précédemment participé à une autre entente. Cette condition exclut donc de pouvoir considérer qu'une entreprise est récidiviste si elle participe à une entente et qu'il lui est reproché d'avoir mis en œuvre par le passé un abus de position dominante et inversement. Cette solution paraît, tant en droit national que de l'Union européenne, beaucoup trop restrictive dès lors que ces deux infractions poursuivent le même objectif, à savoir la distorsion de la concurrence.

202. **Troisième condition : première condamnation définitive.** Ce premier constat d'infraction doit, en outre, avoir acquis un caractère définitif à la date à laquelle l'Autorité statue sur la nouvelle pratique. C'est la solution exactement inverse qui a été retenue par les juridictions de l'Union. Ces dernières exigent seulement de la Commission de relever un précédent constat d'infraction et ce, dans l'indifférence de l'épuisement des voies de recours[644]. En d'autres termes, peu importe que la première décision soit encore contestée devant le juge de l'Union au moment où la Commission se prononce à nouveau. En cas d'annulation de la première décision, la Commission serait tenue en vertu de l'ex-article 233 TCE de modifier la

---

642 Trib. UE, 25 juin 2010, aff. T-66/01, ICI c/Commission, points 380 et 381. Cet arrêt n'a pas été frappé d'un pourvoi ; Trib. UE, 17 décembre 2009, aff. T-57/01, Solvay c/ Commission, points 510 et 511. Ce point n'a pas été soulevé lors du pourvoi dans l'arrêt CJUE, 25 octobre 2011, aff. C-109/10 P, Solvay SA c/ Commission.

643 Dans deux arrêts, la cour d'appel de Paris avait invalidé la retenue de la réitération à l'encontre de la SNCF dans l'affaire du *Fret ferroviaire* (V. décision de l'Autorité n° 12-D-25 du 18 décembre 2012, Transport ferroviaire de marchandises, para 737 à 743 réformée sur ce point par CA Paris, 6 novembre 2014, SNCF e. a., n° 2013/01128, p. 64 à 66) et à l'encontre d'EDF dans l'affaire de la *Production d'électricité photovoltaïque* (V. décision de l'Autorité n° 13-D-20 du 17 décembre 2013, Secteur des services destinés à la production d'électricité photovoltaïque (ci-après « Production d'électricité photovoltaïque »), para. 614 à 624 et 645, réformée par CA Paris, 21 mai 2015, EDF e. a., n° 2014/02694, p. 26 et 27), ce qui laissait à penser que l'identité de base légale entre la première et la seconde infraction n'était pas suffisante en soi. Une telle approche semblait contradictoire avec les règles précédemment fixées par la Cour de cassation, laquelle jugeait que l'Autorité n'était pas tenue de « procéder à une analyse des circonstances précises dans lesquelles les premières pratiques sanctionnées avaient été mises en œuvre » (CA Paris, 26 janvier 2010, Adecco France e. a., n° 2009/03532, p. 20, confirmé par Cass. com. du 29 mars 2011, Manpower e. a., p. 8). Cette approche a été ensuite indirectement invalidée dans l'affaire *Orange caraïbe* (Cass. com., 6 janvier 2015, Orange Caraïbe e. a., n° 17 F-P+B, p. 12), puis directement censurée par la Cour de cassation dans les affaires précitées en cassant les arrêts rendus par la cour d'appel de Paris, laquelle n'a pas résisté dans ses arrêts de renvoi (Cass. com., 22 novembre 2016, Euro cargo rail e. a., n° T 14-28.224 et M 14-28.862, p. 11 à 13 et CA Paris, 20 décembre 2018, SNCF Mobilités e. a., n° 17/01304, points 36 et s. ; Cass. com., 27 septembre 2017, Président de l'Autorité e. a., n° U 15-20.087 et R 15-20.291, p. 15 et 16 et CA Paris, 27 septembre 2018, EDF e. a., n° 17/22720).

644 TPICE, 8 juillet 2008, aff. T-54/03, Lafarge c/ Commission, points 734, confirmé par CJUE, 17 juin 2010, aff. C-413/08 P, Lafarge c/ Commission, points 81 à 86 et la note d'É. BARBIER DE LA SERRE, *RLC* n° 25-2010, p. 65 et celle, très critique, d'I. SIMIC, *RLC* n° 25-2010, p. 91.

décision postérieure en ce qu'elle comprend une majoration au titre de la récidive[645]. Si cette solution peut choquer les pénalistes, il faut toutefois avouer qu'elle peut se comprendre dans les affaires de concurrence, lesquelles peuvent s'étendre sur une dizaine d'années entre la décision d'une autorité de concurrence et l'arrêt rendu en dernier ressort.

Une telle approche est difficilement transposable en droit français[646], contraignant ainsi l'Autorité à s'autolimiter dans la possibilité de retenir la réitération dans un certain nombre d'affaires. Il n'en demeure pas moins que la Commission, en pratique, demeure extrêmement prudente et souhaite éviter cette situation aussi souvent que possible. Preuve en est que la Commission peut condamner des entreprises pour récidive au regard d'un précédent constat d'infraction de plus de 10 ans[647], voire de 20 ans[648], tout en ignorant une ou plusieurs autres décisions, plus récentes, mais non encore définitives au moment de se prononcer à nouveau. Il n'est d'ailleurs pas à exclure qu'un précédent constat d'infraction, contesté devant les juridictions de l'Union au moment où la Commission est amenée à nouveau à se prononcer, ait pu la faire renoncer à retenir la circonstance aggravante de la récidive.

203. Quatrième condition : délai de commission de la nouvelle infraction. Quatrième et dernière condition[649], l'Autorité regarde le délai écoulé entre le précédent constat d'infraction et le début de la nouvelle pratique pour évaluer la propension de l'entreprise à s'affranchir des règles de concurrence. Plus précisément, l'Autorité n'entend pas opposer la réitération à une entreprise lorsque le délai en question est supérieur à 15 ans. Initialement prévu à 20 ans dans le projet de communiqué sanctions, l'Autorité s'est finalement ravisée pour retenir un délai moins long de 15 ans. En contrepartie de cette réduction du délai, il sera relevé que l'Autorité a rehaussé l'augmentation de l'amende en cas de réitération dans

---

645 L. TRUCHOT, « Le régime de la récidive en matière de pratiques anticoncurrentielles : Garanties et dissuasion », *Concurrences* n° 4-2010, p. 17.

646 Qu'il s'agisse de la récidive et même de la réitération en droit pénal français, il est expressément prévu que le premier terme retenu doit être définitif au moment de la commission de la nouvelle infraction (article 132-9 et 132-10 du Code pénal ; article 132-16-7 du Code pénal). Si tel n'est pas le cas, il faut alors se référer au régime du concours d'infractions prévu par les articles 132-2 à 132-7 du Code pénal.

647 V. décision de la Commission du 7 octobre 2009, Transformateurs de puissance, cons. 254 à 256 au regard de la décision de la Commission du 21 octobre 1998, Conduites précalorifugées et non celle du 24 janvier 2007, Appareillages de commutation à isolation gazeuse (résumé publié au JOUE 2008 C 5, p. 7).

648 V. décision du 12 novembre 2008, Verre automobile, cons. 685 au regard des décisions de la Commission du 23 juillet 1984 dans l'affaire Flat Glass (Benelux) (JOCE L 212, p. 13) et du 7 décembre 1988 dans l'affaire Verre plat, et non celle du 28 novembre 2007, Verre plat (résumé publié au JOUE 2008, C 127, p. 9). La majoration au titre de la récidive a été réduite, v. Trib. UE, 27 mars 2014, Saint Gobain c/ Commission, aff. T-56/09 et T-73/09, points 314 et 315.

649 V. décision du Conseil de la concurrence n° 08-D-13 du 11 juin 2008, Secteur de l'entretien courant des locaux, para. 101 à 103 et la note très critique d'E. CLAUDEL, *Concurrences* n° 3-2008, p. 91.

une proportion comprise entre 15 et 50 %, au lieu de 5 à 50 % tel que prévu dans le projet de communiqué.

Un tel délai, entre les deux infractions, n'est aucunement fixé pour la récidive en droit de l'Union[650]. C'est ainsi que l'entreprise Hoechst, en 2005, a été considérée comme une récidiviste dans l'affaire de l'*Acide monochloracétique* au regard de deux décisions dont l'une datait de 1969 ![651] En résumé, la réitération est temporaire, la récidive est perpétuelle. Cette règle est très critiquée par un auteur pénaliste très autorisé qui considère qu'un délai de prescription doit être fixé entre la commission de la première infraction et la nouvelle infraction[652]. À titre de comparaison, il a même pu être rappelé que seuls les crimes sur crimes et les crimes contre l'humanité ne bénéficiaient pas de prescription…[653]

204. **Conclusion sur les conditions de réitération et de récidive.** La prise en compte, dans le calcul de l'amende, de la répétition d'infractions au droit de la concurrence reçoit une réception parfois différente sur certains points s'agissant de l'Autorité et de la Commission. Le champ d'application retenu par la Commission demeure plus large que celui de l'Autorité. L'absence d'un délai entre les deux pratiques au-delà duquel la récidive ne peut plus être retenue est sans doute l'aspect le plus critiquable. Il y a toutefois lieu d'approuver la Commission lorsqu'elle considère que le premier terme de l'infraction n'a pas à être définitif au moment de retenir la récidive à l'égard d'une entreprise. Si la retenue de la réitération ou de la récidive peut être une indication de l'efficacité de la première amende infligée, encore faut-il étudier les conséquences pécuniaires de celles-ci sur la seconde amende, différemment prises en compte selon l'Autorité et la Commission.

---

650 CJUE, 17 juin 2010, aff. C-413/08 P, Lafarge c/ Commission, points 66 à 70 et 72 à 73 et la note d'É. Barbier de La Serre, *RLC* n° 25-2010, p. 65.

651 V. décision de la Commission du 19 janvier 2005, Acide monochloracétique, cons. 308 à 314 confirmée sur ce point par TPICE, 30 septembre 2009, aff. T-161/05, Hoechst c/ Commission, points 140 à 145. Cet arrêt n'a pas été frappé d'un pourvoi.

652 B. Bouloc, C. Colin, « De quelques concepts pénaux maltraités en droit de la concurrence », *RLC* n° 27-2011, p. 54.

653 A. Winckler, « La récidive en droit européen de la concurrence : un droit d'exception ? », *Concurrences* n° 4-2010, p. 21.

B) – L'impact de la réitération ou de la récidive sur l'amende

205. **Cause d'aggravation de l'amende encourue.** Dans le respect des conditions susmentionnées, l'Autorité et la Commission ont le pouvoir d'ajuster, sensiblement ou non à la hausse[654], le *quantum* des amendes des entreprises en situation de réitération ou de récidive. Parmi les raisons qui justifient cette sévérité renforcée à l'égard des entreprises dans cette situation, il y a d'abord l'idée de condamner plus sévèrement les entreprises qui se sont manifestement affranchies des règles de concurrence. Il s'agit d'un signal envoyé à l'entreprise, mais également aux autres entreprises ainsi qu'à l'opinion publique. C'est également l'idée de condamner plus lourdement des entreprises rompues aux procédures de concurrence, ces entreprises étant également devenues plus habiles pour éviter les poursuites et, par conséquent, plus difficiles à appréhender[655].

206. **Augmentation du montant individualisé ou de base.** Le point 21 du communiqué sanctions de 2011 précise que le montant de l'amende, tel que modifié par la retenue d'une ou plusieurs circonstances aggravantes et/ou atténuantes et individualisées, est augmenté en cas de réitération. Le cas échéant, le point 52 du communiqué sanctions précise que le montant intermédiaire de l'amende peut être augmenté dans une proportion comprise entre 15 et 50 %[656]. Cette majoration semble à première vue importante, elle est toutefois bien plus faible que la promesse de condamnation de la Commission, qui est jusqu'à deux fois plus sévère en cas de récidive. Les lignes directrices de 2006 de la Commission précisent que cette majoration peut aller jusqu'à 100 % du montant de base par infraction constatée, si bien qu'un avocat spécialisé a estimé que la récidive « a cessé d'être une circonstance aggravante parmi d'autres pour devenir une véritable épée de Damoclès pour beaucoup de grands groupes de sociétés »[657].

---

[654] Dans une décision qui reste isolée, la Commission a exceptionnellement réduit le montant de l'amende infligée à SGL Carbon, ayant notamment reconnu les difficultés financières de l'entreprise à payer une nouvelle amende, qui faisait suite à deux amendes précédemment infligées et recouvrées (V. décision de la Commission du 3 décembre 2003, Produits de base de carbone et de graphite pour applications électriques et mécaniques (résumé publié au JOUE 2004 L 125, p. 45), cons. 358 à 360 et l'article de S. B. VÖLCKER, « Developments in EC Competition Law in 2003 : An Overview », *Common Market Law Review*, 2004, 41, n° 1027).

[655] O. SAUTEL, « Comment l'analyse économique peut-elle éclairer la question d'une sanction aggravée en cas de récidive ? », *Concurrences* n° 4-2010, p. 26.

[656] Cette augmentation a été reprise au point 45 du communiqué sanctions de 2021.

[657] A. WINCKLER, préc., *Concurrences* n° 4-2010, p. 21.

207. Division. Ce n'est donc pas seulement sur les conditions que le régime de la réitération, en droit français, et le régime de la récidive, en droit de l'Union, présentent des différences. En effet, les conséquences pécuniaires de ces deux circonstances aggravantes ne sont pas les mêmes selon qu'une entreprise est condamnée par l'Autorité ou par la Commission et font qu'il convient de distinguer la sanction de la réitération (1) de celle de la récidive (2).

1) – La sanction de la réitération

208. Pratique décisionnelle du Conseil. Compte tenu des condamnations prononcées avant l'entrée en vigueur de la loi NRE, le Conseil de la concurrence n'évoquait pas systématiquement la circonstance tirée de la réitération des pratiques. Certaines entreprises ont pu échapper à cette cause d'aggravation des amendes, d'autres se sont vu reprocher d'être dans en situation de réitération[658]. À cette époque, le Conseil de la concurrence condamnait régulièrement les mêmes entreprises dans le cadre d'appels d'offres[659]. Lorsque la réitération est devenue un critère légal de l'amende, le Conseil de la concurrence a commencé à en tenir compte dans les amendes des entreprises, sans quantifier à chaque fois son poids dans l'amende[660]. À plusieurs reprises, le Conseil a estimé que la réitération était une cause d'aggravation des amendes et[661], en particulier, à l'égard de France Télécom. Cette dernière, avec de nombreuses condamnations à son passif, voyait déjà son amende augmentée de 50 %[662]. À l'inverse, il a aussi été précisé que l'absence de réitération ne constituait pas une circonstance atténuante[663]. Plusieurs cas de réitérations ont été répertoriés dans le tableau ci-après :

---

658 Cass. com., 28 avril 2004, Colas e. a., n° 02-15203.

659 Pour un panorama des décisions dans le secteur des marchés publics, B. LASSERRE, « Bruno Lasserre, entretien avec le président du Conseil de la concurrence « Nos sanctions sont de plus en plus dissuasives » », 18 octobre 2007, disponible sur le site Internet Le Moniteur.

660 V. décision du Conseil de la concurrence n° 06-D-07 bis* du 21 mars 2006, Drapo, para. 795, 805 à 807, 827, 828, 836, 849, 856 et 867. Cette décision est définitive (CA Paris, 10 octobre 2013, Razel e. a., n° 2012/13744, spéc. p. 13).

661 V., par exemple, décision du Conseil de la concurrence n° 09-D-05 du 2 février 2009, Travail temporaire. Cette décision est définitive (Cass. com., 29 mars 2011, Manpower e. a., n° T 10-12.913 et G 10-13.686).

662 V. décision du Conseil de la concurrence n° 07-D-33 du 15 octobre 2007, Internet haut débit, para. 127 à 137. Cette décision est définitive.

663 CA Paris, du 31 mars 2009, Agence funéraire lyonnaise pompes funèbres Viollet e. a., n° 2008/11353, p. 25. Cet arrêt n'a pas été frappé de pourvoi.

Décisions du Conseil de la concurrence*	**Entreprise**	**Pourcentage d'augmentation retenu**	**Augmentation du montant de l'amende (€) ** **
Internet haut débit (07-D-33)	France Télécom	50 %	20 000 000 €
Entretien courant des locaux (08-D-13)	Onet Services	5 %	185 250 €
Carburéacteurs (08-D-30)	Total	10 %	1 100 000 €
Travail temporaire (09-D-05)	Adecco	25 %	8 850 000 €

209. **Pratique décisionnelle de l'Autorité : ententes.** Dans le prolongement de l'action du Conseil de la concurrence, l'Autorité n'a pas omis de tenir compte de cette circonstance aggravante lorsqu'elle était constituée. Depuis l'application du communiqué sanctions, l'Autorité a considéré à une dizaine de reprises environ qu'une entreprise était en situation de réitération. Le communiqué sanctions ayant prévu un taux maximum de 50 %, ce plafond de majoration n'a été retenu qu'à l'encontre d'Orange, anciennement France Télécom[664]. Quatre précédentes condamnations ont suffi pour que le plafond ait été atteint[665]. Dans les autres affaires, les taux observés sont inférieurs et varient de 10 % à 30 % en fonction des entreprises en cause, du délai séparant le début de la nouvelle pratique du précédent constat d'infraction, du nombre d'infractions et de la nature de celles-ci[666]. Quelques cas de réitération dans le cadre d'entente ont été recensés dans le tableau ci-dessous :

---

* Liste non exhaustive.

** Estimations.

664 V. décision de l'Autorité n° 12-D-24, On net/Off net, para. 695 à 697. Cette décision est définitive (Cass. com., 5 avril 2018, SFR e. a., n° K 16-19.186 et F 16-19.274).

665 V. décision de l'Autorité n° 09-D-36 du 9 décembre 2009, Orange Caraïbe, para. 483. Cette décision est définitive (Cass. com., 6 janvier 2015, Orange Caraïbe e. a., n° 17 F-P+B.).

666 Point 52 du communiqué sanctions et CA Paris, 27 septembre 2018, EDF e. a., n° 17/22720 et l'analyse de P. PATAT, « Bilan de trois années d'application du communiqué sur les sanctions », *RLC* n° 41-2014, p. 39.

Décisions de l'Autorité*	Entreprise	Pourcentage d'augmentation retenu	Augmentation du montant de l'amende (€) **
Endives (12-D-08)	Le CERAFEL	25 %	1 500 000 €
Alimentation pour chiens et chats (12-D-10)	Royal Canin	25 %	2 904 555 €
Extincteurs (12-D-26)	CNPP	20 %	10 000 €
Miradors de Perpignan (13-D-09)	Eiffage Construction SA	30 %	223 411 €

210. **Pratique décisionnelle de l'Autorité : abus de position dominante.** De même, plusieurs des cas de réitérations constatés par l'Autorité dans le cadre de pratiques abusives de domination sont présentés dans le tableau ci-dessous :

Décisions de l'Autorité*	Entreprise	Pourcentage d'augmentation retenu	Augmentation du montant de l'amende (€) **
Outremer Télécom (09-D-24)	France Télécom	50 %	11 500 000 €
Orange Caraïbe (09-D-36)	France Télécom	50 %	17 500 000 €
On net/Off net (12-D-24)	France Télécom	50 %	39 140 000 €
Transport ferroviaire de marchandises (12-D-25)	SNCF	10 %	5 542 425 €
Panneaux solaires photovoltaïques (13-D-20)	EDF	25 %	1 970 684 €
Communications électroniques (15-D-20)	Orange	Non connu	Non connu
TDF III (16-D-11)	TDF	20 %	1 900 000 € et 1 500 000 €

* Liste non exhaustive.

** Estimations.

* Liste non exhaustive.

** Estimations.

211. Analyse des augmentations. Cette analyse de la pratique décisionnelle du Conseil puis celle de l'Autorité démontre que la réitération est une circonstance aggravante dont les effets sur le montant de l'amende restent mesurés. En cela, la réitération est une cause d'aggravation de l'amende qui ne se détache pas sensiblement des autres circonstances aggravantes qui ont pu être retenues par l'Autorité. Selon le gendarme français de la concurrence, le pourcentage de majoration en cas de réitération ne serait pas le reflet arithmétique du nombre de précédentes condamnations[667]. Dans la pratique, il n'en demeure pas moins que le taux de majoration dépend étroitement du nombre de constats relevés à l'encontre de l'entreprise. Cette donnée semble en effet prédominante pour l'Autorité, laquelle a souvent condamné France Télécom à des amendes augmentées de 50 % et les autres entreprises à des majorations moins élevées. Le délai écoulé entre la première et la dernière infraction a également son importance dans la détermination du taux[668]. Dans l'attente d'autres décisions de transaction, il est à relever que cette procédure n'a rien changé au fait que la réitération ait pu être considérée comme une cause d'aggravation de l'amende[669].

212. Typologie des entreprises en situation de réitération. Comme ce critère de la réitération a été fixé par la loi, l'Autorité semble tenue d'en tenir compte à chaque fois qu'elle condamne une entreprise dans cette situation. En d'autres termes, l'Autorité n'a pas le choix de retenir ou non la réitération. Certes, il n'est pas à exclure un oubli de la part de l'Autorité étant précisé[670], le cas échéant, que l'entreprise se garderait bien de lui en faire état. Dans la pratique, l'Autorité semble attentive et vérifie si chaque entreprise est en situation de réitération. Jusqu'à la création de l'Autorité, les cas de réitération devant le Conseil de la concurrence n'étaient pas si fréquents si l'on met à part les entreprises participant à des appels d'offres et les opérateurs historiques des secteurs nouvellement ouverts à la concurrence[671].

---

[667] V. décision de l'Autorité n° 12-D-24, para. 696. Cette décision est définitive (Cass. com., 5 avril 2018, SFR e. a., n° K 16-19.186 et F 16-19.274).

[668] V. décision du Conseil de la concurrence n° 08-D-13 du 11 juin 2008, Entretien courant des locaux, para. 95 à 97 et la note très critique d'E. CLAUDEL, *Concurrences* n° 3-2008, p. 91. Cette décision est définitive.

[669] V. décision de l'Autorité n° 15-D-20, Communications électroniques, para. 399 à 444. L'Autorité a fait état de 6 précédents constats d'infraction. Le pourcentage de majoration au titre de la réitération n'a pas été indiqué dans cette décision de transaction.

[670] Par exception, v. décision de l'Autorité n° 20-D-09, Produits de charcuterie et la note d'A. APEL, « L'Autorité condamne douze entreprises dans l'affaire des produits de charcuterie à la suite d'une demande de clémence et prononce à leur encontre des amendes élevées et individualisées », *RLC* n° 101-2021, n° 3963. Cette décision fait actuellement l'objet de recours devant la cour d'appel de Paris.

[671] M.-C. BOUTARD LABARDE, G. CANIVET, E. CLAUDEL, V. MICHEL-AMSELLEM, *L'application en France du droit des pratiques anticoncurrentielles*, LGDJ, 2008, p. 512.

Depuis 2009 et l'avènement de cette autorité administrative indépendante, il y a toujours cette tendance à retenir la réitération à l'encontre des anciens monopoleurs publics dans le cadre d'abus de position dominante. Il en a été ainsi d'EDF, de la SNCF et, surtout, d'Orange. Concernant les entreprises régulièrement condamnées dans le cadre des appels d'offres dans le secteur du bâtiment et des travaux publics, l'ancien Président de l'Autorité, Monsieur Bruno Lasserre, a estimé que l'action du Conseil de la concurrence avait été efficace. Selon lui, l'élévation des amendes prononcées a dissuadé les entreprises de continuer à s'entendre sur les marchés publics[672]. Ce qui est certain, c'est que le nombre d'infractions relevées dans le cadre d'appels d'offres a énormément diminué ces dernières années.

Il est également à souligner que les entreprises en situation de réitération ne sont statistiquement pas celles qui bénéficient le plus de l'exonération totale d'amende au titre de la clémence. Cette situation, dont il semble qu'il faille s'en réjouir, n'est toutefois pas à mettre au crédit de l'Autorité. D'ailleurs, l'Autorité ne considère pas les entreprises en situation de réitération comme inéligibles à l'exonération totale d'amende[673]. Si les entreprises en question ne bénéficient pas de la clémence, c'est surtout parce que les affaires en cause sont principalement des pratiques abusives pour lesquelles la clémence n'est pas proposée[674].

213. **Réitération et récidivistes.** Très peu d'entreprises condamnées dans le cadre d'une entente ont été considérées en situation de réitération depuis l'application du communiqué sanctions. Cependant, cette quasi-absence de réitération constatée dans les affaires d'ententes semble tronquée par les critères d'application de la réitération fixés par l'Autorité sous le contrôle du juge français. Comme expliqué précédemment[675], l'Autorité n'avait pas pour habitude d'analyser la situation des entreprises qu'elle sanctionne vis-à-vis des anciennes condamnations prononcées par la Commission européenne. Si tel avait été le cas, il y aurait nettement plus d'entreprises en situation de réitération.

De nombreuses entreprises sanctionnées par l'Autorité ont été en effet précédemment condamnées par la Commission[676]. Parmi ces entreprises défavorablement connues de la Commission, certaines ont même eu recours

---

672 Audition du 6 mai 2015 de Monsieur Bruno Lasserre, Président de l'Autorité, accompagné de Madame Virginie Beaumeunier, Rapporteur général de l'Autorité, à la Commission des affaires économiques de l'Assemblée nationale, compte-rendu n° 56, disponible sur le site de l'Assemblée nationale.

673 V., *infra*, n° 298.

674 V., *infra*, n° 292.

675 V., *supra*, n° 199.

676 V. décisions de l'Autorité n° 11-D-19, Lessives et n° 14-D-19, Produits d'hygiène et entretien, au regard de la décision de la Commission du 13 avril 2011, Détergents domestiques.

aux procédures de clémence en France[677]. Dans la célèbre affaire de l'*Acier*, les services d'instruction avaient tenté de convaincre le Conseil de la concurrence que certaines entreprises étaient en situation de réitération au regard notamment de précédentes décisions adoptées par la Commission. Dans sa décision de sanction, le Conseil n'avait pas exclu que la réitération puisse être retenue dans cette situation[678]. Ce qui ne relevait que de l'hypothèse s'est néanmoins vérifié dans la récente affaire des *Produits de charcuterie*, dans laquelle l'Autorité s'est fondée sur un précédent « européen » pour retenir la réitération à l'égard d'une entreprise[679]. Cette approche, qu'il convient d'approuver, a été reprise dans le communiqué sanctions de 2021 de l'Autorité et il sera intéressant de vérifier l'application de cette nouvelle disposition.

De même, en exigeant une précédente décision devenue définitive au moment de sanctionner à nouveau l'entreprise, l'Autorité se prive de retenir cette circonstance aggravante à l'encontre d'un certain nombre d'entreprises[680]. Les infractions au droit de la concurrence sont traitées au long cours et attendre le caractère définitif d'une décision peut prendre de longues années[681], si bien que la ténacité d'une entreprise peut lui éviter cette augmentation d'amende dans le cadre d'une nouvelle infraction qu'elle sait bientôt sanctionnée. Ce critère légal de la réitération est donc un indicateur intéressant dans la mesure de la sévérité des amendes, qui n'est cependant pas optimal vis-à-vis de ses critères d'application trop restrictifs.

---

677 V. décision de l'Autorité n° 15-D-19, Messageries, au regard des décisions de la Commission du 28 mars 2012, Transit (résumé publié au JOUE C 375, p. 7), et du 15 juillet 2015, Trains-blocs (résumé publié au JOUE C 351, p. 5).

678 V. décision du Conseil n° 08-D-32, Acier, para. 420, 425, 426, 430, 431 à 441.

679 V. décision de l'Autorité n° 20-D-09, Produits de charcuterie, para. 930 à 940 et la note d'A. APEL, préc., *RLC* n° 101-2021, n° 3963. Cette décision fait actuellement l'objet de recours devant la cour d'appel de Paris.

680 V. décision de l'Autorité n° 16-D-11, du 6 juin 2016, Secteur de la diffusion de la télévision par voie hertzienne terrestre (ci-après « TDF III »), para. 323 à 328 dans laquelle la récente décision n° 15-D-10 n'a pu être invoquée par l'Autorité, laquelle s'est rabattue sur la décision n° 99-D-14 de 1999...

681 Ce constat doit être toutefois nuancé au regard du succès de la procédure de transaction qui a pour effet que les entreprises s'abstiennent de former un recours à la suite de la décision (V., *infra*, n°s 389 et s.).

2) – *La sanction de la récidive*

214. **Pratique décisionnelle antérieure de la Commission.** Sous l'empire des lignes directrices de 1998, la circonstance de la récidive était déjà considérée comme un élément justifiant d'augmenter le *quantum* des amendes des entreprises. Des hausses de 50 % du montant de l'amende étaient déjà prononcées au début des années 2000. Les entreprises en situation de récidive sont d'autant plus sanctionnées que le montant de base des amendes est au départ élevé. Le tableau ci-dessous relate plusieurs cas de récidive recensés lorsque les lignes directrices de 1998 étaient applicables :

Décisions de la Commission*	**Entreprise**	**Pourcentage d'augmentation retenu**	**Augmentation du montant de l'amende (€)****
Michelin II (2001)	Michelin	+ 50 %	7 600 000 €
Bitume néerlandais (2006)	Shell	+ 50 %	27 000 000 €
Méthacrylates (2006)	Arkema	+ 50 %	62 968 750 €
Ascenseurs et escaliers (2007)	Thyssenkrupp	+ 50 %	160 000 000 €
Appareillages à commutation gazeuse (2007)	ABB	+ 50 %	71 710 000 €

215. **Pratique décisionnelle actuelle de la Commission.** Depuis l'entrée en vigueur des lignes directrices de 2006, qui ont porté le taux maximal de la récidive de 50 % à 100 %, la Commission semble, à première vue, avoir durci encore sa politique à l'encontre des récidivistes. Il faut également partir de l'idée que les montants de base, sur lesquels s'appliquent le pourcentage d'augmentation au titre de la récidive, sont sensiblement plus élevés dans les lignes directrices de 2006. Le tableau ci-dessous recense quelques cas de récidive retenus par la Commission :

* Liste non exhaustive.

** Estimations.

Décisions de la Commission*	Entreprise	Pourcentage d'augmentation retenu	Augmentation du montant (€) **
Caoutchouc chloroprène (2007)	Bayer	+ 60 %	80 400 000 €
Chlorate de sodium (2008)	Elf/Arkema	+ 90 %	20 430 000 €
Cires de bougie (2008)	Shell	+ 60 %	18 750 000 €
Verre automobile (2008)	Saint-Gobain	+ 60 %	336 000 000 €
Réactifs (2009)	Akzo	+ 100 %	8 700 000 €
Transformateurs de puissance (2009)	ABB	+ 50 %	11 250 000 €
Alternateurs et démarreurs (2016)	Melco	+ 50 %	54 000 000 €

216. **Analyse des augmentations.** En raison d'une pratique décisionnelle établie de longue date, la Commission peut retenir aisément la récidive à l'encontre d'entreprises sanctionnées dans le passé. Les statistiques confirment que la Commission retient plus régulièrement la récidive, par décision et par entreprise, que ne le fait l'Autorité[682]. Dans la décision relative au *Caoutchouc butadiène*, il est tout à fait notable que la Commission ait pu considérer que trois entreprises étaient récidivistes dans la même affaire[683]. De surcroît, les taux de majoration au titre de la récidive sont sensiblement supérieurs à ceux pratiqués par l'Autorité concernant la réitération. Les taux sont plus élevés, en moyenne, même avec un nombre de constats inférieurs à ceux retenus par l'Autorité.

Lorsque cette circonstance aggravante a été retenue par la Commission, la concordance entre le nombre de constats d'infractions et le taux de majoration n'est pas toujours évidente. Il est certain qu'une première récidive a systématiquement engendré *a minima* une majoration du montant

* Liste non exhaustive.

** Estimations.

682 C. VELJANOVSKI, « European Cartel Fines under the 2006 Penalty Guidelines : A Statistical Analysis », décembre 2010, disponible sur le site ssrn.com.

683 V. décision de la Commission du 29 novembre 2006, Caoutchouc butadiène (résumé publié au JOUE 2008, C 7, p. 7), cons. 17 du résumé.

de base de 50 %[684]. Il est également prévisible qu'un multirécidiviste sera plus lourdement sanctionné, une entreprise défavorablement connue de la Commission a vu son amende être augmentée de 90 % en raison de trois précédentes infractions[685]. En revanche, l'espace temporel séparant les deux infractions ne semble pas beaucoup moduler le pourcentage d'aggravation de l'amende. L'entreprise Akzo, l'une des plus récurrentes récidivistes devant la Commission, semble la seule à s'être vu appliquer le taux maximal de 100 % du fait de ses 4 précédents constats d'infractions[686]. En règle générale, la Commission retient un taux de majoration de l'ordre de 50 % pour une ancienne infraction et de 60 % pour deux infractions[687]. Il convient de rappeler qu'il est possible de retenir la récidive à chaque fois qu'une entreprise est à nouveau sanctionnée par la Commission[688].

En raison, enfin, d'un montant de base retenu par la Commission mécaniquement très élevé[689], l'augmentation en valeur absolue des amendes infligées aux récidivistes peut être très importante. Dans l'affaire du *Verre automobile*, la Commission avait retenu la récidive à l'encontre de Saint-Gobain, ce qui lui avait valu, d'après nos estimations, une augmentation de son montant de base de l'ordre de 336 millions d'euros, jusqu'à ce que le Tribunal l'ait réduit à hauteur de 155 millions d'euros[690]. Comme mesure de la démesure, la Commission se laisse même une importante marge d'appréciation dans ses lignes directrices en allant jusqu'à une augmentation de 100 % « par [précédente] infraction relevée »[691].

---

684 V. décisions de la Commission du 23 janvier 2008, Caoutchouc butadiène-nitrile (résumé publié au JOUE C 86, p. 7), cons. 182, et du 7 octobre 2009, Transformateurs de puissances, cons. 253 à 256.

685 V. décision de la Commission du 11 juin 2008, Chlorate de sodium, cons. 525 et note 112 confirmée par Trib. UE, 17 mai 2011, aff. T-343/08, Arkema France c/ Commission, points 101 à 107. Cet arrêt n'a pas fait l'objet d'un pourvoi.

686 V. décision de la Commission du 22 juillet 2009, Réactifs à base de carbure de calcium et de magnésium destinés aux secteurs sidérurgique et gazier (ci-après « Réactifs ») (résumé publié au JOUE C 301, p. 14), cons. 310 et note 631.

687 É. Barbier de La Serre, C. Winckler, « A Survey of Legal Issues Regarding Fines Imposed in EU Competition Proceedings (2010) », *Journal of ECL*, 2011, vol. 2, n° 4, p. 356.

688 Trib. UE, 7 juin 2011, aff. T-217/06, Arkema France c/ Commission, point 293 à 297 et la note de L. Idot, *Europe*, août-septembre 2011, comm. n° 8-9, p. 32. Cet arrêt n'a pas fait l'objet d'un pourvoi.

689 Sur la différence entre le montant de base calculé par l'Autorité et celui par la Commission, v., *supra*, n° 146.

690 V. décision de la Commission du 12 novembre 2008, Verre automobile, cons. 685 à 688, le taux a été réformé par Trib. UE du 27 mars 2014, aff. T-56/09 et T-73/09, Saint-Gobain e. a. c/ Commission, points 311 à 315 et 482 à 486, et la note de L. Idot, *Europe*, mai 2014, comm. n° 5, p. 35 et R. Burton, *Journal of ECL*, 2014, vol. 5, n° 9, p. 624. Cet arrêt n'a pas été frappé par un pourvoi.

691 En d'autres termes, une infraction pourrait coûter 100 % de majoration, deux infractions 200 %, trois infractions 300 %, etc.(W. Wils, « Recidivism in EU Antitrust Enforcement : A Legal and Economic Analysis », 2011, disponible sur le site ssrn.com).

217. Typologie des entreprises récidivistes. Certes, il a déjà été rappelé que les entreprises ne pouvaient se prévaloir de l'absence de récidive pour obtenir une circonstance atténuante[692]. Ce que la Commission ne dit pas, en revanche, c'est que la situation de récidive n'est pas toujours sanctionnée[693]. Un grand nombre d'entreprises en situation de récidive ne sont pas sanctionnées plus durement de ce fait[694]. Il n'a pas été possible de proposer une explication logique à la pratique décisionnelle de la Commission[695]. Quoi qu'il en soit, l'analyse empirique des décisions révèle que la récidive, retenue ou non par la Commission, concerne essentiellement les grands groupes de sociétés. En revanche, les entreprises d'une taille moins importante, et/ou les entreprises mono-produit ne sont statistiquement pas des récidivistes. Le fait que ces entreprises mono-produit soient proportionnellement plus sanctionnées que les entreprises de grandes tailles est peut-être un premier élément d'explication[696]. Il est également possible qu'une partie de ces entreprises n'aient pas eu conscience de commettre une infraction et qu'une première condamnation assortie d'une amende ait été suffisante à leurs égards.

218. Récidive et clémence. L'analyse empirique des décisions de la Commission permet également d'établir un lien entre récidive et clémence. De nombreuses entreprises en situation de récidive bénéficient *in fine* de l'immunité totale d'une amende au titre de la clémence[697]. Il en est ainsi de l'entreprise Akzo qui avait vu son amende multipliée par deux du fait de situation de récidiviste et qui n'a finalement pas eu à débourser un euro du fait qu'elle a été primo-demandeur dans l'affaire des *Réactifs*[698]. Dans l'affaire du *Caoutchouc chloroprène*, Bayer a évité de payer une amende de 200 millions d'euros, dont 80 millions du fait de sa situation de récidiviste, en étant la première à dénoncer les pratiques à la Commission[699]. Lorsqu'elle n'obtient pas l'immunité, l'entreprise récidiviste peut tout de

---

692 Trib. UE, 30 novembre 2011, aff. T-208/06, Quinn Barlo e. a. c/ Commission, points 255 et 264.

693 S. Broos, A. Gautier, J. Marcos Ramos, N. Petit, « Analyse statistique des affaires d'ententes dans l'UE (2004-2014) », *Revue économique*, 2016, n° 67. Ces auteurs ont estimé que 37 % des multirécidivistes ont eu une amende majorée et seulement 10 % des récidivistes.

694 V., par exemple, décisions de la Commission du 28 mars 2012, Transit ; du 5 décembre 2012, Tubes cathodiques pour téléviseurs et écrans d'ordinateur et du 21 octobre 2015, Lecteurs de disques optiques.

695 Dans certaines décisions, il a été relevé que certains récidivistes étaient condamnés plus sévèrement à ce titre et d'autres, dans la même situation, échappaient à cette majoration, ce qui n'est pas sans soulever des questions relatives à l'égalité de traitement.

696 V., *supra*, n° 149.

697 V., par exemple, décision de la Commission du 27 janvier 2016, Alternateurs et démarreurs (résumé publié au JOUE C 137, p. 7), cons. 108 et 115 à 116. Cette décision a fait l'objet de transactions.

698 V. décision de la Commission du 22 juillet 2009, Réactifs, cons. 310 et note en bas de page n° 631 et cons. 335 à 337.

699 V. décision de la Commission du 5 décembre 2007, Caoutchouc chloroprène (résumé publié au JOUE 2008 C 251, p. 11), cons. 540 à 542, 682 et 617. Cette décision est définitive.

même obtenir une réduction importante de son amende au titre de clémence qui viendra sensiblement diminuer l'aspect punitif de la récidive[700]. Qui dit grande entreprise dit, en effet, très souvent clémence[701]. Cette « arme de dissuasion massive » ou « cette épée de Damoclès » qu'est la récidive n'est donc pas toujours utilisée par la Commission et, lorsque tel est le cas, elle est assez souvent sans effet ou avec un effet amoindri.

219. **Récidive et transaction.** Ce qui semble également démontré, c'est que la procédure de transaction a tendance à sensiblement réduire le nombre d'entreprises reconnues en situation de récidive. Il est d'ailleurs tout à fait possible d'être récidiviste, même multirécidiviste, et de transiger avec la Commission[702]. Depuis l'application de la procédure de transaction, ce ne sont même que quelques entreprises, parmi toutes celles en situation de récidive, qui ont été condamnées à ce titre[703]. Cette statistique confirme que la récidive, qui n'est qu'une circonstance aggravante parmi les autres en droit de l'Union, est un élément de négociation dans le montant de la transaction. Il en résulte que les effets de la procédure de transaction viennent annihiler, ou à tout le moins réduisent, l'effet aggravant de la récidive dans les amendes prononcées par la Commission.

220. **Rôle moteur du récidiviste dans un cartel.** Il doit être constaté, de manière empirique, qu'une ou plusieurs entreprises condamnées dans le cadre de cartels participent, le plus souvent, à plusieurs infractions à la fois. Ce premier constat ressort de nombreux cas recensés de récidives. Les chiffres seraient même en augmentation et concerneraient des périodes de plus en plus rapprochées[704]. D'après nos estimations, dans la moitié environ des décisions adoptées entre 2006 et 2013, il peut être recensée une entreprise qui s'avèrera sanctionnée au minimum à deux reprises par la Commission[705]. Étonnante à première vue, la présence régulière d'un récidiviste au sein d'un cartel intrigue. Comme l'explique le conseiller-auditeur de la Commission[706], l'organisation, la viabilité et la réussite d'un cartel nécessitent très souvent l'expérience d'une première infraction par

---

700 V. décision de la Commission du 21 février 2018, Systèmes de freinage (résumé publié au JOUE C 143, p. 4), cons. 106 à 108 et 115 à 118. Cette décision a fait l'objet de transactions.

701 Sur le profil type des demandeurs à la clémence, v., *infra*, n°s 326 et 341.

702 V., *infra*, n° 298.

703 V. décisions de la Commission du 27 janvier 2016, Alternateurs et démarreurs, cons. 105 à 108 et 125 à 126 ; du 21 février 2018, Systèmes de freinage, cons. 106 à 108 et 119 et du 20 avril 2021, Services transfrontières de fret ferroviaire par trains-blocs (Communiqué de presse IP/21/1843). Ces décisions ont fait l'objet de transactions.

704 J. CONNOR, « Recidivism Revealed : Private International Cartels 1990-2009 », 2010, disponible sur le site ssrn.com, spéc. p. 16.

705 Ces statistiques tendent à rejoindre les résultats de C. VELJANOVSKI, « European Cartel Fines under the 2006 Penalty Guidelines : A Statistical Analysis », préc..

706 W. WILS, « Leniency in Antitrust Enforcement : Theory and Practice », *World Competition*, 2007, n° 30, p. 25.

l'un de ses membres. En d'autres termes, l'organisation doit être une entente et non une querelle entre les entreprises ; ce qu'un récidiviste saura mieux gérer par son expérience[707]. Cela expliquerait aussi que les cartels comprenant des récidivistes ont en moyenne une durée de vie plus longue que celle des autres cartels[708].

La nécessité de condamner beaucoup plus lourdement un récidiviste n'en est donc que plus justifiée. Il est indispensable, en effet, de dissuader les récidivistes à recommencer, ne serait-ce que pour rendre les ententes plus difficiles à se créer et à être pérennes en leur absence[709]. C'est en cela qu'accorder la clémence à des récidivistes, en plus de poser des questions de justice[710], est sans doute contreproductif dans la lutte contre les infractions au droit de la concurrence.

221. **Récidive et affranchissement des règles de concurrence.** Ces entreprises qui reviennent sans cesse devant la Commission et les autres autorités de concurrence, certaines d'entre elles ayant été condamnées plus de 20 fois dans le monde[711], font que la plupart des observateurs se demandent si les amendes infligées à ces récidivistes sont suffisamment élevées. Il a même été soutenu que le montant de l'amende en cas de récidive devrait être supérieur à celle infligée lors de la première infraction afin de garantir un même niveau de dissuasion. C'est l'acte de récidive qui serait en soi grave, non prioritairement l'infraction dans laquelle il s'incarne[712]. Outre le fait que la légalité d'une telle approche est discutable, il a d'abord été vu que les hausses d'amendes infligées aux récidivistes sont déjà très élevées et plutôt craintes de la part des entreprises.

---

707 D'aucuns pourraient soulever qu'il n'y ait pas beaucoup de récidivistes condamnés également au titre de leur rôle de meneur ou incitateur. C'est statistiquement incontestable. Cependant, il est plus difficile de rapporter la preuve de la circonstance aggravante du rôle de meneur et incitateur que de constater un état de récidive, ce qui peut expliquer qu'il y ait peu de récidivistes reconnus également comme meneur ou incitateur (V., par exemple, décisions de la Commission du 19 janvier 2005, Acide monochloracétique, cons. 304 à 307 et 308 à 314 ; du 31 mai 2006, Méthacrylates, cons. 355 à 358 et 370 à 371 et du 13 septembre 2006, Bitume néerlandais, (résumé publié au JOUE 2007, L. 196, p. 40), cons. 18 et 19 du résumé, réformée sur le rôle de rét par Trib. UE, 27 septembre 2012, aff. T-343/06, Shell Petroleum NV e. a. c/ Commission, points 277 à 279. Shell s'est désistée sur pourvoi dans l'aff. C-585/12 P).

708 A. JACQUES, « Politique de la concurrence contre la collusion », disponible sur le site http://cemoi.univ-reunion.fr, septembre 2015, p. 94.

709 Ces constats empiriques présentent également un intérêt certain dans la recherche des infractions : chaque cartel détecté peut potentiellement en cacher un autre. Cette hypothèse a été intégrée par le DOJ lors de la révision de son programme de clémence. Sur les concepts d'*Amnesty plus*, de *Leniency plus* et de *Penalty plus*, v., *infra*, n° 310.

710 D. BOSCO, « Ombres et lumières du traitement de la récidive par le droit des pratiques anticoncurrentielles », *Concurrences* n° 4-2010, p. 13.

711 J. CONNOR, « Recidivism Revealed : Private International Cartels 1990-2009 », automne 2010, disponible sur le site ssrn.com, spéc. p. 29.

712 O. SAUTEL, « Comment l'analyse économique peut-elle éclairer la question d'une sanction aggravée en cas de récidive ? », *Concurrences* n° 4-2010, p. 26.

À cet égard, ce n'est peut-être pas sous cet angle qu'il convient de poser le problème, si l'on considère que la menace d'une amende toujours plus élevée ne va pas nécessairement modifier les comportements des entreprises. L'idée que la réitération ait été ignorée, non voulue, combattue ou même subie par les entreprises peut faire sourire de prime abord. Écartée systématiquement par la Cour de justice, cette idée est plus plausible qu'elle n'en a l'air. Preuve en est que les entreprises ont pu licencier les dirigeants en cause, mettre en place des programmes de conformité, mais, pour autant, elles n'ont su éviter la récidive. Or, l'analyse des profils des entreprises récidivistes devant la Commission confirme que ce sont principalement de grands groupes de sociétés. Plus l'entreprise est de grande taille, plus il semble difficile de s'autocontrôler et de veiller à ne pas récidiver dans les pratiques anticoncurrentielles.

222. **Rôle dans l'infraction et ressources financières.** Afin de respecter pleinement le principe d'individualisation des sanctions, deux variables de l'amende d'une entreprise ont été exposées dans l'introduction de la présente section. Ce sont, d'une part, les circonstances personnelles de l'infraction et, d'autre part, la taille économique de l'entreprise. Les implications et les antériorités des entreprises étant finalement peu prises en compte, il en ressort la conviction que les amendes sont quelquefois désincarnées des entreprises sanctionnées, sauf à considérer que la méthode de calcul du montant de base respecte suffisamment l'exigence d'une amende individualisée. En tout état de cause, doit être examinée désormais l'individualisation de l'amende en fonction, non pas du rôle que l'entreprise a joué, mais de la taille de cette dernière.

SECONDE SECTION – L'AJUSTEMENT DE L'AMENDE AU REGARD DE LA TAILLE ET DES RESSOURCES D'UNE ENTREPRISE

223. **Critère de la taille et des ressources de l'entreprise.** Cette étape d'individualisation de l'amende n'impose pas seulement que celle-ci soit déterminée en rapport au comportement adopté par l'entreprise. C'est également la prise en compte de la taille et des ressources de l'entreprise qui est visée par l'exigence d'individualisation des peines. L'article L. 464-2 du Code de commerce impose à l'Autorité de proportionner l'amende à « la situation [...] de l'entreprise sanctionné[e] ou du groupe auquel l'entreprise appartient [...] ». Cette option n'existe pas pour la Commission, laquelle n'a d'autre choix que de se référer à l'entreprise telle que définie en droit de la concurrence. Il n'en demeure pas que l'auteur de l'infraction est à géométrie variable selon l'entreprise qui est considérée comme responsable par la Commission[713].

Ces différences terminologiques et juridiques ne viennent pas simplifier le raisonnement puisque sont évoqués des entreprises, des groupes auxquels les entreprises appartiennent, et que ce sont *in fine* des sociétés qui payent les amendes[714]. C'est là toute la difficulté de sanctionner des entreprises alors même que les autorités de concurrence doivent respecter le principe d'individualisation des peines lorsqu'elles entrent en voie de condamnation. Elles ont, en effet, l'obligation d'adapter l'amende à son auteur, ce qui revient à étudier la prise en compte de la taille et des ressources des entreprises et à analyser comment les autorités de concurrence ajustent les amendes des entreprises sanctionnées.

224. **Vérification du plafond légal de l'amende.** Chaque peine, sanction pécuniaire, amende, quel que soit le vocable employé, est encadrée par la loi. Il s'agit du maximum légal à ne pas dépasser, car cela reviendrait, selon Beccaria, à infliger une peine « juste, plus une autre peine »[715]. Les amendes infligées en droit des pratiques anticoncurrentielles n'échappent pas à ce principe de légalité des peines et des délits d'origine constitutionnelle[716]. Pour les amendes de la Commission, le maximum légal a été d'abord fixé en 1962 par le règlement n° 17 à 10 % du chiffre d'affaires mondial des entreprises. Ce plafond légal de l'amende n'a pas toujours été le même en France. Il était de 5 % du chiffre d'affaires mondial d'une entreprise avant d'être aligné en 2001 sur celui de la Commission. Par montant maximal, il

---

713 V, *infra*, n° 452.

714 V, *infra*, n° 426.

715 C. BECCARIA, *Des délits et des peines*, Flammarion, 1764, p. 65.

716 B. DE LAMY, « Le principe de la légalité criminelle dans la jurisprudence du Conseil constitutionnel », *Cahiers du Conseil constitutionnel* n° 26 (Dossier : La Constitution et le droit pénal), août 2009, disponible sur le site du Conseil constitutionnel.

s'agit pour l'Autorité et la Commission de vérifier que l'amende envisagée n'excède pas ce plafond et non d'un ajustement de l'amende au regard de celui-ci. C'est ainsi que la taille et les ressources de l'entreprise, symbolisées par son chiffre d'affaires total et mondial, est un critère d'importance dans la fixation finale de l'amende.

225. **Division.** Ces prolégomènes énoncés, la taille et les ressources de l'auteur de l'infraction sont regardées à deux reprises par les autorités de concurrence au stade de l'individualisation de l'amende. Il convient de tenir compte, à ce titre, de l'ajustement de l'amende selon la taille et les ressources de l'entreprise (§1), lesquelles seront également prises en compte dans l'étape visant à vérifier que l'amende n'excède pas le maximum fixé par la loi (§2).

§ 1 – La prise en compte de la taille et des ressources d'une entreprise dans l'évaluation de l'amende

226. **Codification en droit français.** L'article L. 464-2 du Code de commerce prévoit de proportionner l'amende à « la situation de […] l'entreprise sanctionné[e] ou du groupe auquel l'entreprise appartient […] ». Ce critère légal a été transposé au point 47 du communiqué sanctions de 2011 de l'Autorité qui prévoit qu'« [a]fin d'assurer le caractère à la fois dissuasif et proportionné de la sanction pécuniaire, l'Autorité peut ensuite adapter, à la baisse ou à la hausse, le montant de base en considération d'autres éléments objectifs propres à la situation de l'[auteur de l'infraction] »[717]. Derrière l'idée d'adapter l'amende à la taille de l'entreprise se cache donc l'objectif de prononcer une amende à la fois proportionnée et dissuasive.

227. **Codification en droit de l'Union.** Ainsi qu'il a déjà été relevé, le règlement n° 1/2003 ne mentionne nullement la prise en compte d'une amende individualisée. Cependant, le principe d'individualisation des peines est un principe général du droit de l'Union qui s'impose à la Commission[718]. À cet égard, les lignes directrices de 1998 suggéraient un traitement particulier pour les entreprises de grande dimension disposant de moyens qui leur permettaient de mieux apprécier le caractère infractionnel de leur comportement et les risques pécuniaires encourus. Dans le cadre de cartels, la Commission estimait également qu'il pourrait convenir de pondérer les amendes en fonction du poids spécifique de chaque entreprise. Ce critère a été plus que réaffirmé aux points 30 et 31 des lignes directrices de 2006 dans

[717] Cet ajustement de l'amende a été repris au point 39 du communiqué sanctions de 2021.

[718] CJUE, du 20 janvier 2011, aff. C-90/09 P, General Química e. a. c/ Commission, point 108 et du 22 novembre 2012, aff. C-89/11 P, E.ON Energie c/ Commission, point 126 et conclusions de l'avocat général Bot présentées le 21 juin 2012 et la note de G. DECOCQ, *Bulletin Joly Sociétés*, n° 4-2011, p. 318.

une étape intitulée « augmentation spécifique en vue du caractère dissuasif ». Ces dispositions visent à majorer le montant de l'amende au regard du chiffre d'affaires, de la taille ou de la puissance financière de l'entreprise et même à l'augmenter dans le but de dépasser le montant des gains illicites réalisés grâce à l'infraction.

228. **Incidence sur le montant de l'amende.** Si la prise en compte des circonstances personnelles de l'infraction est prévue avant l'ajustement au titre de la taille de l'entreprise, cet ordre de prise en compte n'est supposé avoir guère d'incidence en pratique sur le calcul de l'amende en droit français. Comme pour les circonstances personnelles[719], l'ajustement au titre de la taille de l'entreprise est supposé jouer sur le montant de base. Autrement dit, la modification du montant de base afin de tenir compte de circonstances personnelles est sans emport puisque la prise en compte de la taille de l'entreprise sera effectuée sur le montant de base[720]. À Bruxelles, les choses sont différentes. L'ajustement intervient à la suite de la prise en compte des différentes circonstances personnelles de l'entreprise vues plus haut. C'est donc un montant éventuellement réduit ou augmenté qui va faire l'objet d'un ajustement au regard de la taille de l'entreprise en cause.

229. **Division.** Il va sans dire que toutes les entreprises ne sont pas concernées par cet ajustement de l'amende au regard de leurs tailles et/ou de leurs ressources. C'est tout autant les entreprises visées par l'individualisation de l'amende, ce qui renvoie aux conditions de l'individualisation (A), que l'impact de cette individualisation sur l'amende qui doivent être envisagés dans nos développements (B).

A) – Les conditions de l'individualisation des amendes au regard de la taille et des ressources de l'entreprise

230. **Détermination de l'entreprise concernée.** Par rapport à la pratique décisionnelle antérieure, le communiqué sanctions a été particulièrement novateur sur les formes d'individualisation de l'amende au regard de la taille des entreprises. Deux formes d'individualisation du montant de l'amende peuvent intervenir en considération de la situation des entreprises, c'est-à-dire essentiellement en se référant à leur taille et à leurs ressources.

---

719 À l'exception en droit français de la circonstance légale de la réitération qui est prise en compte en dernier, c'est-à-dire après les autres circonstances personnelles et la situation de l'entreprise. Sur la réitération, v., *supra*, n°s 91 et s..

720 V., *contra*, décision de l'Autorité n° 13-D-12, Commodités chimiques, para. 953, 956 à 964 et 965 à 971 où la majoration dissuasive retenue à l'encontre de Brenntag a été appliquée sur le montant de base ajusté par la circonstance de meneur. La cour d'appel ayant toutefois infirmé cette décision sur le rôle de meneur de Brenntag (CA Paris, 3 décembre 2020, Brenntag SA e. a., n° 13/13058, points 394 à 402), la question du cumul d'une circonstance aggravante et de la majoration dissuasive n'a donc pas été envisagée par le juge. Cet arrêt a été frappé d'un pourvoi.

La prise en considération de la taille d'une entreprise permet à l'Autorité de la concurrence et à la Commission européenne d'augmenter comme de diminuer le montant de base de son amende préalablement déterminée. Il s'agit en réalité de distinguer, sur la base de certains critères, la situation de deux types d'entreprises diamétralement opposées.

231. **Entreprise « mono-produit ».** Au point 47 du communiqué sanctions de 2011 est prévu que l'Autorité réduise l'amende lorsque « l'entreprise concernée mène l'essentiel de son activité sur le secteur ou marché en relation avec l'infraction (entreprise « mono-produit ») »[721]. Cette disposition a été reprise au point 40 du communiqué sanctions de 2021. Tant les conditions que les raisons de la qualification mono-produit d'une entreprise devront être examinées. Certes, une telle qualification ne ressort pas des lignes directrices de 2006 de la Commission. Dans la pratique, il sera cependant observé que la Commission sait également réduire les amendes des entreprises qui ont une taille limitée[722].

232. **Entreprise économiquement puissante.** Le communiqué sanctions de 2011, au point 49, et celui de 2021, au point 41, prévoient que l'Autorité peut également augmenter l'amende lorsque « l'entreprise concernée dispose d'une taille, d'une puissance économique ou de ressources globales importantes, notamment par rapport aux autres auteurs de l'infraction » ou lorsque « le groupe auquel appartient l'entreprise concernée dispose lui-même d'une taille, d'une puissance économique ou de ressources globales importantes […] ». À la lecture des points 30 et 31 de ses lignes directrices de 2006, la Commission vise également les entreprises dont le chiffre d'affaires est particulièrement important et précise qu'elle peut majorer le montant de leurs amendes à des fins dissuasives.

233. **Division.** Dès lors que l'Autorité et la Commission peuvent augmenter comme réduire le montant des amendes infligées aux entreprises au regard de leurs tailles respectives, il convient de distinguer les deux situations, celles des entreprises qui auront droit à une réduction d'amende (1) et celles qui voient leurs amendes être augmentées (2).

---

721 Dans le respect du principe d'individualisation des sanctions, l'Autorité peut également diminuer le montant de la sanction pécuniaire pour l'entreprise ou l'organisme concerné qui « rencontre des difficultés financières particulières affectant sa capacité contributive » (*Inability to pay*). Sur la prise en compte de la capacité contributive, v. n°s 569 et s..

722 É. Barbier de La Serre, E. Lagathu, « The Law on Fines Imposed in EU Competition Proceedings : Time for a Refresh of the Fining Guidelines ? », *Journal of ECL*, vol. 8, 6, 2017, p. 409.

1) – Les conditions de la réduction de l'amende au regard de la taille de l'entreprise

234. **Entreprise mono-produit devant l'Autorité.** Pour être reconnue comme une entreprise mono-produit et bénéficier d'une réduction à ce titre[723], le critère retenu par l'Autorité est qu'une entreprise doit réaliser une part substantielle de son chiffre d'affaires dans le secteur ou sur le marché en relation avec l'infraction. En d'autres termes, il s'agit d'identifier une situation dans laquelle l'assiette de l'amende, c'est-à-dire la valeur des ventes en lien avec l'infraction[724], se rapproche du chiffre d'affaires total de l'entreprise sanctionnée[725]. Plus le pourcentage est élevé, plus il s'en déduit que l'entreprise mène l'essentiel de son activité sur le marché en cause. Il n'y a pas de taux plancher sous lequel l'Autorité exclut qu'une entreprise soit mono-produit. Lors des premières décisions de l'Autorité évoquant cette individualisation, les entreprises concernées menaient plus de 80 %, voire 90 % de leurs activités sur les marchés en cause[726]. Dans la décision relative aux *Treillis soudés*, l'Autorité est descendue à 75 % pour considérer qu'une entreprise était mono-produit[727]. En revanche, dans l'affaire des *Produits laitiers*, la cour d'appel de Paris a jugé qu'une entreprise n'était pas mono-produit si la valeur des ventes représentait 50 % de son chiffre d'affaires[728]. Dernièrement dans l'affaire des *Produits de charcuterie*, l'Autorité s'est contentée de 62 % à l'égard d'une entreprise et n'exige qu'une activité « majoritairement » et non plus « essentiellement » tournée vers les marchés en lien avec les pratiques[729].

---

723 L'Autorité a parfois procédé à cet examen en l'absence même de demande de la part d'une entreprise (V. décision n° 16-D-09, Treillis soudés, para. 531 et 532).

724 Sur l'assiette de la valeur des ventes, v., *supra*, n°s 84 et s..

725 V. décisions de l'Autorité n° 12-D-02 du 12 janvier 2012, Ingénierie des loisirs, et n° 13-D-03 du 13 février 2013, Porc charcutier et l'analyse de P. PATAT, « Bilan de trois années d'application du communiqué sur les sanctions », *RLC* n° 41-2014, p. 39.

726 V. décisions de l'Autorité n° 11-D-19 du 15 décembre 2011, Secteur de la distribution des gadgets et articles de fantaisie (ci-après « Gadgets »), para. 165 et 166 confirmée sur ce point par CA Paris, 16 mai 2013, Kontiki e. a., n° 2012/01227, p. 8 et Cass. com., 7 octobre 2014, Kontiki e. a., n° P 13-19.476, p. 9 ; n° 12-D-02 du 12 janvier 2012, Ingénierie des loisirs.

727 V. décision de l'Autorité n° 16-D-09 du 12 mai 2016, Treillis soudés, para. 484 confirmée par CA Paris, 15 mars 2018, Sermétal Réunion e. a., n° 16/14231, points 204 à 208. Cet arrêt a été frappé de pourvois.

728 CA Paris, 23 mai 2017, Laïta e. a., n° 2015/08224, points 488 à 492.

729 V. décision de l'Autorité n° 20-D-09 du 16 juillet 2020, Produits de charcuterie, para. 897 à 902 et l'article d'A. APEL, « L'Autorité condamne douze entreprises dans l'affaire des produits de charcuterie à la suite d'une demande de clémence et prononce à leur encontre des amendes élevées et individualisées », *RLC* n° 101-2021, n° 3963. Cette décision fait actuellement l'objet de recours devant la cour d'appel de Paris.

235. **Entreprise mono-produit et groupe de sociétés.** L'évaluation d'une entreprise mono-produit dans le cadre d'un groupe de sociétés a soulevé un certain nombre de questions. Après quelques hésitations[730], il est désormais acquis qu'il faut comparer la valeur des ventes avec le chiffre d'affaires mondial de l'entreprise condamnée[731]. Par entreprise condamnée, il faut donc bien comprendre, le cas échéant, le groupe de sociétés qualifié d'entreprise au sens du droit de la concurrence[732]. Certes, le libellé du point 48 du communiqué sanctions de 2011 évoquait le chiffre d'affaires de « l'entreprise concernée », ce qui ne semblait pas inclure le chiffre d'affaires du groupe de sociétés auquel appartient ladite « entreprise concernée ». À la lecture du deuxième tiret du point 49 de ce même communiqué sanctions, il a en effet été clairement procédé à la distinction de l'« entreprise concernée » avec le « groupe auquel elle appartient »[733]. Pour les juridictions françaises, il faut cependant entendre par « entreprise concernée » celle qui a été tenue pour responsable des pratiques anticoncurrentielles en cause, ce qui peut concerner toutes les sociétés qui composent l'entreprise[734]. Il en résulte qu'une société, appartenant à un groupe de sociétés diversifiées, ne sera sans doute pas reconnue comme mono-produit si le groupe de sociétés a été également mis en cause en l'affaire[735].

236. **Entreprise mono-produit au moment des faits.** Il est important de préciser que la situation de l'entreprise est analysée au moment des faits et non au moment de la sanctionner. Or, l'entreprise qui a mis en œuvre les pratiques n'est pas forcément la même au moment de la décision. C'est ainsi que l'Autorité, dans l'affaire des *Produits d'hygiène et d'entretien*, a pu admettre que Laboratoire Vendôme était une entreprise mono-produit du fait qu'elle menait l'essentiel de son activité dans le secteur en relation avec l'infraction à la date des faits. Son appartenance au groupe Johnson & Johnson, qui a réalisé un chiffre d'affaires de 53 milliards d'euros l'année de l'adoption de la décision, n'a pas invalidé cette situation

---

730 V. décisions de l'Autorité n° 13-D-03, Porc charcutier, p. 88 réformée sur ce point par CA Paris, 25 septembre 2014, Bigard e. a., n° 2013/05595, p. 15 à 15. Cet arrêt n'a pas été frappé de pourvoi ; n° 14-D-20, Papier peint, para. 302 à 307, réformée sur ce point par CA Paris, 14 avril 2016, n° 2015/01855, p. 7, 8 et 13, annulée et renvoyée sur ce point par Cass. com., 8 novembre 2017, Graham & Brown e. a., n° E 16-17.226, p. 5 et 6 et, dernièrement, CA Paris, 20 décembre 2018, Graham & Brown France e. a., n° 17/21459, points 71 à 76 et la note d'A. RONZANO, *L'actu-concurrence* n° 48-2018.

731 CA Paris, 23 mai 2017, Laïta e. a., n° 2015/08224, points 488 à 492.

732 CA Paris, 23 mai 2017, Laïta e. a., n° 2015/08224, point 467 ; du 27 octobre 2016, Beiersdorf e. a., n° 15/01673, points 459 et s., confirmé sur ce point par Cass. com., 27 mars 2019, L'Oréal e. a., n° E 16-26.472 e. a., p. 71

733 Cette position a été défendue en vain par une entreprise dans l'affaire des Produits d'hygiène et d'entretien (CA Paris, 27 octobre 2016, Beiersdorf e. a., n° 15/01673, points 457 et s.).

734 Sur la notion d'entreprise, v., *infra*, spéc. n°s 425 et 436.

735 V., par exemple, décision de l'Autorité n° 16-D-11, TDF III, para. 341 à 353 confirmée sur ce point par CA Paris, 21 décembre 2017, TDF e. a., n° 16/15499, points 416 à 422.

mono-produit[736]. Aussi étonnante, soit elle, cette solution doit être approuvée. Sans ce rachat postérieur aux faits, Laboratoire Vendôme aurait été qualifiée d'entreprise mono-produit. Il aurait été injuste d'ôter cette réduction du fait que Laboratoire Vendôme ait été racheté postérieurement aux faits par un groupe de sociétés. Une telle solution aurait en quelque sorte conduit à sanctionner le groupe Johnson & Johnson du rachat d'une société en infraction. L'entreprise Kuehne + Nagel n'aura pas bénéficié du même traitement dans l'affaire des *Messageries*. Kuehne + Nagel aura malheureusement eu le tort d'avoir détenu durant quelques mois Alloin sur une période infractionnelle longue de cinq ans[737].

237. **Entreprise mono-produit devant la Commission.** Comme l'Autorité l'a observé dans l'affaire *TDF III*, la Commission examine également si les entreprises sont mono-produits. En l'absence de dispositions expresses relatives aux entreprises mono-produits, c'est au visa du point 37 des lignes directrices de 2006 que la Commission a pu accorder des réductions à ce type d'entreprises. Ce point précise que « les particularités d'une affaire donnée ou la nécessité d'atteindre un niveau dissuasif dans une affaire particulière peuvent justifier que la Commission s'écarte de cette méthodologie ou des limites fixées au point 21 [relatif au pourcentage appliqué sur la valeur des ventes] ». Plusieurs décisions de la Commission recensent des réductions similaires à celles retenues par l'Autorité au titre du mono-produit. Comme devant l'Autorité, il ne semble pas nécessaire de faire la demande pour être reconnue comme mono-produit[738].

Cette réduction a pu s'appliquer à toutes les entreprises impliquées dans une affaire, comme à seulement certaines d'entre elles[739]. Cette réduction est accordée au regard du respect du principe de proportionnalité et de la capacité contributive[740]. En visant le point 37 et non le point 29 relatif aux circonstances atténuantes, la Commission semble reconnaître que l'approche mécanique de la valeur des ventes pénalise fortement les entreprises mono-produits. Cette adaptation de l'amende au titre du point 37 des lignes directrices a été très sévèrement critiquée par le Tribunal, lequel trouve souvent à redire sur la motivation de la Commission[741]. Le cas de

---

736 V. décision de l'Autorité n° 14-D-19, para. 1552 confirmée sur ce point par CA Paris, 26 octobre 2016, Beiersdorf e. a., n° 15/01673, points 461 à 463.

737 CA Paris, 19 juillet 2018, Chronopost e. a., n° 2016/16/01270, points 1204 à 1212, confirmé par Cass. com., 22 septembre 2021, Chronopost SAS e. a., n° X 18-21.436 e. a..

738 CJUE, 11 juillet 2013, aff. C-439/11 P, Ziegler SA c/ Commission, point 165.

739 V. décisions de la Commission du 25 juin 2014, Champignons (résumé publié au JOUE C 453, p. 11), cons. 14 du résumé ; du 25 mai 2016, Grenaille abrasive métallique (résumé publié au JOUE C 366, p. 6), cons. 15 du résumé. Ces décisions ont fait l'objet de transactions.

740 Trib. UE, 12 décembre 2012, aff. T-410/09, Almamet GmbH Handel mit Spänen und Pulvern aus Metall c/ Commission, point 220 et la note de L. IDOT, *Europe*, février 2013, comm. n° 2, p. 40.

741 V. décisions de la Commission, 11 décembre 2014, Enveloppes (résumé publié au JOUE 2015 C 74, p. 5), cons. 88 à 95, annulée sur ce point par Trib. UE, 13 décembre 2016, aff. T-95/15, Printeos e. a. c/ Commission, et l'article d'A. APEL, *RLC* n° 2017/62, n° 3402 ; du 27 novembre 2013, Crevettes,

l'entreprise *Pometon*, dans l'affaire de la *Grenaille abrasive métallique*, illustre particulièrement les difficultés de la Commission, mais aussi celles du juge de l'Union, à calculer les amendes des entreprises dont les valeurs des ventes se rapprochent de leurs chiffres d'affaires totaux[742].

238. **Critère de l'entreprise mono-produit devant la Commission.** Peu d'informations nous sont fournies quant aux conditions nécessaires pour qu'une entreprise soit qualifiée de mono-produit. Un éminent membre de la Commission semble affirmer que l'évaluation du caractère mono-produit d'une société se fait, le cas échéant, au regard du groupe auquel elle appartient[743]. C'est cette approche qui semble avoir été confirmée par le Tribunal de l'Union dans l'arrêt *Donau*. Aux fins de refuser d'étendre la réduction accordée à Almamet à d'autres entreprises, le Tribunal a fait valoir à titre surabondant qu'« Almamet était une entreprise de très petite taille qui n'appartenait à aucun grand groupe [et] qu'elle devrait seule faire face à l'amende [ajoutant qu'] aucune autre société n'étant solidairement responsable avec elle pour le paiement de cette amende ou, plus généralement, n'étant en mesure de lui fournir son appui à cette fin »[744]. De même, la Commission semble distinguer les deux situations suivantes : celle où la société est autonome durant les pratiques et celle où elle appartient à un groupe durant les pratiques. Cette réduction, en effet, a été accordée à une société en ce qui concerne l'amende qui lui avait été infligée à titre exclusif, s'agissant de la période antérieure à son acquisition par un groupe[745].

---

cons. 538 à 544, annulée sur ce point par Trib. UE, 13 juillet 2018, aff. T-58/14 Stührk Delikatessen Import c/ Commission, points 324 à 334. Ces arrêts n'ont pas fait l'objet de pourvois.

742 V. décision de la Commission du 25 mai 2016, Grenaille abrasive métallique, cons. 228 à 231, réformée sur ce point par Trib. UE, 28 mars 2019, aff. T-433/16, Pometon SpA c/ Commission, points 334 à 364. Le Tribunal avait réduit l'amende de Pometon de 6 197 000 euros à 3 873 375 euros. La motivation du Tribunal a été elle-même censurée, sur pourvoi, par la Cour de justice et l'amende définitivement fixée à 2 633 895 euros (CJUE, 18 mars 2021, aff. C-440/19 P, Pometon c/ Commission, points 155 à 166 et les conclusions de Monsieur l'avocat général Hogan présentées le 8 octobre 2020).

743 F. Castillo de La Torre, « The 2006 Guidelines on Fines : Reflections on the Commission's Practice », *World Competition*, 33, n° 3, 2010, p. 396.

744 Trib. UE, 14 mai 2014, aff. T-406/09, Donau Chemie AG c/ Commission, points 261 à 281, spéc. 269 et la note de L. Idot, *Europe*, juillet 2014, comm. n° 7, p. 30. Cet arrêt n'a pas été frappé de pourvoi.

745 V. décisions de la Commission du 29 janvier 2014, Mousse de polyuréthane (résumé publié au JOUE C 354, p. 7), cons. 97 à 100 et la note de M. Behar-Touchais, *Concurrences* n° 2-2014, art. n° 65655 et du 19 mars 2014, Roulements (résumé publié au JOUE C 238, p. 9), cons. 15 du résumé. Ces décisions ont fait l'objet de transactions.

2) – Les conditions de l'augmentation de l'amende au regard de la taille de l'entreprise

239. Entreprise économiquement puissante devant l'Autorité. L'analyse de la situation individuelle peut conduire l'Autorité à prendre en considération l'envergure de l'entreprise en cause ou du groupe auquel elle appartient. Cette référence à l'« entreprise [...] ou du groupe auquel l'entreprise appartient », insérée par la loi NRE, n'a pas été jugée inconstitutionnelle par la Cour de cassation[746]. Avant même le communiqué sanctions, la pratique visant à déterminer une amende au regard de la taille de l'entreprise avait été validée par le juge français[747]. Il n'était donc pas étonnant que l'application d'une majoration dissuasive à des entreprises puissantes soit confirmée dans l'affaire des *Lessives*, la première décision prise sous l'empire du communiqué sanctions[748].

Depuis l'adoption du communiqué sanctions de 2011, l'Autorité a précisé se réserver le droit d'augmenter l'amende d'une entreprise dans deux situations. Le premier tiret du point 49 dudit communiqué prévoit une majoration lorsque l'entreprise « concernée dispose d'une taille, d'une puissance économique ou de ressources globales importantes », le second tiret lorsque « le groupe auquel [elle] appartient » se trouve dans cette même situation. Dans cette dernière hypothèse, l'Autorité précise subrepticement que cette majoration est possible « en particulier, dans le cas où l'infraction est également imputable à la société qui la contrôle au sein du groupe ».

240. Appartenance à un groupe économiquement puissant. Les majorations dissuasives ont été prononcées dans la plupart des cas au regard de la taille du groupe auquel appartient la société qui a mis en œuvre les pratiques[749], voire de façon cumulative au regard de la taille de la société sanctionnée et du groupe auquel elle appartient[750]. Cette majoration dissuasive n'a cependant rien d'automatique, y compris dans des affaires d'une particulière gravité[751]. C'est seulement dans l'hypothèse où l'Autorité considère que les amendes ne sont pas suffisamment dissuasives qu'elle peut les aggraver à

---

746 Cass. com., QPC, 19 novembre 2013, Inéo réseaux Sud-Ouest e. a., n° 13-16.602 et la note d'A. RONZANO, *Concurrences* n° 1-2014, art. n° 67967.

747 Cass. com., 28 avril 2004, Colas Midi-Méditerranée e. a., n° 02-15203.

748 CA Paris, 30 janvier 2014, Société Colgate-Palmolive Service e. a., p. 41 et la note de M. BEHAR-TOUCHAIS, *Concurrences* n° 2-2014, p. 82. Cet arrêt n'a pas été frappé de pourvoi.

749 V., par exemple, décision de l'Autorité n° 14-D-19, Produits d'hygiène et d'entretien, para. 1481 à 1488, confirmée par CA Paris, 27 octobre 2016, Beiersdorf e. a., n° 2015/01673, points 428 à 431 et 440 à 444 et par Cass. com., 27 mars 2019, L'Oréal e. a., n° E 16-26.472 e. a., p. 72 et 73 et la note de G. DECOCQ, *CCC* n° 6-2019, comm. 108.

750 V. décision de l'Autorité n° 13-D-11 du 14 mai 2013, Plavix, para. 688 à 693, confirmée par CA Paris, 18 décembre 2014, Sanofi e. a., n° 2013/12370, p. 22 et 23 et Cass. com., 18 octobre 2016, n° X 15-10.384, Sanofi e. a., p. 10 et 11.

751 V. décision de l'Autorité n° 15-D-19, Messageries, para. 1309 et la note de P. DELEBECQUE, *Revue Énergie - Environnement - Infrastructures* n° 2, février 2016, comm. 18.

ce titre[752]. Ces majorations dissuasives peuvent être infligées à des entreprises dans le cadre d'ententes[753], comme dans le cadre d'abus de position dominante[754]. Sauf exception[755], il faut se placer au moment de l'adoption de la décision pour évaluer la puissance économique d'une entreprise et non, comme cela est le cas pour l'examen mono-produit[756], au moment des faits.

241. **Majoration dissuasive et imputabilité des pratiques.** La possibilité d'évaluer l'amende en fonction du groupe auquel appartient l'entreprise induit la question de l'imputabilité des pratiques[757]. En d'autres termes se pose la question de savoir si la mise en cause de la société mère pour les agissements de sa filiale est un préalable à la possibilité de retenir une majoration dissuasive au regard de la taille du groupe[758]. À ce sujet, il faut dire que la responsabilité des sociétés mères n'était pas souvent engagée par le Conseil puis par l'Autorité jusqu'à cette dernière décennie[759]. Quelques difficultés ont pu être relevées, en particulier lorsque l'auteur de l'infraction était autonome au moment des pratiques, mais se trouvait adossé à un grand groupe au moment de la décision[760].

Dans deux arrêts qui ont fait couler beaucoup d'encre, la Cour de cassation a, coup sur coup, censuré deux arrêts de la cour d'appel de Paris rendus dans les affaires de la *Restauration des monuments historiques* et de l'*Électrification rurale*. Dans ces deux affaires, il doit être précisé que les sociétés mères des deux requérantes n'avaient pas été condamnées par l'Autorité. Dans cette situation, la Cour de cassation a jugé que l'Autorité ne pouvait pas, de façon automatique, augmenter le montant de l'amende

---

752 V., à titre d'exemple, décisions de l'Autorité n° 12-D-02 du 12 janvier 2012, Secteur de l'ingénierie des loisirs, de la culture et du tourisme (ci-après « Ingénierie des loisirs »), para 215, confirmée sur ce point par CA Paris, 6 juin 2013, Gefil e. a., n° 2012/02945, p. 19 et 20. Cet arrêt n'a pas été frappé de pourvois ; n° 15-D-17, SRR, para. 145 à 147. Cette décision n'a pas fait l'objet d'un recours.

753 V. décision de l'Autorité n° 12-D-10, Alimentation pour chiens et chats, para. 273 à 283 et 285 à 287, confirmée par CA Paris, 10 octobre 2013, Nestlé Purina Care France e. a., n° 2012/07909, p. 45 et 46 et par Cass. com., 17 mars 2015, Royal Canin e. a., n° G 13-26.003 e. a., p. 17 et 19.

754 V. décision de l'Autorité n° 12-D-24, On net/Off net, para. 675 et 676. Cette majoration dissuasive n'a pas été contestée devant les juridictions françaises (CA Paris, du 19 mai 2016, Orange e. a., n° 2013/01006 et Cass. com., 5 avril 2018, SFR e. a., n° K 16-19.186 et F 16-19.274).

755 V. décision n° 14-D-19, Produits d'hygiène et d'entretien, para. 1538 à 1542, confirmée sur ce point par CA Paris, 27 octobre 2016, Beiersdorf e. a., n° 2015/01673, points 438 à 439 et la note d'É. THOMAS, *Concurrences* n° 1-2017, p. 94 et par Cass. com., 27 mars 2019, L'Oréal e. a., n° E 16-26.472 e. a., p. 73 et 74.

756 V., *supra*, n°s 236 et 238.

757 Sur la notion d'entreprise, v., *infra*, spéc. n°s 425 et 436.

758 Sur la mise en cause de la société mère, v., *infra*, n°s 430, 439 et 440.

759 V., *infra*, n°s 438 et 439.

760 V. décision de l'Autorité n° 12-D-27 du 20 décembre 2012, Secteur de la billetterie de spectacles (« Billetterie de spectacles »), para. 319 et l'article de L. TOLOT, « Le prix de l'appartenance à un groupe en cas de sanction de la filiale », *RLC* n° 36-2013, n° 2381. Cette décision n'a pas fait l'objet de recours.

infligée à une entreprise au regard de son appartenance à un groupe de sociétés. Pour la doctrine la plus autorisée, il s'agit véritablement d'un coup d'arrêt à la pratique d'une amende infligée à une entreprise appartenant à une société mère qui a été mise hors de cause[761], cette analyse ayant été d'ailleurs confirmée par les arrêts prononcés en renvoi de cassation[762]. Plus récemment encore, la cour d'appel de Paris a considéré dans l'affaire des *Produits laitiers* que l'Autorité avait eu tort d'appliquer une augmentation à l'égard de LNUF et LNFP au motif de leur appartenance au groupe Lactalis. Dans cette affaire, l'Autorité avait imputé les pratiques mises en œuvre par LNUF à LNFP, mais n'était pas « remontée » jusqu'à la société mère ultime du groupe Lactalis[763]. Il convient d'approuver ce courant jurisprudentiel très respectueux du principe *nulla poena sine culpa*, qui veut que nul ne puisse être puni pour des faits dont il n'est pas coupable. Ce qui semble être une difficulté à première vue pour l'Autorité n'en est pas réellement une au vu de la facilité probatoire à imputer les pratiques mises en œuvre par des filiales à leurs sociétés mères[764].

242. Entreprise économiquement puissante devant la Commission. Dans ses lignes directrices de 2006, la Commission a invoqué deux motifs qui peuvent justifier la retenue de majorations dissuasives. Cela étant, la Commission ne s'est toutefois référée qu'au point 30 de ses lignes directrices de 2006[765]. Ce point précise qu'elle « portera une attention

---

761 Cass. com., 18 février 2014, Société Pradeau et Morin e. a., n° 12-27.643, FS+P+B et la note de G. DECOCQ, *CCC*, 2014, n° 100 ; Cass. com., 21 octobre 2014, Société Spie Sud-Ouest e. a., n° 934 FS-P+B et la note de M. BÉHAR-TOUCHAIS, *Concurrences* n° 2-2014, p. 80, d'E. CLAUDEL, *RTD Com.* 2015, p. 84 et l'excellente étude de C. LEMAIRE, « Responsabilité concurrentielle - Responsabilité concurrentielle des groupes de sociétés », *CCC*, n° 7-2017, dossier 5.

762 CA Paris, 28 mai 2015, Société Degaine e. a., n° 2014/09272 et la note de C. LEMAIRE, *Concurrences* n° 3-2015, p. 151 ; CA Paris, 21 janvier 2016, Inéo Réseaux Sud-Ouest e. a., n° 2014/22811, p. 12 et la note de G. DECOCQ, *CCC* n° 72-2016.

763 V. décision de l'Autorité n° 15-D-03, Produits laitiers, para. 169 à 171 et 347 à 351 et la note de M. BÉHAR-TOUCHAIS, *Concurrences* n° 2-2015, p. 91. Dans cette affaire, l'Autorité a sans doute été gênée du fait que la société LNFP n'était détenue qu'à hauteur de 60 % par Lactalis. Cette décision a été réformée sur ce point par CA Paris, 23 mai 2017, Laïta e. a., n° 2015/08224, points 521 à 534.

764 Sur la présomption capitalistique, v., *infra*, n°s 446 et s..

765 La Commission n'a jamais eu recours au point 31 de ces mêmes lignes. Cette disposition précise que la Commission « prendra également en compte la nécessité de majorer la sanction afin de dépasser le montant des gains illicites réalisés grâce à l'infraction, lorsqu'une telle estimation est possible ». Certes, il a toujours été estimé que le profit illicite pouvait être un critère d'évaluation de la gravité de l'amende (CJCE, Musique Diffusion française e. a. c/ Commission, point 129 ; Dansk Rørindustri e. a. c/ Commission, point 242 et CJUE, 5 décembre 2013, aff. C-449/11 P, Solvay Solexis SpA c/ Commission, point 77). Il n'en reste cependant pas moins que cette disposition est restée lettre morte. L'usage de ce qui ressemble à une « arme de sanction massive » n'est pas si simple pour la Commission puisqu'elle l'oblige à calculer et, le cas échéant, à justifier ce calcul du profit illicite réalisé. En Allemagne, les amendes furent pendant longtemps calculées sur la base des bénéfices et profits résultant des pratiques en cause. Cependant et officiellement pour des raisons de convergence avec le droit de l'Union, les amendes sont désormais proportionnelles aux chiffres d'affaires mondiaux des entreprises (N. CHARBIT, U. BÖGE, « Dr. Ulf Böge : Cinq ans à la tête du Bundeskartellamt », *Concurrences* n° 3-2005, p. 6).

particulière au besoin d'assurer que les amendes présentent un effet suffisamment dissuasif ; à cette fin, elle peut augmenter l'amende à imposer aux entreprises dont le chiffre d'affaires, au-delà des biens et services auxquels l'infraction se réfère, est particulièrement important ». En résumé, la démarche de la Commission est sensiblement la même que celle de l'Autorité exposée plus haut.

Dans de nombreuses affaires, la Commission a majoré le montant des amendes infligées à des entreprises de grande envergure. Cette majoration est le plus souvent retenue à l'encontre des entreprises ayant participé à des cartels. Dans l'affaire des *Écrans LCD*, l'amende de Samsung a été majorée d'un taux de 20 % au titre de l'effet dissuasif eu égard à son chiffre d'affaires qui dépassait largement les produits ou services en relation avec l'infraction[766]. Dans la décision des *Stabilisants thermiques*, un facteur multiplicateur de 1,7 a été retenu à l'encontre de « Elf Aquitaine afin de dissuader cette entreprise ne fût-ce que de conclure des accords horizontaux de fixation des prix et de partage des marchés »[767]. Cette pratique de la Commission a été validée par le juge de l'Union, qui a jugé légitime de tenir compte du chiffre d'affaires global d'une entreprise, lequel est de nature à donner une indication de sa taille, de sa puissance économique et de ses ressources[768]. Il doit être également précisé que le cumul de majorations dissuasives, l'une au stade du montant de base (*entry fee*)[769], l'autre lors de l'ajustement de ce montant de base, a été validé par les juridictions de l'Union[770].

243. **Majoration dissuasive et imputabilité des pratiques.** Comme en droit français, l'application de la majoration dissuasive à l'égard d'une entreprise est une question qui rejoint étroitement celle de l'entreprise responsable au sens du droit de la concurrence. Dans l'arrêt *Worldwide Tobacco*, le Tribunal a considéré que la majoration dissuasive infligée à la requérante se justifiait du fait du lien d'imputation entre la filiale et la mère[771]. En clair, il se déduit de cet arrêt que l'établissement du lien d'imputation entre la filiale

---

766 V. décision de la Commission du 8 décembre 2010, LCD (JO 2011, C 295, p. 8), cons. 449 et 450. Samsung n'a pas formé de recours contre cette décision.

767 V. décision de la Commission du 11 novembre 2009, Stabilisants thermiques (résumé publié au JOUE 2010, C 307, p. 9), cons. 15 du résumé, confirmée par Trib. UE, 6 février 2014, aff. T-40/10, Elf Aquitaine SA c/ Commission. Cet arrêt n'a pas été frappé d'un pourvoi.

768 CJCE, 26 juin 2006, aff. C-289/04 P, Showa Denko c/ Commission, points 16 et 17 et les notes de M. Debroux, *Concurrences* n° 3-2006, p. 85 et J. Philippe, T. Janssens, *Gaz. Pal.* 2006, n° 256-257, I, Jur., p. 16.

769 V., *supra*, n°s 56 et 86.

770 Trib. UE, 17 mai 2011, aff. T-299/08, Elf Aquitaine SA c/ Commission, point 288 à 291 et la note de G. Decocq, *CCC* n° 8-9-2011, comm. 194 et de L. Idot, *Europe*, juillet 2011, comm. n° 7, p. 28, confirmé par CJUE, ord., 2 février 2012, aff. C-404/11 P.

771 Trib. UE, 8 mars 2011, aff. T-37/05, World Wide Tobacco España c/ Commission, point 116 et les notes de L. Idot, *Europe*, mai 2011 comm. n° 5, p. 32 et C. Robin, *RLC* n° 28-2011, p. 25, confirmé par CJUE, 3 mai 2012, aff. C-240/11 P, World Wide Tobacco España c/ Commission, point 20).

et la société mère est désormais une condition *sine qua none*[772]. Sauf exception[773], la Commission examine la nécessité d'infliger une majoration dissuasive à une entreprise en analysant la situation de celle-ci au moment de la décision[774]. Il est toutefois assez critiquable que la Commission n'ait pas, s'agissant de l'application de ce coefficient multiplicateur, l'obligation de distinguer les périodes durant lesquelles l'entreprise était autonome de celle où elle appartient à un grand groupe[775]. Dans le prolongement de cette réflexion, il doit enfin être souligné que le respect du principe de la personnalité des peines pourrait progressivement contraindre la Commission à davantage distinguer, s'agissant de la majoration dissuasive, la situation de la société filiale et celle de sa mère[776]. En d'autres termes, la majoration dissuasive pourrait ne toucher que la société directement concernée et non celle solidairement condamnée avec elle[777], comme cela s'observe s'agissant de la prise en compte de la récidive[778], voire de la clémence[779].

[772] I. LUC « L'approche des juridictions européennes et françaises en matière d'imputabilité et les incidences sur le montant de la sanction pécuniaire », *Revues Dalloz*, 2015, p. 58 et C. LEMAIRE, S. NAUDIN, *Concurrences* n° 2-2014, p. 167.

[773] F. CASTILLO DE LA TORRE, « The 2006 Guidelines on Fines : Reflections on the Commission's Practice », *World Competition*, 33, n° 3, 2010, p. 396. Il est évoqué l'examen de la situation de l'entreprise Total et Elf Aquitaine au moment des pratiques dans l'affaire des *Méthacrylates*. Pour examiner les conséquences, v. l'article d'A. APEL, « Entreprise, amendes solidaires...et personnelles », *RLC* n° 43-2015, p. 79.

[774] CJUE, 26 septembre 2013, aff. C-668/11 P, Alliance One International c/ Commission, point 64 ; Trib. UE, 5 juin 2012, aff. T-214/06, Imperial Chemical Industries c/ Commission, point 143 et la jurisprudence citée.

[775] CJUE, 4 septembre 2014, aff. C-408/12 P, YKK e. a. c/ Commission, points 83 à 94 et la note de M. BEHAR-TOUCHAIS, *Concurrences* n° 4-2014, p. 108, L. IDOT, *Europe*, novembre 2014, n° 11, p. 35 et l'article d'É. BARBIER DE LA SERRE, E. LAGATHU, « The Law on Fines Imposed in EU Competition Proceedings : Fifty Shades of Undertakings », *Journal of ECL*, septembre 2015, vol. 6, 7, p. 530.

[776] Trib. UE, 13 décembre 2018, aff. T-827/14, Deutsche Telekom AG c/ Commission e. a., points 515 à 524. Ce point n'a pas été évoqué sur pourvoi (CJUE, 25 mars 2021, aff. C-152/19 P, Deutsche Telekom AG c/ Commission).

[777] Pour un panorama des décisions de la Commission, v. A. APEL, « Entreprise, amendes solidaires...et personnelles », *RLC* n° 43-2015, p. 79.

[778] V., *supra*, n° 200 et spéc. note en bas de page n° 638.

[779] V., *supra*, n°s 333, 339 et spéc. note en bas de page n° 1036.

B) – L'impact de l'individualisation de l'amende au regard de la taille et des ressources de l'entreprise

244. **Ajustement à la baisse ou à la hausse de l'amende.** Si l'on suit les grilles de sanctions française et de l'Union européenne, l'étape de l'individualisation de l'amende suit celle de la détermination du montant de base[780]. Comme précédemment expliqué, l'Autorité et la Commission peuvent donc ajuster, à la hausse et/ou à la baisse, le montant de l'amende infligée à une entreprise. Les entreprises concernées par les baisses et celles impactées par les hausses étant fort différentes, il convient d'analyser distinctement le traitement de ces entreprises. Ainsi il sera d'abord examiné les réductions accordées aux entreprises mono-produits (1), avant qu'il ne soit ensuite analysé les augmentations prononcées à l'encontre des entreprises économiquement dominantes (2).

1) – L'impact des réductions d'amendes accordées aux entreprises mono-produits

245. **Pratique décisionnelle de l'Autorité relative à l'entreprise mono-produit.** Depuis l'adoption du communiqué sanctions de 2011, l'Autorité a régulièrement accordé des réductions aux entreprises mono-produit. Il s'agit sans nul doute des réductions les plus importantes qui ont été accordées aux entreprises. La récurrence ainsi que l'impact de ces réductions sur les montants des amendes de ces entreprises reconnues mono-produit en attestent. Quelques-unes de ces importantes réductions sont recensées dans le tableau ci-dessous :

780 V., *infra*, spéc. n° 145.

Décisions de l'Autorité[*]	Entreprise	Montant intermédiaire (€)[**] (% CA)	Réduction entreprise mono-produit	Montant ajusté (€) (% CA)
Treillis soudés (16-D-09)	Sermétal	2 267 744 € (14 % CA)	– 60 %	907 098 € (5,6 % CA)
Treillis soudés (16-D-09)	Arma Sud	923 623 € (20 % CA)	– 60 %	369 449 € (7,9 % CA)
Produits d'hygiène et d'entretien (14-D-19)	Laboratoires Vendôme	19 829 428 € (14 % CA)	– 50 %	9 914 713 € (6,93 % CA)
Porc charcutier (13-D-03)	GAD	3 648 391 € (0,3 % CA)	– 60 %	1 459 356 € (0,14 % CA)
Loisirs (12-D-02)	Hôtels Actions	82 398 € (14,85 % CA)	– 70 %	24 700 € (4,45 % CA)
Loisirs (12-D-02)	Maîtres du rêve	94 673 € (15,79 % CA)	– 70 %	28 400 € (4,73 % CA)
Gadgets (11-D-19)	Kontiki	13 467 000 € (20 % CA)	– 90 %	1 340 000 € (2 % CA)

246. **Analyse des réductions accordées aux entreprises mono-produit.** Il y a tout d'abord lieu de rappeler que cette réduction, qui n'est pas présentée comme automatique dans le communiqué sanctions, doit être *a priori* demandée par les entreprises. Cependant, l'Autorité, consciente de l'obligation d'infliger des amendes proportionnées, a parfois procédé d'elle-même à l'examen du caractère mono-produit des entreprises[781]. Cela étant précisé, de nombreuses entreprises ont pu bénéficier de ce statut très intéressant. Certaines des réductions accordées à ces entreprises sont même impressionnantes. Dans plusieurs affaires, l'Autorité a réduit de 60 %[782], de 70 %, voire plus le montant des amendes infligées à des entreprises mono-produit[783]. Il ressort même de ce tableau qu'il peut y avoir plusieurs entreprises admises comme mono-produits au sein d'une même décision[784].

---

* Liste non exhaustive.

** Estimations.

781 V. décision de l'Autorité n° 16-D-09, Treillis soudés, para. 481 à 485 et la note d'A. Ronzano, *Concurrences* n° 3-2016, art. n° 80998.

782 V. décision de l'Autorité n° 16-D-09, Treillis soudés, para. 481 à 485 confirmé par CA Paris, 15 mars 2018, Sermétal Réunion e. a., n° 16/14231, points 209 à 215. Cet arrêt a été frappé de pourvois devant la Cour de cassation.

783 V. décision de l'Autorité n° 14-D-20, Papier peint, para. 304 et 305. Ces entreprises mono-produit n'ont pas formé de recours.

784 V., par exemple, décisions de l'Autorité n° 12-D-02, Ingénierie de loisirs et n° 13-D-03, Porc charcutier.

C'est ainsi que des réductions de 50 % pour les entreprises Bernard et Abera et de 60 % pour l'entreprise Gad ont été accordées dans l'affaire du *Porc charcutier*[785].

247. **Justification de l'examen du caractère mono-produit.** Au regard du tableau des entreprises mono-produit, on observe que les montants intermédiaires des entreprises en cause représentaient souvent plus de 10 % de leurs chiffres d'affaires. Ces montants, en proportion des chiffres d'affaires, sont en moyenne largement plus élevés que ceux des entreprises normalement condamnées. Or, il n'y a pas de raison valable à ce que les effets punitifs de l'amende soient davantage ressentis par les entreprises mono-produit qui sont, principalement, de petite taille[786]. Sans cette réduction, il en résulterait un écart important dans le traitement des petites et des grandes entreprises. D'où la nécessité, juste et compréhensible, de devoir minorer le montant de l'amende infligée à ces entreprises. Lorsqu'elle est appliquée, cette réduction vient en quelque sorte rééquilibrer la situation entre des entreprises mono-produit, supposées plus petites, et les entreprises, multiproduits ou diversifiées, supposées d'une taille économique importante. De par les réductions d'amendes accordées, ces entreprises mono-produit ne se retrouvent pas systématiquement contraintes à devoir faire état de leur capacité contributive limitée[787].

248. **Profil type des entreprises mono-produit.** Les entreprises mono-produit sont principalement des sociétés de petite taille, c'est-à-dire des PME, qui ne sont pas adossées à de grands groupes de sociétés. À cet égard, il sera rappelé le libellé du projet de communiqué sanctions qui évoquait les PME comme bénéficiaire de cette réduction[788]. Vu les critères fixés par la pratique décisionnelle et la jurisprudence citées plus haut[789], cette réduction n'est logiquement pas destinée aux grandes entreprises[790]. Il doit être également constaté qu'une part importante des entreprises mono-produits n'ont pas la

---

785 V. décision de l'Autorité n° 13-D-03 du 13 février 2013, Porc charcutier, para. 366 et la note d'A. RONZANO, *Concurrences* n° 2-2013, art. n° 52639 et CA Paris, 25 septembre 2014, Bigard e. a., n° 2013/05595, p. 16 et 17. Cet arrêt n'a pas été frappé d'un pourvoi.

786 Il n'est pas sans intérêt de rappeler que ces petites entreprises ne sont le plus souvent ni les initiatrices ni les meneuses des infractions relevées. Sur le rôle d'incitateur ou de meneur, v., *infra*, spéc. n° 179.

787 V., *infra*, n° 599.

788 Point 42 du projet de communiqué sanctions de 2011. La référence à la PME a disparu dans le communiqué sanctions de 2011. Dans la version finale, il n'aurait pas été fait mention de la PME en ce que cela aurait constitué une atteinte au principe d'égalité (C. LUCAS DE LEYSSAC *in* « La PME, « auteur » des pratiques anticoncurrentielles », *RLC* n° 29-2011, p. 155). Cette qualité ne constitue donc pas une circonstance atténuante (CA Paris, 27 octobre 2016, Beiersdorf e. a., n° 15/01673, points 467 à 470 et Cass. com., 27 mars 2019, L'Oréal e. a., n° E 16-26.472 e. a., p. 67 et la note de G. DECOCQ, *CCC* n° 6-2019, comm. 108).

789 V., *supra*, n°s 229 et s..

790 Sur les cas exceptionnels des groupes Johnson & Johnson et Kuehne + Nagel, v., *supra*, n° 231.

capacité contributive de pouvoir payer une amende[791], quand elles ne sont pas liquidées ou en cours de liquidation[792].

249. **Entreprise mono-produit et inapplication du communiqué sanctions.** L'Autorité n'a pas l'obligation de reconnaître les entreprises mono-produit dans les cas où elle s'écarte du communiqué sanctions. L'inapplication de sa grille de sanctions ne l'exempte toutefois pas de l'obligation d'infliger des amendes proportionnées[793], ce qui revient à comparer l'amende aux ressources d'une entreprise. En revanche, c'est souvent la situation économique de l'ensemble de ces entreprises, majoritairement mono-produits, qui justifie de se détourner de la méthode habituelle de calcul des amendes de l'Autorité. Si le communiqué sanctions avait été appliqué dans les affaires du *Transport du Bas-Rhin* et des *Mannequins*[794], il semble que la plupart si ce n'est la totalité des entreprises en cause auraient été qualifiées de mono-produits. Cette inapplication du communiqué sanctions, en réalité, révèle aussi que la grille de sanctions de l'Autorité n'est pas adaptée à la taille des petites entreprises.

250. **Pratique décisionnelle de la Commission relative à l'entreprise mono-produit.** Si la Commission n'a pas reconnu de réductions particulières aux entreprises dites mono-produit dans ses lignes directrices de 2006, il ne faut néanmoins pas en conclure qu'elle exclut de diminuer les amendes à ces entreprises. Plusieurs entreprises ont pu en bénéficier devant la Commission[795]. L'affaire des *Enveloppes*, avec des réductions de 80 % ou plus, en est sans doute le meilleur exemple[796]. Cette réduction, en dépit d'une jurisprudence critiquable qui ne l'impose pas à la Commission[797], a toutefois été reconnue comme légitime dans d'autres arrêts[798]. Cependant,

---

791 Sur la capacité contributive des entreprises mono-produits, v., *infra*, n° 602.

792 V. décision de l'Autorité n° 14-D-20, Papier peint, para. 304 et 337. L'entreprise L'Éditeur n'a pas formé de recours.

793 CA Paris, 6 juillet 2017, Smith & Smith Characters e. a., n° 2016/22365, p. 12. Cet arrêt n'a pas été frappé d'un pourvoi.

794 V. décisions de l'Autorité n° 16-D-02, Secteur du transport scolaire par autocar dans le Bas-Rhin (ci-après « Transport dans le Bas-Rhin ») et n° 16-D-20, Mannequins.

795 V. décisions de la Commission du 27 novembre 2013, Crevettes (résumé publié au JOUE 2014, C 453, p. 16), cons. 538 à 542 ; 25 juin 2014, Champignons (résumé publié au JOUE C 453, p. 11), cons. 14 du résumé ; du 25 mai 2016, Grenaille abrasive métallique (résumé publié au JOUE C 366, p. 6), cons. 15 du résumé.

796 V. décision de la Commission de 11 décembre 2014, Enveloppes, (résumé publié au JOUE 2015 C 74, p. 5), cons. 88 à 95, et Trib. UE, 13 décembre 2016, aff. T95/15, Printeos e. a. c/ Commission, et l'article d'A. APEL, *RLC* n° 62-2017, préc., n° 3402.

797 CJUE, 16 septembre 2016, aff. C-101/15 P, Pilkington Group e. a. c/ Commission, points 63 à 67 et la note de L. IDOT, *Europe*, novembre 2016, comm. n° 11, p. 30 et l'article de B. BLOTTIN, « Le calcul des amendes en droit de la concurrence : vers une véritable science ? », *Revue des affaires européennes*, 2016, p. 519.

798 Trib. UE, 16 juin 2011, aff. T-211/08, Putters International, point 75 et la note de L. IDOT, *Europe*, août-septembre 2011, comm. n° 8-9, p. 33. Le Tribunal a parfaitement souligné dans cet arrêt que les

les règles en la matière sont assez critiquables. Dans la pratique, il n'y a pas de constance, ni même de cohérence de la part de la Commission[799]. Il n'est pas exagéré de dire que cette circonstance atténuante est reconnue au bon vouloir de la Commission[800]. Si tel n'était pas le cas, l'entreprise Pilkington, par exemple, en aurait certainement bénéficié dans l'affaire du *Verre automobile*. Il est donc difficile d'en conclure à un profil type des entreprises mono-produit devant la Commission, quand bien même il est évident qu'il ne peut s'agir que d'entreprises à la taille limitée et/ou avec une capacité contributive elle-même limitée.

251. **Conclusion sur l'ajustement des amendes infligées aux entreprises mono-produit.** Il y a lieu de saluer la démarche de l'Autorité, et désormais celle de la Commission, consistant à vouloir éviter de sanctionner davantage les entreprises qui concentrent l'essentiel de leurs activités sur le marché en cause par rapport aux grandes entreprises diversifiées. Aussi louable soit-elle, cette démarche reste perfectible. Certaines entreprises n'ont pas été reconnues comme étant mono-produit et ont dû faire face à des amendes proches si ce n'est égales à leur maximum légal. Pour l'Autorité comme pour la Commission, il conviendrait peut-être de revenir sur la notion d'entreprise mono-produit, trop restrictive[801], et de tout simplement évaluer l'amende et son poids en rapport avec le chiffre d'affaires total d'une entreprise. La prise en compte de l'entreprise mono-produit, ce n'est ni plus ni moins en définitive que la juste prise en considération du chiffre d'affaires total de l'entreprise dans l'évaluation de l'amende.

2) – L'impact des augmentations d'amendes infligées aux entreprises au regard de leur taille

252. **Pratique de l'Autorité relative aux entreprises économiquement puissantes.** De même que l'Autorité se donne la possibilité de réduire les amendes, elle n'hésite pas à majorer le montant des amendes d'un certain nombre d'entreprises condamnées. Les hausses observées, néanmoins, ne sont pas aussi spectaculaires que les baisses pouvant être accordées à

---

entreprises mono-produits risquent, plus que les autres entreprises, d'atteindre le plafond de l'amende encourue.

799 Trib. UE, 28 mars 2019, aff. T-433/16, Pometon SpA c/ Commission, points 349 et s.. Le Tribunal avait réduit l'amende de Pometon de 6 197 000 euros à 3 873 375 euros. La motivation du Tribunal a été elle-même censurée, sur pourvoi, par la Cour de justice et l'amende définitivement fixée à 2 633 895 euros (CJUE, 18 mars 2021, aff. C-440/19 P, Pometon c/ Commission, points 155 à 166 et les conclusions de Monsieur l'avocat général Hogan présentées le 8 octobre 2020)

800 Trib. UE, 12 décembre 2018, aff. T-691/14, Servier e. a. c/ Commission, points 1922 et s.. Cet arrêt a été frappé de pourvois dans les aff. C-176 et 201/19 P.

801 C'est ainsi que contrairement à Laboratoire Vendôme (n° 14-D-19), Alloin n'a pas été reconnue comme une entreprise mono-produit alors qu'elle n'a appartenu que quelques semaines au groupe Kuehne + Nagel sur les cinq années d'infraction (n° 15-D-19).

d'autres entreprises. À l'exception d'entreprises telles que Apple, Janssen-Cilag, Deloitte ou encore EDF, la majorité des entreprises se sont vu appliquer des majorations qui ne dépassent pas 15 %. Le tableau suivant en atteste :

Décisions de l'Autorité*	**Entreprise**	**Montant intermédiaire (€)****	**Augmentation au titre de l'individualisation**	**Montant final après individualisation (€)**
Apple (20-D-04)	Apple	579 984 186 €	+ 90 %	1 101 969 952 €
Fentanyl (17-D-25)	Janssen-Cilag	14 719 405 €	+ 70 %	25 000 000 €
Umicore (16-D-14)	Umicore	62 948 389 €	+ 10 %	69 243 000 €
Produits d'hygiène et d'entretien (14-D-19)	L'Oréal	164 778 062 €	+ 15 %	189 494 771 €
Électricité photovoltaïque (13-D-20)	EDF	5 255 158 €	+ 50 %	7 882 736 €
Plavix (13-D-11)	Sanofi	27 080 012 €	+ 50 %	40 600 000 €
Porc charcutier (13-D-03)	Bigard	1 485 254 €	+ 10 %	1 633 779 €
Fret ferroviaire (12-D-25)	SNCF	48 195 000 €	+ 15 %	55 424 250 €
On net/Off net (12-D-24)	France Télécom	142 326 000 €	+ 10 %	156 558 600 €
On net/Off net (12-D-24)	SFR	119 470 000 €	+ 10 %	131 417 000 €
Alimentation pour chiens et chats (12-D-10)	Nestlé	18 576 000 €	+ 25 %	23 220 000 €
Ingénierie des Loisirs (12-D-02)	Deloitte	340 966 €	+ 50 %	510 000 €

* Liste non exhaustive.

** Estimations.

253. **Analyse des majorations dissuasives prononcées par l'Autorité.** En moyenne, les hausses retenues par l'Autorité n'atteignent pas les augmentations prononcées par la Commission. Cela étant, ces hausses ne sont pas indolores pour les entreprises. Lorsque l'Autorité se décide à majorer les amendes, elle peut augmenter les amendes de l'ensemble des entreprises condamnées dans une affaire[802], comme elle peut seulement majorer les amendes de quelques-unes d'entre elles[803]. À cet égard, cette majoration a d'autant plus d'impact que le montant intermédiaire de l'amende sera élevé. Dans l'affaire des *Produits d'hygiène et d'entretien*, L'Oréal a vu son amende être majorée d'environ 25 millions d'euros[804]. Dans la décision relative au *Fentanyl*, l'Autorité a aggravé à des fins dissuasives l'amende de l'entreprise Janssen-Cilag d'approximativement 10 millions d'euros[805]. L'application de la majoration dissuasive a été particulièrement remarquée dans la récente décision *Apple*. Dans cette affaire, l'Autorité a retenu le coefficient multiplicateur à l'encontre du géant californien très élevé, à savoir 90 %, ayant ainsi entraîné une hausse nominale du montant de l'amende record, à savoir 522 millions d'euros[806].

254. **Profil type des entreprises concernées par les majorations dissuasives.** Cette majoration dissuasive a essentiellement été retenue par l'Autorité à l'encontre de groupes français et étrangers d'envergure mondiale. Ces majorations dissuasives sont souvent administrées à de grandes entreprises en situation d'abus de position dominante. Dans l'affaire du *Plavix*, l'entreprise Sanofi a vu son amende être majorée de 50 % du fait qu'elle réalisait un chiffre d'affaires consolidé d'environ 35 milliards d'euros et un résultat net de 5 milliards d'euros[807]. Dans la décision dite *On net/Off net*, France Télécom et sa filiale Orange se sont vu appliquer un coefficient multiplicateur de 10 % du fait que cette entreprise avait réalisé un chiffre d'affaires consolidé au niveau mondial de 45 milliards d'euros en 2011[808].

---

802 V. décisions de l'Autorité n° 12-D-27, Billetteries, para. 308 à 317, 404, 407 et 408. Cette décision n'a pas fait l'objet de recours ; n° 14-D-19, Produits d'hygiène et entretien, p. 273 à 287 confirmée par CA Paris du 27 octobre 2016, Beiersdorf e. a., préc., points 424 et s. et Cass. com., 27 mars 2019, L'Oréal e. a., n° E 16-26.472 e. a., p. 72 et 73.

803 V. décision de l'Autorité n° 13-D-03 du 13 février 2013, Porc charcutier, p. 71 et 84 et la note d'A. RONZANO, *Concurrences* n° 2-2013, art. n° 52639 et CA Paris du 25 septembre 2014, Bigard e. a., n° 2013/05595, p. 16 et 17. Cet arrêt n'a pas été frappé d'un pourvoi.

804 Para. 1451, 1557 et 1590 de la décision n° 14-D-19.

805 V. décision de l'Autorité n° 17-D-25 du 20 décembre 2017, Fentanyl, para. 746 et 747. Ce taux de majoration a été confirmé par CA Paris, 11 juillet 2019, Janssen-Cilag, n° 18/01945, points 581 à 584.

806 V. décision de l'Autorité n° 20-D-04 du 16 mars 2020, Apple, para. 1361 à para. 1365. Cette décision fait l'objet de recours devant la cour d'appel de Paris.

807 V. décision de l'Autorité n° 13-D-11 du 14 mai 2013, Plavix, para. 691 à 693, confirmée par CA Paris, 18 décembre 2014, Sanofi e. a., n° 2013/12370 et Cass. com. 18 octobre 2016, Sanofi e. a., n° X 1 510 384.

808 V. décision de l'Autorité n° 12-D-24 du 13 décembre 2012, On net/Off net, para. 675 et 676, confirmée par CA Paris, 19 mai 2016, Orange e. a., n° 2013/01006 et par Cass. com., 5 avril 2018, SFR e. a., n° K 16-19.186 et F 16-19.274.

Cette majoration dissuasive semble moins fréquemment retenue à l'encontre d'entreprises condamnées pour entente. S'agissant de ces infractions, certaines formes d'entente au droit de la concurrence sont moins graves que d'autres et ne justifient pas forcément de rehausser les amendes. Dans d'autres cas, l'Autorité a pu juger que les amendes étaient suffisamment élevées et ne nécessitaient donc pas d'être majorées.

255. **Finalité de la majoration dissuasive.** Il n'en demeure pas moins que l'approche de l'Autorité manque parfois de lisibilité. Certes, il est légitime que l'Autorité ait prévu dans sa grille de sanctions de pouvoir augmenter, une dernière fois, le montant de l'amende si celle-ci s'avérait déconnectée de l'entreprise sanctionnée. Ce qui ne ressort pas clairement de la pratique de l'Autorité, c'est en quoi le précédent montant, déjà élevé, n'était pas suffisamment dissuasif par rapport au nouveau montant de l'amende. Dans l'affaire de l'*Alimentation pour chiens et chats*, l'Autorité a jugé nécessaire de porter l'amende infligée au groupe Nestlé de 17 à 23 millions d'euros au regard notamment de son chiffre d'affaires de 75 milliards d'euros, cette amende représentant 0,03 % de son chiffre d'affaires mondial[809]. Ce n'est pas cet écart de 5 millions d'euros qui va donner une portée dissuasive tout autre à l'amende infligée à une telle entreprise. Autrement dit, il n'est pas démontré qu'une telle majoration aura toujours pour effet de modifier le comportement de l'entreprise. Ce n'est peut-être pas de dissuasion dont il est question, mais seulement de punition dans l'application de cette majoration. Cela étant, il ne faut peut-être pas en conclure non plus que cette majoration dissuasive s'assimile à un simple *bonus-malus*. Lorsqu'il s'agit d'affaires très graves, l'Autorité ne majore pas forcément les amendes infligées aux entreprises. Le gendarme français de la concurrence en a notamment décidé ainsi dans la célèbre affaire des *Messageries*. Dans cette décision, les amendes encourues étaient déjà d'un montant très élevé par rapport aux capacités contributives de plusieurs entreprises très limitées[810].

256. **Pratique de la Commission relative aux entreprises économiquement puissantes.** La pratique décisionnelle de la Commission présente certaines ressemblances avec celle de l'Autorité. Ce sont en effet des entreprises de grande taille qui sont visées par les majorations dissuasives de la Commission. Du fait que les amendes infligées par la Commission sont très élevées, il en résulte des majorations dissuasives encore plus impactantes pour les entreprises sanctionnées devant la Commission. Ce constat se vérifie dans le tableau ci-dessous :

---

809 V. décision de l'Autorité n° 12-D-10 du 20 mars 2012, Alimentation pour chiens et chats, para. 273, 282 et 283, confirmée sur ce point par CA Paris, 10 octobre 2013, Nestlé Purina Petcare e. a., n° 2012/07909 et Cass. com., 17 mars 2015, Royal Canin e. a., n° 285 F-D.

810 V., *infra*, n° 601.

Décisions de la Commission*	**Entreprise**	**Montant intermédiaire (€)****	**Coefficient multiplicateur au titre de la majoration dissuasive**	**Montant final après individualisation (€)**
Google Shopping (2017)	Google	1 864 996 153 €	X 1,3	2 424 495 000 €
Batteries rechargeables (2016)	Sony	55 188 888 €	X 1,2	66 226 666 €
Trains-blocs (2015)	Schenker	45 884 559 €	X 1,1	50 473 015 €
Produits détergents (2011)	Procter & Gamble	426 666 666 €	X 1,1	469 333 333 €
LCD (2010)	Samsung	570 000 000 €	X 1,2	684 000 000 €
DRAM (2010)	Samsung	201 643 835 €	X 1,1	221 808 219 €
Transformateurs de puissance (2009)	Hitachi	2 050 000 €	X 1,2	2 460 000 €
Cire de bougies (2008)	Shell	48 000 000 €	X 2	96 000 000 €
Bandes vidéo (2007)	Sony	42 900 000 €	X 1,1	47 190 000 €

* Liste non exhaustive.

** Estimations.

257. Analyse des majorations dissuasives prononcées par la Commission. Il n'est pas si simple d'analyser les majorations dissuasives retenues par la Commission. D'abord, elles ne sont pas récurrentes. Par exemple, il n'y a eu aucune majoration dissuasive à recenser dans les quatre affaires de cartels les plus importantes de la Commission en termes de sanctions[811]. Lorsque la Commission applique des majorations dissuasives, elles sont généralement de l'ordre de 1,1 à 1,3. Il est rare qu'un coefficient multiplicateur soit plus élevé. Le coefficient multiplicateur le plus élevé qui a pu être relevé était de 2 dans l'affaire des *Cires de bougie*[812]. Ce coefficient multiplicateur interroge surtout quant à sa finalité.

Certes, il est légitime que la Commission se donne une dernière fois la possibilité de majorer une amende d'une entreprise. Cependant, ces amendes, augmentées par exemple de l'ordre de 10 % et de 20 % à l'encontre de groupes tels que Sony ou Hitachi dans les affaires des *Bandes vidéo professionnelles* et des *Transformateurs de puissance*, ne semblent pas avoir eu pour effet de diamétralement dissuader les entreprises qui sont, pour beaucoup d'entre elles, des récidivistes[813]. En d'autres termes et comme pour l'Autorité, il est difficile de comprendre en quoi cette majoration donne un caractère dissuasif aux amendes.

Dans le même temps, il faut toutefois garder à l'esprit que les amendes infligées par la Commission sont très élevées et que les majorations dissuasives sont infligées sur la base de ces lourdes amendes. L'exemple le plus parlant est sans doute le coefficient multiplicateur de 1,3 retenu à l'encontre de Google dans l'affaire *Google Shopping*. Ce coefficient a augmenté, à lui seul, son amende d'environ 560 millions d'euros. Ces majorations dissuasives, en réalité, viennent donc davantage aggraver des amendes très élevées plutôt que dissuader les entreprises.

258. Profil type des entreprises concernées par les majorations dissuasives. Il n'est pas évident ni sans risque d'erreur de dresser un portrait des entreprises condamnées à des amendes qui ont nécessité d'être majorées à des fins dissuasives. La Commission a une pratique assez floue à ce sujet pour ne pas dire, comme le soutient un avocat spécialisé, inconstante et incohérente[814]. Elle l'est d'autant plus qu'une entreprise visée par une majoration dissuasive dans une première décision ne sera pas

---

811 V. décisions de la Commission relatives aux Tubes cathodiques pour téléviseurs et écrans d'ordinateur, Produits dérivés, Roulements et Producteurs de camions, préc..

812 V. décision de la Commission du 1er octobre 2008, Cires de bougie, cons. 713, confirmée sur ce point par Trib. UE, 11 juillet 2014, aff. T-540/08, Esso e. a. c/ Commission, point 137 et la note de L. IDOT, *Europe*, octobre 2014, comm. n° 10, p. 38. Cet arrêt n'a pas été frappé de pourvoi.

813 V. décisions de la Commission du 20 novembre 2007, Bandes vidéo professionnelles (résumé publié au JOUE 2008, C 57, p. 10), cons. 20 du résumé, et du 7 octobre 2009, Transformateurs de puissance, cons. 278.

814 M. DEBROUX, « Sanction des cartels en droit communautaire : Définition et conséquences d'une "responsabilité de groupe" », *Concurrences* n° 1-2008, p. 42.

nécessairement sanctionnée plus durement à ce titre dans une autre décision. Ce simple constat invite donc à la prudence.

Ce qui peut être souligné, c'est que la Commission a principalement retenu ces majorations dissuasives à l'encontre d'entreprises aux activités diversifiées et de grande envergure. Parmi tant d'autres, peuvent être citées les entreprises Exxon, Google, Samsung, Schenker, Shell, Total, etc.. Il est vrai que les chiffres d'affaires mondiaux de ces entreprises sont souvent exprimés en dizaines de milliards d'euros, voire en centaines de milliards pour certaines d'entre elles. D'autres entreprises de taille similaire, en revanche, n'ont pas connu le même sort. Cette différence de traitement est difficile à expliquer. Comme piste d'explication parmi d'autres, il n'est pas inintéressant de noter que ces majorations ont été la plupart du temps infligées à des entreprises qui avaient été déjà précédemment sanctionnées par la Commission. Autrement dit, ces majorations dissuasives semblent plus facilement administrées aux grands groupes de sociétés récidivistes.

259. **Limites des majorations dissuasives.** Il y a lieu de souligner que le juge de l'Union a très souvent entériné les différentes majorations dissuasives infligées par la Commission[815]. Il n'est pas à exclure de veiller, en effet, à ce que l'amende infligée à chaque entreprise ne devienne pas négligeable par rapport à ses capacités financières. Le premier véritable reproche qui pourrait toutefois être fait au juge de l'Union est de ne pas avoir sanctionné l'approche inconstante de la Commission. En outre, l'usage de ces majorations dissuasives a été borné de façon critiquable par le juge de l'Union. Ce dernier a précisé que la Commission devait veiller à ne pas retenir des coefficients multiplicateurs disproportionnés envers les plus grandes entreprises du fait qu'elles ont un chiffre d'affaires bien plus élevé que celui des petites entreprises[816]. Qu'il y ait une limite à la majoration dissuasive est une chose, c'est davantage la raison invoquée de ce bornage qui interroge. Comme analysé ultérieurement[817], ce ne sont pas les grandes entreprises qui sont proportionnellement et mécaniquement les plus sévèrement sanctionnées, mais bel et bien à l'inverse les petites entreprises.

---

[815] Sur la majoration dissuasive dans le cadre des lignes directrices de 1998, v. Trib. UE, 13 juillet 2011, aff. T-144/07 e. a., ThyssenKrupp Liften Ascenseurs NV e. a. c/ Commission, point 285 et s. et la note de L. IDOT, *Europe*, octobre 2011, comm. n° 10, p. 34 et du 14 juillet 2011, aff. T-190/06, Total et Elf Aquitaine c/ Commission et la note de L. IDOT, *Europe*, octobre 2011, comm. n° 10, p. 34 confirmé par CJUE, ord., 13 septembre 2012, aff. C-495/11 P, Total SA e. a. c/ Commission ; Sur la majoration dissuasive dans le cadre des lignes directrices de 2006, v. Trib. UE, 6 février 2014, aff. T-40/10, Elf Aquitaine SA c/ Commission, points 311 et s. et la note de L. IDOT, *Europe*, avril 2014, comm. n° 4, p. 29. Cet arrêt n'a pas été frappé de pourvoi.

[816] CJUE, 18 juillet 2013, aff. C-499/11 P, The Dow Chemical Company e. a. c/ Commission, spéc. 90 et points 86 à 93 et la note de G. DECOCQ, *CCC* n° 12-2013, comm. 272 et de L. IDOT, *Europe*, août 2013, comm. n° 8-9, p. 38.

[817] V., *infra*, spéc. n° 284.

260. **Majorations dissuasives et procédures négociées.** Comme rappelé précédemment, les majorations dissuasives visent essentiellement les grandes entreprises, ce qui doit être mis en perspective avec l'aspect négocié des amendes. Il n'a pas été observé de différence notable dans la retenue ou non de la majoration dissuasive suivant que l'entreprise ait ou non transigé avec la Commission. Le contexte transactionnel n'a donc pas eu forcément pour effet de raréfier les majorations dissuasives infligées en sus aux grandes entreprises[818]. Certes, la Commission s'est engagée à ne pas retenir un coefficient multiplicateur supérieur à 2 aux entreprises qui ont transigé avec elle[819]. La menace de coefficient multiplicateur plus élevé semble toutefois assez fictive à ce jour. Il n'a pas été relevé de taux supérieur à 2 à l'encontre d'une entreprise condamnée dans le cadre des lignes directrices de 2006.

Il a été observé, en revanche, quelques entreprises qui ont eu une amende majorée toute en bénéficiant, *in fine*, de l'immunité au titre de la clémence[820]. Dans une démarche un tantinet promotionnelle, la Commission avait en particulier retenu une très lourde majoration dissuasive à l'égard de *Samsung* dans l'affaire des *Écrans LCD*, venant aggraver son amende de 114 millions euros d'après les estimations. Cependant, l'entreprise sud-coréenne a obtenu l'immunité au titre de la clémence dans cette même affaire et n'a donc pas eu à débourser le moindre euro au final. *A priori*, cette démarche pourrait ne pas avoir d'autre effet que d'attirer l'attention sur le fait que Samsung a échappé à une lourde amende grâce à la clémence[821]. Cependant, cette démarche devient plus critiquable quand, sans explication, cette majoration dissuasive n'est subitement plus retenue à l'encontre de cette même entreprise dans une autre affaire de grande importance dans laquelle elle est *in fine* condamnée[822].

---

818 V, par exemple, décisions de la Commission du 15 juillet 2015, Trains-blocs, cons. 14 et 18 du résumé ; du 27 janvier 2016, Alternateurs et démarreurs, cons. 20 du résumé ; du 12 décembre 2016, Fabricants de batteries rechargeables (résumé publié au JOUE 2017 C 117, p. 9), cons. 97 et 98 ; du 8 mars 2017, Systèmes thermiques, cons. 30 du résumé. Ces décisions ont fait l'objet de transactions.

819 V., *infra*, n°s 356 et 401.

820 V., par exemple, décisions de la Commission du 1er octobre 2008, Cires de bougie, cons. 711 et 736. Shell n'a pas formé de recours à l'encontre de la décision ; du 7 octobre 2009, Transformateurs de puissance, cons. 278 et 292. Siemens n'a pas formé de recours à l'encontre de la décision ; et du 8 décembre 2010, Écran LCD, cons. 16 et 18 du résumé. Samsung n'a pas formé de recours à l'encontre de la décision.

821 V., *infra*, n°s 325 et 326.

822 V. décision de la Commission du 5 décembre 2012, Tubes cathodiques pour téléviseurs et écrans d'ordinateur, cons. 24, 32 et 33 du résumé. Samsung était un demandeur de clémence « retardataire » dans l'affaire des Tubes cathodiques pour téléviseurs et écrans d'ordinateur et n'obtint qu'une réduction de 40 % au titre de la clémence et dut donc payer une amende (cons. 27 du résumé). Cette décision est définitive (CJUE, 9 mars 2017, aff. C-615/15 P).

§ 2 – La prise en compte de la taille et des ressources d'une entreprise dans la vérification finale de l'amende

261. **Origine communautaire du plafond de 10 % du chiffre d'affaires.** La taille de l'entreprise est, à double titre, un critère de l'amende infligée en droit de la concurrence. En plus de jouer un rôle dans l'évaluation de l'amende[823], la loi impose à l'Autorité et à la Commission de ne pas prononcer une amende supérieure à 10 % du chiffre d'affaires de l'entreprise sanctionnée. Se pose, de prime abord, la question de ce plafond de l'amende évalué à 10 % du chiffre d'affaires mondial réalisé par l'entreprise. Pourquoi retenir un pourcentage de 10 % ? Pourquoi ne pas aller plus loin ou, au contraire, imposer un maximum moins élevé ? Pour répondre à la question du choix de ce taux, il faut revenir aux origines communautaires de la concurrence et à son règlement n° 17 daté de 1962.

Le Conseil de l'Union européenne doit à la vérité de dire que ce seuil ou plafond de 10 % du chiffre d'affaires a été choisi parce qu'il représentait, à l'époque, la part moyenne du bénéfice dans le chiffre d'affaires d'une entreprise manufacturière[824]. Autrement dit, il était souhaité qu'une amende puisse aller jusqu'à priver une entreprise de son bénéfice annuel réalisé. Il n'a pas été trouvé d'autres explications scientifiques à ce plafond de 10 % qui a ensuite été repris par le règlement n° 1/2003. Il pourrait même paraître obsolète si la volonté est de pouvoir condamner une entreprise à rendre l'ensemble de son profit réalisé une année donnée puisqu'un certain nombre de grands groupes de sociétés ont aujourd'hui des marges bénéficiaires supérieures à 10 % de leurs chiffres d'affaires.

262. **Alignement du droit français sur le droit de l'Union.** En droit français, la grande ordonnance de 1986 avait prévu un maximum légal à hauteur de 5 % du chiffre d'affaires réalisé en France par les entreprises condamnées par le Conseil de la concurrence. Cette approche moins répressive du législateur prit fin en 2001. Sous l'impulsion de la Présidente du Conseil de la concurrence de l'époque, Madame Dominique Hagelsteen[825], la loi NRE avait, en effet, porté le plafond de 5 % à 10 % du chiffre d'affaires mondial d'une entreprise[826]. La loi NRE a même fait préciser que dans le cas où

---

823 Sur l'examen de l'entreprise mono-produit, v., *supra*, n°s 234 et s. et sur la majoration dissuasive, v., *supra*, n°s 239 et s..

824 Rapport d'A. DERINGER pour le Conseil de la CEE sur un premier règlement d'application des articles 85 et 86 du Traité de la CEE, 7 septembre 1961, document 57.

825 B. LASSERRE, « *In memoriam* : Marie-Dominique Hagelsteen, décembre 2012 », *Concurrences* n° 4-2012, art. n° 49307.

826 Article 73 de la loi NRE.

l'entreprise consoliderait son chiffre d'affaires[827], c'est ce dernier qui constitue la référence légale du maximum de l'amende.

263. **Rôle et appréciation du plafond de l'amende.** Le prononcé d'une amende proche ou dépassant le seuil maximal d'une entreprise apparaît somme toute illusoire lorsqu'il s'agit de condamner de grands groupes de sociétés. Par exemple, une grande entreprise telle que Toshiba, au chiffre d'affaires avoisinant les 28 milliards d'euros en 2020, n'a jamais été condamnée à 2,8 milliards d'euros d'amende. La plus lourde des amendes prononcées à son encontre par la Commission n'a pas dépassé les 120 millions d'euros[828]. Pour autant, les amendes prononcées par les autorités de concurrence restent lourdes et représentent une part de plus en plus importante des chiffres d'affaires des entreprises. Il est donc essentiel d'analyser la dimension répressive des amendes à la lumière des chiffres d'affaires des entreprises sanctionnées.

Cela étant, il semble que le critère du plafond n'ait pas comme unique enjeu de vérifier que l'amende n'excède pas 10 % du chiffre d'affaires mondial de l'entreprise. Pour s'en convaincre, il suffit de constater que ce critère a fait l'objet d'une abondante jurisprudence à mesure que les amendes ont augmenté. C'est même statistiquement l'une des questions contentieuses les plus débattues. Dès lors, le rôle exact de ce plafond légal de l'amende interroge.

264. **Division.** Il ressort de ces propos introductifs que le critère final du chiffre d'affaires n'a pas peut-être pas seulement pour objectif de fixer un seuil. Une tentative de réponse nécessite de préalablement examiner les règles de détermination dudit plafond (A). Ces interrogations levées ou non, il y aura ensuite lieu de mettre en perspective le *quantum* des amendes encourues avec le chiffre d'affaires des entreprises (B).

---

827 Un groupe de sociétés a recours à la consolidation de comptes lorsqu'il est composé d'une société mère détenant plusieurs filiales. Ces opérations permettent de regrouper l'ensemble des comptes d'une entreprise, afin de donner un bilan plus objectif de l'état financier d'une entreprise.

828 V. décisions de la Commission du 7 octobre 2009, Transformateurs de puissance (13,2 millions d'euros) ; du 27 juin 2012, Appareillages de commutation à isolation gazeuse (résumé publié au JOUE 2013 C 70, p. 12) (56,7 millions d'euros) et du 5 décembre 2012, Tubes cathodiques pour téléviseurs et écrans d'ordinateur (114,7 millions d'euros). Ces décisions sont définitives (CJUE, du 6 juillet 2017, aff. C-180/16 P, Toshiba Corp. c/ Commission ; du 20 janvier 2016, aff. C-373/14 P, Toshiba Corp. c/ Commission, et du 18 janvier 2017, aff. C-623/15 P, Toshiba Corp. c/ Commission).

A) – La délimitation du plafond de 10 % du chiffre d'affaires

265. **Chiffre d'affaires total et mondial de l'entreprise.** Il y a lieu de préciser d'emblée que le chiffre d'affaires dont il est question à ce stade de l'analyse n'est pas le chiffre d'affaires relatif à l'infraction. Il ne s'agit pas, autrement dit, de la valeur des ventes utilisée pour déterminer le montant de base[829]. Après une période de doute[830], il est désormais acquis que c'est le chiffre d'affaires total et mondial, issu de toutes les ressources et activités de l'entreprise, qui sert de référence comme maximum légal de l'amende[831]. Ce choix résulte en tout état de cause de la loi. Pour les amendes prononcées par la Commission, l'article 23, 2 du règlement n° 1/2003 dispose que « [p]our chaque entreprise et association d'entreprises participant à l'infraction, l'amende n'excède pas 10 % de son chiffre d'affaires total réalisé au cours de l'exercice social précédent ».

Dans une version relativement proche, l'article L. 464-2 du Code de commerce prescrit que « le montant maximum de la sanction est, pour une entreprise, de 10 % du montant du chiffre d'affaires mondial hors taxes le plus élevé réalisé au cours d'un des exercices clos depuis l'exercice précédant celui au cours duquel les pratiques ont été mises en œuvre »[832]. Lorsqu'il ne s'agit pas de condamner une entreprise, mais, en droit français, un organisme, le maximum légal n'a pas été quantifié par le législateur dans les mêmes termes[833]. Le plafond de l'amende infligée aux organismes est exprimé en valeur absolue. Pour ces derniers, l'article L. 464-2 du Code de commerce dispose que « le montant maximum de la sanction est de 3 millions d'euros »[834].

829 Sur la valeur des ventes, v., *supra*, n°s 81 et s..

830 M.-C. BOUTARD LABARDE, G. CANIVET, E. CLAUDEL, V. MICHEL-AMSELLEM, *L'application en France du droit des pratiques anticoncurrentielles*, LGDJ, 2008, p. 494.

831 CJCE, 7 juin 1983, aff. jtes. 100 à 103/80, Musique Diffusion française c/ Commission, point 119 ; Trib. UE, 5 octobre 2011, aff. T-11/06, Romana Tabacchi c/ Commission, points 257 et 259.

832 Avant la modification issue de la loi NRE, seul le chiffre d'affaires réalisé en France pouvait être pris en compte pour la fixation du plafond de l'amende, ce qui n'était pas sans susciter des difficultés lorsque l'entreprise n'avait aucune activité en France (V., par exemple, décision du Conseil n° 04-D-74 du 21 décembre 2004, Marché des liaisons maritimes entre la France et les îles anglo-normandes, para. 58 et la note d'A. RONZANO, *Concurrences* n° 2-2005, art. n° 60912. Cette décision n'a pas fait l'objet de recours).

833 V décision du Conseil constitutionnel QPC n° 2015-510, 7 janvier 2016, ECMA, cons. 7 et le débat mené par L. ARCELIN avec H. GÉNIN et J. VOGEL, « Décision n° 2015-510 QPC du Conseil constitutionnel : faut-il craindre une remise en cause de la cohérence du droit de la concurrence ? », *RLC* n° 52-2016, n° 3006.

834 V., *infra*, n° 465. Il importe toutefois de préciser que la loi DDADUE a introduit en droit français en 2021 la notion d'« association d'entreprises » en remplacement de l'« organisme » et a prévu, comme en droit de l'Union, une amende allant jusqu'à 10 % de leur chiffre d'affaires. Par ailleurs, le maximum légal de l'amende fixé à l'organisme, de l'ordre de 3 millions d'euros, a été abrogé. La notion d'« organisme » continue toutefois d'être étrangement mentionné au troisième alinéa de l'article L. 464-2 du Code de commerce, ce qui ne sera pas sans susciter des difficultés d'articulation entre les « organismes » et les « associations d'entreprises »...

266. Maximum légal de l'amende. Il ressort des deux dispositions citées au paragraphe précédent qu'elles visent à quantifier le maximum légal de l'amende encourue par une entreprise. Il incombe alors à la Commission et à l'Autorité de vérifier que l'amende envisagée n'excède pas le maximum légal de chaque entreprise. Il est souvent fait état dans la jurisprudence de l'Union d'un « plafond » d'amende que la Commission ne saurait transgresser[835]. Dans un arrêt isolé, la cour d'appel de Paris avait retenu une autre approche en soutenant qu'il fallait partir de la peine maximum pour établir le montant de l'amende. La cour avait notamment considéré que « le maximum légal est le seul point de départ légitime du raisonnement sur le montant de l'amende »[836]. Cet arrêt rendu dans l'affaire de l'*Acier* a provoqué un émoi certain et[837], en particulier, sur l'appréciation de ce critère du maximum légal[838]. Au cas d'espèce, il faut bien admettre que la cour d'appel de Paris avait inhabituellement attribué un rôle au chiffre d'affaires autre que celui conféré par la loi.

Dans le communiqué sanctions que l'Autorité a adopté à peine un an plus tard, cette dernière a énoncé la méthode de calcul qu'elle entendait suivre et s'est notamment positionnée sur le maximum légal. Selon l'Autorité, le maximum légal est un rabot final et non un point de départ comme l'a soutenu la cour d'appel de Paris dans l'arrêt *Acier*[839]. À cet égard, le point 21 du communiqué sanctions de 2011 prévoit que l'Autorité procède à la comparaison des amendes qu'elle prononce avec le « maximum légal » encouru par les entreprises. Dans la section consacrée à cette vérification, le point 55 dudit communiqué prévoit, très clairement, que « l'Autorité vérifie que le montant de la sanction pécuniaire [après les différentes étapes de calcul] n'excède pas le maximum légal ».

267. Année de référence. Le choix du chiffre d'affaires mondial d'une entreprise étant indiqué, encore faut-il préciser l'année de réalisation de celui-ci. Plusieurs choix sont envisageables, du chiffre d'affaires réalisé la

---

835 CJUE, 26 janvier 2017, aff. C-611/13 P, Hansa Metallwerke e. a. c/ Commission, points 27 et 29 et 8 mai 2013, aff. C-508/11 P, Eni c/ Commission, point 109 ; Trib. UE, 24 mars 2011, aff. T-385/06, Aalberts Industries e. a. c/ Commission, point 125 ; Trib. UE, 12 octobre 2011, aff. T-41/05, Alliance One International c/ Commission, point 166.

836 CA Paris, 19 janvier 2010, AMD Sud-ouest e. a., n° 2009/334, p. 41.

837 Monsieur Bruno Lasserre, l'ancien président de l'Autorité, avait clairement regretté que le ministre de l'Économie n'ait pas formé un pourvoi devant la Cour de cassation (Audition du 23 juin 2010 devant la Commission des affaires économiques, compte-rendu n° 78). L'Autorité n'avait pas le pouvoir, au moment où a été rendu l'arrêt de la cour d'appel, de former un pourvoi devant la Cour de cassation. C'est désormais le cas depuis le décret n° 2012-840 du 29 juin 2012 relatif aux recours exercés devant la cour d'appel de Paris contre les décisions de l'Autorité de la concurrence (JORF n° 152 du 1er juillet 2012, p. 10838).

838 G. DECOCQ, *CCC*, n° 3-2010, comm. 79 ; E. CLAUDEL, *RTD Com.* 2010, p. 289 ; M. DEBROUX, *Concurrences* n° 2-2010, p. 68 ; *contra.*, L. BOY, *RLC* n° 23-2010, p. 21.

839 C'est également ce qu'ont considéré les auteurs du Rapport Folz, p. 35 et la note de D. BOSCO, *CCC*, n° 11-2010, comm. 261.

première année durant laquelle l'entreprise a mis en œuvre l'infraction jusqu'au dernier chiffre d'affaires connu de l'entreprise. En droit français, l'article L. 464-2 du Code de commerce dispose que l'année de référence est celle où le chiffre d'affaires de l'entreprise a été le plus élevé. Cette référence, issue également de la loi NRE, n'a pas manqué de susciter de vives critiques[840]. Avant cette loi, de nombreuses entreprises du BTP se sachant menacées d'une amende avaient transféré leur activité à une autre société et, par conséquent, le chiffre d'affaires réalisé. Au moment du prononcé de l'amende, ces entreprises n'avaient plus de chiffres d'affaires, si bien qu'elles n'étaient pas sanctionnées ou pas comme elles auraient dû l'être[841]. Le législateur a donc souhaité mettre un terme à ces sociétés « coquilles vides » en se référant à leur chiffre d'affaires le plus élevé et non au dernier connu. Il n'empêche que cette disposition aussi répressive du législateur n'était peut-être pas nécessaire en réponse à cette inquiétude légitime[842].

Ce choix du chiffre d'affaires « le plus élevé » n'est pas la référence légale de la Commission. Moins sévère, le 2 de l'article 23 du règlement n° 1/2003 dispose qu'il y a lieu de vérifier que « l'amende n'excède pas 10 % de [...] chiffre d'affaires total réalisé au cours de l'exercice social précédent »[843]. Cette dernière année, choisie en droit de l'Union, n'est donc pas forcément l'année où le chiffre d'affaires de l'entreprise aura été le plus élevé. Ce choix de la dernière année semble juste. Dans le cadre de cette étape finale, il s'agit en effet d'évaluer le poids de l'amende par rapport à la taille de l'entreprise au moment où elle sera sanctionnée et non, à ce stade, à s'assurer de la sévérité de l'amende. *A contrario*, il ressort même de la jurisprudence que l'existence d'un plafond vise « à protéger les entreprises contre un niveau excessif d'amende qui pourrait détruire leur substance économique. Il en résulte que le plafond se rapporte non pas à la période des infractions sanctionnées, qui peut être révolue depuis plusieurs années à la date d'imposition de l'amende, mais à une époque rapprochée de cette date »[844]. Cette règle n'est toutefois pas appliquée sans souplesse. Lorsque le dernier chiffre d'affaires connu ne reflète pas la situation économique réelle de l'entreprise durant la période au cours de laquelle l'infraction a été

840 F. THIBAULT, *La proportionnalité des sanctions prononcées par les autorités de concurrence françaises et communautaires*, M.-C. BOUTARD-LABARDE (dir.), th. Univ. Toulon, Sudoc, 2000.

841 Rapport du Conseil de la concurrence pour l'année 2005, étude thématique, p. 113.

842 V., *infra*, n° 514

843 La Commission est toutefois en droit de se référer au chiffre d'affaires relatif à un exercice social antérieur lorsque l'exercice social précédant l'adoption de la décision ne donne aucune indication utile sur la situation économique réelle de l'entreprise (CJUE, du 7 juillet 2016, aff. C-514/15 P, HIT Groep c/ Commission, points 29 et 30).

844 Trib. UE, 9 décembre 2014, aff. T-472/09 et T-55/10, SP SpA c/ Commission, point 307. Cet arrêt n'a pas été frappé d'un pourvoi.

commise, la Commission est en droit de se référer à un autre chiffre d'affaires réalisé par l'entreprise[845].

268. **Maximum légal et non-cumul des peines.** Il importe également d'examiner la vérification du maximum légal de l'amende lorsqu'une pluralité d'infractions est recensée dans la même décision et qu'il y a eu plusieurs amendes prononcées à l'encontre d'une entreprise. Le fait de ne pas vérifier le plafond de l'amende pour l'ensemble des amendes prononcées au sein d'une seule décision pourrait contrevenir au principe pénal de non-cumul des peines en vertu duquel les peines prononcées pour certaines infractions ne se cumulent pas. Cette question s'est posée dans l'affaire des *Farines*, dans laquelle la cour d'appel de Paris a jugé que le maximum légal « s'applique pour chaque infraction commise »[846]. En d'autres termes, il est donc possible pour l'Autorité de sanctionner une entreprise à plusieurs amendes dont l'addition est supérieure à 10 % du chiffre d'affaires. Il en est de même devant la Commission, laquelle a récemment sanctionné une entreprise à deux amendes dont la somme est égale à 20 % de son chiffre d'affaires et avec l'aval du juge de l'Union[847].

269. **Chiffre d'affaires de l'entreprise en droit de l'Union.** L'analyse relative au plafond de l'amende ou du maximum légal implique de s'interroger sur la notion d'entreprise[848], telle qu'entendue en droit de la concurrence[849]. Cette question s'est surtout posée quand il s'agit d'une société appartenant à un groupe de sociétés. Or, il est très généralement considéré que toutes ces sociétés composent l'entreprise responsable des pratiques anticoncurrentielles. D'après le juge de l'Union, le chiffre d'affaires cumulé desdites sociétés est à même de constituer une indication de la taille et de la puissance économique réelle de l'entreprise en question[850]. C'est ainsi que le chiffre d'affaires de référence, c'est-à-dire l'assiette sur laquelle le plafond de 10 % s'exerce, est dans la grande majorité des cas celui du groupe de sociétés. Plus précisément, il s'agit d'additionner les chiffres d'affaires de la société en infraction et des sociétés avec lesquelles elle

---

845 CJUE, 15 mai 2014, 1. Garantovaná c/ Commission, aff. C-90/13 P et la note de M. BÉHAR-TOUCHAIS, *Concurrences* n° 3-2014, p. 74 ; CJCE, 7 juin 2007, aff. C-76/06 P, Britannia Alloys & Chemicals c/ Commission, points 25 à 32 et la note de G. DECOCQ, *CCC* n° 8-9-2007, p. 210 et de L. IDOT, *Europe*, août-septembre 2007, comm. n° 219, p. 26.

846 CA Paris, 4 juillet 2019, Goodmills Deutschland e. a., n° 16/23609, points 669 et s..

847 Trib. UE, 6 février 2014, aff. T-27/10, AC Treuhand c/ Commission, points 230 à 231 confirmé par CJUE, 22 octobre 2015, aff. C-194/14 P, AC Treuhand c/ Commission.

848 V., *infra*, spéc. n°s 425 et 436.

849 Pour aller plus loin, v. L. ARCELIN-LÉCUYER, *L'entreprise en droit de la concurrence français et communautaire*, V. SELINSKY (dir.), th. Univ. Montpellier 1, 2001.

850 TPICE, du 12 décembre 2007, aff. T-112/05, Akzo Nobel e. a. c/ Commission, point 90, et Trib. UE, du 16 novembre 2011, aff. T-79/06, Sachsa Verpackung c/ Commission, point 107.

forme une entreprise[851]. Le cas échéant, la Commission peut même se référer au chiffre d'affaires consolidé d'une entreprise[852]. À la suite de ce calcul, la Commission vérifie que l'amende n'excède pas 10 % de chiffre d'affaires total de l'entreprise.

270. **Conséquences pécuniaires.** L'appréhension de plusieurs sociétés en une entreprise emporte plusieurs conséquences quant à l'amende imposée[853]. Cette qualification permet de « déplafonner » le montant maximal des amendes encourues lorsque la société en infraction appartient à un groupe de sociétés[854]. Entre le chiffre d'affaires d'une filiale et celui de sa société mère, c'est parfois un rapport de 1 à 100, voire de 1 à 1000. Poursuivre et condamner le groupe de sociétés et non la seule société en infraction est donc d'une importance capitale dans la politique répressive mise en place par la Commission. Il s'agit même d'une obligation lorsque la Commission souhaite se référer au chiffre d'affaires d'un groupe de sociétés. Ce déplafonnement en dit long sur le rôle qu'a joué la notion d'entreprise sur l'augmentation des amendes[855], d'autant plus que le chiffre d'affaires n'est pas sans incidence sur le calcul de ces amendes[856].

---

851 TPICE, du 20 mars 2002, aff. T-9/99, HFB e. a. c/ Commission, points 54, 528 et 529 ; du 15 juin 2005, Tokai Carbon Co. Ltd e. a. c/ Commission, aff. T-71/03, T-74/03, T-87/03 et T-91/03, point 385, et Trib. UE, du 16 novembre 2011, aff. T-79/06, Sachsa Verpackung c/ Commission, point 107.

852 Trib. UE, 16 novembre 2011, aff. T-72/06, Groupe Gascogne SA c/ Commission, point 96 et s. confirmé sur ce point par CJUE, 26 novembre 2013, aff. C-58/12 P, Groupe Gascogne SA c/ Commission, point 54 et s. ; Trib. UE, 27 mars 2014, aff. T-56/09 et T-73/09, Saint-Gobain e. a. c/ Commission, points 450 à 452 et la jurisprudence citée.

853 I. LUC, « L'approche des juridictions européennes et françaises en matière d'imputabilité et les incidences sur le montant de la sanction pécuniaire », *Revues Dalloz*, 2015, p. 58.

854 C. LEMAIRE, « Responsabilité concurrentielle des groupes de sociétés », *CCC* n° 7-2017, dossier 5 ; M. DEBROUX, « Sanction des cartels en droit communautaire : Définition et conséquences d'une "responsabilité de groupe" », *Concurrences* n° 1-2008, p. 42 et F. CHAPUT, « l'autonomie de la filiale en droit des pratiques anticoncurrentielles », *CCC* n° 1-2010, étude 1.

855 L. IDOT, « La responsabilité pénale des personnes morales : Les leçons du droit européen de la concurrence », *Concurrences* n° 1-2012, p. 55 et M. DEBROUX, « Sanction des cartels en droit communautaire : Définition et conséquences d'une "responsabilité de groupe" », *Concurrences* n° 1-2008, p. 42 et A. APEL, « Entreprise, amendes solidaires…et personnelles », *RLC* n° 43-2015, p. 79.

856 Le chiffre d'affaires total de l'entreprise conserve toujours une grande importance dans la détermination même du *quantum* de l'amende. Certes, il ne joue aucun rôle lors de l'étape du montant de base lorsque l'Autorité ou la Commission se réfère à leurs grilles de sanctions. Cependant, ce critère retrouve un rôle à jouer au moment de l'ajustement de ce montant de base. Le caractère mono-produit d'une entreprise est évalué, en effet, par rapport au chiffre d'affaires total réalisé (V., *supra*, n°s 234 et s.). De même, la majoration dissuasive peut être retenue à l'encontre de puissants groupes de sociétés à raison, notamment, de leurs chiffres d'affaires totaux élevés (V., *supra*, n°s 239 et s.). La cour d'appel de Paris a d'ailleurs rappelé récemment que « le caractère dissuasif d'une sanction s'apprécie davantage au regard du pourcentage d'un chiffre d'affaires de l'entreprise concernée que représente la sanction qu'au regard du montant de cette sanction » (CA Paris, 23 mai 2017, Laïta e. a., n° 2015/08224, points 696 et 697). En réalité, le chiffre d'affaires est toujours pris en compte pour vérifier que le *quantum* de l'amende est bien conforme aux attentes de proportionnalité et de dissuasion. Cette approche doit être approuvée dans la mesure où le chiffre d'affaires total est l'un des indicateurs les plus fiables pour représenter la situation économique, financière et comptable d'une entreprise.

271. Chiffre d'affaires de l'entreprise en droit français. En 2001, le législateur français a modifié l'article L. 464-2 du Code de commerce en ajoutant que le chiffre d'affaires à prendre en compte dans l'évaluation du maximum légal est celui de l'entreprise et, le cas échéant « celui figurant dans les comptes consolidés ou combinés de l'entreprise consolidante ou combinante ». D'après la cour d'appel de Paris, il ressort des travaux législatifs sur la loi NRE que la volonté du législateur était d'abord d'éviter que les entreprises, par des mesures de restructuration et de filialisation, ne diminuent artificiellement l'assiette de l'amende susceptible d'être prononcée contre elles[857]. Ces situations se sont hélas souvent produites par le passé[858]. C'est donc avec la volonté de faire cesser de telles pratiques que le législateur a modifié la loi. Ces propos ont d'ailleurs été rappelés, dans des termes similaires, par le Conseil constitutionnel dans le cadre d'une QPC relative à cette référence légale aux comptes consolidés ou combinés[859].

Or, cette modification, qui semble logique et anodine au départ, a toutefois suscité de très grandes controverses. Plus précisément, la question s'est posée de savoir si l'Autorité avait l'obligation d'engager la responsabilité du groupe pour que l'amende soit référencée au chiffre d'affaires consolidé. Certes, l'Autorité et, avant elle, le Conseil avaient parfaitement intégré et repris à leur compte la notion d'entreprise. Cependant, l'un comme l'autre se sont longtemps abstenus d'imputer les pratiques au groupe auquel appartenait la société en infraction, cette dernière étant la seule à constituer l'entreprise responsable des pratiques. Le tournant a eu lieu avec l'affaire *Orange caraïbe*, dans laquelle l'Autorité a annoncé qu'elle alignait sa pratique sur celle de la Commission[860]. Progressivement, son intention s'est de moins en moins focalisée sur la société en infraction pour, au contraire, se concentrer de plus en plus sur le groupe auquel elle appartient. Aujourd'hui, il est de règle que l'Autorité poursuive les groupes de sociétés dès que possible[861]. Il y a donc lieu, le plus souvent, de se référer au maximum légal du groupe de sociétés lorsque l'Autorité vérifie que l'amende ne dépasse pas le plafond de 10 % du chiffre d'affaires.

---

857 CA Paris, du 15 mars 2018, Sermétal Réunion SA e. a., n° 16/14231, point 219 et du 19 juillet 2018, Chronopost e. a., n° 16/01270, point 1250.

858 Rapport annuel de l'Autorité pour l'année 2005, p. 115 et 116 et M.-C. BOUTARD LABARDE, G. CANIVET, E. CLAUDEL, V. MICHEL-AMSELLEM, préc., p. 494.

859 V. décision du Conseil constitutionnel n° 2015-489 QPC du 14 octobre 2015, Société Grands Moulins de Strasbourg SA e. a. (JORF n° 240 du 16 octobre 2015), p. 19325, texte n° 75, cons. 16 et les notes de C. LEMAIRE, S. NAUDIN, *Concurrences* n° 1-2016, p. 179 et d'A. RONZANO, *Concurrences* n° 1-2016, n° 78072.

860 V., *infra*, n°s 438 et 449.

861 Cette pratique a fait des émules. Il est à noter que la DGCCRF a, pour la première fois, imputé les pratiques mises en œuvre par deux filiales à la holding dans l'affaire des Déménagements des militaires à Saint-Dizier, de décembre 2018, consultable sur le site Internet de la DGCCRF.

272. Doute sur la référence *de jure* aux comptes consolidés. C'est sans doute l'arrêt *Acier* qui a fait naître une controverse sur la référence *de jure* aux comptes consolidés des entreprises. Pour bien comprendre, il faut s'attacher à un passage relativement peu clair de l'arrêt où il est dit « que l'article L. 464-2 […] évoque le chiffre d'affaires du groupe pour hausser le maximum légal de la sanction, mais aussi pour tenir compte de la taille de l'opérateur, de la possibilité qu'a l'entreprise fautive de s'adosser juridiquement et économiquement à un ensemble plus puissant ; que cependant, la loi n'indique pas qu'il faille s'abstraire du chiffre d'affaires de la société personnellement poursuivie ; que cette référence seconde sera même préférée lorsque l'appartenance à un groupe n'a joué aucun rôle significatif dans les mécanismes de comportement anticoncurrentiel »[862]. À la lecture du dispositif de la décision[863], il n'apparaît nulle part le nom de toutes les sociétés mères des sociétés ayant mis en œuvre l'infraction. Plus précisément, il semble avoir été reproché au Conseil de ne pas avoir mis à la cause, ni même d'avoir spécifié le rôle joué par les groupes de sociétés auxquels appartenaient les sociétés contrevenantes.

Certes, ce reproche formulé par la cour d'appel de Paris peut s'entendre. Il faut néanmoins dire qu'une telle exigence ne s'inscrivait absolument pas dans le courant jurisprudentiel du moment[864]. Quand bien même la cour était ensuite fondée à critiquer le Conseil sur ce point, sa démarche n'en demeure pas moins incompréhensible au stade de la quantification de l'amende. Dans cette affaire, il semble, sans que cela soit très clair, que le groupe Descours & Cabaud ait été l'un des rares à avoir vu sa responsabilité engagée en tant que groupes de sociétés. Le Conseil de la concurrence avait donc retenu sa responsabilité avec, comme maximum légal, un chiffre d'affaires consolidé de 3,2 milliards d'euros[865]. L'imputabilité des pratiques au groupe Descours & Cabaud a d'ailleurs été entièrement confirmée dans l'arrêt. Il était donc permis de s'attendre à une réduction proportionnellement moindre que celle retenue à l'égard des autres sociétés dont les sociétés mères n'avaient pas été mises en cause. Jugeant cependant « le très faible volume d'affaires de la société par rapport à son groupe » et « que le chiffre d'affaires du groupe doit servir de référence partielle », la cour d'appel a drastiquement diminué son amende de 82,5… à 3,9 millions d'euros[866]. Imputation au groupe ou

---

862 CA Paris, 19 janvier 2010, AMD Sud-ouest e. a., n° 2009/334, p. 41 et la note de L. Idot, *Europe*, n° 3, mars 2010, alerte 12 et de G. Decocq, *CCC* n° 3-2010, comm. 79.

863 V. décision du Conseil n° 08-D-32 du 16 décembre 2008, Acier, articles 1 et 3.

864 Dans l'arrêt des *Carburéacteurs* rendu un mois plus tôt, la cour d'appel de Paris n'avait vu aucune difficulté à ce que l'Autorité se soit référée d'office aux comptes consolidés de l'entreprise (CA Paris, du 24 novembre 2009, Chevron Products Compagny e. a., n° 2009/00315, p. 33). De même dans l'arrêt rendu quelques mois plus tard dans l'affaire des *Travaux de voies ferrées*, les juges de la chambre 5-7 ont également confirmé la référence aux comptes consolidés en l'absence de l'imputation des pratiques aux groupes de sociétés (CA Paris, 29 juin 2010, Colas Rail e. a., n° 2009/19724, p. 16).

865 V. décision du Conseil n° 08-D-32, préc., para. 36, 37, 177 et 309.

866 CA Paris, 19 janvier 2010, préc., p. 43 et 44.

non, il était dit que les amendes devaient drastiquement baisser dans cette affaire...

Plus tard, la cour d'appel de Paris a pour ainsi dire réitéré ses doutes sur la référence *de jure* aux comptes consolidés dans le cadre d'une demande de sursis au paiement d'une amende dans l'affaire des *Farines*[867]. Elle a enfin réaffirmé une troisième fois sa position dans l'affaire des *Monuments historiques*, jugeant que le chiffre d'affaires de la société en infraction était la référence du maximum légal en l'absence de mise en cause du groupe auquel elle appartenait[868]. Si l'Autorité a par la suite imputé de façon récurrente les pratiques anticoncurrentielles aux groupes de sociétés, il n'en reste pas moins qu'elle n'a pas toujours tenu compte des préceptes de la cour d'appel dans les décisions ultérieures[869].

273. **Confirmation du chiffre d'affaires consolidé.** L'obligation d'imputer l'infraction au groupe de sociétés pour se référer aux comptes consolidés, comme semblait l'y inviter la cour d'appel dans les arrêts *Acier* et *Monuments historiques*, a été ultérieurement invalidée par la Cour de cassation. Dans l'arrêt rendu dans l'affaire des *Farines*, la Cour de cassation a jugé que le plafond de l'amende encourue par une société en infraction doit être calculé à partir du chiffre d'affaires figurant dans les comptes de l'entreprise consolidante, peu importe que cette dernière ait pris le contrôle de la contrevenante après la cessation de l'infraction[870]. En résumé, il ressort de ce cas d'espèce qu'il n'est pas nécessaire d'imputer les pratiques au groupe auquel appartient une société en infraction pour pouvoir se référer aux comptes consolidés.

Par la suite, la cour d'appel de Paris n'a pas tergiversé en reprenant à son compte cette référence *de jure* aux comptes consolidés dans des cas similaires et assez contestables relevés dans les affaires des *Produits laitiers* et des *Messageries*[871]. Quand bien même il s'agit d'une matière pénale, il est difficile cependant d'adhérer à une application aussi stricte de la loi. Une telle jurisprudence, à cet égard, présente une contrariété évidente avec le

---

867 CA Paris (ord.), 3 juillet 2012, Axiane Meunerie, n° 12/09395, et Minoteries Cantin, n° 12/09397 annulée par Cass. com., 22 octobre 2013, Président de l'Autorité c/ Axiane meunerie e. a. et Président de l'Autorité c/ Minoteries Cantin e. a., n° B 12-23 486 et C 12-23.487. Sur cette affaire, v., *infra*, n°s 629 et s..

868 CA Paris, du 28 mai 2015, Degaine e. a., n° 2014/09272, p. 7 et la note d'A. RONZANO, *Concurrences* n° 3-2015, art. n° 75339. Cet arrêt n'a pas été frappé de pourvoi.

869 V. décision de l'Autorité du 20 décembre 2012 n° 12-D-27, Billetterie de spectacles, para. 412 et 413 et l'article de L. TOLOT, « Le prix de l'appartenance à un groupe en cas de sanction de la filiale », *RLC* n° 36-2013, n° 2381. Cette décision n'a pas fait l'objet de recours.

870 Cass. com., 8 novembre 2016, VK-Mühlen AG e. a., n° 955 FS-D, p. 34 et l'article de M. DUMARÇAY, « Des lignes de force au forçage des lignes, il n'y a qu'un pas : retour sur la méthode de fixation du maximum légal de l'amende encourue au titre d'une pratique anticoncurrentielle », *RLC* n° 57-2017, p. 20.

871 CA Paris, du 23 mai 2017, Laïta e. a., n° 2015/08224, points 605 à 628, et du 19 juillet 2018, Chronopost e. a., n° 16/01270, points 1232 à 1260.

droit de l'Union[872]. Cette référence de droit aux comptes consolidés est inique dans les cas où la responsabilité du groupe de sociétés est écartée puisqu'elle a pour conséquence que l'amende sera évaluée comme si ce groupe avait lui-même participé à cette infraction.

B) – L'évaluation de la sévérité de l'amende par rapport au chiffre d'affaires

274. **Valeur relative de l'amende.** Depuis le début de cette étude, il a été observé que les amendes infligées par la Commission européenne et l'Autorité de la concurrence ont sans cesse augmenté ces deux dernières décennies. Ces amendes ont pu atteindre parfois des montants spectaculaires. Des amendes d'un montant en dizaines de millions, en centaines de millions, voire en milliards d'euros ont été, en répression, infligées à des entreprises pour avoir enfreint le droit de la concurrence. Il ne faut toutefois pas toujours prendre ces chiffres en valeur absolue et de manière brute. La prudence impose en effet de mettre en relief ces amendes avec les ressources de ces entreprises. En effet, l'indicateur de référence d'une entreprise reste son chiffre d'affaires. C'est donc en rapportant l'amende d'une entreprise à son chiffre d'affaires qu'il convient d'évaluer la sévérité des autorités de concurrence. Il y a toutefois lieu de préciser que les amendes exposées dans les paragraphes suivants sont celles qui ont été finalement infligées aux entreprises et qu'il a été tenu compte, le cas échéant, des réductions accordées au titre des procédures négociées.

275. **Amendes de la Commission pour cartels.** Depuis l'adoption des lignes directrices de 2006, environ la moitié des entreprises condamnées à la suite de cartels ont été, en répression, sanctionnées d'une amende comprise entre 0 et 1 % de leur chiffre d'affaires mondial[873]. C'est même 65 % des entreprises condamnées qui ont reçu une amende comprise entre 0 et 2 % de leur chiffre d'affaires. De l'autre extrémité de la fourchette de l'amende, ce n'est seulement que 9 % des entreprises qui se sont vu imposer des amendes oscillantes entre 9 et 10 % de leur chiffre d'affaires[874]. Une analyse empirique des amendes infligées par la Commission confirme que les plus grandes entreprises ont été proportionnellement les moins sanctionnées. La

---

872 CJUE, 4 septembre 2014, aff. C-408/12 P, YKK e. a. c/ Commission, points 83 à 94 et la note de M. BEHAR-TOUCHAIS, *Concurrences* n° 4-2014, p. 108, L. IDOT, *Europe*, novembre 2014, n° 11, p. 35 et l'article d'É. BARBIER DE LA SERRE, E. LAGATHU, « The Law on Fines Imposed in EU Competition Proceedings : Fifty Shades of Undertakings », *Journal of ECL*, septembre 2015, vol. 6, 7, p. 530.

873 Ces statistiques sont actualisées et disponibles sur le site de la Commission. En tenant compte des bénéficiaires de l'immunité, c'est plus de 60 % des entreprises qui ont été sanctionnées d'une amende entre 0 et 1 %.

874 V., également l'analyse de É. BARBIER DE LA SERRE, C. WINCKLER, « A Survey of Legal Issues Regarding Fines Imposed in EU Competition Proceedings (2010) », *Journal of ECL*, 2011, vol. 2, n° 4, p. 356.

réciproque se vérifie également en ce que les entreprises d'une taille limitée ou mono-produit ont été proportionnellement les plus sanctionnées[875]. Quelques amendes indiquées dans le tableau suivant en attestent :

Décisions de la Commission*	**Entreprise**	**Montant ajusté et final (€)**	**Chiffre d'affaires réalisé par l'entreprise (€) (Amende/CA)**
Raccords (2006)	Frabo	1 970 000 €	19 700 000 € (10 %)
Appareillage de commutation à isolation gazeuse (2007)	Siemens	396 562 500 €	72 448 000 000 € (0,5 %)
Verre automobile (2008)	Saint Gobain	880 000 000 €	43 800 000 000 € (2 %)
Verre automobile (2008)	Soliver	4 396 000 €	43 960 000 € (10 %)
Installations sanitaires pour salles de bains (2010)	Rubinetteri a Cisal	1 196 269 €	11 962 690 € (10 %)
Tubes cathodiques pour téléviseurs et écrans d'ordinateur (2012)	Philips	705 296 000 €	23 560 000 000 € (3 %)
Produits dérivés de taux d'intérêt (2013)	Deutsche Bank	465 861 000 €	31 916 000 000 € (0,014 %)
Roulements (2014)	Schaeffler	370 481 000 €	12 100 000 000 € (3 %)
Producteurs de camions (2016)	Daimler	1 008 766 000 €	153 000 000 000 € (0,65 %)

276. **Amende de la Commission pour abus de position dominante.** Après une période de grande accalmie dans la condamnation des abus de position dominante, la Commission européenne a brusquement changé de cap sous l'ère Vestager (2014-2019). Dit autrement, la Commission n'a plus autant privilégié la résolution d'une affaire par la voie d'engagements. Ces

---

[875] C. VELJANOVSKI, « European Cartel Fines under the 2006 Penalty Guidelines : A Statistical Analysis », 2010, « Deterrence, Recidivism and European Cartel Fines », 2011, disponible sur le site ssrn.com.

* Liste non exhaustive.

dernières années ont, en effet, été très marquées par les nombreux abus de position dominante sanctionnés. C'est toutefois la lourdeur des amendes qui impressionne le plus. Ce n'est pas Google qui dira le contraire. Ce géant états-unien a été, en trois années, sanctionné à hauteur de 1,5, de 2,7 et même de 4,5 milliards d'euros. Ce sont, et de loin, les trois amendes les plus élevées qui ont été imposées à une entreprise par la Commission. Cette dernière a eu également la main lourde dans d'autres décisions, comme en 2018 dans la deuxième affaire de Qualcomm par exemple. Cette entreprise a été condamnée à une amende de 998 millions d'euros, ce qui représente 4,9 % de son chiffre d'affaires. Quand bien même cette tendance devra se confirmer, les amendes infligées aux monopoleurs ces cinq dernières années sont devenues plus impactantes encore que celles imposées aux cartellistes. Ce constat est non seulement vérifiable au regard des amendes en valeur absolue, mais également et surtout en rapportant lesdites amendes aux chiffres d'affaires des entreprises sanctionnées. Plusieurs de ces amendes sont recensées dans le tableau ci-dessous :

Décisions de la Commission*	**Entreprise**	**Montant ajusté et final (€)**	**Chiffre d'affaires réalisé par l'entreprise (€) (Amende/CA)**
AdSense (2019)	Google	1 490 000 000 €	136 000 000 000 € (1,1 %)
Android (2018)	Google	4 340 000 000 €	136 000 000 000 € (4 %)
Chipsets de bande de base LTE (2018)	Qualcomm	997 439 000 €	2 035 000 000 € (4,9 %)
Shopping (2017)	Google	2 420 000 000 €	81 597 000 000 € (3 %)
ARA Foreclosure (2016)	ARA	6 015 000 €	197 200 000 € (3 %)
Processeurs (2009)	Intel	1 060 000 000 €	26 581 560 000 € (4 %)
Systèmes d'exploitation (2008)	Microsoft	860 000 000 €	58 400 000 000 € (1,5 %)
Internet haut débit (2007)	Telefónica	151 875 000 €	52 901 000 000 € (0,2 %)

* Liste non exhaustive.

277. Amendes du Conseil de la concurrence. Comme précédemment dit, les amendes prononcées par le Conseil de la concurrence de la date de sa création en 1986 jusqu'à la fin du siècle dernier étaient largement inférieures à celles infligées à ce jour. Comme premier élément d'explication, le Conseil n'avait tout simplement pas la politique répressive actuelle et sa politique de poursuite n'était pas centrée sur les pratiques anticoncurrentielles les plus graves. Dans les années 90, le Conseil a d'abord eu besoin d'élaborer et de parfaire sa pratique décisionnelle sous le contrôle du juge, ce qui nécessitait de la prudence dans le prononcé des amendes. Cette pratique décisionnelle bien établie, le Conseil a toutefois été longtemps impuissant à sanctionner certaines entreprises à la hauteur de l'infraction commise. Jusqu'à la loi NRE[876], l'article L. 464-2 du Code de commerce dans sa version de l'époque ne prévoyait pas de se référer au chiffre d'affaires consolidé le plus élevé, mais, le cas échéant, au dernier chiffre d'affaires connu de l'entreprise.

Il en résultait des stratégies d'évitement de l'amende de la part des entreprises en transférant l'activité de la société en cause à une autre et par conséquent son chiffre d'affaires. Sous l'empire de la loi antérieure, le Conseil ne pouvait qu'imposer une amende limitée à 5 % d'un chiffre d'affaires considérablement réduit ou inexistant. D'où des amendes très faibles prononcées à l'égard d'entreprises « coquille vide » qui avaient participé à des pratiques d'une grande gravité. Cela n'a toutefois pas empêché le Conseil d'aller jusqu'à infliger les amendes maximales qui étaient encourues par les entreprises dans les affaires des *Lycées d'Île-de-France* et du *Transport public urbain de voyageurs*[877]. Ces amendes restaient toutefois largement inférieures à ce que le Conseil aurait sans doute prononcé s'il n'avait pas été limité par la loi[878]. De même, le Conseil se contraignait à poursuivre ces « coquilles vides » aussi longtemps qu'elles existaient et s'abstenait de poursuivre les sociétés qui avaient récupéré leurs activités illicites et/ou leurs sociétés mères communes lorsqu'elles existaient[879].

La modification de la base légale de l'amende par la loi NRE a supprimé tous ces écueils. Cette politique répressive a pu se mettre en place et se développer au début des années 2000, le Conseil ayant commencé à infliger des amendes de plus en plus élevées. Les affaires du *Cartel de la téléphonie mobile* et ensuite celle de l'*Acier* ont été des plus mémorables dans la mise en place d'une politique répressive en France, jusqu'à ce que l'Autorité de la concurrence succède au Conseil en 2009. Plusieurs décisions

---

876 V., *supra*, n° 271.

877 M.- C. BOUTARD LABARDE, G. CANIVET, E. CLAUDEL, V. MICHEL-AMSELLEM, *L'application en France du droit des pratiques anticoncurrentielles*, LGDJ, 2008, p. 516.

878 V. décisions du Conseil n° 01-D-36 du 28 juin 2001, Secteur du béton prêt à l'emploi et des produits en béton en Côte-d'Or, p. 40 et 41 et n° 06-D-07 bis* du 21 mars 2006, Drapo, para. 785 et 786.

879 V., *infra*, n° 514.

emblématiques prises par le Conseil de la concurrence sont recensées dans le tableau suivant :

Décisions du Conseil de la concurrence*	**Entreprise**	**Montant ajusté et final (€)**	**Chiffre d'affaires réalisé par l'entreprise (€) (Amende/CA)**
Travail temporaire (09-D-05)	Adecco France	32 500 000 €	4 400 000 000 € (0,7 %)
Acier (08-D-32)	Arcelor	288 000 000 € et 12 950 000 € et 830 000 €	76 770 000 000 € (0,4 %)
Lycées d'Île-de-France (07-D-15)	Bouygues SA et Bouygues Bâtiment	3 213 000 € et 20 765 000 €	64 270 115 € (5 %) et 106 627 640 € (5 %)
Téléphonie mobile (05-D-65)	Orange France	256 000 000 €	47 157 000 000 € (0,5 %)
Internet haut débit (05-D-59)	France Télécom	80 000 000 €	47 157 000 000 € (0,17 %)
Transport public urbain de voyageurs (05-D-38)	Keolis	3 900 000 €	78 000 000 € (5 %)
Crédit immobilier (00-D-28)	Crédit Agricole	69 230 000 €	25 340 000 000 € (0,27 %)
Génie civil (95-D-76)	Spie-Battignoles	3 300 000 €	193 000 000 € (1,7 %)

278. **Amendes de l'Autorité pour ententes.** À partir de 2009, les amendes infligées par l'Autorité se sont régulièrement rapprochées de celles infligées par la Commission dans la mesure où, tout d'abord, ce sont les groupes de sociétés qui ont fait l'objet de poursuites et de sanctions[880]. À partir de l'année 2011, c'est également l'adoption d'une grille de sanctions similaire à celle de la Commission qui a eu pour effet d'augmenter considérablement les amendes infligées aux entreprises condamnées. Cette analyse s'est vérifiée dans les décisions relatives aux ententes anticoncurrentielles. Lorsque l'Autorité a été amenée à sanctionner des cartels, elle a infligé des amendes exemplaires pour ne pas dire sévères. Comme nous l'avons

* Liste non exhaustive.

880 V., *infra*, n°s 438 et 449.

toutefois vu, ces amendes sont toutefois inférieures en valeur absolue et relative en comparaison avec celles de la Commission. L'examen des amendes au regard de la taille et des ressources des auteurs des infractions révèle également que ce sont les petites entreprises qui sont les plus sanctionnées par l'Autorité. Certaines des plus lourdes amendes infligées à des entreprises ayant participé à des ententes sont relatées dans le tableau ci-dessous :

Décisions de l'Autorité*	**Entreprise**	**Montant ajusté et final (€)**	**Chiffre d'affaires réalisé par l'entreprise (€) (amende/CA)**
Lessives (11-D-19)	Procter & Gamble	240 240 000 €	61 700 000 000 € (0,38 %)
Farines (12-D-09)	Groupe Nutrixo	35 205 300 € et 24 605 592 € et 95 920 €	945 908 000 € (6,33 %)
Alimentation pour chiens et chats (12-D-10)	Nestlé	19 040 000 €	75 063 000 000 € (0,025 %)
Produits d'hygiène et d'entretien (14-D-19)	L'Oréal	189 494 000 €	22 976 600 000 € (0,82 %)
Messageries (15-D-19)	Geodis/SNCF	196 062 000 €	29 296 000 000 € (0,67 %)
Revêtements de sols (17-D-20)	Tarkett	165 000 000 €	2 739 300 000 € (6 %)
Produits électroménagers (18-D-24)	Whirlpool (ex. Indesit) et Whirlpool	46 000 000 € et 54 000 000 €	5 700 000 000 € (1,75 %)

* Liste non exhaustive.

279. **Amendes de l'Autorité pour abus de position dominante.** Avec une moyenne approximative de 3 à 4 décisions par an, l'Autorité a beaucoup plus régulièrement sanctionné les monopoleurs que la Commission. Certes, l'Autorité n'a pas une approche aussi répressive que celle récemment observée chez la Commission. Elle a toutefois elle aussi imposé de lourdes amendes. Les anciens monopoleurs publics peuvent en témoigner, en particulier Orange et Engie (ex-GDF Suez). Ces opérateurs contre lesquels l'Autorité est entrée en voie de condamnation se sont vu infliger, en répression, des amendes de l'ordre de 350 millions et de 100 millions d'euros. Certaines des amendes relevées dépassent 1 % des chiffres d'affaires mondiaux de ces groupes de sociétés. Plusieurs des amendes évoquées sont retranscrites dans le tableau ci-dessous :

Décisions de l'Autorité*	**Entreprise**	**Montant ajusté et final (€)**	**Chiffre d'affaires réalisé par l'entreprise (€) (amende/CA)**
Fret ferroviaire (12-D-25)	SNCF	60 966 000 €	32 645 000 000 € (0,2 %)
Plavix (13-D-11)	Sanofi	40 600 000 €	34 947 000 000 € (0,1 %)
Presse sportive (14-D-02)	Amaury	3 514 000 €	682 897 000 € (0,5 %)
Communications électroniques (15-D-20)	Orange	350 000 000 €	40 236 000 000 € (0,8 %)
TDF III (16-D-11)	TDF	9 000 000 € et 11 600 000 €	1 629 000 000 € (1,2 %)
Umicore (16-D-14)	Umicore	69 243 000 €	4 480 939 000 € (1,5 %)
Engie (17-D-06)	Engie	100 000 000 €	66 600 000 000 € (0,15 %)
Apple (20-D-04)	Apple	1 101 969 952 €	223 300 000 000 € (0,49 %)

* Liste non exhaustive.

280. **Analyse par entreprise.** Jusqu'à la fin des années 90, il n'est pas exagéré de dire qu'il n'était pas habituel pour le Conseil de la concurrence et la Commission de prononcer des amendes très élevées. Sans qu'une date ne puisse être précisément apposée, ce tournant répressif s'est opéré au début des années 2000. Cette politique répressive de ces deux gendarmes de la concurrence s'est mise progressivement en place. Les amendes d'aujourd'hui, pour ainsi dire, n'ont plus grand-chose à voir avec celles imposées dans les années 80 et 90.

Pour s'en convaincre, il est intéressant de comparer les évolutions des amendes infligées à des entreprises défavorablement connues de la Commission et de l'Autorité. Du côté du gendarme français de la concurrence, l'entreprise Orange, anciennement France Télécom, est un excellent exemple de la mise en place de cette politique répressive. De premières amendes qui lui ont été infligées dans les années 90, de l'ordre d'un million de francs[881], de 20 millions de francs[882], il n'en reste qu'un vague souvenir. À partir des années 2000, c'est 45 millions[883], 60 millions[884], 80 millions[885], et même 256 millions… d'euros qui ont été exigés à cette même entreprise[886]. Cette dernière détient d'ailleurs le record français en la matière avec une amende de 350 millions d'euros réglée à la fin de l'année 2015[887].

Du côté de la Commission, l'entreprise française Saint-Gobain rend parfaitement compte de l'évolution exponentielle des amendes prononcées. Condamnée dans les années 80 à des amendes de l'ordre de 1,45 million et de 7 millions d'écus[888], l'entreprise Saint-Gobain a payé des amendes d'un tout autre montant dans les années 2000 pour des infractions mises en œuvre pourtant sur le même marché. Dans les affaires du *Verre plat* et du *Verre automobile*, la Commission a infligé des amendes d'un montant de

---

881 V. décision du Conseil de la concurrence n° 94-D-21 du 22 mars 1994 relative à des pratiques de l'Office d'annonces, régisseur exclusif de la publicité dans les annuaires de France Télécom. Cette décision est définitive (CA Paris, 18 janvier 1995).

882 V. décision n° 97-D-53 du 1er juillet 1997 relative à des pratiques mises en œuvre par France Télécom et par la société Transpac dans le secteur de la transmission de données. Cette décision est définitive (CA Paris, 19 mai 1998)

883 V. décision du Conseil de la concurrence n° 07-D-33 du 15 octobre 2007, Internet haut débit II. Cette décision n'a pas fait l'objet de recours.

884 V. décision du Conseil de la concurrence n° 09-D-36, Orange Caraïbe. Cette décision est définitive (Cass. com., 6 janvier 2015, Orange e. a., n° B 13-21.305 et A 13-22.477)

885 V. décision du Conseil de la concurrence n° 05-D-59 du 7 novembre 2005, Internet haut débit. Cette décision est définitive (Cass. com. 23 octobre 2007, France Télécom e. a., n° D 06-17.852).

886 V. décision du Conseil de la concurrence n° 05-D-65, Téléphonie mobile. Cette décision est définitive (Cass. com., Orange France e. a., 30 mai 2012, n° X 11-22.144).

887 V. décision de l'Autorité n° 15-D-20, Communications électroniques. Cette décision a fait l'objet d'une transaction.

888 V. décisions n° 84/388/CEE de la Commission, du 23 juillet 1984, Verre plat dans les pays du Benelux (publiée au JOCE L 212, p. 13) ; n° 89/93/CEE de la Commission, du 7 décembre 1988, Verre plat.

133 millions d'euros puis de 880 millions d'euros à l'entreprise française[889]. Cette analyse, à cet égard, se vérifie pour la grande majorité des entreprises défavorablement connues de la Commission.

281. **Analyse de l'ensemble des amendes infligées à une entreprise.** Pour bien mesurer la sévérité d'une amende à l'égard d'une entreprise, il faut aussi comprendre qu'il ne s'agit pas forcément d'un acte isolé de la part d'une autorité de concurrence. Pour que l'analyse soit complète, il conviendrait idéalement de tenir compte de toutes les amendes infligées par les autorités de concurrence à raison des mêmes faits commis sur d'autres territoires[890]. Être condamné une fois ou plusieurs fois par une autorité de concurrence est une chose, être sanctionné par plusieurs autorités qui plus est dans un laps de temps restreint peut avoir un tout autre impact. Les amendes infligées par le DOJ et d'autres autorités du REC peuvent également atteindre des montants de grande ampleur[891]. À cet égard, il ne faut pas oublier non plus que ces amendes sont aujourd'hui prononcées dans un contexte où le volet indemnitaire est en train de prendre une importance prépondérante.

Il n'est pas inutile non plus de tenir compte du fait que d'autres amendes peuvent être infligées à ces entreprises et qui ne sont pas en rapport direct avec le droit de la concurrence. Les entreprises ne craignent plus uniquement les gendarmes de la concurrence. C'est ainsi que le gendarme financier états-unien a sanctionné bien plus lourdement les banques en cause dans l'affaire des *Crédits dérivés* que son homologue de la concurrence. De manière plus générale, d'autres autorités de régulation ou judiciaires infligent aujourd'hui des amendes de plus en plus élevées et qui viennent « concurrencer » les amendes du droit de la concurrence. Certaines amendes dépassent même largement les amendes infligées par les autorités de concurrence. Il n'y a qu'à mentionner la récente affaire de fraude fiscale d'UBS qui lui a valu une amende record du Tribunal correctionnel de Paris d'un montant de 4,5 milliards d'euros[892]. Il peut également être invoqué l'affaire du *Dieselgate* qui a coûté aux États-Unis plus de 20 milliards d'euros à Volkswagen.

---

889 V. décisions de la Commission Verre plat et Verre automobile, préc..

890 V., par exemple, les affaires des *Produits détergents* devant la Commission (2011), des *Lessives* et *Produits d'hygiène et d'entretien* devant l'Autorité (2011 et 2014), des *Produits de parfumerie, d'hygiène et de droguerie* devant l'Autorité belge de la concurrence (2015), des *Gels douches* devant l'autorité espagnole, des *Produits vaisselles, gels douche et dentifrices* devant l'autorité allemande et des *Produits d'hygiène* devant l'autorité italienne, dans lesquelles les entreprises visées étaient souvent les mêmes.

891 Il n'y a pas que l'Autorité et la Commission qui infligent des amendes de plus en plus élevées, d'autres autorités du REC ont pris le pas. Par exemple, l'Autorité italienne de la concurrence a infligé en janvier 2019 une amende de 678 millions d'euros à des entreprises bancaires et automobiles.

892 Trib. corr. Paris, 20 février 2019, n° 11055092033 et l'article de J. GALLOIS, « UBS : amende record infligée à la banque suisse », 1er mars 2019, *Revues Dalloz*.

282. Grille de sanctions et augmentation des amendes. Il a souvent été soutenu que les amendes ont commencé à augmenter à partir de l'émergence des lignes directrices et du communiqué sanctions[893]. D'autres considèrent que cette sévérité accrue n'est pas liée à une quelconque grille de sanctions[894]. Ils ont tous à la fois tort et raison. Ce n'est pas véritablement à la date d'entrée en application de ces grilles de sanctions que les amendes ont commencé à s'accroître. Ce phénomène d'accroissement a précédé les barèmes utilisés par la Commission et l'Autorité. Il suffit de se référer en France aux affaires de la *Téléphonie mobile* et de l'*Internet haut débit* qui ont été rendues avant même l'existence du communiqué sanctions. En réalité et ainsi que nous le verrons plus loin, ce phénomène d'augmentation des amendes coïncide plus avec le développement des procédures négociées qu'avec l'adoption de grille de sanctions[895].

Ces outils ont néanmoins joué un rôle important en sécurisant ce phénomène d'augmentation des amendes dans un premier temps avant de le renforcer et même de l'amplifier. Dès lors que la méthode de calcul des amendes prévues dans ces grilles de sanctions a été validée, les autorités de concurrence ont pu largement s'appuyer dessus sans risque majeur d'annulation. Sûres d'elles et même très largement approuvées par le juge, la Commission et l'Autorité ont pu et ne se sont pas privées d'imposer des amendes de plus en plus lourdes pour les entreprises. Les grilles de sanctions ont donc permis aux deux autorités précitées de prononcer contre les entreprises des amendes plus élevées en valeur nominale comme relative.

---

893 P. PATAT, « Bilan de trois années d'application du communiqué sur les sanctions », *RLC* n° 41-2014, p. 39.

894 E. FROT, « communiqué sanctions : mise en œuvre et sévérité des sanctions », *Concurrences* 2-2012, p. 8.

895 V., *infra*, n° 343.

CONCLUSION DU SECOND CHAPITRE ET DU PREMIER TITRE

283. **Ajustement de l'amende à la personne de l'entreprise.** Il est peu fréquent que l'Autorité ou la Commission procède à l'ajustement du montant de base, à la hausse comme à la baisse, des amendes qu'elles infligent. Le plus souvent en effet, le montant de base de l'amende devient le montant définitivement encouru par une entreprise. Cette individualisation *a minima* est regrettable. Elle l'est d'autant plus qu'elle a vocation, suivant les circonstances énoncées en droit de la concurrence, à mieux différencier le sort des suiveurs de ceux qui ont permis à l'infraction de se créer ou de perdurer. Lorsqu'il est apparu nécessaire à l'Autorité ou à la Commission d'individualiser l'amende, l'ajustement a pu parfois largement modifier le montant de l'amende infligée à une entreprise. Cette individualisation ne revient cependant pas à remettre en cause, le plus souvent, le principe d'une amende élevée qui sera infligée à son encontre. Il est d'ailleurs rappelé que l'idée d'individualiser l'amende doit se conjuguer avec l'objectif de punir, voire de dissuader l'entreprise à commettre des pratiques anticoncurrentielles. Les entreprises ont donc conscience qu'elles encourent des amendes élevées qu'il convient de qualifier de sévères, et ce, quelles que soient les raisons et circonstances de leur participation à l'infraction.

284. **Ajustement de l'amende à la taille de l'entreprise.** Il a été également observé que l'Autorité comme la Commission se sont donné la possibilité d'adapter l'amende à la taille et aux ressources de l'entreprise. C'est ainsi qu'elles peuvent majorer le montant des amendes infligées à des entreprises en vue de les décourager à reproduire ce type de pratiques. Ces augmentations ont surtout eu pour effet de punir les entreprises plus sévèrement encore. Comme seul réel contrepoids à cette logique inflationniste de l'amende se trouve le principe de proportionnalité. Cette exigence nécessite notamment de comparer le poids de l'amende avec le chiffre d'affaires total de l'entreprise en cause. Les grandes entreprises diversifiées ont, en effet, des amendes proportionnellement moins lourdes que les entreprises plus petites et dont la valeur des ventes se rapproche fortement de leur chiffre d'affaires total. Ces dernières entreprises sont dites mono-produits et peuvent bénéficier de très larges réductions d'amendes.

Cela étant, l'examen de la situation mono-produit d'une entreprise n'est pas sans difficulté ni exempte de critique. Il a été noté qu'elle n'a aucune reconnaissance légale en droit de l'Union et reste appliquée au bon vouloir de la Commission. Cette analyse est plus scrupuleusement menée par l'Autorité qui l'a prévue dans son communiqué sanctions. Cet examen suscite toutefois des difficultés dans les critères de qualification d'une entreprise mono-produit, à tel point que l'Autorité a exprimé le souhait d'abandonner ce critère dans une affaire contentieuse. Quoi qu'il en soit, cette situation invite à réfléchir sur l'adoption d'une méthode de calcul plus juste envers les entreprises mono-produit et, en général, les petites entreprises. C'est ainsi qu'il faudrait peut-être repenser le rôle et la place du critère du chiffre d'affaires total dans le calcul d'une amende, lequel reste l'un des meilleurs indicateurs de la puissance économique d'une entreprise.

285. **Maximum légal de l'amende.** Il a été démontré que le chiffre d'affaires de référence au moment de la fixation du montant maximal de l'amende encourue n'est plus celui de la filiale, mais, le cas échéant, celui du groupe auquel elle appartient. Cette référence finale au chiffre d'affaires du groupe de sociétés est un cheminement que la Commission fait habituellement en deux temps puisqu'il procède d'abord de la désignation de ce groupe de sociétés comme l'entreprise responsable des pratiques, notion qui sera explicitée dans la seconde partie. En France, ce cheminement est encore plus simple pour ainsi dire. En se référant *de jure* aux comptes consolidés ou combinés, c'est-à-dire au chiffre d'affaires du groupe de sociétés, le législateur a donné à l'Autorité les moyens d'augmenter le montant des amendes en ne se limitant plus dans l'absolu à la situation de l'auteur de l'infraction.

Ce « déplafonnement » de l'amende a été l'un des facteurs déclenchants de l'augmentation sensible des amendes prononcées à l'encontre de ces grands groupes de sociétés. L'examen du maximum légal des amendes a révélé que les amendes représentaient, en moyenne, 1 à 2 % des chiffres d'affaires de ces grands groupes mondiaux, ce qui n'a rien d'indolore. Ces amendes ne sont pas, comme cela a pu être lu, des « PV de stationnement »[896]. Par ailleurs, l'examen empirique des amendes avec le chiffre d'affaires des entreprises a confirmé que les grilles de sanctions ont mécaniquement eu pour effet de sanctionner plus lourdement les petites entreprises. Ce sont ces dernières qui sont en effet le plus touchées par des amendes qui ont pu dépasser voire approcher le plafond légal des amendes encourues. Ce sont donc les plus grandes entreprises qui s'en sortent relativement le mieux à ce stade.

---

896 Article de presse sur le site Internet de 20minutes, « « Pour Google, une amende de 4,3 milliards d'euros « est un PV de stationnement » », publié le 18 juillet 2018.

286. Effets de l'augmentation des amendes. Pour ceux qui en doutaient encore, la politique répressive mise en place par de nombreuses autorités de concurrence n'a cessé de s'accentuer ces dernières décennies. La Commission et l'Autorité en sont à coup sûr deux de ses meilleurs représentants. Les analyses, ainsi que les statistiques évoquées dans le cadre de cette étude[897], le prouvent. À cet égard, les entreprises savent que la Commission est sans doute l'une si ce n'est l'autorité de concurrence la plus répressive du monde. Cette politique répressive n'a pu être pensée et consacrée qu'à travers l'existence et l'usage des moyens permettant de réellement la mettre en œuvre. Or, c'est d'abord le législateur qui a doté les autorités de concurrence de ses moyens, en énonçant ou en souscrivant à l'idée de sanctionner les entreprises à de lourdes amendes, et en leur confiant cette mission. Ce sont également les autorités de concurrence qui se sont, elles-mêmes et de façon autonome, données leurs propres moyens *via* leurs grilles de sanctions. La finalité de cette politique répressive, enfin, a été de sanctionner l'entreprise qui n'est pas en mesure de dissimuler sa responsabilité derrière l'autonomie de l'une de ses personnes morales qui la composent. La condamnation concerne donc l'ensemble du groupe auquel appartient la société en cause et l'amende infligée, en répression, est évaluée à sa taille réelle.

Cette politique répressive interroge toutefois sur sa motivation et sur les effets réels de celle-ci. L'analyse téléologique des amendes prononcées par les autorités de concurrence ne s'arrête pas seulement aux effets plus ou moins pénalisants des amendes sur les finances des entreprises sanctionnées. La menace sérieuse qu'elles représentent a eu un impact sur le « comportement » des entreprises. Au-delà de la fin espérée de ces pratiques illégales, ces entreprises ont été amenées à revoir leurs rapports avec les autorités de concurrence. Autrement dit, l'amende est peut-être détournée de son rôle répressif qui devrait primer pour jouer un second rôle, à savoir celui d'inciter si ce n'est contraindre ces mêmes entreprises à négocier avec les autorités de concurrence.

---

[897] « Je ne crois aux statistiques que lorsque je les ai moi-même falsifiées » disait Winston Churchill dans sa biographie.

TITRE SECOND : LE CARACTÈRE PUNITIF DE L'AMENDE INSTRUMENTALISÉ AU PROFIT DES PROCÉDURES NÉGOCIÉES

287. **De la négociation dans les procédures de sanctions.** Parallèlement à la hausse constante du montant des amendes infligées, des mécanismes de négociation se sont développés entre les autorités de concurrence et les entreprises sanctionnées. Que ce soit la condamnation de cartels aux termes d'une procédure de « clémence »[898], ou la résolution d'affaires par voie de « transaction »[899], la négociation – sans être systématique – a pris une place de plus en plus importante et déterminante au cours de la procédure administrative des autorités de concurrence. Certains auteurs évoquent une procédure « alternative » ou « négociée », termes qui ne paraissent pas juridiquement adéquats et[900], dans les faits, de moins en moins appropriés tant ce type de procédure tend à devenir la norme[901]. Quoi qu'il en soit, il nous faut désormais compter avec ce type de procédures dont les effets en particulier sur les montants des amendes infligées aux entreprises ne sont pas anodins.

288. **La procédure de clémence : rémunérer pour dénoncer.** Si la lutte contre les cartels est l'une des priorités des autorités de concurrence, encore faut-il les détecter. Or, il n'est aisé ni de détecter ni de collecter des preuves relatives à des ententes secrètes dont les réunions illicites peuvent se tenir aussi bien dans des restaurants[902], des organismes professionnels[903], des hôtels[904], des cabinets d'expertises comptables[905], voire dans des domiciles privés[906]. Face à cette difficulté, la Commission européenne en 1996, suivie

---

898 Sur la clémence, v., *infra*, n°s 292 et s..

899 Sur la transaction, v., *infra*, n°s 347 et s..

900 L. IDOT, « La répression des pratiques anticoncurrentielles par les institutions de l'Union européenne (1er juill. 2010 - 1er mai 2012) », *RSC*, 2012, p. 315 et E. CLAUDEL, « La sanction, une institution au cœur de la politique de la concurrence » *in Les sanctions en droit contemporain*, vol. 1, La sanction, entre technique et politique, C. CHANAIS et D. FENOUILLET (dir.), Dalloz, 2012, p. 425 et ..

901 M. BARENNES, « L'arrêt du Tribunal Timab c/ Commission ou comment une transaction en matière de cartels aurait mieux valu qu'un bon procès... », *RLC* n° 45-2015, n° 2864 et A. APEL, « À propos de la transaction sur la transaction... », *RLC* n° 53-2016, n° 3034.

902 V. décision de l'Autorité n° 14-D-19, Produits d'hygiène et entretien, para. 5 et la note de M. DEBROUX, A. MOYRAND, *Concurrences* n° 2-2015, p. 88.

903 V. décision de l'Autorité n° 15-D-19, Messageries, para. 329 et s. et la note de P. DELEBECQUE, *Revue Énergie - Environnement - Infrastructures* n° 2, février 2016, comm. 18.

904 V. décision de la Commission du 19 juillet 2016, Producteurs de camions et le communiqué de Madame Vestager (Statement/16/2585), disponible sur le site de la Commission. Cette décision a fait l'objet de transactions.

905 V. décision de la Commission, 11 novembre 2009, Stabilisants thermiques, cons. 108 et s. et la note de M. BÉHAR-TOUCHAIS, *Concurrences* n° 2-2014, p. 73.

906 V. décision de l'Autorité n° 11-D-17, Lessives, para. 266 et n° 15-D-03, Produits laitiers, para. 157 et s. et la note de M. BÉHAR-TOUCHAIS, *Concurrences* n° 2-2015, p. 91.

par l'Autorité de la concurrence et d'autres autorités du réseau européen de la concurrence quelques années plus tard, ont décidé de recourir à la procédure de « clémence ». C'est ainsi que les autorités de concurrence ont notamment proposé d'offrir l'immunité totale d'amende à la première entreprise qui les informe de l'existence d'un cartel et/ou leur apporte la preuve de celui-ci. Le succès de cette procédure de « donnant-donnant »[907] a été quasi immédiat et ne s'est pas démenti jusqu'à récemment. Cette procédure est devenue incontournable dans la détection et la preuve des cartels pour pratiquement toutes les autorités de concurrence[908]. Les programmes de clémence seraient même à l'origine de la détection des plus grands cartels et, en partie, la raison de l'augmentation des amendes imposées[909].

289. **La procédure de transaction : rémunérer pour ne pas contester.** Les procédures contentieuses étant devenues de plus en plus longues[910], voire excessivement longues dans certaines affaires[911], la Commission et l'Autorité ont souhaité trouver une solution de compromis avec les entreprises. En contrepartie d'amendes moins fortes, les autorités de concurrence ont mis en place un dispositif tendant à éviter que les entreprises introduisent des recours à la suite de l'adoption d'une décision : la procédure de transaction[912]. Cette procédure permet aux entreprises qui reconnaissent leur participation à l'infraction d'éviter des suites contentieuses (plus) longues et coûteuses et d'obtenir une réduction du montant de leur amende. C'est ainsi que les autorités de concurrence et les entreprises transigent notamment sur le *quantum* de l'amende infligée. Compte tenu des avantages multiples pour les entreprises comme pour les autorités de concurrence, ce type de règlement de litiges tend progressivement à s'imposer dans les procédures de sanctions. Dès lors, les

---

907 F. LAINA, « Politique de clémence et lutte contre les cartels (Forum de concurrence européen) », *Concurrences* n° 3-2006, p. 73.

908 Seule Malte dans le REC, à notre connaissance, ne s'est pas dotée d'un programme de clémence en date du 30 juillet 2021.

909 S. BRENNER, « An empirical study of the European corporate leniency program », *International Journal of Industrial Organization*, 2009, 27, p. 639 et T. DAHAN, « Sanctions des infractions aux règles de concurrence : Bilan de la pratique décisionnelle de l'Autorité de la concurrence », Conférence de la revue *Concurrences* du 22 novembre 2016.

910 Sur la longueur des procédures et le délai raisonnable, v., notamment, É. BARBIER DE LA SERRE, *RLC* n° 34-2013, p. 69 et A. LACRESSE, *Concurrences* n° 3-2016, p. 143.

911 V., notamment, décision du Conseil n° 97-D-39 du 17 juin 1997, Secteur du béton prêt à l'emploi dans la région Provence-Alpes-Côte d'Azur. Après quatre arrêts rendus par la Cour de cassation, cette affaire s'est terminée pratiquement 20 ans plus tard ! (CA Paris, 15 décembre 2016, Cemex Béton Sud-Est e. a., n° 2012/08968)

912 En droit français, la loi NRE en 2001 avait inséré à l'article L. 464-2, III du Code de commerce la procédure de « non-contestation des griefs », laquelle a été remplacée en 2015 par une procédure de « transaction » avec la loi Macron (V., *infra*, n° 361). En droit de l'Union, il y eut d'abord la procédure de « non-contestation de la matérialité des faits » inscrite dans la communication sur la clémence de 1996. C'est en 2008 qu'a été créée la procédure de « transaction » (V., *infra*, n°s 352 et 353).

effets de la transaction sur le montant des amendes prononcées par les autorités de concurrence doivent être examinés.

290. **Interactions entre amendes et procédures négociées.** Ces diverses négociations visent à inciter les entreprises à donner ou accepter quelque chose en échange d'une réduction d'amende. Certes, plus d'affaires sont dévoilées et rapidement traitées *via* ces procédures négociées. Cela étant, l'accumulation de ces réductions au titre de ces procédures négociées n'est pas sans incidence sur le *quantum* de l'amende infligée à une entreprise. Bien plus, il y a lieu de s'interroger sur l'aspect punitif des amendes finalement infligées à des entreprises qui ont négocié avec les autorités de concurrence. Les écarts ainsi observés entre les amendes infligées aux entreprises qui négocient et celles qui ne négocient pas interpellent. Ce sont essentiellement ces derniers qui pourraient inciter les entreprises à solliciter ce type de procédures. Il en résulte que les objectifs de détection et de condamnation interagissent avec les objectifs punitifs de l'amende. La conciliation de ces objectifs n'est d'ailleurs pas simple. Lorsqu'ils rentrent en confrontation, lequel des deux prime sur l'autre ? La sanction dépendant de la condamnation, l'objectif de condamnation semble en apparence plus important que celui d'infliger des amendes élevées. En outre, l'impact des procédures négociées sur le *quantum* des amendes est loin d'être négligeable, si bien que l'on peut parler d'instrumentalisation des amendes au profit de ces procédures négociées.

291. **Division.** La menace de lourdes amendes incite donc les entreprises à dénoncer, coopérer et/ou transiger avec les gendarmes de la concurrence. La Commission et l'Autorité ayant prévu des procédures de « clémence » et de « transaction », l'examen de ces deux procédures s'impose et, en particulier, il conviendra d'étudier leurs effets sur ces amendes *in fine* négociées et de s'interroger sur leur caractère punitif. L'examen de ces deux procédures négociées sera effectué dans l'ordre chronologique de leur prise en compte dans l'évaluation de l'amende : d'abord la clémence (CHAPITRE I) puis la transaction (CHAPITRE II).

CHAPITRE I – L'INSTRUMENTALISATION DES AMENDES AU PROFIT D'UNE POLITIQUE DE CLÉMENCE

292. **Origine de la « clémence ».** Concept créé aux États-Unis en 1978, la clémence est arrivée en Europe dans les années 90. Face au succès américain[913], et malgré une certaine réticence au départ[914], la Commission européenne s'est à son tour « armée » d'un premier programme de clémence en 1996[915], révisé par un deuxième en 2002[916], et par un troisième en 2006 toujours en vigueur[917]. Elle a ainsi mis en place, sous couvert d'une terminologie indulgente (politique de clémence en français, *leniency program* en anglais), un système qui offre aux membres d'un cartel l'immunité totale ou une importante réduction d'amende en échange d'une totale coopération et de la divulgation d'éléments de preuves de l'infraction inconnue de la Commission.

Le développement de la clémence a pris plus de temps en France où l'on s'est également inquiété de la moralité du dispositif[918]. Cette manière de procéder a d'ailleurs soulevé des remous d'une partie de la doctrine qui accepte difficilement qu'une entreprise qui dénonce les autres puisse en être récompensée[919]. C'est tout d'abord avec la modification de l'article L. 464-2 du Code de commerce par la loi NRE qu'il a été rendu possible d'accorder des exonérations « totale » ou « partielle » de sanction au titre de la clémence[920]. Un premier programme de clémence a été ensuite adopté par

913 J.-C. RODA, *La clémence en droit de la concurrence : étude comparative des droits américain et européens*, C. PRIETO (dir.), th. Univ. Aix-Marseille 3, PUAM, 2008 ; F. MELIN, *Les programmes de clémence en droit de la concurrence - Droit français et droit communautaire*, Joly éd., 2010.

914 P. DESBROSSE, « Les programmes de Clémence à l'épreuve de la globalisation des marchés », *RIDE*, n° 2010/2 (t. XXIV), p. 211.

915 Communication de la Commission du 18 juillet 1996 concernant la non-imposition d'amendes ou la réduction de leur montant dans les affaires portant sur des ententes (JOCE C 207, p. 4) (ci-après la « communication sur la clémence de 1996 »).

916 Communication de la Commission du 19 février 2002 sur l'immunité d'amendes et la réduction de leur montant dans les affaires portant sur des ententes (JOCE C 45, p. 3) (ci-après la « communication sur la clémence de 2002 »).

917 Communication de la Commission du 8 décembre 2006 sur l'immunité d'amendes et la réduction de leur montant dans les affaires portant sur des ententes (JOCE C 298, p. 17) (ci-après la « communication sur la clémence de 2006 »).

918 F. JENNY, « Approche économique et internationale de l'expérience française » *in* « Clémence et transaction en matière de concurrence : Premières expériences et interrogations de la pratique », Colloque du 19 janvier 2005, disponible sur le site Internet du CREDA creda.ccip.fr.

919 E. CLAUDEL, « Procédures négociées, accessoires ou alternatives à la sanction en droit de la concurrence : Raison garder ! », *Concurrences* n° 4-2015, p. 61.

920 P. ARHEL, « L'instauration par la loi NRE d'une procédure de clémence en droit de la concurrence », *LPA*, 2001, n° 109, p. 4 et J.-C. RODA, « La clémence introduite en droit français de la concurrence par la loi sur les nouvelles régulations économiques », *Droit 21*, 2002, Chr., AJ 004.

le Conseil de la concurrence en 2006[921]. D'autres ont suivi[922]. Le dernier et actuel communiqué sur la clémence de l'Autorité de la concurrence a été publié en 2015[923].

293. **Clémence ou coopération ?** Il importe de préciser qu'il ne s'agit pas véritablement de « clémence »[924], mais plutôt de « coopération »[925] à la suite d'une « dénonciation »[926] ou d'une « trahison »[927]. La clémence est gratuite. La coopération est, à la fois, un coût et une rémunération pour chacun des acteurs[928]. Ce n'est qu'en échange de révélations et d'informations relatives à un cartel qu'une autorité de concurrence s'abstient d'infliger une amende à une entreprise. Il est exigé de l'entreprise une coopération entière et totale jusqu'à l'adoption de la décision. Ce type de procédé, qui renvoie à une conception « machiavélique » des choses, peut choquer. Un auteur a même proposé de l'abandonner[929]. Malgré son caractère « antipathique »[930], la clémence a néanmoins fait ses preuves en matière de détection des infractions.

294. **Exonération ou réduction d'amende.** Naturellement, les entreprises n'ont d'intérêt à coopérer qu'en échange d'une récompense sous forme pécuniaire. L'immunité d'amende accordée au premier à rapporter la preuve des pratiques est évidemment le cœur d'un programme. Ces primo-demandeurs jouent un rôle capital dans la révélation de l'infraction. D'autres entreprises, mêmes retardataires et opportunistes, peuvent également bénéficier d'une réduction – plus ou moins importante – pour autant qu'elles apportent des éléments de preuves utiles à l'Autorité ou à la Commission. De l'exonération, en droit français, ou de l'immunité, en droit de l'Union, jusqu'à des réductions de l'ordre de 5 à 50 %, en passant par d'autres réductions plus spécifiques, une entreprise a en principe intérêt à coopérer.

---

921 Communiqué de procédure du Conseil du 11 avril 2006 : le programme de clémence français, disponible sur le site de l'Autorité.

922 Communiqué de procédure du Conseil du 17 avril 2007 relatif au programme de clémence français ; Communiqué de procédure de l'Autorité du 2 mars 2009, relatif au programme de clémence français, disponibles sur le site de l'Autorité.

923 Communiqué de procédure de l'Autorité du 3 avril 2015 relatif au programme de clémence français (ci-après le « communiqué sur la clémence de 2015 »), disponible sur le site de l'Autorité.

924 L. IDOT *in La clémence et le droit*, J-M. JUDE (dir.), Economica, 2011.

925 D. VOILLEMOT, *Gérer la clémence*, 2005.

926 M. BÉHAR-TOUCHAIS (dir.), *La dénonciation en droit privé*, Economica, 2010.

927 Trib. UE, 5 octobre 2011, aff. T-39/06, Transcatab c/ Commission, point 377.

928 « Les choses qu'on veut tenir secrètes, il ne faut jamais les révéler sans nécessité », N. MACHIAVEL *in La Mandragola*, 1513.

929 D. VOILLEMOT, « Dominique Voillemot : 40 ans de Barreau de droit de la concurrence », *Concurrences* n° 2-2006, p. 6.

930 D. BRAULT, « Dominique BRAULT : Les grandes mutations de l'État et de l'économie française dans les années 1980 », *Concurrences* n° 3-2015, p. 9.

295. **Effets de la clémence sur les amendes des entreprises.** Que l'on suive ou non la doctrine économique sur la question du montant optimal, il est certain que les exonérations ou les fortes réductions au titre de la clémence ont un impact direct sur le *quantum* des amendes. Le bénéfice d'une immunité totale au primo-demandeur est évidemment l'effet le plus remarquable de la clémence. C'est la règle du « premier arrivé, premier servi ». Compte tenu de l'exonération d'amende bénéficiant au primo-demandeur, il importe de vérifier si toute entreprise a le droit d'en bénéficier. Certaines entreprises peuvent avoir eu un rôle plus néfaste que d'autres. Il ne faut pas négliger, non plus, le fait que d'imposer de lourdes amendes aux uns et non aux autres peut modifier *ex post* les rapports de force entre les acteurs d'un marché. Il n'est d'ailleurs pas exclu que la clémence ait pu être, suivant les circonstances, utilisée par les entreprises pour nuire à d'autres.

296. **Division.** En somme, la clémence est synonyme de prudence. C'est un outil que les autorités de concurrence doivent manier avec précaution, aussi bien dans les règles de mise en œuvre qu'elles ont édictées (PREMIÈRE SECTION), que dans les effets sur les amendes issues de la mise en œuvre d'une telle procédure (SECONDE SECTION).

PREMIÈRE SECTION – LA MISE EN ŒUVRE DE LA CLÉMENCE

297. **Éligibilité à la clémence.** Pour qu'une politique de clémence rencontre un grand succès, encore faut-il que la clémence soit proposée à un large panel d'acteurs. Il est toutefois critiquable, voire dangereux, de permettre à toutes les entreprises, quels que soient leurs situations et/ou leurs antécédents, de bénéficier de la clémence. C'est toute la question de l'éligibilité à la clémence. En outre, la coopération qui est exigée des entreprises doit également être envisagée. Ces propos introductifs énoncés, il convient de distinguer les règles d'éligibilité et de fond relatives au premier demandeur à la clémence (§1) de celles des demandeurs suivants (§2).

§ 1 – Les conditions de l'exonération ou de l'immunité d'amende

298. **Éligibilité à l'immunité.** La clémence est d'abord un dispositif qui ne s'adresse qu'aux entreprises au sens du droit de la concurrence[931]. Pratiquement toutes les entreprises aujourd'hui sont éligibles à l'immunité au titre de la clémence. Il n'en a pas toujours été ainsi. Sous l'empire du programme de clémence de la Commission de 1996, le fait pour un candidat à la clémence d'avoir notamment eu un rôle déterminant dans l'activité illicite l'empêchait de pouvoir prétendre à l'immunité d'amende[932]. Pointées du doigt comme étant parmi les causes du relatif succès du premier programme de clémence[933], ces inéligibilités ont été ensuite gommées[934]. Peu importe le passé et les caractéristiques des entreprises[935]. Qu'elles

---

931 Devant l'Autorité et la Commission, la clémence vise seulement les entreprises et ne concerne pas les personnes physiques (V., en droit de l'Union, communication sur la clémence de 2006 et, en droit français, article L. 464-2, IV du Code de commerce et point 10 du communiqué de l'Autorité relatif au programme de clémence français de 2015). Il est également renvoyé à la communication de la Commission au Parlement européen et au Conseil, du 9 juillet 2014, « Dix ans de mise en œuvre des règles concernant les pratiques anticoncurrentielles sous le régime du règlement n° 1/2003 : bilan et perspectives » (COM/2014/0453 final), points 41 à 42.

932 Communication sur la clémence de 1996, point B, e).

933 C. KERSE, N. KHAN, *EC Antitrust Procedure*, Thomson – Sweet&Maxwell, 5e éd., 2005, p. 418.

934 Dans quelques décisions, des entreprises n'ont pas obtenu l'immunité du seul fait de leur rôle de meneur et incitateur dans l'infraction. V. décisions de la Commission du 21 novembre 2001, Vitamines (JOCE 2003, L 6, p. 1), cons. 743 à 745, et du 5 décembre 2011, Acide citrique, (JOCE 2002, L 239, p. 18), cons. 308, réformée sur ce point par CJUE, 9 juillet 2009, aff. C-511/06 P, ADM c/ Commission, points 112, 150 à 164.

935 Il en est de même, par exemple, au Canada où il est seulement exigé du demandeur à l'immunité qu'il n'ait forcé personne à participer à l'activité illégale (Point 15 du programme de clémence canadien). V. notamment communiqués du Bureau de la concurrence canadien du 22 novembre 2011 et du 29 novembre 2017, Service des égouts, disponible sur le site du Bureau, qui a accordé l'immunité à Veolia alors qu'elle était l'instigatrice des pratiques sanctionnées. En outre, on précisera dans cette affaire que les concurrents de Veolia se sont tous vus exclus des marchés publics passés par la ville de Montréal. Veolia, de son côté, a pu continuer à candidater aux marchés passés par la ville. C'est ce que l'on pourrait appeler l'« immunité double »...

soient à la fois initiatrices, meneuses[936], récidivistes, récidivistes dans la demande de clémence, et leaders du marché n'est d'aucune importance pour les autorités de concurrence[937].

En droit français ou européen, seules les entreprises qui auraient exercé des mesures de contraintes sur les autres cartellistes ne peuvent théoriquement pas prétendre bénéficier de l'exonération[938]. Or, de telles circonstances ne sont quasiment jamais relevées par ces deux autorités de concurrence[939]. Autrement dit, l'Autorité et la Commission se laissent la possibilité de fermer la porte aux entreprises qui abuseraient de leur puissance tout en leur indiquant bien qu'elle reste par principe ouverte. Il n'y a donc en réalité aucune condition d'éligibilité. Certaines immunités d'amendes accordées à des entreprises qui ont eu un rôle important dans un cartel n'ont pas été sans contestation de la part des autres entreprises[940]. Cette condition théorique pour les primo-demandeurs (ou demandeurs dits de rang 1) n'est d'ailleurs même plus requise pour les demandeurs de clémence des rangs suivants. Qui veut la fin (la détection), veut les moyens (l'immunité à quiconque) en droit des pratiques anticoncurrentielles, si l'on devait ainsi résumer.

299. **Crédibilité et sincérité du demandeur à la clémence.** Vu l'absence de prise en compte des antécédents du demandeur, il n'est pas étonnant qu'il ne lui soit pas demandé la raison de sa demande. Certes, le premier programme de clémence de la Commission faisait référence au souhait des entreprises de mettre un terme à leur participation à une entente. D'après la Commission, ces entreprises en étaient empêchées en raison des amendes encourues. C'était la raison même de l'adoption de ce programme de clémence[941]. Mais cette pointe d'idéalisme n'a pas été reprise dans les communications qui ont suivi. Il n'est point exigé de repentir sincère et qui serait, il est vrai, très difficile à démontrer[942]. Peu importe, en effet, le mobile qui a conduit à déposer une demande de clémence. Seul le contenu des informations importe aux yeux des autorités de concurrence. Cependant, l'entreprise qui dénonce l'entente peut être tentée d'exagérer la réalité des faits. Il est même avéré que des esprits mal intentionnés ont eu à dessein de

---

936 En droit allemand et grec, un candidat à la clémence n'est pas éligible à l'immunité s'il a été le meneur de l'entente (V. programme modèle du REC en matière de clémence, disponible sur le site de la Commission, note en bas de page n° 4).

937 V., *infra*, n°s 326 et 328.

938 Point 13 de la communication de la Commission sur la clémence de 2006 et point 242 du communiqué de l'Autorité sur la clémence de 2015.

939 Sur les mesures de représailles, v., *supra*, n°s 169 et 180.

940 V., par exemple, décision de la Commission du 9 novembre 2010, Fret aérien, cons. 1280 et 1281.

941 Point 2 de la communication de la Commission sur la clémence de 1996.

942 « Notre repentir, ce n'est pas tellement pour le mal que nous avons fait, mais pour la peur de ses conséquences », citation de F. DE LA ROCHEFOUCAULD.

nuire à un concurrent au moyen d'une demande de clémence falsifiée[943]. C'est pour cette raison qu'une demande de clémence, quelle qu'en soit la raison de son dépôt, reste toujours examinée sous l'angle de la crédibilité et de la sincérité[944].

300. **Premier arrivé, premier servi : la découverte du cartel.** La première entreprise à révéler l'existence d'une entente à une autorité de concurrence peut être exonérée d'une amende. Le primo-demandeur est d'abord celui qui peut permettre à une autorité de concurrence d'avoir connaissance d'une infraction et de lancer des « investigations précises »[945]. En échange de cette précieuse information, cette entreprise bénéficiera d'une immunité d'amende[946]. Que proposer de mieux à une entreprise[947] ? En réalité, une telle offre a un objectif double : ne pas inciter les entreprises à rentrer dans un cartel et déstabiliser les cartels existants en incitant au maximum les entreprises à les dénoncer[948]. La détection de l'infraction étant souvent délicate du fait du caractère secret des pratiques, toute autorité de concurrence doit en pratique agir avec souplesse à l'endroit de la première des entreprises qui porte l'infraction à sa connaissance. Cette dernière se voit donc accorder, en droit de l'Union, le bénéfice de « l'immunité » ou, en droit français, « l'exonération totale de sanction de type [ou de rang] 1-A ». À cet égard, les autorités de concurrence accordent le plus souvent des immunités à des entreprises qui les informent d'abord de l'existence même d'infractions ; ce qui confirme la difficulté de les détecter et l'utilité de la clémence[949].

---

943 V. décision de l'Autorité n° 10-D-36, 17 décembre 2010, Secteur du gaz de pétrole liquéfié (GPL) conditionné et la note d'É. BARBIER DE LA SERRE, *RLC* n° 27-2011, p. 69 et D. BOSCO, C. PRIETO, *Droit européen de la concurrence : Ententes et abus de position dominante*, Bruylant, 2013, n° 540.

944 Trib. UE, 14 mars 2013, aff. T-588/13, Dole Food et Dole Germany c/ Commission et la note de G. MUGUET-POULLENNEC, *RLC* n° 36-2013, n° 2362.

945 Les autorités de concurrence ne communiquent pas sur les résultats des inspections lancées à la suite d'une demande de clémence. Il est probable qu'un certain nombre d'enquêtes ayant pour origine une demande de clémence n'ont jamais abouti.

946 Points 15 et 16 du communiqué clémence de l'Autorité de la concurrence de 2015 et point 8, a) de la communication sur la clémence de la Commission européenne de 2006.

947 Une partie de la doctrine économique considère que les autorités de concurrence devraient récompenser une entreprise ou un individu dénonçant un cartel en lui versant une prime (C. AUBERT, P. REY et W. KOVACIC, « The impact of leniency and whistle-blowing programs on cartels », *International Journal of Industrial Organization*, 2006, 24, p. 1241 et s.).

948 W. WILS, « Leniency in Antitrust Enforcement : Theory and Practice », *World Competition*, 2007, n° 30, p. 25.

949 V. décisions de l'Autorité n° 14-D-20, Papier peint, para. 1 à 2 et 319 et 320 et la note M. DEBROUX, *Concurrences* n° 2-2015, p. 90 et n° 15-D-03, Produits laitiers, para. 1 et la note de M. BEHAR-TOUCHAIS, *Concurrences* n° 2-2015, p. 91 et décisions de la Commission du 31 mai 2006, Méthacrylates, cons. 401 et 402 ; du 3 octobre 2007, Bitume espagnol, cons. 571 ; du 15 juillet 2015, Trains-blocs, cons. 97 et du 27 janvier 2016, Alternateurs et démarreurs, cons. 14, 115 et 116.

301. **Premier arrivé, premier servi : les preuves relatives à l'infraction.** La même récompense peut être accordée au primo-demandeur qui permet à une autorité de concurrence de « prouver » l'infraction lorsque celle-ci est déjà suspectée ou découverte[950], et qu'aucune autre demande de clémence n'a préalablement été déposée. Il s'agit du second aspect de la clémence, à savoir la collecte d'éléments de preuves suffisants à la qualification de l'infraction. Ces entreprises se voient accordées, en droit de l'Union, le « bénéfice de l'immunité » et, en droit français, l'« exonération totale de sanction de type [ou de rang] 1-B ». De nombreuses entreprises ont déjà obtenu l'immunité alors même que l'Autorité ou la Commission avait des soupçons[951]. Ces entreprises doivent toutefois répondre à un niveau de coopération plus élevé que dans l'hypothèse où l'Autorité ou la Commission n'a pas d'éléments de preuves suffisants pour procéder à une inspection ciblée[952].

302. **Coopération et cessation de l'infraction.** Que l'on soit demandeur en clémence devant l'Autorité ou la Commission, une mesure de clémence n'est définitive qu'à la condition d'apporter une coopération pleine et entière et de cesser l'infraction en cause[953]. L'étendue de ces obligations dépend bien entendu du contexte de l'affaire. Suivant l'avancement de l'instruction, il peut toutefois être exigé du demandeur à la clémence qu'il continue de participer aux réunions secrètes. Sauf exception[954], les entreprises remplissent parfaitement les deux conditions précitées et échappent à l'infliction d'une amende dans la décision finale. Enfin et aussi étonnant que cela puisse paraître, il ne semble pas exigé du primo-demandeur qu'il fasse des aveux dans le cadre d'une demande de clémence[955].

---

950 Point 17 du communiqué sur la clémence de l'Autorité de 2015 et point 8, b) de la communication sur la clémence de la Commission de 2006.

951 V., par exemple, décisions l'Autorité n° 11-D-17, Lessives, para. 3 et 4 et de la Commission du 21 février 2007, Ascenseurs et escaliers mécaniques (résumé publié au JOUE C 75, p. 10), cons. 814 à 817.

952 M. DEWAELE, « L'application par la Commission européenne du programme de clémence de 2002 », *Concurrences* n° 4-2011, p. 232.

953 Point 23 du communiqué sur la clémence de l'Autorité de 2015 et points 12 et 24 de la communication sur la clémence de la Commission de 2006.

954 V. décision de la Commission du 20 octobre 2005, Tabac brut italien, cons. 431 et s., confirmée par Trib. UE, du 9 septembre 2011, aff. T-12/06 et CJUE du 12 juin 2014, aff. C-578/11 P, Deltafina SpA c/ Commission et la note de J.-P. CHRISTIENNE, *Concurrences* n° 3-2014, p. 76 et de C. WINCKLER, *RLC* n° 30-2012, p. 75 et décisions de l'Autorité n° 15-D-19, Messageries, para. 1322 et s. confirmée sur ce point par CA Paris, 19 juillet 2018, Chronopost e. a., n° 2016/01270, points 1282 à 1289 et la note de G. DECOCQ, *CCC* n° 11-2018, comm. 195, et n° 20-D-09, Produits de charcuterie, para. 887 et 888 et l'article d'A. APEL, *RLC* n° 101-2021, préc., n° 3963.

955 Cette reconnaissance de culpabilité est en revanche indispensable dans le cadre de la transaction. À cet égard, la Commission n'hésite pas à entrer en voie de transaction avec un primo-demandeur (V., *infra*, n° 376 et note en bas de page n° 1176).

303. Rejet exceptionnel des demandes de clémence de rang 1. Un primo-demandeur n'est donc pas assuré d'obtenir une immunité de la part d'une autorité de concurrence si cette dernière s'estime suffisamment informée sur les pratiques et auteurs en cause, requalifiant éventuellement cette demande en rang 2. Ces hypothèses de rejet sont plutôt rares en pratique. À quelques reprises, l'Autorité n'a pas accordé l'immunité à un primo-demandeur[956], ne lui accordant qu'une réduction de l'amende encourue. Concernant la Commission qui a plus souvent recours à la clémence que l'Autorité, il est rare qu'elle n'accorde pas l'immunité à un primo-demandeur, ce dernier bénéficiant, le cas échéant, d'une importante réduction[957].

304. Course à l'immunité et inéligibilité pour les autres entreprises. Lorsqu'une entreprise est la première à demander la clémence et remplit les conditions exigées par une autorité de concurrence, il y a de fortes chances qu'elle soit exonérée d'amende. Cette immunité accordée au primo-demandeur n'est pas sans conséquence pour les autres entreprises impliquées. Dès lors qu'une entreprise bénéficie de l'immunité, les autres cartellistes ne pourront plus bénéficier de cette même immunité pour les faits dénoncés dans le cadre de la clémence. Dans ces conditions, la clémence a véritablement l'apparence d'une course dans laquelle le premier arrivé est le seul vainqueur[958].

§ 2 – Les conditions des réductions accordées aux retardataires

305. Éligibilité à la réduction pour les retardataires. L'absence totale de toute condition d'ordre moral doit être remarquée en ce qui concerne l'éligibilité aux réductions dans le cadre de la clémence. Alors qu'une entreprise qui a menacé ou pris des mesures de rétorsion à l'encontre des autres entreprises serait exclue de l'immunité, cela ne l'empêcherait pas de pouvoir bénéficier d'une réduction au titre de la clémence[959]. De manière générale, la possibilité d'obtenir une réduction pour les entreprises prouve que leur coopération, même à un stade avancé de l'instruction, peut être encore utile à l'Autorité ou à la Commission. Cela étant précisé, il y a lieu de regarder ce qu'offrent les autorités de concurrence aux entreprises arrivées après le primo-demandeur. D'abord, les entreprises retardataires se voient proposer d'intéressantes réductions en pourcentage 1 du montant de l'amende

---

956 V. décisions du Conseil n° 08-D-32, Acier, para. 490 à 503 et de l'Autorité n° 17-D-20, Revêtements de sols résilients, para. 1 à 7, 461 et 465.

957 V. décisions de la Commission du 19 septembre 2007, Fermetures (résumé publié au JOUE 2011, C 210, p. 26) ; du 23 janvier 2008, Caoutchouc butadiène-nitrile et du 10 décembre 2014, Enveloppes.

958 P. DESBROSSE, « Les programmes de Clémence à l'épreuve de la globalisation des marchés », *RIDE*, n° 2010/2 (t. XXIV), p. 211.

959 Point 13 de la communication de la Commission sur la clémence de 2006 et point 22 du communiqué de l'Autorité sur la clémence de 2009.

encourue. Il existe toutefois d'autres sortes de réductions possibles. Toutes ne sont pas forcément proposées par chaque autorité de concurrence, mais nécessitent qu'il en soit fait état.

306. **Candidats de type 2 à une réduction.** L'apparence d'une course à la clémence ne se termine pas forcément avec l'arrivée du primo-demandeur[960]. Même si l'on « ne rattrape jamais le retard »[961], les retardataires en concurrence peuvent encore bénéficier d'une réduction de l'amende qui à défaut leur aurait été infligée. Comme pour l'immunité, cette réduction d'amende s'obtient également à moindres frais puisqu'il n'y a pas lieu de reconnaître leur participation à l'infraction[962]. Ces réductions ne peuvent toutefois être accordées à un ou plusieurs candidats de type (ou de rang) 2 qu'à la condition que leur coopération soit requise. Tout dépend donc des éléments fournis par le primo-demandeur et ceux préalablement recueillis lors de l'enquête. Cette réduction, en droit de l'Union, ou exonération partielle, en droit français, ne peut donc être accordée à une entreprise qui si celle-ci a apporté une « valeur ajoutée significative » aux preuves déjà détenues par l'autorité de concurrence[963]. Comme avec les primo-demandeurs, c'est la logique du « donnant-donnant » qui préside les relations des autorités de concurrence avec les demandeurs de type 2.

307. **Forme de la réduction au titre de la clémence.** Lorsqu'une mesure de clémence est accordée à un candidat de type 2, il s'agit d'un pourcentage de réduction qui s'applique au montant final de l'amende encourue[964]. Par montant final, nous entendons le montant de l'amende déterminé à la suite de la vérification du maximum légal[965]. Les autorités de concurrence veillent ainsi à ce que les réductions au titre de la clémence soient effectives dans toutes les situations[966].

Le pourcentage de la réduction accordée à ce candidat est déterminé en fonction, d'abord et surtout, de l'ordre d'arrivée, puis de la qualité de la

---

960 Rapport de l'OCDE du 12 octobre 2012, « Application des programmes de clémence aux demandeurs suivants », disponible sur le site de l'OCDE, point 19.

961 Propos de Monsieur le professeur P. DELVOLVÉ lors de son dernier cours de droit administratif à l'Université de Paris 2 – Assas le 12 mai 2010.

962 Les entreprises qui bénéficient d'une réduction ne se privent pas de faire un recours devant les juridictions françaises ou de l'Union afin de demander, au fond, l'annulation de la décision et/ou la réduction du montant de leurs amendes.

963 Point 21 du communiqué clémence de l'Autorité de la concurrence de 2015 et points 24 et 25 de la communication sur la clémence de la Commission européenne de 2006.

964 Il est renvoyé au titre premier de cette partie quant à la détermination de l'amende encourue par une entreprise qui enfreint le droit des pratiques anticoncurrentielles.

965 Sur le maximum légal des amendes encourues, v., *supra*, n°s 261 et s..

966 Si la vérification du maximum légal s'appliquait après la réduction au titre de la clémence, cette réduction pourrait être inutile à certaines entreprises.

coopération apportée[967]. C'est l'ordre d'arrivée d'un candidat de type ou de rang 2 qui détermine, en effet, la fourchette de la réduction qui peut lui être accordée[968]. Pour définir le niveau de réduction à l'intérieur de ces fourchettes, une autorité de concurrence prendra en compte la qualité de la coopération, c'est-à-dire la « valeur ajoutée » des preuves apportées par le demandeur[969]. Le premier à apporter une valeur ajoutée significative bénéficiera, le plus souvent, d'une réduction proche de 50 %. Le second candidat arrivé se verra accorder une réduction plus proche des 30 % et, enfin, les autres pourront bénéficier d'une réduction qui n'excèdera pas 20 % des amendes encourues[970].

308. Candidat de type 2 à une « immunité partielle ». Une autre réduction, beaucoup moins remarquée et commentée, doit être mentionnée parmi celles dont peut bénéficier un candidat de type ou de rang 2. Ce candidat, lors de sa collaboration, sait pertinemment que les éléments qu'il va fournir vont pouvoir être utilisés contre lui par une autorité de concurrence aux fins d'établir encore mieux l'infraction. Ce risque est la contrepartie même de la clémence.

Toutefois, du fait de la pleine coopération de l'entreprise, il peut arriver qu'une autorité de concurrence soit informée de nouveaux éléments, jusqu'alors inconnus, lui permettant de constater une infraction d'une plus grande ampleur, en d'autres termes plus grave que celle initialement constatée. Classiquement, tel est le cas lorsque la coopération du demandeur à la clémence de type 2 a pu permettre à une autorité de concurrence de constater que les pratiques se sont déroulées sur une plus grande période. Dans ce cas, la durée de l'infraction serait allongée du fait des éléments apportés par une entreprise et pourrait avoir des répercussions sur le montant de l'amende mécaniquement calculée en fonction de cette durée de l'infraction. Il en résulte que l'entreprise aurait contribué à aggraver sa situation devant l'autorité de concurrence, en permettant à cette dernière de lui prononcer une amende plus élevée.

Or, la réduction au titre de la clémence qui serait ensuite accordée à l'entreprise ne serait peut-être pas suffisante pour compenser l'augmentation du *quantum* de l'amende que sa coopération à la clémence aurait suscitée. Il en résulterait dans certains cas une application de la

---

967 Points 20 et 21 du communiqué sur la clémence de l'Autorité de 2015 et points 23 à 26 de la communication sur la clémence de la Commission de 2006.

968 Trib. UE, 23 mai 2019, aff. T-222/17, Recylex SA c/ Commission, points 136 à 154, confirmé sur ce point par CJUE, 3 juin 2021, aff. C-563/19 P, Recylex SA c/ Commission, points 55 à 62.

969 Pour une bonne illustration de la valeur ajoutée significative, v. décision n° 13-D-12 de l'Autorité, Commodités chimiques, para. 1000 à 1018 et la note de M. DEBROUX, *Concurrences* n° 3-2013, p. 74, confirmée sur ce point par CA Paris, 3 décembre 2020, Brenntag SA e. a., n° 13/13058, point 409 et s.. Cet arrêt a été frappé d'un pourvoi.

970 Point 21 du communiqué sur la clémence de l'Autorité de 2015 et point 26 de la communication sur la clémence de la Commission de 2006.

clémence défavorable aux entreprises. Elles pourraient alors décider de coopérer *a minima* avec une autorité de concurrence, voire estimer plus prudent de ne pas recourir à la clémence, ce qui irait à l'encontre même de l'effet recherché par le programme de clémence.

La Commission s'est rapidement rendue compte de ces effets néfastes[971]. Elle a voulu éviter de pénaliser certaines entreprises pour leur coopération, en déduisant du montant de l'amende infligée à ces dernières, le montant de l'amende supplémentaire dû à l'apport d'éléments de preuve aggravant l'infraction[972]. Compte tenu du fait que l'entreprise est tenue d'apporter des éléments par nature inconnus de l'autorité de concurrence, cette réduction n'est accordée qu'à la première à les avoir livrés. Récemment, le juge de l'Union a d'ailleurs strictement encadré l'octroi de cette réduction, exigeant une ignorance totale de la Commission des faits au moment où les éléments de preuve sont apportés par l'entreprise[973].

309. **Forme de l'« immunité partielle » au titre de la clémence.** Puisqu'il s'agit d'écarter l'aggravation de l'amende engendrée par la coopération d'une entreprise, cette réduction joue sur le montant de base de l'amende calculée par l'Autorité ou la Commission[974]. Cette réduction s'assimile parfois à une immunité dite « partielle »[975]. À ce court qualificatif, nous lui préférons le terme – à notre sens plus fidèle à la réalité – de « réduction du montant de base au titre de la clémence ». En effet, cette réduction peut jouer sur la valeur des ventes retenue ou sur le coefficient de durée.

Les effets d'une telle réduction – méconnue et longtemps mal comprise en France[976] – peuvent être considérables par rapport au montant de

---

971 Cette forme de réduction existe également dans le programme de clémence français (Point 19 du communiqué sur la clémence de 2009 et point 22 du communiqué sur la clémence de 2015 de l'Autorité). L'Autorité de la concurrence a accordé pour la première fois cette réduction à l'entreprise BSH dans l'affaire des Produits électroménagers (V. décision de l'Autorité n° 18-D-24 du 5 décembre 2018, Secteur des produits électroménagers (ci-après « Produits électroménagers »), para. 200 et l'article de M. DUMARÇAY, *RLC* n° 81-2019, n° 3527. Cette décision a fait l'objet de transactions.

972 Point 23, dernier alinéa, de la communication sur la clémence de 2002 et point 26, dernier alinéa, de la communication sur la clémence de 2006 et l'article d'A. APEL, « La réduction de l'assiette du montant de base dans la clémence : une troisième voie en trompe l'œil ? », *RLC* n° 37-2013, p. 96.

973 CJUE, 9 juin 2016, aff. C-617/13, Repsol Lubricantes y Especialidades SA e. a. c/ Commission.

974 Cette réduction ne s'exprime pas sous forme de pourcentage agissant sur le montant de base (comme la réduction finale au titre de la clémence), mais sur les éléments mêmes à prendre en compte dans le calcul de ce montant intermédiaire. Elle influe donc – subtilement – sur l'assiette du montant de base, c'est-à-dire sur la valeur des ventes retenue ou sur le nombre d'années à prendre en compte au titre de la durée. Sur le calcul du montant de base, v., *supra*, n°s 54 et s..

975 Trib. UE, 13 juillet 2011, aff. T-141/07, T-142/07, T-145/07 et T-146/07, General Technic-Otis e. a. c/ Commission, point 314 et CJUE, 15 juin 2012, aff. C-494/11 P, Otis Luxembourg e. a. c/ Commission, points 82 et s. ; Trib. UE, 5 octobre 2011, aff. T-19/06, Mindo Srl c/ Commission, point 68 ; Décisions de la Commission, Raccords, cons. 826, et Chlorate de sodium, cons. 595.

976 V. décision de l'Autorité n° 14-D-19, Produits d'hygiène et d'entretien, para. 1624 à 1626, confirmé sur ce point par CA Paris, 27 octobre 2016, Beiersdorf e. a., préc., points 489 et 490 et par Cass. com., 27 mars 2019, L'Oréal e. a., n° E 16-26.472 e. a., p. 73 et 74 et la note de G. DECOCQ, *CCC* n° 6-2019, comm. 108. Contrairement à ce qu'indiquent la cour d'appel de Paris et la Cour de cassation, la réduction relative au montant de base (immunité partielle) prévue au point 19 du communiqué sur la

l'amende encourue[977]. En application des lignes directrices de 2006, il n'est guère difficile en effet d'imaginer les conséquences pécuniaires pour des durées extrêmement longues, comme cela a été le cas dans la décision *Phosphates pour l'alimentation animale*. Dans cette affaire, Tessenderlo se trouvait en deuxième position dans l'ordre d'arrivée des demandeurs à la clémence. Mais sa coopération avait toutefois permis à la Commission d'établir que l'entente avait débuté 20 ans plus tôt. Pour lui avoir fourni ces nouveaux éléments, la Commission a donc exonéré cette entreprise d'une amende pour sa participation durant toutes ces années, ce qui s'est traduit par une réduction d'environ 267 millions d'euros[978].

310. **Candidats de rang 2 à une réduction *leniency plus*.** En 1999, le *Department of Justice* (ci-après le « DOJ ») a voulu renforcer encore l'attractivité de son programme de clémence aux États-Unis. C'est ainsi qu'elle a invité une entreprise, faisant l'objet d'une enquête sur une entente pour laquelle elle s'est manifestée trop tard pour se prévaloir de l'immunité, à présenter une demande de clémence pour avoir participé à une autre entente, et ce afin d'obtenir une réduction de l'amende qui lui sera infligée non seulement pour cette seconde entente, mais également pour la première entente déjà visée par une enquête[979]. Connue aux États-Unis sous le vocable d'*amnesty plus*[980], on parle également d'*immunity plus* dans sa version transposée au Canada, ou bien encore de *leniency plus* au Royaume-Uni.

Cette réduction semble des plus iniques à première vue. La condition à remplir pour en bénéficier est d'avoir commis plusieurs infractions et d'être

---

clémence de 2009 et celle relative au montant final (50 %) précisée au point 20 du même communiqué sont parfaitement cumulables. C'est d'ailleur ce qu'a fait l'Autorité à l'égard de BSH dans l'affaire n° 18-D-24 du 5 décembre 2018, Produits électroménagers, para. 200 et à l'égard de Coop dans l'affaire n° 20-D-09, Produits de charcuterie, para. 1009 et la note d'A. APEL, « L'Autorité condamne douze entreprises dans l'affaire des produits de charcuterie à la suite d'une demande de clémence et prononce à leur encontre des amendes élevées et individualisées », *RLC* n° 101-2021, n° 3963. Il est également renvoyé à des fins pédagogiques à la décision n° 21-D-09, Sandwichs, para. 327 à 329 et 344 à 355.

977 Pour un panorama de la pratique décisionnelle de la Commission, v. l'article d'A. APEL, « La réduction de l'assiette du montant de base dans la clémence : une troisième voie en trompe l'œil ? », *RLC* n° 37-2013, p. 96.

978 V. décision de la Commission du 20 juillet 2010, Phosphates pour l'alimentation animale (résumé publié au JOUE 2011 C 111, p. 19), cons. 330 à 333, 348, 352 et 353 et l'article d'A. APEL, préc., *RLC* n° 37-2013, p. 96.

979 Le pendant négatif de ce concept existe également aux États-Unis. En effet, la non-divulgation de sa participation à un autre cartel, dans le cadre d'une affaire, pourrait être reprochée à une entreprise. Si ce second cartel vient à être découvert, l'entreprise serait alors menacée d'une circonstance aggravante appelée *penalty plus*, ayant pour effet de majorer sensiblement le montant de son amende. V. les articles de D. JARRETT ARP, G. R. SPRATLING, « A new paradigm for counsel responding to international cartel investigation », *GCR* 2003, n° 6, p. 28 et d'A. APEL, « À propos des concepts de Leniency plus et Penalty plus en droit de la concurrence », *RLC* n° 40-2014, p. 168.

980 D. MC ELWEE, « Should the European Commission adopt "Amnesty Plus" in its Fight Against Hard Core Cartels ? », *ECLR*, 2004, p. 558 et A. TERCINET, « Le programme de clémence américain : un modèle placé sous le sceau du pragmatisme », *RD aff. int.* 2007, n° 6, p. 767.

considéré éventuellement comme un récidiviste. Mais cette combinaison a le mérite d'encourager ou de contraindre tout demandeur à la clémence à révéler toutes les pratiques dans lesquelles il pourrait être impliqué[981]. Cette réduction ne sera accordée que si l'entreprise obtient l'immunité totale dans l'autre infraction qu'elle a dénoncée en premier. Cette réduction, très controversée[982], n'est pas codifiée dans les communiqués de clémence de l'Autorité[983] ni dans ceux de la Commission et de la majorité des autorités de concurrence. Les autorités de concurrence qui reconnaissent ce concept accordent, en général, une réduction finale sous forme de pourcentage.

311. **Cumul de réductions.** Il doit être précisé, à ce stade, que les réductions susmentionnées sont potentiellement toutes cumulables. Il est courant qu'une entreprise puisse, en premier lieu, bénéficier de l'immunité partielle et, en second lieu, d'une réduction finale de l'amende au titre de la clémence[984]. Nous verrons que cette situation est très bénéfique pour les entreprises qui cumulent ces deux réductions. Par ailleurs, la réduction au titre de la clémence et la réduction *leniency plus* sont elles aussi cumulables. En droit britannique, le bénéfice de la réduction *leniency plus* permet d'augmenter, en s'additionnant au pourcentage prévu pour la réduction au titre de la clémence, le pourcentage de la réduction finale accordée à une entreprise[985].

312. **Analyse des réductions proposées.** Tout a donc été fait pour « encourager » les entreprises à participer à la clémence. Ces incitations sont adressées à toutes les entreprises et beaucoup d'entre elles peuvent théoriquement bénéficier de cette procédure. Il est même possible que de nombreuses entreprises puissent bénéficier de réductions importantes d'amendes au titre de la clémence. Ces mesures de clémence et leurs conditions d'octroi énoncées, l'analyse doit alors porter sur les bénéficiaires de la clémence et les impacts de cette procédure sur les amendes infligées aux entreprises.

---

981 A. APEL, préc., *RLC* n° 40-2014, p. 168.

982 J. ROSENSTOK, *Analysis of self-reporting in law enforcement against cartels in the Netherlands*, 2005, th. Univ. de Maastricht, p. 64 et 65, disponible sur http://www.encore.nl/publications/Rosenstok.pdf ; C. ROUX, Y. LEFOUILI, « Leniency Programs for Multimarket Firms : The Effect of Amnesty Plus on Cartel Formation », *International Journal of Industrial Organization*, 2012, 30 (6), p. 624 et W. WILS, « Leniency in Antitrust Enforcement : Theory and Practice », *World Competition*, 2007, n° 30, p. 25.

983 CA Paris, Beiersdorf e. a., préc., point 491.

984 Trib. UE, 17 mai 2013, aff. T-154/09, Manuli Rubber Industries SpA c/ Commission, point 119. Cet arrêt n'a pas fait l'objet d'un pourvoi.

985 Cette méthode avait été codifiée dans les lignes directrices de l'OFT (OFT 423, para 3.21 à 3,23). Celle-ci l'a notamment appliquée dans sa décision Replika Football Kit. Au titre de la *leniency plus*, Sports Connection s'est vu accordée une réduction de 25 % qui s'est ajoutée à sa réduction obtenue au titre de la clémence (V. décision de l'OFT, 1er août 2003, Replika Football Kit, para. 16 et 661).

SECONDE SECTION – LES EFFETS DE LA CLÉMENCE SUR L'AMENDE

313. **Pratique décisionnelle des autorités de concurrence et bilan de la clémence.** Après avoir vu le large éventail de mesures de clémence proposées aux entreprises, il y a lieu de s'intéresser à l'usage qui en est fait par la Commission européenne et l'Autorité de la concurrence. Pour illustrer notre propos, il a d'abord été fait le choix de présenter l'impact des programmes de clémence sur les amendes à travers un cas théorique (§1). Puis, il conviendra d'analyser l'effet concret des mesures de clémence sur les amendes infligées par la Commission et l'Autorité (§2).

§ 1 – L'impact pécuniaire théorique des programmes de clémence sur les amendes infligées

314. **Des amendes empreintes de clémence.** Comme précédemment énoncées[986], les différentes mesures de clémence accordées aux entreprises condamnées ont pour effet de réduire le montant de leurs amendes. En plus de l'exonération ou de l'immunité totale de sanction pour le primo-demandeur, plusieurs réductions au titre de la clémence peuvent se cumuler. Combinées dans une même affaire, il sera démontré à travers un cas d'école que l'ensemble des réductions au titre de la clémence peuvent avoir des effets sensibles sur le montant des amendes infligées aux entreprises.

315. **Application théorique de la clémence sur les sanctions encourues.** Le postulat de départ est la présence de quatre entreprises (E1, E2, E3, E4) sur un marché donné et d'une autorité de concurrence qui se reposera pour ce cas exclusivement sur la clémence. Supposons que ces quatre entreprises se soient entendues sur le prix du produit 1 (P1) et que deux de ces mêmes entreprises (E3, E4) aient, par ailleurs, commis les mêmes pratiques sur le prix du produit (P2). Indépendamment de la durée de participation personnelle de chacune des entreprises, ces deux ententes se sont déroulées en même temps et ont duré 4 ans. Les quatre entreprises (E1, E2, E3, E4) réalisent le même chiffre d'affaires total ; chacune des entreprises dépose successivement une demande de clémence. Ces paramètres de départ exposés, il y a lieu d'examiner les conséquences possibles des demandes de clémence sur les amendes encourues pour chaque entreprise.

---

[986] Sur l'immunité ou l'exonération, v., *supra*, n°s 298 et s. et sur les réductions, v., *supra*, n°s 305 et s..

316. **Entreprise E1.** L'entreprise E1 a seulement participé à l'entente relative au produit P1 qu'elle a rejoint lors de la quatrième et dernière année de l'infraction. Elle ne peut pas déterminer le moment où l'infraction a débuté et n'a pas le moindre élément de preuve relatif à cette période. Elle ignore que l'entente porte également sur le produit P2 qu'elle ne produit ou ne commercialise pas.

En premier dans l'ordre d'arrivée, elle décide de dénoncer l'infraction portant sur le produit P1 auprès d'une autorité de concurrence et lui permet de lancer des inspections auprès des entreprises impliquées. En tant que primo-demanderesse de rang 1-A, elle bénéficie d'une immunité totale (elle paye au final 0 % de la sanction encourue) :

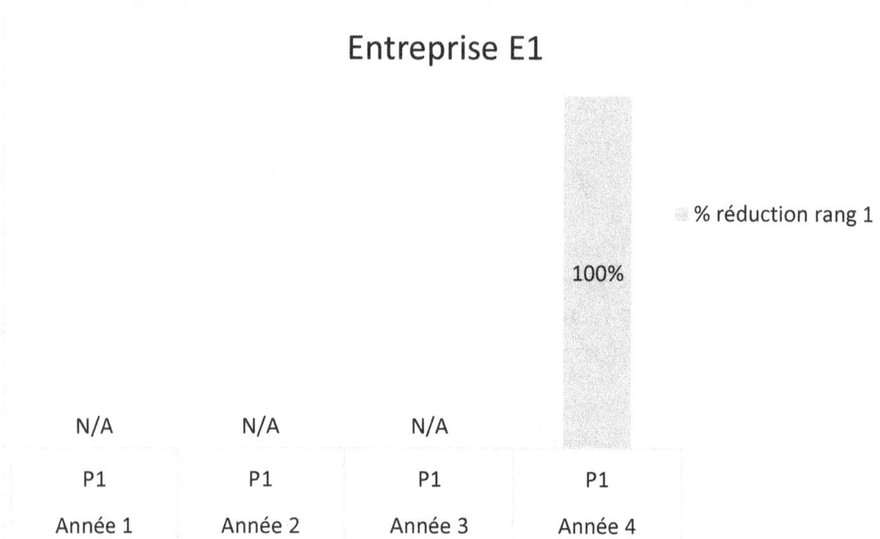

317. **Entreprise E2.** L'entreprise E2 a participé à l'entente relative au produit P1 durant les quatre années. Elle ignore que l'entente porte également sur le produit P2 qu'elle ne produit ou ne commercialise pas.

En deuxième dans l'ordre d'arrivée, elle décide de dénoncer l'entente portant sur le produit P1 auprès de l'autorité de concurrence. L'entreprise E2 informe pour la première fois l'autorité de concurrence que l'infraction a débuté 3 ans auparavant et lui fournit les éléments de preuves nécessaires. Elle fournit, par ailleurs, une bonne coopération à l'autorité de concurrence et obtient donc la réduction maximale de 50 %.

En tant que demanderesse de rang 2, elle est donc exonérée de sanction pour les 3 premières années (coefficient de durée réduit de 4 à 1) et bénéficie d'une réduction de 50 % pour la quatrième et dernière année (elle paye au final 12,5 % de la sanction totale encourue) :

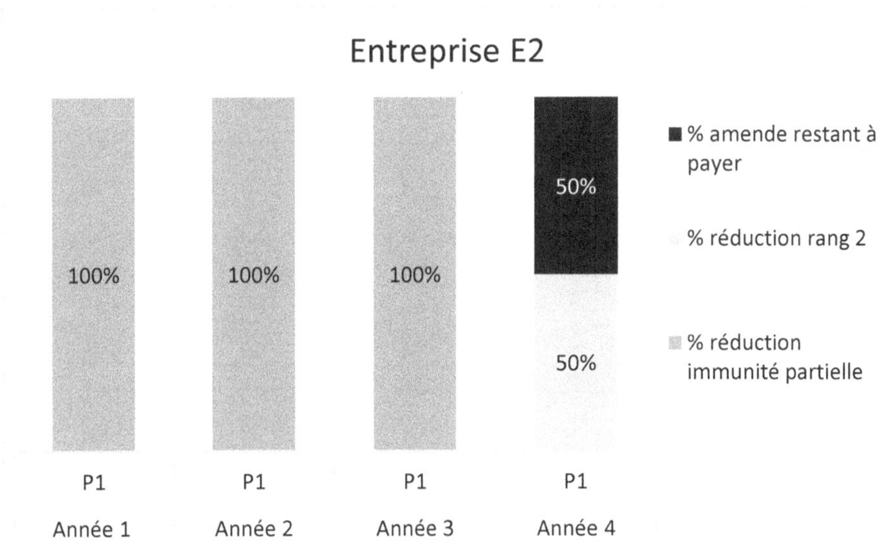

318. Entreprise E3. L'entreprise E3 a participé à l'infraction portant sur les produits P1 et P2 durant les quatre années.

En troisième dans l'ordre d'arrivée, elle décide de dénoncer l'entente portant sur les produits P1 et P2 auprès de l'autorité de concurrence. L'entreprise E3 fournit une bonne coopération à l'autorité de concurrence et obtient donc la réduction maximale de 30 % sur l'entente portant sur le produit P1. Elle informe aussi pour la première fois l'autorité de concurrence que l'infraction portait sur le produit P2 et lui fournit les éléments de preuves nécessaires.

En tant que demanderesse de rang 2, elle est donc exonérée de sanction pour l'aspect de l'entente portant sur le produit P2 et bénéficie d'une réduction de 30 % sur l'entente relative au produit P1[987] (elle paye au final 35 % de la sanction totale encourue) :

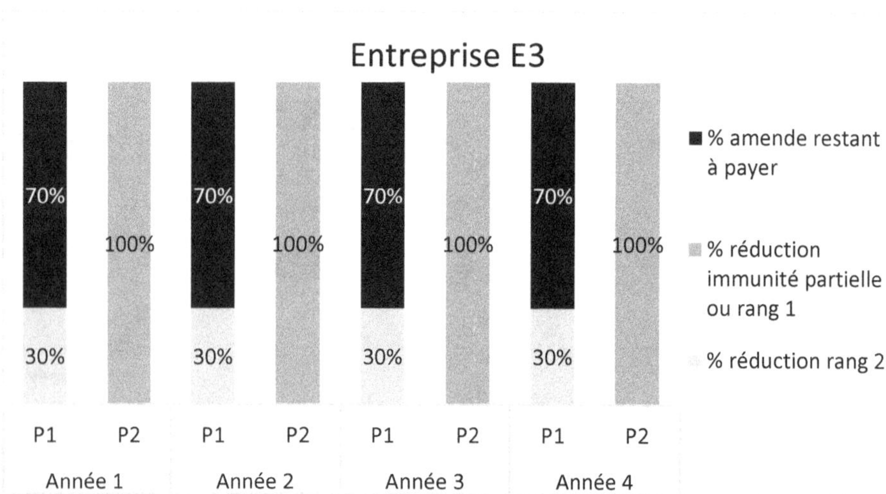

[987] Il est également possible que l'entreprise E3 soit exonérée en tant que primo-demandeur si une autorité de concurrence considère que l'entente portant sur le produit P2 est une infraction distincte de celle portant sur le produit P1.

319. **Entreprise E4.** L'entreprise E4 a participé à l'infraction portant sur les produits P1 et P2 durant les quatre années. En outre, elle participe à une autre entente portant sur un marché distinct et avec d'autres entreprises que les entreprises E1, E2 et E3.

En quatrième dans l'ordre d'arrivée, elle décide de dénoncer l'entente portant sur les produits P1 et P2 auprès de l'autorité de concurrence. L'entreprise E4 informe pour la première fois l'autorité de concurrence de l'existence d'une autre entente dans laquelle elle sera exonérée. Elle fournit aussi une bonne coopération à l'autorité de concurrence sur l'entente portant sur les produits P1 et P2 et obtient donc la réduction maximale de 20 %.

En tant que demanderesse de rang 2, elle bénéficie d'une réduction de 20 % sur l'entente relative aux produits P1 et P2 à laquelle s'ajoute une réduction *leniency plus* de 30 % pour avoir révélé une autre infraction à cette autorité de concurrence (elle paye au final 50 % de la sanction totale encourue) :

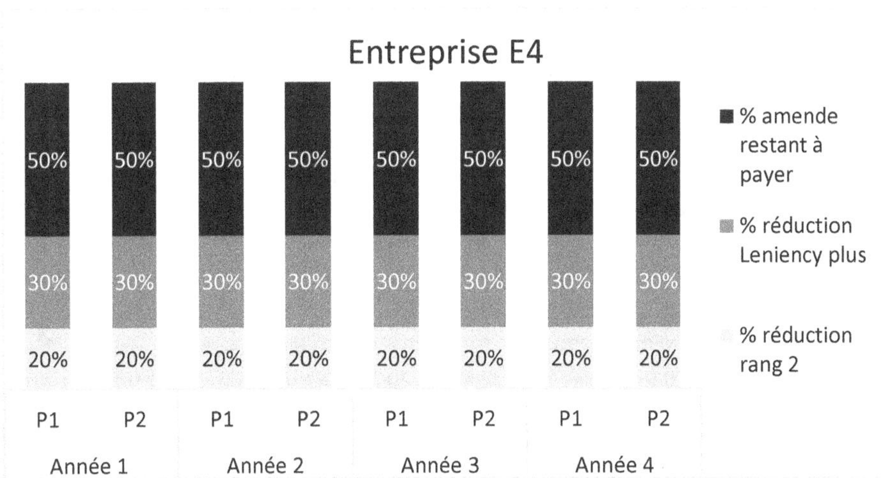

320. **Effets potentiels de la clémence sur les amendes.** Dans nos tableaux concernant ces quatre entreprises, les zones noires ne sont pas affectées par la clémence et représentent la partie des amendes qui doivent être payées par les entreprises. Suivant les entreprises, ces zones noires peuvent être fortement limitées en fonction de leurs réductions au titre de la clémence. Si l'on additionne les pourcentages des amendes à payer (0 + 12,5 + 35 + 50), et que l'on rapporte ce total aux amendes théoriques totales (100 + 100 + 100 + 100), ce n'est donc que 24 % de la sanction totale encourue par toutes les entreprises qui sera exigée au final par une autorité de

concurrence[988]. C'est donc, *a contrario*, 76 % de la sanction totale encourue par toutes les entreprises auxquels renonce une autorité de concurrence à travers ce cas d'école. Prises dans leur ensemble, les mesures de clémence peuvent donc être considérées, à première vue, comme des « armes d'incitations massives » à la coopération.

321. **Sur la théorie des réductions factices au titre de la clémence.** Ce premier constat pourrait cependant être interrogé par les réflexions de certains auteurs. Il a pu être imaginé que le montant final de la sanction infligée à une entreprise, après réduction au titre de la clémence, est en réalité celui voulu par une autorité de concurrence[989]. En d'autres termes, la réduction au titre de la clémence jouerait sur un montant volontairement gonflé pour donner le montant réellement estimé et désiré par une autorité de concurrence. La clémence serait factice et, par conséquent, un leurre pour les entreprises. Certes, nous avons vu que la grille de sanctions d'une autorité de concurrence, aisément modulable, offre la possibilité de facilement majorer les montants des amendes. Mais il n'en reste pas moins qu'une telle analyse, aussi intéressante soit-elle, est difficilement vérifiable.

De telles manœuvres de contournement des effets de la clémence de la part des autorités de concurrence, tout d'abord, ne sont pas imaginables en ce qui concerne le bénéficiaire de l'immunité ou l'exonération totale. Une autorité de concurrence n'a d'autre choix que d'accorder cette mesure de clémence à la première entreprise qui se manifeste et de renoncer à prononcer toute amende à son encontre. Il sera donc tenu pour acquis, dans la suite de cette analyse, que les immunités accordées au titre de la clémence sont des pertes effectives d'amendes dans l'esprit des autorités de concurrence. De telles manœuvres de contournement, ensuite, ne sont pas à exclure concernant les amendes des candidats suivants. Cela nécessiterait toutefois de la part des autorités de concurrence de majorer le montant de base des amendes de toutes les entreprises condamnées, y compris celles qui n'obtiendront pas de réductions au titre de la clémence[990]. Quoi qu'il en soit, il n'est pas possible de démontrer que l'intention des autorités de concurrence est de contourner l'effet de la clémence en majorant artificiellement au départ le *quantum* des amendes.

---

988 Gardons encore à l'esprit que les réductions accordées au titre de la transaction, de plus en plus récurrentes, peuvent encore diminuer le montant de l'amende encourue. Sur les réductions accordées au titre de la transaction, v., *infra*, n°s 399 et s..

989 D. GERADIN, K. SADRAK, « The EU Competition Law Fining System : A Quantitative Review of the Commission Decisions between 2000 and 2017 », disponible sur le site ssrn.com.

990 Sur les montants d'amende après réductions, v., *infra*, n°s 333 à 335.

322. Interaction entre clémence et amende. La présentation ci-dessus proposée met surtout en exergue la prudence avec laquelle la clémence doit être utilisée. L'usage intensif de la clémence peut réduire drastiquement les amendes infligées dans un certain nombre d'affaires[991]. Dès lors, il convient d'analyser la politique de clémence mise en œuvre par la Commission et l'Autorité et, ce faisant, d'examiner si cette politique n'entre pas en confrontation directe avec l'objectif de dissuasion assigné aux amendes. À première vue, de telles réductions accordées au titre de la clémence menacent très clairement l'objectif punitif des amendes. La Commission a d'ailleurs déclaré que la détection des « ententes secrètes [...] et interdites est plus important[e] que l'intérêt qu'il peut y avoir à sanctionner pécuniairement des entreprises qui permettent à la Commission de découvrir et de sanctionner de telles pratiques »[992]. Cela étant, cette politique de négociation ne peut fonctionner qu'à la condition d'infliger des amendes qui demeurent très élevées pour la grande majorité des entreprises, qu'elles aient bénéficié ou non d'une réduction au titre de la clémence[993]. Si les amendes finalement imposées aux entreprises ne sont plus assez élevées, l'intérêt des entreprises à révéler l'existence d'une infraction aux autorités de concurrence déclinera. La menace de lourdes amendes doit rester crédible. Pour reprendre les termes de l'ancien Président de l'Autorité, « il n'est pas de clémence efficace sans dissuasion forte »[994]. Il sera intéressant d'observer si les amendes infligées dans des affaires révélées au moyen de la clémence sont moins élevées. S'il s'avère que la politique tendant à infliger des amendes élevées n'est pas trop entravée par la politique de clémence, il conviendra alors de s'interroger sur les conséquences de cette politique d'amendes très punitives au regard de l'incitation à coopérer.

---

991 V., par exemple, décisions de la Commission du 17 juin 2015, Systèmes de chauffage de stationnement (résumé publié au JOUE C 425, p. 14), cons. 101 à 105 ; du 24 juin 2015, Conditionnement alimentaire destiné à la vente au détail (résumé publié au JOUE C 402, p. 8), cons. 19 ; et du 15 juillet 2015, Trains-blocs, cons. 97 à 99. Ces décisions ont fait l'objet de transactions.

992 Point 3 de la communication de la Commission sur la clémence de 2006.

993 E. CLAUDEL, « Procédures négociées, accessoires ou alternatives à la sanction en droit de la concurrence : Raison garder ! », *Concurrences* n° 4-2015, p. 61.

994 B. LASSERRE, interview du 12 avril 2006 accordée au journal La Tribune.

§ 2 – L'impact réel des programmes de clémence sur les amendes

323. **Division.** Ces premiers développements théoriques consacrés aux enjeux des programmes de clémence tendent, on l'a vu, à démontrer qu'ils peuvent nuire à la politique répressive en matière d'amendes. Qu'en est-il de la pratique des autorités de concurrence ? Plusieurs enseignements peuvent être tirés des décisions de la Commission européenne et de l'Autorité de la concurrence en matière de clémence. Leurs pratiques trop hétérogènes commandent toutefois de les étudier distinctement, en commençant par analyser les effets de la clémence sur les amendes de la Commission (A) avant d'examiner ces effets sur celles de l'Autorité (B).

A) – L'effet de la clémence sur les amendes de la Commission européenne

324. **Effets de l'immunité et de la réduction au titre de la clémence.** L'immunité et la réduction ont des effets sensiblement différents sur le *quantum* des amendes infligées aux entreprises par la Commission, il convient dès lors de les distinguer en examinant d'abord l'immunité (1), puis la réduction au titre de la clémence (2).

1) – L'effet de l'immunité au titre de la clémence sur les amendes

325. **Un recours excessif à l'immunité.** Comme la Commission se repose de manière générale sur les infractions qui lui sont révélées par les entreprises[995], il en résulte qu'un des membres d'une infraction est quasi systématiquement gracié de toute amende dans chacune des affaires. Ainsi, certaines entreprises échappent-elles à des amendes dont les montants encourus sont toujours calculés et indiqués par la Commission dans ses décisions[996]. Cela permet d'observer, en premier lieu, que certaines entreprises peuvent être exonérées d'amendes « astronomiques ». Nous parlons en effet de dizaines, de centaines de millions, voire de milliards d'euros économisés par les entreprises. Si l'augmentation des amendes est un phénomène incontestable sur plusieurs décennies, tel est aussi le cas des immunités accordées :

---

[995] W. Wils, « The Use of Leniency in EU Cartel Enforcement : An Assessment after Twenty Years », *World Competition*, 2016, n° 39, p. 327.

[996] V., *infra*, n° 326.

Décisions de la Commission*	**Entreprise**	**Pourcentage de réduction retenu**	**Amende encourue (€)****
Gluconate de sodium (2001)	Fujisawa	80 %	18 000 000 € (3 600 000 € payés)
Acide citrique (2001)	Cerestar Bioproducts	90 %	1 700 000 € (170 000 € payés)
Produits chimiques pour le traitement du caoutchouc (2005)	Flexsys NV	100 %	42 500 000 € (0 € payé)
Peroxyde d'hydrogène (2006)	Degussa	100 %	129 938 000 € (0 € payé)
Bitume routier aux Pays-Bas (2006)	BP	100 %	30 780 000 € (0 € payé)
Transformateurs de puissance (2009)	Siemens	100 %	33 360 000 € (0 € payé)
Écrans LCD (2010)	Samsung	100 %	684 000 000 € (0 € payé)
Producteurs de tubes cathodiques pour téléviseurs et écrans d'ordinateur (2012)	Chunghwa	100 %	16 979 000 € (0 € payé)
Euribor (2013)	UBS	100 %	2 500 000 000 € (0 € payé)
Producteurs de puces pour cartes (2014)	Infineon	100 %	82 784 000 € (0 € payé)
Producteurs de camions (2016)	Man	100 %	1 200 000 000 € (0 € payé)

* Liste non exhaustive.

** Estimations.

L'augmentation des amendes a corrélativement eu pour effet d'augmenter le montant des immunités d'amendes accordées aux entreprises. Ces montants non recouvrés interpellent. À propos de la clémence, il a souvent été dit qu'« [u]n tel programme peut être vu comme un mécanisme permettant de faire révéler à moindre coût une information privée des parties et de réduire les ressources allouées à la lutte contre les cartels »[997]. La mesure de la rentabilité de la justice est une question qui – à notre sens – ne devrait pas se poser. Mais à s'y intéresser, ce raisonnement économique paraît contestable. Si l'on part du postulat selon lequel le produit des amendes vient en déduction des budgets demandés aux États membres de l'Union, il y a lieu de s'inquiéter quant à ces sommes très importantes qui sont théoriquement perdues à ce stade. Pour la seule année 2016, les trois bénéficiaires de l'immunité ont échappé à des amendes cumulées d'un montant de 1,4 milliard d'euros[998]. Ces réductions laissent de quoi regretter que la Commission n'ait pas investi plus de moyens dans ses services d'enquêtes. En plus d'enrayer la systémique de la clémence, l'idée serait de détecter quelques-unes de ces affaires et, par conséquent, d'accorder moins d'immunités et de réductions d'amendes au titre de la clémence.

326. **Profil type des primo-demandeurs.** Si l'on fait de la criminologie appliquée à la concurrence, il est intéressant de déterminer le profil type du primo-demandeur au vu de la pratique décisionnelle de la Commission. En réalité, les entreprises risquant les amendes les plus élevées demandent statistiquement plus la clémence que les autres[999]. L'histoire de la clémence aurait pu être celle de la petite PME qui dénonce les grands groupes qui l'oppressent plus qu'ils ne s'entendent avec elle. Il s'agit toutefois d'une version idéalisée et peu conforme à la réalité[1000]. Devant la Commission, les bénéficiaires d'une immunité sont, le plus souvent, les groupes les plus puissants parmi ceux incriminés. Il n'est qu'à regarder les communiqués de presse de la Commission se félicitant de l'efficacité des programmes de clémence qui ont permis à une entreprise d'éluder une amende. Il n'est pas dit, en revanche, que ce sont souvent les amendes les plus lourdes qui ont

---

997 L. FLOCHEL, « De nouvelles pratiques pour les autorités de concurrence : les programmes de clémence », *in* D. ENCAOUA, R. GUESNERIE (dir.), « Politiques de la concurrence », *La Documentation française*, Paris, 2006, p. 248.

998 V. les immunités accordées dans les décisions de la Commission adoptées en 2016, Fabricants de pièces automobiles, Producteurs de camions, Fabricants de batteries rechargeables.

999 C. T. HOANG, K. HÜSCHELRATH, U. LAITENBERGER et F. SMUDA, « Determinants of self-reporting under the European corporate leniency program », *International Review of Law and Economics*, 2014, 40, p. 15.

1000 À cet égard, une étude empirique de l'Autorité de la concurrence a déjà pu relever que de grands groupes peuvent rentrer dans une entente composée de PME dans le seul but de la dénoncer et d'en ressortir encore plus dominant, v. l'étude relative au programme de clémence français publié le 15 avril 2014 et l'article d'A. KRENZER, « Les coulisses de la demande de clémence en France : L'Autorité de la concurrence donne la parole aux acteurs », *Concurrences* n° 3-2014, art. n° 67246.

été évitées[1001] ! Ces dernières années, on observe d'ailleurs avec récurrence des affaires dans lesquelles le bénéficiaire de l'immunité a évité une amende dont le montant était même supérieur au total des montants payés par les autres entreprises[1002]. Ce constat rejoint l'analyse d'une partie de la doctrine économique qui estime que la probabilité de demander la clémence augmente avec la part de marché de l'entreprise et le montant de la sanction encourue[1003]. Quoi qu'en dise le juge de l'Union[1004], la clémence est réservée *de facto* aux grands groupes de sociétés.

À ce constat s'ajoute le fait que les bénéficiaires de l'immunité ont parfois été les initiateurs et leaders des cartels qu'ils ont dénoncés. C'est ainsi que l'immunité accordée à la Lufthansa dans l'affaire du *Fret aérien* avait été remise en cause par les autres entreprises, estimant que la Lufthansa avait notamment exercé des pressions sur les autres entreprises[1005]. Or, la clémence ne devrait pas être réservée *de facto* aux entreprises détenant un fort pouvoir de marché. Ces dernières ont par ailleurs une propension à récidiver plus importante que les autres entreprises[1006]. Ce constat interroge à plus d'un titre. En premier lieu, il est peu rassurant quant à la structure d'un marché, à moyen terme. L'octroi d'une amnistie au primo-demandeur dominant combinée à de lourdes amendes infligées aux autres entreprises peut potentiellement faire craindre un renforcement de la position du bénéficiaire et un amoindrissement sensible du degré de concurrence sur ce même marché. Cette situation est d'autant plus préoccupante qu'elle s'inscrit désormais dans un contexte où la responsabilité civile du bénéficiaire de l'immunité est limitée par rapport à celles des autres membres de l'entente[1007]. En résumé, la clémence n'est pas forcément souhaitable si elle peut conduire à passer d'un oligopole à un monopole.

[1001] V., par exemple, décisions de la Commission du 9 novembre 2010, Fret aérien, cons. 1269 et 1400 et du 3 septembre 2014, Puces pour cartes ; du 21 octobre 2015, Fournisseurs de lecteurs de disques optiques (Communiqué de presse IP/15/5885).

[1002] V., dernièrement, communiqués de presse de la Commission relatifs aux décisions du 27 janvier 2016, Alternateurs et démarreurs (IP/16/173) ; du 15 juillet 2015, Fret ferroviaire (IP/15/5376) ; du 24 juin 2015, Conditionnement alimentaire (IP/15/5253) ; du 17 juin 2015, Systèmes de chauffage de stationnement (IP/15/5214).

[1003] C. T. HOANG, K. HÜSCHELRATH, U. LAITENBERGER et F. SMUDA, « Determinants of self-reporting under the European corporate leniency program », *International Review of Law and Economics*, n° 2014/40, p. 15.

[1004] Trib. UE, 16 septembre 2013, aff. T-376/10, Mamoli Robinetteria SpA c/ Commission, point 59 et la note de L. IDOT, *Europe*, novembre 2013, comm. n° 11, p. 36, confirmé par CJUE, 26 janvier 2017, aff. C-619/13 P.

[1005] V. décision de la Commission du 9 novembre 2010, Fret aérien, cons. 1280 et 1281.

[1006] V., *infra*, n°s 212 et 217.

[1007] Articles L. 481-11 et 12 du Code de commerce et l'article de M. BEHAR-TOUCHAIS, *Revue droits des contrats* n° 2-2017, p. 312.

327. **Risques de représailles.** Les leaders ou grands groupes de sociétés bénéficiant le plus souvent de la clémence, il y a dès lors lieu de s'interroger quant au silence des autres contrevenants. Certaines entreprises de type PME se sentent honorées de pouvoir assister à des réunions avec les plus grandes entreprises du secteur. Mais le silence de ces entreprises ne relève pas uniquement du fait que ce qu'elles croient être une réussite, pour certaines d'entre elles, est en réalité illégal. Si les petites entreprises ne déposent pas de demande de clémence, cela résulte davantage de leur méconnaissance des règles et stratégies procédurales en droit des pratiques anticoncurrentielles. Cette circonstance n'explique toutefois pas à elle seule l'absence de demande de clémence de la part des petites entreprises. Avant de déposer une demande de clémence, il convient de peser le pour et le contre et, surtout, de pouvoir en assumer les conséquences. Or, dans le cas d'une entreprise qui n'est pas dominante sur un marché, il n'est pas à exclure que des représailles soient prises à son encontre par les entreprises condamnées[1008], en particulier si elle entretient ou souhaite entretenir à l'avenir des relations d'affaires avec les autres membres de l'entente. L'entreprise en position de pouvoir dénoncer doit tenir compte de la phase *post* décisionnelle au terme de laquelle certains concurrents seront lourdement condamnés et le délateur exempté. À plus ou moins long terme, une entreprise risque d'encourir ce qu'un auteur nomme un « blâme du marché »[1009]. Un succès à court terme peut ainsi préfigurer un échec à long terme. C'est aussi pour cette raison que peu d'entreprises de taille limitée se permettent de dénoncer des pratiques anticoncurrentielles.

328. **Demandeurs de « clémence en série ».** Devant la Commission, il a déjà été noté que le fait d'être récidiviste n'est pas rédhibitoire dans le cadre de la clémence. Il existe même les « récidivistes de la clémence » qui sont bien connus des autorités de concurrence. Une grande entreprise diversifiée peut être amenée à simultanément déposer plusieurs demandes de clémence. Ce cas de figure ne soulève pas de difficultés, car une entreprise peut participer à plusieurs cartels à la fois. Cependant, on relèvera que certaines entreprises espacent leurs demandes de clémence dans le temps.

Or, il serait intéressant que la Commission se penche sur le cas des entreprises qui déposent une demande de clémence pour une infraction et dont il est avéré qu'elles eussent conscience de participer à une ou plusieurs autres infractions en même temps. Sur une quinzaine d'années, nous avons vu des groupes comme Schenker, Akzo, Kühne + Nagel, Hitachi ou bien encore Samsung dénoncer au compte-goutte chacune des ententes

---

1008 M. Debroux, « Le brouillard de la clémence en droit de la concurrence : quelles décisions stratégiques ? » in *Stratégies d'instrumentalisation juridique et concurrence*, A. Masson (dir.), H. Bouthinon-Dumas, V. de Beaufort et F. Jenny, Larcier, 2013, p. 161.

1009 É. Baccicheti, « Comment choisir entre clémence et transaction ? », *in* « Rencontres Lamy du Droit de la concurrence, Questions d'actualité », *RLC* n° 15-2008, p. 159.

auxquelles elles participaient. Il pourrait s'agir d'un détournement de l'objet de la procédure de clémence qui visait, au départ, à offrir un repentir sincère aux entreprises et non un outil réutilisable à l'envi.

Il serait donc souhaitable qu'un « récidiviste à la clémence » ne soit plus éligible à l'immunité durant un certain temps. Cela atténuerait le risque de dévoiement de la clémence. Contrairement aux apparences, un tel positionnement n'est pas si isolé et rejoint la politique d'*amnesty program* mise en place par le DOJ. Ce dernier exige de tout demandeur à la clémence la révélation de toutes les infractions auxquelles il a participé ou continue de participer. Il s'agit de l'*omnibus question*[1010]. Une entreprise qui mentirait dans cette situation serait punie, si une autre infraction venait à être décelée, d'une majoration supplémentaire dénommée *penalty plus*[1011].

329. **Dimension stratégique des demandes de clémence ?** Il y a également lieu de s'interroger et de rester prudent quant aux réelles intentions des demandeurs de clémence. D'après la doctrine la plus autorisée, les autorités de concurrence sont conscientes des « risques d'utilisation stratégique du mécanisme [et] de l'existence de biais » propres aux programmes de clémence[1012]. Il convient cependant de nuancer cette crainte légitime. La décision d'entrer ou non dans un cartel est rarement prise dans le but de le dénoncer ultérieurement auprès d'une autorité de concurrence. Sans l'exclure totalement, la pratique semble invalider l'existence de demandes de clémences dites agressives[1013]. Par clémences agressives, il est entendu que le dépôt de ces demandes de clémence serait mûrement réfléchi à l'avance sur la base d'une analyse coûts/bénéfices à rester dans le cartel. Il y a toutefois trop d'aléas dans la clémence pour qu'un tel calcul soit souvent mis à l'œuvre. Une demande de clémence s'exprime le plus souvent en réaction à la découverte d'une infraction[1014].

Ce n'est qu'au moment et à la suite du dépôt de la demande de clémence que des utilisations stratégiques de ce dispositif peuvent se mettre en place[1015]. Il n'est d'ailleurs pas impossible qu'une entreprise exonérée ait

---

1010 A. TERCINET, « Le programme de clémence américain : un modèle placé sous le sceau du pragmatisme », *RD aff. int.* 2007, n° 6, p. 767 et A. APEL, « À propos des concepts de Leniency plus et Penalty plus en droit de la concurrence », *RLC* n° 40-2014, p. 168.

1011 A. APEL, *ibidem*, *RLC* n° 40-2014, p. 168.

1012 V. introduction de L. IDOT *in* L. IDOT, W. E. KOVACIC et C. FONTEIJN, « Détection des pratiques anticoncurrentielles : Faut-il réformer les outils existants ou introduire de nouveaux outils ? Clémence, observation des marchés, récompenses financières… » (New Frontiers of Antitrust, 21 février 2014, Paris), *Concurrences* n° 2-2014, art. n° 66158.

1013 M. DEBROUX, « Le brouillard de la clémence en droit de la concurrence : quelles décisions stratégiques ? », in *Stratégies d'instrumentalisation juridique et concurrence*, A. MASSON (dir.), H. BOUTHINON-DUMAS, V. DE BEAUFORT, F. JENNY, Larcier, 2013, p. 161.

1014 À l'exception notable sans doute des « demandeurs de clémence en série » examinés au paragraphe précédent.

1015 P. BOUGETTE, L. DONNEDIEU DE VABRES, C. MONTET, F. VENAYRE, « Stratégie et droit de la concurrence : une enquête auprès de grandes entreprises françaises », *Rev. conc. conso.*, janvier-

souhaité racheter des concurrents financièrement mis en difficulté par le paiement d'amendes très élevées[1016], comme cela s'est passé dans l'affaire des *Vitamines*[1017]. Ce n'est peut-être pas un hasard si certains secteurs se sont fortement restructurés et concentrés à la suite d'affaires de clémence[1018]... La clémence peut dans certains cas avoir pour effet de fortement déséquilibrer les rapports de force entre les entreprises d'un secteur. Bien plus, la clémence peut dans certains cas incidemment permettre au bénéficiaire de racheter certains de ses concurrents dont la santé financière a été définitivement obérée par une amende très élevée.

330. **Sur les infractions dénoncées dans le cadre de la clémence.** Il convient également d'examiner de plus près les cartels détectés puis condamnés par la Commission au moyen de la clémence. À l'heure de faire un premier bilan de cet outil de détection, la doctrine la plus autorisée a constaté que « la clémence n'était vraiment efficace que pour certaines configurations de cartels »[1019]. Ce ne sont pas, en tout cas, toujours des ententes récentes ou encore d'actualité qui sont dénoncées par les primo-demandeurs[1020]. Des économistes ont calculé qu'il existait, depuis le programme de clémence de 2002, un délai entre la date de dissolution du cartel et la première demande de clémence pour 80 % des infractions constatées[1021]. Il n'a pas été procédé à la vérification de ces chiffres. En revanche, il peut en être conclu que le programme de clémence n'est pas toujours l'outil le plus efficace ni le plus rapide pour révéler et mettre un terme aux cartels. De nombreuses demandes de clémence ont été déposées longtemps après la fin des pratiques. Or, le fait que les entreprises aient le droit d'espacer leurs demandes de clémence dans le temps amplifie également ce phénomène de dénonciation de vieux dossiers. Dans ces conditions, le prononcé d'amendes, même élevées, ne peut alors que sanctionner des pratiques commises dans un passé parfois lointain et non peu de temps après que leurs effets néfastes se soient produits.

---

février 2006, n° 144, p. 2 ; N. PETIT, « Les stratégies juridiques en droit des coordinations entre entreprises – Une approche scénarisée », *GCLC* 01/09.

1016 Il peut être mentionné l'exemple de l'entreprise Akzo à la suite de la décision relative aux Réactifs (V., *infra*, n° 606).

1017 V. l'excellent article de P. DESBROSSE, « Les programmes de Clémence à l'épreuve de la globalisation des marchés », *RIDE*, n° 2010/2 (t. XXIV), p. 211.

1018 V., notamment, décision de la Commission du 22 juillet 2009, Réactifs et Trib. UE, 12 décembre 2012, aff. T-352/09, Novácke chemické závody a.s. c/ Commission, point 232.

1019 L. IDOT *in* « Détection des pratiques anticoncurrentielles : Faut-il réformer les outils existants ou introduire de nouveaux outils ? Clémence, observation des marchés, récompenses financières... » (New Frontiers of Antitrust, 21 février 2014, Paris), *Concurrences* n° 2-2014, art. n° 66158.

1020 W. WILS, « The Use of Leniency in EU Cartel Enforcement : An Assessment after Twenty Years », *World Competition*, 2016, n° 39, p. 327.

1021 D. GÄRTNER et J. ZHOU, « Delays in leniency application : is there really a race to the enforcer's door ? », décembre 2012, disponible sur le site ssrn.com.

2) – L'effet des réductions au titre de la clémence sur les amendes

331. **Un recours excessif aux réductions.** Il y a lieu de souligner la « récurrence de réductions au titre de la clémence » dans les affaires de la Commission. Cette dernière, non seulement, se repose sur la clémence concernant la détection des cartels, mais elle y a également recours concernant l'apport des preuves de l'infraction. Pratiquement toutes les affaires de cartels voient au moins une entreprise bénéficier d'une réduction au titre de la clémence depuis une quinzaine d'années[1022].

Il doit être également relevé que de nombreuses entreprises ont déjà bénéficié d'une réduction au titre de la clémence dans une même affaire. Dans plusieurs décisions, on relèvera même que toutes ou quasiment toutes les entreprises condamnées ont pu bénéficier d'une mesure de clémence[1023]. Dans l'affaire du *Fret aérien*, la Commission a pu accorder des réductions au titre de la clémence jusqu'à onze entreprises[1024]. Le tableau suivant atteste du nombre important de clémences accordées à des entreprises, en valeur absolue et relative, dans une même procédure :

Décisions de la Commission*	Communication sur la clémence applicable	Nombre d'entreprises condamnées	Nombre d'entreprises bénéficiant de la clémence	Ratio entre les entreprises avec clémence et le total des entreprises condamnées (%)
Vitamines (2001)	1996	13	13	100 %
Acide citrique (2001)	1996	5	5	100 %
Maisons de vente aux enchères d'objets d'art (2002)	1996	2	2	100 %
Chlorure de choline (2004)	1996	6	3	50 %

1022 V., par exception, décision de la Commission du 27 juin 2012, Fabricants de produits de gestion de l'eau (résumé publié au JOUE C 335, p. 4). Cette décision a fait l'objet de transactions.

1023 V. décisions de la Commission du 10 juillet 2013, Faisceaux de fils électriques automobiles (résumé publié au JOUE C 283, p. 5), cons. 155 à 174 ; du 19 mars 2014, Roulements, cons. 16 ; du 15 juillet 2015, Trains-blocs, cons. 97 à 99 et la note de M. DEBROUX, *Concurrences* n° 4-2015, p. 119. Ces décisions ont fait l'objet de transactions.

1024 V. décision de la Commission du 9 novembre 2010, Fret aérien, cons. 1273 à 1373 et cons. 27 du résumé. Cette décision fait actuellement l'objet de recours pendants devant les juridictions de l'Union européenne.

* Liste non exhaustive.

Produits chimiques pour le caoutchouc (2005)	2002	4	4	100 %
Stabilisants thermiques (2009)	2006	8 et 8	4 et 3	50 % (grief n° 1) et 37,5 % (grief n° 2)
Tubes cathodiques pour téléviseurs et écrans d'ordinateur (2012)	2006	10	5	50 %
Euribor (2013)	2006	4 et 6	4 et 5	100 % (grief n° 1) et 83 % (grief n° 2)
Producteurs de camions (2016)	2006	5	4	80 %

332. **Impact des réductions au titre de la clémence.** Il y a lieu de porter une attention particulière sur les réductions octroyées par la Commission, qui sont considérables en pourcentage. Tel est le cas du premier demandeur de rang 2, qui bénéficie très généralement de la réduction maximale de 50 % prévue par la communication de 2006 sur la clémence[1025]. Mais c'est également le cas pour les autres demandeurs de clémence qui se voient souvent accorder le haut de la fourchette, soit des réductions de 30 % et de 20 %[1026]. Avec de tels taux de réductions, il n'est pas étonnant que les mesures de clémence réduisent considérablement le montant des amendes. Les entreprises LG Display et Procter & Gamble, par exemple, ont vu leur amende être réduite de plus de 200 millions d'euros[1027].

Les « immunités partielles » accordées par la Commission sont également fort nombreuses. Les effets de cette réduction sur le montant de

1025 V., dernièrement, décisions de la Commission, du 22 novembre 2017, Systèmes de sécurité pour occupants fournis à des constructeurs automobiles japonais (ci-après « Fournisseurs d'équipements de sécurité pour véhicules automobiles I ») (résumé publié au JOUE, 2018, C 135, p. 05), cons. 34 et 35 du résumé ; du 21 février 2018, Transporteurs maritimes de véhicules automobiles (ci-après « Transporteurs maritimes ») (résumé publié au JOUE C 314, p. 9), cons. 24 du résumé. Ces décisions ont fait l'objet de transactions.

1026 V., dernièrement, décisions de la Commission, du 21 juin 2017, Systèmes d'éclairage (résumé publié au JOUE C 333, p. 4), cons. 26 du résumé ; du 5 mars 2019, Fournisseurs d'équipements de sécurité pour véhicules automobiles II (communiqué de presse IP-19-151. Ces décisions ont fait l'objet de transactions.

1027 V. décisions de la Commission, Détergents domestiques, cons. 95 et 96, et Écrans LCD, cons. 463 à 468.

l'amende peuvent être, en pratique, des plus importants[1028]. Dans l'affaire des *Installations sanitaires pour salles de bains*, la Commission avait reconnu, mais oublié d'appliquer cette réduction à l'entreprise Wabco dans le calcul de son amende. À la demande de Wabco, le Tribunal a rectifié l'amende en la réduisant de plus de 200 millions d'euros[1029]. Dans l'affaire des *Phosphates pour l'alimentation animale*, c'est même une réduction d'environ 270 millions d'euros qui a été accordée à Tessenderlo[1030]. Les contrevenantes ont donc tout intérêt à être le premier à informer la Commission d'éléments nouveaux et aggravants relatifs à l'infraction.

Par ailleurs, la réduction *leniency plus*, dite du « cartel sur cartel », ne figure toujours pas dans la communication sur la clémence de 2006 de la Commission. Il y a lieu de croire qu'une réduction à ce titre aurait été néanmoins accordée dans l'affaire des *Écrans LCD* à Chunghwa[1031], puisqu'elle a vraisemblablement permis de dévoiler l'énorme cartel des *Tubes cathodiques pour téléviseurs et écrans d'ordinateur*[1032].

Les différents types de réductions évoquées étant cumulables, ces dernières n'en sont donc que plus intéressantes. Le record de diminution de l'amende a sans doute été atteint avec Volvo/Renault dans l'affaire des *Producteurs de camions*. Pour avoir informé la Commission que l'infraction avait duré quatre années de plus, Volvo/Renault a échappé selon nos estimations à 450 millions d'euros d'amende à ce titre. En outre, elle a pu bénéficier d'une réduction finale proche de 500 millions d'euros[1033]. C'est, au final, près d'un milliard d'euros que Volvo/Renault ne s'est pas vu infliger dans cette affaire grâce aux réductions cumulées de la clémence.

Le tableau suivant atteste, en fonction du type de réductions, des montants importants accordés à des entreprises au titre de la clémence par la Commission :

1028 Pour une analyse de la pratique décisionnelle de la Commission, v. A. APEL, « La réduction de l'assiette du montant de base dans la clémence : une troisième voie en trompe l'œil ? », *RLC* n° 37-2013, p. 96.

1029 Trib. UE, 16 septembre 2013, aff. T-380/10, Wabco e. a. c/ Commission, points 186 à 192 et la note d'A. RONZANO, *Concurrences* n° 4-2013, art. n° 59601.

1030 V. décision de la Commission du 20 juillet 2010, Phosphates pour l'alimentation animale, cons. 330 à 333, 348, 352 et 353 et l'article d'A. APEL, préc., *RLC* n° 37-2013, p. 96.

1031 V. décision de la Commission du 8 décembre 2010, Écrans LCD, cons. 471 et l'article d'A. APEL, « À propos des concepts de Leniency plus et Penalty plus en droit de la concurrence », *RLC* n° 40-2014, p. 168.

1032 V. décision de la Commission du 5 décembre 2012, Tubes cathodiques pour téléviseurs et écrans d'ordinateur, cons. 5 du résumé. Chunghwa n'a pas formé de recours contre cette décision.

1033 V. décision de la Commission, Producteurs de camions, cons. 130 et 131.

Décisions de la Commission[*]	Entreprise	Mesure de clémence et réduction accordée	Montant de la réduction accordée (€)[**]
Peroxydes organiques (2006)	Atochem	Immunité partielle et réduction finale de 50 %	94 190 000 € et 43 470 000 €
Phosphates pour l'alimentation animale (2010)	Tessenderlo	Immunité partielle	267 000 000 €
Écrans LCD (2010)	LG Display	Réduction finale de 50 %	215 000 000 €
Écrans LCD (2010)	Chunghwa	Réduction en dehors de la clémence 5 %	475 000 €
Détergents domestiques (2011)	Procter & Gamble	Réduction finale de 50 %	234 000 000 €
Crédits dérivés Francs suisses (2014)	JPMorgan	Réduction finale de 40 %	45 686 000 €
Roulements (2014)	Schaeffler	Réduction finale de 20 %	102 911 000 €
Producteurs de camions (2016)	Volvo Renault	Immunité partielle et réduction finale de 40 %	450 000 000 € et 496 000 000 €

333. **Effet sensible de la clémence sur les amendes.** Devant la Commission, la conclusion est finalement assez simple : les immunités et réductions accordées au titre de la clémence viennent donc fréquemment et sensiblement amoindrir le montant total des amendes infligées aux entreprises. À cet égard, la Commission fait même preuve d'une plus grande mansuétude que ses homologues du REC. Dans certaines affaires, le constat est même édifiant si l'on rapporte les pourcentages de réductions aux montants d'amendes respectivement encourus par les entreprises. Selon nos calculs, dans la décision relative aux *Trains-blocs*, c'est 65 % du montant total des amendes encourues qui ont pu être évités au moyen de la clémence par les trois entreprises en cause[1034]. Dans la décision relative aux *Systèmes de chauffage de stationnement*, c'est même 79 % de l'amende normalement

* Liste non exhaustive.

** Estimations.

1034 V. décision de la Commission du 15 juillet 2015, Trains-blocs, cons. 97 à 99. Cette décision a fait l'objet de transactions.

encourue qui n'aurait pas été recouvré à la suite des réductions au titre de la clémence pour deux entreprises[1035].

S'agissant du recouvrement de l'amende, il convient toutefois de dire que ces réductions ont parfois été, pour ainsi dire, « récupérées » par la Commission. Dans certains cas, il est arrivé que la Commission n'accorde pas cette réduction à l'ensemble des membres d'une même entreprise. Cette situation s'est produite à plusieurs reprises dans les affaires où elle a accordé des mesures de clémence à des entreprises restructurées. La Commission, en effet, est en droit de ne pas étendre la clémence aux anciennes sociétés mères des sociétés ayant mis en œuvre les pratiques si elles ne les ont pas dénoncées du temps où elles détenaient leurs sociétés en infraction[1036]. Il en ressort que ces sociétés mères, qui ne bénéficient pas de la réduction au titre de la clémence accordée à leurs anciennes filiales, se retrouvent seules à payer cette partie de l'amende[1037]. C'est ainsi que l'entreprise Hoechst, en ne bénéficiant pas de la mesure de clémence accordée à son ancienne filiale Clariant, a été condamnée à 74 millions d'euros dans l'affaire de l'*Acide monochloracétique*[1038].

1035 V. décision de la Commission du 17 juin 2015, Systèmes de chauffage de stationnement, cons. 101 à 105 et son communiqué de presse (IP/15/5214). Cette décision a fait l'objet de transactions.

1036 En règle générale, la clémence peut bénéficier à l'entreprise condamnée et à toutes les entités qui la composent. Cette solution est cohérente. Si les entreprises sont poursuivies par la Commission, ce sont ces mêmes entreprises qui doivent pouvoir bénéficier d'une mesure de clémence de sa part. Cette solution est également juste au vu de l'initiative de la démarche, c'est régulièrement la société mère qui déclenche la clémence après s'être aperçue que sa filiale avait fauté. Cependant, une partie non négligeable des demandes en clémence ont été déposées lors de restructurations sociétaires. Un grand nombre d'affaires témoignent, en effet, du rôle joué par la société mère acquéreuse de la filiale infractionnelle dans le déclenchement de la demande de clémence. Or, il arrive que l'ancienne société mère de la filiale infractionnelle, celle qui la détenait au moment des pratiques, soit également poursuivie par la Commission (V., *infra*, n°s 518 à 520). Le cas échéant, cette ancienne société mère peut demander à bénéficier de la mesure de clémence accordée à son ancienne filiale. Il convient d'approuver le choix de la Commission qui a été d'exclure de la clémence l'ancienne société mère qui ne détenait plus la filiale au moment du dépôt de la demande de clémence (CJUE, 19 juin 2014, aff. C-243/12 P, FLS Plast c/ Commission, points 85 à 90 et la note de M. DEBROUX, *Concurrences* n° 4-2014, p. 107 ; Trib. UE, 23 janvier 2014, aff. T-384/09, SKW Stahl-Metallurgie Holding AG et SKW Stahl-Metallurgie GmbH c/ Commission, points 237 et 238 et la note de L. IDOT, *Europe*, mars 2014, comm. n° 3, p. 28). Il est d'abord justifié de ne pas accorder des mesures de clémence à une société qui n'a manifestement pas déposé de demande de clémence au moment où elle détenait sa filiale en infraction. Il ne peut d'ailleurs être démontré qu'elle en aurait eu l'intention si elle avait été informée du fait que sa filiale participait à un cartel. Une telle solution va également dans le sens que la clémence ne peut être accordée qu'en échange d'une coopération volontaire, rapide et efficace de la part des entreprises. Or, l'ancienne société mère n'a pas coopéré avec la Commission. Une solution contraire conduirait enfin à créer pour les sociétés mères une zone de confort disproportionnée dans la cession des filiales qu'elles savent ou non en infraction et donc à les déresponsabiliser.

1037 Cette règle vaut quelle que soit la mesure de clémence accordée, que ce soit une immunité ou une réduction d'amende.

1038 V. décision de la Commission du 19 janvier 2005, Acide monochloracétique (résumé publié au JOCE 2006, L 353, p. 12), cons. 324 à 326, confirmé sur ce point par TPICE, du 30 septembre 2009, aff. T-161/05, Hoechst c/ Commission, point 75. Cet arrêt n'a pas été frappé de pourvoi.

334. ***Quantum* des amendes après clémence.** De tels écarts entre les montants théoriquement encourus et les amendes finalement imposées après la clémence interpellent. Au vu des montants des réductions accordées au titre de la clémence, la portée punitive des amendes finalement infligées pourrait être remise en cause. C'est sans compter toutefois que les réductions au titre de la clémence sont proportionnelles à des amendes encourues qui ne cessent d'augmenter. En d'autres termes, les amendes encourues sont si élevées que les effets de la clémence n'ont pas eu pour effet de freiner la croissance exponentielle des amendes. Depuis 20 ans, la Commission applique la clémence dans toutes ses affaires de cartels et à de nombreuses entreprises. La clémence est donc une constante dans toutes les décisions de la Commission. Or, aucune diminution générale du montant des amendes n'est à observer dans les décisions adoptées par la Commission. C'est même paradoxalement plutôt le contraire. Les amendes ont continué d'augmenter notamment en raison de l'adoption des lignes directrices de 2006 prises en remplacement de celles de 1998. Il peut ainsi en être conclu que la Commission a réussi à maîtriser les effets des réductions accordées aux entreprises, lesquelles n'ont pas véritablement entravé la tendance générale à l'augmentation des amendes.

335. **Effet dissuasif du programme de clémence ?** Il a été déjà soutenu dans un article de référence que la Commission avait accordé de nombreuses réductions d'amendes au titre de la clémence pour pallier, à l'époque, l'absence d'un dispositif transactionnel[1039]. Pourtant, les entreprises candidates à la réduction n'ont pas l'obligation de reconnaissance de culpabilité ou, dit de manière plus triviale, de passer aux aveux[1040]. Elles ont donc eu la possibilité de contester l'infraction et/ou l'amende infligée à ce titre devant les juridictions de l'Union, ce dont elles ne se sont pas privées[1041]. En outre, le développement de la transaction n'a pas corrélativement engendré une diminution des réductions accordées au titre de la clémence.

Quoi qu'il en soit, le fait d'accorder des réductions très élevées à de nombreuses entreprises pourrait nuire à l'efficacité optimale d'une politique de clémence. En accordant autant de réductions dans la très grande majorité de ses affaires, la Commission pourrait en effet avoir donné un mauvais signal aux entreprises. Il pourrait se résumer dans les termes suivants :

1039 D. WALBROECK, « Le développement en droit européen de la concurrence des solutions négociées (engagements, clémence, non-contestation des faits et transactions) : que va-t-il rester aux juges ? », *GCL*, Working Paper 01/08.

1040 Sur la reconnaissance de culpabilité, v., *supra*, n°s 302 et 306.

1041 Certes, les bénéficiaires de la clémence ont statistiquement moins de chances d'obtenir une diminution de l'amende devant les juridictions de l'Union que les entreprises qui n'ont pas demandé à bénéficier de clémence devant la Commission (S. BROOS, A. GAUTIER, J. MARCOS RAMOS et N. PETIT, « Analyse statistique des affaires d'ententes dans l'UE (2004-2014) », *Revue économique*, 2016, n° 67).

« même si vous vous faites prendre, les mesures de clémence restent simples à obtenir avec, à la clé, des réductions assez importantes ». Autrement dit, un programme de clémence ne doit pas être trop généreux avec l'ensemble des entreprises au risque de perdre en attractivité[1042]. Les réductions substantielles accordées à plusieurs membres d'un cartel, voire à tous ses membres, ont précisément l'effet inverse de celui qui est recherché par la clémence. Les entreprises, en effet, peuvent rester dans une position d'attente en espérant une forte réduction au cas où le cartel serait découvert[1043]. De même, il a déjà été défendu l'idée que l'octroi de nombreuses et fortes réductions renforce l'intérêt de former ou de rester dans un cartel[1044]. Dans le même ordre d'idées, il a été également dit que le modèle de clémence européen n'avait pas d'effet dissuasif sur la formation de cartels[1045]. Selon plusieurs auteurs, le modèle de clémence américain du DOJ paraît exclure pareil constat[1046], ce dernier prévoyant d'accorder en principe l'immunité au premier arrivé et de rejeter les demandes des retardataires. La politique du tout ou rien[1047], celle du DOJ, semble mieux remplir le double objectif d'incitation maximale à la dénonciation et de punition des amendes.

336. **Bilan du programme de clémence de la Commission.** La clémence est appliquée depuis plus d'une vingtaine d'années par la Commission européenne. Comme aux États-Unis[1048], environ neuf affaires sur dix de la Commission se concluent au moyen d'une demande de clémence qualifiée de rang 1[1049]. Les voix commencent à s'élever contre l'admission quasi

---

1042 G. SPAGNOLO, « *Divide et Impera* : Optimal Leniency Programs », 2005, Centre for Economic and Policy Research, n° 4840, disponible sur le site http://www.cepr.org.

1043 G. SPAGNOLO, préc..

1044 M. MOTTA, M. POLO, « Leniency programs and cartel prosecution », 2003, 21 *International Journal of Industrial Organization*, p. 347 et C. MARVÃO, G. SPAGNOLO, « Pros and cons of leniency, damages and screens », *Competition Law & Policy Debate*, 2015, 1, p. 47.

1045 S. BRENNER, « An empirical study of the European corporate leniency program », *International Journal of Industrial Organization*, 2009, n° 27, p. 639 ; S. BROOS, A. GAUTIER, J. MARCOS RAMOS et N. PETIT, « Analyse statistique des affaires d'ententes dans l'UE (2004-2014) », *Revue économique*, 2016, 67.

1046 N. MILLER, « Strategic leniency and cartel enforcement », *American Economic Review*, 2009, 99 (3), p. 750.

1047 J. HARRINGTON, « Optimal corporate leniency programs », *Journal of Industrial Economics*, 2008, 56 (2), p. 215, et A. JACQUES, « Politique de la concurrence contre la collusion », disponible sur le site http://cemoi.univ-reunion.fr, septembre 2015, p. 19 à 23. Il a notamment été estimé qu'une amnistie totale accordée à la première entreprise (et uniquement à la première) qui dénonce un accord n'est pas toujours la politique optimale pour lutter contre la collusion, mais c'est la politique qui est optimale dans un grand nombre de cas.

1048 Aux États-Unis, 90 % des affaires sont également détectées au moyen de la clémence (G. J. WERDEN, S. D. HAMMOND et B. A. BARNETT, « Deterrence and Detection of Cartels : Using All the Tools and Sanctions », *Antitrust Bull.* 2011, 56 p. 207).

1049 Les autres affaires ont également fait l'objet de dénonciations, qui n'entraient pas dans le cadre de la clémence ou qui n'étaient pas éligibles à la clémence de rang 1, v. W. WILS, « The Use of Leniency

systématique de la Commission à ce type de mécanisme. L'illusoire et dangereuse idée d'une politique de « clémence totale » établie, il est désormais défendu que la procédure de clémence ne devrait être que complémentaire à l'activité principale d'enquête[1050]. Certes, les entreprises peuvent se sentir menacées lorsqu'elles sont visées par des enquêtes diligentées par la Commission[1051]. Il n'en reste pas moins que ces enquêtes semblent avoir permis à la Commission de détecter un nombre relativement limité de pratiques. Le retour à l'investigation est nécessaire et la Commission semble aujourd'hui en prendre conscience, même si cela devrait encore prendre du temps[1052]. Cette nécessité de revenir à l'investigation est peut-être davantage contrainte que voulue s'agissant d'un dispositif qui ne sera pas toujours aussi efficace[1053], le déclin de la clémence aurait même pour certains déjà commencé en raison notamment du développement des actions en dommages-intérêts[1054].

---

in EU Cartel Enforcement : An Assessment after Twenty Years », *World Competition*, 2016, 39, p. 327.

1050 W. WILS, « Leniency in Antitrust Enforcement : Theory and Practice », 2007, n° 30, *World Competition*, p. 25 et « The Use of Leniency in EU Cartel Enforcement : An Assessment after Twenty Years », *World Competition*, 2016, n° 39, p. 327.

1051 F. PUEL et L. FRANÇOIS-MARTIN, « Méthodologie d'une démarche de clémence », *in* « Politique de clémence et lutte contre les cartels (Forum de concurrence européen) »,. *Concurrences* n° 3-2006, p. 73.

1052 V. décision de la Commission du 30 mars 2011 relative à une inspection dans le secteur des ciments et produits connexes (39 520), annulée par CJUE du 10 mars 2016, aff. C-247/14 P, HeidelbergCement c/ Commission, aff. C-248/14 P, Schwenk Zement c/ Commission, aff. C-267/14 P, Buzzi Unicem c/ Commission, et aff. C-268/14 P, Italmobiliare c/ Commission et la note d'A. RONZANO, *Concurrences* n° 2-2016, art. n° 79642.

1053 À cet égard, Monsieur Frédéric Jenny, a développé une théorie particulièrement intéressante consistant à neutraliser l'effet déstabilisateur des programmes de clémence sur les cartels. Selon lui, « chacun des membres du cartel [pourrait] dépose[r], au moment où se noue le cartel, dans une société fiduciaire, un chèque du montant de la sanction maximale encourue pour le cas où le cartel serait détecté. L'entreprise qui aurait la tentation d'aller dénoncer le cartel se ferait alors taxer par les autres membres du cartel du montant du chèque qu'elle a déposé auprès de la société fiduciaire et elle supporterait alors le montant de la sanction, ce qui aurait pour conséquence d'annuler en pratique les effets du programme de clémence ». Même si l'idée de déposer une telle somme est difficilement réalisable et n'est pas à la portée de toutes les bourses, tant les montants sont aujourd'hui importants, il est évident que le contournement de la clémence est possible. Tel pourrait être également le cas lorsqu'une entreprise est à la seule à détenir les preuves de l'entente et peut décider à sa convenance de dénoncer l'infraction (W. WILS, « The use of leniency in EU cartel enforcement : An assessment after twenty years ? », *Concurrences* n° 1-2017, art. n° 83459). Monsieur Frédéric Jenny a estimé par ailleurs qu'« il y aura un apprentissage qui se fera du côté des entreprises pour essayer de diminuer l'efficacité des programmes de clémence », et en concluait que « cet instrument ne sera donc pas éternellement efficace » (F. JENNY, « Approche économique et internationale de l'expérience française » *in* « Clémence et transaction en matière de concurrence : Premières expériences et interrogations de la pratique », Colloque du 19 janvier 2005, disponible sur le site Internet du CREDA).

1054 J. YSEWYN, S. KAHMANN, « The decline and fall of the leniency programme in Europe », *Concurrences* n° 1-2018, p. 44.

B) – L'effet de la clémence sur les amendes de l'Autorité de la concurrence

337. **Immunité et réduction avec parcimonie.** Instauré plus tardivement en France, le programme français en matière de clémence n'innove pas et se contente essentiellement de suivre les règles fixées dans le programme de la Commission. Cependant, la pratique est toute autre pour de multiples raisons et pourrait de ce fait avoir des effets sur les amendes imposées par l'Autorité. Pour environ le même stock d'affaires gérées[1055], l'Autorité accorde en effet beaucoup moins d'exonérations totales ou partielles que la Commission. Cette politique pourrait être toutefois plus subie que voulue. Il faut dire, au grand dam de l'Autorité[1056], que les entreprises françaises ne dénoncent pas[1057]. Même en progression ces dernières années, les cas de détection au moyen de la clémence restent très faibles[1058].

En France, il faut également reconnaître que le besoin de recourir à la clémence se fait moins sentir qu'ailleurs. En effet, du fait de son maillage territorial sans équivalent en Europe, la direction générale de la concurrence, de la consommation et de la répression des fraudes (ci-après la « DGCCRF »)[1059] peut enquêter et détecter les pratiques mises en place par toutes les entreprises de France et de Navarre[1060]. Chaque année, la DGCCRF réalise de nombreux indices et rapports d'enquête qu'elle transmet aux services d'instruction de l'Autorité[1061]. De nombreuses décisions de l'Autorité sont adoptées à la suite d'un rapport d'enquête de la DGCCRF[1062]. Dans de telles conditions, le besoin de coopération entre

---

1055 W. WILS, « Competition Authorities: Towards More Independence and Prioritisation ? – The European Commission's 'ECN+' Proposal for a Directive to Empower the Competition Authorities of the Member States to Be More Effective Enforcers », juin 2017, disponible sur le site ssrn.com.

1056 La publicité de l'Autorité pour la clémence n'est pas toujours encourageante. Il suffit de regarder sa brochure sur la clémence publiée en novembre 2012. En couverture y figure une autruche avec la tête dans le sable…

1057 M. BÉHAR-TOUCHAIS (dir.), « la dénonciation en droit privé », *Economica*, 2010 et A. KRENZER, « Comment gérer une demande de clémence ? La clémence vue d'une perspective de l'autorité française » *in* « Comment gérer une demande de clémence ? », *Concurrences* n° 3-2012, p. 259.

1058 L. IDOT, préc., *Concurrences* n° 2-2014, art. n° 66158.

1059 Il n'est pas interdit de prêcher pour son ancienne paroisse.

1060 N. HOMOBONO et A. MARIE, « Le rôle de la DGCCRF dans l'application du droit des pratiques anticoncurrentielles depuis la réforme de 2008 », *Concurrences* n° 1-2012, p. 30.

1061 L'Autorité se concentre sur les affaires contentieuses de dimension nationale et ne traite plus celles de niveau local. Pour ces dernières, la loi permet au ministre en charge de l'Économie de transiger avec les entreprises. v. C. LAGARDE, « Christine LAGARDE : Le Ministre-avocat de la concurrence », *Concurrences* n° 4-2008, p. 5 et N. HOMOBONO, « Le rôle du ministre de l'Économie en matière de pratiques anticoncurrentielles et de pratiques restrictives de concurrence », *Concurrences* n° 4-2015, art. n° 76042.

1062 En 2016, sur les douze décisions rendues par l'Autorité en matière de pratiques anticoncurrentielles, dix l'ont été à la suite d'un rapport d'enquête de la DGCCRF. Pour une analyse plus détaillée, v. A. MARIE, « Les pratiques anticoncurrentielles de dimension locale : le rôle de la DGCCRF », *RLC* n° 55-2016, p. 30 et l'éditorial de C. MATHONNIÈRE, « La DGCCRF, (l'autre) bras armé de la lutte contre les pratiques anticoncurrentielles ? », *RLC* n° 62-2017.

entreprises et Autorité s'impose avec une acuité moindre dans les procédures françaises[1063].

Ces éléments de contexte énoncés, le tableau suivant relate au 30 juillet 2021 toutes les mesures de clémence accordées par le Conseil et l'Autorité :

Décisions de l'Autorité	**Entreprise**	**Mesure de clémence et réduction accordée**	**Montant de la réduction accordée (€)** *
Fabrication des portes (06-D-09)	France Portes SA	Immunité (100 %)	1 250 000 €
Déménagement national et international (07-D-48)	Sirva Inc.	Immunité (100 %)	410 000 €
Production de contreplaqué (08-D-12)	UPM Kymmene	Immunité (100 %)	1 800 000 €
Acier (08-D-32)	Descours & Cabaud SA	Réduction finale de 35 %	44 450 000 €
Lessives (11-D-17)	Unilever	Immunité (100 %)	248 537 500 €
	Henkel	Réduction finale de 25 %	30 775 880 €
	Procter & Gamble	Réduction finale de 20 %	60 060 700 €
	Colgate & Palmolive	Réduction finale de 15 %	6 248 630 €
Farines (12-D-09)	Wilh. Werhahn Mühlen GmbH & Co	Immunité (100 %)	16 667 750 €
Commodités chimiques (13-D-20)	Solvadis	Immunité (100 %)	13 430 420 €
	Brenntag	Réduction finale de 25 % (grief 1) et immunité (100 %) (grief 2)	15 934 264 € (grief 1) et 82 280 € (grief 2)
	Univar	Réduction finale de 20 %	4 464 842 €

1063 V., dernièrement, décisions de l'Autorité n° 16-D-09 du 12 mai 2016, Treillis soudés et la note d'A. RONZANO, *Concurrences* n° 3-2016, art. n° 80998 ; n° 16-D-20 du 29 septembre 2016, Mannequins et la note d'A. RONZANO, *Concurrences* n° 4-2016, art. n° 82163, et n° 16-D-27 du 2 décembre 2016, EPORA et la note d'A. RONZANO, *Concurrences* n° 1-2017, art. n° 83173.

* Estimations.

Produits d'hygiène et d'entretien (14-D-19)	SC Johnson	Immunité (100 %)	51 827 494 €
	Colgate-Palmolive	immunité (100 %) (grief 1) et réduction finale de 50 % (grief 2)	84 258 137 € (grief 1) et 56 995 319 € (grief 2)
	Henkel	Réduction finale de 25 %	24 026 527 €
Papier peint (14-D-20)	Rasch	Immunité (100 %)	2 311 095 €
Produits laitiers frais (15-D-03)	General Mills	Immunité (100 %)	44 700 000 €
	Senagral	Réduction de 35 %	35 500 000 €
Messageries (15-D-19)	Schenker et Deutsche Bahn	Immunité (100 %) (grief 1) et immunité (100 %) (grief 2)	200 000 € (grief 1) et 63 000 000 € (grief 2)
	Kuehne + Nagel Road & Alloin	Réduction finale de 30 % (grief 1) et de 30 % (grief 2)	30 000 € (grief 1) et 16 305 762 € (grief 2)
Revêtement de sol (17-D-20)	Forbo	Réduction finale (% NC)	NC
	Tarkett	Réduction finale (% NC)	NC
Produits électroménagers (18-D-24)	BSH	Immunité partielle (NC) et réduction finale (% NC)	NC
Compotes (19-D-24)	Coroos	Immunité (100%)	4 759 007 €
Produits de charcuterie (20-D-09)	Campofrio	Immunité (100%)	26 590 516 €
	Coop	Immunité partielle et réduction finale (50%)	8 878 264 €
Sandwichs (21-D-09)	Roland Monterrat	Immunité (100%)	19 097 456 €
	La Toque Angevine	Réduction finale (35%)	8 386 252 €
	Daunat	Immunité partielle et réduction finale (30%)	7 358 060 €

338. Usage relatif de la clémence en France. Il doit être d'abord constaté la faible empreinte de la clémence sur la procédure française en matière de pratiques anticoncurrentielles. Les décisions au sein desquelles une ou plusieurs mesures de clémence ont été accordées aux entreprises sont rares et sont toutes recensées dans le tableau ci-dessus. L'analyse de ces treize décisions révèle qu'une ou deux voire trois mesures de clémence sont accordées au maximum par décision. En tout et pour tout à la date du 30 juillet 2021, l'Autorité a accordé 29 mesures de clémence, soit un nombre à peine supérieur à celles accordées par la Commission dans seulement 5 de ses affaires[1064]. Une telle indépendance à la clémence est d'autant plus remarquable que l'Autorité de la concurrence est la seule autorité du REC à avoir adopté à ce jour plus de décisions de sanctions que la Commission[1065].

Au total, l'Autorité a renoncé à approximativement 1 milliard d'euros au titre de la clémence depuis l'existence de ce programme[1066]. Ce chiffre brut est en apparence impressionnant. Il convient pourtant de le relativiser au regard de la pratique décisionnelle de la Commission. Cette dernière a pu accorder dans une seule décision, par exemple dans l'affaire *Euribor*, des réductions au titre de la clémence qui, additionnées, dépassent largement le montant total de toutes les réductions accordées par l'Autorité à ce même titre.

339. Effets relatifs de la clémence sur les amendes. Par ailleurs, l'Autorité de la concurrence rémunère moins les entreprises dans le cadre des programmes de clémence que la Commission européenne. Concernant les primo-demandeurs, l'Autorité a une pratique similaire à celle de la Commission et accorde généralement l'immunité d'amende. Lorsque l'Autorité a connaissance de l'infraction, l'immunité ne sera accordée à un primo-demandeur qu'à la condition que sa coopération se soit avérée indispensable à la caractérisation de l'infraction[1067]. Elle a même récemment innové en sanctionnant un primo-demandeur qui ne l'avait pas

---

1064 V. l'ensemble des demandes de clémences accordées dans les affaires des Sacs industriels, Tubes cathodiques pour téléviseurs et écrans d'ordinateur, Condensateurs, Fret aérien et LCD.

1065 W. WILS, « Competition Authorities: Towards More Independence and Prioritisation ? – The European Commission's 'ECN+' Proposal for a Directive to Empower the Competition Authorities of the Member States to Be More Effective Enforcers », juin 2017, disponible sur le site ssrn.com.

1066 Ce chiffre était d'environ 820 millions d'euros avant les décisions n° 17-D-20 et n° 18-D-24, qui ne permettent pas de connaître les réductions accordées au titre de la clémence à trois entreprises condamnées. Ces deux dernières décisions ont fait l'objet de transactions.

1067 V. décision de l'Autorité n° 17-D-20, Revêtement de sols, para. 1 à 3. Informée par la DGCCRF de la possible existence de pratiques, l'Autorité avait mené des opérations de visite et saisie. Les demandes de clémence de deux des entreprises perquisitionnées n'ont été déposées qu'à la suite desdites inspections. Aucune d'entre elles n'a bénéficié d'une exonération totale de son amende.

avertie de sa participation à une réunion anticoncurrentielle après sa demande de clémence[1068].

C'est surtout concernant les réductions que la pratique de l'Autorité se distingue de celle de la Commission. Il faut dire que l'Autorité est beaucoup moins sollicitée s'agissant des demandes de clémence que la Commission. Il n'empêche que les réductions accordées aux demandeurs poursuivants au titre de la clémence sont plus faibles que celles données par la Commission. Par exemple, rares ont été les entreprises à bénéficier de la réduction maximale de 50 %[1069]. Les réductions accordées dans l'affaire des *Lessives* ou des *Commodités chimiques* illustrent bien ce constat[1070]. De même, trois entreprises seulement ont bénéficié d'une immunité partielle en France[1071].

Comme la Commission enfin, l'Autorité n'étend pas toujours une mesure de clémence à l'ensemble de toutes les composantes de l'entreprise. Certes, étendre la clémence à l'ensemble des membres de l'entreprise est une condition de son succès. Il y a toutefois une exception à cette règle dans le cas des entreprises restructurées. L'Autorité, en effet, a pu refuser d'étendre une mesure de clémence aux anciennes sociétés mères des filiales qui ont commis les pratiques[1072]. C'est ainsi que dans l'affaire des *Commodités chimiques*, l'Autorité n'a pas étendu l'immunité de Solvadis à son ancienne société mère, la société GEA. Cette dernière s'est retrouvée seule à payer une amende de 9,4 millions d'euros, soit la totalité de l'amende à laquelle a échappé son ancienne filiale Solvadis[1073]. Pour l'Autorité, seules les sociétés

1068 V. décision de l'Autorité n° 15-D-19, Messageries, para. 1324 et s. confirmée par CA Paris du 19 juillet 2018, Chronopost e. a., n° 2016/01270, points 1282 à 1289 et la note de G. DECOCQ, *CCC* n° 11-2018, comm. 195. Cet arrêt a été confirmé par la Cour de cassation (Cass. com., 22 septembre 2021, Chronopost SAS e. a., n° X 18-21.436 e. a.).

1069 V. décisions de l'Autorité n° 14-D-19, Produits d'hygiène et d'entretien et la note de C. LEMAIRE, S. NAUDIN, *Concurrences* n° 2-2015, p. 162, et n° 20-D-09 du 16 juillet 2020, Produits de charcuterie, para. 1008 et l'article d'A. APEL, « L'Autorité condamne douze entreprises dans l'affaire des produits de charcuterie à la suite d'une demande de clémence et prononce à leur encontre des amendes élevées et individualisées », *RLC* n° 101-2021, n° 3963. Cette décision fait l'objet de recours devant la cour d'appel de Paris.

1070 V. décision de l'Autorité n° 11-D-19, Lessives, confirmée par CA Paris, 30 janvier 2014, Colgate Palmolive e. a., n° 2012/00723, p. 45 et s. et la note de M. BÉHAR-TOUCHAIS, *Concurrences* n° 2-2014, p. 82. Cet arrêt n'a pas été frappé de pourvoi. V. décision de l'Autorité n° 13-D-12, Commodités chimiques. Cette décision fait l'objet d'un pourvoi (CA Paris, 3 décembre 2020, Brenntag SA e. a., n° 13/13058).

1071 V. décisions de l'Autorité n° 18-D-24 du 5 décembre 2018, Produits électroménagers, para. 200 et la note de M. DUMARÇAY, *RLC* n° 81-2019, n° 3527 ; n° 20-D-09 du 16 juillet 2020, Produits de charcuterie, para. 1009 et la note d'A. APEL, préc., *RLC* n° 101-2021, n° 3963 et n° 21-D-09 du 24 mars 2021, Sandwichs, para. 350 à 355.

1072 V., *supra*, n° 333 et note en bas de page n° 1036.

1073 V. décision de l'Autorité n° 13-D-12, Commodités chimiques, para. 1028 confirmée sur ce point par CA Paris, 2 février 2017, GEA Group e. a., n° 13/13058, points 83 à 90 et la note de C. LEMAIRE, S. NAUDIN, *Concurrences* n° 2-2017, p. 159 et par Cass. com., 10 juillet 2018, GEA Group e. a., n° Q 17-13.973 et W 17-14.140 et la note de G. DECOCQ, *CCC* n° 10-2018, comm. 181.

ayant déposé une demande de clémence et transmis les preuves décisives peuvent bénéficier de la clémence[1074].

340. ***Quantum* des amendes après clémence.** Compte tenu du fait que la clémence n'a pas rencontré le succès escompté en France, il est plus difficile de soutenir que la portée punitive générale des amendes a été réduite sous l'effet de cette procédure négociée. Ainsi, les écarts entre les montants théoriquement risqués et les amendes finalement imposées après la clémence sont-ils moins élevés que ceux de la Commission. Dans les affaires où l'Autorité a accordé la clémence, les amendes encourues étaient généralement très élevées, si bien que la clémence n'a pas eu pour effet d'altérer le phénomène d'augmentation générale des amendes. Au contraire, les cartels des *Lessives*, des *Produits d'hygiène et d'entretien* et des *Messageries* ont été révélés grâce à la clémence et l'Autorité a infligé dans ces affaires des amendes très élevées à l'ensemble des entreprises.

341. **Profil type du primo-demandeur devant l'Autorité.** Selon l'Autorité, les demandeurs en clémence ont des « profils très variés en termes de secteur et de taille »[1075]. Pourtant, ce sont majoritairement les opérateurs dominants d'un secteur qui dénoncent en premier les pratiques à l'Autorité[1076]. Par le biais de la clémence, ces opérateurs dominants ont donc parfois réussi à éviter de payer l'une des amendes les plus élevées sinon la plus élevée jamais infligée par l'Autorité. Dans le droit fil de la pratique constatée devant la Commission, les programmes de clémence mis en œuvre devant l'Autorité bénéficient, le plus souvent, aux contrevenants jouissant d'un fort pouvoir de marché ou appartenant à un grand groupe. Il peut être relevé que ces entreprises sont parfois défavorablement connues de la Commission européenne.

[1074] Dans le même ordre d'idée, c'est également pour cette raison que l'Autorité a refusé d'étendre à Sara Lee la mesure de clémence obtenue par Colgate-Palmolive dans la décision relative aux Produits d'hygiène et d'entretien. Dans cette affaire, Colgate-Palmolive a bénéficié d'une demande de clémence et a souhaité que celle-ci soit étendue à Sara Lee, cette dernière étant un autre membre de l'entente que Colgate-Palmolive avait racheté au cours de l'instruction (décision n° 14-D-19, préc., para. 1627 à 1630 confirmée par CA Paris, Beiersdorf e. a., préc., point 493 et par Cass. com., 27 mars 2019, L'Oréal e. a., n° E 16-26.472 e. a., p. 77 et la note de G. DECOCQ, *CCC* n° 6-2019, comm. 108).

[1075] Brochure de l'Autorité de la concurrence intitulée « La clémence : agir à temps pour protéger l'entreprise », publiée en novembre 2012 sur le site de l'Autorité.

[1076] V., par exemple, décisions de l'Autorité n° 12-D-09, Farines et n° 15-D-03, Produits laitiers frais.

Devant l'Autorité[1077], on observera également une tendance particulière : une entreprise franco-française n'a jamais dénoncé en premier un cartel[1078]. Les primo-demandeurs ne sont pas des sociétés françaises ou alors contrôlées par des groupes étrangers[1079]. Hormis la société Aventis (devenue Sanofi) dans le très médiatisé cartel des *Vitamines*[1080] et plus récemment Valeo, Veolia et Bonduelle[1081], les entreprises françaises ne dénoncent pas non plus à l'étranger. Peu de commentateurs s'en émeuvent. Il n'empêche que l'on peut regretter que les entreprises françaises payent, en règle générale, proportionnellement plus que leurs concurrentes étrangères. Ce sont, *a contrario*, majoritairement des groupes anglo-saxons, néerlandais ou allemands qui déposent des demandes en clémence[1082], à la suite parfois de rachat de sociétés françaises et de leurs audits.

342. **Bilan du programme de clémence de l'Autorité.** Les règles françaises en matière de clémence, inspirées de celles de son homologue européen, n'échappent pas aux mêmes qualités et défauts. D'un côté, certains cartels ont pu être révélés ou mieux démontrés au moyen de la clémence[1083]. C'est

---

1077 Le relatif succès de clémence en France s'explique du fait qu'elle a longtemps été mal vue par les entreprises, se réduisant à de la délation, terme défini par Monsieur Cornu comme une « dénonciation qui n'est pas à l'honneur de celui qui la fait » (G. CORNU, *Vocabulaire juridique*, PUF, Coll. Quadrige, 2000, p. 263). C'est néanmoins oublier que le repentir actif existe aussi en matière pénale (M. CHAGNY, « La prime à la dénonciation (clémence et repentis) », *in La dénonciation en droit privé*, M. BÉHAR-TOUCHAIS (dir.), Economica, 2010, p. 137 et Y. CHAPUT, « Philosophie des programmes de clémence et de transaction », disponible sur le site Internet du CREDA). À propos de la très similaire association de malfaiteurs originellement prévue dans le Code pénal (V. décision n° 14-D-20, Papier peint, et la note de M. DEBROUX, *Concurrences* n° 2-2015, p. 90 et sur l'évolution du délit d'association de malfaiteurs, v. l'article de W. JEANDIDIER, « Les apports de la loi sur les nouvelles régulations économiques à la lutte contre le blanchiment », *Revue Droit et Patrimoine*, 2001, n° 99), il est prévu aux termes de l'article 450-2 du Code pénal que « toute personne ayant participé au groupement ou à l'entente est exempte de peine si elle a, avant toute poursuite, révélé le groupement ou l'entente aux autorités compétentes et permis l'identification des autres participants » (J. DANET, « Le droit pénal et la procédure pénale sous le paradigme de l'insécurité », *Archives de politique criminelle*, vol. 25, n° 1, 2003, p. 37).

1078 L. F. CÉLINE, « Trahir, qu'on dit, c'est vite dit. Faut encore saisir l'occasion. C'est comme d'ouvrir une fenêtre dans une prison, trahir. Tout le monde en a envie, mais c'est rare qu'on puisse », *Voyage au bout de la nuit*, Gallimard, 1932.

1079 A. KRENZER, « Comment gérer une demande de clémence ? La clémence vue d'une perspective de l'autorité française » *in* « Comment gérer une demande de clémence ? », *Concurrences* n° 3-2012, p. 259.

1080 V. décision de la Commission du 21 novembre 2001, Vitamines (JOCE 2003, L 6, p. 1), cons. 739 à 742 et la note de P. ARHEL, *LPA*, 2003, n° 73, p. 4. Il s'agissait de la première immunité accordée à une entreprise par la Commission.

1081 V. décision du Bureau de la concurrence canadien du 22 novembre 2011, Service des égouts ; V. décisions de la Commission du 21 juin 2017, Systèmes d'éclairage pour voitures, et du 27 septembre 2019, Légumes en conserve (résumé publié au JOUE C 69, p. 3). Ces décisions ont fait l'objet de transactions.

1082 O. D'ORMESSON, « Regard interculturel sur le droit de la concurrence », 12 mai 2016, disponible sur le site regards-interculturels.fr.

1083 F. JENNY, « L'articulation des sanctions en matière de droit de la concurrence du point de vue économique » *in* « Les sanctions du droit de la concurrence (Paris, 31 octobre 2012) », *Concurrences*

sans doute dans l'affaire des *Lessives* que la clémence a été la plus efficace en France[1084]. De manière générale, le risque de se faire dénoncer peut également avoir pour effet qu'une entreprise réfléchisse à deux fois avant d'entrer dans un cartel[1085]. Il aurait même été constaté une diminution des cartels depuis la mise en œuvre des programmes de clémence. Monsieur Bruno Lasserre, l'ancien Président de l'Autorité de la concurrence, semblait également attribuer cette vertu aux programmes de clémence. Selon lui, « la clémence décourage [notamment] les entreprises de rejoindre un cartel, qui n'est rien d'autre qu'une réunion fragile de groupes concurrents aux intérêts divergents, dont l'objectif est de substituer à la concurrence le confort d'une rente »[1086].

D'un autre côté, la clémence n'a pas eu que des effets positifs. Le dépôt de demandes de clémence stratégiques, comme celle ayant pour dessein de faire disparaître les acteurs d'un marché, a également été constaté en France[1087]. Fait rarissime, le Conseil de la concurrence a même été destinataire d'une demande de clémence falsifiée[1088]. Cela étant, la clémence est un outil qui reste faiblement utilisé en France et qui, contrairement à la Commission, ne rythme pas le flux d'affaires de l'Autorité. Ses effets, positifs comme négatifs, sont donc nécessairement limités.

---

n° 1-2013, art. n° 50524 et V. SELINSKY, « La clémence, un moyen exceptionnel pour dépister les cartels injustifiables », *RLC* n° 32-2012, n° 2093.

1084 V. décision de l'Autorité n° 11-D-17, *Lessives* et la note de P. GUIBERT, P. PATAT, *RLC* n° 31-2012, n° 2050.

1085 W. WILS, « The Use of Leniency in EU Cartel Enforcement : An Assessment after Twenty Years », *World Competition*, 2016, 39, p. 327 et N. MILLER, « Strategic leniency and cartel enforcement », *American Economic Review*, 2009, n° 99 (3), p. 750.

1086 B. LASSERRE, « Clémence contre délation : l'arme redoutable de l'Autorité de la Concurrence », article du 9 juillet 2015 de G. MACKE pour la revue *Challenges* disponible sur le site challenges.fr.

1087 V., notamment, décision du Conseil n° 06-D-09, Fabrications de portes, et la note d'A. RONZANO, *Concurrences* n° 2-2009, art. n° 58440 et décision de l'Autorité n° 14-D-20, Papier peint et la note de M. DEBROUX, *Concurrences* n° 2-2015, p. 90 et d'A. RONZANO, *Concurrences* n° 1-2015, art. n° 71771.

1088 V. décision de l'Autorité n° 10-D-36, 17 décembre 2010, (GPL) conditionné et la note d'É. BARBIER DE LA SERRE, *RLC* n° 27-2011, p. 69 et D. BOSCO, C. PRIETO, *Droit européen de la concurrence : Ententes et abus de position dominante*, Bruylant, 2013, n° 540.

CONCLUSION DU PREMIER CHAPITRE

343. **Politique de clémence et amendes.** Malgré les réductions proposées au titre de la clémence, les amendes ont de manière générale constamment augmenté ces dernières années. En d'autres termes, la clémence n'a pas freiné le phénomène d'augmentation du montant des amendes infligées aux entreprises. Preuve en est que la Commission a systématiquement eu recours à la clémence dans toutes ses affaires et qu'il n'a pas été constaté un abaissement du *quantum* des amendes. L'Autorité, de son côté, a moins eu affaire à des demandeurs de clémence. C'est néanmoins dans des affaires où des mesures de clémence ont été accordées qu'elle a souvent infligé les amendes les plus élevées.

344. **Bilan de la politique de clémence.** Après une vingtaine d'années de mise en œuvre des programmes de « clémence », l'heure est venue de dresser un premier bilan. Certes, celui qui a été dressé dans le cadre de cette étude est pour le moins nuancé. Contrairement à l'ancien conseiller-auditeur de l'Autorité, nous ne sommes pas défavorables à la procédure de clémence[1089]. Mais paradoxalement, moins de clémence garantirait une meilleure efficacité des programmes de clémence. Les autorités de concurrence sont invitées à recourir à ces derniers avec parcimonie et à redéfinir les règles d'éligibilité à la clémence. Cela implique concomitamment de renforcer (et de réinvestir) les techniques d'enquête. Une démarche proactive et une autre réactive sont, en effet, complémentaires[1090]. Pour les partisans du tout clémence au nom de la « rentabilité administrative », nous répondrons que les autorités de concurrence ont largement à gagner à réinvestir dans les services d'enquêtes. En redonnant aux enquêtes une place de premier plan, le coût supplémentaire lié aux investigations sera largement dépassé sinon absorbé par la perception des amendes sans jeu de réduction au titre de la clémence.

1089 D. VOILLEMOT, « Dominique Voillemot : 40 ans de Barreau de droit de la concurrence », *Concurrences* n° 2-2006, p. 6.

1090 R. ABRANTES-METZ, D. SOKOL, « The Lessons from Libor for Detection and Deterrence of Cartel Wrongdoing », *Harvard Business Law Review Online*, 2012, n° 3 ; L. IDOT, « Détection des pratiques anticoncurrentielles : Faut-il réformer les outils existants ou introduire de nouveaux outils ? Clémence, observation des marchés, récompenses financières… » (New Frontiers of Antitrust, 21 février 2014, Paris), *Concurrences* n° 2-2014, article n° 66158 et W. KOVACIC, « The Value of Policy Diversification in Cartel Detection and Deterrence », DAF/COMP(2013)22.

345. **Sur les règles d'éligibilité à la clémence.** Comme prévu dans la quasi-totalité des programmes de clémence, il est prôné l'immunité totale offerte au primo-demandeur. Nous divergeons cependant sur les règles d'éligibilité à l'immunité. Ce primo-demandeur devrait ne pas être un récidiviste, ne pas avoir initié ou mené le cartel[1091], et ne pas avoir pris des mesures de représailles[1092]. Ce primo-demandeur aurait l'obligation de dénoncer, le cas échéant, les autres infractions dont il a connaissance. Ces règles restrictives d'éligibilité à l'immunité totale auraient, paradoxalement, pour effet d'ouvrir réellement le champ de la clémence à plus d'entreprises et d'amoindrir le risque d'instrumentalisation de la clémence. Pour les retardataires, en principe, des réductions ne devraient pas leur être octroyées. Par exception, il pourrait être accordé des réductions seulement si des circonstances particulières le justifient et à un nombre très limité d'entre eux. Le moindre nombre de réductions accordées dans une même affaire permettrait peut-être, en outre, d'atténuer l'amer sentiment des contrevenants non bénéficiaires de la clémence face au paiement d'une amende dont le montant est sans commune mesure par rapport à celui finalement payé par les bénéficiaires pour la même infraction.

346. **Coordination entre transaction et clémence.** Aussi étonnant que cela puisse paraître, un demandeur à la clémence n'est pas tenu d'acquiescer à la qualification juridique des pratiques qu'il a dénoncées. Il est néanmoins possible d'avouer sa participation à une infraction en droit de la concurrence dans le cadre d'une procédure distincte de la clémence. Il s'agit de la procédure de transaction. Cette procédure de transaction, qui se combine d'ailleurs avec celle de la clémence, apparaît comme son pendant dans le cadre d'une procédure administrative qui peut devenir entièrement négociée du début à la fin.

1091 V. décision du Bureau de la concurrence canadien du 22 novembre 2011, Service des égouts.

1092 En Allemagne, le Bundeskartellamt refuse d'accorder l'immunité à un meneur d'un cartel (v. programme de clémence allemand consultable sur le site du Bundeskartellamt et l'article de W. WILS, « The Use of Leniency in EU Cartel Enforcement : An Assessment after Twenty Years », *World Competition*, 2016, 39, p. 327. Aux États-Unis, les entreprises meneuses ou à l'origine du cartel ne sont pas non plus éligibles à l'immunité (v. programme de clémence états-unien consultable sur le site du DOJ).

CHAPITRE II – L'INSTRUMENTALISATION DES AMENDES AU PROFIT D'UNE POLITIQUE DE TRANSACTION

347. **Introduction de la « transaction ».** Les premières dispositions relatives à la négociation datent de 1996 pour la Commission européenne[1093], et de 2001 pour le Conseil de la concurrence[1094]. C'est toutefois véritablement à partir de juin 2008[1095], pour la Commission, et d'août 2015[1096], pour l'Autorité, que le terme de « transaction » a réellement fait son entrée dans le monde du droit de la concurrence. Ces deux autorités de concurrence ont donc pu commencer, à ces dates respectives, à « négocier » avec les contrevenantes le montant des amendes infligées[1097]. Si ces deux procédures portent le nom de « transaction », ce n'est pas à proprement parler la transaction au sens de l'article 2044 du Code civil qui dispose qu'il s'agit d'un « contrat par lequel les parties, par des concessions réciproques, terminent une contestation née, ou préviennent une contestation à naître ».

La transaction en droit de la concurrence se rapproche davantage de la procédure de « plaider coupable », introduite en France sous le nom de « comparution sur reconnaissance préalable de culpabilité ». Le plaider-coupable désigne un mode de traitement des infractions qui consiste, au terme d'une procédure allégée, à proposer au prévenu une peine inférieure à celle encourue en échange de la reconnaissance de sa culpabilité.

Appliquée en droit de la concurrence, cette procédure permet à l'entreprise qui renonce à contester les griefs de se voir proposer une transaction fixant le montant de l'amende encourue. Après acceptation de la transaction par l'entreprise, les services d'instruction proposent au

---

1093 En droit de l'Union, il y eut d'abord la procédure de « non-contestation de la matérialité des faits » inscrite dans la communication sur la clémence de 1996. Cette procédure n'a ensuite plus été reprise dans les deux communications sur la clémence de 2002 et de 2006.

1094 En droit français, la loi relative aux nouvelles régulations économiques (ci-après « NRE ») en 2001 avait inséré à l'article L. 464-2, III du Code de commerce la procédure de « non-contestation des griefs », laquelle a fait objet d'un communiqué de procédure en 2012 (Communiqué de l'Autorité du 10 février 2012 relatif à la procédure de non-contestation des griefs). Cette procédure de non-contestation des griefs a été remplacée en 2015 par une procédure de « transaction » avec la loi Macron (V., *infra*, n° 361).

1095 Règlement européen n° 622/2008 du 30 juin 2008 modifiant le règlement n° 773/2004, du 7 avril 2004 (JOUE L 123, p. 18), en ce qui concerne les procédures de transaction engagées dans les affaires d'entente (JOUE L 171, p. 3) et communication de la Commission du 2 juillet 2008 relative aux procédures de transaction engagées en vue de l'adoption de décisions en vertu des articles 7 et 23 du règlement n° 1/2003 (JOUE C 167, p. 1) (ci-après « communication de 2008 sur la transaction »).

1096 Article L. 464-2, III du Code de commerce modifié par l'article 218 (V) de la loi n° 2015-990 du 6 août 2015 pour la croissance, l'activité et l'égalité des chances économiques, dite loi « Macron ».

1097 Pour une analyse approfondie de la transaction, M. MEZAGUER, *L'approche transactionnelle en droit Antitrust de l'Union européenne : recherche sur un exercice transactionnel de l'autorité publique*, M. BLANQUET (dir.), th. Univ. Toulouse 1 – Capitole, 2013 ; É. BARBIER DE LA SERRE, « Le dispositif communautaire en matière de transactions », RLC n° 17-2008, p. 95 ; É. CUZIAT, M. L. TIERNO CENTELLA, « La procédure de transaction communautaire », *Concurrences* n° 2-2008, p. 76.

collège de l'Autorité ou de la Commission de prononcer une amende dans les limites fixées par la transaction. En résumé, la transaction est une procédure négociée « gagnant-gagnant ». Elle permet à une autorité de concurrence d'accélérer la procédure administrative de ses affaires, d'éviter d'avoir à défendre ses décisions devant les juridictions de contrôle et à une entreprise de se voir imposer une amende inférieure à celle encourue dans le cadre d'une procédure standard.

348. **Transaction et amende.** La mise en place de ces procédures de transaction invite dès lors à s'interroger sur leurs répercussions pécuniaires. L'incursion de la transaction modifie sensiblement les objectifs habituellement visés dans la détermination du montant d'une amende. L'objectif punitif doit se conjuguer à l'obtention d'un accord. D'après l'amendement proposé par le gouvernement français à l'origine de la procédure de transaction, « ce qui conduit une entreprise à entrer en négociation, c'est la possibilité d'obtenir, au final, une amende modérée » par rapport à l'amende encourue dans le cadre d'une procédure standard[1098]. Sinon pourquoi les entreprises se priveraient-elles en effet de la possibilité de contester ? Une autorité de concurrence, de son côté, est le plus souvent encline à transiger. Les affaires se règlent plus rapidement et les entreprises s'abstiennent de former des recours contentieux. Le montant de l'amende est alors la principale variable d'ajustement. C'est, autrement dit, la concession d'une autorité de concurrence envers les entreprises. Il est donc nécessaire, dans le cadre de cette négociation, de voir les effets de la transaction sur le *quantum* des amendes infligées par l'Autorité et la Commission.

349. **Division.** Dans les prochains développements, il sera donc vu dans quelle mesure la mise en œuvre d'une politique d'amendes transigées en droit français et en droit de l'Union européenne (PREMIÈRE SECTION) a eu un impact sur le montant des amendes infligées par l'Autorité et la Commission (SECONDE SECTION).

[1098] Amendement n° 2447 présenté le 8 janvier 2015 par le gouvernement français relatif à l'article 59 devenu 218 de la loi sur la croissance et l'activité, N° SPE1541.

PREMIÈRE SECTION – LA MISE EN ŒUVRE DE LA TRANSACTION

350. **Processus d'une procédure devenue incontournable.** Il conviendra, dans un premier temps, d'énoncer les règles françaises et européennes en matière de transaction (§1). Dans un second temps, il sera constaté la montée en puissance de ces deux procédures (§2).

§ 1 – Le processus transactionnel

351. **Division.** Bien qu'elles portent le même nom, il ne faut pas en tirer la conclusion que les procédures de transaction sont parfaitement identiques en droit français et en droit de l'Union européenne. Elles présentent de réelles différences dans leur champ d'application comme dans leur déroulement, si bien qu'il conviendra d'envisager tout d'abord la transaction de la Commission européenne (A), puis celle mise en place par l'Autorité de la concurrence (B).

A) – Le processus transactionnel européen

352. **À l'origine de la « transaction » européenne.** L'adoption de la procédure de transaction trouverait ses origines à travers la procédure de clémence. Le succès de celle-ci, qui aurait permis la détection et la conclusion de nombreuses affaires, aurait fait craindre à la Commission qu'elle ne soit pas en mesure de gérer toutes les affaires dans des délais acceptables. La Commission a donc souhaité qu'une procédure de transaction soit mise en place afin d'accélérer les délais de traitement des affaires de cartels[1099].

353. **La transaction européenne de 2008.** De manière générale, la procédure européenne de transaction prévoit qu'une entreprise qui a pris connaissance des éléments de preuve figurant dans le dossier de la Commission puisse décider de reconnaître sa participation à l'entente et sa responsabilité en la matière. En échange de cette reconnaissance, la Commission propose de réduire le montant de l'amende qui lui sera infligée. La terminologie employée pour cette procédure dite de « transaction » n'était sans doute pas la plus appropriée[1100], tant elle s'apparente plutôt à un « plaider-coupable ». À la grande différence de la procédure de *plea bargaining* à l'américaine, la Commission reste néanmoins tenue de prouver la culpabilité des

---

[1099] Discours de l'ancienne Commissaire à la concurrence, Madame Kroes, du 7 avril 2005, SPEECH/05/2005. V. également propositions de règlement et communication de la Commission relatives aux procédures de transaction dans les affaires de cartel (JOUE 2007 C 255, p. 48).

[1100] L. IDOT « Présentation » *in* « Les procédures négociées en droit de la concurrence : Engagements et transactions. Droit français – Droit communautaire », *Concurrences* n° 2-2008.

entreprises[1101]. Il ne s'agit pas, comme cela peut être parfois le cas aux États-Unis, d'également coopérer avec les autorités et de fournir des éléments de preuves dans le but d'obtenir une meilleure récompense[1102]. En d'autres termes, clémence et transaction sont complémentaires, mais en théorie bien distinctes dans l'esprit de la Commission[1103].

354. **Transaction et entreprise.** La Commission prévoit de transiger avec l'entreprise entendue au sens du droit de la concurrence et, le cas échéant, toutes les entités qui la composent[1104]. Or, il ressort de la combinaison des points 8 à 12 de la communication de 2008 qu'il n'y a de transaction possible avec la Commission qu'à la condition que toutes les entités de l'entreprise aient exprimé leur souhait de transiger. En d'autres termes, l'infraction et l'imputabilité de l'infraction à son auteur ne peuvent pas être contestées par les entreprises.

355. **Réduction de l'amende de 10 % en cas de transaction.** Au point 32 de sa communication sur la transaction de 2008, la Commission s'est engagée à accorder une réduction finale de 10 % aux sociétés qui transigent avec elle[1105]. Elle a précisé, au point 33 de la communication, que la réduction de l'amende qui leur est accordée au titre de la transaction s'ajoutera, le cas échéant, au montant de la récompense obtenue au titre de la clémence[1106]. Il doit être observé que cette réduction est prise en compte après avoir vérifié que l'amende n'est pas supérieure au plafond de 10 % du chiffre d'affaires[1107], mais avant que la situation contributive de la contrevenante ne soit évaluée si cette dernière fait état de difficultés de paiement[1108].

1101 E. Claudel, « Procédures négociées, accessoires ou alternatives à la sanction en droit de la concurrence : Raison garder ! », *Concurrences* n° 4-2015, p. 61.

1102 A. O'Brien, « Cartel Settlements in the U.S. and EU : Similarities, Differences and Remaining Questions » *in* C.-D. Ehlermann and M. Marquis (eds.), « European Competition Law Annual 2008 : Antitrust Settlements under EC Competition Law », *Hart Publishing Ltd*, 2010, p. 181.

1103 F. Laina, G. Van Gerven, M. Hansen, « EU Cartels Settlements : Are they working ? » interview par D. Ascott du 8 avril 2013, *GCR* et W. Wils, « The Use of Settlements in Public Antitrust Enforcement : Objectives and Principles », *World Competition*, 2008, vol. 31, n° 3.

1104 Sur l'entreprise au sens du droit de la concurrence, v., *infra*, spéc. n°s 425 et 436.

1105 Point 32 de la communication de la Commission sur la transaction de 2008.

1106 Certaines décisions de la Commission semblent additionner les pourcentages au titre de la clémence et de la transaction, d'autres semblent appliquer la réduction de 10 % en cascade, c'est-à-dire après la prise en compte de la réduction au titre de la clémence. En l'absence de données chiffrées relatives aux montants des amendes, la pratique de la Commission n'a pu être vérifiée.

1107 Point 32 de la communication de la Commission sur la transaction de 2008. Sur le plafond légal de l'amende, v., *supra*, n°s 261 et s..

1108 V., par exemple, décisions de la Commission du 20 juillet 2011, Phosphates pour l'alimentation animale, cons. 361 à 373, et du 7 décembre 2011, Compresseurs frigorifiques (résumé publié au JOUE 2012, C 122, p. 4), cons. 94 à 98 et l'interview d'A. Italianer, accordée à l'American Bar Association en avril 2011, disponible sur le site antitrustsource.com.

356. **Majoration dissuasive limitée en cas de transaction.** Quand bien même la réduction de 10 % est le premier avantage consenti par la transaction, les avantages présentés vont au-delà de celle-ci quant à la détermination du montant global de l'amende. La Commission s'autolimite en effet dans le *quantum* de l'amende qu'elle va prononcer à l'égard d'une entreprise qui transige avec elle. Elle s'engage, au point 32 *in fine* de sa communication de 2008, à ce que toute majoration dissuasive retenue dans l'amende infligée à une entreprise n'excède pas un coefficient multiplicateur de deux. En théorie, l'assurance d'une majoration dissuasive plafonnée paraît *a priori* intéressante pour les entreprises. En réalité, l'avantage d'une telle proposition pourrait être plus apparent que réel. Un coefficient de majoration dissuasive limité à deux ne peut être intéressant pour une entreprise que si la Commission a l'habitude de retenir cette majoration dissuasive et si le coefficient retenu dépasse souvent deux. Or, il a été vu que tel n'était pas le cas puisqu'un coefficient multiplicateur supérieur à deux n'a jamais été retenu à ce jour[1109].

357. **Approbation de la transaction par le collège des commissaires.** Il importe de préciser que les services de la Commission ne font que proposer au collège des commissaires une estimation maximale de l'amende. Dans le cadre institutionnel actuel, c'est le collège qui seul décide au final du montant de l'amende[1110]. L'unicité de l'institution, qui à la fois instruit et décide, fait néanmoins craindre un contrôle relativement mineur du collège des commissaires dans les affaires transigées[1111]. Il s'agit d'un risque inhérent à la mise en place de la transaction. Monsieur Bruno Lasserre, l'ancien Président de l'Autorité, en avait conscience à l'égard de l'Autorité de la concurrence en reconnaissant que la transaction induisait le « risque d'un déséquilibre des pouvoirs »[1112].

Plusieurs auteurs bien informés nous apprennent que le collège des commissaires de la Commission n'a encore jamais refusé un règlement transactionnel des affaires de cartels[1113]. Le même phénomène serait à noter aux États-Unis concernant la procédure de *plea bargaining*[1114]. Pourtant, les tribunaux américains comme le collège de la Commission sont en droit de

---

1109 Sur les taux d'augmentation au titre de la majoration dissuasive, v., *supra*, n°s 256 et 260.

1110 É. Cuziat, M. L. Tierno Centella, « La procédure de transaction communautaire », *Concurrences* n° 2-2008, p. 76.

1111 R. Saint-Esteben, « L'Autorité de la concurrence dans la loi Macron », *Concurrences* n° 4-2015, p. 14.

1112 B. Lasserre, C. Lemaire, « Bruno LASSERRE : Regards en arrière... et en avant sur la régulation concurrentielle en France », *Concurrences* n° 2-2017, p. 14.

1113 R. Saint-Esteben, « L'Autorité de la concurrence dans la loi Macron », *Concurrences* n° 4-2015, p. 14 et F. Laina, Colloque de l'APDC du 24 septembre 2015, La loi Macron et le droit de la concurrence ; v. également F. Laina et A. Bogdanov, « The EU Cartel Settlement Procedure : Latest Developments », *Journal of ECL*, 2014, vol. 5, n° 10, para. 717.

1114 Rapport de l'OCDE du 22 janvier 2008, « Plea bargaining/settlement of cartel cases », (DAF/COMP(2007)38), disponible sur le site de l'OCDE.

refuser les transactions qui leur sont soumises. Si cela se confirme, il est effectivement à regretter, voire à déplorer[1115] que les rôles des protagonistes puissent parfois se résumer à « un procureur tout-puissant, un avocat suppliant et un juge contrôleur »[1116].

358. **Mise en œuvre de la transaction européenne.** Il importe de préciser que la procédure de transaction entre la Commission et les contrevenantes peut seulement se mettre en place dans les affaires d'ententes horizontales secrètes[1117]. Les abus de position dominante ne sont donc *a priori* pas concernés. Il est néanmoins à relever de nombreuses entorses à cette règle puisque plusieurs décisions de transaction, qui n'en ont pas le nom, ont été adoptées en matière d'abus[1118]. Plus récemment encore, la Commission semble avoir transigé avec des entreprises dans le cadre de prix de revente imposés[1119]. Elle a enfin été très récemment amenée à publier un document à la suite de l'affaire *Guess* dans lequel elle officialise la possibilité de coopérer et de transiger avec les entreprises concernant les infractions autres que les cartels[1120].

La transaction s'est mise en place avec rapidité et efficacité[1121]. La première décision conclue à la suite d'une procédure de transaction, dans

---

1115 V. l'excellent article de D. WALBROECK, « Le développement en droit européen de la concurrence des solutions négociées (engagements, clémence, non-contestation des faits et transactions) : que va-t-il rester aux juges ? », *The Global Competition Law Centre Working Papers Series (GCLC)*, Working Paper 01/08.

1116 V. R. BADINTER, « On tombe dans la répression administrée et on ouvre la voie à tous les soupçons », à propos de l'introduction en France d'une procédure de « plaider coupable » pour les infractions mineures paru le 27 janvier 2004 dans *Le Monde*.

1117 Foire Aux Questions de la Commission européenne sur la transaction et l'article de F. LAINA et E. LAURINEN, « The EU Cartel Settlement Procedure : Current Status and Challenges », *Journal of ECL*, 2013.

1118 V. décisions de la Commission du 20 septembre 2016, ARA Foreclosure, cons. 161 et s. et la note de C. GAUER, J. LÜBKING, « Cooperation with the European Commission in antitrust cases : A new way paved by the ARA case », *Concurrences* n° 1-2017, p. 81 et l'article de É. BARBIER DE LA SERRE, E. LAGATHU, « The Law on Fines imposed in EU Competition Proceedings : Time for a refresh of the Fining Guidelines ? », *Journal of ECL*, 2017, vol. 8, 6, p. 409 ; du 22 janvier 2019, Mastercard II (IP 19/582) ; et du 13 mai 2019, InBev (IP/19/2488). Ces décisions ont fait l'objet d'une transaction.

1119 V., par exemple, décisions de la Commission du 24 juillet 2018, Fabricants d'électronique grand public (communiqué de presse IP/18-4601) ; du 25 mars 2019, Ventes transfrontières de produits dérivés Nike (communiqué de presse IP 19-1828). Ces décisions ont fait l'objet de transactions. Sur cette procédure, v. J. DERENNE, C. CHIRARU, « « Transactions » et restrictions verticales : la « bonne affaire » ou le « bon droit » ? », *L'Observateur de Bruxelles*, n° 210-2020, p. 45.

1120 Cette nouvelle pratique de coopération et d'arrangement concernant des infractions autres que les cartels a fait l'objet d'un *fact sheet* de la part de la Commission, disponible sur son site Internet, à la suite de l'affaire Guess (V. décision de la Commission du 18 décembre 2018, Guess (résumé publié au JOUE 2019, C 47, p. 5). Cette décision a fait l'objet d'une transaction).

1121 Pour une analyse de la pratique décisionnelle de la Commission, v. M. BARENNES, « The Role of the Settlement Procedure and Leniency Programme in the European Commission's Fight Against Cartels », *in EU Competition and State Aid Rules : Public and Private Enforcement*, V. TOMLJENOVIC, N. BODIROGA-VUKOBRAT, V.B. BUTORAC MALNAR, I. KUNDA (dir.), Springer-Verlag Berlin Heidelberg, 2017.

l'affaire des *DRAM*, date de 2010[1122]. Depuis cette première affaire, de nombreuses décisions de transactions ont été adoptées. La prédiction du Commissaire Almunia, qui évaluait le recours au règlement transactionnel dans une affaire sur deux, s'est bien réalisée[1123]. Leur nombre dépasse même celui des décisions prises dans le cadre de procédures standard et adoptées depuis la « mise en concurrence » de ces deux procédures[1124]. Le succès de la transaction est tel que la Commission n'énumère plus toutes les décisions adoptées dans ce cadre dans ses communiqués de presse. Devant la banalisation croissante de cette procédure, elle se contente désormais d'indiquer le nombre total de décisions adoptées dans le cadre de transactions[1125].

B) – Le processus transactionnel français

359. **À l'origine de la transaction française : la procédure de non-contestation des griefs.** Si l'Autorité de la concurrence a eu du retard en ce qui concerne la clémence, tel n'est pas le cas concernant la transaction. Préalablement à la transaction, l'Autorité utilisait avec succès la ressemblante procédure de non-contestation des griefs[1126]. Il s'agissait pour les entreprises de s'abstenir de contester les griefs qui leur avaient été notifiés. Elles ne devaient remettre en cause ni la matérialité des faits, ni leur qualification juridique au regard du droit de la concurrence, ni leur imputabilité[1127]. Le rapporteur général n'était plus tenu d'établir un rapport des services d'instruction comme cela se fait dans les procédures standard. Ce spectre de négociation, très large, n'était pas sans incidences pour les entreprises. Ces dernières devaient mûrement réfléchir avant de s'engager. Cette non-contestation n'était pas considérée par la jurisprudence comme

---

1122 Décision de la Commission du 19 mai 2010, DRAM et la note S.-P BRANKIN, « The first cases under the Commission's cartel-settlement procedure : problems solved ? », *ECLR*, 2011, n° 4, p. 169. Cette décision a fait l'objet de transactions.

1123 Discours de J. ALMUNIA, « Fighting against cartels : A priority for the present and for the future », 3 avril 2014, disponible sur le site de la Commission.

1124 M. HAUVILLER, G. PERRET, « La procédure de transaction en droit de la concurrence : Bilan de la pratique décisionnelle de la Commission européenne (mai 2010-mai 2015) », *Concurrences* n° 3-2015, p. 232.

1125 V. communiqué de presse relatif à la décision de la Commission du 8 mars 2017, Systèmes thermiques (IP/17/501).

1126 B. LASSERRE, « La non contestation des griefs en droit français de la concurrence : Bilan et perspectives d'un outil pionnier », *Concurrences* n° 2-2008, p. 93 et D. BRAULT, R. MAULIN, « La procédure de non-contestation des griefs : Un succès non contestable », *Concurrences* n° 2-2011, p. 80.

1127 CA Paris, 23 mai 2017, Laïta e. a., n° 15/08224, points 137 à 140 et la note d'É. THOMAS, *Concurrences* n° 3-2017, p. 70. La cour d'appel a annulé la décision de l'Autorité concernant l'imputabilité des pratiques commises par Senagral à Senagral Holding. Or, on relèvera que le groupe Senagral souhaitait entrer en voie de non-contestation des griefs, ce qui impliquait de ne pas contester l'imputabilité, et que l'Autorité n'y a pas donné suite dans sa décision (décision n° 15-D-03, Produits laitiers frais, para. 390 à 396).

un aveu de culpabilité de la part de l'entreprise[1128]. Il n'en demeurait pas moins que l'absence de contestation était suffisante pour permettre à l'Autorité de fonder un constat d'infraction à l'égard de l'entreprise[1129]. Ainsi le silence n'est pas sans effets juridiques en droit de la concurrence[1130].

L'entreprise qui renonçait à contester les griefs en retirait des avantages d'ordre pécuniaire. Les bénéfices pouvaient même être doubles : l'entreprise bénéficiait, le cas échéant, d'une amende qui ne dépassait pas 5 % du chiffre d'affaires mondial et, ensuite, d'une réduction de l'amende encourue[1131]. Cette réduction était généralement de l'ordre de 10 %, le même pourcentage que celui officiellement accordé par la Commission en cas de transaction ou dans son ancienne procédure de non-contestation de la matérialité des faits[1132].

À ce taux de réduction pouvait s'additionner, enfin, une réduction comprise entre 5 % et 15 % si l'entreprise s'engageait à modifier son comportement pour l'avenir[1133]. Lorsque la procédure de non-contestation des griefs était en vigueur, de nombreuses entreprises ont pu bénéficier d'une réduction plus élevée au titre de leurs engagements, en particulier, lorsque ceux-ci prenaient la forme ou s'accompagnaient d'un programme de conformité[1134].

360. **La non-contestation des griefs : une procédure incomplète de négociation.** Une ombre au tableau de la négociation et de taille s'est rapidement révélée dans la procédure de non-contestation des griefs : le *quantum* de l'amende n'était pas directement négociable[1135]. L'Autorité restait donc libre, dans les limites du plafond de 5 % du chiffre d'affaires mondial, de déterminer le montant de l'amende qu'elle estimait adéquat.

1128 CA Paris, 29 janvier 2008, Le Goff Confort e. a., n° 2006/07820, p. 14 et la note de C. MOMÈGE, *Concurrences* n° 2-2008, p. 159 et d'A. RONZANO, *Concurrences* n° 2-2008, art. n° 62693.

1129 Point 40 du communiqué sur la non-contestation des griefs et CA Paris, 26 janvier 2010, Adecco France, n° 2009/03532, p. 10, confirmé par Cass. com., du 29 mars 2011, Manpower e. a., n° T 10-12.913 et G 10-13.686, p. 6 et la note d'É. BARBIER DE LA SERRE, *RLC* n° 28-2011, n° 1867 et de J. VOGEL, *Concurrences*, art. n° 35762.

1130 M. BÉHAR-TOUCHAIS, « L'ambivalence du silence des opérateurs économiques en droit de la concurrence » *in Le silence saisi par le droit privé*, F. TERRYN, N. MARTIAL-BRAZ (dir.), vol. 1, IRJS-éd., 2014, p. 33.

1131 La question de la détermination du plafond était complexe en cas de non-contestation des griefs et de procédure simplifiée prévue à l'article L. 463-3 du Code de commerce. Le Conseil de la concurrence réduisait d'abord de 50 % le montant de l'amende et vérifiait ensuite que ce montant ne dépassait pas le maximum prévu dans une procédure simplifiée. Cette méthode, défavorable aux parties, avait été entérinée par le juge français (Cass. com., 28 novembre 2006, OGF n° 05-20181 et avis du 11 juillet 2005, OGF, n° 05-0006).

1132 Points D, 2. second tiret et E, 4 *in fine* de la communication sur la clémence de 1996.

1133 Point 35 du communiqué de l'Autorité sur la non-contestation des griefs.

1134 Sur les réductions accordées dans le cadre des engagements et des programmes de conformité, v., *supra*, n° 186.

1135 Ce n'est qu'à titre exceptionnel que le plafond de la sanction a pu être convenu entre le rapporteur général et l'entreprise (V. décision du Conseil de la concurrence n° 07-D-33, 15 octobre 2007, Internet à haut débit et la note de P. ARHEL, *RLC* n° 16-2008, n° 1129).

D'aucuns considéraient que la prévisibilité de la sanction était très relative « sinon quasi nulle »[1136]. Les entreprises restaient libres de pouvoir contester le montant de leur amende devant la cour d'appel de Paris et la Cour de cassation[1137]. Les entreprises ont donc continué de contester les décisions, quand bien même le champ du recours était limité[1138]. Il en résulte que la suppression du contentieux escomptée n'a pas eu lieu. Cette procédure était donc d'un intérêt limité pour l'ensemble des acteurs.

361. **La transaction française issue de la loi « Macron ».** L'objectif de la loi Macron a donc été de remédier au manque d'efficacité du dispositif de non-contestation des griefs[1139]. La procédure prévue par le III de l'article L. 464-2 du Code de commerce a été modifiée et permet désormais à l'Autorité de transiger avec une entreprise qui s'est vu notifier des griefs. Autrement dit, cet élément essentiel qu'est le montant de l'amende rentre désormais dans le champ de la négociation. Ainsi, la négociation porte sur un chiffre en valeur absolue, le III de l'article L. 464-2 du Code de commerce prévoyant que « le rapporteur général peut [...] soumettre [à une entreprise] une proposition de transaction fixant le montant minimal et le montant maximal de la sanction pécuniaire envisagée ». Si l'entreprise donne son accord à la proposition de transaction, le Rapporteur général fait une proposition de transaction au collège de l'Autorité et n'est pas tenu d'établir un rapport. Si le collège l'accepte, il prononce une amende dans les limites de cette proposition de transaction. L'amende infligée n'a plus vocation, en principe, à être discutée devant le juge de contrôle. Comme la Commission, l'objectif du législateur français, en modifiant la loi, était de voir réduire le nombre de recours à l'encontre des décisions de sanctions adoptées par l'Autorité[1140].

1136 R. SAINT-ESTEBEN, « L'Autorité de la concurrence dans la loi Macron », *Concurrences* n° 4-2015, p. 14.

1137 Point 16 du communiqué de procédure du 10 février 2012 relatif à la non-contestation des griefs, disponible sur le site de l'Autorité.

1138 Dans l'ancienne procédure de non-contestation des griefs, les entreprises s'engageaient à ne pas contester l'imputabilité des pratiques au groupe et la durée de l'infraction. Ces deux éléments, des plus déterminants dans le montant de l'amende, ne pouvaient plus être contestés devant la cour d'appel (CA Paris, 10 octobre 2013, Nestlé Purina Petcare France e. a., n° 2012/07909, p. 38 et la note de C. LEMAIRE, *Concurrences* n° 1-2014, p. 181).

1139 C. LEMAIRE, S. NAUDIN, « Transaction : Le Président de la République promulgue la loi pour la croissance, l'activité et l'égalité des chances économiques (Loi Macron) », *Concurrences* n° 4-2015, p. 182.

1140 Adoption par l'assemblée nationale le 8 janvier 2015 de l'amendement n° SPE1541 présenté par le Gouvernement.

362. **Adoption d'un communiqué relatif à la transaction.** Constatant que son communiqué sur la non-contestation des griefs était devenu caduc à la suite de cette modification législative, l'Autorité a néanmoins préféré patienter avant d'adopter un nouveau communiqué de procédure. Ce document de référence, nourri par pratiquement trois années de pratique, a été finalement adopté en 2018 après une consultation publique[1141]. Ce « communiqué transaction » de l'Autorité tient à la fois compte des modifications légales et de l'évolution de sa pratique décisionnelle en la matière.

363. **Transaction française et suppression du plafond.** La transaction issue de la loi « Macron » n'a pas conservé l'abaissement du plafond de l'amende prévue dans l'ancienne procédure de non-contestation des griefs[1142]. Pour certaines entreprises, suivant le montant de l'amende qui va leur être infligée, il pourrait être considéré que la loi nouvelle est moins douce que l'ancienne. Cela pourrait se vérifier dans un certain nombre de cas et, surtout, en ce qui concerne des entreprises de taille modeste. Ces dernières, comme il a été observé[1143], sont les plus à même de se voir imposer une amende proportionnellement supérieure à 5 % de leur chiffre d'affaires.

364. **Transaction française et programmes de conformité.** Dans l'affaire des *Revêtements de sols*, l'Autorité a adopté une décision de transaction marquant une rupture dans son approche relative aux mises en œuvre de programmes de conformité[1144]. Dans un communiqué spécifique, elle en a profité pour indiquer que l'élaboration et la mise en œuvre de programmes de conformité n'ont plus vocation à justifier une atténuation des amendes encourues. Ce revirement s'explique du fait que l'adoption de programmes de conformité fait partie de la gestion courante des entreprises, tout particulièrement lorsqu'elles sont d'une taille importante[1145].

365. **Transaction française et « entreprise ».** L'entrée en voie de transaction implique que l'entreprise ne conteste pas le grief qui lui a été notifié et, ce faisant, l'imputabilité des pratiques. Comme à l'époque de la procédure de non-contestation des griefs, il faut également envisager la transaction vis-à-vis de l'entreprise au sens du droit de la concurrence[1146]. Il ne devrait donc y avoir de transaction qu'à la condition que toutes les entités qui

---

1141 Communiqué de procédure de l'Autorité du 21 décembre 2018 relatif à la procédure de transaction (ci-après le « communiqué transaction »).

1142 R. SAINT-ESTEBEN, « L'Autorité de la concurrence dans la loi Macron », *Concurrences* n° 4-2015, p. 14.

1143 Sur les amendes infligées aux entreprises de taille limitée (ou mono-produit), v., *supra*, spéc. n° 284.

1144 V. décision de l'Autorité n° 17-D-20, Revêtements de sols résilients, para. 464 et la note de M. DEBROUX, *Concurrences* n° 1-2018, p. 84. Cette décision a fait l'objet de transactions.

1145 Communiqué de l'Autorité du 19 octobre 2017 relatif à la procédure de transaction et aux programmes de conformité et la note de C. LEMAIRE, S. NAUDIN, *Concurrences* n° 1-2018, p. 156.

1146 Point 13 du communiqué de procédure de l'Autorité du 21 décembre 2018 relatif à la procédure de transaction (ci-après le « communiqué transaction »).

forment l'entreprise aient donné leur accord. Autrement dit, l'Autorité s'abstiendra de transiger avec seulement certaines des entités d'une entreprise visée dans les griefs[1147]. En revanche, de potentiels conflits peuvent exister entre les entités de l'entreprise telle que qualifiée dans les griefs par l'Autorité. En d'autres termes, certaines des entités d'une entreprise peuvent ne pas se reconnaître responsables des pratiques et empêcher la conclusion d'une transaction[1148].

366. **Silence des textes sur la réduction offerte en cas de transaction.** Outre la suppression de la référence à un plafond de sanction réduit à 5 %, ni la loi ni l'Autorité ne donnent d'indication relative à une éventuelle réduction proposée en cas de transaction. Le communiqué transaction de l'Autorité se contente d'indiquer que le montant de la réduction accordée ne peut être « prédéterminé » et qu'il « dépend des circonstances de chaque espèce »[1149]. Sur ce point, l'ancienne procédure de non-contestation des griefs était plus transparente. Le communiqué de procédure relatif à la non-contestation des griefs prévoyait d'accorder une réduction à hauteur de 10 % du montant final de l'amende[1150].

367. **Approbation de la transaction par le collège de l'Autorité.** En France, la transaction conclue entre le Rapporteur général et une entreprise ne lie pas le collège de l'Autorité. Ce dernier peut toujours s'émanciper de la proposition du Rapporteur général. Cela a pu être le cas à l'époque de la procédure de non-contestation des griefs[1151]. Depuis l'entrée en vigueur de la procédure de transaction, le collège de l'Autorité a entériné les propositions de transaction présentées par le rapporteur général. Exceptionnellement et pour des raisons liées à un changement

---

1147 Sous l'empire de la procédure de non-contestation des griefs, il y a notamment eu un cas dans lequel l'Autorité a accordé une réduction à ce titre au bénéfice de la seule filiale et à l'exclusion expresse de sa société mère, cette dernière contestant sa responsabilité dans l'infraction (V. décision de l'Autorité n° 14-D-16, Déménagement des militaires affectés en Martinique, para. 47 et s., confirmée par CA Paris du 19 mai 2016, n° 2014/25803 et Cass. com., 18 octobre 2017, Mobilitas e. a., n° P 16-19.120). Ce type de situation semble à exclure dans le cadre de l'actuelle procédure de transaction.

1148 Ce type de contestation est tout à fait plausible dans les hypothèses de restructurations de sociétés. Il n'est pas impossible que l'une ou plusieurs des sociétés désignées ne se considèrent pas comme responsables de pratiques mises en œuvre par une filiale qui a été cédée ou rachetée (V., *infra*, n°s 502, 509 et s.).

1149 Point 25 du communiqué transaction de l'Autorité du 21 décembre 2018.

1150 On relèvera que la cour d'appel de Paris avait jugé, concernant la clémence et l'ancienne procédure de non-contestation des griefs, que les deux pourcentages de réduction n'avaient pas à se cumuler. Ainsi, l'Autorité diminuait le montant de l'amende au titre de la clémence et, ensuite, réduisait ce nouveau montant au titre de la transaction (CA Paris du 27 octobre 2016, Beiersdorf e. a., préc., confirmé sur ce point par Cass. com., 27 mars 2019, L'Oréal e. a., n° E 16-26.472 e. a., p. 76). Cette solution était moins intéressante pour les entreprises.

1151 V. décision du Conseil n° 03-D-45 du 25 septembre 2003, Secteur des calculatrices à usage scolaire, para. 522.

jurisprudentiel, il a rejeté la transaction qui lui a été proposée dans l'affaire *Agrimer*[1152].

368. **Mise en œuvre de la transaction française.** Encore récente et avant même l'adoption du communiqué transaction de l'Autorité[1153], la transaction en France a déjà été mise en œuvre à de nombreuses reprises et s'est parfaitement substituée à la procédure de non-contestation des griefs. D'après l'ancienne Présidente de l'Autorité, Madame Isabelle de Silva, la transaction est d'un « apport très utile et fait déjà figure de succès »[1154]. Le communiqué portant sur la transaction devrait entériner le succès de cette procédure. Il peut d'ores et déjà être souligné que la transaction s'est imposée pour tous les types d'infractions sanctionnées au visa de l'article L. 464-2 du Code de commerce. Il est à noter que la procédure française de transaction a un champ *rationae materiae* beaucoup plus large que celui instauré par la Commission, restreint au départ aux seuls cartels[1155]. En France, ce sont toutes les infractions au droit de la concurrence punies par l'article L. 464-2 du Code de commerce qui entrent dans son champ d'application. Le spectre est donc beaucoup plus large puisque non seulement, toutes les infractions à l'article L. 420-1 du Code de commerce sont concernées, mais aussi celles à l'article L. 420-2 du même code relatif aux abus de position dominante[1156].

1152 V. décision de l'Autorité n° 20-D-19 du 25 novembre 2020, Marchés de fourniture de produits alimentaires de l'établissement public national France AgriMer (ci-après « France AgriMer ») et la note d'A.-S. CHONÉ-GRIMALDI, *Concurrences* n° 1-2021, p. 126.

1153 La procédure de transaction est applicable aux procédures pour lesquelles les griefs ont été notifiés, en application de l'article L. 463-2 du Code de commerce, après la publication de la loi, soit après le 7 août 2015.

1154 I. DE SILVA, « Isabelle DE SILVA : L'Autorité de la concurrence, entre renouvellement et continuité », *Concurrences* n° 3-2017, p. 9.

1155 V., *supra*, n° 358.

1156 Point 7 du communiqué de procédure de l'Autorité du 21 décembre 2018 relatif à la procédure de transaction.

§ 2 – La pratique décisionnelle de la Commission et de l'Autorité en matière de transaction

369. **Division.** Comme pour la clémence, la Commission européenne ayant une pratique en matière de transaction plus ancienne que son homologue française, il convient tout d'abord de présenter sa pratique décisionnelle (A), avant d'étudier ensuite celle de l'Autorité de la concurrence (B).

A) – La volonté de transiger de la Commission

370. **Pratique décisionnelle de la Commission.** La mise en œuvre de la transaction ne s'est pas fait attendre à l'échelon européen. La Commission a, en effet, transigé à de nombreuses reprises depuis la mise en place de cette procédure. Au 30 juillet 2021, ce sont déjà 36 décisions dans des affaires de cartels qui ont été prises sur la base de transactions conclues entre la Commission et les entreprises depuis l'introduction de cette procédure[1157]. Le tableau suivant recense plusieurs de ces décisions :

Décisions de la Commission*	**Nombre d'entreprises**	**Amende payée (€)**
DRAM (2010)	10	330 000 000 €
Lessives (2011)	3	315 200 000 €
Verre pour tubes cathodiques (2011)	4	128 736 000 €
Compresseurs frigorifiques (2011)	5	161 198 000 €
Roulements (2014)	6	953 306 000 €
Grenaille abrasive métallique (2014)	4	30 707 000 €
Champignons en conserve (2014)	3	32 225 000 €
Libor libellés en francs suisses (2014)	2	61 676 000 €

1157 Hors cartels, il importe de mentionner que les décisions ARA, MasterCardII et InBev, en matière d'abus, et les décisions Fabricants d'électronique grand public pour fixation des prix de revente en ligne, Guess et Nike, en matière de prix imposés, ont aussi suivi le processus transactionnel de la Commission.

* Liste non exhaustive.

Trains-blocs (2015)	3	49 154 000 €
Producteurs de camions (2016)	5	2 926 499 000 €
Fabricants de batteries (2016)	4	166 000 000 €
Pièces automobiles (2016)	3	137 789 000 €
Systèmes d'éclairage (2017)	3	26 744 000 €

371. **Politique européenne de transaction.** Une analyse empirique de ces décisions est particulièrement éclairante quant à la politique transactionnelle de la Commission. Quels que soient le secteur, le nombre d'entreprises, la durée de l'infraction, la gravité des pratiques, la situation de la contrevenante, etc., toute situation se négocie avec la Commission. Le montant de l'amende n'a strictement aucune importance, la Commission peut négocier pour quelques millions d'euros[1158], comme pour un milliard[1159].

D'ailleurs, la Commission n'a jamais vraiment indiqué dans quel cas, sauf évidemment en l'absence d'accord avec l'entreprise, elle refuserait d'entrer en transaction. Par exemple, elle aurait pu s'opposer à une transaction avec une contrevenante dans le cas où cette dernière serait en situation de récidive ou avec laquelle elle aurait déjà transigé[1160]. De même, la Commission aurait pu refuser de transiger dans les secteurs sensibles ou faisant l'objet de nombreuses infractions comme celui de l'automobile par exemple récemment[1161]. Il n'en est rien. La Commission a beau jeu de prétendre qu'elle n'engagera pas cette procédure à n'importe quel prix[1162]. Mais elle se garde bien de fournir des éléments d'orientation. En réalité, la seule politique, inavouée, de la Commission est de privilégier et de favoriser au maximum le règlement transactionnel aux fins d'éviter tout contentieux

---

1158 V. décision de la Commission du 25 juin 2014, Champignons, cons. 16, c) du résumé.

1159 V. décision de la Commission du 19 juillet 2016, Producteurs de camions, cons. 17, c) du résumé.

1160 J. STIGLITZ, *Le prix de l'inégalité*, Babel, 2013. L'auteur explique qu'en matière boursière un énième règlement transactionnel de la Citigroup avec la Securities and Exchange Commission n'avait pas été homologué par un juge états-unien.

1161 De nombreux auteurs citent le secteur automobile comme étant l'un des plus « cartellisés ». Les récentes décisions de la Commission ne leur donneront pas tort (V. le communiqué de presse IP/19-1512 dans l'affaire des Fournisseurs d'équipements de sécurité pour véhicules automobiles II qui récapitule ces affaires).

1162 V. récents rapports d'activités de la Commission européenne et l'article d'E. CLAUDEL, « Procédures négociées, accessoires ou alternatives à la sanction en droit de la concurrence : Raison garder ! », *Concurrences* n° 4-2015, p. 61.

à l'avenir. Plusieurs décisions prouvent même que la Commission a d'abord tenté de transiger avant de revenir à une procédure standard[1163].

372. Transactions « hybrides ». La plupart du temps, toutes les entreprises acceptent de transiger avec la Commission dans une même affaire[1164]. Toutefois, il arrive occasionnellement qu'une ou plusieurs des entreprises refusent de transiger. Mais pour la Commission, le refus d'une ou plusieurs entreprises ne doit ni priver, ni impacter les transactions conclues avec les autres entreprises. Pour les récalcitrantes, la procédure standard ou normale s'applique ou reprend, ce qui donne lieu à des décisions dites « hybrides »[1165]. Ce type de situation ne ferait toutefois pas perdre beaucoup de temps à la Commission[1166].

Quelques décisions hybrides sont à recenser[1167]. Elles restent encore minoritaires et ne concernent, le plus souvent, qu'une ou deux des contrevenantes concernées[1168]. Une telle démarche témoigne encore, s'il en était besoin, de la volonté de la Commission d'imposer le plus largement possible sa politique transactionnelle au détriment de la procédure ordinaire. Les chances de succès de ces entreprises en appel nous semblent bien minces quand tous les autres cartellistes ont reconnu leur implication. Dans ces conditions, ces entreprises n'ont pas toujours de réels choix qui s'offrent à elles. La transaction apparaît dès lors comme la solution la moins coûteuse pour les entreprises hésitantes.

373. Transactions et amendes collectives record. L'analyse de la pratique décisionnelle de la Commission révèle également qu'elle n'hésite pas à recourir à la transaction dans les affaires les plus graves. Que les montants d'amendes soient particulièrement élevés n'affecte en rien la possibilité

1163 V. décision de la Commission du 3 septembre 2014, Producteurs de puces pour cartes (résumé publié au JOUE 2017, C 27, p. 17) et le communiqué de presse de la Commission (IP/14/960), confirmée par Trib. UE, du 15 décembre 2016, aff. T-762/14, Philips c/ Commission, points 253 à 258 et par CJUE, 26 septembre 2018, aff. C-99/17 et C-98/17 P, Koninklijke Philips NV e. a. c/ Commission.

1164 V., par exemple, décisions relatives aux DRAM, Lessives, Roulements, Trains-blocs, Compresseurs frigorifiques, Épuration des gaz d'échappement (Diesel).

1165 V., par exemple, décisions de la Commission, Phosphates pour l'alimentation animale et la note de N. JALABERT-DOURY, *Concurrences* n° 4-2012, art. n° 49480 ; du 4 février 2015, Produits dérivés de taux d'intérêt libellés en yens (résumé publié au JOUE 2017 C 305, p. 10).

1166 F. LAINA, A. BOGDANOV, « The EU Cartel Settlement Procedure : Latest Developments », *Journal of ECL*, 2016, vol. 7, n° 1, p. 72.

1167 V., par exemple, décisions de la Commission du 6 avril 2016 Champignons (résumé publié au JOUE 2017 C 67, p. 5), du 19 juillet 2016, Producteurs de camions et, sur cette question, F. LAINA, A. BOGDANOV, « The EU Cartel Settlement Procedure : Latest Developments », *Journal of ECL*, 2014, vol. 5, n° 10.

1168 Ces décisions hybrides ne sont néanmoins pas sans susciter des difficultés liées au respect des droits de la défense (Trib. UE, 10 novembre 2017, aff. T-180/15, Icap e. a. c/ Commission, points 253 à 280 et la note de C. BANKES, D. GREEN, *e-Competitions Bulletin*, novembre 2017, art. n° 85619). Il en résulte que la Commission pourrait être incitée à adopter, le même jour, les décisions de transactions et standards rendue dans une même affaire. Une première affaire conclue en ce sens est à signaler (décision de la Commission du 2 décembre 2021, FOREX, (Communiqué de presse IP/21/6548).

d'entrer en voie de transaction. C'est même l'effet inverse qui s'est produit. Les affaires les plus retentissantes, en ce qui concerne les montants d'amendes au moins, ont été dernièrement réglées par voie de transaction. Tel a été le cas dans les affaires des *Roulements*, de l'*Euribor* et, enfin, des *Producteurs de camions*.

374. **Transactions et amendes individuelles record.** Parmi les dix amendes les plus élevées qui ont été infligées par la Commission, on en recense cinq qui ont été prononcées dans le cadre d'une procédure de transaction. Les deux amendes les plus sévères, prononcées dans la décision des *Producteurs de camions*[1169], ont fait l'objet de transactions. Daimler s'est engagée dans une transaction qui dépasse un milliard d'euros et n'a formé aucun recours. D'autres amendes prononcées dans les décisions relatives à l'*Euribor* ou aux *Épuration des gaz d'échappement*, de l'ordre de 300 à 500 millions d'euros, confirment que la Commission a l'habitude de négocier pour des montants d'amendes importants :

Décisions de la Commission*	**Entreprise**	**Amende payée (€)**
Producteurs de camions (2016)	Daimler	1 008 766 000 €
Producteurs de camions (2016)	DAF	752 679 000 €
Producteurs de camions (2016)	Volvo/Renault	670 448 000 €
Épuration des gaz d'échappement (2021)	Volkswagen	502 362 000 €
Producteurs de camions (2016)	Iveco	494 606 000 €
Euribor (2013)	Deutsche Bank	465 861 000 €

375. **Égalité de traitement dans le montant de l'amende : la transaction de la Société Générale.** Lorsque la Commission transige avec plusieurs entreprises dans le cadre d'une affaire, elle doit se comporter de manière impartiale. En d'autres termes, elle veille, à situation égale, à ne pas exiger plus d'argent à une entreprise qu'une autre. C'est le principal enseignement qu'il faut tirer de l'affaire de la *Société Générale*. Plusieurs des entreprises impliquées dans l'affaire de l'*Euribor* avaient transigé avec la Commission

1169 V. décision de la Commission, Producteurs de camions, cons. 17 du résumé.

* Liste non exhaustive.

européenne[1170]. Parmi elles, la Société Générale avait négocié et accepté de verser une amende d'un montant de 445 884 000 euros.

Cependant, la Société Générale s'est sentie lésée face aux amendes retenues à l'encontre des autres entreprises. Elle a formé un recours contre la décision de la Commission européenne, estimant notamment que sa valeur des ventes n'avait pas été délimitée de la même façon pour elle que pour les autres. Cette affaire soulevait donc la question du respect de l'égalité de traitement entre les entreprises qui rentrent dans la procédure de transaction.

Plus tard, on apprit que la Société Générale s'était désistée à la lecture d'une ordonnance rendue par le Tribunal[1171]. Puis la Commission européenne a annoncé dans un communiqué de presse qu'elle avait revu à la baisse l'amende de la banque française[1172]. Elle a prétexté une erreur de la Société Générale dans ses déclarations de chiffre d'affaires. Que cela soit avéré ou non, il n'en reste pas moins que la Commission aurait pu s'arc-bouter derrière l'accord chiffré trouvé avec la Société Générale. Il n'en a rien été. La Commission a sagement préféré revoir le montant de l'amende[1173]. Même si une telle décision n'est guère à l'avantage de la politique transactionnelle de la Commission, elle peut être saluée. Il n'y a aucune raison, en effet, que le principe d'égalité de traitement ne soit pas appliqué avec la même rigueur lorsqu'il s'agit d'amendes infligées dans le cadre de transaction.

376. **Transactions doublées de clémence.** Il ressort également de la pratique décisionnelle de la Commission que les bénéficiaires de la clémence transigent très souvent avec la Commission. Cela n'a rien d'étonnant dans la mesure où de nombreuses contrevenantes, voire toutes les contrevenantes, peuvent bénéficier de la clémence dans une affaire[1174]. D'après deux représentants de la Commission, les trois quarts des entreprises qui transigent bénéficient par ailleurs d'une mesure de clémence[1175]. Plus étonnant, les bénéficiaires de l'immunité transigent également avec la Commission. L'application d'une réduction supplémentaire de 10 % à une réduction de 100 % n'est en effet d'aucun intérêt financier pour ces entreprises. Sans doute la Commission a insisté auprès des bénéficiaires de l'immunité afin que ces derniers ne contestent pas les infractions relevées à leur encontre[1176].

[1170] V. décision de la Commission, 4 décembre 2013, Euribor. Cette décision a fait l'objet de transactions.

[1171] Trib. UE, ord. radiation, 2 mars 2016, aff. T-98/14, Société Générale c/ Commission.

[1172] Communiqué de presse IP/13/1228 relatif à la décision du 4 décembre 2013, Euribor.

[1173] A. APEL, « À propos de la transaction sur la transaction… », *RLC* n° 53-2016, n° 3034.

[1174] Sur le nombre important de demandeurs de clémence, v., *supra*, n°s 325 et 331.

[1175] F. LAINA, A. BOGDANOV, préc., *Journal of ECL*, 2017, vol. 8, n° 5, p. 333.

[1176] Le bénéficiaire de l'immunité a rarement engagé un recours contre la décision qui l'exonère d'une amende (Trib. UE, 16 septembre 2013, aff. T-378/10, Masco e. a. c/ Commission, et la note de L. IDOT,

B) – La volonté de transiger de l'Autorité

377. **Pratique décisionnelle du Conseil et de l'Autorité en cas de non-contestation des griefs.** Le Conseil puis l'Autorité de la concurrence ont recouru à la procédure de non-contestation des griefs depuis 2001 jusqu'à 2015 inclus[1177]. Elle s'est bien mieux mise en place que la procédure de clémence, alors même que la clémence était privilégiée par l'Autorité en proposant des réductions plus élevées[1178]. Aussi attractive soit-elle auprès des entreprises, la procédure de non-contestation des griefs avait néanmoins un principal défaut aux yeux de l'Autorité. En effet, les entreprises continuaient de former un recours à l'encontre des décisions de l'Autorité alors que cette dernière cherchait à éviter un contentieux. C'est en raison de cet écueil que la procédure de non-contestation des griefs a été récemment remplacée par l'actuelle procédure de transaction.

378. **Pratique décisionnelle de l'Autorité en cas de transactions.** L'Autorité française de la concurrence n'a pu mettre en place la transaction qu'à partir de la loi Macron entrée en vigueur en août 2015. D'après nos estimations, une vingtaine de décisions prises à la suite d'une procédure de transaction peuvent être recensées à la date du 30 juillet 2021. Jusqu'ici, la transaction a été beaucoup utilisée dans les procédures dites « simplifiées »[1179]. Les amendes infligées dans le cadre de ces affaires ne peuvent pas dépasser 750 000 euros[1180]. Plusieurs de ces décisions sont recensées dans le tableau suivant :

Europe, novembre 2013, comm. n° 11, p. 36, confirmé par CJUE, 26 janvier 2017, aff. C-614/13 P). Le risque serait que cette entreprise obtienne l'annulation de la décision en ce qui la concerne, rendant les autres cartellistes seuls responsables de l'infraction. Ce serait un comble. D'où la démarche de la Commission de coupler la transaction avec l'immunité au titre de la clémence. Aussi, il peut être présumé que la reconnaissance de l'infraction est désormais un préalable implicite à l'octroi de la clémence.

1177 V. les décisions adoptées par le Conseil et l'Autorité dans lesquelles une ou plusieurs des contrevenantes n'ont pas contesté les griefs, disponibles sur le site de l'Autorité. Pour aller plus loin, v. B. LASSERRE, « La non-contestation des griefs en droit français de la concurrence : Bilan et perspectives d'un outil pionnier », *Concurrences* n° 2-2008, p. 93 et D. BRAULT, R. MAULIN, « La procédure de non-contestation des griefs : Un succès non contestable », *Concurrences* n° 2-2011, p. 80.

1178 É. CUZIAT, « La clémence, une procédure exigeante », *Concurrences* n° 3-2013, p. 204.

1179 V. décisions de l'Autorité n° 16-D-05, Secteur de la fourniture, l'installation et la maintenance d'équipements professionnels de cuisine ; n° 16-D-06 du 13 avril 2016, Secteur de la fourniture, l'installation et la maintenance d'équipements professionnels de cuisine ; n° 16-D-15 du 6 juillet 2016, Secteur de la distribution des produits de grande consommation en Outre-mer ; n° 16-D-27 du 2 décembre 2016, EPORA et n° 17-D-01 du 26 janvier 2017, Secteur des arts de la table et de la cuisine. Ces décisions sont définitives.

1180 L'article L. 464-5 du Code du commerce dispose que l'Autorité peut, lorsqu'elle met en œuvre la procédure simplifiée prévue à l'article L. 463-3 du même code, prononcer les sanctions prévues au I de l'article L. 464-2 de ce code. L'amende ne peut toutefois excéder 750 000 euros pour l'entreprise en cause (C. LEMAIRE, *Concurrences* n° 4-2016, p. 169).

Décisions de l'Autorité*	Entreprise	Amende payée (€)
Équipements de cuisine (16-D-05)	Eurochef	45 000 €
Équipements de cuisine (16-D-06)	GAFIC	120 000 €
Distribution Outre-Mer (16-D-15)	Henkel France	250 000 €
	SOGEREP	145 000 €
	SOGEPAR	65 000 €
	SCAGEX	25 000 €
	CDHP Antilles	90 000 €
	Bamyrag	25 000 €
	General Import	15 000 €
Assistance foncière Ouest Rhône-Alpes (16-D-27)	Setis et Degaud	40 000 €
Arts de la table et de la cuisine (17-D-01)	Sambri	3 200 €
Boules de pétanque de compétition (17-D-02)	Obut	320 000 €
Pompes funèbres dans l'Ain (17-D-13)	Comtet	80 000 €
Distribution Outre-Mer (17-D-14)	Materne SAS	70 000 €
	Établissements Frédéric Legros	30 000 €

* Liste non exhaustive.

Il ne faudrait cependant pas en conclure que l'Autorité ne transige pas dans les affaires de très grande envergure. Des amendes très élevées ont pu être prononcées dans des décisions de transactions qui concernaient des abus de position dominante et des cartels. Aussi, le tableau suivant recense-t-il plusieurs de ces décisions :

Décisions de l'Autorité*	**Entreprise**	**Amende payée (€)**
Communications électroniques (15-D-20)	Orange	350 000 000 €
Altice (16-D-24)	SFR/Attice	80 000 000 €
Fourniture de gaz naturel, d'électricité et de services énergétiques (17-D-06)	Engie	100 000 000 €
Revêtements des sols résilients (17-D-20)	Tarkett	165 000 000 €
	Forbo	75 000 000 €
	Gerflor	62 000 000 €
	SFEC	300 000 €
Produits électroménagers (18-D-24)	BSH	23 000 000 €
	Candy Hoover	15 000 000 €
	Eberhardt Frères (Liebherr)	1 000 000 €
	Electrolux	48 000 000 €
	Indesit (Whirlpool)	46 000 000 €
Publicité en ligne (21-D-11)	Google	220 000 000 €

379. **Politique française de transaction.** À un degré moindre que la Commission, l'Autorité semble privilégier la procédure de transaction au détriment de la procédure standard. Depuis son introduction, de nombreuses décisions ont été adoptées à la suite d'une procédure de transaction. Que ce soit en matière d'entente ou d'abus de position dominante, l'Autorité priorise la voie transactionnelle. Même les sanctions infligées pour manquement aux règles de concentrations prévues à l'article L. 430-8 du Code de commerce, en dehors de son champ d'application, se transigent désormais[1181].

* Liste non exhaustive.

1181 V. décision de l'Autorité n° 16-D-24 du 8 novembre 2016, Altice et la note d'A. RONZANO, *Concurrences* n° 1-2017, art. n° 83122. Cette décision n'a pas fait l'objet d'un recours devant le Conseil d'État.

L'Autorité n'a pas attendu longtemps pour user de cette procédure dans des dossiers de grande envergure dans le cadre desquels des amendes très élevées étaient prononcées. La récente décision relative aux *Communications électroniques* en atteste. Cette décision était en réalité la première transaction qui n'en avait pas le nom[1182]. Comme l'a remarqué la doctrine très autorisée, il s'agissait aussi de l'amende la plus élevée jamais prononcée par l'Autorité, 350 millions d'euros, qui dépassait largement le montant additionné de toutes les précédentes condamnations citées dans la décision à l'égard de l'entreprise France Télécom[1183]. À juste titre selon nous, cette décision a été aussi qualifiée de tournant dans la pratique décisionnelle de l'Autorité et a marqué l'entrée dans l'ère de la transaction[1184].

Deux décisions rendues en 2017 confirment cette tendance. Il s'agit de la décision *Engie*, conclue par le paiement d'une amende de 100 millions d'euros[1185], et de la décision relative aux *Revêtements de sols*, conclue par des sanctions d'un montant total de 302 millions d'euros[1186]. Cette dernière décision se caractérise par la possibilité pour une entreprise de cumuler clémence et transaction. Ce cumul de réductions était déjà possible à l'époque de la non-contestation des griefs[1187], quand bien même ce cumul n'était pas évident aux yeux de l'Autorité[1188]. Dans le même ordre d'idées, l'Autorité a cumulé la transaction avec engagements à l'égard de Google dans l'affaire de la *Publicité en ligne*[1189].

À l'instar de la Commission, enfin, l'Autorité de la concurrence n'a pas fourni beaucoup d'indications sur sa politique de suites contentieuses dans son communiqué transaction[1190]. Certes, l'Autorité est souvent entrée en

---

1182 Décision de l'Autorité n° 15-D-20 du 17 décembre 2015, Communications électroniques et la note d'A. RONZANO, *Concurrences* n° 1-2016, art. n° 78048. Cette décision a fait l'objet d'une transaction.

1183 E. CLAUDEL, « L'affaire Orange, ou les conséquences insoupçonnées de la nouvelle procédure de transaction : une sanction redevenue opaque ? », *RTD Com.* 2016, p. 279.

1184 C. LEMAIRE, *Concurrences* n° 1-2016, p. 182.

1185 V. décision de l'Autorité n° 17-D-06, Fourniture de gaz naturel, d'électricité et de services énergétiques (ci-après « Engie ») et la note critique d'A. RONZANO, *Concurrences* n° 2-2017, article n° 84021. Cette décision a fait l'objet d'une transaction.

1186 V. décision de l'Autorité n° 17-D-20, Revêtements de sols. Cette décision a fait l'objet de transactions.

1187 V., par exemple, décisions de l'Autorité n° 11-D-17, Lessives et la note de P. PATAT, P. GUIBERT, *RLC* n° 31-2012, n° 2050 et n° 13-D-12, Commodités chimiques et d'É. CUZIAT, « La clémence, une procédure exigeante », *Concurrences* n° 3-2013, p. 204.

1188 Il est à noter que le point 49 du projet de communiqué de procédure de l'Autorité relatif à la non-contestation des griefs et dont le projet avait été soumis à consultation publique le 14 octobre 2011 écartait par principe que les procédures de clémence et de non-contestation des griefs puissent s'appliquer cumulativement.

1189 V. décision de l'Autorité n° 21-D-11 du 7 juin 2021, Secteur de la publicité en ligne. Cette décision a fait l'objet d'une transaction.

1190 Le gain procédural (accélération et simplification du dossier) et le nombre d'entreprises prêtes à transiger avec le rapporteur général de l'Autorité sont deux des critères énoncés aux points 18 et 19 du communiqué transaction. Il convient, par ailleurs, de rappeler que les entreprises sont en droit de former un recours contre la décision de transaction devant la cour d'appel de Paris (CA Paris, 13 juin

voie de transaction avec les entreprises. Mais dans plusieurs affaires récentes, elle n'a toutefois pas transigé avec les entreprises condamnées sans que l'on sache si des pourparlers ont eu lieu ou non[1191].

380. Transactions « hybrides ». De la même manière que la Commission, l'Autorité adopte des décisions dites « hybrides »[1192]. En d'autres termes, le fait qu'un accord ait pu être trouvé avec seulement une partie de toutes les entreprises impliquées dans une affaire n'est pas dirimant[1193]. Certes, le point 19 du communiqué sur la transaction semble fortement limiter l'opportunité d'adopter des décisions hybrides. L'Autorité considère que les avantages liés à la mise en œuvre d'une telle procédure à l'égard d'une ou plusieurs parties sont généralement plus réduits lorsque, dans la même affaire[1194], une ou plusieurs autres parties contestent les griefs notifiés[1195]. Il est à noter que les décisions hybrides ne dispensent pas de l'établissement d'un rapport d'instruction à l'égard de l'entreprise qui ne transige pas. L'économie procédurale est donc plus limitée dans les cas de décisions hybrides[1196].

2019, Alcyon e. a., n° 18/20229). Cette incertitude sur l'absence de recours a récemment été mise en avant par l'Autorité pour justifier son refus d'entrer en voie de transaction avec trois entreprises (V. décision de l'Autorité n° 21-D-09, Sandwichs, para. 130).

1191 V., par exemple, décisions de l'Autorité n° 18-D-06 du 23 mai 2018, Secteur de la commercialisation des vins en vrac AOC des Côtes du Rhône, n° 19-D-24 du 17 décembre 2019, Secteur des fruits vendus en coupelles et en gourdes (ci-après « Compotes »), et n° 20-D-09 du 16 juillet 2020, Produits de charcuterie.

1192 V. décisions de l'Autorité n° 16-D-05 et 16-D-06, Eurochef et GAFIC et la note de C. LEMAIRE, S. NAUDIN, *Concurrences* n° 1-2017, p. 191 et d'A. RONZANO, *Concurrences* n° 1-2017, art. n° 83195. Ces décisions n'ont pas fait l'objet d'un recours.

1193 V. décision de l'Autorité n° 16-D-28, EPORA et la note d'A. RONZANO, *Concurrences* n° 1-2017, art. n° 83173, confirmée par CA Paris, 26 octobre 2017, Services Conseil Expertises et Territoires (SCET) e. a., n° 2017/01658 et Cass. com., 24 juin 2020, CDC e. a., n° M 17-28.115.

1194 V. décision de l'Autorité n° 20-D-05 du 23 mars 2020, Secteur des déménagements des personnels militaires au départ de La Réunion, para. 42 à 49. Cette question n'a pas été évoquée devant la cour d'appel de Paris (CA Paris, 6 mai 2021, Société Transports-Transit-Déménagements S.A., n° 20/07505). Cet arrêt est définitif.

1195 À cet égard, il importe de préciser les conséquences de la non-contestation des griefs de la part d'une entreprise à l'égard des autres entreprises qui n'ont pas transigé dans la même affaire. Il ressortait de la jurisprudence Manpower que la qualification du grief ne pouvait plus être contestée par les entreprises n'ayant pourtant pas fait le choix de transiger. En somme, l'Autorité demeurait seulement tenue de démontrer la participation personnelle de ces autres parties aux pratiques anticoncurrentielles en cause (CA Paris, 26 janvier 2010, Adecco France, n° 2009/03532, p. 10, confirmé par Cass. com., du 29 mars 2011, Manpower e. a., n° T 10-12.913 et G 10-13.686, p. 6, ce dont l'ancien communiqué sur la non-contestation des griefs de l'Autorité de 2012 ne manquait pas de rappeler (Point 42). Cette jurisprudence Manpower, très critiquée, a été très récemment remise en cause par la cour d'appel de Paris (CA Paris, 3 décembre 2020, Brenntag SA e. a., n° 13/13058, points 173 et 174 et la note de M. DEBROUX, *Concurrences* n° 1-2021, p. 120. Cet arrêt a été frappé de pourvois).

1196 E. CLAUDEL, « Procédures négociées, accessoires ou alternatives à la sanction en droit de la concurrence : Raison garder ! », *Concurrences* n° 4-2015, p. 61.

381. Transaction sur transaction : le cas des transactions « échouées » de la DGCCRF. La condamnation des pratiques anticoncurrentielles commises sur le territoire français repose sur un système dual de procédures. Les affaires locales sont le plus souvent traitées par voie de transaction-injonction entre le ministre en charge de l'Économie et les contrevenantes, et les affaires de dimension nationale sont traitées par l'Autorité[1197]. Si la transaction-injonction n'aboutit pas, la loi prévoit que le ministre saisisse l'Autorité. Il en résulte que les entreprises auraient donc la possibilité de transiger à deux reprises : une première fois avec le ministre et, à défaut d'accord, une seconde fois avec le rapporteur général de l'Autorité de la concurrence.

Jusqu'ici, aucune transaction n'a été conclue entre l'Autorité et une entreprise mise en cause à la suite d'une transaction dite « échouée » avec le ministre. Il y a lieu d'inviter l'Autorité à la plus grande prudence si, à l'avenir, elle s'intéresse à une voie transactionnelle pour ce type d'affaires. D'abord, l'objectif initial de la transaction est de parvenir plus rapidement à un règlement de l'affaire. Cet objectif sera sans doute plus difficile à atteindre avec une entreprise qui n'a pas préalablement souhaité transiger avec la DGCCRF. Ensuite, une telle politique mettrait à mal la procédure de transaction-injonction mise en place pour les pratiques anticoncurrentielles laissées à la DGCCRF[1198]. Les entreprises pourraient refuser de transiger avec la DGCCRF en espérant mieux de leurs négociations avec l'Autorité. Le résultat est contreproductif. En effet, la possibilité de transiger avec l'Autorité, à contre-courant de l'objectif poursuivi par cette procédure, pourrait avoir pour conséquence d'encombrer l'Autorité de dossiers relatifs à des pratiques anticoncurrentielles locales ou de petites dimensions.

En dernière analyse, les entreprises concernées n'ont pas grand intérêt à adopter une telle stratégie dans la très grande majorité des cas. Les amendes issues des transactions entre le ministre et les entreprises sont, en général, sensiblement inférieures à celles infligées par l'Autorité[1199].

1197 Sur le traitement des affaires de pratiques anticoncurrentielles de dimension locale, v. N. HOMOBONO, A. MARIE, O. CLUZEL, « Le rôle du ministre de l'Économie en matière de pratiques anticoncurrentielles et de pratiques restrictives de concurrence (AFEC, 7 juillet 2015) », *Concurrences* n° 4-2015, art. n° 76042 et N. HOMOBONO, A. MARIE, « Le rôle de la DGCCRF dans l'application du droit des pratiques anticoncurrentielles depuis la réforme de 2008 », *Concurrences* n° 1-2012, p. 30.

1198 Il est souvent mal compris que l'Autorité a toujours la possibilité de se saisir d'une affaire qui lui est obligatoirement proposée par la DGCCRF. Une procédure de transaction-injonction ne peut être mise en œuvre qu'à la suite d'un refus exprimé par l'Autorité de se saisir des pratiques dénoncées (L. 462-8, troisième alinéa et L. 464-9 du Code de commerce).

1199 V. décision n° 16-D-02 du 27 janvier 2016, Transport scolaire dans le Bas-Rhin et la note d'A.-S. CHONÉ-GRIMALDI, *Concurrences* n° 2-2016, p. 102 et C. LEMAIRE, S. CHIKH, *Concurrences* n° 2-2016, p. 179, confirmée par CA Paris du 21 décembre 2017, Royer Holding e. a., n° 16/06962 et décision n° 17-D-13 du 27 juillet 2017, Secteur des pompes funèbres dans le département de l'Ain (ci-après « Pompes funèbres dans l'Ain »). Cette décision est définitive. Dans chacune de ces décisions, on relèvera en particulier qu'une des entreprises a été condamnée à une amende supérieure

382. **Rôle du collège de l'Autorité en cas de transactions.** Il conviendra d'observer l'attitude du collège face à l'ensemble des transactions qui vont lui être soumises. L'ancien Président de l'Autorité de la concurrence a pointé du doigt le risque que le collège devienne, à terme, la « chambre d'enregistrement » des négociations menées entre le rapporteur général et les entreprises[1200]. Le collège n'étant pas lié par les propositions du rapporteur général, il a le pouvoir de rejeter le choix procédural de la transaction ou de ne pas accepter celle-ci dans les termes et conditions proposés. Une telle démonstration de ce pouvoir a eu lieu dans l'affaire des *Boules de pétanque*[1201], et surtout dans l'affaire *Agrimer*[1202]. Il est souhaitable que le collège joue pleinement son rôle en dépit de l'accord des services d'instruction et des entreprises[1203], comme cela s'est vu par le passé sous l'empire de la procédure de non-contestation des griefs. Le collège s'était parfois émancipé de la proposition qui lui avait été soumise, pour adopter des pourcentages de réfaction supérieurs[1204], ou même inférieurs[1205]. À cet égard, la crainte pourrait être que le collège soit moins enclin à rejeter les transactions s'il est encombré de dossiers. Une telle crainte ne semble pas justifiée puisque le stock d'affaires de l'Autorité s'est largement réduit depuis 2001[1206].

à 75 000 euros. Or, cette somme était à l'époque le seuil légal maximum de l'amende qui pouvait être convenu entre le ministre et ladite entreprise. Cette tendance s'est confirmée avec la décision 21-D-05 du 4 mars 2021, Secteur de la gestion technique des bâtiments de Lille métropole communauté urbaine, dans laquelle le groupe Vinci a été condamné à une amende de 435 000 euros, alors que le ministre de l'Économie ne pouvait exiger plus de 150 000 euros en cas de transaction-injonction (Sur cette affaire, v. communiqué de presse de la DGCCRF, en 2019, Secteur de la gestion technique des bâtiments de la Communauté urbaine de Lille).

1200 B. LASSERRE et C. LEMAIRE, « Bruno LASSERRE : Regards en arrière… et en avant sur la régulation concurrentielle en France », *Concurrences* n° 2-2017, p. 14.

1201 V. décision de l'Autorité n° 17-D-02 du 10 février 2017, Boules de pétanque. Si cette décision a fait l'objet d'une transaction, le collège n'a retenu qu'un seul des deux griefs reprochés à l'entreprise.

1202 V. décision de l'Autorité n° 20-D-19 du 25 novembre 2020, France AgriMer et, *supra*, n° 367. Cette décision n'a pas fait l'objet d'un recours.

1203 Dans sa décision de non-lieu France AgriMer, l'Autorité a indiqué que des procès-verbaux de transaction avaient été signés entre les entreprises visées et le Rapporteur général.

1204 V. décision de l'Autorité n° 11-D-07 du 24 février 2011, Peinture d'infrastructures métalliques et la note de N. JALABERT-DOURY, *Concurrences* n° 2-2011, p. 106. Cette décision n'a pas fait l'objet d'un recours.

1205 V. décision de l'Autorité n° 13-D-03, Porc charcutier, para. 18, 409 et 458 et CA Paris du 25 septembre 2014, Groupe Bigard SA e. a., n° 2013/05595, p. 16 et 17. Cet arrêt n'a pas été frappé de pourvoi.

1206 Rapports annuels de l'Autorité de la concurrence, pour les années 2016 et 2017.

SECONDE SECTION – LES EFFETS DE LA TRANSACTION SUR L'AMENDE

383. **Division.** La procédure de transaction a contribué à accélérer la procédure administrative devant les autorités de concurrence. Elle a également permis de faire en sorte que les entreprises n'engagent plus de recours à l'encontre des décisions. Il en résulte que l'amende est prononcée plus rapidement et n'est pas contestée par l'entreprise devant le juge (§1). Plus vite et définitif, mais le montant de l'amende est différent de celui infligé dans une procédure standard. Il sera démontré que le montant des amendes convenu dans le cadre d'une procédure de transaction est inférieur à celui qui aurait été imposé dans une procédure standard (§2).

§ 1 – Le prononcé plus rapide d'une amende transigée

384. **Gains procéduraux administratifs et contentieux.** La transaction permet à une autorité administrative d'accélérer la résolution d'une affaire à deux étapes. D'une part, le but de cette procédure est de réduire la durée de l'instruction d'une affaire et de l'adoption d'une décision de sanction puis (A), d'autre part, d'éviter l'introduction de recours contentieux à l'encontre de la décision (B).

A) – L'accélération de la procédure de sanction

385. **Accélération de la procédure devant la Commission.** La procédure de transaction a pour objectif d'accélérer le déroulement de la procédure administrative devant la Commission européenne. Elle permet d'économiser à la fois du temps et de l'argent (coûts de traduction, d'accès au dossier, d'auditions, etc.)[1207]. Cette procédure de transaction est d'ailleurs encadrée par des délais. En entrant en voie de transaction, l'entreprise mise en cause s'abstient déjà de toute contestation s'agissant de la matérialité des faits et de la qualification donnée à l'infraction[1208]. Cette procédure vise à ce que la Commission adopte une communication des griefs abrégée puis à ce que les parties entrent directement dans le débat lié au montant de l'amende. L'absence de discussions avant l'envoi de la

---

1207 Aussi avantageuse soit la transaction pour la Commission, cette procédure est supposée avoir un coût pour l'Union si l'on considère, bien évidemment, que la réduction accordée au titre de la transaction est réellement une perte pour la Commission. Or, si l'on part d'une réduction – sous-estimée – de 10 % laissée par la Commission à chaque transaction conclue, il en résulte des pertes importantes au vu des montants évoqués. La somme de toutes les réductions accordées dans les trois décisions relatives aux *Producteurs de camions*, à l'*Euribor* et aux *Roulements* se monte à plus de 500 millions d'euros. Soit un demi-milliard d'euros qui n'ont pas été recouvrés par la Commission. Il n'est pas illégitime de se demander si une procédure simplifiée et l'absence de recours justifient de telles pertes pour le budget de l'Union et, par conséquent, pour les contributeurs à l'Union.

1208 Point 20a de la communication sur la transaction.

notification des griefs n'est toutefois pas dirimante. Les entreprises peuvent encore transiger avec la Commission après que les griefs leur ont été notifiés[1209]. Selon un membre de la Commission, la durée d'une procédure de transaction serait en moyenne de deux années plus courte qu'une procédure standard ou ordinaire[1210].

386. **Accélération de la procédure devant l'Autorité.** L'économie procédurale réalisée par l'Autorité de la concurrence pourrait être moindre que celle de la Commission. En effet, la transaction ne peut se mettre en place qu'après la notification des griefs. Cependant, des contacts informels peuvent exister entre les services d'instruction et les entreprises préalablement à l'envoi de la notification des griefs[1211]. En tout état de cause, la procédure de transaction dispense de l'établissement d'un rapport des services d'instruction. Un seul tour de contradictoire, au lieu de deux, est prévu dans le cadre de la procédure de transaction. Le contradictoire ne porte uniquement que sur les éléments de calcul de l'amende[1212].

387. **Adoption de décisions « simplifiées ».** Devant la Commission, la procédure de transaction permet également l'adoption d'une décision dite « simplifiée ». En d'autres termes, la décision est plus courte, mais aussi moins argumentée. La procédure administrative ne durerait que deux à trois mois en moyenne[1213]. Cette pratique a été vivement critiquée. Il a pu être dit, à cet égard, que « les décisions rendues dans le cadre de la procédure européenne de transaction [étaient] exemplaires d'indigence analytique »[1214]. Ces décisions seraient même insuffisamment motivées selon certains auteurs[1215]. L'Autorité, de son côté, a également pris le parti de réduire la densité de ses premières décisions adoptées à la suite d'une transaction.

Il n'est peut-être pas nécessaire d'avoir comme par le passé des décisions longues de 300 pages[1216]. Il faut reconnaître que les autorités de concurrence

1209 V. décision de la Commission, Producteurs de camions et l'article de F. LAINA et A. BOGDANOV, « The EU Cartel Settlement Procedure : Latest Developments », *Journal of ECL*, 2017, vol. 8, n° 5, p. 333.

1210 F. LAINA *in* « Mise en œuvre de la procédure de transaction – Regards croisés », *Concurrences*, séminaires du 20 juin 2016.

1211 V. BEAUMEUNIER *in* « Mise en œuvre de la procédure de transaction – Regards croisés », préc..

1212 E. CLAUDEL, « Procédures négociées, accessoires ou alternatives à la sanction en droit de la concurrence : Raison garder ! », *Concurrences* n° 4-2015, p. 61.

1213 F. LAINA, préc..

1214 E. CLAUDEL, « Procédures négociées, accessoires ou alternatives à la sanction en droit de la concurrence : Raison garder ! », *Concurrences* n° 4-2015, p. 61.

1215 É. DAVID, « L'incidence des procédures "alternatives" sur l'établissement des pratiques anticoncurrentielles devant l'Autorité de la concurrence et la Commission européenne », *Concurrences* n° 1-2011, p. 67.

1216 L. BOY, M. DESCHAMPS, « « Plus, n'est pas nécessairement mieux » ou la difficulté de faire apparaître la (les) vraie(s) question(s) de droit dans la masse des décisions des autorités de concurrence », *RLC* n° 20-2009, p. 129.

avaient dernièrement pris pour habitude de « surmotiver » leurs décisions. De même, ces décisions simplifiées ne sont pas moins longues que la majorité de celles adoptées par le Conseil de la concurrence dans les années 90 et début des années 2000. Ce temps n'était pas si lointain, même s'il faut reconnaître que le contentieux et les amendes n'étaient pas les mêmes à l'époque.

388. **Prétendue augmentation du nombre de condamnations.** D'après les autorités de concurrence, l'économie procédurale permise au moyen de la transaction permet de libérer des ressources qui seraient consacrées à l'ouverture de nouvelles enquêtes. En d'autres termes, il y aurait des amendes un peu plus faibles, mais prononcées plus régulièrement. Cette démarche renforcerait l'effet dissuasif des sanctions de manière générale dans la mesure où une autorité de concurrence traiterait des affaires en plus grand nombre avec les mêmes ressources[1217]. Cette prédiction ne semble pas s'être réalisée au regard de l'activité judiciaire des autorités de concurrence. Depuis l'adoption de la procédure de transaction, le nombre de décisions adoptées ne semblent pas avoir significativement augmenté, de même qu'aucun indicateur ne semble démontrer un effet dissuasif renforcé. Un certain ralentissement de l'activité est même à noter du côté de la Commission du fait des limites atteintes par sa politique de clémence[1218].

B) – Le caractère définitif de l'amende prononcée

389. **Succès de la transaction et absence de contentieux.** La Commission européenne et l'Autorité de la concurrence n'ont pas hésité à transiger avec les entreprises, voire à privilégier la transaction au détriment des procédures classiques. La principale raison en est que la décision et l'amende infligée deviennent très rapidement définitives. La décision de transaction, en effet, ne fait quasiment jamais l'objet d'un recours contentieux.

390. **Caractère définitif de l'amende transigée.** L'aboutissement de la procédure de transaction est l'adoption d'une décision convenue entre une autorité de concurrence et une entreprise. Cette décision de transaction n'a pas vocation à être contestée. Dès lors que le délai de recours a expiré, l'entreprise ne peut plus revenir sur les concessions faites. Son amende est gravée dans le marbre pour ainsi dire. L'éventuelle annulation de la décision obtenue par d'autres entreprises qui n'auraient pas transigé serait sans

[1217] W. WILS, « Public Antitrust Enforcement : Objectives and Principles », *World Competition*, 2008, vol. 31, n° 3.

[1218] J. YSEWYN, S. KAHMANN, « The decline and fall of the leniency programme in Europe », *Concurrences* n° 1-2018, p. 44.

conséquence sur la décision de l'entreprise qui a transigé[1219]. Cela vaudrait même dans l'hypothèse où il serait jugé que la réalité des pratiques n'aurait pas été démontrée, ainsi que la Cour de cassation l'a récemment rappelé à des entreprises qui n'avaient pas contesté la décision qui les avait condamnées devant la cour d'appel de Paris[1220].

Cela confirme l'intérêt pour les autorités de concurrence d'adopter des décisions hybrides à défaut de pouvoir transiger avec toutes les entreprises. D'abord, une autorité de concurrence se trouve en position de force lorsqu'il s'agit de défendre une décision qui n'a pas été contestée par une partie des entreprises en cause. Même en cas d'annulation de la décision à l'encontre d'une entreprise, cette censure n'est ensuite d'aucun effet sur les amendes infligées aux entreprises qui n'ont pas contesté la décision. L'intérêt pour les autorités de concurrence n'est pas négligeable puisque plusieurs décisions hybrides ont été contestées devant les juridictions de contrôle, par exemple dans l'affaire de l'*Euribor*[1221]. Il conviendra peut-être de nuancer cette position à la lumière de la jurisprudence qui sera rendue par le juge de l'Union dans ces affaires hybrides.

391. **Disparition avérée du contentieux européen.** Devant la Commission, la diminution du contentieux est même éclatante. Statistiquement, environ 70 à 80 % des affaires sont réglées par transaction depuis l'entrée en vigueur de cette procédure. Comme ces décisions ne sont pas contestées, le contentieux relatif aux pratiques anticoncurrentielles devant le Tribunal et la Cour de justice s'est raréfié. La consultation des rapports annuels de la Cour confirme que le flux d'affaires traitées sur une année est supérieur à celui des affaires enregistrées. Conséquence directe, le stock d'affaires s'est drastiquement réduit ces dernières années[1222]. Il y a quelques années encore, les juridictions de Luxembourg étaient pourtant littéralement « encombrées » par le nombre de recours portant sur l'application du droit des pratiques anticoncurrentielles. Sauf à constater un retournement de situation, les affaires de concurrence soumises aux juridictions de l'Union devraient se compter sur les doigts d'une main dans les années à venir. Luxembourg n'est plus destinée à être une place forte en concurrence[1223].

1219 CJCE, 14 septembre 1999, aff. C-310/97 P, Commission c/ AssiDomän Kraft Products AB e. a., point 63 et la note de C. Prieto, *Journal du droit international*, 2000, p. 503.

1220 Cass. com., 8 novembre 2016, VK-Mühlen AG e. a., n° 955 FS-D, p. 36 et la note d'A. Ronzano, *Concurrences* n° 1-2017, art. n° 83215.

1221 V. décision de la Commission du 7 décembre 2016, Euribor, réformée par Trib. UE, 24 septembre 2019, aff. T-105/17, HSBC Holdings plc e. a. c/ Commission (pourvoi dans les aff. 806 et 883/19 P), et le recours dans l'aff. T-106/17, JPMorgan Chase e. a..

1222 Rapports annuels de la CJUE de 2012 à 2017, disponibles sur le site de la CJUE.

1223 Il faut admettre cependant que ce phénomène de « déclin du contrôle juridictionnel » à Luxembourg ne date pas de la transaction (A. Winckler, « Sanctions : Is more always better ? » (New Frontiers of Antitrust Conference - Paris, 15 février 2010 - Panel III), *Concurrences* n° 2-2010, art. n° 31041).

392. **Disparition programmée du contentieux français.** Devant l'Autorité de la concurrence, il est peut-être encore un peu trop tôt pour définitivement se prononcer. Depuis l'introduction du dispositif de transaction en août 2015, un grand nombre d'affaires tend à se régler de cette manière. Cette orientation procédurale devra cependant se confirmer. Le recours à la transaction du côté de l'Autorité dépend d'abord du Rapporteur général de l'Autorité, Monsieur Stanislas Martin. Ce dernier semble avoir un intérêt mesuré et circonstancié pour la procédure de transaction[1224]. Madame Isabelle de Silva, l'ancienne Présidente de l'Autorité, y semblait plus favorable[1225]. À terme, il est très probable que le contentieux porté devant la cour d'appel de Paris et la Cour de cassation se réduise drastiquement.

393. **Vers l'irrémédiable disparition du contentieux.** Si l'on examine d'autres domaines dans lesquels la possibilité de transiger a été introduite, les résultats sont toujours les mêmes. La transaction a eu pour effet la raréfaction, voire la quasi-suppression du contentieux en question. Il ne faut guère s'en étonner, car c'est la vocation même de la transaction. En droit de la consommation par exemple, ce constat se vérifie concernant la pratique commerciale trompeuse[1226]. Cette infraction, par exception à d'autres types d'infractions similaires comme la tromperie, peut faire l'objet d'une transaction depuis 2004. C'était d'ailleurs la première fois qu'un texte prévoyant des peines d'emprisonnement pouvait donner lieu à une transaction.

À l'époque, la DGCCRF considérait qu'il était nécessaire, en accord avec les parquets, de n'utiliser la transaction pénale que pour des affaires ayant une portée limitée, sans dimension nationale et ne comptant pas de victimes déclarées susceptibles de se constituer partie civile. Les poursuites pénales habituelles devaient être toujours privilégiées pour les affaires importantes, notamment celles causant un trouble grave à l'ordre public, celles ayant causé un préjudice à un ou plusieurs consommateurs ou celles dont la publicité du procès paraissait nécessaire[1227]. Malheureusement, ces bonnes intentions n'ont pas perduré et la transaction pénale s'est progressivement imposée pour toutes les pratiques commerciales trompeuses sans distinction. Aujourd'hui, il est déploré un manque de jurisprudence en la matière et il n'est pas impossible que l'on tienne un jour le même constat s'agissant des pratiques anticoncurrentielles.

1224 V. décisions de l'Autorité n° 20-D-05, Secteur des déménagements des personnels militaires de La Réunion, para. 42 à 49 et n° 21-D-09, Sandwichs, para. 125 à 132.

1225 I. DE SILVA, « Isabelle DE SILVA : L'Autorité de la concurrence, entre renouvellement et continuité », *Concurrences* n° 3-2017, p. 9.

1226 Sur la procédure de transaction relative aux pratiques commerciales trompeuses, v. J. BOMBARDIER, « La transaction en droit pénal de la consommation : faut-il céder à la tentation ? », *RLDA* n° 78-2013, p. 65.

1227 Note de service de la DGCCRF n° 2009-07 du 29 janvier 2009 sur les pratiques commerciales déloyales, disponible sur le site Légifrance.

394. Ouverture d'un recours contre la transaction. En France comme pour la Commission[1228], on a pu s'interroger sur le recours à l'encontre d'une décision de transaction et l'effectivité de celui-ci[1229]. En droit de l'Union européenne, la transaction n'exclut pas le droit au juge et il est possible de voir son amende réduite[1230]. La Commission admet d'ailleurs la possibilité d'intenter un recours dans sa communication sur la transaction[1231]. Même avec une meilleure prévisibilité, la question du *quantum* de l'amende n'est pas entièrement réglée avec la transaction. Devant la Commission, les entreprises se mettent seulement d'accord sur un montant maximal qui pourrait leur être infligé. Dès lors, il existerait en quelque sorte une fourchette fictive de l'amende, comprise entre 1 euro et le montant convenu, laquelle pourrait être sujette à discussion. Devant l'Autorité, le même constat s'impose. Une fourchette d'amende, c'est-à-dire un montant minimum et maximum, est proposée aux entreprises qui souhaitent transiger. Il subsiste donc un doute sur le montant de l'amende qui sera finalement retenue à l'encontre de l'entreprise.

Dans ces conditions, ces deux autorités de concurrence doivent d'abord respecter les plafonds fixés par les fourchettes d'amendes convenues avec les entreprises. Aucun contentieux relatif au prononcé d'une amende supérieure à un plafond d'amende convenu dans le cadre d'une transaction n'est à signaler. Mais il n'en demeure pas moins qu'à l'intérieur de ces fourchettes, ces deux autorités de concurrence doivent également veiller à ce que les amendes infligées respectent les principes fondamentaux de motivation et d'égalité de traitement.

395. Effectivité du recours contre les transactions de l'Autorité. Comme pour la Commission, l'efficacité de la transaction, concernant l'absence de recours, doit être soulignée en France. Dans l'affaire *Engie*, le plaignant avait tout d'abord contesté devant la cour d'appel de Paris la transaction conclue entre l'Autorité et Engie. Bien que la question ne fût pas directement soulevée, l'arrêt rendu dans cette affaire a apporté de premiers éléments forts intéressants sur le recours d'une entreprise contre sa propre transaction. Dans le cadre de cette procédure spécifique, la cour d'appel a précisé que « l'entreprise [qui transige] accepte de ne pas contester les griefs, ainsi que le montant même de la sanction infligée, ce qui revient à

1228 É. DAVID, « L'incidence des procédures "alternatives" sur l'établissement des pratiques anticoncurrentielles devant l'Autorité de la concurrence et la Commission européenne », *Concurrences* n° 1-2011, p. 67.

1229 Ailleurs, d'autres ne se posent pas ces questions. En droit belge, la transaction ne peut pas faire l'objet d'un recours devant la cour d'appel de Bruxelles. Pour une analyse plus approfondie, il est renvoyé au site Internet de l'Autorité belge de la concurrence abc-bma.be.

1230 É. CUZIAT, M. L. TIERNO CENTELLA, « La procédure de transaction communautaire », *Concurrences* n° 2-2008, p. 76 et F. LAINA, A. BOGDANOV, « The EU Cartel Settlement Procedure : Latest Developments », *Journal of ECL*, 2017, vol. 8, n° 5, p. 333.

1231 Point 41 de la communication sur la transaction de 2008 de la Commission.

une renonciation à ses droits de la défense et à son droit au recours sur ces points »[1232].

Ces mots semblaient lourds de sens. La cour d'appel de Paris avait indiqué, avec force, à toute entreprise ayant transigé qu'il n'était pas la peine d'espérer quelque chose de sa part dans le cadre d'un recours formé à l'encontre d'une décision de transaction. Si une entreprise est limitée dans la contestation du montant de l'amende, il ne lui reste, en effet, plus beaucoup d'éléments à discuter[1233]. Les juges de la chambre 5-7 semblent cependant avoir adopté une approche plus souple dans l'affaire des *Médicaments vétérinaires*, en permettant à l'entreprise de discuter le *quantum* de la fourchette de son amende. De même, l'entreprise qui engage un recours ne risque *a priori* pas de voir le *quantum* de sa peine aggravée comme cela est possible en matière de transaction pénale[1234].

396. **Recours contre les transactions de la DGCCRF.** Le même constat s'impose en ce qui concerne les transactions-injonctions de la DGCCRF, l'autre autorité française de la concurrence[1235]. Un recours contre la décision peut en principe être formé devant le juge administratif. Or, aucun recours n'a été engagé à ce jour. On recense pourtant près de 70 affaires et plus d'une centaine de décisions de transaction-injonction[1236]. Depuis la réforme de 2008, ce dispositif mis en place pour les pratiques anticoncurrentielles locales a donné lieu à une répartition des rôles entre l'Autorité et la

---

1232 V. décision de l'Autorité n° 17-D-06, Engie et la note critique d'A. RONZANO, *Concurrences* n° 2-2017, article n° 84021 et CA Paris, 6 juillet 2017, Direct Énergie e. a., n° 2017/07296, p. 7. L'entreprise Direct Énergie, plaignante dans cette affaire et auteur du recours, s'est ensuite désistée (CA Paris du 25 janvier 2018, Direct Énergie e. a., n° 2017/07296).

1233 À l'ère de l'ancienne procédure de non-contestation des griefs, la cour d'appel de Paris sanctionnait la contestation de l'existence de l'infraction par une fin de non-recevoir (CA Paris, 29 mars 2012, Lacroix e. a., n° 2011/01228, p. 29 et la note d'É. BARBIER DE LA SERRE, *RLC* n° 32-2012, n° 2121). En France, il faut enfin dire que dans d'autres types de contentieux susceptibles de faire l'objet d'une transaction, c'est même le recours et non un moyen au fond qui est déclaré irrecevable (R. SAINT-ESTEBEN, « L'Autorité de la concurrence dans la loi Macron », *Concurrences* n° 4-2015, p. 14. L'auteur cite le cas de la transaction française en matière fiscale pour laquelle le livre des procédures fiscales contient spécifiquement des dispositions excluant la voie de recours contre ces décisions).

1234 V. décision de l'Autorité n° 18-D-15 du 26 juillet 2018, Secteur de la distribution de médicaments vétérinaires (ci-après « Médicaments vétérinaires ») et CA Paris, 13 juin 2019, Alcyon e. a., n° 18/20229. Cet arrêt est définitif. Dans son recours, le ministre de l'Économie avait notamment considéré que la possibilité de contester le montant de la transaction menaçait « la pérennité de cette procédure » (point 36). Cet argument n'a cependant pas convaincu la cour d'appel. Dans une affaire récente dans laquelle l'Autorité a justifié les raisons pour lesquelles elle n'était pas entrée en voie de transaction, elle ne s'est pas privée de dire que la possibilité d'« introduire de[s] recours contre la décision de l'Autorité n'offrent pas un gain procédural certain et absolu » (V. décision n° 21-D-09, Sandwichs, para. 130).

1235 C. MATHONNIÈRE, « La DGCCRF, (l'autre) bras armé de la lutte contre les pratiques anticoncurrentielles ? », *RLC* n° 62-2017.

1236 A. MARIE, « Les pratiques anticoncurrentielles de dimension locale » *in Le Lamy droit économique*, Wolter Kluwer, 2018.

DGCCRF efficiente[1237], en permettant à l'Autorité de sélectionner les affaires d'envergure nationale et de laisser à la DGCCRF le soin de traiter les affaires de dimension locale.

397. **Recours contre les transactions de la Commission.** En droit de l'Union, un premier recours a été introduit contre une décision de transaction dans l'affaire des *Enveloppes*[1238]. Cette affaire était au départ des plus classiques, la Commission avait transigé avec toutes les entreprises impliquées. L'une d'entre elles, Printeos, avait néanmoins contesté la légalité et le montant de sa transaction devant le Tribunal de l'Union européenne. Ce dernier, assez étonnamment à notre sens, a annulé sèchement la décision de la Commission en ce qui concerne Printeos[1239]. En substance, il a jugé que le montant de l'amende infligée à Printeos n'était pas suffisamment motivé[1240]. Cette annulation semble sévère au vu de la jurisprudence en matière de motivation et des circonstances de l'affaire[1241]. Par ailleurs, il est contestable que dans le cadre d'une transaction, qualifiée de procédure simplifiée[1242], la Commission soit astreinte à devoir motiver très précisément la prise en compte d'une étape de calcul de l'amende. Cette étape de calcul ne fait, en outre, que s'insérer dans le montant final de l'amende qui résultait d'un accord entre la Commission et la contrevenante. La Commission n'a pas formé de pourvoi contre cet arrêt. Elle a préféré user très rapidement de son droit de « réadoption »[1243] de décision dans cette affaire[1244], et d'infliger à nouveau une amende du même montant[1245].

398. **Impact des recours contre les transactions.** Les défenseurs de la transaction pourraient s'inquiéter de la possibilité d'introduire des recours contre les décisions de transactions. C'est la pérennité du système qui pourrait être en jeu[1246]. Même si les recours sont recevables en France et à

1237 Compte-rendu de l'audition du mercredi 12 octobre 2016 au Sénat de Madame Isabelle de Silva, candidate proposée aux fonctions de Présidente de l'Autorité de la concurrence, disponible sur le site Internet du Sénat.

1238 V. décision de la Commission du 11 décembre 2014, Enveloppes et la note de M. BÉHAR-TOUCHAIS, *Concurrences* n° 1-2015, p. 88.

1239 Trib. UE, 13 décembre 2016, aff. T-95/15, Printeos e. a. c/ Commission et la note d'A. APEL, « Première annulation d'une transaction par le Tribunal : un coup d'épée dans l'eau », *RLC* n° 62-2017, n° 3402. Cet arrêt n'a pas été frappé d'un pourvoi.

1240 P. CARDONNEL, *Concurrences* n° 2-2017, préc., p. 152.

1241 A. APEL, *RLC* n° 62-2017, préc., n° 3402.

1242 Trib. UE, 20 mai 2015, aff. T-456/10, Timab Industries et CFPR c/ Commission, point 71.

1243 L. IDOT, *Europe*, août-septembre 2012, comm. n° 8-9 et *Europe*, février 2017, comm. n° 71.

1244 S. TAHENY, « Case T-95/15 Printeos, SA a.o. v European Commission : First Successful Challenge to a Cartel Settlement Decision », *Journal of ECL*, 2017, vol. 8, n° 7, p. 454.

1245 V. décision de réadoption de la Commission du 16 juin 2017, confirmée par Trib. UE, 24 septembre 2019, aff. T-466/17, Printeos e. a. c/ Commission. Cet arrêt est définitif.

1246 A. APEL, « À propos de la transaction sur la transaction… », *RLC* n° 53-2016, n° 3034.

l'échelon européen, ils ont été introduits avec la plus grande parcimonie[1247]. En dernière analyse, une telle démarche de la part des entreprises nous semble assurément peu porteuse. Il paraît en effet très difficile, dans la très grande majorité des cas, d'obtenir du juge une réduction du montant de l'amende convenue dans le cadre d'une transaction.

§ 2 – Le prononcé d'amendes réduites

399. **Transactions et réductions des amendes.** Si les amendes sont prononcées plus vite en cas de transaction, leurs montants sont aussi plus faibles. Une autorité de poursuite, qui souhaite obtenir un compromis avec un contrevenant, n'a pas beaucoup d'autre biais de négociation que le montant de l'amende. La réduction des amendes est, en effet, inhérente au processus transactionnel entre une autorité de poursuite et un contrevenant. Ce constat se vérifie autant pour les amendes de la Commission (A) que celles de l'Autorité (B).

A) – La réduction au titre de la transaction européenne

400. **Attractivité limitée de la réduction de 10 %.** Comme précédemment dit, la réduction finale de 10 % est le principal effet officiellement avancé par la Commission sur le montant de l'amende infligée[1248]. Il s'agit d'une réduction plutôt faible si on la compare avec les réductions accordées au titre de la clémence. La Commission a sans doute eu dans l'idée de privilégier l'attractivité de son programme de clémence[1249]. Quoi qu'on en dise, ce taux est en tout cas bien inférieur à la fourchette de 20-35 % prévue, par exemple, en droit britannique[1250]. D'aucuns soutiendront qu'une réduction de 10 % n'est pas chère payée pour tout ce que cela implique pour une entreprise.

Il est dès lors permis de s'interroger sur la véracité de cette réduction qui pourrait être aisément contournée par la Commission. Il lui suffirait d'infliger à la contrevenante une majoration dissuasive, de 10 % ou plus,

---

1247 F. LAINA, A. BOGDANOV, « The EU Cartel Settlement Procedure : Latest Developments », *Journal of ECL*, 2017, vol. 8, n° 5, p. 333.

1248 Point 32 de la communication de la Commission sur la transaction de 2008 et l'article de W. WILS, « Public Antitrust Enforcement : Objectives and Principles », *World Competition*, 2008, vol. 31, n° 3. En droit belge, une réduction de 10 % est également prévue à l'article 54 al. 2 du Code de droit économique. Sur l'application de cette réduction, v. décision de l'auditorat de l'Autorité belge de la concurrence n° ABC-2017-I/O-16-AUD du 2 mai 2017 (CONC-I/O-13/0031) disponible sur le site abc-bma.be, points 145 à 147.

1249 C. GRYNFOGEL, Sanctions du droit communautaire de la concurrence, *Juris-Classeur*, comm. fasc. 287, n° 53 et G. JAZOTTES, « La Commission se dote d'une procédure simplifiée pour l'application de l'interdiction des ententes : la procédure dite de transaction », *RTD com.* 2009, p. 230.

1250 F. LAINA, G. VAN GERVEN et M. HANSEN, « EU Cartels Settlements : Are they working ? » interview par D. ASCOTT du 8 avril 2013, *GCR*.

pour que la réduction *in fine* de 10 % au titre de la transaction soit neutralisée. Sans faire d'ailleurs un mauvais procès à la Commission, on remarquera que de telles majorations dissuasives ont été infligées à l'égard d'entreprises qui ont transigé[1251]. Les entreprises ne sont pas dupes et connaissent la malléabilité de la grille de sanctions de la Commission. Sauf qu'une telle intuition est contredite par le grand succès de la transaction auprès des entreprises. Rares sont les entreprises qui, en réalité, ne souhaitent pas entrer en négociation ou qui en sortent. Dès lors, il y a forcément autre chose derrière cette « modeste » réduction de 10 %[1252]. Cette attractivité mérite – pour être pleinement comprise – de mettre en évidence l'ensemble des avantages réels ou supposés pour les entreprises, volontairement consentis ou non, de la transaction négociée avec la Commission.

401. **Attractivité inexistante de la majoration dissuasive limitée.** Outre l'obtention d'une réduction de 10 % du montant de l'amende encourue, la Commission entend également convaincre les entreprises de transiger en promettant de ne pas retenir, dans le calcul de l'amende infligée à l'entreprise, un coefficient de majoration dissuasive supérieur à 2. Cette garantie est, en pratique, peu attractive pour une entreprise. Ce qui compte d'abord pour l'entreprise qui désire transiger est le montant final de l'amende et non foncièrement la méthode pour y parvenir. Même à s'intéresser aux déterminants de l'amende et à tenir compte de cette majoration dissuasive, il s'agit ensuite d'une promesse dont la portée est difficile à évaluer pour une entreprise puisque ce coefficient multiplicateur peut varier de 1,1 à 2. En outre, il doit être rappelé que cette circonstance aggravante n'est pas automatiquement retenue à l'encontre des entreprises[1253]. Lorsque la Commission a effectivement retenu la majoration dissuasive dans les procédures ordinaires, elle n'a jamais appliqué un coefficient supérieur à deux[1254]. Dans ces conditions, la limitation du coefficient multiplicateur à deux constitue un avantage de faible influence sur le choix des entreprises de transiger ou non avec les services de la Commission.

[1251] V. décisions de la Commission du 12 décembre 2016, Fabricants de batteries rechargeables, cons. 16 du résumé ; du 8 mars 2017, Systèmes thermiques, cons. 30 du résumé. Ces décisions ont fait l'objet de transactions.

[1252] É. DAVID, « L'incidence des procédures "alternatives" sur l'établissement des pratiques anticoncurrentielles devant l'Autorité de la concurrence et la Commission européenne », *Concurrences* n° 1-2011, p. 67.

[1253] Sur la pratique décisionnelle fluctuante de la Commission concernant la majoration dissuasive, v., *supra*, n°s 256 à 258.

[1254] Sur les taux de majoration appliqués, v., *supra*, n°s 256 et s..

402. **Négociation de l'amende.** Au-delà, s'agissant du pourcentage de réduction du montant de l'amende encourue, il est sans doute faux de croire que celui-ci est limité à 10 %, comme nous l'annonce la Commission. Bien qu'il soit prétendu qu'il n'est pas question de négocier le montant de l'amende[1255], c'est pourtant bel et bien l'esprit de cette procédure. À la vérité, la volonté de part et d'autre de parvenir à un accord engendre nécessairement des débats portant sur le montant des amendes. La marge de manœuvre de la Commission et celles des entreprises dépendent étroitement du dossier. Plus le dossier de la Commission est solide, moins l'entreprise est en position de discuter le montant de l'amende[1256]. L'inverse est aussi vrai. Si la Commission manque d'éléments de preuve, elle sera plus encline à négocier à la baisse le montant de l'amende.

403. **Comparaison des amendes transigées et non transigées.** Il a déjà été soutenu, à de multiples reprises, que les amendes infligées dans le cadre de transactions sont en moyenne moins élevées que celles imposées dans les décisions standard[1257]. L'affaire *Timab*, à cet égard, permet de revenir sur la situation d'une entreprise qui s'était vu proposer un règlement transactionnel par la Commission et qui s'est finalement rétractée. Face à cette situation, la Commission a décidé d'infliger à Timab une amende dont le montant était plus élevé que celui proposé dans le cadre de la transaction. Cette amende a été validée par le Tribunal, puis par la Cour sur pourvoi[1258]. Le Tribunal a notamment rappelé que la Commission n'était nullement liée par la fourchette qui a pu être donnée dans la phase préliminaire de la procédure de transaction[1259].

404. **Effets officieux de la transaction sur l'amende.** Outre la réduction de 10 %, d'autres éléments peuvent être pris en compte ou au contraire écartés aux fins d'augmenter ou de réduire le montant d'une amende. Cette malléabilité dans le calcul de l'amende n'est plus à démontrer. Or, le véritable avantage que les entreprises tireraient de la transaction est précisément dans la négociation de ces éléments ajustant à la hausse ou à la

---

1255 Communiqué de presse de la Commission du 30 juin 2008 relatif à l'introduction de la transaction (IP/08/1056) et W. WILS, « The Use of Settlements in Public Antitrust Enforcement : Objectives and Principles », *World Competition*, 2008, vol. 31, n° 3 ; M. MEZAGUER, *Les procédures transactionnelles en droit Antitrust de l'Union européenne. Un exercice transactionnel de l'autorité publique*, Bruylant, 2015, Bruxelles.

1256 F. LAINA, A. BOGDANOV, « The EU Cartel Settlement Procedure : Latest Developments », *Journal of ECL*, 2014, vol. 5, n° 10, p. 717.

1257 M. BARENNES, *RLC* n° 45-2015, p. 55. L'auteur fait référence à F. LAINA, G. VAN GERVEN et M. HANSEN, « EU Cartels Settlements : Are they working ? » interview par D. ASCOTT du 8 avril 2013, *GCR* et R. SNELDERS, « The EU Cartel Settlement Program : Key elements, practical considerations & scope for abuse », présentation du 14 janvier 2015, *Concurrences*.

1258 CJUE, 12 janvier 2017, aff. C-411/15, Timab Industries et CFPR c/ Commission et la note d'A. LACRESSE, *Concurrences* n° 2-2017, p. 150.

1259 Trib. UE, 20 mai 2015, aff. T-456/10, Timab Industries et CFPR c/ Commission, point 94 et la note de L. IDOT, *Revue des contrats* n° 4-2015, p. 928.

baisse le montant des amendes. Plusieurs auteurs ont estimé que l'intérêt réel de la transaction résiderait dans le fait que la Commission serait disposée, afin de parvenir à un accord à l'issue de cette procédure, à ne sanctionner que le noyau dur de l'infraction, notamment en limitant si nécessaire son champ géographique et temporel[1260], et à ne prendre en considération que des valeurs minimales de vente affectées par le cartel[1261]. La Commission serait également plus encline à octroyer des réductions au titre des circonstances atténuantes[1262], ou encore à ne pas prendre en compte des circonstances aggravantes qu'elle aurait pu être normalement amenée à retenir[1263].

405. **Transactions et atténuation des amendes.** La tendance baissière de la transaction sur le montant des amendes doit être en effet observée. Certes, la prise en compte opportune de circonstances atténuantes en raison d'un contexte transactionnel, venant réduire le montant des amendes, est très difficile à prouver. Dès lors, il faudra seulement se contenter de relever que la Commission, dans ses « résumés de décisions simplifiées » ou « décisions simplifiées », affine assez souvent les montants de base de telle ou telle entreprise condamnée en fonction de telle ou telle circonstance[1264]. Une participation plus limitée à l'infraction[1265], une amende disproportionnée[1266], les entreprises mono-produit[1267], entre autres, sont des arguments régulièrement avancés par la Commission pour justifier la réduction des amendes infligées à des entreprises qui ont transigé. La Commission continue donc d'accorder des circonstances atténuantes aux entreprises qui transigent avec elle.

406. **Transactions et récidive.** Parallèlement, de façon plus significative, l'absence de prise en compte de circonstances aggravantes à l'encontre des entreprises qui transigent doit être observée, en particulier s'agissant de la récidive. Ce constat est établi, par exemple, pour les groupes Samsung et Schenker. Ces derniers ont été condamnés à plusieurs reprises ces dernières

---

1260 L. IDOT, préc., p. 928.

1261 Sur la valeur des ventes, v., *supra*, n°s 81 et s..

1262 Sur les circonstances atténuantes, v., *supra*, n°s 167 et s. et 184.

1263 M. BARENNES, *RLC* n° 45-2015, p. 55.

1264 É. DAVID, « L'incidence des procédures "alternatives" sur l'établissement des pratiques anticoncurrentielles devant l'Autorité de la concurrence et la Commission européenne », *Concurrences* n° 1-2011, p. 67.

1265 V. décision de la Commission du 11 décembre 2014, Enveloppes cons. 12 du résumé et la note de M. BÉHAR-TOUCHAIS, *Concurrences* n° 1-2015, p. 88 ; du 27 janvier 2016, Alternateurs et démarreurs, cons. 19 du résumé et la note d'A.-S. CHONÉ-GRIMALDI, *Concurrences* n° 2-2016, p. 100.

1266 V. décision de la Commission du 25 juin 2014, Champignons, cons. 14 du résumé et la note de J.-P. CHRISTIENNE, *Concurrences* n° 4-2014, p. 126.

1267 V. décision de la Commission du 11 décembre 2014, Enveloppes, cons. 13 du résumé.

années par la Commission[1268], parfois même dans le cadre de premières transactions[1269]. Dans ces énièmes affaires dans lesquelles elles sont impliquées et qui ont fait l'objet d'une transaction, il n'est pas fait état de la prise en compte de la récidive à l'encontre du leader sud-coréen[1270] ou allemand[1271].

D'aucuns objecteront que la Commission a pu aussi omettre de retenir la récidive dans des procédures classiques[1272], et en particulier envers ces deux groupes de sociétés[1273]. Il y a simplement lieu de répondre qu'à l'exception de quelques décisions[1274], aucune autre décision de transaction à notre connaissance ne mentionne la moindre majoration retenue à l'encontre d'une entreprise pour récidive. Ce constat est également avéré dans les cas de « transaction sur transaction », c'est-à-dire lorsqu'une entreprise transige à plusieurs reprises avec la Commission. Il peut légitimement être conclu que la voie de la transaction permet à un récidiviste d'éviter une amende aggravée. Vu les pourcentages de majoration d'une amende pour récidive, jusqu'à théoriquement 100 % par constat d'infraction[1275], l'attrait pécuniaire de la transaction pour les récidivistes est même incontestable. Ce simple constat permet également d'en conclure que les grands groupes sont les plus intéressés à transiger, en ce qu'ils sont les premiers visés par la récidive[1276].

407. Transaction et égalité de traitement. Dans l'arrêt *Timab* évoqué précédemment[1277], le Tribunal s'est aussi prononcé sur l'hypothèse que la

---

1268 V., pour Samsung, décision de la Commission du 5 décembre 2012, Tubes cathodiques pour téléviseurs et écrans d'ordinateur. Cette décision est définitive (CJUE, 9 mars 2017, aff. C-615/15 P, Samsung SDI e. a. c/ Commission) ; V., pour Schenker, décision de la Commission du 28 mars 2012, Transit. Cette décision est définitive (CJUE, 1er février 2018, aff. C-263/16 P, Schenker Ltd c/ Commission).

1269 V. décisions de la Commission du 19 mai 2010, DRAM, cons. 9 du résumé ; du 19 octobre 2011, Verre pour tubes cathodiques (résumé publié au JOUE 2012 C 48, p. 18), cons. 12 du résumé ; du 12 décembre 2016, Fabricants de batteries rechargeables, cons. 16 du résumé. Ces décisions ont fait l'objet de transactions.

1270 V. décisions de la Commission du 19 octobre 2011, Verre pour tubes cathodiques, cons. 12 du résumé ; du 12 décembre 2016, Fabricants de batteries rechargeables, cons. 16 du résumé. Ces décisions ont fait l'objet de transactions.

1271 V. décision de la Commission du 15 juillet 2015, Trains-blocs, cons. 97 à 99. Cette décision a fait l'objet de transactions.

1272 S. Broos, A. Gautier, J. Marcos Ramos et N. Petit, « Analyse statistique des affaires d'ententes dans l'UE (2004-2014) », *Revue économique*, 2016, 67.

1273 V. décisions de la Commission du 5 décembre 2012, Tubes cathodiques pour téléviseurs et écrans d'ordinateur, cons. 23 du résumé ; du 21 octobre 2015, Lecteurs de disques optiques (résumé publié au JOUE 2016 C 484, p. 10), cons.17 du résumé.

1274 V. décisions de la Commission du 27 janvier 2016, Alternateurs et démarreurs, cons. 18 ; du 21 février 2018, Systèmes de freinage, cons. 22 du résumé, et du du 20 avril 2021, Services transfrontières de fret ferroviaire par trains-blocs (Communiqué de presse IP/21/1843). Ces décisions ont fait l'objet de transactions.

1275 Sur les pourcentages de majoration en cas de récidive, v., *supra*, nos 214 et s..

1276 V., *supra*, n° 217.

1277 V., *supra*, n° 403.

Commission puisse prononcer des amendes plus faibles aux entreprises qui transigent avec elle. Sur cette question, le Tribunal a jugé qu'aucune « discrimination [ne se justifie] entre les parties qui ont participé à la même entente [...] concern[ant] les éléments et méthodes de calcul qui ne sont pas affectés par les spécificités inhérentes à la procédure de transaction, telle que l'application d'une réduction de 10 % pour transaction »[1278]. Cette réponse, sous l'angle du respect de l'égalité de traitement, semble *a priori* encadrer la marge de manœuvre de la Commission. Certes, il serait injuste de ne pas retenir, par exemple, la même méthode de calcul de la valeur des ventes pour toutes les entreprises. Mais d'autres variables, comme la prise en compte ou non d'une circonstance atténuante par exemple, prêtent beaucoup plus à discussion et donc à transaction. Dans les faits, il semble que la Commission garde une grande latitude dans la fixation du montant de l'amende et qu'elle pourrait aisément ajuster, à la baisse, pour ceux qui transigent et, à la hausse, pour ceux qui rechignent.

408. ***Quantum* des amendes après transaction.** Une analyse plus affinée et circonstanciée des décisions de la Commission a révélé que les avantages à négocier pour les entreprises sont réels. Contrairement aux apparences, la réduction accordée aux entreprises est en réalité bien supérieure aux 10 % de réduction annoncée. Cependant et comme pour la clémence, l'analyse des amendes transigées ne permet pas d'en conclure à une atténuation générale du montant des amendes. Au contraire même si l'on se fie aux montants des amendes transigées qui sont les plus élevées à ce jour. Si la transaction a sans nul doute permis aux entreprises de réduire les amendes encourues, elle s'insère dans une politique où les amendes n'ont jamais été aussi élevées. Preuve en est que d'après les membres de la Commission spécialisés sur ces questions, les amendes infligées dans le cadre de transactions sont en moyenne supérieure à celles infligées dans les procédures standard[1279]. Cette procédure n'a donc fait que s'insérer dans la politique punitive des autorités de concurrence et non la remettre en cause.

[1278] Trib. UE, 20 mai 2015, aff. T-456/10, Timab Industries et CFPR c/ Commission, points 72 à 74, confirmé par CJUE, 12 janvier 2017, aff. C-411/15, et la note d'A. LACRESSE, *Concurrences* n° 2-2017, p. 150.

[1279] F. LAINA, A. BOGDANOV, préc., *Journal of ECL*, 2017, vol. 8, n° 5, p. 333.

B) – La réduction au titre de la transaction française

409. **Effets officiels de la non-contestation des griefs : une réduction de 10 %.** Comme le fait la Commission, l'Autorité proposait aussi de réduire de 10 % le montant de la sanction infligée à une entreprise dans le cadre de l'ancienne procédure de non-contestation des griefs. D'après l'Autorité, ce taux correspondait « aux gains procéduraux attachés à l'allègement de sa charge de travail et à l'accélération du traitement de l'affaire, par rapport à la sanction pécuniaire qu'elle [...] aurait infligée [à une contrevenante] en l'absence de cette renonciation »[1280]. À ces 10 % pouvait s'ajouter une réduction supplémentaire, comprise entre 5 % et 15 %, en cas d'engagements et d'adoption d'un programme de conformité[1281]. Hormis les réductions prévues, il ne semble pas que l'Autorité, et avant elle le Conseil de la concurrence se soient montrés officieusement plus cléments avec les entreprises qui entraient en voie de non-contestation des griefs. Il faut toutefois relever que les réductions accordées en cas de non-contestation des griefs dépassaient régulièrement, grâce aux réductions supplémentaires susmentionnées, celles officiellement accordées par la Commission dans le cadre de la procédure de transaction[1282].

410. **Effets de la transaction : une réduction d'amende.** Ni le législateur ni l'Autorité de la concurrence ne s'engage désormais à proposer une réduction chiffrée de l'amende à un contrevenant en cas de transaction. Sur ce point, la procédure de transaction présente certaines similitudes avec la procédure de « comparution sur reconnaissance préalable de culpabilité » (CRPC), introduite dans le Code de procédure pénale par la loi du 9 mars 2004 (Loi « Perben II »)[1283]. Dans cette procédure, il est seulement dit que la durée d'emprisonnement ne peut être supérieure à 3 ans, ni excéder la moitié de la peine encourue. Dans la pratique, cette procédure de CRPC fonctionne aussi en échange d'un allègement de la peine encourue[1284]. En transaction, une fourchette d'amende est convenue entre le Rapporteur

---

[1280] Point 34 du communiqué de l'Autorité sur la non-contestation des griefs.

[1281] Point 35 du communiqué de l'Autorité sur la non-contestation des griefs et document-cadre du 10 février 2012 sur les programmes de conformité aux règles de concurrence, disponibles sur le site de l'Autorité.

[1282] V. notamment les taux de réductions accordées dans les décisions n° 14-D-19, Produits d'hygiène et d'entretien et n° 15-D-19, Messageries.

[1283] Art. 48-7 et s. du Code de procédure pénale.

[1284] Circulaire du ministère de la Justice du 2 septembre 2004 relative à la CRPC, p. 19 : « la logique de la nouvelle procédure – que traduit notamment la réduction par deux du maximum de la peine d'emprisonnement encourue – que la ou les peines proposées, si elles doivent évidemment tenir compte des peines que le tribunal correctionnel serait en pratique susceptible de prononcer s'il était saisi selon les procédures ordinaires, doivent être inférieures à ces peines, afin d'inciter la personne à accepter la proposition du procureur ». À la page 20, il est également dit que le projet de loi prévoyait de « réduire de moitié, par rapport au montant encouru, le montant maximal de l'amende pouvant être prononcée ».

général de l'Autorité et l'entreprise. Cependant, l'Autorité a récemment reconnu qu'une réduction est accordée aux entreprises qui transigent avec elle[1285]. Elle l'a même fait inscrire dans son communiqué sur la transaction[1286]. Pour reprendre les termes utilisés lors de la proposition de modification de l'article L. 464-2, II du Code de commerce, « ce qui conduit une entreprise à entrer en négociation, c'est la possibilité d'obtenir, au final, une amende modérée »[1287].

411. **Motivation du montant de l'amende en cas de transaction.** Contrairement à la Commission, le reproche fait à l'Autorité de la concurrence de ne pas suffisamment détailler les étapes de calcul des amendes peut être fait[1288]. L'examen est d'autant plus difficile à effectuer que l'Autorité peut s'écarter de sa grille de sanctions[1289], ce qu'elle a confirmé dans son nouveau communiqué sanctions du 30 juillet 2021[1290]. Dans ses décisions de transaction, l'Autorité décrit les éléments relatifs à la gravité de l'infraction, ceux relatifs au dommage à l'économie et précise notamment que le montant de la sanction ne doit pas dépasser 10 % du chiffre d'affaires mondial réalisé par l'entreprise. La réitération des pratiques, le cas échéant, a été indiquée dans une décision[1291]. L'Autorité a également pu tenir compte de circonstances aggravantes ou atténuantes dans le montant de la transaction[1292]. Par ailleurs, l'acceptation par l'entreprise d'une fourchette de sanction définie dans le procès-verbal de transaction ne permet normalement pas à cette entreprise de prétendre que les montants en cause excèdent leur capacité contributive[1293].

Toutefois, les traductions chiffrées de cette analyse ne ressortent pas des décisions prises à l'issue d'une procédure de transaction. Même les réductions accordées aux entreprises qui ont bénéficié de la clémence ne sont plus indiquées[1294]. Le montant final de la sanction infligée à chaque

---

1285 V. décision de l'Autorité n° 17-D-20 du 18 octobre 2017, Revêtements de sols résilients, p. 4. Cette décision a fait l'objet de transactions.

1286 Points 20 et 25 du communiqué de l'Autorité sur la transaction.

1287 Adoption par l'assemblée nationale le 8 janvier 2015 de l'amendement n° SPE1541 présenté par le Gouvernement.

1288 E. CLAUDEL, « Dommages collatéraux ou les effets inattendus de la nouvelle procédure française de transaction », *Concurrences* n° 1-2018, p. 1.

1289 CA Paris, 13 juin 2019, Alcyon e. a., n° 18/20229, points 69 à 73. Sur pourvoi, Alcyon s'est désistée (Cass. com., 14 novembre 2019, Alcyon e. a., n° Y 19-19.348).

1290 Point 5 du communiqué sanctions de l'Autorité du 30 juillet 2021.

1291 V. décision de l'Autorité n° 15-D-20, Communications électroniques, para. 399 et s.. Cette décision a fait l'objet d'une transaction.

1292 V. décision de l'Autorité n° 18-D-15 du 26 juillet 2018, Médicaments vétérinaires, para. 211. Cette décision a fait l'objet de transactions.

1293 V. décision de l'Autorité n° 19-D-21 du 28 octobre 2019, Secteur du transport routier de marchandises, para. 120 à 122 et la note de M. DEBROUX, *Concurrences* n° 1-2020, p. 80. Cette décision a fait l'objet de transactions.

1294 V. décision de l'Autorité n° 17-D-20 du 18 octobre 2017, Revêtements de sols résilients, para. 448 à 452 sans référence au IV de l'article L. 464-2 du Code de commerce relatif à la clémence.

contrevenante ne fait souvent l'objet que d'une seule ligne à la suite de l'analyse précitée. S'il avait été évoqué, ce manque de motivation aurait pu être relevé par la cour d'appel dans l'affaire *Engie* qui reste la première décision de transaction contestée devant elle[1295].

Cette motivation sommaire rend très difficiles tout examen du montant des amendes transigées et leurs comparaisons avec celles infligées dans les procédures ordinaires. Pour les entreprises condamnées dans la même affaire, c'est aussi la vérification d'un traitement équitable entre elles qui est rendue quasi impossible. Certes, le principe de non-discrimination en matière d'amendes a mis du temps à être reconnu en France[1296]. Le juge français a pendant longtemps estimé que l'article L. 464-2 du Code de commerce commandait de vérifier que les amendes prononcées étaient proportionnées et fixées de manière individuelle et non relativement à celles prononcées à l'encontre d'autres entreprises[1297]. Depuis l'arrêt *Bigard*, il ne fait cependant plus aucun doute que le principe d'égalité de traitement est d'application dans la détermination des amendes et[1298], *a fortiori*, en cas de transaction.

412. **Effets officieux de la transaction sur le montant des amendes de l'Autorité.** En France, il est trop tôt encore pour se prononcer quant à l'impact de la transaction sur les amendes prononcées par l'Autorité. L'examen à réaliser est de toute façon des plus complexes en ce que l'Autorité ne donne que très peu d'informations sur le calcul des sanctions dans ses décisions[1299], à tel point que l'on peut parler d'opacité[1300]. Le fait que l'Autorité ait décidé de s'écarter de son communiqué sanctions en cas de transaction marque une grande différence d'approche avec la Commission. Là où la Commission continue à appliquer ses lignes directrices, l'Autorité se détourne de son communiqué sanctions et ne justifie plus le calcul de l'amende. De manière générale, la tendance baissière du montant des amendes est sans doute similaire à celle de la Commission. La réduction du montant des amendes aux entreprises qui entrent en voie de transaction a d'ailleurs été reconnue, pour la première

---

1295 V. décision de l'Autorité n° 17-D-06, Engie. Cette décision est définitive à la suite du désistement de Direct Énergie (CA Paris, du 25 janvier 2018, Direct Énergie e. a., n° 2017/07296.

1296 CA Paris, du 29 mars 2012, Lacroix signalisation e. a., n° 2011/01228, p. 36. Ce moyen n'a pas été soulevé devant la Cour de cassation (Cass. com., du 28 mai 2013, Lacroix signalisation e. a., n° 523 F-D, et la note de N. JALABERT-DOURY, *Concurrences* n° 3-2013, p. 77).

1297 CA Paris, du 24 juin 2008, France Travaux e. a., n° 2006/06913 et du 25 février 2009, Transeuro Desbordes Worldwide relocations SAS e. a., n° 2008/02003.

1298 CA Paris du 25 septembre 2014, Groupe Bigard SA e. a., n° 2013/05595, p. 16 et 17 et du 6 juillet 2017, Smith & Smith Characters e. a., n° 2016/22365. Ces arrêts n'ont pas fait l'objet de pourvois.

1299 V. BEAUMEUNIER *in* « Mise en œuvre de la procédure de transaction – Regards croisés », préc..

1300 E. CLAUDEL, préc., *Concurrences* n° 1-2018, p. 1.

fois, par l'Autorité dans la décision relative aux *Revêtement de sols résilients*[1301].

413. ***Quantum* des amendes après transactions.** En France, il est difficile de se prononcer sur la différence pécuniaire entre une amende qui a fait l'objet d'une transaction et celle prononcée à l'issue d'une procédure standard. Il peut être procédé à cette comparaison à l'époque de la non-contestation des griefs lorsque les réductions étaient chiffrées. Ces réductions au titre de la non-contestation des griefs n'ont pas empêché l'Autorité d'augmenter les amendes de manière générale. Même lorsque la clémence se cumulait avec la non-contestation des griefs, les amendes demeuraient élevées. Il semble en être de même avec la procédure de transaction qui n'a pas endigué la croissance du montant des amendes. Dans la récente décision *Engie*, il a été soutenu que l'amende prononcée à cet opérateur historique, dans le cadre d'une transaction, était inférieure à celle qui lui aurait été infligée dans le cadre d'une procédure standard[1302]. C'est néanmoins oublier qu'il s'agissait de la deuxième amende la plus élevée infligée à un opérateur en abus de position dominante. Même en transaction, des amendes très élevées sinon les plus élevées continuent d'être infligées aux entreprises.

1301 V. décision de l'Autorité n° 17-D-20, Revêtements de sols résilients, p. 4. Cette décision a fait l'objet de transactions.

1302 V. décision de l'Autorité n° 17-D-06, Engie et l'article de L. IDOT, *Dalloz*, 2017, p. 639 et la note critique d'A. RONZANO, *Concurrences* n° 2-2017, art. n° 84021.

CONCLUSION DU SECOND CHAPITRE ET DU SECOND TITRE

414. **Politique de transaction et amendes.** Le choix de la transaction, comme celui de la clémence, permet aux entreprises de réduire le montant des amendes qu'elles encourent. Il est rare que les entreprises ne souhaitent pas transiger avec la Commission ou l'Autorité. Les entreprises sont prêtes à négocier dans la très grande majorité des cas et parfois à mauvais escient. La situation de la Société Générale dans l'affaire des *Produits dérivés* témoigne bien du fait qu'une entreprise se prépare généralement à payer une amende très élevée. En effet, la banque française était prête à transiger pour une amende proportionnellement deux fois plus élevée que celles convenues entre la Commission et les autres entreprises. Les entreprises, en réalité, n'ont pourtant pas toujours la visibilité nécessaire ni toutes les cartes en main dans cette procédure. Quelles que soient les réductions consenties, il semble que la politique de sanction répressive des autorités de concurrence n'ait pas été entravée par la possibilité de négocier le *quantum* des amendes. L'effet d'une diminution générale du montant des amendes ne s'est pas réalisé si l'on examine les affaires conclues depuis l'entrée en vigueur des procédures de transaction. C'est d'ailleurs dans des affaires réglées par transaction que les amendes les plus élevées ont pu être observées. Sous la menace d'amendes sans cesse plus élevées et difficiles à contester, les entreprises savent que le choix d'entrer en négociation ne les empêchera pas de devoir s'acquitter d'une lourde amende à l'issue de cette négociation.

415. **Bilan de la transaction.** Certes, la transaction a sans doute contribué à accélérer la procédure administrative devant l'Autorité et la Commission. Le second objectif de la transaction, qui a été d'obtenir une diminution des recours contentieux, est également atteint. D'autres effets de la transaction, moins positifs, sont toutefois à signaler. La transaction déséquilibre les rapports entre les services d'instruction et les entreprises mises en cause. Ces dernières n'ont parfois d'autre choix que de transiger « à moindre coût » face à « ce procureur tout puissant »[1303]. La transaction paraît encore plus injuste dans le cadre d'ententes anticoncurrentielles. Que penser de l'entreprise qui refuse d'entrer en transaction alors que la majorité voire tous les autres cartellistes ont fait ce choix ? Seule alors que toutes les autres entreprises ont avoué leur participation, elle payera proportionnellement plus et n'a quasiment aucune chance devant le juge du fond[1304]. Elle est donc

---

1303 R. BADINTER, « On tombe dans la répression administrée et on ouvre la voie à tous les soupçons », à propos de l'introduction en France d'une procédure de « plaider coupable » pour les infractions mineures paru le 27 janvier 2004 dans *Le Monde*.

1304 V. décision de la Commission du 27 septembre 2017, Producteurs de camions concernant Scania condamnée à 880 millions d'euros. Le communiqué de presse de la Commission précise que « Scania ayant choisi de ne pas coopérer avec la Commission lors de l'enquête, elle ne bénéficiera pas d'une réduction d'amende au titre de la communication sur la clémence de 2006 ou de la communication

incitée sinon contrainte à transiger pour payer moins et non parce qu'elle admet avoir participé à l'infraction. Pour beaucoup d'entreprises, il s'agit d'ailleurs de payer moins plutôt que d'admettre avoir commis une infraction. Le fait, par ailleurs, de prévenir des recours contentieux qui pourraient être formés à l'encontre de la décision n'est pas aussi positif que cela en a l'air. À terme, le manque de jurisprudence se fera sentir. Si le souhait est de moins encombrer les tribunaux et que les affaires soient traitées plus rapidement, d'autres méthodes auraient pu être pensées pour y parvenir. La masse d'affaires à l'origine de cette procédure n'est d'ailleurs pas ou plus aussi évidente que cela. Ces dernières années, les autorités de concurrence sanctionnent « plus sévèrement, mais moins souvent ». Dès lors, il n'y a pas lieu d'être convaincus par les apports de cette procédure qui, certes, simplifie le traitement des affaires, mais qui n'est pas sans défaut alors qu'elle n'apparaissait pas comme indispensable.

---

relative aux procédures de transaction de 2008 » (IP/17/3502). Cette décision fait l'objet d'un recours pendant devant le Tribunal dans l'aff. T-799/17.

CONCLUSION DE LA PREMIÈRE PARTIE

416. **Politique d'amendes élevées.** La Commission européenne et l'Autorité de la concurrence ont été très habiles dans leur politique visant à infliger des amendes élevées tout en négociant avec les entreprises. C'est d'abord par la mise en œuvre d'une politique d'amendes « crédibles », pour reprendre les termes de Monsieur Bruno Lasserre, l'ancien Président de l'Autorité, que les autorités de concurrence ont commencé à être prises au sérieux par les entreprises. La simple crédibilité a été rapidement dépassée pour basculer vers la sévérité. Le prononcé et la justification de ces amendes « astronomiques » se sont notamment faits avec l'adoption et la mise en œuvre de grilles de sanction. Le phénomène d'augmentation du montant des amendes ne résulte pas seulement de ces grilles de sanctions, ces dernières l'ont toutefois consolidé et même renforcé. Voulues et ensuite contestées par les entreprises et leurs conseils, ces grilles de sanctions ont été validées par le juge et se sont avérées plus intéressantes pour les autorités de concurrence que pour les entreprises. Des amendes mécaniquement plus élevées et de plus en plus difficiles à contester en sont ressorties. Il n'en fallait pas plus pour que la Commission et de l'Autorité soient craintes des entreprises.

417. **Politique d'amendes négociées.** La menace d'amendes très lourdes a été parfaitement intégrée par les entreprises qui ont été, dès lors, incitées par les autorités de concurrence à négocier avec elles. Il a d'abord été question de dénoncer les pratiques et d'apporter les preuves de celles-ci dans le cadre de la procédure de clémence. La première entreprise à se présenter aux autorités de concurrence est notamment exemptée d'amende. Si les autres entreprises peuvent également bénéficier d'une réduction, elles resteront toutefois redevables d'une amende très élevée. De cette procédure qui n'est pas sans défaut, l'Autorité et surtout la Commission ont pu détecter et condamner des cartels de grande ampleur. Il y a eu, ensuite, la procédure de transaction qui s'est mise en place avec les entreprises et qui a notamment permis aux autorités de concurrence de ne quasiment plus avoir à défendre leurs affaires devant le juge. Concrètement, le droit à un recours devant le juge est devenu monnayable. Les autorités de concurrence ont accordé des réductions plus ou moins élevées aux entreprises avec lesquelles elles transigent. Détection, puis condamnation et enfin transaction, la procédure est parfois négociée du début à la fin.

Il ne faudrait cependant pas en tirer la conclusion que les amendes ont cessé d'augmenter. Ces procédures négociées permettent, à la fois, aux autorités de concurrence de détecter et de traiter ces affaires en évitant le juge, tout en maintenant l'aspect punitif des amendes dans l'ensemble. Certes, des entreprises ont pu bénéficier de réductions d'amendes sensibles. Même si ces réductions sont de plus en plus élevées, elles sont proportionnelles aux amendes encourues qui n'ont fait qu'augmenter. Ainsi, à l'issue de ces procédures négociées, les amendes qui en ressortent demeurent-elles élevées, voire très élevées pour la grande majorité des entreprises condamnées. Ce sont même les amendes ayant fait l'objet de clémence et de transaction qui sont les plus élevées à ce jour. Les réductions au titre des procédures négociées n'ont pas ralenti l'augmentation croissante, voire exponentielle des amendes ; elles l'ont accompagnée[1305]. Cette politique de combinaison des amendes et de négociation, comme l'a expliqué l'ancien Président de l'Autorité, n'avait en effet rien d'accidentelle[1306].

418. **Pérennité des politiques d'amendes élevées et négociées.** Jusqu'ici l'Autorité et la Commission ont intelligemment concilié leur besoin de détection avec l'objectif punitif des amendes. Cet équilibre trouvé est toutefois fragile et la Commission et l'Autorité doivent faire face à de nouveaux défis. C'est particulièrement le cas pour la Commission qui s'est reposée sur son programme de clémence et qui se trouve, *de facto*, dépendante aujourd'hui de la dénonciation et de la coopération des entreprises. Or, l'intérêt des entreprises pour la clémence semble moindre que par le passé. Elles sont notamment plus réticentes du fait du développement des actions indemnitaires engagées à leur encontre à la suite de l'action publique. Il suffit de voir le nombre de ces actions engagées dans l'affaire des *Producteurs de camions* pour en décourager à l'avenir plus d'un. Si cette tendance venait à se confirmer, il serait alors nécessaire que la Commission revoie son modèle de détection. Il conviendra notamment d'observer les résultats d'un nouvel outil de détection des pratiques anticoncurrentielles avec la mise en place d'un dispositif de lancement d'alertes anonymes[1307].

419. **Limites à ces politiques d'amendes élevées.** Au-delà du constat de ces amendes sévères, c'est la question de la finalité de cette politique de sanction mise en place qui se pose. Les autorités de concurrence n'ont pas pour seul objectif de mener une politique répressive à l'encontre des entreprises. Elles ont également le souhait d'orienter les entreprises à cesser leur participation à toute pratique anticoncurrentielle. C'est la finalité dissuasive des amendes. Malgré l'infliction d'amendes très élevées, cet objectif dissuasif est régulièrement questionné par la doctrine. Comme première limite à cet objectif, il faut tout d'abord noter que les amendes sont

---

1305 H. Calvet, « Les sanctions » *in* « 20e anniversaire du Conseil de la concurrence. Quel statut et quels moyens pour les autorités de contrôle de la concurrence ? », *RLC* n° 13-2007, p. 212.

1306 B. Lasserre, « Efficiency », *in* « Conférence – Economic Theory and Competition Law », Paris, 9 décembre 2006, disponible sur le site de l'Autorité.

1307 V. communiqué de presse de la Commission du 16 mars 2017 sur le nouvel outil de lancement d'alertes anonyme (IP/17/591) et la note de C. Lemaire, *Concurrences* n° 3-2017, p. 124.

adressées à des entreprises. Or, ces structures sociétaires sont déresponsabilisantes par nature et aujourd'hui de plus en plus complexes. Cet aspect dissuasif des amendes ne peut donc être étudié qu'à travers le fait qu'elles sont imposées à des entreprises. L'idée, enfin, pourrait être d'augmenter encore le montant des amendes pour inciter toujours plus les entreprises à négocier et/ou à mettre un terme à leurs pratiques. Jusqu'où cette politique d'amendes élevées peut-elle être menée ? La situation financière des entreprises, autrement dit la faculté de payer cette amende, est au nombre des limites de cette politique de sévérité accrue des amendes. Or, cette dernière a également eu pour conséquence que les entreprises fassent de plus en plus souvent état de leurs difficultés financières à pouvoir s'en acquitter. Cette politique toujours plus punitive doit être confrontée à la capacité contributive des entreprises. L'analyse de la dimension dissuasive des amendes infligées par l'Autorité et la Commission s'imposent dans le cadre de la seconde partie.

SECONDE PARTIE : LA RECHERCHE D'AMENDES DISSUASIVES

INTRODUCTION À LA SECONDE PARTIE

420. Portée dissuasive d'une amende. Il n'est pas contesté que les amendes infligées en violation des règles de concurrence ont significativement augmenté depuis une trentaine d'années[1308]. C'est particulièrement le cas en France ou à l'échelon européen, comme nous l'avons démontré dans le cadre de cette première partie. Séduite par l'analyse économique relative à la sanction des comportements déviants[1309], la ligne de conduite de la Commission européenne et de l'Autorité de la concurrence a été d'augmenter le *quantum* des amendes à un niveau allant au-delà des profits indûment perçus[1310]. En droit de la concurrence, l'objectif est ainsi de détecter avec une probabilité certaine une part importante des infractions puis de prononcer des amendes d'un *quantum* tel qu'il ne serait pas ou plus intéressant pour leurs auteurs et même pour quiconque de participer à des activités anticoncurrentielles. Comme il est supposé que l'ensemble des auteurs ne seront pas appréhendés, l'analyse économique propose en quelque sorte que les auteurs sanctionnés payent pour ceux qui ne le sont pas. Pour être dissuasive à l'égard des auteurs sanctionnés et même de ceux qui ne le sont pas, l'amende prononcée doit en effet correspondre au gain illicite multiplié par la probabilité que l'auteur de l'infraction soit appréhendé[1311]. C'est la consécration en droit de la concurrence d'une amende « prophylactique »[1312] et, selon l'expression, dissuasive[1313].

421. Infliction d'une amende dissuasive à un responsable déterminé. Que l'on soit ou non convaincu par la thèse d'infliger des amendes dissuasives, cette dernière ne peut être valablement défendue selon nous que si certaines conditions sont remplies. L'une d'entre elles, qui relève du truisme, est de s'assurer que celui qui est désigné comme ayant commis les pratiques sera

---

1308 L. IDOT, J. CONNOR, A. WINCKLER, B. VESTERDORF, D. MILLER, W. WILS, « Sanctions : Is more always better ? (Colloque New Frontiers of Antitrust - 15 février 2010 - Panel III) », *Concurrences* n° 2-2010, art. n° 31039.

1309 La volonté d'infliger aujourd'hui une peine dissuasive n'est toutefois pas propre au droit de la concurrence et s'étend à toutes les matières répressives. Il est renvoyé aux Actes du colloque du sénat relatif au bicentenaire du Code pénal (1810-2010), du 25 et 26 novembre 2010, disponible sur le site du Sénat.

1310 W. LANDES, « Optimal sanctions for Antitrust », *University of Chicago Law Review*, 1983, p. 652 ; E. COMBE, « Quelles sanctions contre les cartels ? Une perspective économique », *RIDE* 2006/1, t. XX, 1, p. 11 ; E. COMBE, C. MONNIER, « Le calcul de l'amende en matière de cartels : Une approche économique », *Concurrences* n° 3-2007, p. 39.

1311 E. COMBE, C. MONNIER, « Les amendes contre les cartels : la Commission en fait-elle trop ? », *Concurrences* n° 4-2009, p. 41.

1312 E. CLAUDEL, « Procédures négociées, accessoires ou alternatives à la sanction en droit de la concurrence : Raison garder ! », *Concurrences* n° 4-2015, p. 61.

1313 CJCE, 7 juin 1983, Musique Diffusion française e. a. c/ Commission, n° 100/80 à 103/80, et Cass. com., 18 septembre 2012, QPC Séphora e. a., n° 12-14401 e. a. et décision du Conseil constitutionnel n° 2015-489 QPC du 14 octobre 2015, Société Grands Moulins de Strasbourg SA e. a., cons. 6.

bien celui qui sera condamné. Ce qui n'est qu'une question en termes de dissuasion est avant tout une règle fondamentale codifiée aux articles 121-1 et 121-2 du Code pénal. En matière pénale ou quasi pénale[1314], le principe constitutionnel de responsabilité personnelle s'impose en toute circonstance[1315]. Or, il doit être rappelé qu'en France ou à l'échelon européen, le droit de la concurrence condamne des entreprises. D'autres responsables, comme l'employé et/ou le dirigeant, pourraient également être sanctionnés comme cela peut être le cas en Allemagne et aux États-Unis[1316]. Plusieurs questions se posent et la première est de se demander si le choix de prioritairement sanctionner l'entreprise est le plus pertinent d'un point de vue dissuasif. La seconde question, qui découle de ce choix, est de savoir ce que recouvre l'entreprise considérée comme responsable des pratiques.

422. **Difficultés à sanctionner l'entreprise.** Le schéma répressif classique visant à sanctionner directement l'auteur de l'infraction n'est pas aussi facilement reproductible en droit de la concurrence où les responsables privilégiés sont des entreprises[1317]. Certes, l'entreprise est sans doute la meilleure débitrice à poursuivre si l'on se place du point de vue du recouvrement de l'amende. Mais encore faut-il pouvoir appréhender ces personnes morales qui, à la différence des personnes physiques, sont des êtres abstraits, ce qui leur permet aisément de disparaître ou de se métamorphoser. Elles peuvent donc être très difficiles à appréhender et à sanctionner. À ce sujet, un autre phénomène doit être pris en compte, à savoir la complexification, l'internationalisation et la concentration des groupes de sociétés, ce qui a contraint les autorités de concurrence à rechercher des responsables de plus en plus éloignés du champ des pratiques. Plus précisément, il peut s'agir d'engager la responsabilité des groupes de sociétés auxquels appartiennent, le cas échéant, les sociétés qui ont matériellement enfreint le droit des pratiques anticoncurrentielles. Il importe donc de vérifier que l'auteur des faits, tel qu'identifié par les autorités de concurrence, correspond à celui qui est condamné et *in fine* redevable de l'amende. C'est ainsi qu'il conviendra d'étudier ce que les

---

1314 Avis du Conseil d'État n° 307736 du 29 octobre 2007 (JORF n° 7 du 9 janvier 2008 p. 496), texte n° 47.

1315 V. décision du Conseil constitutionnel n° 2015-489 QPC du 14 octobre 2015, Société Grands Moulins de Strasbourg SA e. a., cons. 18 et 19 et les notes de C. LEMAIRE, S. NAUDIN, *Concurrences* n° 1-2016, p. 179 et d'A. RONZANO, *Concurrences* n° 1-2016, n° 78072.

1316 I. LIANOS, F. JENNY, F. WAGNER VON PAPP, E. MOTCHENKOVA, É. DAVID e. a., « An Optimal and Just Financial Penalties System for Infringements of Competition Law : à Comparative Analysis », CLES Research paper series 3/2014, UCL Faculty of Laws, Londres, p. 149, 150 et A. REINDL « Revue sur le droit et la politique de la concurrence », éd. de l'OCDE, n° 2007/3, vol. 9, p. 17.

1317 V. l'excellent article de B. BOULOC, « La responsabilité pénale des entreprises en droit français », *Revue internationale de droit comparé*, 1994, n° 46-2, p. 669.

autorités de concurrence entendent par entreprise, cette question n'apparaissant pas neutre du point de vue de l'effet dissuasif des amendes.

423. **Limites contributives de l'entreprise.** Le choix de sanctionner l'entreprise à une amende dissuasive n'occulte pas une dernière difficulté et non des moindres que doivent affronter les autorités de concurrence, à savoir la capacité de payer de l'entreprise sanctionnée. Il n'est pas dit qu'une entreprise, sanctionnée sévèrement pour sa participation à des pratiques anticoncurrentielles, dispose des capacités financières pour s'acquitter totalement de son amende. La détermination quasi scientifique du *quantum* d'une amende se heurte parfois et, hélas, de plus en plus souvent à une dure réalité, celle d'un débiteur qui prétend ne pas pouvoir s'acquitter de l'amende qui lui a été imposée. Cette limite contributive n'est heureusement pas ignorée des autorités de concurrence. L'augmentation du montant des amendes a conduit l'Autorité de la concurrence et la Commission européenne à tenir compte *in fine* de la « capacité contributive » des entreprises condamnées dans le calcul du *quantum* des amendes. Puisqu'il s'agit d'entreprise, il conviendra de s'attarder sur la façon de déterminer la capacité contributive d'une entreprise et son impact, le cas échéant, sur le *quantum* de l'amende.

De manière générale, cette circonstance renvoie aussi à la question de l'acceptabilité sociale de l'amende. Si l'on pose abruptement les termes du débat, quels sont les effets négatifs acceptables d'une amende à l'égard d'une entreprise ? Une amende peut-elle conduire à l'affaiblissement, la cession, voire à la disparition de la personne morale sanctionnée ? Le franchissement d'une telle limite ne contreviendrait-il pas au principe de proportionnalité[1318] ? En tout état de cause, il n'est pas sans soulever des questions quant aux multiples conséquences économiques et sociales, à tel point que l'on commence même à parler d'*over deterrence* en droit de la concurrence[1319]. C'est ainsi que l'aspect dissuasif de l'amende devra être confronté à la capacité contributive des entreprises.

[1318] F. THIBAULT, *La proportionnalité des sanctions prononcées par les autorités de concurrence françaises et communautaires*, M.-C. BOUTARD-LABARDE (dir.), th. Univ. Toulon, Sudoc, 2000 et V. GIACOBBO-PEYRONNEL, P. SINGER, « Quelques réflexions et interrogations au sujet de l'effet dissuasif des amendes en droit communautaire de la concurrence », *Concurrences* n° 4-2009, p. 74.

[1319] M.-L. ALLAIN, M. BOYER, R. KOTCHONI, J.-P. PONSSARD, « The Determination of Optimal Fines in Cartel cases : The Myth of Underdeterrence », CIRANO 2011s-35, et M.-L. ALLAIN, M. BOYER, J.-P. PONSSARD, « The determination of optimal fines in cartel cases : Theory and practice », *Concurrences* n° 4-2011, p. 32.

424. **Division.** Ces prolégomènes étant dits, la politique répressive et dissuasive menée par les autorités de concurrence à travers les amendes qu'elles prononcent doit être analysée en fonction de la personne désignée comme responsable des pratiques, c'est-à-dire l'entreprise (TITRE I) et, ensuite, à la faculté de cette entreprise à pouvoir payer l'amende qui lui est infligée, c'est-à-dire sa capacité contributive (TITRE II).

TITRE PREMIER : LE CARACTÈRE DISSUASIF DE L'AMENDE INFLIGÉE À UNE ENTREPRISE

425. Notion d'entreprise ou le dépassement de la personne morale. Il importe de préciser d'emblée que les droits européens et français de la concurrence appréhendent les « entreprises »[1320]. Ce sont des entreprises[1321], comprises au sens du droit de la concurrence, qui sont qualifiées comme auteurs des infractions[1322]. Selon la célèbre définition de l'arrêt *Höfner*, une entreprise désigne « toute entité exerçant une activité économique, indépendamment du statut juridique de cette entité et de son mode de financement »[1323]. Cette originalité du droit de la concurrence doit être comprise comme désignant une unité économique, même si, du point de vue juridique, cette unité est constituée de plusieurs personnes physiques[1324] et/ou morales[1325]. À une approche juridique s'est donc substituée une approche économique[1326]. La notion d'entreprise a surtout permis, dans un premier temps, de pouvoir dépasser le « cloisonnement »[1327] de la forme juridique de l'auteur de

---

1320 CJUE, 17 septembre 2015, aff. C-597/13 P, Total SA c/ Commission, point 32 et la note de S. SOLTANI, *RLDA* n° 109-2015, p. 27.

1321 Il doit cependant être précisé que les auteurs d'infractions en droit des pratiques anticoncurrentielles ne sont pas tous des entreprises. Il est possible, en droit de l'Union européenne, de sanctionner des « associations d'entreprises ». En droit français, l'article L. 464-2 du Code de commerce a longtemps prévu de sanctionner des « organismes ». Depuis la transposition de la directive ECN+ en droit français, il faut se référer désormais à l'« association d'entreprises », même si la notion d'« organisme » existe encore à l'article L. 464-2 dudit code. Ces « non-entreprises » ne seront pas approfondies dans le cadre de cette étude, les amendes qui leur sont infligées seront toutefois évoquées (V., *infra*, n°s 465 et s.).

1322 L. ARCELIN, *L'entreprise en droit de la concurrence français et communautaire*, V. SELINSKY (dir.), th. Univ. Montpellier 1, Lexis Nexis, 2001.

1323 CJCE, 23 avril 1991, aff. C-41/90, Klaus Höfner et Fritz Elser c/ Macrotron GmbH, point 21 et l'article d'E. BERNARD, « L'activité économique, un critère d'applicabilité du droit de la concurrence rebelle à la conceptualisation », *RIDE* n° 3-2009, p. 353.

1324 Même si l'activité de placement est une activité économique, la Commission et l'Autorité évitent de poursuivre les actionnaires qui sont des personnes physiques. Il en est ainsi, par exemple, des actionnaires minoritaires d'une société dont le capital social est principalement détenu par une société appartenant à ces mêmes actionnaires (Trib. UE, 27 octobre 2010, aff. T-24/05, Alliance One International e. a. c/ Commission, point 139). Il en est de même des personnes physiques qui ont vendu leurs parts sociales de la société qui a mis en œuvre les pratiques (CJUE, 11 juillet 2013, aff. C-444/11 P, Team Relocations NV e. a. c/ Commission, point 152). En droit français, la question est plus tranchée, car les dispositions de l'ordonnance de 86 visaient « les entreprises ou organismes auteurs de pratiques anticoncurrentielles et non leur propriétaire » (V. décision du Conseil de la concurrence n° 96-D-02 du 9 janvier 1996, Marché de l'imprimerie de labeur dans le département de l'Ain, p. 4 et v., *infra*, n° 526). Seules les personnes physiques qui exercent une activité économique en leur nom propre peuvent en réalité faire l'objet de poursuites.

1325 CJUE, du 19 juillet 2012, aff. C-628/10 P et C-14/11 P, Alliance One International e. a. c/ Commission, point 42 et, du 10 avril 2014, aff. C-231/11 P e. a., Commission c/ Siemens e. a., point 43 et la jurisprudence citée.

1326 L. ARCELIN, « Notion d'entreprise en droit interne et communautaire de la concurrence », *JCL Concurrence – Consommation*, 2016, Fasc. 35.

1327 F. CHAPUT, « L'autonomie de la filiale en droit des pratiques anticoncurrentielles », *CCC* n° 1-2010, étude 1.

l'infraction, laquelle permettait la mise en œuvre de stratégies opportunistes, et d'appréhender la réalité économique de l'entreprise[1328].

426. **Condamnation *in concreto* des personnes morales.** Il n'en reste cependant pas moins que l'entreprise n'est pas un sujet de droit[1329], une amende ne peut pas en conséquence lui être directement infligée. Ainsi, l'exécution de la décision nécessite de se référer à une entité dotée de la personnalité juridique[1330]. Cette distinction a été parfaitement rappelée par le Tribunal dans l'affaire *PVC II*, lequel précise que « la notion d'entreprise [...] ne se confond pas nécessairement avec celle de société dotée de la personnalité juridique, il est nécessaire, pour l'application et l'exécution des décisions, d'identifier une entité dotée de la personnalité juridique qui sera destinataire de l'acte »[1331]. Ce sont donc des personnes morales et, le plus souvent, des sociétés qui sont *in fine* sanctionnées. Parfois, il n'y a aucune difficulté dans cet exercice d'identification : l'entreprise et la personne morale sanctionnée se rejoignent sans mal. C'est l'exemple type d'une société qui détermine son comportement de façon autonome, qualifiée d'entreprise, et qui paye l'amende. Cet exercice d'identification devient cependant plus difficile lorsque l'entreprise est composée d'une multitude de sociétés, lesquelles peuvent être déclarées solidairement responsables du paiement d'une amende.

427. **Amendes infligées aux groupes de sociétés.** Cette politique de sanction, guidée par la notion d'entreprise, s'est surtout démarquée par la possibilité de condamner ensemble une filiale et sa société mère et à leur infliger une amende solidaire[1332]. Cette acception élargie de l'entreprise, assez inhabituelle en matière répressive, a notamment permis de responsabiliser les groupes de sociétés. C'est désormais sur les sociétés mères que pèse partiellement ou totalement la charge de l'amende et, en conséquence, la prévention et la détection des infractions commises le cas échéant par leurs

---

1328 V. l'excellent article de L. IDOT, « La responsabilité pénale des personnes morales : Les leçons du droit européen de la concurrence », *Concurrences* n° 1-2012, p. 55.

1329 CJCE, 28 juin 2005, aff. C-189/02 P e. a., Dansk Rørindustri c/ Commission, point 113. Certains ont fait remarquer, à juste titre, qu'il en est de même des groupes de sociétés (B. BOULOC, « Le principe de la responsabilité personnelle est-il en péril en droit de la concurrence ? », *in* « Les actes des ateliers de la DGCCRF : Imputabilité, sanctions, groupe », disponible sur le site du ministère de l'Économie, p. 15 ; M. DEBROUX, « Sanction des cartels en droit communautaire : Définition et conséquences d'une "responsabilité de groupe" », *Concurrences* n° 1-2008, p. 42). Il est toutefois, de plus en plus souvent, dérogé à la règle de l'indépendance des personnes morales membres d'un groupe de sociétés au profit d'une reconnaissance juridique d'un groupe de sociétés (en droit du travail, intégration fiscale, obligation de vigilance, etc.).

1330 CA Paris, 26 octobre 2017, SCET e. a., n° 17/01658, p. 9 et 10 et la note d'É. THOMAS, *Concurrences* n° 1-2018, p. 83.

1331 TPICE, 20 avril 1999, aff. jtes. T-305/94 e. a., Limburgse Vinyl Maatschappij NV e. a. c/ Commission, point 978 et la note de M.-C. BOUTARD-LABARDE, *JCP G*, 1999, I, 187.

1332 M. PITTIE, P. HONORÉ, « Imputabilité des infractions et plafond légal des amendes en droit européen de la concurrence », *Cah. dr. eur.*, vol. 48, n° 1, 2012, p. 101.

filiales[1333]. Cela étant dit, cette politique de responsabilisation et de condamnation des groupes de sociétés, tout comme ce mécanisme de solidarité[1334], invite à se questionner sur la caractérisation de la participation de chacune de ces sociétés dans l'infraction. C'est aussi à partir des faits reprochés et du fondement de la condamnation que l'on peut s'interroger sur l'effet dissuasif de la sanction infligée en répression. Cette question renvoie ainsi à la notion d'entreprise et à l'examen auquel il est procédé pour qu'un groupe de sociétés soit considéré comme une entreprise.

428. Entreprise non restructurée. Dans le cadre de cette étude, il conviendra de distinguer deux sortes d'entreprises. D'abord, il y a l'entreprise non restructurée, celle qui n'a subi aucune transformation notable entre le moment de la commission des pratiques et celui où l'amende est prononcée à son encontre. En d'autres termes, l'entreprise est toujours la même. Cette entreprise peut être composée d'une simple personne morale comme elle peut être composée de plusieurs sociétés appartenant à un même groupe. Cette situation est idéale pour les autorités de concurrence, car une entreprise non restructurée est par hypothèse plus simple à appréhender. D'un point de vue dissuasif, l'absence de restructuration conforte également dans l'idée que l'infracteur est celui qui sera condamné à une amende en répression.

429. Entreprise restructurée. Il arrive toutefois que l'entreprise qui a commis les pratiques ait pu être transformée, scindée, cédée, voire liquidée et en un mot « restructurée ». L'effet du temps ne doit jamais être négligé dans l'efficacité d'une règle de droit, encore plus en droit de la concurrence où les procédures sont souvent longues. Il ne s'agirait pas non plus d'oublier la nature volatile de la personne morale. Il est même essentiel que celui qui a commis les pratiques soit encore de ce monde au moment où il sera condamné. Dans le cas contraire, c'est tout l'édifice de l'effectivité de l'amende et notamment sa portée dissuasive qui s'écroule. Suivant les restructurations qui ont eu lieu, ces entreprises peuvent être plus difficiles, voire impossibles à appréhender. Autrement dit, il n'est pas évident que l'entreprise qui a commis l'infraction et celle qui sera amenée à payer l'amende soit la même au moment de la décision de sanction. D'un point de vue dissuasif, les règles de détermination de l'auteur de l'infraction dans les cas complexes de restructuration devront être envisagées.

1333 M. DEBROUX, « Sanction des cartels en droit communautaire : Définition et conséquences d'une "responsabilité de groupe" », *Concurrences* n° 1-2008, p. 42.

1334 CJUE, 26 janvier 2017, aff. C-625/13 P, Villeroy & Boch c/ Commission, points 151 à 153.

430. **Portée dissuasive de l'amende infligée aux membres de l'entreprise.** Le fait de rechercher la responsabilité d'une entreprise composée d'une multitude de personnes morales et/ou une entreprise dite restructurée et de la sanctionner à ce titre n'est pas donc pas neutre en termes de dissuasion. Au-delà de ces difficultés de qualification inhérentes aux entreprises qui viennent potentiellement brouiller le lien entre l'infracteur et le débiteur, la portée dissuasive d'une amende infligée à un groupe de sociétés interroge. Il doit être constaté que la condamnation des entreprises a nécessairement eu pour effet qu'une « dilution » de l'amende entre les membres de cette entreprise s'opère. Il n'est pas dit, en effet, que l'ensemble des sociétés d'un groupe condamné à une amende solidaire soient mises à contribution. Autrement dit, il est possible que l'amende infligée à une société qui a matériellement mis en œuvre les pratiques soit entièrement assumée par le groupe auquel elle appartient, qu'il ait été condamné avec elle ou non.

431. **Division.** Il ressort de ces propos introductifs que la portée dissuasive d'une amende n'est pas la même suivant l'entreprise jugée responsable des pratiques anticoncurrentielles. L'examen de la politique de sanction dissuasive nécessite de s'intéresser à l'entreprise telle qu'entendu en droit de la concurrence. En partant du plus simple au plus compliqué, il conviendra d'étudier dans un premier temps la portée dissuasive d'une amende infligée à une entreprise non restructurée (CHAPITRE I). Dans un second temps, il sera procédé à l'examen de la portée dissuasive de l'amende infligée à une entreprise restructurée (CHAPITRE II).

CHAPITRE I – LE CARACTÈRE DISSUASIF D'UNE AMENDE INFLIGÉE À UNE ENTREPRISE NON RESTRUCTURÉE

432. **Entreprise non restructurée.** L'examen de la portée dissuasive d'une amende infligée aux composantes d'une entreprise nécessite préalablement d'expliquer ce que les autorités de concurrence entendent par entreprise. Quand bien même aucune restructuration ne vient complexifier le raisonnement, cet exercice n'est pas évident lorsqu'il s'agit d'appréhender un groupe de sociétés. La qualification d'un groupe de sociétés en une entreprise contrevenante n'est pas habituelle en matière répressive où la personnalité morale d'une société en infraction est souvent perçue comme un obstacle dirimant à la poursuite du groupe auquel elle appartient. À ce sujet, il a donc été nécessaire que le droit des pratiques anticoncurrentielles se montre particulièrement innovant.

433. **Portée dissuasive de l'amende.** La portée dissuasive de l'amende dépend étroitement du responsable de l'infraction. Puisqu'il a été fait le choix de sanctionner les entreprises, il faut prendre en considération que celles-ci puissent être plus ou moins complexes. Il n'y a aucune difficulté lorsque l'entreprise n'est composée que d'une seule personne morale. L'examen se complexifie lorsqu'un groupe de sociétés est qualifié d'entreprise. À cet égard, il sera nécessaire d'analyser le contexte de sa condamnation et notamment à travers le mode probatoire utilisé. Ce dernier pourrait en dire long sur l'implication des autres sociétés d'un groupe dans les agissements d'une société, ce qui pourrait avoir son importance au moment d'apprécier la portée dissuasive d'une amende infligée à un groupe de sociétés.

434. **Division.** Ainsi, après avoir déterminé les règles permettant de désigner une entreprise non restructurée comme responsable de l'infraction (PREMIÈRE SECTION), il y aura lieu d'envisager l'impact dissuasif de l'amende qui lui est infligée (SECONDE SECTION).

PREMIÈRE SECTION – LES RÈGLES DE DÉTERMINATION DE LA RESPONSABILITÉ D'UNE ENTREPRISE NON RESTRUCTURÉE

435. **Qualification de l'entreprise.** Comme envisagé dans le cadre de la première partie, la détermination du *quantum* de l'amende peut dépendre de la qualification et de la désignation d'une entreprise jugée responsable des pratiques. Quand bien même la notion d'entreprise semble présenter un certain nombre d'avantages, encore faut-il envisager les personnes morales qui peuvent la composer. Au départ, l'entreprise visait à dépasser la personne morale et à appréhender sa réalité économique. Cet enjeu est rapidement devenu secondaire et la question qui s'est principalement posée a été la façon d'appréhender la société mère dans les pratiques de sa filiale. Ce sont dès lors les exigences probatoires liées à l'appréhension de la société mère au sein de l'entreprise qui ont été vivement discutées. Or, ces exigences probatoires ont été modifiées avec le temps et se sont focalisées sur les relations capitalistiques entre les sociétés. Cette évolution n'a sans doute pas été sans incidence sur les personnes morales appréhendées dans le cadre de l'entreprise, à tel point qu'il n'est pas inconcevable de s'interroger sur une nouvelle définition de l'entreprise. C'est ainsi qu'il importe d'analyser ce que recouvre à l'origine la notion d'entreprise (§1), avant d'envisager la délimitation capitalistique de l'entreprise à la lumière de son régime probatoire actuel (§2).

§ 1 – La notion d'entreprise en droit des pratiques anticoncurrentielles

436. **Qualification et conséquences de l'entreprise.** Depuis l'arrêt *ICI* rendu dans l'affaire des *Matières colorantes*, il est constamment jugé depuis plus de 45 ans que le comportement d'une filiale peut être « imputé à la société mère » notamment « lorsque la filiale, bien qu'ayant une personnalité juridique distincte, ne détermine pas de façon autonome son comportement sur le marché, mais applique pour l'essentiel les instructions qui lui sont imparties par la société mère »[1335], eu égard en particulier aux liens économiques, organisationnels et juridiques qui unissent ces deux entités juridiques. Les conditions requises dans l'arrêt *ICI* sont doubles et ont été ensuite précisées dans l'arrêt *AEG*, dès lors qu'il faut établir à la fois la possibilité pour la société mère d'influencer de manière déterminante le comportement de ses filiales, ce qui est prouvé de manière classique *via* la détention de la totalité ou de la majorité du capital, et l'exercice effectif du

1335 CJCE, 14 juillet 1972, aff. 48/69, Imperial Chemical Industries (ICI) c/ Commission, points 132 et 133.

pouvoir de direction[1336]. Dans une telle situation, la société mère et sa filiale font partie d'une même unité économique et, partant, forment une seule entreprise[1337]. Ainsi, au-delà de la société dont la responsabilité est directement mise en cause pour avoir participé à des pratiques, le plus souvent une filiale, c'est tout le groupe auquel elle appartient qui peut engager sa responsabilité. Le cas échéant, une amende est solidairement imposée à toutes les sociétés du groupe composant l'entreprise[1338].

437. **Réception de la notion d'entreprise par les autorités du REC.** Aussi séduisante soit en théorie la notion d'entreprise, sa réception dans les droits nationaux des États-membres n'a pas été aussi aisée qu'on ne peut l'imaginer. Les autorités du REC, en effet, n'ont pas toutes été immédiatement convaincues à l'idée de reprendre à leur compte la notion d'entreprise. En particulier, l'idée de poursuivre les sociétés mères pour les actes commis par leurs filiales n'allait pas de soi pour elles[1339]. L'approche allemande a longtemps été citée en contre-exemple à ce sujet, la poursuite des sociétés mères de filiales en infraction n'était pas juridiquement encadrée[1340]. À cet égard, le *Bundeskartellamt* considérait que la jurisprudence de l'Union relative à l'entreprise ne s'imposait pas à lui en ce que ces questions relevaient, selon lui, de l'autonomie procédurale et non de l'application de règles de fond[1341]. Il a fallu un tollé provoqué par l'affaire du « cartel de la saucisse »[1342], dans laquelle plusieurs sociétés appartenant à des groupes ont été délibérément liquidées pour échapper à l'imposition d'une amende, pour que la loi allemande soit réformée[1343].

438. **Réception de la notion d'entreprise en France.** Ce type de difficultés éprouvées en Allemagne ne sont pas sans rappeler celles rencontrées par le Conseil de la concurrence. En France, le problème qui s'est posé dans un premier temps a été le fait que les entreprises ne s'estimaient pas responsables de pratiques commises par leurs agences locales autonomes. Il

---

1336 CJCE, 25 octobre 1983, AEG-Telefunken c/ Commission, aff. 107/82, spéc. points 49 et 50.

1337 CJUE, du 20 janvier 2011, aff. C-90/09 P, General Química SA e. a. c/ Commission, point 38, et du 5 mars 2015, aff. jtes. C-93/13 P et C-123/13 P, Commission c/ Versalis SpA et Eni SpA, point 90.

1338 A. APEL, « Entreprise, amendes solidaires... et personnelles », *RLC* n° 43-2015, p. 79.

1339 Rapport annuel de l'Autorité pour l'année 2008, p. 204 à 208 qui fait état de décisions très motivées sur les raisons d'avoir ou non retenu la responsabilité des sociétés mères.

1340 I. M. BARSAN, « La personnalité des peines appliquées aux personnes morales en cas de fusion », *Revue des sociétés* 2018, p. 156.

1341 En tout état de cause, une telle position serait de plus en plus difficile à tenir pour une autorité du REC au regard des dispositions de la directive ECN+ qui imposent de rechercher la responsabilité de l'entreprise au sens du droit de la concurrence.

1342 La « Wurst » est prise très au sérieux en Allemagne ! (I. M. BARSAN, « La personnalité des peines appliquée aux personnes morales en cas de fusion », *Revue des sociétés* 2018, p. 156).

1343 Article 81 de la loi allemande sur la concurrence (GWB) et la note de T. WECK, P. RUMMEL, *Concurrences* n° 2-2017, p. 208 et de J. BROCK-WENZEK, « Closing the so called "Sausage gap" – Cartel fine procedures after the 9th amendment of the German Act against Restraints of Competition (GWB) », disponible sur le site hlregulation.com.

a même fallu un arrêt de l'Assemblée plénière de la Cour de cassation pour clarifier la situation[1344]. Ce sont ensuite les sociétés « coquilles vides »[1345], devenues délibérément sans activité aux fins d'éviter l'imposition d'une amende, qui ont causé les pires difficultés au Conseil de la concurrence. Concernant la poursuite des sociétés mères, le standard de preuves plus élevé[1346], jusqu'à la décision *Orange Caraïbe*[1347], a pu aussi jouer dans le choix du Conseil de la concurrence de poursuivre ou non les sociétés mères[1348]. Cette réticence ne s'explique pas seulement par les exigences probatoires en la matière, lesquelles ont été satisfaites dans les rares cas où les pratiques étaient imputées à la société mère[1349]. À l'époque, il n'y avait sans doute pas en France la volonté politique de poursuivre les sociétés mères en raison des pratiques illégales mises en œuvre par leurs filiales. Cette réticence semble bel et bien révolue, tant les pouvoirs publics en France s'orientent à l'heure actuelle vers une responsabilité accrue des sociétés mères[1350]. À cet égard, il n'y a plus aucun doute aujourd'hui sur le fait que la notion d'entreprise ait été parfaitement intégrée en droit français[1351].

439. **Opportunité de rechercher la responsabilité de la société mère ?** Le débat sur l'entreprise a, en réalité, très vite porté sur la politique et les conditions de mise en cause de la société mère pour les agissements de sa

---

1344 Cass., ass. plénière, 14 mars 1997, Spie Batignolles e. a., n° 94-15.133 et GTIE, n° 94-15237 et rapport annuel du Conseil de la concurrence pour l'année 2001, p. 128 et 129.

1345 V., *supra*, spéc. n° 267.

1346 V., *infra*, n°s 446 et 449.

1347 V. décision de l'Autorité n° 09-D-36 du 9 décembre 2009, Orange Caraïbe et la note d'A. L. SIBONY, *Concurrences* n° 1-2010, p. 107 et l'article d'A. KRENZER, « Présomption de responsabilité des sociétés mères du fait de leurs filiales en droit communautaire des pratiques anticoncurrentielles », *RLC* n° 15-2008, p. 111.

1348 V., par exemple, décisions du Conseil de la concurrence n° 08-D-25 du 29 octobre 2008, Secteur de la distribution de produits cosmétiques et d'hygiène corporelle vendus sur conseils pharmaceutiques (ci-après « Pierre Fabre »), para. 27 à 29 ; n° 08-D-33 du 16 décembre 2008, Appels d'offres de la ville d'Annecy et du conseil général de Haute-Savoie pour le transport par autocar, para. 128 et de l'Autorité n° 10-D-21 du 30 juin 2010 relative au respect, par les sociétés Neopost France et Satas, des engagements pris dans la décision du Conseil de la concurrence n° 05-D-49 du 28 juillet 2005, para. 96.

1349 V. décisions du Conseil n° 00-D-50 du 5 mars 2001, Pratiques mises en œuvre par la société Française des Jeux dans les secteurs de la maintenance informatique et du mobilier de comptoir (ci-après « Française des Jeux ») et n° 00-D-67 du 13 février 2001, Secteur de la vente d'espaces publicitaires visuels, et rapport annuel du Conseil de la concurrence pour l'année 2001, p. 127 et 128.

1350 Loi n° 2016-1691 relative à la transparence, à la lutte contre la corruption et à la modernisation de la vie économique du 9 décembre 2016, dite « Loi Sapin II » ; Loi relative au devoir de vigilance des sociétés mères et des entreprises donneuses d'ordre du 27 mars 2017 et décision du Conseil constitutionnel n° 2017-750 DC du 23 mars 2017 et la note de J. MARTINEZ, *Concurrences* n° 4-2017, p. 185.

1351 CA Paris, 26 février 2015, ECMA e. a., n° 2013/06663, p. 17 et la note d'A. RONZANO, *Concurrences* n° 2-2015, art. n° 73322.

filiale, autrement dit la question de l'imputation[1352]. Il n'est pas impératif, en effet, de considérer qu'une filiale et sa société mère forment une entreprise. Aussi loisible soit-elle pour les autorités de concurrence[1353], la mise en cause de la société mère est rapidement devenue plus qu'une simple faculté[1354]. Depuis le début des années 2000, la recherche de la responsabilité des sociétés mères s'est en effet largement intensifiée[1355]. Elle est devenue plus fréquente[1356], au point d'être aujourd'hui « automatique »[1357] sans qu'il y ait de raison particulière à invoquer dans la poursuite des groupes de sociétés[1358]. Parfois, ce ne sont même que les sociétés mères qui sont poursuivies et non leurs filiales lorsque ces dernières ont été liquidées[1359].

Cette politique de poursuite quasi systématique n'a cependant pas été approuvée de tous. À l'échelon européen, l'absence de critère dans la poursuite des sociétés mères avait été pointée du doigt par le Parlement européen[1360]. En France, le rapport Folz a préconisé par exemple que la responsabilité de la société mère doit être retenue dans les hypothèses où elle a participé à l'infraction, été indifférente quant aux agissements de sa filiale, voire négligente, dans la mise en œuvre au sein du groupe d'un programme de *compliance*[1361]. Ces objections, ainsi que celles des entreprises, n'ont néanmoins pas inversé cette pratique généralisée visant à

1352 Cette notion d'imputabilité a en réalité toujours été sous-jacente dans le débat sur la notion d'entreprise. Les premières décisions de la Cour de justice évoquaient déjà l'idée d'« imputer » l'infraction de la filiale à sa société mère dans les arrêts *ICI* et *AEG*.

1353 CJUE, 10 avril 2014, aff. C-247/11 P et C-253/11 P, Areva SA e. a. c/ Commission, point 49 et la note de M. BÉHAR-TOUCHAIS, *Revue des contrats* n° 4-2014, p. 730, G. DECOCQ, *CCC* n° 7-2014, comm. 165, L. IDOT, *Europe*, juin 2014, n° 6, p. 31 et Trib. UE, 14 juillet 2016, aff. T-146/09 RENV, Parker Hannifin Manufacturing Srl e. a. c/ Commission, point 141.

1354 CJCE, 24 septembre 2009, Erste Bank e. a., aff. jtes C-125/07 P, C-133/07 P, C-135/07 P et C-137/07 P, point 82 et Trib. UE, 13 juillet 2011, aff. T-39/07, Eni SpA c/ Commission, point 64 et CA Paris, 28 octobre 2010, Maquet e. a., n° 2010/03405, p. 15 et du 29 mars 2012, Lacroix Signalisation e. a., préc., p. 19. Pour aller plus loin, v. l'excellent article de L. IDOT, « La responsabilité pénale des personnes morales : Les leçons du droit européen de la concurrence », *Concurrences* n° 1-2012, p. 55.

1355 Dans une affaire de dimension locale, la DGCCRF a récemment tenu pour responsable des pratiques la société mère de ses filiales en infraction pour la première fois. V. communiqué de la DGCCRF, en 2018, Secteur du déménagement des militaires à Saint-Dizier et la note d'A. RONZANO, *L'actu-concurrence* n° 46/2018.

1356 M. DEBROUX, « Sanction des cartels en droit communautaire : Définition et conséquences d'une "responsabilité de groupe" », *Concurrences* n° 1-2008, p. 42.

1357 CJUE, 20 janvier 2011, aff. C-90/09 P, General Química e. a. c/ Commission, point 44.

1358 CA Paris, 27 octobre 2016, Beiersdorf e. a., n° 15/01673, points 160 à 166 confirmé par Cass. com., 27 mars 2019, L'Oréal e. a., n° E 16-26.472 e. a..

1359 CJUE, 14 septembre 2017, aff. jtes. C-588/15 P et C-622/15 P, LG Electronics e. a. c/ Commission, point 46 et s. et la note d'A. LACRESSE, *Concurrences* n° 4-2017, p. 153.

1360 Résolution du Parlement européen du 9 mars 2010 sur le rapport sur la politique de concurrence en 2008 (JOUE 2009/2173(INI)), point 50, qui « invite la Commission à définir des critères spécifiques selon lesquels les sociétés mères doivent être solidairement tenues pour responsables des comportements de cartel de leurs filiales ».

1361 Rapport Folz, p. 35.

imputer les pratiques de la filiale à sa société mère et à considérer qu'elles forment l'entreprise responsable des pratiques.

440. **Recherche quasi systématique de la responsabilité de la société mère.** En vérité, l'appréhension des groupes de sociétés est autant guidée par l'idée de dépasser la structure juridique qui a commis les pratiques que par la finalité d'infliger aujourd'hui une amende plus élevée. Cette recherche de responsabilité est un préalable obligatoire, en particulier pour la Commission[1362], pour pouvoir infliger des amendes plus élevées. Cette mise en cause de la société mère permet de « dépasser » le plafond de l'amende fixé à 10 % du chiffre d'affaires de la filiale et de pouvoir infliger une amende allant jusqu'à 10 % du chiffre d'affaires de la société mère[1363]. C'est ce qu'il convient d'appeler le déplafonnement du montant maximal de l'amende encourue. Ces enjeux pécuniaires sont donc en partie à l'origine de débats liés à la qualification d'une société mère et de sa filiale en une entreprise au sens du droit de la concurrence.

441. **Responsabilité de la société mère à raison de sa participation à l'infraction.** La responsabilité d'une société, fut-elle mère d'une autre, peut être d'abord prouvée à raison de son implication directe dans l'infraction. Il en est ainsi s'il est démontré sa participation aux réunions infractionnelles, sa connaissance et mise en œuvre des pratiques illicites, etc. Autrement dit, la mise en cause d'une société mère ne résulte pas toujours et seulement des pratiques commises par sa filiale[1364]. Il s'agit, à regret, d'une voie qui a été malheureusement oubliée par les autorités de concurrence[1365]. Lorsqu'elle est retenue à raison des pratiques relevées, la responsabilité d'une société mère peut même se cumuler avec celle découlant de sa qualité de société mère de la filiale qui a participé, elle aussi, à l'infraction constatée[1366]. C'est dans cette logique que l'Autorité, qui a clarifié cette situation, a déjà condamné une société mère en tant que « co-auteur et en sa qualité de société mère » de sa filiale ayant commis l'infraction[1367]. Comme il sera démontré plus loin, la preuve de l'implication directe de la société mère dans l'infraction est plus difficile à démontrer que sa mise en cause à raison de l'influence déterminante qu'elle a exercée sur la filiale. Une telle

---

1362 V., *supra*, n°s 269 et 270.

1363 Sur le plafond légal de l'amende infligée un groupe de sociétés, v., *supra*, n° 269.

1364 G. DECOCQ, « Synthèse du droit européen et français en matière d'imputabilité et de responsabilité civile et pénale », *Revues Dalloz*, 2015, p. 56.

1365 À tel point que le Tribunal semble avoir oublié qu'une société mère peut avoir elle-même concouru à l'infraction (Trib. UE, 12 décembre 2018, aff. T-677/14, Biogaran c/ Commission, points 206 à 227, spec. 211. Cet arrêt a été frappé d'un pourvoi dans l'aff. C-207/19 P).

1366 V., par exemple, décisions de l'Autorité n° 14-D-19, Produits d'hygiène et d'entretien, para. 1083 et s. et CA Paris du 27 octobre 2016, Beiersdorf e. a., n° 15/01673, points 56 et s. ; et n° 16-D-09 du 12 mai 2016, Treillis soudés, para. 396 à 399.

1367 V. décision de l'Autorité n° 17-D-14 du 27 juillet 2017, Distribution des produits de grande consommation en Outre-mer, para. 35 et 37. Cette décision n'a pas fait l'objet de recours.

responsabilité pour la société mère n'est que rarement retenue par l'Autorité et n'emporte, le cas échéant, aucune incidence particulière sur le *quantum* de l'amende[1368]. Elle est encore moins mise en œuvre par la Commission[1369].

442. **Responsabilité de la société mère à raison de son influence déterminante sur sa filiale.** La responsabilité de la société mère peut être également engagée en raison de l'influence déterminante qu'elle exerce sur la filiale qui a commis les pratiques. Selon une jurisprudence constante, « le comportement d'une filiale peut être imputé à la société mère notamment lorsque, bien qu'ayant une personnalité juridique distincte, cette filiale ne détermine pas de façon autonome son comportement sur le marché, mais applique pour l'essentiel les instructions qui lui sont données par la société mère, eu égard en particulier aux liens économiques, organisationnels et juridiques qui unissent ces deux entités juridiques »[1370]. Pour démontrer cette influence déterminante, il est nécessaire de prouver que la société mère était en mesure d'exercer cette influence déterminante et qu'elle l'a effectivement exercée sur sa filiale.

À l'origine d'une responsabilité de ce type, il y a l'idée qu'une société mère soit le véritable instigateur des pratiques illicites tout en avançant masquée derrière sa filiale[1371]. La filiale est en réalité l'instrument et l'écran utilisés dans la commission de l'infraction. Dans cette situation, il n'y a guère de doute sur le fait qu'il s'agisse d'une responsabilité personnelle, si bien que l'on peut parfois lire que la société mère et sa filiale doivent être considérées comme étant solidairement responsables de ladite infraction[1372]. Il peut également être considéré que la responsabilité de la société mère résulte, le cas échéant, de sa propre négligence[1373]. Cependant, toutes les sociétés mères n'ont pas forcément vocation ni l'envie, ni même la capacité

1368 CA Paris, 27 octobre 2016, Beiersdorf e. a., n° 15/01673, point 88 confirmé sur ce point par Cass. com., 27 mars 2019, L'Oréal e. a., n° E 16-26.472 e. a., p. 66.

1369 V., par exception, décision de la Commission, 28 mars 2012, EPH. e. a., COMP/39 793, cons. 77 à 81. Dans cette affaire, la société filiale et la mère ont chacune été considérées comme auteur d'une infraction portant sur le refus de se soumettre à une inspection. Il n'est pas impossible que la Commission ait eu un doute sur le fait que la notion d'entreprise puisse être utilisée pour des infractions autres que celles prévues aux articles 101 et 102 du TFUE.

1370 CJUE, du 26 janvier 2017, aff. C-625/13 P, Villeroy & Boch AG c/ Commission, point 146 ; du 10 avril 2014, aff. C-231/11 P e. a., Commission c/ Siemens e. a., point 46 ainsi que la jurisprudence citée.

1371 CJCE, 11 décembre 2007, aff. C-280/06, ETI e. a., point 41 ainsi que la jurisprudence citée et, sur cette question, P. PATAT, P. GUIBERT, « L'imputabilité du comportement anticoncurrentiel d'une filiale dont la totalité du capital est détenue par sa société mère, encore et toujours... », *RLC* n° 28-2011, n° 1885.

1372 CJUE, 10 avril 2014, aff. jtes. C-231/11 P e. a., Commission c/ Siemens e. a., point 49 et les notes de M. BÉHAR-TOUCHAIS, *Revue des contrats*, n° 4-2014, p. 730 et *Revue des contrats*, n° 3-2017, p. 505.

1373 Il est renvoyé aux termes de l'article 23, 2. du règlement n° 1/2003 qui prévoit que la Commission peut « infliger des amendes aux entreprises et associations d'entreprises lorsque, de propos délibéré ou par négligence : a) elles commettent une infraction aux dispositions de l'article 81 ou 82 du traité ».

de vouloir interférer dans toutes les activités de leurs filiales. La responsabilité de la société mère découle alors exclusivement du comportement infractionnel de sa filiale. Cette question renvoie à l'exigence d'une preuve de l'influence déterminante exercée par la société mère sur sa filiale.

443. **Responsabilité personnelle.** Il ressort d'une jurisprudence constante que lorsqu'une entreprise a enfreint les règles de concurrence, il lui incombe selon le principe de la responsabilité personnelle de répondre de cette infraction[1374]. À cet égard, il est difficile d'envisager un régime de responsabilité différent à l'encontre d'une société mère eu égard à la nature quasi pénale, voire pénale du droit de la concurrence[1375]. Lorsque la société mère est directement impliquée dans l'infraction, il ne fait aucun doute que sa responsabilité personnelle est engagée. La réponse à cette question n'est toutefois pas aussi simple lorsque la responsabilité de la société mère, pour reprendre la distinction récemment opérée par le juge de l'Union[1376], découle exclusivement du comportement infractionnel de sa filiale.

Des auteurs très autorisés[1377], forts d'un courant jurisprudentiel quasi constant à ce sujet, considèrent que le principe de responsabilité personnelle n'est pas malmené puisque la société mère est personnellement condamnée

---

1374 CJUE, du 19 juillet 2012, Alliance One International e. a. c/ Commission, aff. C-628/10 P et C 14/11 P, point 42 ; du 10 avril 2014, aff. C-231/11 P e. a., Commission c/ Siemens e. a., point 44.

1375 En France, il est acquis de longue date que « nul n'est punissable qu'à raison de son fait personnel » (Cass. crim., 3 mars 1859, Bull. n° 69 ; 3 mars 1933, Bull. n° 49 ; 16 décembre 1948, Bull. n° 291, et du 28 février 1956, Bull. n° 205, JCP, II, 9304), règle légalement consacrée pour les personnes morales en 1994 par l'article 121-1 du Code pénal en ce qu'il dispose que « nul n'est responsable pénalement que de son propre fait ». L'appréhension des personnes morales en droit français de la concurrence ne ferait pas exception à la règle. C'est ce que l'on pourrait déduire du Conseil constitutionnel qui a décidé, à propos du plafond de l'amende infligée à un groupe de sociétés, que le fait de se référer au chiffre d'affaires du groupe auquel la société appartient « n'a ni pour objet ni pour effet de sanctionner le groupe pour des actes qu'il n'a pas commis » (V. décision du Conseil constitutionnel n° 2015-489 QPC du 14 octobre 2015, Société Grands Moulins de Strasbourg SA e. a., cons. 19 et la note de C. Lemaire et S. Naudin, *Concurrences* n° 1-2016, p. 179). En matière pénale, il existe quelques cas de responsabilité pénale du fait d'autrui (G. Decocq, « Synthèse du droit européen et français en matière d'imputabilité et de responsabilité civile et pénale », *Revues Dalloz*, 2015, p. 56), qui verrait une personne répondre pénalement d'une infraction matériellement commise par une autre personne. Mais derrière cette qualification, il y a toujours l'idée d'une faute commise par la personne qui se voit imputer l'infraction. Il s'en déduirait que « la responsabilité n'est pas engagée du seul fait d'autrui, mais que le fait d'autrui peut révéler la faute personnelle de celui qui a manqué à ses devoirs » (Rapport de la Cour de cassation de 1998, étude de P. Guerder, conseiller à la Cour de cassation, « La faute pénale non intentionnelle des fonctionnaires »), ce qu'il conviendra de mettre en lumière avec la jurisprudence relative au renversement de la présomption d'influence déterminante (V., *infra*, n°s 454 et s.).

1376 CJUE, du 17 septembre 2015, aff. C-597/13 P, Total SA e. a. c/ Commission, points 38 à 41 et du 27 avril 2017, aff. C-516/15 P, Akzo Nobel NV e. a. c/ Commission, point 49 et la note de D. Bosco, *CCC* n° 7-2017, comm. n° 155 ; Trib. UE, du 16 octobre 2013, aff. T-408/10, Roca Sanitario c/ Commission, point 201, et du 13 décembre 2018, aff. T-827/14, Deutsche Telekom AG c/ Commission e. a., points 497 à 499.

1377 M. Béhar-Touchais, S. Carval, « Le débiteur des dommages et intérêts dus en cas de pratique anticoncurrentielle », *Concurrences* n° 4-2015, n° 75837 ; L. Idot, « La responsabilité pénale des personnes morales : Les leçons du droit européen de la concurrence », *Concurrences* n° 1-2012, p. 55.

en raison des liens qui l'unissent à sa filiale, même si la société mère n'a pas participé formellement à l'infraction. L'arrêt *ICI* évoquait alors une « unité de comportement »[1378], comme si la société mère et sa filiale ne feraient plus qu'un. Dans quelques arrêts, il a même été dit que la société mère « est censée avoir commis elle-même l'infraction »[1379]. En d'autres termes, le respect des principes de la responsabilité personnelle et de la personnalité des peines s'apprécierait à l'échelle de l'entreprise[1380]. Cette responsabilité personnelle de l'entreprise, très clairement affirmée par la jurisprudence de l'Union, mais aussi française[1381], a pourtant été maintes fois contestée.

Il a pu d'abord être considéré que la responsabilité de la société mère pour des faits commis par sa filiale « heurte l'autonomie de la personnalité morale »[1382]. D'autres ne remettent pas en cause la notion d'entreprise, mais y voient néanmoins une exception au principe de la personnalité des peines[1383]. Un auteur très autorisé considère que le principe de responsabilité personnelle est appliqué avec une certaine « souplesse » en droit de la concurrence[1384]. Pour d'autres, il n'y a de responsabilité personnelle de la société mère qu'à la condition de démontrer les « actes positifs »[1385] qu'elle aurait commis. Dans beaucoup d'affaires, il est vrai que la condamnation d'une société mère n'est motivée que par le fait qu'elle détienne sa filiale à 100 %, alors même que son implication directe n'est pas prouvée. Sa responsabilité ne serait finalement liée qu'à la seule détention de la filiale ayant commis les pratiques. Certains se sont opportunément interrogés sur la création *ex nihilo* d'une responsabilité du fait d'autrui[1386]. Pour le juge de l'Union, il ne fait cependant aucun doute qu'il ne peut s'agir ni « d'un régime de responsabilité du fait d'autrui ni d'une responsabilité

1378 CJCE, ICI c/ Commission, préc..

1379 CJCE, 16 novembre 2000, aff. C-294/98 P, Metsä-Serla Oyj e. a. c/ Commission, point 28 et la note de L. IDOT, *Europe*, janvier 2001, comm. n° 30, p. 21 ; CJUE, du 26 novembre 2013, aff. C-50/12 P, Kendrion NV c/ Commission, point 55 et TPICE, du 8 octobre 2008, aff. T-69/04, Schunk GmbH e. a. c/ Commission, point 74 et la note d'É. BARBIER DE LA SERRE, *RLC* n° 18-2009, p.68.

1380 J-Ph. KOVAR, « Sanction des pratiques anticoncurrentielles et personnalité des peines », *Europe*, 2015, 362.

1381 CA Paris, 29 mars 2012, Lacroix signalisation e. a., préc., p. 20 et la note d'A. RONZANO, *Concurrences* n° 2-2012, art. n° 55815, confirmé par Cass. com., 28 mai 2013, Lacroix signalisation e. a., n° 12-18.577.

1382 C. PRIETO, « Responsabilité d'une société mère et participation d'une filiale à un cartel international », *Bulletin Joly Sociétés*, 2010, n° 1, Lextenso, p. 69.

1383 A. KRENZER, « Présomption de responsabilité des sociétés mères du fait de leurs filiales en droit communautaire des pratiques anticoncurrentielles », *RLC* n° 15-2008, p. 111.

1384 E. CLAUDEL, « Les sanctions en droit de la concurrence », *in* « Les sanctions en droit contemporain », vol. 1, La sanction, entre technique et politique, C. CHENAIS et D. FENOUILLET (dir.), *Dalloz*, 2012, p. 432 et 433.

1385 B. BOULOC, « Le principe de la responsabilité personnelle est-il en péril en droit de la concurrence ? », *in* « Les actes des ateliers de la DGCCRF : Imputabilité, sanctions, groupe », disponibles sur le site du ministère de l'Économie, p. 15.

1386 G. DECOCQ, « Synthèse du droit européen et français en matière d'imputabilité et de responsabilité civile et pénale », *Revues Dalloz*, 2015, p. 56.

récursoire des associés de personnes morales, mais d'un régime [*sui generis* ?] de responsabilité du fait que les sociétés concernées constituent une seule entreprise au sens de l'article 81 CE »[1387].

444. Consécration d'une responsabilité « dérivée » ? Les difficultés exposées aux deux précédents paragraphes ne sont sans doute pas étrangères aux précisions qui ont été récemment apportées à la nature de la responsabilité de la société mère du fait de ses filiales. Au vocabulaire d'une responsabilité personnelle de la société mère s'est en effet ajouté celui d'une responsabilité « dérivée ». Ce récent courant jurisprudentiel a fait dire à un auteur autorisé que le régime de responsabilité de la société mère en droit des pratiques anticoncurrentielles est « encore en cours d'élaboration »[1388]. Depuis l'arrêt *Tomkins*[1389], il est admis que, « dans la situation où la responsabilité de la société mère est purement dérivée de celle de sa filiale et dans laquelle aucun autre facteur ne caractérise individuellement le comportement reproché à la société mère, la responsabilité de cette société mère ne saurait excéder celle de sa filiale »[1390].

Cette responsabilité dérivée, voire « accessoire » selon l'arrêt *Tomkins*, ne vaudrait qu'à l'égard de « la société mère [qui] n'a pas participé matériellement à l'entente »[1391]. Elle a vu le jour pour faire face à plusieurs difficultés relatives aux amendes infligées solidairement à une filiale et à sa société mère. Il est vrai que le prolongement d'une responsabilité personnelle sur le terrain des sanctions aurait pu s'opposer à ce qu'une société mère bénéficie d'une réduction d'amende accordée à sa filiale par le juge. À ce stade, disons que l'application de cette jurisprudence *Tomkins* reste à géométrie variable[1392], pour ne pas dire confuse et contradictoire[1393].

1387 CJUE, du 29 septembre 2011, aff. C-521/09 P, Elf Aquitaine c/ Commission, point 88, et du 18 juillet 2013, aff. C-501/11 P, Schindler e. a. c/ Commission, point 95.

1388 B. CHEYNEL, « La responsabilité des sociétés mères du fait de leurs filiales » *in Contentieux du droit de la concurrence de l'Union européenne, Questions d'actualité et perspectives*, V. GIACOBBO PEYRONNEL, C. VERDURE (dir.), 2017, *Larcier*.

1389 CJUE, 22 janvier 2013, aff. C-286/11 P, Commission c/ Tomkins, points 37, 39, 43 et 49 et la note de L. IDOT, *Europe*, mars 2013, comm. n° 3, p. 29 et É. BARBIER DE LA SERRE, *RLC* n° 35-2013, n° 35, p. 96.

1390 CJUE, du 17 septembre 2015, aff. C-597/13 P, Total SA e. a. c/ Commission, point 38 ; du 19 janvier 2017, aff. C-351/15 P, Commission c/ Total SA e. a., point 44 ; CA Paris, du 2 février 2017, GEA Group e. a., n° 13/13058, points 75 et s..

1391 Trib. UE, 16 octobre 2013, aff. T-408/10, Roca Sanitario c/ Commission, point 201.

1392 CJUE, 27 avril 2017, aff. C-516/15 P, Akzo Nobel NV e a. c/ Commission, et la note de M. BÉHAR-TOUCHAIS, *Revue des contrats* n° 3-2017, p. 505 et de D. BOSCO, *CCC* n° 7-2017, comm. n° 155.

1393 Une société mère peut bénéficier de la jurisprudence *Tomkins* et voir son amende réduite lorsque sa filiale parvient à réduire la durée de l'infraction (CJUE, aff. C-286/11 P, Tomkins, préc. ; aff. C-597/13 P, Total, préc.), à faire annuler une décision qui a porté atteinte aux droits de la défense (CA Paris, GEA, préc.). Une société mère a aussi le droit de ne pas se voir infliger une amende supérieure à celle de sa filiale (Trib. UE, aff. T-264/12, UTi, préc.). De façon assez contradictoire, il n'en a cependant pas été jugé ainsi lorsque la différence entre la filiale et la mère s'explique en raison du plafond de la sanction (CJUE, aff. C-50/12 P, Kendrion, préc.), de la prescription (CJUE, aff. C-516/15 P, Akzo, préc.), de la faillite de la filiale non poursuivie (CJUE, aff. 588 et 622/15 P,

En tout état de cause, ce courant jurisprudentiel ne semble toutefois prévaloir qu'en matière d'amende, comme semblent l'indiquer quelques décisions rendues[1394].

§ 2 – La délimitation capitalistique de l'entreprise

445. **Division.** L'entreprise est un mécanisme qui visait initialement à dépasser la personne morale et à appréhender la réalité économique de l'auteur de l'infraction. Or, la question de la délimitation de l'entreprise s'est rapidement posée en droit des pratiques anticoncurrentielles et, en particulier, la mise en cause des sociétés mères du fait de leurs filiales. Il semble que ce soit la méthode probatoire utilisée dans la qualification de l'entreprise qui l'ait, *in fine*, réellement circonscrite. D'une méthode probatoire capitalistique applicable à l'ensemble des entreprises et *de facto* incontestable, en résulte essentiellement une entreprise délimitée par ses liens capitalistiques. C'est ainsi qu'il conviendra d'examiner le champ d'application élargi de la présomption capitalistique (A), avant que ne soit démontré et analysé le caractère irréfragable de cette présomption (B).

A) – Le champ d'application élargi de la présomption capitalistique

446. **Charge probatoire avant la présomption capitalistique.** Il n'est pas exagéré de dire qu'il régnait un certain flottement sur le standard de preuves applicable à la mise en cause d'une société mère pour les agissements de sa filiale[1395]. L'avocat général Bot parlait quant à lui d'incertitude[1396]. Dès 1983, la Cour de justice avait pourtant jugé qu'il était superflu de rechercher des éléments attestant de l'influence déterminante d'une société mère dès lors qu'elle détenait sa filiale à 100 %[1397]. Mais la question se posait toujours de savoir si la détention capitalistique de la filiale était suffisante en soi ou s'il était nécessaire de la corroborer avec un ou plusieurs indices supplémentaires (méthode dite de la « double base »)[1398]. Il avait pu être soutenu que cette dernière approche, plus exigeante, ressortait de l'arrêt

---

LG Electronics et Koninklijke Philips Electronics, préc.), ou encore de l'inéligibilité à la clémence de l'ancienne société mère (Trib. UE, aff. T-384/09, SKW, préc.). Comprenne qui pourra !

1394 Trib. UE, 29 février 2016, aff. T-264/12, UTi Worldwide e. a. c/ Commission, point 329 et CA Paris du 19 mai 2016, Mobilitas e. a., n° 2014/25803, p. 10 et s..

1395 D. Bosco, C. Prieto, *Droit européen de la concurrence : Ententes et abus de position dominante*, Bruylant, 2013, n° 386.

1396 Conclusions de l'avocat général Bot du 26 octobre 2010 dans les aff. jtes. C-201/09 P et C-216/09 P, ArcelorMittal Luxembourg SA e. a. c/ Commission, point 200.

1397 CJCE, 25 octobre 1983, AEG-Telefunken c/ Commission, aff. 107/82, point 50.

1398 CJUE, 19 juillet 2012, aff. C-628/10 P et C-14/11 P, Alliance One International e. a. c/ Commission, point 51 et la note de C. Sarrazin, *Concurrences* n° 4-2012, p. 66.

Stora de la Cour de justice[1399]. Cette approche avait par ailleurs été reprise par le Tribunal, ce dernier jugeant que la détention capitalistique « ne suffit pas, à [elle] seul[e], pour permettre d'imputer la responsabilité du comportement de la filiale à la société mère. Un élément supplémentaire par rapport au taux de participation reste nécessaire, mais il peut être constitué par des indices. Cet élément supplémentaire ne doit pas forcément résider dans la preuve d'instructions effectivement données par la société mère à la filiale pour que celle-ci participe à l'entente »[1400]. De telles considérations doivent être toutefois replacées dans le contexte d'une époque où la mise en cause des sociétés mères n'était pas aussi automatique qu'elle l'est aujourd'hui à l'échelon européen et encore moins en France[1401].

447. **Présomption capitalistique et allègement de la charge probatoire.** Cette controverse sur le standard de preuves a pris fin avec le célèbre arrêt *Akzo* rendu dans l'affaire de la *Chlorure de choline*[1402]. Sur pourvoi, la Cour de justice a très clairement jugé que lorsqu'« une société mère détient 100 % du capital de sa filiale ayant commis une infraction aux règles [...] de la concurrence, d'une part, cette société mère peut exercer une influence déterminante sur le comportement de cette filiale, et, d'autre part, il existe une présomption réfragable selon laquelle ladite société mère exerce effectivement une influence déterminante sur le comportement de sa filiale »[1403]. S'il fallait, la Cour enfonce le clou et précise qu'« il suffit que la Commission prouve que la totalité du capital d'une filiale est détenue par sa société mère pour présumer que cette dernière exerce une influence déterminante sur la politique commerciale de cette filiale. La Commission

---

1399 CJCE, 16 novembre 2000, aff. C-286/98 P, Stora Kopparbergs Bergslags c/ Commission, points 27 à 29, et conclusions de l'avocat général Mischo sous cet arrêt, points 17 à 62.

1400 TPICE, 26 avril 2007, aff. T-109/02 e. a., Bolloré e. a. c/ Commission, point 132 et la note de G. DECOCQ, *RJ com.*, 2007, p. 292.

1401 Lorsque la mise en cause d'une société mère était envisagée, l'examen très circonstancié du Conseil de la concurrence portait sur l'autonomie dont disposait ou non la filiale vis-à-vis de la société mère qui la contrôlait (V. décision du Conseil n° 03-D-17 du 31 mars 2003, Marché de la distribution des carburants sur autoroutes, para. 126 à 128 et n° 04-D-32 du 8 juillet 2004, Groupe Decaux, para. 165 à 170 et l'article de L. ARCELIN-LÉCUYER, *RLC* n° 27-2011, p. 26). Certes, le Conseil a considéré qu'il pouvait « présumer qu'une filiale à 100 % applique pour l'essentiel les instructions qui lui sont données par sa société mère, sans devoir vérifier si la société mère a effectivement exercé ce pouvoir ». Il évoquait néanmoins la démonstration de la preuve contraire (décision du Conseil n° 06-D-07 bis* du 21 mars 2006, Drapo, para. 555 à 557). Ce standard de preuve n'avait rien d'insurmontable, le Conseil n'avait pas été contredit lorsqu'il avait imputé les pratiques à la société mère dans les décisions n° 00-D-50 du 5 mars 2001, Française des Jeux, et n° 00-D-67 du 13 février 2001, Secteur de la vente d'espaces publicitaires visuels (rapport annuel du Conseil pour l'année 2001, p. 127 et 128).

1402 V. décision de la Commission, 9 décembre 2004, Chlorure de choline (JOCE 2005, L 190, p. 22), confirmée par TPICE, 12 décembre 2007, aff. T-112/05, Akzo Nobel e. a. c/ Commission et la note de L. IDOT, *Europe*, février 2008, comm. n° 60, p. 28 et M. DEBROUX, *Concurrences*, n° 1-2008, p. 106.

1403 CJUE, 10 septembre 2009, aff. C-97/08 P, Akzo Nobel NV e. a. c/ Commission, point 60 et la note de L. IDOT, *Europe*, novembre 2009, comm. n° 427, p. 35, M. DEBROUX, *Concurrences* n° 4-2009, p. 93 et É. BARBIER DE LA SERRE, *RLC* n° 22-2010, p. 75.

sera en mesure, par la suite, de considérer la société mère comme solidairement responsable pour le paiement de l'amende infligée à sa filiale, à moins que cette société mère, à laquelle il incombe de renverser cette présomption, n'apporte des éléments de preuve suffisants de nature à démontrer que sa filiale se comporte de façon autonome sur le marché ».

448. **Légalité de la présomption capitalistique.** De cette présomption entièrement favorable à la Commission, tout a été dit en bien comme en mal. Cette règle probatoire, ou cet éclaircissement n'a depuis lors plus été modifié malgré les doutes exprimés par l'avocat général Bot dans l'arrêt *ArcelorMittal*[1404]. Certains auteurs nomment cette présomption « Akzo », du nom de l'entreprise qui l'a fait consacrer. Pour d'autres, il s'agit d'une présomption « parentale » ou « de responsabilité »[1405]. Dans le cadre des prochains développements, c'est le terme de « capitalistique »[1406] qui a été choisi pour la qualifier. Dans le cadre de ces nombreux recours, le juge de l'Union et le juge français ont eu l'occasion d'écarter tous les arguments tirés de la violation de principes fondamentaux qui avaient été invoqués à l'instar du respect de l'égalité des armes[1407], la présomption d'innocence[1408], le principe de responsabilité personnelle[1409], de légalité et de sécurité juridique[1410], l'égalité de traitement[1411], ou encore les principes d'autonomie de la personne morale[1412]. Il a également été dit que la présomption capitalistique était proportionnée au but légitime poursuivi[1413], à savoir l'exercice d'une influence déterminante de la société mère sur sa filiale[1414]. Comme Madame Idot l'a très justement dit, on ne voit plus quel principe de droit serait aujourd'hui susceptible de remettre en cause la légalité de la présomption capitalistique[1415].

1404 Conclusions de l'avocat général Bot présentées le 26 octobre 2010 sous CJUE, aff. jtes. C-201/09 P et C-216/09 P, ArcelorMittal Luxembourg e. a. c/ Commission, point 204 et la note de N. JALABERT-DOURY, *Concurrences* n° 2011-2, p. 95.

1405 CJUE, 18 juillet 2013, aff. C-501/11 P, Schindler e. a. c/ Commission, point 111.

1406 M. DEBROUX, « Sanction des cartels en droit communautaire : Définition et conséquences d'une "responsabilité de groupe" », *Concurrences* n° 1-2008, p. 42.

1407 CJUE, ord., 2 février 2012, C-404/11 P, Elf Aquitaine SA c/ Commission, points 35 à 39.

1408 CJUE, 14 septembre 2016, aff. C-490/15 P, Ori Martin SA c/ Commission, point 107.

1409 Trib. UE, 16 septembre 2013, aff, T-496/07, Repsol e. a. c/ Commission, points 146 et s..

1410 CJUE, 29 septembre 2011, aff. C-521/09 P, Elf Aquitaine SA c/ Commission, points 87 et s..

1411 *Ibidem*, point 95.

1412 CJUE, 18 juillet 2013, aff. C-501/11 P, Schindler e. a. c/ Commission, point 80.

1413 CJUE, aff. C-501/11 P, Schindler e. a. c/ Commission, préc., point 108.

1414 Trib. UE, 2 juin 2016, aff. jtes. T-426/10 à T-429/10, T-438/12 à T-441/12, Moreda-Riviere Trefilería e. a. c/ Commission, points 321 et 322.

1415 L. IDOT, « La responsabilité pénale des personnes morales : Les leçons du droit européen de la concurrence », *Concurrences* n° 1-2012, p. 55.

449. Réception de la présomption capitalistique en France. Il pourrait être curieux, de prime abord, de parler de l'application en droit français de la présomption capitalistique utilisée en droit de l'Union. Il s'agit, en effet, d'une question qui renvoie au standard de preuves dans la démonstration de l'entreprise. Comme en Allemagne, l'Autorité aurait pu décider que la présomption capitalistique relevait de l'autonomie procédurale et qu'elle n'était pas contrainte de l'appliquer. De doute, il n'y en eut point dans l'esprit de l'Autorité, qui n'attendit que 3 mois jour pour jour après l'arrêt *Akzo* pour reprendre la présomption capitalistique à son compte[1416], la considérant comme une règle de fond[1417], d'abord lorsque les dispositions du TFUE étaient visées[1418], et ensuite lorsque les infractions relevaient des seules dispositions nationales[1419].

Certes, il peut s'entendre que la notion d'entreprise relève des règles de fond qui s'imposent à l'Autorité. Mais que cette dernière justifie l'application de la présomption capitalistique aux fins de qualifier une entreprise comme étant également une règle de fond, alors qu'elle évoque l'objectif d'avoir un « standard de preuve unique »[1420], nous semble contradictoire[1421]. Comme en droit de l'Union au demeurant, la présomption capitalistique a été ensuite consolidée par la cour d'appel de Paris[1422], ainsi que par la Cour de cassation[1423]. Elle est désormais parfaitement ancrée dans le droit français des pratiques anticoncurrentielles.

450. Large champ d'application de la présomption capitalistique. Le référentiel initial de la présomption capitalistique voulait qu'une société mère et sa filiale détenue à 100 % forment l'entreprise qui peut être condamnée. Interprétée aussi strictement, cette présomption aurait été finalement assez simple à déjouer. Très vite, les juridictions de l'Union ont eu à préciser et à affirmer un large champ d'application de la présomption

---

1416 V. décisions de l'Autorité n° 09-D-36, Orange Caraïbe, para. 411 et s., et n° 11-D-13, Travaux d'électrification, para. 350 et la note de S. CHOLET, *RLC* n° 30-2012, p. 26.

1417 CA Paris, 19 mai 2016, Mobilitas e. a., n° 2014/25803, p. 6 et l'article d'I. LUC, « L'approche des juridictions européennes et françaises en matière d'imputabilité et les incidences sur le montant de la sanction pécuniaire », *Revues Dalloz*, 2015, p. 58.

1418 V. décision de l'Autorité n° 09-D-36, Orange Caraïbe, para. 424 et la note d'A.-L. SIBONY, *Concurrences* n° 1-2010, p. 107.

1419 V. décision de l'Autorité n° 11-D-02, Monuments historiques, para. 597 et la note de N. JALABERT-DOURY, *Concurrences* n° 2-2011, p. 106.

1420 V. décision de l'Autorité n° 11-D-02, Monuments historiques, para. 587 et s..

1421 M. BÉHAR-TOUCHAIS, S. CARVAL, « Le débiteur des dommages et intérêts dus en cas de pratique anticoncurrentielle », *Concurrences* n° 4-2015, p. 84 et M. BAILLAT, *La preuve en droit des pratiques anticoncurrentielles*, M. BÉHAR-TOUCHAIS (dir.), th. Univ-Paris 1 - Panthéon-Sorbonne, 2014, n° 15 et s..

1422 CA Paris, du 29 mars 2012, Lacroix signalisation e. a., n° 2011/01228 ; du 4 juillet 2013, Orange Caraïbe e. a., n° 2012/05160, p. 29 à 31 ; du 19 mai 2016, Mobilitas e. a., n° 2014/25803 ; du 27 octobre 2016, Beiersdorf e. a., n° 15/01673 et du 19 juillet 2018, Chronopost e. a., n° 2016/01270.

1423 Cass. com., 6 janvier 2015, Orange Caraïbe e. a., n° B 13-21.305 et A 13-22.477 et 18 octobre 2017, Mobilitas e. a., n° 16-19120.

capitalistique pour que celle-ci demeure effective au vu des divers montages juridiques adoptés par les groupes de sociétés[1424].

451. **Présomption capitalistique et détention inférieure à 100 %.** La présomption capitalistique aurait pu être contournée, par exemple, par une détention inférieure à 100 %. C'est pour cela que les juridictions ont considéré que cette présomption joue également lorsqu'une société mère ne détient pas la totalité du capital de sa filiale, mais la quasi-totalité de celui-ci[1425]. À ce jour, la détention d'une société à hauteur de 99 %[1426], de 97 %[1427], voire 95 %[1428], n'a pas empêché une société mère de subir la présomption. Dans l'affaire du *Conditionnement alimentaire destiné à la vente au détail*[1429], la Commission a même considéré qu'une détention capitalistique de 93,864 % était suffisante[1430]. Elle se serait toutefois autolimitée à ne pas se prévaloir de la présomption capitalistique lorsque la détention est inférieure à 80 %[1431]. Dans l'arrêt *HSE*, le Tribunal semble avoir jugé qu'une détention de 74 % est insuffisante pour que la présomption puisse jouer[1432].

Par ailleurs, le contrôle conjoint d'une filiale par deux ou plusieurs sociétés d'un même groupe ne semble pas faire échec à l'application de cette

---

[1424] P. PATAT, P. GUIBERT, « L'imputabilité du comportement anticoncurrentiel d'une filiale dont la totalité du capital est détenue par sa société mère, encore et toujours… », *RLC* n° 28-2011, n° 1885.

[1425] CJUE, aff. C-155/14 P, Evonik Degussa GmbH e. a. c/ Commission, préc., point 28 et aff. C-501/11, Schindler e. a. c/ Commission, préc., point 108 et la jurisprudence citée.

[1426] CJUE, du 8 mai 2013, aff. C-508/11 P, Eni SpA c/ Commission, point 49 et la note de L. IDOT, *Europe*, juillet 2013, comm. n° 7, p. 40.

[1427] Trib. UE, 17 mai 2011, aff. T-299/08, Elf Aquitaine c/ Commission, points 41 à 43, 55 et 56 et la note de G. DECOCQ *CCC* n° 8-9-2011, comm. 194 et de L. IDOT, *Europe*, juillet 2011, comm. n° 7, p. 28.

[1428] TPICE, 8 mars 2007, aff. T-340/04, France Télécom SA c/ Commission, points 41 et 62 et l'article de L. ARCELIN, « La Responsabilité de la société mère du fait des agissements de sa filiale : une présomption devenue irréfragable ? » *in* « Les actes des ateliers de la DGCCRF : Imputabilité, sanctions, groupe », disponible sur le site du ministère de l'Économie, p. 4.

[1429] V. décision de la Commission du 24 juin 2015, Conditionnement alimentaire destinée à la vente au détail, cons. 848, 874 et 932 confirmée sur ce point par Trib. UE, 11 juillet 2019, aff. T-522/15, CCPL e. a. c/ Commission, points 83 à 94. Cet arrêt a été frappé d'un pourvoi dans l'aff. C-706/19 P.

[1430] En France, l'Autorité a considéré qu'une détention évoluant entre 91,83 % et 92,47 % permettait de présumer l'influence déterminante de la société mère sur sa filiale, tout en rapportant au surplus des éléments additionnels de preuve (V. décision de l'Autorité du 17 décembre 2019 n° 19-D-24, Compotes, para. 576 et s.). Cette affaire est pendante devant la cour d'appel de Paris.

[1431] V. décision de la Commission, 15 octobre 2008, Bananes, cons. 384 et Trib. UE, 14 mars 2013, aff. T-587/08, Fresh Del Monte Produce c/ Commission, point 70. De son côté, l'Autorité a considéré qu'une détention de 58,9 % des parts du capital d'une société était insuffisante pour présumer de l'exercice d'une influence déterminante (V. décision n° 19-D-11 du 29 mai 2019, Secteur de la commercialisation de réactifs et consommables pour laboratoires hospitaliers sur le territoire de la Guyane, para. 87).

[1432] Trib. UE, 13 décembre 2013, aff. T-399/09, Holding Slovenske elektrarne d.o.o. (HSE) c/ Commission, points 21 à 28 et la note de M. DEBROUX, *Concurrences* n° 1-2014, p. 59. Cet arrêt n'a pas fait l'objet de pourvoi.

présomption[1433]. Il n'en est cependant pas de même lorsque la filiale est détenue, à parts égales ou non, par deux sociétés mères indépendantes l'une de l'autre (entreprise commune)[1434]. Dans cette dernière situation, l'influence déterminante exercée sur cette société commune devra être démontrée sur la base d'un ensemble d'éléments factuels[1435].

452. **Présomption capitalistique et sociétés interposées.** La présomption capitalistique ne joue pas seulement pour une entreprise binaire composée d'une mère et de sa filiale. Il n'est pas possible d'échapper à la présomption capitalistique pour une société mère qui détient indirectement, par l'intermédiaire d'une ou plusieurs sociétés, la société qui a commis l'infraction. Une autorité de concurrence n'hésite pas à remonter à quatre[1436], cinq[1437], six sociétés[1438], voire plus[1439]. Il y a même lieu d'ajouter que ces sociétés interposées voient leur responsabilité engagée[1440]. Il est donc possible de condamner la fille, la mère, la grand-mère, etc. La question se pose d'une éventuelle limite dans la chaîne de responsabilité[1441]. Cette limite est celle des liens capitalistiques tels qu'ils fondent l'entreprise selon les autorités de concurrence[1442].

1433 Trib. UE, 27 septembre 2012, aff. T-343/06, Shell Petroleum e. a. / Commission, point 51 et la note de C. ROBIN, *RLC* n° 2013-34, p. 33. Shell Petroleum s'est désistée sur pourvoi (CJUE, ord., 11 avril 2013, aff. C-585/12 P).

1434 Il semble que la Commission se limite à retenir la responsabilité de deux sociétés mères en cas d'infraction commise par une société détenue par plusieurs sociétés mères indépendantes. Dans l'affaire des *Appareillages de commutation à isolation gazeuse*, les deux sociétés mères Hitachi (50 %) et Fuji (30 %) ont été déclarées solidairement responsables de leur filiale commune Japan AE Power systems Corp., alors que la troisième société mère Meidensha (20 %) n'a pas été inquiétée (Trib. UE, 12 juillet 2011, aff. T-132/07, Fuji Electric c/ Commission, points 7 et 18).

1435 CJUE, du 26 septembre 2013, aff. C-179/12 P, The Dow Chemical Company c/ Commission, point 58 et du 18 janvier 2017, aff. C-623/15 P, Toshiba Corp. c/ Commission, point 48 et la note de G. DECOCQ, *CCC* n° 4-2017, comm. n° 86.

1436 V., par exemple, décisions de l'Autorité n° 14-D-19, Produits d'hygiène et d'entretien, para. 746, n° 15-D-19, Messageries, para. 517 et de la Commission, 31 mai 2006, Methacrylates, cons. 28, (b) du résumé.

1437 V., par exemple, décisions de la Commission, 21 février 2007, Ascenseurs et escaliers, préc., cons. 608 et de l'Autorité, n° 13-D-12, Commodités chimiques, préc., para. 507 et n° 17-D-27, Brenntag II, para. 27 à 32.

1438 V., par exemple, décision de la Commission, du 11 mars 2008, Déménagements internationaux, cons. 21, (a) et (d) du résumé.

1439 V., par exemple, décision de la Commission, du 21 février 2007, Ascenseurs et escaliers, cons. 633 et s. et Trib. UE, 13 juillet 2011, aff. T-144/07, T-147/07, T-148/07, T-149/07, T-150/07 et T-154/07, ThyssenKrupp Liften Ascenseurs e. a. c/ Commission, points 104 et s. et la note de L. IDOT, *Europe*, octobre 2011, comm. n° 10, p. 34.

1440 CJUE, 20 janvier 2011, aff. C-90/09 P, General Química e. a. c/ Commission, points 86 à 90 et la note de L. IDOT, *Europe*, mars 2011, comm. n° 3, p. 21 et l'article d'A. WINCKLER, « Parent's Liability : New case extending the presumption of liability of a parent company for the conduct of its wholly owned subsidiary », *Journal of ECL*, 2011, vol. 2, n° 3, p. 231.

1441 L. ARCELIN-LÉCUYER, « Imputabilité de l'infraction au sein d'un groupe : réception de la jurisprudence communautaire par l'Autorité de la concurrence », *RLC* n° 27-2011, p. 26.

1442 Il s'agit d'une chaîne capitaliste limitées aux personnes morales et il importe de rappeler que les actionnaires ou associés personnes physiques de ces personnes morales en infraction ne sont pas

En visant la société faîtière, l'Autorité et la Commission peuvent ensuite se référer au chiffre d'affaires consolidé de cette société[1443], si bien que le plafond de l'amende est déterminé en incorporant possiblement les chiffres d'affaires réalisés par d'autres filiales qui n'ont pas participé à l'infraction[1444]. L'absence de mise en cause des filiales a été jugée sans incidence, il n'est pas requis de la part de la Commission qu'elle fasse « la démonstration que chaque filiale composant le groupe ne détermine pas de façon autonome son comportement sur le marché »[1445].

453. **Application intensive de la présomption capitalistique.** Contrairement à ce qu'énoncent parfois les juges français ou de l'Union, le cas dans lequel une autorité de concurrence peut considérer qu'« une société mère exerce effectivement une influence déterminante sur sa filiale, ce qui permet de lui imputer le comportement infractionnel de cette dernière » n'a rien de particulier[1446]. Il est rare, en effet, que les sociétés mères ne détiennent pas la totalité ou la quasi-totalité de leurs filiales et ne soient pas poursuivies au moyen de la présomption capitalistique. Cette règle s'applique même à la très grande majorité des sociétés poursuivies. Il n'est pas contesté que cette seule exigence capitalistique constitue un allègement considérable de la charge de la preuve pour les autorités de concurrence[1447]. À la fois simple à démontrer et ensuite difficile, voire impossible à renverser, la présomption capitalistique est donc une arme redoutable pour les autorités de concurrence.

---

poursuivies par l'Autorité ou la Commission. (V., *supra*, n° 425 et note 1324 et, *infra*, n° 460). Cela n'empêche toutefois pas leur mise à contribution au paiement de l'amende (V., *infra*, n° 484).

1443 Sur la référence aux comptes consolidés, v., *supra*, n°s 269 à 273.

1444 CJUE, 26 novembre 2013, aff. C-58/12 P, Groupe Gascogne SA c/ Commission, point 52 ; Trib. UE, 27 mars 2014, aff. T-56/09 et T-73/09, Saint-Gobain e. a. c/ Commission, points 450 à 452 et la jurisprudence citée.

1445 CJUE, aff. C-58/12 P, Groupe Gascogne SA c/ Commission, points 19 et 57.

1446 Cass. com., du 18 octobre 2017, n° 16-19120, Mobilitas e. a., p. 10 ; CJUE, du 16 juin 2016, Evonik Degussa et AlzChem c/ Commission, aff. C-155/14 P, point 28, et du 26 janvier 2017, aff. C-625/13 P, Villeroy & Boch AG c/ Commission, point 147 et la note d'E. THOMAS, *Concurrences* n° 2-2017, p. 86.

1447 L. IDOT, « Réflexions sur l'évolution de la preuve des pratiques anticoncurrentielles devant les autorités de concurrence », *Concurrences* n° 4-2017, p. 45 et I. LUC, « L'approche des juridictions européennes et françaises en matière d'imputabilité et les incidences sur le montant de la sanction pécuniaire », *Revues Dalloz*, 2015, p. 58.

B) – Le caractère irréfragable de la présomption capitalistique

454. **Cadre juridique du renversement de la présomption capitalistique.** Dans l'arrêt *Akzo* à l'origine de la présomption « réfragable » de responsabilité, la Cour de justice avait jugé qu'une filiale et sa société mère pouvaient être qualifiées d'entreprise lorsque la filiale « applique pour l'essentiel les instructions qui lui sont données par la société mère », étant précisé qu'il n'est pas « requis d'établir l'implication personnelle de cette dernière dans l'infraction »[1448], et de terminer sa démonstration en concluant que « la responsabilité de la société mère ne saurait être considérée comme étant une responsabilité sans faute »[1449]. Dès lors que la Commission présume qu'une société mère est responsable des pratiques commises par sa filiale, il appartient à cette société mère de renverser cette présomption. La réalité de ce qui est à renverser n'est pas toujours dite avec simplicité. Le plus souvent, il incombe à une société mère de démontrer qu'elle n'a exercé aucune influence déterminante sur sa filiale et qu'en réalité, cette dernière « s'est comportée de façon autonome sur le marché »[1450]. Parfois, il incombe à une société de démontrer qu'elle n'appliquait pas « pour l'essentiel les instructions qui lui sont données par sa société mère »[1451]. Enfin, il a été exigé des sociétés qu'elles prouvent ne pas former une entreprise[1452], voire plusieurs des conditions exposées ci-dessus[1453].

455. **Éléments insusceptibles de renverser la présomption.** De très nombreuses requérantes ont essayé et tentent encore de renverser cette présomption, invoquant toute sorte d'argumentations qui n'ont eu de cesse d'être rejetées[1454]. En toute logique, l'absence d'influence déterminante n'est pas démontrée si la société mère n'a pas directement participé à l'infraction. Sa responsabilité reste engagée même si elle ne s'est pas immiscée dans la gestion de sa filiale. Son éloignement géographique de la filiale en cause, rendant plus difficile son contrôle, n'est également d'aucune pertinence[1455]. Peu importe encore que la société mère n'ait pas

---

1448 CJUE, aff. C-97/08 P, Akzo e. a. c/ Commission, point 59 et Trib. UE, 13 juillet 2011, ThyssenKrupp Liften Ascenseurs e. a. c/ Commission, point 95.

1449 CJCE, aff. C-97/08 P, Akzo c/ Commission, point 77.

1450 CJUE, 26 janvier 2017, aff. C-625/13 P, Villeroy & Boch AG c/ Commission, point 147.

1451 CJUE, aff. C-90/09 P, General Química e. a. c/ Commission, point 85 et les notes de M. DEBROUX, *Concurrences* n° 2011-2, p. 94 et de F. PICOD, *JCP G*, 2011, n° 5, p. 224.

1452 Cass. com., 18 octobre 2017, Mobilitas e. a., préc., p. 7 et la note de G. DECOCQ, *CCC* 2018, comm. 13 et CJUE, aff. C-521/09 P, Elf Aquitaine c/ Commission, points 56 et s..

1453 CA Paris, 19 mai 2016, Mobilitas e. a., n° 2014/25803, p. 6.

1454 Pour un panel des éléments insusceptibles de renverser la présomption, v. l'article de F. CHAPUT, « l'autonomie de la filiale en droit des pratiques anticoncurrentielles », *CCC* n° 1-2010, étude 1 et d'I. LUC, « L'approche des juridictions européennes et françaises en matière d'imputabilité et les incidences sur le montant de la sanction pécuniaire », *Revues Dalloz*, 2015, p. 58.

1455 Trib. UE, 16 novembre 2011, aff. T-72/06, Groupe Gascogne c/ Commission, point 132.

donné d'instruction pour commettre ou encourager l'infraction[1456]. D'autres moyens relatifs à l'autonomie structurelle ou organisationnelle de la filiale plus ou moins pertinents ont été développés parmi lesquels, pêle-mêle, l'absence de chevauchement de dirigeants entre la société mère et la filiale[1457], le fait que la société mère et sa filiale soient actives sur des marchés distincts[1458], ou bien encore l'octroi de pouvoirs étendus aux dirigeants de la filiale[1459], etc. À l'inverse, certains de ces faits peuvent constituer des éléments additionnels invoqués par les autorités de concurrence en vue de conforter ladite présomption[1460].

456. **Inopposabilité de l'absence de rôle joué par la société mère.** Il ressort de l'examen du renversement de la présomption capitalistique que l'absence de rôle joué par la société mère n'est en réalité d'aucune pertinence. La jurisprudence a clairement précisé qu'il ne s'agit pas d'une relation d'instigation entre la société mère et sa filiale dans le cadre de l'infraction. Il est donc indifférent que la société mère n'ait pas incité sa filiale à commettre une infraction ou qu'elle ne soit pas impliquée directement dans une telle infraction[1461]. En outre, n'est pas plus pertinent le fait de confier la gestion des activités courantes à la direction locale d'une filiale[1462]. De même, le fait que la société mère ait ignoré l'infraction commise par sa filiale ne lui permet pas non plus de s'exonérer[1463]. Cette absence totale d'implication de la société mère dans la commission de l'infraction pourrait prêter, en revanche, plus à discussion dans le cadre d'une responsabilité dite personnelle.

457. **Inopposabilité du rôle préventif et désapprobateur joué par la société mère.** Plusieurs sociétés mères ont, dès lors, tenté de renverser la présomption capitalistique en invoquant leur rôle préventif dans la commission des infractions et/ou leur désapprobation face aux pratiques mises en œuvre par leurs filiales. Derrière ces arguments, il y a l'idée d'avoir

---

1456 Trib UE, 13 juillet 2011, aff. T-138/07, Schindler e. a. c/ Commission, point 85.

1457 Trib. UE, du 14 juillet 2011, aff. T-190/06, Total et Elf Aquitaine c/ Commission, point 65, et décision de l'Autorité n° 13-D-12, préc., para. 850.

1458 Trib. UE, du 14 juillet 2011, aff. T-190/06, Total et Elf Aquitaine c/ Commission, précité, point 71 et CA Paris, 19 mai 2016, Mobilitas e. a., n° 2014/25803, p. 9.

1459 Trib. UE, 16 juin 2011, aff. T-185/06, L'Air Liquide SA c/ Commission, points 67 et s. et la note de N. TUOMINEN, *Revue du droit de l'Union européenne*, 2011, n° 3, p. 491 et CA Paris, du 4 juillet 2013, Orange Caraïbe e. a., n° 2012/05160, p. 29 à 31.

1460 P. PATAT, P. GUIBERT, « L'imputabilité du comportement anticoncurrentiel d'une filiale dont la totalité du capital est détenue par sa société mère, encore et toujours… », *RLC* n° 28-2011, n° 1885.

1461 TPICE, du 30 avril 2009, aff. T-12/03, Itochu c/ Commission, point 58, et Trib. UE, du 27 octobre 2010, aff. T-24/05, Alliance One International e. a. c/ Commission, précité, point 127, décision n° 12-D-10 du 20 mars 2012, Alimentation pour chiens et chats, para. 225 à 232 et décision n° 13-D-12, Commodités chimiques, para. 852.

1462 Trib. UE, du 13 septembre 2013, aff. T-566/08, Total Raffinage Marketing c/ Commission, point 528.

1463 Trib. UE, du 16 octobre 2013, aff. T-408/10, Roca Sanitario c/ Commission, point 61.

été une société mère de bonne foi. Ces moyens n'ont toutefois pas prospéré. Ainsi, l'adoption d'un code de conduite, présenté comme « un modèle du genre » (sic !)[1464], ne permet pas d'en déduire que la filiale déterminait sa politique commerciale de façon autonome. Dans le récent arrêt *Evonik Degussa*, la même conclusion s'impose pour la filiale qui a participé à l'infraction en contradiction flagrante avec les instructions qui lui ont été données par la société mère[1465]. *A contrario*, l'influence déterminante de la société mère sur sa filiale est démontrée quand bien même la filiale n'appliquerait pas toutes ses instructions[1466].

Au vu de la jurisprudence, il n'est pas exagéré de s'interroger sur ce que peut bien faire une société mère pour renverser la présomption parentale. Selon Monsieur l'avocat général Mengozzi dans l'arrêt *Evonik Degussa GmbH*, ce n'est qu'à condition de démontrer « que le non-respect de la part de la filiale des instructions adressées par la société mère était la règle que la présomption capitalistique peut être considérée comme renversée »[1467]. Une telle situation nous semble bien théorique dans la vie d'un groupe de sociétés et nous conforte dans l'idée que la présomption capitalistique ne peut, à ce jour, être renversée. Pour reprendre les termes d'un auteur très autorisé, la présomption ne peut pas être renversée, car, « en réalité, le simple exercice du pouvoir constitue l'influence déterminante »[1468].

458. Inopérance de la qualité de la société mère. Dans l'examen de l'influence déterminante d'une société mère sur sa filiale, la forme juridique du détenteur de la société ayant commis les pratiques n'est d'aucune importance. Par le passé, la Commission et l'Autorité avaient parfois renoncé à poursuivre les sociétés qui n'avaient, d'après elles, qu'une participation « purement financière »[1469] dans les sociétés en cause. Certaines formes juridiques traduisent, par nature, d'une non-immixtion dans les sociétés qu'elles détiennent, voire d'une complète ignorance de celles-ci, souhaitant seulement que leurs sociétés rapportent de l'argent par leurs activités ou leurs cessions. Dans l'affaire des *Déménagements internationaux*, une première brèche avait été ouverte avec un arrêt du Tribunal dans lequel une fondation n'avait pas été qualifiée d'entreprise au sens du droit de la concurrence. Le Tribunal avait notamment précisé que

---

1464 CJUE, aff. C-501/11 P, Schindler e. a. c/ Commission, préc., point 85.

1465 CJUE, 16 juin 2016, aff. C-155/14 P, Evonik Degussa e. a. c/ Commission, points 40 à 42 et la note de M. Debroux, *Concurrences* n° 3-2016, p. 58.

1466 CJUE, 24 juin 2015, aff. C-293/13 P et C-294/13 P, Fresh Del Monte Produce c/ Commission e. a., points 96 et 97 et la note de L. Atlee, C. Keres, *Journal of ECL*, 2016, vol. 7, n° 1, p. 25.

1467 Conclusions de l'avocat général Mengozzi sous CJUE, 16 juin 2016, aff. C-155/14 P, Evonik Degussa e. a. c/ Commission, point 61.

1468 G. Decocq, « Synthèse du droit européen et français en matière d'imputabilité et de responsabilité civile et pénale », *Revues Dalloz*, 2015, p. 56.

1469 V. décision de la Commission, Tabac brut espagnol, préc., cons. 375 et 376 et décision du Conseil n° 08-D-25, 29 octobre 2008, Pierre Fabre, para. 27 à 29.

« la simple détention de participations, même de contrôle, ne suffit pas à caractériser une activité économique de l'entité détentrice de ces participations, lorsqu'elle ne donne lieu qu'à l'exercice des droits attachés à la qualité d'actionnaire ou d'associé, ainsi que, le cas échéant, à la perception de dividendes, simples fruits de la propriété d'un bien »[1470]. Sur pourvoi, l'arrêt du Tribunal a été sèchement annulé sur ce point. À la question de savoir si le détenteur devait avoir une activité économique propre, la Cour l'a jugé « sans incidence »[1471]. Il est désormais constant que le fait d'être ou de se comporter comme une société holding de participation ne suffit pas à renverser la présomption d'imputabilité[1472].

459. **Adaptation de la présomption capitalistique.** La notion d'entreprise va aujourd'hui jusqu'à permettre de condamner des sociétés possédant des fonds de *private equity* eux-mêmes détenant une société qui a commis des pratiques anticoncurrentielles. Si l'on dépasse la forme juridique de l'auteur direct des pratiques, rien ne s'oppose à ce qu'il en soit de même de la forme juridique de celui qui le détient. Cette approche, qu'il convient d'approuver, n'a cependant rien de nouveau. Ce n'est même qu'un retour aux sources et à l'arrêt *Höfner*[1473]. Il y a aussi l'idée que le responsable est la personne morale qui retire les profits financiers de l'infraction, si bien que « la responsabilité suit l'argent »[1474].

Plus que la forme juridique, c'est aussi la forme de détention qui est sans pertinence. En sanctionnant Goldman Sachs dans l'affaire des *Câbles électriques*, la Commission a été jusqu'à aussi étendre la présomption capitalistique à l'égard d'une société qui a la possibilité d'exercer l'ensemble des droits de vote associés aux actions de sa filiale[1475], alors même qu'elle ne détient pas la totalité ou la quasi-totalité du capital de cette dernière[1476]. Ce n'est pas la détention capitalistique en soi qui fonde

---

1470 Trib. UE, 16 juin 2011, aff. T-208 et 209/08, Gosselin Group NV e. a. c/ Commission, point 48 et la note de C. SARRAZIN, *Concurrences* n° 3-2011, p. 101.

1471 CJUE, 11 juillet 2013, aff. C-440/11 P, Commission c/ Stichting Administratiekantoor Portielje e. a., point 43 et la note de L. IDOT, *Europe*, octobre 2013, comm. n° 10, p. 31 et C. ROBIN, *RLC* n° 37-2013, p. 30.

1472 Trib. UE, du 14 juillet 2011, aff. T-190/06, Total et Elf Aquitaine c/ Commission, point 68 ; du 11 juillet 2019, aff. T-523/15, Italmobiliare SpA c/ Commission, point 151 et CA Paris, du 18 décembre 2014, Sanofi SA e. a., n° 2013/12370, p. 26.

1473 CJCE, 23 avril 1991, aff. C-41/90, Klaus Höfner et Fritz Elser c/ Macrotron GmbH, point 21.

1474 G. DECOCQ, « Synthèse du droit européen et français en matière d'imputabilité et de responsabilité civile et pénale », *Revues Dalloz*, 2015, p. 56.

1475 V. décision de la Commission du 2 avril 2014, Câbles électriques, cons. 29 du résumé et la note de P. LINDFELT, « The European Commission find a company's private equity unit to be "jointly and severally liable" with its portfolio company (Goldman Sachs / Prysmian / Pirelli) », *e-Competitions Bulletin*, avril 2014, art. n° 79561.

1476 Il importe toutefois de préciser que la portée de cet arrêt en ce qui concerne le champ de la présomption capitalistique a été très amplifiée par plusieurs commentateurs. Dans cette affaire, la détention de Prysmian par la banque a oscillé, la majeure partie du temps, entre 91,1 % et 84,4 % de son capital.

l'exercice d'une influence déterminante, mais le degré de contrôle résultant de cette détention. Or, la société détenant l'ensemble des droits de vote associés aux actions de sa filiale se trouve, selon la Cour, dans une situation analogue à celle d'une société détenant le capital de sa filiale[1477]. De ces décisions, la notion d'entreprise en est ressortie renforcée en montrant sa résistance face aux mutations financières des activités économiques.

460. Caractère irréfragable de la présomption capitalistique. La doctrine s'est rapidement interrogée et à juste titre sur le caractère réfragable ou non de cette présomption[1478]. Comme beaucoup d'autres présomptions en droit de la concurrence[1479], l'examen empirique de la présomption capitalistique, présentée comme « simple »[1480], « réfragable »[1481], révèle qu'elle ne l'est pas en réalité[1482]. Il faut admettre à cet égard que la différence entre l'ancien et l'actuel régime procédural est sensible. À tel point qu'un auteur qui expliquait en 2005 que « le standard imposé [...] en matière d'imputabilité

Un tel taux aurait pu être jugé suffisant, en soi, pour permettre à la Commission d'appliquer la présomption capitalistique. Sur le taux le plus bas retenu, v., *supra*, n° 451.

1477 Trib. UE, 12 juillet 2018, aff. T-419/14, The Goldman Sachs Group c/ Commission, et la note de L. IDOT, *Europe*, octobre 2018, comm. n° 10, p. 40. Cet arrêt a été confirmé sur pourvoi (CJUE, 27 janvier 2021, aff. C-595/18 P, spec. point 35).

1478 TPICE, 8 mars 2007, aff. T-340/04, France Télécom SA c/ Commission, points 41 et 62 et l'article de L. ARCELIN, « La Responsabilité de la société mère du fait des agissements de sa filiale : une présomption devenue irréfragable ? » *in* « Les actes des ateliers de la DGCCRF : Imputabilité, sanctions, groupe », disponible sur le site du ministère de l'Économie, p. 4.

1479 L. IDOT, « Réflexions sur l'évolution de la preuve des pratiques anticoncurrentielles devant les autorités de concurrence », *Concurrences* n° 4-2017, p. 45 et N. JALABERT-DOURY, *Concurrences* n° 2-2011, p. 104.

1480 Trib. UE, 27 octobre 2010, aff. T-24/05, Alliance One International e. a. c/ Commission, point 129 et la note de C. SARRAZIN, *Concurrences* n° 1-2011, p. 84.

1481 Trib. UE, 11 juillet 2014, aff. T-541/08, Sasol e. a. c/ Commission, point 134 et la note de J-P. CHRISTIENNE, *Concurrences* n° 4-2014, p. 122.

1482 Il pourra toujours être opposé aux pourfendeurs de la présomption capitalistique que celle-ci a été renversée dans l'affaire française des *Commodités chimiques*. En effet, le groupe Deutsche Bahn a réussi à renverser la présomption et à voir sa responsabilité écartée dans la décision. Dans cette affaire, Brenntag a participé à une infraction du 17 décembre 1997 au 31 mai 2005. Deutsche Bahn avait acquis la société Stinnes AG (société mère de Brenntag) le 18 octobre 2002 uniquement pour ses activités de transport et logistique et avait annoncé, dès l'origine, vouloir céder Stinnes SA au motif que l'activité de cette société ne l'intéressait pas. Cette revente a été effective au mois de février 2004 et, pour ces raisons, l'Autorité avait admis que Deutsche Bahn apportait la preuve de l'autonomie de sa filiale (V. décision de l'Autorité n° 13-D-12, Commodités chimiques, para. 844 à 846 et la note d'A. RONZANO, *Concurrences* n° 3-2013, art. n° 53556). À ce jour, il s'agit de l'unique cas connu de renversement de présomption d'influence déterminante. À cet égard, il n'est même pas sûr qu'un tel reversement aurait été accepté à l'échelon européen au regard de la condamnation d'Areva dans l'affaire des *Appareillages de commutation à isolation gazeuse* pour avoir détenu une société quatre malheureux mois (Trib. UE, 3 mars 2011, aff. T-117/07 et T-121/07, Areva e. a. c/ Commission, point 148 à 152 et la note de L. IDOT, *Europe*, mai 2011, comm. n° 5, p. 31 et de N. TUOMINEN, *Revue du droit de l'Union européenne*, 2011, n° 2, p. 271). Quelques autres cas d'annulations sont certes à relever en raison d'erreurs procédurales (CJUE, 29 septembre 2011, aff. C-521/09 P, Elf Aquitaine c/ Commission et la note de F. PICOD, *JCP G*, 2011 n° 42, p. 1877 et Trib. UE, 15 septembre 2011, aff. T-234/07, Koninklijke Grolsch NV c/ Commission, et la note de C. ROBIN, *RLC* n° 30-2012, p. 25), mais qui ne remettent pas fondamentalement en cause le « principe de non-renversement » de la présomption.

des pratiques anticoncurrentielles est décidément élevé »[1483] en vient à dire aujourd'hui que le caractère réfragable de la présomption capitalistique fait d'elle une « fiction juridique moderne »[1484]. D'autres considèrent qu'il s'agit d'une *probatio diabolica*[1485]. Comme maigre consolation, la jurisprudence admet qu'aussi difficile soit-elle à renverser[1486], la présomption capitalistique n'est pas irréfragable. À ce jour, il est seulement attendu d'une autorité de concurrence qu'elle motive les raisons pour lesquelles les éléments de fait et de droit invoqués n'ont pas suffi à renverser ladite présomption « sous peine de rendre [celle-ci], dans les faits, irréfragable »[1487].

461. **Conclusion sur la présomption capitalistique.** À la lecture de l'arrêt *Akzo*, la responsabilité de la société mère nous semblait engagée à raison d'une faute qui méritait bien d'être ultérieurement explicitée par la jurisprudence. Dans l'arrêt *Bolloré*, le Tribunal avait annoncé qu'il ne s'agissait pas d'« une responsabilité sans faute encourue pour autrui, mais une responsabilité pour faute et de nature personnelle » caractérisée par son influence déterminante sur la filiale[1488]. Au fil de la jurisprudence sur le renversement de la présomption, il apparaît qu'aucune faute n'est réellement exigée de la société mère, sauf celle qui consisterait à ne pas avoir empêché sa filiale d'avoir commis une infraction. L'infraction de la filiale serait la faute de la mère, c'est imparable et évidemment irréfragable. Il ressort de l'ensemble de la jurisprudence relative à la présomption capitalistique dont l'objectif à l'origine était, pour rappel, de caractériser l'exercice effectif du pouvoir de direction d'une société mère sur sa filiale, qu'elle vise désormais seulement à établir la détention.

Dans de nombreuses affaires, il n'y a concrètement rien d'autre que le lien d'appartenance ou de détention pour fonder l'entreprise. C'est désormais l'appartenance qui est très clairement avancée par l'avocat général Kokott pour justifier l'imputabilité des pratiques à la société

1483 M. DEBROUX, *Concurrences* n° 4-2005, p. 64.

1484 M. DEBROUX, *Concurrences* n° 3-2016, p. 57.

1485 N. JALABERT-DOURY, *Concurrences* n° 2-2011, p. 104.

1486 CJUE, 29 septembre 2011, aff. C-521/09 P, Elf Aquitaine c/ Commission, point 70 et la note de C. ROBIN, *RLC* n° 30-2012, p. 26 et du 5 mars 2015, aff. C-93/13 P et C-123/13 P, Commission e. a. c/ Versalis e. a., point 46 et l'article d'I. LUC, « L'approche des juridictions européennes et françaises en matière d'imputabilité et les incidences sur le montant de la sanction pécuniaire », *Revues Dalloz*, 2015, p. 58.

1487 CJUE, 29 septembre 2011, aff. C-521/09 P, Elf Aquitaine c/ Commission, point 153 et la note de N. JALABERT-DOURY, *Concurrences* n° 4-2011, p. 87.

1488 Trib. UE, 27 juin 2012, aff. T-372/10, Bolloré c/ Commission, points 51 et 52. Dans cette affaire, il importe de souligner que la société Bolloré avait été condamné à la fois comme auteur des pratiques et comme société mère de la société Copigraph qui avait également participé à l'infraction (V. décision de la Commission du 20 décembre 2001, Papier autocopiant (JOUE 2004, L 115, p. 1), cons. 355 et 376).

mère[1489], elle qui avait déjà officié dans le célèbre arrêt *Akzo*. En d'autres termes, il ne reste plus qu'à démontrer la première des deux conditions fixées à l'origine dans l'arrêt *ICI*, à savoir détenir « la totalité ou, en tout cas, la majorité des parts du capital de ces filiales ». L'entreprise est passée somme toute d'une réalité économique à une réalité capitalistique. Au risque de choquer, le fait de déclarer cette présomption irréfragable n'est pas dérangeant si l'idée de départ est de dire que la société mère est condamnée à raison de la détention de sa filiale et non pour le prétendu rôle qu'elle aurait pu jouer dans la commission dans l'infraction. Pour une meilleure cohérence, la présomption capitalistique gagnerait sans doute à ce que la responsabilité de la société mère soit précisée.

[1489] Conclusions de Madame l'avocat général Kokott présentées le 11 décembre 2014 sous CJUE, aff. C-286/13 P, Dole Food e. a., point 135 : « Cette jurisprudence est fondée sur l'appartenance de la société mère et de ses filiales à une seule et même entreprise ». Il sera observé que l'arrêt de la Cour rendu dans cette affaire est resté silencieux sur ce point (CJUE, Dole Food e. a., préc., point 139).

SECONDE SECTION – LA PORTÉE DISSUASIVE DE L'AMENDE INFLIGÉE À UNE ENTREPRISE NON RESTRUCTURÉE

462. **Imputabilité des pratiques et sanction d'un sujet de droit.** Si l'auteur de l'infraction est une entreprise au sens du droit de la concurrence, cette dernière, à défaut d'être un sujet de droit[1490], ne peut être destinataire de l'amende infligée. C'est, en conséquence, la ou les personnes morales et/ou physiques composant cette entité économique qui devront s'acquitter de l'amende[1491]. Si la responsabilité de personnes physiques est parfois évoquée en droit de l'Union, seules des personnes morales sont en réalité condamnées par la Commission. Il arrive encore, très rarement, que l'Autorité condamne des personnes physiques qui exercent leur activité en nom propre[1492]. Mais ce sont en très grande majorité des personnes morales qui sont poursuivies et sanctionnées en France[1493]. Il en est de même s'agissant de la condamnation des associations d'entreprises et des organismes. Ce sont également les personnes morales qui composent ces associations d'entreprises et ces organismes qui seront sanctionnés. C'est donc à partir de ces personnes morales destinataires de la décision qu'il conviendra d'évaluer la portée dissuasive des amendes infligées. Il y aura également lieu d'analyser les effets dissuasifs de l'amende infligée à son auteur, tout comme les effets à l'encontre des autres personnes morales qui n'ont pas été sanctionnées.

463. **Unicité ou pluralité de personnes morales sanctionnées.** Dans certains cas, une entreprise, une association d'entreprises ou un organisme est composé d'une seule personne morale, celle à qui seront imputées les pratiques, si bien que l'auteur de l'infraction et le destinataire de la décision se confondent. Ces hypothèses deviennent cependant moins fréquentes que par le passé, car les autorités de concurrence concentrent leurs ressources sur les infractions de grande envergure dans lesquelles sont impliqués de grands groupes de sociétés. Dans ces affaires, une entreprise est le plus souvent composée d'une pluralité de sociétés qui seront solidairement responsables au paiement de l'amende. Pour ces dernières, l'amende est en quelque sorte « diluée » entre elles, ce qui n'est pas neutre en termes de portée dissuasive.

1490 V., *supra*, n° 426.

1491 CJUE, 10 septembre 2009, aff. C-97/08 P, Akzo c/ Commission, point 57 ; Trib. UE, 17 mai 2011, aff. T-299/08, Elf Aquitaine c/ Commission, points 250 et 251 et 27 mars 2014, aff. T-56/09 et T-73/09, Saint-Gobain e. a. c/ Commission, point 312.

1492 V. décision de l'Autorité n° 10-D-22 du 22 juillet 2010, Secteur des transports sanitaires en Seine-Maritime et la note de M. DEBROUX, *Concurrences* n° 4-2010, p. 117. Cette décision n'a pas fait l'objet de recours.

1493 V. SELINSKY, « La répression pénale des pratiques anticoncurrentielles en France », *RLDA* n° 85-2005.

464. Division. Les enjeux ne sont donc pas les mêmes lorsqu'il s'agit de sanctionner une seule personne morale ou une multitude de personnes morales. Aussi, il importera d'examiner la portée de l'amende infligée à une seule personne morale et de la comparer avec celle (§1), plus complexe, infligée à des groupes de sociétés (§2).

§ 1 – La portée dissuasive d'une amende infligée à une seule personne morale

465. Imputabilité et amende infligée à un organisme. Si le droit français prévoit de sanctionner les entreprises, il prévoit aussi la condamnation des organismes. Ces organismes doivent être différenciés des entreprises au sens de l'article L. 464-2 du Code de commerce. Le paragraphe I de cette disposition évoque à plusieurs reprises l'entreprise « ou l'organisme » pouvant être sanctionné[1494]. Cette distinction en droit français entre l'organisme et l'entreprise n'est pas récente[1495]. Selon le Conseil constitutionnel saisi d'une QPC relative à cette disposition, « le législateur a entendu distinguer les personnes condamnées en fonction de la nature de leurs facultés contributives respectives »[1496]. À cet égard, c'est l'absence de caractère lucratif de la personne qui conduit l'Autorité de la concurrence, avec l'aval du juge français, à considérer que certaines personnes morales ne sont pas des entreprises et qu'elles encourent donc une amende dont le *quantum* n'est pas fixé en pourcentage du chiffre d'affaires, mais en valeur absolue. La frontière entre l'entreprise et l'organisme au sens de l'article L. 464-2 du Code de commerce a été par la suite précisée par la jurisprudence française. Ne sont notamment pas considérées comme des entreprises, en ce sens, les associations régies par la loi de 1901[1497], les ordres professionnels[1498], les fédérations professionnelles[1499], les syndicats

1494 L. ARCELIN, « Les notions d'entreprise en droit de la concurrence français », *RLC* n° 48-2016, n° 2929.

1495 Article 17 de la loi n° 77-806 du 19 juillet 1977 relative au contrôle de la concentration économique et à la répression des ententes illicites et des abus de position dominante. Il était à l'origine prévu que l'amende infligée à un organisme ne pouvait pas dépasser 5 millions de francs.

1496 V. décision du Conseil constitutionnel n° 2015-510, QPC du 7 janvier 2016, Association Expert-comptable média association (ci-après « ECMA »), cons. 7 et le débat mené par L. ARCELIN avec H. GÉNIN et J. VOGEL, « Décision n° 2015-510 QPC du Conseil constitutionnel : faut-il craindre une remise en cause de la cohérence du droit de la concurrence ? », *RLC* n° 52-2016, n° 3006.

1497 V. décision de l'Autorité n° 15-D-08 du 5 mai 2015, Volailles, para. 381 et 382 et la note de M. DEBROUX, *Concurrences* n° 3-2015, p. 71.

1498 V. décisions de l'Autorité n° 09-D-17 du 22 avril 2009, Conseil régional de l'ordre des pharmaciens de Basse-Normandie, para. 52 et n° 09-D-07 du 12 février 2009, Marché de l'assurance complémentaire santé, para. 150.

1499 V. décision de l'Autorité n° 10-D-11 du 24 mars 2010, Syndicat national des ophtalmologistes de France, para. 101 et la note de M. DEBROUX, *Concurrences* n° 2-2010, p. 75.

professionnels[1500], les collectivités territoriales[1501], et l'État[1502]. Il est à noter enfin que les membres d'un organisme, suivant son statut, peuvent être condamnés en lieu et place ou en plus de celui-ci[1503]. Au-delà de la pertinence de cette qualification d'organisme[1504], il convient de noter que cette spécificité française est supposée avoir disparu avec la transposition de la directive ECN+[1505]. Il faudrait alors davantage se référer à l'association d'entreprises au sens du droit de l'Union, plus restrictive, et qui ne se recoupe toutefois que partiellement avec l'organisme[1506].

466. **Portée dissuasive des amendes infligées aux organismes.** Pour les « non-entreprises » et donc par déduction des organismes, l'article L. 464-2, I, alinéa 4, du Code de commerce dans sa version antérieure à la transposition de la directive ECN+, disposait que « le montant maximum de la sanction est de 3 millions d'euros ». À l'issue de la transposition de ladite directive, il est à noter que le plafond de l'amende infligée aux associations d'entreprises est désormais porté à 10 % de leurs chiffres d'affaires.

Or, il est à souligner que de nombreux organismes ont été sanctionnés par l'Autorité[1507]. La portée dissuasive des amendes infligées aux organismes est très variable selon l'organisme en cause. Il faut avouer d'abord qu'il existe des organismes qui n'en sont pas réellement. Dans l'affaire des *Chèques*, la banque Crédit Mutuel s'est vu infliger une faible amende de 3 millions d'euros en comparaison de celles infligées aux autres banques condamnées[1508]. À la différence de toutes les autres banques dans cette affaire, le Crédit Mutuel est une association loi 1901 dont le statut est régi

---

1500 V. décision de l'Autorité n° 12-D-08 du 6 mars 2012, Endives, para. 698 à 700.

1501 CA Paris, 31 mars 2009, n° 2008/11353, à propos d'une régie municipale de pompes funèbres.

1502 CA Paris, 12 décembre 2006, Ministre de l'Économie e. a., n° 2006/01743, à propos de la direction des monnaies et médailles.

1503 A. CONDOMINES, *Guide pratique du droit français de la concurrence*, Gualino, Lextenso, 2014, n°s 121 et 122.

1504 V. décision du Conseil constitutionnel n° 2015-510, QPC du 7 janvier 2016, ECMA, cons. 7 et le débat mené par L. ARCELIN avec H. GÉNIN et J. VOGEL, « Décision n° 2015-510 QPC du Conseil constitutionnel : faut-il craindre une remise en cause de la cohérence du droit de la concurrence ? », *RLC* n° 52-2016, n° 3006.

1505 Article 15 de la Directive n° 2019/01 du Parlement européen et du Conseil du 18 décembre 2018 visant à doter les autorités de concurrence des États membres des moyens de mettre en œuvre plus efficacement les règles de concurrence et à garantir le bon fonctionnement du marché intérieur et, à ce sujet, communiqué de presse de l'Autorité du 27 janvier 2021, « L'Autorité de la concurrence publie une étude sur les organismes professionnels ». L'article L. 464-2 du Code de commerce a été modifié le 26 mai 2021. Si l'article L.464-2 du Code de commerce évoque désormais l'association d'entreprises, cette disposition continue étrangement de mentionner l'organisme à deux reprises…

1506 L. ARCELIN, « Notion d'entreprise en droit interne et communautaire de la concurrence », *JCL Concurrence – Consommation*, 2016, Fasc. 35, n° 1 à 6.

1507 Selon Madame Isabelle de Silva, ancienne Présidente de l'Autorité, un organisme est au moins impliqué dans 30 % des ententes sanctionnées par l'Autorité (I. DE SILVA, « Une réforme en deux volets pour rationaliser et renforcer l'application du droit de la concurrence en France », *Concurrences* n° 1-2021, p. 33).

1508 Il en avait été déjà ainsi dans la décision n° 00-D-28, Crédit immobilier, p. 46.

par le Code monétaire et financier[1509]. Dans sa décision, l'Autorité a néanmoins pris la peine d'indiquer que la sanction infligée au Crédit Mutuel aurait dû s'élever à 45,37 millions d'euros[1510]. Si l'on revient à la définition d'un organisme, il n'est pas trop audacieux de penser que la banque Crédit Mutuel poursuit un objectif lucratif malgré son statut[1511].

Hormis ce cas exceptionnel et peut-être quelques autres, les organismes sont le plus souvent des organisations ou syndicats professionnels et des GIE. Certains organismes[1512], et/ou leurs membres[1513], ont été relativement épargnés par le Conseil de la concurrence. Le cas du Conseil national de l'ordre des chirurgiens-dentistes en témoigne particulièrement bien[1514]. Pour autant, la grande majorité de ces organismes et, le cas échéant, leurs membres ne doivent pas tous se sentir protégés. Les amendes qui leur ont été infligées ont pu être aussi lourdes sinon proportionnellement plus que celles infligées à des groupes de sociétés. Il a déjà pu être prélevé un quart[1515], voire la moitié des ressources annuelles d'une organisation syndicale[1516], ce qui n'a rien d'indolore. Dans la très sensible affaire des *Endives*, l'Autorité a estimé dans le résumé de sa décision qu'elle avait prononcé des amendes « modérées » aux organisations de producteurs[1517]. Cela n'a néanmoins pas été l'avis du Premier président de la cour d'appel

1509 V., à cet égard, décision n° 16-D-30 de l'Autorité du 21 décembre 2016, Confédération Nationale du Crédit Mutuel dans le secteur bancaire. Cette décision est définitive.

1510 V. décision de l'Autorité n° 10-D-28, Chèques, para. 778 à 780, qui a fait l'objet d'un second renvoi (Cass. com, 29 janvier 2020, La société Banque Postale, n° T 18-10.967 et E 18-11.001). Cette décision a été annulée sur renvoi (CA Paris, 2 décembre 2021, BNP Paribas SA, Crédit Mutuel e. a., n° 20/04626).

1511 La modification de l'article L. 464-2 du Code de commerce, issue de la transposition de la directive ECN+, ne permettra plus au Crédit Mutuel de bénéficier d'un plafond limité à 3 millions d'euros. Cette banque sera traitée comme toute entreprise au sens du droit de la concurrence. Elle pourrait être condamnée à une amende dont le plafond s'élèverait à 10 % de son chiffre d'affaires.

1512 V. décisions du Conseil de la concurrence n° 95-D-77 du 5 décembre 1995, Marché du miel, p. 9 et 10 ; n° 95-D-78 du 5 décembre 1995, Secteur de l'expédition des huîtres dans le bassin de Marennes-Oléron, p. 10 et 11 et n° 08-D-03 du 21 février 2008, Fédération Nationale des Gîtes de France et le réseau Bienvenue à la ferme, para. 121 à 126.

1513 V. décision du Conseil n° 05-D-27 du 15 juin 2005, Secteur du thon blanc, para. 50 et s. et la note d'A. RONZANO, *Concurrences* n° 3-2005, art. n° 63340.

1514 En 2009, la première sanction infligée au Conseil national de l'Ordre des chirurgiens-dentistes, d'un montant de 76 000 euros (V. décision du Conseil n° 09-D-07 du 12 février 2009, Marché de l'assurance complémentaire santé), n'a visiblement pas eu l'effet dissuasif recherché. Condamné à la suite de pratiques mises en œuvre contre la société Santéclair, le boycott de cette dernière a rapidement repris et le Conseil national de l'Ordre des chirurgiens-dentistes a été à nouveau sanctionné par l'Autorité en 2020 à la sanction maximale prévue pour les organismes, à savoir 3 millions d'euros (V. décision n° 20-D-17 du 12 novembre 2020, Secteur de la chirurgie dentaire et la note de M. DEBROUX, *Concurrences* n° 1-2021, p. 124. Cette décision fait l'objet de recours devant la cour d'appel de Paris

1515 V. décision n° 96-D-02 du Conseil du 9 janvier 1996, Marché de l'imprimerie de labeur dans le département de l'Ain, p. 6.

1516 V. décision n° 96-D-60 du Conseil du 15 octobre 1996, Secteur des plants de pommes de terre, p. 24.

1517 V. décision de l'Autorité n° 12-D-08 du 6 mars 2012, Endives, para. 754, réformée notamment sur le montant des amendes (CA Paris, 1er juillet 2021, SCA Cambresis Artois Picardie Endives – CAP Endives e. a., n° 19/00595, points 756 et s.).

de Paris qui, saisi en urgence, avait ordonné le sursis à l'exécution des amendes prononcées par l'Autorité de la concurrence dans cette décision compte tenu des difficultés économiques des producteurs concernés[1518].

467. **Influence générale des amendes infligées aux organismes.** Les amendes infligées par les autorités françaises de concurrence à des organismes ne semblent pas avoir incité leurs homologues à modifier leur comportement[1519]. C'est particulièrement le cas pour les organisations (professionnelles et syndicales) et les groupements (d'entreprises ou d'intérêts économiques) qui ont été condamnés à de très nombreuses reprises par le Conseil de la concurrence[1520], et aujourd'hui encore par l'Autorité[1521] et la DGCCRF[1522]. Or, il ne s'agit pas nécessairement d'un problème lié au *quantum* des amendes qui leur sont infligées, lesquelles peuvent être parfois très lourdes en privation de ressources.

Concernant les organisations et fédérations professionnelles et syndicales, il est nécessaire de garder à l'esprit qu'il s'agit par nature d'« organisations » au sein desquelles les membres se « réunissent » pour défendre « l'intérêt du secteur ou de la profession ». La frontière semble parfois ténue, pour ne pas dire poreuse, entre le licite et l'illégal[1523], entre ce qu'un organisme peut et ne peut pas faire[1524]. Certains se croient « dans les

---

1518 V., *infra*, n° 626.

1519 Le 27 janvier 2021, l'Autorité de la concurrence a publié une étude consacrée aux organismes professionnels doublée ensuite d'une large campagne de communication à l'égard de ces derniers en vue de les sensibiliser au droit des pratiques anticoncurrentielles (étude thématique et fiches disponibles sur le site de l'Autorité). Cette démarche est liée à l'accroissement de la responsabilité de ces mêmes organismes, tel que résultant de la transposition de la directive ECN+, qui verront leurs plafonds de sanction s'élever à 10 % de leurs chiffres d'affaires et non plus limités à hauteur de 3 millions d'euros.

1520 V., par exemple, décisions du Conseil n° 97-D-20 du 25 mars 1997, Pratiques mises en œuvre par la société Reynoird dans les départements de la Guadeloupe, de la Martinique et de la Guyane ; n° 04-D-07 du 11 mars 2004, Secteur de la boulangerie dans le département de la Marne ; n° 07-D-44 du 11 décembre 2007, GIE Ciné Alpes et n° 08-D-06 du 2 avril 2008, Consignes syndicales de dépassement des tarifs conventionnels par les médecins spécialistes de secteur I.

1521 V., par exemple, décisions de l'Autorité n° 10-D-15 du 11 mai 2010, Groupement des Taxis amiénois et de la métropole et la note de L. NICOLAS-VULLIERME, *Concurrences* n° 3-2010, p. 85 ; n° 15-D-08, Volailles ; n° 15-D-19, Messageries ; n° 16-D-02, Transport scolaire dans le Bas-Rhin, et n° 16-D-20, Mannequins.

1522 Communiqués de la DGCCRF, en 2016, Secteur de la construction et la rénovation de bâtiments d'élevage en Bretagne et Secteur du transport de personnes handicapées par taxis en Vendée, en 2017, Secteur des prestations topographiques et foncières en Haute-Loire et, en 2018, Secteur de la commercialisation de recharges téléphoniques Orange Caraïbe et Digicel en Martinique et Guadeloupe, disponibles sur le site de la DGCCRF.

1523 C'est d'ailleurs pour cette raison que le standard de preuves liées à l'implication d'un membre à une infraction au sein de ces organisations est plus élevé en droit français. Sur le standard de preuves, v. décisions de l'Autorité n° 12-D-02, Géfil, préc., para. 111 et CA Paris du 6 juin 2013, Géfil e. a., n° 2012/02945, p. 15 et n° 16-D-20, Mannequins, para. 309 et 310 et CA Paris du 6 juillet 2017, Smith & Smith Characters e. a..

1524 Sur cette question, v. l'article de T. BONTINCK, F. PUEL, « Ordres professionnels et droit de la concurrence - Plaidoyer pour une entente cordiale », *in Liber amicorum Georges-Albert Dal*, Larcier, 2013, p. 141 et I. LUC, « Ordres professionnels et concurrence », *LPA*, 2004, n° 192, p. 5.

clous » alors qu'ils ne le sont pas[1525]. Or, ce manque de sécurité juridique semble un sérieux frein à la conformité de ces organismes au droit de la concurrence, que les amendes prononcées à leur égard soient dissuasives ou non. Il y a même quelque chose d'un peu antinomique entre le droit de la concurrence et le droit de se réunir dans l'intérêt de la profession. Enfin, il n'est pas exclu qu'une partie non négligeable de ces organismes n'aient pas une connaissance aboutie des règles de la concurrence.

468. **Imputabilité des pratiques et amendes infligées aux PME.** Une entreprise est parfois constituée d'une seule personne morale qui sera la destinataire de la décision. Tel est souvent le cas aujourd'hui lorsqu'il s'agit d'un petit acteur d'un marché[1526]. La responsabilité d'une entreprise individuelle, en nom propre, d'une société de type PME ou d'une taille limitée peut être engagée à raison de son implication directe dans les pratiques. Par le passé, le Conseil de la concurrence a pu très régulièrement poursuivre et sanctionner des PME, du type SARL[1527], ou des entreprises individuelles[1528]. Elles ont été souvent condamnées en leur qualité de membre d'une fédération ou d'une organisation professionnelle[1529]. En France, cette mission est de moins en moins exercée par l'Autorité et laissée à la DGCCRF. Cette dernière est habilitée à mettre fin à une infraction par le biais de procédures de transactions/injonctions lorsqu'il s'agit de pratiques anticoncurrentielles localement limitées[1530]. Ce dispositif (trop ?) critiqué à ses débuts en 2008 et encore aujourd'hui[1531] a néanmoins fait ses preuves avec le règlement à l'amiable d'environ 80 affaires en date du 30 juillet2021.

1525 À cet égard, le problème n'est pas sans rappeler la situation des groupements momentanés d'entreprises lorsqu'ils élaborent une offre commune en réponse à un marché public.

1526 Pour aller plus loin, v. le dossier « Les PME face au droit de la concurrence », *RLC* n° 49-2011, p. 146.

1527 V., par exemple, décisions du Conseil de la concurrence n° 91-D-33 du 9 juillet 1991, Secteur du bâtiment et des travaux publics (Alpes-de-Haute-Provence) ; n° 95-D-67 du 24 octobre 1995, Entreprises de transport sanitaire lors de la passation d'un marché avec le centre hospitalier général Robert-Boulin de Libourne et n° 02-D-62 du 27 septembre 2002, Secteur du déménagement des personnels de la marine nationale en Bretagne.

1528 V., par exemple, décisions du Conseil de la concurrence n° 92-D-08 du 4 février 1992, Entreprises de transports sanitaires lors d'appels d'offres des hospices civils de Lyon et n° 94-D-37 du 21 juin 1994, Concessionnaires et agents automobiles de Perpignan.

1529 V., par exemple, décisions du Conseil de la concurrence n° 02-D-59 du 25 septembre 2002, Secteur des transports routiers de voyageurs dans le département de l'Ain et n° 08-D-12 du 21 mai 2008, Contreplaqué.

1530 A. MARIE, « Les pratiques anticoncurrentielles de dimension locale », *in Le Lamy Droit économique*, Wolters Kluwer, 2018.

1531 R. SAINT-ESTEBEN *in* « Projet de réforme du droit interne de la concurrence », *Concurrences* n° 2-2008, art. n° 17452 ; E. CLAUDEL, « LME – Micro-PAC : La DGCCRF soumet à consultation un avant-projet de décret portant sur les pouvoirs de transaction et d'injonction du ministre en matière de pratiques anticoncurrentielles de dimension locale », *Concurrences* n° 4-2008, p. 133 et A. RONZANO, « PAC locales : La DGCCRF se targue de respecter le principe du contradictoire et des droits de la défense dans la procédure de transaction-injonction », *Concurrences* n° 4-2015, art. n° 76643.

Certes, il peut encore arriver que l'Autorité de la concurrence condamne des pratiques exclusivement ou quasi exclusivement mises en œuvre par des petits acteurs d'un marché[1532]. Il s'agit le plus souvent de « transactions échouées », c'est-à-dire d'affaires de dimension locale dans laquelle la DGCCRF et les sociétés n'ont pas trouvé un accord[1533]. Le cas échéant, le dispositif légal permet au ministre de l'Économie de saisir l'Autorité de la concurrence afin qu'elle entre en voie de condamnation pour les entreprises qui ont refusé la transaction. Des petits acteurs peuvent être impliqués, en revanche, dans des affaires de grande envergure mises en place par de grands acteurs[1534]. En effet, les priorités de la Commission et de l'Autorité sont clairement orientées vers les cartels et autres pratiques de grande ampleur[1535].

469. **Prévention.** Il n'est pas toujours nécessaire d'infliger une amende à une PME pour que celle-ci se conforme au droit des pratiques anticoncurrentielles. L'expérience de la DGCCRF en matière d'injonctions/transactions montre qu'un grand nombre de ces entreprises condamnées n'avaient tout d'abord pas pleinement conscience du caractère illégal de leurs pratiques. En d'autres termes, une simple injonction peut être parfois suffisante[1536]. Cette voie sera d'autant plus privilégiée lorsque l'étendue, la gravité et les effets des pratiques sont très limités. Le fait d'être prévenu dissuade ces PME de poursuivre ou de recommencer. Leur mise en conformité peut être, en outre, des plus rapides. S'il ne faut pas en tirer trop de conclusions, il est également intéressant de noter que très peu de cas de réitérations sont à signaler dans les procédures de la DGCCRF.

470. **Portée dissuasive des transactions de la DGCCRF avec les PME.** La DGCCRF peut également envisager de mettre un terme aux poursuites à la condition qu'une PME accepte de payer une amende dans le cadre d'une transaction. Tel est le cas lorsque notamment la gravité des pratiques, leurs effets, et/ou le caractère délibéré de celles-ci sont démontrés. Pour les pratiques les plus graves, des montants de transaction assez élevés au regard

---

1532 V. décisions de l'Autorité n° 14-D-16 du 18 novembre 2014, Déménagement des militaires affectés en Martinique, para. 2 à 7 ; n° 16-D-20 du 29 septembre 2016, Mannequins, para. 65 et n° 17-D-01 du 26 janvier 2017, Secteur des arts de la table et de la cuisine, para. 7, 8 et 63.

1533 V., par exemple, décisions de l'Autorité n° 16-D-02 du 27 janvier 2016, Transport scolaire dans le Bas-Rhin ; n° 17-D-13 du 27 juillet 2017, Pompes funèbres dans le département de l'Ain ; n° 18-D-04 du 20 février 2018, Secteur de la production et de la commercialisation de viande en Martinique, et n° 19-D-05 du 28 mars 2019, Secteur des taxis à Antibes Juan-les-Pins.

1534 V. décisions du Conseil n° 06-D-07 bis* du 21 mars 2006, Drapo, para. 816 à 819 et de l'Autorité n° 15-D-19, Messageries, para. 122 à 124.

1535 L'obtention d'un pouvoir d'opportunité des poursuites de la part de l'Autorité devrait renforcer cette tendance (article 4 de la directive n° 2019/01, ECN +).

1536 Communiqués de la DGCCRF, en 2011, Marché du transport sanitaire d'urgence en région Rhône-Alpes et à des pratiques relevées à l'occasion de l'organisation d'une manifestation nautique sur la Seine, disponibles sur le site de la DGCCRF.

de la capacité contributive de ces PME ont pu être exigés de la part de la DGCCRF[1537]. La portée dissuasive de ces montants de transaction s'apprécie mieux pour ces petites structures. L'absence d'écrans entre la personne qui commet les pratiques et celle qui paye donne selon nous une plus-value à la portée dissuasive des montants de transaction. En particulier, l'infliction d'une amende à une entreprise individuelle ou en nom propre est sans doute le cas idéal.

471. **Portée dissuasive des amendes de l'Autorité infligées aux PME.** Lorsque ce sont principalement des petits acteurs qui sont condamnés dans une décision par l'Autorité de la concurrence, cette dernière est très souvent contrainte de s'écarter de son communiqué sanctions[1538]. L'application *stricto sensu* de la grille de sanctions de l'Autorité aurait pour résultat, la majeure partie du temps, d'infliger des amendes d'un montant supérieur aux capacités contributives des PME[1539]. Nul doute, vu leur *quantum*, que les amendes infligées par l'Autorité servent de leçon à ces PME. À cet égard, il convient d'analyser les amendes infligées à de petits acteurs lorsqu'ils sont condamnés avec des groupes de sociétés très importants. Paradoxalement, nous avons vu que les amendes infligées aux petits acteurs sont plus lourdes pour eux que celles imposées aux grands groupes de sociétés[1540]. Il en est de même pour la Commission européenne lorsqu'elle condamne des acteurs d'une taille limitée en comparaison des leaders mondiaux du même secteur. Cette amende, en moyenne plus lourde, est d'autant plus injuste que ces petits acteurs ne sont pas les initiateurs des infractions[1541]. Ils ne sont le plus souvent que des suiveurs. Le risque de faillite de ces petits acteurs est, en revanche, beaucoup plus élevé à la suite du prononcé d'une amende[1542].

472. **Influence générale des amendes infligées aux PME.** Si l'injonction voire l'amende ont pu discipliner les PME sanctionnées, il semble toutefois difficile d'en conclure que ces mesures ont découragé les autres de

---

1537 Communiqués de la DGCCRF, en 2012, Secteur de l'entretien des espaces verts – arrosage automatique dans la région nantaise, en 2016, Marchés publics de maintenance de matériels contre l'incendie, et Secteur des services funéraires à Albi dans le Tarn et, en 2017, Marchés de travaux et fourniture de matériel pour la rénovation de cuisine, et Secteur de l'éclairage public dans le département de l'Ardèche, disponibles sur le site de la DGCCRF.

1538 V. décision de l'Autorité n° 16-D-20, Mannequins, préc., para. 496 et CA Paris du 6 juillet 2017, Smith & Smith Characters e. a., n° 2016/22365, p. 8. Cet arrêt n'a pas été frappé d'un pourvoi ; n° 18-D-05 du 13 mars 2018, Sécurisation des débits de tabac en Isère, confirmée par CA Paris, 20 décembre 2018, Sécurité Vol Feu e. a., n° 18/07722.

1539 Il ne serait pas très cohérent de la part de l'Autorité de calculer un montant de base de la sanction proportionnellement élevé pour toutes les entreprises en cause pour ensuite tous les réduire substantiellement afin de tenir compte de leur situation mono-produit…

1540 Sur l'entreprise mono-produit, v., *supra*, n°s 234 et s..

1541 Sur le rôle de meneur et d'incitateur, v., *supra*, n°s 179 et 180.

1542 Sur la capacité contributive des sociétés de taille limitée, v., *infra*, n° 602.

continuer ou de faire de même. Dans un contexte « d'inflation normative », les PME croulent sous les réglementations et obligations de conformité. Le respect du droit de la concurrence n'en est qu'une parmi tant d'autres et sans doute pas la plus essentielle à leurs yeux. Peu de PME sont également dotées de services juridiques spécialisés ou de services juridiques tout court. À l'heure où les PME sont sensibilisées plus que jamais au respect du droit de la concurrence, il pourrait être rappelé que leur rôle principal dans les pratiques anticoncurrentielles est davantage celui d'une victime que d'un auteur[1543].

D'autres pistes de réflexion, en dehors des amendes, permettraient de diminuer le nombre d'infractions commises par des PME. Dans nombre d'affaires détectées par la DGCCRF, ce sont souvent les mêmes secteurs d'activités qui sont touchés, à savoir les secteurs funéraires[1544], déménagements des militaires[1545], et de la sécurisation des débits de tabac[1546]. Pour ces deux derniers secteurs, les condamnations portent sur les pratiques de devis de complaisance. Des remboursements de frais et des subventions peuvent être en effet accordés par les services de l'État à la condition de présenter plusieurs devis de professionnels supposés faire jouer la concurrence. Or, c'est avant tout la réglementation de ces secteurs qui est incitatrice de ces pratiques. En modifiant le dispositif légal et réglementaire à ce sujet, ce type de pratiques pourrait progressivement disparaître[1547].

1543 V. le dossier « Les PME face au droit de la concurrence », *RLC* n° 49-2011, p. 146.

1544 V. décision de l'Autorité n° 17-D-13 du 27 juillet 2017, Pompes funèbres dans le département de l'Ain et Communiqués de la DGCCRF, en 2013, Secteur des services funéraires à Apt (Vaucluse) et, en 2016, Secteur des services funéraires à Albi (Tarn), et à Méru (Oise).

1545 V. décisions du Conseil n° 02-D-62 du 27 septembre 2002, Secteur du déménagement des personnels de la marine nationale en Bretagne ; n° 07-D-48 du 18 décembre 2007, Secteur du déménagement national et international et décision de l'Autorité n° 14-D-16, Déménagements des militaires en Martinique, préc..

1546 V. décision de l'Autorité n° 18-D-05 du 13 mars 2018, Sécurisation des débits de tabac en Isère et communiqués de la DGCCRF, en 2015, Secteur de la sécurisation des débits de tabac en Rhône-Alpes, en Bourgogne et en Lorraine ; en Isère et en Haute-Savoie ; en 2017, dans le même secteur dans l'Allier, du Cher, du Loiret, du Puy-de-Dôme et de la Saône-et-Loire et, en 2018, dans la région Bourgogne–Franche-Comté et dans le département de l'Ain, disponibles sur le site de la DGCCRF.

1547 À cet égard, il est à noter que la réglementation relative à la sécurisation des débits de tabac a récemment évolué, exigeant un seul et non plus deux devis soumis à l'avis de l'administration.

§ 2 – La portée dissuasive d'une amende infligée à une pluralité de personnes morales

473. **Dissociation des composantes de l'entreprise pour le paiement de l'amende.** Il importe de garder à l'esprit que l'entreprise est dichotomique au stade de la sanction puisque ce n'est pas cette entité qui va être directement redevable de l'amende. Il est, en effet, nécessaire d'identifier un débiteur qui sera un sujet de droit et l'on revient alors à une (ou plusieurs) personne(s) morale(s) qui a le plus souvent la forme d'une société. Devant l'Autorité et la Commission, il est très fréquent que soient condamnées des pratiques mises en œuvre par de grands groupes de sociétés[1548]. Ce sont donc les sociétés membres de ces groupes qui sont les destinataires finales des amendes et qui doivent les payer[1549]. Comme précédemment vu[1550], la condamnation d'un groupe de sociétés peut justifier d'adapter la grille de sanctions d'une autorité de concurrence par rapport à la condamnation d'une société d'une taille plus limitée. Mais ce n'est pas là l'enjeu principal, la qualification d'entreprise emporte deux conséquences majeures sur le *quantum* et le recouvrement de l'amende infligée à ces sociétés sur lesquelles il convient d'insister.

474. **« Déplafonnement » de l'amende infligée aux composantes de l'entreprise.** L'augmentation des amendes à laquelle nous avons assisté n'a été rendue possible qu'à la condition d'imputer les pratiques commises par une filiale à sa société mère du groupe auquel elle appartient[1551]. D'abord, cette politique a mis fin à des stratégies de sociétés « coquille vide », devenues délibérément sans activité aux fins d'éviter l'imposition d'une amende[1552]. Cette imputation a ensuite permis aux autorités de concurrence de « déplafonner »[1553] le *quantum* maximal de l'amende en ne se référant plus au chiffre d'affaires de la société en infraction, mais à celui du groupe qui la détient[1554]. Il s'agit d'un des principaux facteurs expliquant la montée en puissance des amendes infligées par les autorités de concurrence[1555].

1548 Cette circonstance s'explique notamment par la volonté des autorités de concurrence de traiter prioritairement les affaires de grande envergure (V., *supra*, spéc. n° 68).

1549 V., *supra*, n° 426.

1550 Sur les majorations au titre de l'appartenance à un grand groupe de sociétés, v., *supra*, n°s 239 et s..

1551 V., *supra*, n°s 269 et 270.

1552 V., *infra*, n° 514 et, *supra*, n°s 267 et 277.

1553 A. WACHSMANN, « Les sanctions des cartels en France : Un point de vue d'avocat » *in* « La lutte anti-cartels en France et en Allemagne Panel II : Les sanctions des cartels en droits allemand et français de la concurrence », *Concurrences* n° 4-2010.

1554 V., *supra*, n°s 269 et 270.

1555 Sur l'augmentation des amendes, v., *supra*, n°s 15, 16 et 38.

475. **Solidarité dans l'amende infligée aux composantes de l'entreprise.** Pour s'assurer du recouvrement de cette sanction déplafonnée, la sanction peut être infligée solidairement aux sociétés du groupe. Ce mécanisme de solidarité est une autre conséquence de la notion d'entreprise. Il réduit le risque d'insolvabilité pour le créancier de la dette au moment du recouvrement de ces amendes[1556]. Selon un auteur[1557], ce mécanisme de solidarité aurait été introduit pour la première fois en 1972 dans l'affaire de la *Paraffine*[1558], et se serait généralisé dans les années 2000 à la suite de l'arrêt *Metsä-Serla Oyj*[1559]. Il en résulte que le recouvrement de l'amende peut s'effectuer indifféremment auprès des sociétés qui composent une unité économique, jusqu'à ce que l'autorité de recouvrement soit entièrement désintéressée.

476. **Absence de détermination de quote-part dans les amendes infligées.** Indépendamment de la question du taux de recouvrement[1560] se pose la question du paiement de l'amende entre toutes les composantes d'une entreprise. Il est à noter que ni l'Autorité ni la Commission n'ont l'obligation de répartir les amendes entre les sociétés condamnées. Dans l'arrêt *Siemens*[1561], la Cour de justice a précisé que « le pouvoir de sanction de la Commission ne concerne que la détermination de la relation externe de solidarité »[1562]. Autrement dit, concernant la relation interne de solidarité, les sociétés doivent s'arranger entre elles ou demander au juge de droit commun de le faire. En effet, il est désormais acquis depuis l'arrêt *Siemens* qu'il « incombe aux juridictions nationales de déterminer, dans le respect du droit de l'Union, les quotes-parts des codébiteurs d'une amende infligée solidairement en faisant application du droit national applicable au litige »[1563].

Cette solution a été reprise à l'identique en droit français[1564]. À défaut d'accord entre les sociétés, cette solution ne fait toutefois que reporter

---

1556 CJUE, 10 avril 2014, aff. jtes. C-231/11 P e. a., Commission c/ Siemens e. a., point 59.

1557 M. DEBROUX, « Sanction des cartels en droit communautaire : Définition et conséquences d'une "responsabilité de groupe" », *Concurrences* n° 1-2008, p. 42.

1558 V. décision de la Commission du 14 décembre 1972, aff. IV/26.911, Zoja/CSC–ICI (JOCE L 299, p. 51), réformée par CJCE, 6 mars 1974, aff. 6 et 7/73, Commercial Solvents e. a. c/ Commission.

1559 CJCE, 16 novembre 2000, aff. C-294/98 P, Metsä-Serla Oyj e. a. c/ Commission, points 33 et 34 et la note de L. IDOT, *Europe*, janvier 2001, comm. n° 30, p. 21.

1560 V., *infra*, n°s 618 et 621.

1561 Pour aller plus loin, v. M. BÉHAR-TOUCHAIS, *Concurrences* n° 3-2014, p. 69 et L. IDOT, *Europe*, février 2014, comm. n° 2, p. 35.

1562 CJUE, 10 avril 2014, aff. jtes. C-231/11 P e. a., Commission c/ Siemens e. a., point 68 et 74, et la note de M. BÉHAR-TOUCHAIS, *Revue des contrats* n° 4-2014, p. 735.

1563 CJUE, Commission c/ Siemens e. a., préc., point 67. Cette solution a été ensuite confirmée par la Cour de justice (CJUE, du 26 janvier 2017, aff. C-625/13 P, Villeroy & Boch AG c/ Commission, points 151 à 154 et du 25 octobre 2020, aff. C-611/18 P, Pirelli c/ Commission e. a., points 106 à 112).

1564 CA Paris du 2 février 2017, GEA Group e. a., n° 2013/13058, spéc. point 98 et la note de C. LEMAIRE, S. NAUDIN, *Concurrences* n° 2-2017, p. 159, confirmée sur ce point par Cass. com., 10 juillet 2018,

l'existence d'un litige sur le juge de droit commun. D'un point de vue d'une bonne administration de la justice, il eut été préférable que ce soit l'expert de la concurrence, à savoir les autorités de concurrence, qui se prononce sur ces questions. *A contrario*, attribuer cette difficile tâche au juge national ne semble pas être une bonne idée. Ce dernier n'a pas, le plus souvent, l'expertise ni les moyens nécessaires pour déterminer les quotes-parts d'une amende. Nul ne doute que les juges nationaux sollicités ont dû fortement apprécier de déterminer les quotes-parts au regard d'une décision de plusieurs centaines de pages et peut-être agrémentée d'un ou plusieurs arrêts rectificatifs de l'amende tout aussi volumineux. Il n'y a pas beaucoup d'informations relatives à ce type de contentieux de recouvrement intragroupe. À notre connaissance, les juges nationaux n'ont pas été beaucoup saisis de ces questions[1565].

477. **Quote-part de l'amende entre les composantes d'une entreprise.** Dans certaines affaires, l'Autorité ou la Commission vont jusqu'à condamner 6 à 7 personnes morales qui constituent ensemble une seule entreprise[1566]. En général, les groupes de sociétés qui doivent faire face au paiement d'une amende s'arrangent en interne. Cela vaut sans doute moins pour les groupes de sociétés qui ont fait l'objet de restructurations. En tout état de cause, il n'y a que peu d'informations sur les pratiques de recouvrement des amendes infligées à un groupe de sociétés. Il est donc difficile de se prononcer sur la quote-part finale payée par chaque société d'une unité économique.

Ce qui est certain, c'est qu'une amende infligée solidairement aux sociétés membres d'une entreprise ne sera généralement pas payée par la seule filiale auteur de l'infraction. Sauf exception[1567], celle-ci n'est tout simplement pas en mesure de s'en acquitter dans la majeure partie des cas. En effet, les amendes infligées par l'Autorité et la Commission atteignent souvent des pourcentages à deux chiffres du chiffre d'affaires des filiales qui ont commis les pratiques[1568]. Le juge de l'Union a déjà laissé entendre à cet égard que ce sont les sociétés mères qui supportaient principalement « la charge de cette infraction »[1569].

Il faut, en effet, garder à l'esprit que les amendes sont dimensionnées aux groupes de sociétés et non aux seules filiales qui ont commis les pratiques.

GEA Group e. a., n° Q 17-13.973 et W 17-14.140 et la note d'A. RONZANO, *L'actu-concurrence* n° 29/2018.

1565 Trib. com. de Grenoble relatif à la décision de la Commission du 24 janvier 2007, Appareillage de commutation à isolation gazeuse. Ce dernier s'est déclaré incompétent...

1566 V., *supra*, n° 452

1567 Trib. UE, 29 avril 2015, aff. T-470/11, Total SA et Elf Aquitaine SA c/ Commission, point 112.

1568 Trib. UE, 16 juin 2011, aff. T-204/08 et T-212/08, Team Relocations, point 138 et 23 janvier 2014, aff. T-391/09, Evonik Degussa GmbH e. a. c/ Commission, point 243.

1569 Trib. UE, 17 mai 2011, aff. T-299/08, Elf Aquitaine c/ Commission, préc., point 217 et CJUE, 29 septembre 2011, aff. C-521/09 P, Elf Aquitaine c/ Commission, préc. point 152 et la jurisprudence citée.

Une amende qui représente 90 % du chiffre d'affaires d'une filiale peut être inférieure à 1 % du chiffre d'affaires du groupe auquel elle appartient[1570]. Sans la participation prépondérante de leurs sociétés mères, la grande majorité des amendes prononcées par ces deux autorités de concurrence ne seraient pas entièrement recouvrées.

478. **Finalité dissuasive des amendes infligées aux composantes d'une entreprise.** Il ne suffit pas de s'assurer du recouvrement de l'amende infligée à un groupe de sociétés pour que la finalité dissuasive de cette amende soit remplie. Si cette question a bien évidemment de l'importance, la portée dissuasive d'une amende infligée à un groupe de sociétés doit aussi s'apprécier selon chaque unité économique condamnée et société par société. C'est aussi en partant de la condamnation et des faits reprochés que l'on peut mesurer l'effet de la sanction infligée en répression. Il importe ainsi de tenir compte de la qualité et du rôle dans l'infraction de la société sanctionnée. L'effet recherché, en effet, n'est pas le même selon que l'on sanctionne la filiale, la société mère, la société sœur, et même l'actionnaire minoritaire.

479. **Portée dissuasive des amendes infligées aux filiales ayant commis les pratiques.** En l'absence de l'information relative à la quote-part payée par chacune des sociétés, il est difficile d'évaluer la part contributive d'une filiale au paiement de l'amende et, par conséquent, la portée dissuasive de celle-ci. En réalité, certaines filiales sont plus ou moins mises à contribution, d'autres non. Or, la part contributive de la filiale n'est pas sans importance. Cette contribution est particulièrement souhaitable dans les cas fréquents où les agissements de la filiale n'étaient ni connus ni approuvés de la société mère. C'est une question qui malheureusement n'intéresse pas la Commission ni le juge de l'Union[1571]. Sans le moindre euro déboursé par la société qui a commis les pratiques, il ne peut en effet y avoir de portée dissuasive directe de l'amende à son encontre. Le cas échéant, il pourra être soutenu que la portée dissuasive de l'amende émanerait, indirectement, des mesures prises par la société mère à l'encontre de sa filiale et de ses dirigeants et salariés qui ont commis les pratiques (révocations, licenciements, procédures disciplinaires, etc.). Cela est sans doute vrai. Il n'en demeure pas moins que ce n'est pas toujours l'amende en soi qui aura discipliné la société en cause. Ce sont les conséquences qu'en aura décidées le groupe auquel elle appartient. En d'autres termes, une prise de conscience au niveau du groupe de sociétés est nécessaire et il faut alors espérer qu'il fasse adopter un comportement pro-concurrentiel à sa filiale et, le cas échéant, aux autres sociétés qu'il détient.

1570 CJUE, 9 juin 2016, aff. C-608/13 P, Compañía Española de Petróleos (CEPSA) c/ Commission, points 46 à 52 et la note d'A.-S. CHONÉ-GRIMALDI, *Concurrences* n° 3-2016, p. 56.

1571 CJUE, 26 janvier 2017, aff. C-625/13 P, Villeroy & Bosch AG c/ Commission, point 153.

480. **Portée dissuasive des amendes infligées aux sociétés mères ayant participé aux pratiques.** Il y a lieu de rappeler qu'il existe la possibilité qu'une société mère soit également poursuivie et sanctionnée en tant qu'auteur de l'infraction, en plus ou non de sa filiale[1572]. Cette implication directe dans l'infraction est logiquement plus difficile à démontrer que sa « concurrente », celle découlant de l'influence déterminante qu'elle a pu exercer sur l'auteur de l'infraction. Démontrer l'implication directe de la société mère aux pratiques en plus de sa filiale n'intéresse plus beaucoup la Commission ni l'Autorité. À tel point que les sociétés mères qui ont directement participé aux pratiques ne sont plus inquiétées en tant qu'auteur de l'infraction, mais, le cas échéant, du seul fait qu'elles sont censées avoir commis les pratiques. Quoi qu'il en soit, l'amende qui lui sera infligée devra non seulement dissuader la société mère de réitérer les pratiques relevées, mais également dissuader sa filiale de commettre de telles pratiques.

481. **Indifférence du rôle joué par la société mère sur le *quantum* de la sanction.** Dans les (trop) rares cas dans lesquels la responsabilité directe d'une société mère est engagée, celle-ci n'a pas pour conséquence d'aggraver l'amende qui lui sera prononcée[1573], ce qu'il convient de déplorer. L'absence d'une vraie prise en compte de la participation de la société mère dans la détermination de l'amende n'est pas juste. C'est ce qu'avait peut-être tenté de dire la cour d'appel de Paris dans l'arrêt *Acier*, qui proposait de distinguer la méthode de calcul des amendes infligées aux groupes de sociétés selon le rôle joué ou non par leurs sociétés mères[1574]. En d'autres termes, il devrait être considéré que la participation directe à une infraction est plus grave que celle engagée à raison du comportement d'autrui. Cette distinction devrait alors avoir une incidence sur le *quantum* de l'amende infligée.

À notre connaissance, les pratiques décisionnelles de l'Autorité ou de la Commission ne font pas ressortir de majorations d'amendes spécifiques aux sociétés mères qui ont participé directement aux pratiques. En tout état de cause, il manque de telles dispositions dans les grilles de sanctions. Les majorations d'amendes qui sont infligées aux groupes ne sont fondées, le cas échéant, qu'à raison de la taille de ce groupe de sociétés et non à proprement parler du rôle ou de la participation à ces pratiques par la société mère[1575]. Au final, une telle indifférence dans le rôle joué par la société mère en termes de *quantum* dans l'amende infligée ne l'incite pas forcément à ne pas participer aux pratiques commises par sa filiale. Pire, elle pourrait même

---

1572 V., *supra*, n° 441.

1573 CA Paris, 27 octobre 2016, Beiersdorf e. a., n° 15/01673, point 88 confirmé par Cass. com., 27 mars 2019, L'Oréal e. a., n° E 16-26.472 e. a., p. 66.

1574 CA Paris, 19 janvier 2010, AMD Sud-Ouest e. a., p. 41. Cette méthodologie ne ressort pas clairement, à tout le moins, dans les amendes finalement infligées aux requérantes (V., *supra*, n° 272).

1575 Trib. UE, 6 février 2014, aff. T-40/10, Elf Aquitaine SA c/ Commission, point 363.

à l'inverse inciter les sociétés mères à prendre part aux activités occultes de leurs filiales.

482. **Portée dissuasive des amendes infligées aux sociétés mères du fait de leurs filiales.** Les sociétés mères sanctionnées n'ont pas toujours été directement impliquées dans les pratiques de leurs filiales[1576]. Il a d'ailleurs été constaté cette situation propre aux grands groupes selon laquelle il y a autant de filiales en infraction que de pays concernés par les pratiques, alors que la société mère ignorante des pratiques est elle-même située ailleurs[1577]. Souvent, elle s'estime irresponsable de ce fait et va essayer d'exclure sa responsabilité. Ce sentiment est né de la politique de mise en cause de la « responsabilité de la société mère découlant exclusivement du comportement infractionnel de sa filiale » et, pour y parvenir, de la présomption capitalistique. Cette négligence reprochée à la société mère coûte en quelque sorte plus cher que la faute de sa filiale.

Or, la question de l'opportunité de la mise en cause d'une société mère sans lien direct avec l'infraction commise par sa filiale s'est longtemps posée[1578]. Quand bien même le choix a été fait de systématiquement la poursuivre[1579], le fait qu'une société mère soit condamnée pour les pratiques commises par sa filiale n'est pas sans conséquence sur la portée dissuasive de l'amende qui leur est infligée. En d'autres termes, l'amende imposée à la société mère n'a pas vocation à l'empêcher de réitérer des pratiques anticoncurrentielles puisqu'elle n'y a pas participé. Ce qui est avant tout recherché par les autorités de concurrence, c'est de contraindre les sociétés mères à surveiller étroitement les sociétés sous leur contrôle pour que ces dernières ne commettent plus de pratiques illicites. Le message est clairement passé. De là, à ce que les groupes de sociétés y parviennent, c'est autre chose.

[1576] V., *infra*, n° 442.

[1577] CJUE, aff. C-501/11 P, Schindler e. a., c/ Commission, préc., point 91.

[1578] Ce n'est sans doute pas pour rien que le Conseil a pu parfois ne pas remonter jusqu'à la société mère ultime, comme cela fut le cas dans l'affaire des *Carburéacteurs*. Dans cette décision, le Conseil a imputé les pratiques en cause concomitamment aux filiales et à leur société mère directe, mais non à la tête du groupe, jugeant que le contrôle de cette dernière était « trop global et trop éloigné » pour limiter l'autonomie de ses filiales opérationnelles, lesquelles étaient détenues à 100 % (V. décision du Conseil n° 08-D-30 du 4 décembre 2008, Carburéacteurs, para. 499 à 502 et 510 à 511 et l'article de P. PATAT, P. GUIBERT, « L'imputabilité du comportement anticoncurrentiel d'une filiale dont la totalité du capital est détenue par sa société mère, encore et toujours... », *RLC* n° 28-2011, n° 1885).

[1579] V., *supra*, n°s 439 et 440.

483. Portée dissuasive des amendes payées par les sociétés sœurs. Il importe de préciser que l'amende peut être payée par toutes les composantes d'un groupe de sociétés, y compris les autres filiales (sœurs) qui n'ont pas été condamnées. En effet, il sera étudié plus loin que les sociétés condamnées dans une décision ne sont pas forcément les seules à payer[1580]. À cet égard, il n'est pas anodin que les autorités de concurrence imposent des amendes en référence au chiffre d'affaires consolidé du groupe, c'est-à-dire celui de toutes les sociétés qui le composent[1581]. Ainsi, les sociétés sœurs peuvent être mises à contribution au stade du recouvrement de l'amende[1582]. Leur implication est normalement encore plus lointaine que celle de la société mère qui n'aurait pas participé aux pratiques. Contrairement aux sociétés mères, ces sociétés sœurs ne sont d'abord pas condamnées en règle générale. En outre, elles ne peuvent même pas se rendre coupables d'avoir manqué à un devoir de surveillance qui n'est pas le leur[1583]. Au final, ces sociétés sœurs peuvent être amenées à payer pour les erreurs commises par d'autres sociétés. Certains pourraient dès lors en conclure qu'il s'agit d'une « amende préventive déguisée ». Selon nous, il ne faut pas accorder une large portée dissuasive dans la mise à contribution des sociétés sœurs, sauf à leur reprocher d'appartenir à une mauvaise famille.

484. Portée dissuasive des amendes payées par les actionnaires minoritaires. Il y a lieu enfin de souligner que les actionnaires minoritaires peuvent être également mis à contribution pour le paiement d'une amende. Par actionnaire minoritaire, il est entendu les personnes physiques ou morales qui ont une participation dans la société en infraction sans toutefois dépasser les 50 % du capital[1584]. De la même manière que les sociétés sœurs, les actionnaires minoritaires ne sont généralement pas condamnés par les autorités de concurrence. Comme il sera envisagé plus loin, leur contribution peut toutefois être jugée nécessaire en particulier en cas de prétendues difficultés de paiement[1585]. Aucune portée dissuasive n'est à relever dans cette mise à contribution des actionnaires minoritaires, sauf à leur reprocher de détenir directement ou non des parts dans des sociétés condamnées.

1580 Sur les actionnaires minoritaires qui peuvent être mis à contribution (en droit de l'Union), v., *infra*, n° 656.

1581 Sur la référence aux comptes consolidés du groupe, v., *supra*, n°s 269 à 273.

1582 Sur la contribution des sociétés appartenant à un groupe (en droit de l'Union), v., *infra*, n°s 654 et s..

1583 Par exception, TPICE, du 27 septembre 2006, aff. T-43/02, Jungbunzlauer AG c/ Commission, spéc. Points 128 et 129 et la note de G. DECOCQ, *RJ com.* 2007, p. 292.

1584 À propos d'une détention de 25 % de la filiale (Trib. UE, du 9 septembre 2015, aff. T-104/13, Toshiba Corp. c/ Commission, point 96 et du 12 juillet 2011, aff. T-132/07, Fuji Electric c/ Commission, point 182).

1585 V., *infra*, n° 656.

485. Influence générale des amendes infligées aux groupes de sociétés. Il convient également de s'intéresser aux effets des amendes infligées par les autorités de concurrence à l'égard de l'ensemble des groupes de sociétés, y compris de ceux qui n'ont jamais été condamnés. Les poursuites exercées par les autorités de concurrence française et de l'Union sont aujourd'hui parmi les plus redoutées par les entreprises. Il est désormais notoire que la mise en cause des sociétés mères, rendue quasi automatique par la présomption capitalistique[1586], a eu pour conséquence d'imputer à ces dernières n'importe quelle infraction commise par l'une de leurs filiales. Peu importe le rôle qu'elles ont pu jouer dans l'infraction. Pire, elles ont parfois fait beaucoup pour que ces pratiques ne soient pas commises ou cessent[1587]. Il en résulte que certains groupes de sociétés ont, de plus en plus souvent, le sentiment qu'ils peuvent être sanctionnés pour les fautes commises par ses filiales. Il leur sera opposé comme faute leur négligence dans le contrôle des sociétés qui leur appartiennent. En retour, ils expliqueront qu'un tel contrôle n'est pas réaliste, qu'il est impossible de contrôler totalement une filiale et encore moins lorsqu'elles ont une multitude de filiales dans leur giron. Certes, la bonne foi de certains groupes de sociétés n'est sans doute pas à remettre en cause. Sauf qu'une telle situation n'est pas de nature, selon nous, à atténuer la responsabilité des sociétés mères pour les agissements de leurs filiales. S'il fallait être clair, leur responsabilité reste justifiée à raison de la détention de la société en infraction. Une société mère, en effet, doit autant assumer les bénéfices que les pertes de sa filiale. Qu'il n'existe pas non plus, à ce jour, de limite reconnue à cette responsabilité en chaîne, quasi infinie, de sociétés détenues l'une après l'autre ne nous gêne pas non plus. Au contraire, insérer une limite redonnerait immédiatement de l'intérêt pour les stratégies de « sociétés écrans ».

Ce constat exposé, cela ne doit pas inférer, pour autant, sur la portée dissuasive des amendes infligées aux groupes de sociétés. À ce jour, l'infliction d'amendes très élevées a contraint les grands groupes à surveiller étroitement leurs filiales. Cette vaste mission confiée aux groupes de sociétés paraît tout autant sinon plus difficile à réaliser qu'à empêcher une société de récidiver. Même à l'ère de la *compliance*, dont l'efficacité reste encore à démontrer[1588], le contrôle total et effectif d'une société sur une autre est selon nous une nouvelle fiction juridique créée par le droit de la concurrence. La mondialisation a engendré des groupes de sociétés mondiaux forcément de plus en plus éloignés de leurs filiales qui peuvent enfreindre la législation relative au droit de la concurrence. Certaines

---

1586 V., *supra*, n°s 439, 440 et 446 et s..

1587 CJUE, 16 juin 2016, aff. C-155/14 P, Evonik Degussa e. a. c/ Commission, points 40 à 42 et la note de M. DEBROUX, *Concurrences* n° 3-2016, p. 58.

1588 V., *supra*, n°s 175 à 177.

sociétés mères ne veulent d'ailleurs ouvertement pas intervenir dans la politique commerciale de leur filiale. Ce sont pourtant ces sociétés mères qui payeront la majeure partie d'une amende causée par les agissements de leurs filiales et dont le *quantum* sera dimensionné au groupe auquel elles appartiennent. Certes, ces sociétés ont bien le sentiment d'être sanctionnées. Mais elles pensent l'être pour les fautes d'autres sociétés avec lesquelles elles n'ont pas forcément de rapports et surtout peu d'emprise.

CONCLUSION DU PREMIER CHAPITRE

486. **Rôle précurseur de la notion d'entreprise.** Ce qui importe d'abord de retenir à ce stade, c'est que la responsabilité du groupe d'une société ayant commis les pratiques peut être aisément mise en jeu en matière de concurrence. Il faut reconnaître à la notion d'entreprise d'être sans doute l'une des créations les plus audacieuses du droit de l'Union. Il convient d'autant plus de la saluer qu'elle a été créée à un moment où l'engagement de la responsabilité des sociétés mères pour les agissements de leurs filiales n'allait pas de soi. L'apport de la notion d'entreprise à l'effectivité du droit des pratiques anticoncurrentielles et aux amendes prononcées est indéniable même si elle n'a pas plu à une partie de la doctrine pénaliste très autorisée[1589]. Cette qualification a aidé à mettre un terme aux groupes de sociétés qui avançaient masqués derrière leurs filiales. Le droit de la concurrence, en sanctionnant *de facto* les groupes de sociétés, a eu un rôle précurseur dans la lutte contre les fraudes de nature économique. Si la notion d'entreprise n'a pas (encore ?) été transposée à l'ensemble des règles applicables aux sociétés[1590], il n'est pas impossible que la notion d'entreprise ait été l'inspiration de lois récentes telles que celle relative au devoir de vigilance des sociétés mères[1591]. La responsabilité des sociétés mères des groupes n'est aujourd'hui plus discutée, elle est même en passe d'être en première ligne[1592].

487. **Responsabilité des entreprises non restructurées.** Si la notion d'entreprise est un mécanisme qui a pu permettre d'appréhender les groupes de sociétés, il faut toutefois garder à l'esprit que ces derniers ont beaucoup évolué ces dernières années. Il est en effet assez paradoxal de constater qu'au fur et à mesure que l'économie se mondialise, elle n'en ressort que plus concentrée. Nous avons assisté ces vingt dernières années à la naissance de groupes de sociétés ayant atteint un chiffre d'affaires supérieur aux PIB de certains pays. Appréhender ce type d'acteurs n'est pas si simple. Ainsi, la situation selon laquelle la société mère est géographiquement très éloignée de ses dizaines de filiales actives dans tous les autres coins du globe devient fréquente. Pour ces têtes de groupe, il nous semble très difficile de gérer parfois plusieurs dizaines voire centaines de sociétés. L'exemple de Schenker pourrait être cité. Cette société, appartenant à Deutsche Bahn, est présente à elle seule dans plus de 130 pays et emploie 60 000 personnes[1593].

1589 B. BOULOC, « Le principe de la responsabilité personnelle est-il en péril en droit de la concurrence ? », préc..

1590 Cass. com., 14 février 2018, Optical Center e. a., n° 16-24.619 et 17-11909 en matière de concurrence déloyale (*RLC* n° 72-2018, n° 3390).

1591 M. MICHINEAU, lettre n° 2017-08, disponible sur le site du Creda.

1592 Loi relative au devoir de vigilance des sociétés mères et des entreprises donneuses d'ordre du 27 mars 2017.

1593 V. décision de la Commission du 28 mars 2012, Transit, cons. 13.

Il n'est donc pas étonnant que dans de tels groupes, les instructions se limitent parfois à des objectifs chiffrés sans considération aucune de la méthode pour y arriver. À supposer même que l'autonomie d'une filiale ait été démontrée, comme exigée par la jurisprudence, cela justifierait-il de ne pas tenir responsable le groupe de sociétés qui la détient ? Il a été soutenu dans cette étude qu'il ne devrait pas en être le cas. Ce n'est plus d'autonomie ou d'« unité de comportement »[1594] de ces sociétés dont il est question aujourd'hui, mais de relation d'appartenance[1595]. À cet égard, il nous semble équitable d'exiger de ces groupes gigantesques qu'ils assument tant les effets bénéfiques que les risques d'avoir une présence mondiale.

488. **Portée dissuasive des amendes infligées aux entreprises non restructurées.** Il est un fait que les infractions au droit de la concurrence n'ont pas cessé parce que les grands groupes ont vu leur responsabilité être mise en cause. Certains pourront objecter qu'il faut alors renforcer la *compliance*. Il pourra leur être répondu que tous les grands groupes ont adopté ces codes de conduite de longue date déjà et que même les plus efficients d'entre eux n'empêcheront pas les infractions au droit de la concurrence. Cette concentration de l'économie a engendré en réalité l'existence de « géants » économiques. Leur apparition n'est pas la responsabilité directe des autorités de concurrence[1596], encore qu'on puisse leur reprocher de ne pas s'être assez opposées à leur création dans le cadre de leur mission de contrôle de concentration. Que l'on ne s'y trompe pas, il a été vu que la réalité punitive de ces amendes n'est plus à démontrer et que les entreprises souhaitent réellement les éviter. Or, la portée dissuasive parfois limitée des amendes ne provient pas forcément du *quantum* des amendes, mais de l'impossible autocontrôle qui a été exigé de ces groupes de sociétés. Dans ces conditions, il n'est donc pas toujours pertinent de toujours plaider pour des amendes plus fortes aux fins de discipliner les entreprises. Un autre facteur, enfin, peut complexifier, voire troubler l'effet dissuasif de l'amende infligée à une entreprise : il s'agit de la restructuration de l'entreprise.

1594 TPICE, 12 janvier 1995, aff. T-102/92, Viho c/ Commission, point 50.

1595 Ce critère de contrôle pourrait d'ailleurs définir au mieux ce que recouvre un groupe de sociétés (M. PARIENTE, *Les groupes de sociétés. Aspects juridique, social, comptable, fiscal*, Paris, *Litec*, 1993, n° 32).

1596 L. IDOT, préc., *Concurrences* n° 1-2012, p. 55.

CHAPITRE II – LE CARACTÈRE DISSUASIF D'UNE AMENDE INFLIGÉE À UNE ENTREPRISE RESTRUCTURÉE

489. **Définition d'une entreprise restructurée.** Il convient de commencer par le commencement, à savoir définir et expliquer ce qu'est une entreprise dite « restructurée ». Par restructuration, nous entendons par là que l'entreprise a connu une transformation juridique notable entre le moment où les pratiques anticoncurrentielles ont été commises et le moment où la décision de sanction a été adoptée. Par exemple, il peut s'agir d'une nouvelle dénomination, cession, scission ou encore de la disparition de la personne morale qui a commis les pratiques. Ces transformations peuvent, le cas échéant, concerner d'autres membres du groupe auquel appartient la personne morale ayant mis en œuvre l'infraction.

Les problèmes d'identification de l'auteur d'une infraction du fait de sa restructuration ont commencé à sérieusement se poser dans les années 80. À des situations de plus en plus complexes correspondent des règles qui ne le sont pas moins. Par prudence, cette étude n'a pas la prétention de recenser tous les cas de restructurations auxquels ont dû faire face les autorités de concurrence. Pour notre part, il s'agit de rester le plus clair possible dans notre réponse à une question qui ne l'est pas, en gardant comme idée directrice de vérifier que celui qui a commis les pratiques est bien celui qui sera condamné à ce titre. À cet égard, il sera exposé plusieurs situations, des cas les plus simples au plus complexes, voire des moins discutables aux plus contestables.

490. **Identification de l'auteur de l'infraction en cas de restructuration.** Certes, il est difficile de parler de personnalité des peines lorsqu'il s'agit d'une entreprise et encore moins de la qualifier d'auteur d'une infraction. Le recours systématique à la société, personne morale et donc sujet de droit, ne semble pas non plus satisfaisant. Sa nature immatérielle la condamne à ne pouvoir agir que par le biais d'un « *substratum* humain » comme l'avait qualifié Henri Donnedieu de Vabres[1597]. Ce dilemme nous semble parfaitement résumé par Monsieur Alain Seban, alors Maître des Requêtes au Conseil d'État, dans les termes suivants : « Il est bien clair en effet que ce n'est jamais une personne morale qui commet directement une infraction, mais un « ensemble de moyens matériels et humains » qu'elle abrite, tout comme il est clair qu'on ne peut sanctionner un ensemble de moyens non personnalisés »[1598]. C'est, encore une fois, la question de la règle de la

---

[1597] H. DONNEDIEU DE VABRES, « Les limites de la responsabilité pénale des personnes morales », *Revue internationale de droit pénal*, 1950, p. 341.

[1598] Conclusions de Monsieur Seban concernant l'arrêt du Conseil d'État, Section, du 22 novembre 2000, Société Crédit Agricole Indosuez Cheuvreux, n° 207697.

responsabilité personnelle appliquée aux personnes morales qui se pose[1599]. Monsieur Bruno Lasserre, ancien président de l'Autorité, a rappelé à juste titre que cette règle a été conçue au départ pour s'appliquer à des individus et que son application aux entreprises ne peut se faire à l'identique[1600].

Quoiqu'il en soit, il a été fait le choix de poursuivre les entreprises en cas de pratiques anticoncurrentielles. Comme déjà évoqué, les amendes sont finalement infligées aux personnes morales qui composent ces entreprises[1601]. La première difficulté qui se présente concerne la restructuration de la personne morale ayant mis en œuvre l'infraction. La seconde difficulté, qui n'est pas antithétique à la première, peut apparaître en cas de restructuration de la société mère qui contrôle la personne morale qui a commis l'infraction. C'est donc l'entreprise, telle que constituée au moment des faits, qui demeure le point de départ du raisonnement dans l'analyse des restructurations[1602]. Il conviendra à cet égard de distinguer l'examen de la filiale de celui de la société mère qui l'a détenu durant les faits. Les deux peuvent connaître, en effet, une évolution différente jusqu'à la décision de sanction.

491. **Amende infligée à une entreprise restructurée.** Dès lors que les règles d'identification de l'entreprise en cas de restructuration seront vues, il conviendra encore de revenir sur les amendes qui seront infligées à ces entreprises restructurées. Comme à l'encontre d'une entreprise non restructurée, la portée dissuasive de l'amende infligée à une entreprise restructurée devra être examinée. Mais du fait de ces restructurations, la question de la dissociation entre celui qui a mis en œuvre les pratiques et celui qui est condamné est encore plus prégnante pour ces entreprises. En fonction de la concordance plus ou moins grande entre l'entreprise au moment des faits et celle finalement condamnée, la portée dissuasive de l'amende qui leur est infligée pourra évidemment s'en ressentir.

492. **Division.** Comme au chapitre précédent, il sera procédé tout d'abord à l'examen des règles de détermination de la responsabilité d'une entreprise lorsque celle-ci présente la particularité d'être restructurée (PREMIÈRE SECTION), ce qui permettra ensuite d'analyser la portée dissuasive de l'amende qui lui est infligée (SECONDE SECTION).

[1599] I. M. BARSAN, « La personnalité des peines appliquée aux personnes morales en cas de fusion », *Revue des sociétés* 2018, p. 156.

[1600] B. LASSERRE, « Introduction : dialogue ou collision ? » *in* « L'entreprise, les règles de concurrence et les droits fondamentaux : quelle articulation ? » J.-L. DEWOST, B. LASSERRE, R. SAINT-ESTEBEN (dir.), Les Nouveaux Cahiers du Conseil constitutionnel, 2012/2, n° 35, *Dalloz*, p. 52.

[1601] V., *supra*, n°s 425 et 426.

[1602] Trib. UE, 25 octobre 2011, aff. T-349/08, Uralita c/ Commission, points 55 à 60 et la note de N. JALABERT-DOURY, *Concurrences* n° 1-2012, p. 94.

PREMIÈRE SECTION – LES RÈGLES DE DÉTERMINATION DE LA RESPONSABILITÉ D'UNE ENTREPRISE RESTRUCTURÉE

493. **Appréhension fréquente d'entreprises restructurées.** Dans un monde économique sans cesse plus concentré[1603], les disparitions, fusions et scissions sont devenues des phénomènes relativement courants de la vie des sociétés commerciales. Les autorités de concurrence sont donc de plus en plus confrontées à des entreprises dites restructurées. À tel point qu'aujourd'hui il est rare de ne pas rencontrer au moins une entreprise restructurée – entre le moment des pratiques et celui où l'autorité est informée de l'infraction – parmi les entreprises condamnées dans le cadre d'une entente. À ce phénomène, il faut ajouter que le temps de la vie économique n'est pas le même pas que le temps judiciaire. Les enquêtes sont plus difficiles à mener lorsqu'il s'agit d'ententes secrètes et sophistiquées, encore plus dans les cas où des dizaines entreprises sont concernées. Entre le moment où l'instruction commence et celui du prononcé de la décision, il peut encore s'écouler plusieurs années[1604]. La probabilité d'appréhender des entreprises restructurées en raison d'une instruction longue n'en est donc que plus grande.

494. **Désignation de l'entreprise en cas de restructuration.** Dans le cadre de cette étude, il importe d'abord d'examiner les règles relatives à la désignation de l'entreprise responsable de l'infraction en cas de restructuration. Dans une matière répressive où l'adage est que « nul n'est responsable pénalement que de son propre fait », les autorités de concurrence ont l'obligation de condamner celui qui a commis les pratiques. Cet impératif est également un préalable à leur volonté d'infliger des amendes dissuasives. À cet égard, il sera vérifié qu'une autorité de concurrence respecte au mieux cette règle vis-à-vis de l'entreprise, qu'elle ait eu recours au principe de responsabilité personnelle ou à celui de continuité économique pour désigner la responsable.

1603 M. HAHN, A. RHARROUCHI, « Droit de la concurrence et TTIP » *in Contentieux du droit de la concurrence de l'Union européenne, Questions d'actualité et perspectives*, V. GIACOBBO PEYRONNEL, C. VERDURE (dir.), *Larcier*, 2017, p. 3.

1604 V. l'excellent article d'A. BROWN, M. SCHONBERG, « Widening the Net : The General Court Extends the Principle of Successor Liability in EU Competition Law », *ECLR* n° 34-2013, 1.

495. Enjeux. Au-delà de la complexité des règles de désignation de l'entreprise, deux principaux enjeux ou risques relatifs à la détermination de l'entreprise responsable en cas de restructuration ont été identifiés selon le point de vue des parties. Du côté des entreprises, il peut y avoir la volonté d'échapper à une amende par le jeu de restructurations[1605]. Dès lors qu'une amende est susceptible d'être peu ou pas dissuasive du fait de restructuration, c'est l'effectivité du droit de la concurrence qui est en jeu. Comme le soulignent à juste titre Mesdames Béhar-Touchais et Idot, il n'est pas admissible que des montages juridiques, délibérés ou non, puissent permettre une atténuation des responsabilités en droit de la concurrence[1606].

Du côté des autorités de concurrence, il y a l'objectif de poursuivre et de sanctionner l'entreprise responsable de l'infraction. Cependant, il peut y avoir aussi l'ambition de rechercher à tout prix un coupable pour les pratiques relevées alors même qu'il peut être difficile ou impossible d'identifier un responsable au moment de lancer les poursuites. Il y a aussi le risque, plus subtil, qu'une autorité de concurrence ne choisisse pas de poursuivre l'entreprise qui devrait être normalement responsable, mais, par opportunité, celle qui serait la plus solvable et/ou qui se verrait imposer l'amende la plus élevée. C'est le risque de ne pas condamner la « bonne » entreprise et d'atténuer l'effet dissuasif conféré à l'amende.

496. Division. Beaucoup de paramètres peuvent rentrer en ligne de compte dans la désignation de l'entreprise responsable en cas de restructuration. Les auteurs qui se sont courageusement essayés à la question ont souvent distingué l'auteur des pratiques qui survit de celui qui n'existe plus au moment de la décision[1607]. Quoi de plus décisif et ordonné, *a priori*, que de distinguer le sort des personnes qui ont péri de celles qui sont encore de ce monde ? Sans aller jusqu'à dire qu'il ne faut pas s'apitoyer sur le sort d'une personne morale[1608], cette distinction n'est peut-être plus aussi pertinente que par le passé. En outre, il ne doit pas être oublié que l'entreprise, telle que désignée, peut être composée de plusieurs personnes morales. Or, certaines de ces personnes morales continuent d'exister alors que d'autres

---

1605 CJCE, 11 décembre 2007, aff. C-280/06, ETI e. a., points 41 et 42 et la jurisprudence citée.

1606 M. BEHAR-TOUCHAIS, « Une amende civile peut être prononcée à l'encontre de la société absorbante pour des pratiques restrictives de concurrence commise par la société absorbée », *Revue des contrats* n° 4-2016, p. 683 et L. DOT, « La responsabilité pénale des personnes morales : Les leçons du droit européen de la concurrence », *Concurrences* n° 1-2012, p. 55.

1607 L. ARCELIN, « Imputabilité des pratiques anticoncurrentielles en cas de restructuration », *JCL Concurrence – Consommation*, 2016, Fasc. 360.

1608 « La facilité avec laquelle (les personnes morales) peuvent se dissoudre a peu de choses à voir avec les affres du suicide », note Monsieur H. LE NABASQUE (*Rev. sociétés* 1997, p. 833). Dans un autre style, les professeurs M. COZIAN, A. VIANDIER et F. DEBOISSY définissent la personne morale dans les termes suivants : « La personne morale n'est pas une personne ; ni souffrante ; ni aimante, sans chair et sans os, la personne morale est un être artificiel. Et Casanova le savait bien, qui poursuivit nonnes et nonnettes, mais ne tenta jamais de séduire une congrégation ; on n'a jamais troussé une personne morale » (*Droit des sociétés*, Litec, 19e éd., 2006).

ont disparu. C'est, encore une fois, toute la différence et la difficulté entre une entreprise composée d'une seule personne morale et un groupe de sociétés. À des fins pédagogiques et de clarification, il conviendra d'abord de présenter les règles de désignation de l'entreprise responsable en cas de restructuration (§1), avant d'examiner les règles de détermination de l'entreprise responsable en cas de restructuration d'un groupe de sociétés (§2).

§ 1 – Les règles de désignation de l'entreprise en cas de restructuration

497. **Prédominance du principe de responsabilité personnelle.** Au regard des aspects punitif et dissuasif de l'amende, le principe de responsabilité personnelle doit guider la détermination de l'auteur de l'infraction[1609]. Dans l'arrêt *Enichem Anic*, le Tribunal avait jugé qu'il convenait d'imputer l'infraction à la personne morale qui dirige l'entreprise en cause au moment où l'infraction a été commise même si, au jour de l'adoption de la décision constatant l'infraction, l'exploitation de l'entreprise n'est plus sous sa responsabilité[1610]. Peu importe, à cet égard, que l'entreprise ait cessé d'elle-même l'activité économique concernée par l'entente[1611]. Il en est de même si l'exploitation de l'entreprise a été placée sous la responsabilité d'un autre exploitant sans liens avec l'ancien exploitant[1612]. Dans un arrêt d'annulation, l'importance du principe de responsabilité personnelle avait été notamment rappelée à la Commission pour écarter la responsabilité de la société *All Weather Sports Benelux BV*[1613]. Convaincu par la pratique décisionnelle de la Commission, le Conseil de la concurrence avait annoncé dans son rapport annuel pour l'année 1991 qu'il allait reprendre à son compte ces règles[1614]. Le principe de poursuivre la personne morale ayant commis les pratiques s'est notamment affirmé en France à l'occasion de

1609 Sur le principe de responsabilité personnelle appliqué aux personnes morales, v. les conclusions de Monsieur Seban sous Conseil d'État, Section, 22 novembre 2000, n° 207697, Société Crédit Agricole Indosuez Cheuvreux et, sur la responsabilité personnelle en droit de la concurrence, les conclusions de Madame l'avocat général Kokott présentées le 3 juillet 2007 dans l'aff. C-280/06, ETI e. a., points 71 et s..

1610 TPICE, 17 décembre 1991, aff. T-6/89, Enichem Anic SpA c/ Commission, points 237 à 239 et, plus tard, CJCE, 16 novembre 2000, aff. C-286/98 P, Stora Kopparbergs Bergslags c/ Commission, point 37 et CJUE, 29 mars 2011, aff. C-352/09 P, ThyssenKrupp Nirosta c/ Commission, point 143.

1611 Trib. UE, 16 juin 2011, aff. T-195/06, Solvay c/ Commission, points 306 et s..

1612 TPICE, 14 décembre 2006, aff. T-259/02 à T-264/02 et T-271/02, Raiffeisen Zentralbank Österreich e. a. c/ Commission, point 324.

1613 TPICE, 28 avril 1994, aff. T-38/92, All Weather Sports Benelux BV c/ Commission, points 30 à 32. C'est toutefois sous le seul angle de la motivation que le Tribunal a annulé la décision de la Commission.

1614 Rapport annuel du Conseil de la concurrence pour l'année 1991, XXXIII.

l'affaire du *Béton prêt à l'emploi*[1615], dans laquelle le Conseil a définitivement écarté le choix d'imputer les pratiques à celui qui avait reçu les actifs de ladite personne morale[1616].

498. **Application évolutive du principe de responsabilité personnelle.** Depuis le début des années 2000[1617], il n'y a plus de doute en droit français sur le fait qu'il faille constater dans un premier temps si l'auteur des pratiques existe toujours au moment des poursuites et que, le cas échéant, ce sera à lui de répondre de l'infraction nonobstant la reprise des activités concernées par un tiers[1618]. Tant que la personne morale responsable de l'exploitation de l'entreprise au moment des faits subsiste juridiquement, c'est elle qui doit assumer la responsabilité de ces pratiques. Comme expliqué au paragraphe précédent, cette frontière si stricte entre le champ de la responsabilité personnelle et, par conséquent, celui de la continuité économique a été dessiné dans les années 2000 par le Conseil de la concurrence à la lumière de son interprétation de l'arrêt *Enichem Anic* rendu par le Tribunal en 1991[1619].

Certes, les bonnes barrières font les bons voisins et la Cour de cassation avait validé l'approche du Conseil de la concurrence[1620]. Il est vrai également que la Cour de justice, dans l'arrêt *Anic*, avait entériné la vision du Conseil de la concurrence faisant de l'existence de la personne morale « une circonstance décisive »[1621]. Mais un léger infléchissement de cette même Cour pouvait être déjà noté dans son arrêt *SCA Holding* de 2000, ne précisant plus que le principe de responsabilité personnelle devait jouer « tant que cette personne morale existe »[1622]. De même, une telle délimitation pouvait être jugée prématurée lorsque l'on sait que le Tribunal,

---

1615 V. décision du Conseil de la concurrence n° 97-D-39 du 17 juin 1997, Béton prêt à l'emploi, p. 31 et 32 et rapport annuel du Conseil pour l'année 2001, p. 129 et s..

1616 Il n'est néanmoins pas toujours aisé d'identifier quelle personne morale a mis en œuvre les pratiques en cause (V. décision du Conseil n° 06-D-03 bis*, Appareils de chauffage, para. 1381 à 1383 réformée par CA Paris, 29 janvier 2008, Le Goff e. a., n° 2006/07820, p. 27 et 28. Cet arrêt n'a pas fait l'objet de pourvoi).

1617 V. décision du Conseil n° 00-D-29 du 5 juillet 2000, Secteur du traitement de l'amiante, p. 9. Cette décision n'a pas fait l'objet de recours.

1618 Cass. com., 20 novembre 2001, Société Bec frères e. a., n° 99-16776 et 99-18253 et la note d'O. ANCELIN-MENAIS, *JCP E*, n° 14, avril 2008, p. 1428, 23 juin 2004, BNP Paribas e. a., n° 01-17.896 et 02-10.066 et, plus récemment, décisions de l'Autorité n° 14-D-19, Produits d'hygiène et d'entretien, para. 1131 et 1132 et n° 15-D-03, Produits laitiers, para. 250.

1619 Rapport annuel du Conseil de la concurrence pour l'année 2001, p. 129 et s..

1620 Cass. com., 20 novembre 2001, Société Bec frères e. a, préc., précisant que l'entreprise qui a mis en œuvre les pratiques encourt une amende « tant qu'elle conserve une personnalité juridique » et la note de L. ARCELIN, *JCP E* n° 27-2002, 1044.

1621 CJCE, 8 juillet 1999, aff. C-49/92 P, Commission c/ Anic Partecipazioni SpA, point 145 et la note L. IDOT, *Europe*, octobre 1999, comm. n° 345, p. 18 et de M.-C. BOUTARD-LABARDE, Droit communautaire, *JCP G*, 1999, I, 187.

1622 CJCE, 16 novembre 2000, aff. C-297/98 P, SCA Holding Ltd c/ Commission, points 25 à 27 et la note de L. IDOT, *Europe*, janvier 2001, comm. n° 30, p. 21.

déjà en 1999, avait poursuivi la société qui avait reçu les actifs litigieux alors même que la personne morale qui avait mis en œuvre les pratiques existait encore pour les besoins de la liquidation[1623].

Quoi qu'il en soit, les lignes de cette frontière ont été redessinées du fait que l'Autorité dit aujourd'hui aligner sa position sur celle de l'Union et que la jurisprudence récente de cette dernière a dû être adaptée à la suite d'hypothèses de restructurations concernant des groupes de sociétés[1624].

499. **Concurrence du critère de continuité économique.** Par exception au principe de responsabilité personnelle, une autorité de concurrence peut recourir au critère de continuité économique et imputer l'infraction « au nouveau support juridique de l'entreprise, pouvant être qualifié de successeur juridique ou bien de successeur économique parce qu'il en assure la continuité économique et fonctionnelle ou en a repris l'ensemble des éléments matériels et humains »[1625]. Cela n'est parfois pas sans rappeler la transmission universelle de patrimoine (TUP) utilisée en droit des sociétés[1626]. Il semble inhabituel et *a priori* contestable de suivre l'ensemble des éléments matériels et humains ayant concouru à l'infraction dans une matière répressive, et, pour reprendre les termes de Monsieur Alain Seban, alors Maître des Requêtes au Conseil d'État, « il est clair qu'on ne peut sanctionner un ensemble de moyens non personnalisés »[1627].

500. **Continuité économique et désignation de l'entreprise.** Ce critère de continuité économique ne doit pas forcément être vu comme la manifestation de la volonté d'une autorité de concurrence de sanctionner le détenteur de l'exploitation au moment de la décision alors qu'il n'aurait rien à voir avec les faits en cause. Ainsi qu'il sera démontré dans ce paragraphe, ce critère de continuité économique vient parfois utilement compléter celui de responsabilité personnelle, si bien que l'entreprise qu'il désigne comme responsable est celle qui a matériellement mis en œuvre les pratiques. Cela étant dit, il sera également vu que l'application de ce critère peut conduire à désigner le successeur économique comme responsable des pratiques alors qu'il peut sembler étranger aux faits en question. C'est toute la question de l'effectivité du droit de la concurrence. Une interprétation trop extensive de ce critère de continuité économique n'est toutefois pas souhaitable s'il s'agit

---

1623 TPICE, 11 mars 1999, aff. T-134/94, NMH Stahlwerke GmbH c/ Commission, points 126 et s.. Cet arrêt n'a pas été frappé d'un pourvoi.

1624 Sur les groupes de sociétés restructurées, v., *infra*, n°s 508 et s..

1625 B. LASSERRE, « Introduction : dialogue ou collision ? » *in* « L'entreprise, les règles de concurrence et les droits fondamentaux : quelle articulation ? », J.-L. DEWOST, B. LASSERRE et R. SAINT-ESTEBEN, Les Nouveaux Cahiers du Conseil constitutionnel, 2012/2, n° 35, *Dalloz*, p. 52.

1626 *Lamy droit économique*, Wolters Kluwer, 2018, n° 62, Changement du périmètre juridique de l'entreprise et « continuité économique et fonctionnelle ».

1627 V. conclusions de Monsieur Seban sous arrêt du Conseil d'État, Section, du 22 novembre 2000, n° 207697, Société Crédit Agricole Indosuez Cheuvreux.

d'identifier – coûte que coûte – un responsable ou de désigner comme responsable celui qui recouvrera l'amende la plus élevée. Toute la difficulté est alors de dire dans quels cas le principe de continuité économique peut jouer au détriment du principe de responsabilité personnelle.

501. **Continuité économique et changement de forme juridique.** Le critère de continuité économique s'applique tout d'abord dans le cas de modifications qui ne concernent que l'exploitant de l'entreprise impliquée dans l'entente et qui ont pour résultat que cet exploitant n'existe plus sous la même dénomination[1628]. Ainsi, il est fait recours à la continuité économique afin de s'assurer que des personnes morales ne se soustraient pas à leur responsabilité en procédant simplement à des changements de forme juridique ou de nom[1629]. En réalité, ces transformations n'affectent pas l'existence de la personne morale. En France, le droit des sociétés ne retient d'ailleurs pas une autre solution puisque l'article 1844-3 du Code civil précise que « [l]a transformation régulière d'une société en une société d'une autre forme n'entraîne pas la création d'une personne morale nouvelle. Il en est de même de la prorogation ou de toute autre modification statutaire »[1630]. De telles transformations ne permettent donc pas à une personne morale d'échapper à sa responsabilité concurrentielle. Plutôt que de parler de continuité économique, il serait plus approprié de parler dans le cas évoqué, comme Madame Idot, de « continuité juridique »[1631], ou d'y voir, comme l'avocat général Kokott, la simple expression du principe de responsabilité personnelle[1632].

502. **Continuité économique et absorption de la personne morale par un tiers en droit de l'Union.** L'auteur des pratiques peut également avoir fusionné ou être absorbé par une entreprise tierce. Dans ce cas, l'auteur des pratiques n'a plus à proprement parler d'existence juridique. Conformément au principe de continuité économique, l'absorbant verra alors sa responsabilité engagée. Dans deux affaires relatives aux *PVC* et *Polyéthylène*, le Tribunal avait décidé que l'absorbant devait répondre de l'infraction commise par l'exploitant initial, même si l'opération de fusion ou d'absorption a eu lieu à une date postérieure à la fin des pratiques[1633].

1628 CJCE, 8 juillet 1999, aff. C-49/92 P, Commission c/ Anic Partecipazioni SpA, point 145.

1629 CJCE, 28 mars 1984, Cie royale asturienne des mines et Rheinzink c/ Commission, aff. 29/83 et 30/83, point 9 et TPICE, 14 mai 1998, aff. T-327/94, SCA Holding Ltd c/ Commission, points 62 à 64, confirmé par CJCE, 16 novembre 2000, aff. C-297/98 P, point 27.

1630 Cass. com., 7 mars 1984, Sté civile Le Joncour, n° 82-12432 et la note de C. DAVID, *JCP* N 1986. II. 12 ; Cass. com., 3 janvier 1996, n° 94-11296 et la note de J.-C. HALLOUIN, *Bull. Joly* 1996, n° 101, p. 295.

1631 V., par exemple, décision de l'Autorité n° 15-D-03, Produits laitiers, para. 255 et CA Paris, Laïta e. a., préc., points 28 à 31.

1632 Conclusions de Madame l'avocat général Kokott dans l'aff. C-280/06, ETI e. a., points 81 à 84.

1633 V. décisions de la Commission du 21 décembre 1988, PVC (JOCE 1989 L 74, p. 1), cons. 41 et 42 et TPICE, 20 avril 1999, aff. jtes. T-305/94 e. a., Limburgse Vinyl Maatschappij NV e. a. c/ Commission,

Certes, cette solution avait été quelque peu remise en cause par l'arrêt de la Cour de justice rendu dans l'affaire du *Carton*, mais dans laquelle les faits de l'espèce n'étaient pas tout à fait les mêmes[1634]. Dans l'arrêt *Raiffeisen Zentralbank Österreich*, la responsabilité de l'absorbant a été définitivement entérinée dans l'hypothèse de l'absorption d'une filiale d'un groupe de sociétés par un autre groupe de sociétés[1635].

503. **Continuité économique et absorption de la personne morale par un tiers en droit français.** Le Conseil de la concurrence a été rapidement confronté à ce type de restructuration par fusion ou absorption[1636], à une époque où l'application de la continuité économique n'avait alors rien d'évident en droit français. En matière pénale, il faut dire que le décès de la personne poursuivie a un tout autre effet sur le cours de la justice. La chambre criminelle de la Cour de cassation, dans un arrêt d'annulation sans renvoi, avait fermement rappelé que la disparition de la personne morale faisait obstacle à ce que l'absorbant réponde de l'infraction commise[1637]. Ce n'est que très récemment, dans un arrêt de revirement, que la chambre criminelle de la Cour de cassation a accepté de responsabiliser l'absorbant[1638]. Ainsi, la règle selon laquelle l'infraction pouvait être imputée à l'absorbant ne s'est appliquée au départ qu'en droit français des

---

point 954 ; du 23 avril 1986, Polypropylène (JOCE L 230, p. 1) et TPICE, Enichem Anic, préc., points 236 à 239.

1634 V. décision de la Commission du 13 juillet 1994, Cartons (JOCE L 243, p. 1), cons. 143 et s. et CJUE, 16 novembre 2000, aff. C-279/98 P, Cascades SA c/ Commission, point 79 et la note de L. IDOT, *Europe*, janvier 2001, comm. n° 30 p. 21 et l'article de M. NICOLELLA, « Qui doit payer l'amende d'une société devenue filiale d'une autre, lorsque les deux sont impliquées et condamnées en raison des mêmes pratiques anticoncurrentielles ? », *Gaz. Pal.* 2001, I, Jur., p. 903. À la lecture de l'arrêt de la Cour de Justice, il n'a pas été possible de dire si le Tribunal avait commis une erreur de droit en validant le fait que l'absorbant devait être responsable ou si c'est le fait que les sociétés n'avaient pas été, en réalité, absorbées mais seulement filialisées, qui a emporté l'annulation de l'arrêt du Tribunal.

1635 TPICE, 14 décembre 2006, aff. T-259/02 à T-264/02 et T-271/02, Raiffeisen Zentralbank Österreich e. a. c/ Commission, points 326 à 328 et la note d'É. BARBIER DE LA SERRE, *RLC* n° 11-2007, n° 759.

1636 V. décision du Conseil de la concurrence n° 89-D-34 du 7 novembre 1989, Marchés publics de travaux routiers, *BOCCRF* du 8 novembre 1989 et notamment Cass. com., 6 octobre 1992, Colas Sud-Ouest e. a., n° 90-16.755 e. a.

1637 Cass. crim., 20 juin 2000, Pilkington Sud, n° 99-86742, Bull. crim. n° 237, p. 702. La même solution était retenue en matière boursière (Cass. com., 15 juin 1999, Bull. civ. IV n° 127 confirmant CA Paris, 14 mai 1997, Compagnie générale d'immobilier George V e. a. c/ COB, *Revue des sociétés*, 1997, p. 827 et les notes d'H. LE NABASQUE, D., 1998, Somm. 76 et d'A. VIANDIER, JCP E, 1997.I.973). Une première évolution avait été relevée en 2017 puisque la Cour de cassation avait jugé que l'absorbant pouvait toutefois être tenu pour responsable du versement des dommages-intérêts aux parties civiles (Cass. crim., 28 février 2017, Le Figaro, n° 15-81.469 et la note de R. SALOMON, *Droit des sociétés* n° 8-9, août 2017, comm. 154). En matière de marchés financiers, le Conseil d'État avait jugé qu'il n'était pas possible d'infliger un blâme à l'absorbant mais que néanmoins ce dernier était tenu pour responsable du paiement de l'amende (Conseil d'État, Section, du 22 novembre 2000, Société du Crédit Agricole Indosuez Cheuvreux, n° 207697, publié au recueil Lebon).

1638 Cass. crim., 25 novembre 2020, Société Iron mountain France SAS e. a., n° 18-86.955, publié au Bulletin, et l'excellente note explicative de la Cour de cassation relative à cet arrêt.

pratiques anticoncurrentielles[1639]. Cette responsabilité de l'absorbant s'est définitivement imposée avec l'arrêt de la Cour de cassation rendu dans l'affaire des *Marchés publics de la voirie et réseaux divers dans le département de l'Hérault*[1640]. Comme en droit de l'Union, il est désormais acquis en droit français que l'absorption de la personne morale prime sur la cession des actifs en cause[1641]. L'absorbant verra donc sa responsabilité engagée pour les faits de l'absorbé[1642], y compris lorsqu'il s'agit d'une personne morale autre qu'une société[1643]. La conformité à la Constitution d'une telle règle a même été récemment validée par le Conseil constitutionnel en matière de pratiques restrictives de concurrence[1644].

504. **Continuité économique et reprise judiciaire des actifs par un tiers.** Lorsqu'une entreprise est « en difficulté » au sens du livre VI du Code de commerce, dans le cadre d'un redressement ou d'une liquidation judiciaire par exemple, elle peut voir ses actifs repris judiciairement par une autre entreprise. La question se pose de savoir si cette dernière peut être tenue pour responsable de l'infraction de l'entreprise « en difficulté ». La solution n'est pas la même suivant que l'on se place en France ou à l'échelon européen. En droit de l'Union, la solution est en quelque sorte plus tranchée qu'en droit français puisqu'il est possible d'imputer l'infraction mise en œuvre par une personne morale en cours de liquidation à son successeur

---

1639 Il faut toutefois reconnaître que le Conseil n'appliquait pas rigoureusement cette règle. Dans une affaire aux faits complexes, il nous semble tout d'abord qu'il avait été décidé de poursuivre les sociétés ayant repris les actifs de l'auteur des pratiques plutôt que la société ayant absorbé l'auteur des pratiques (V. décisions du Conseil de la concurrence n° 94-D-61 du 29 novembre 1994 et n° 95-D-43 du 13 juin 1995, Secteur de la production et de la commercialisation du veau). À cet égard, la cour d'appel de Paris avait également réformé une décision du Conseil en jugeant que la cession d'actifs devait primer sur l'absorption de l'entreprise en infraction (V. décision du Conseil n° 95-D-23 du 14 mars 1995, Marchés d'aménagements hydrauliques et divers travaux publics dans les régions Provence-Alpes-Côte d'Azur et Languedoc-Roussillon, p. 21, réformée sur ce point par CA Paris 2 avril 1996, Pro-Gec SA e. a., BOCCRF du 15 mai 1996).

1640 Cass. com., 20 novembre 2001, Sociétés Bec frères e. a., n° 99-16776 99-18253 et la note d'O. ANCELIN-MENAIS, *JCP E*, n° 14, 2008, p. 1428, et 23 juin 2004, BNP Paribas e. a., n° 01-17.896 02-10.066.

1641 V., par exemple, décisions de l'Autorité n° 11-D-17, Lessives, para. 544 et s. et n° 13-D-21 du 18 décembre 2013, Buprénorphine, para. 488 à 491 et 496 à 502.

1642 CA Paris, 23 octobre 2007, SNC Eiffage Construction Languedoc, n° 2006/07494, p. 6 et 7 et la note de G. DECOCQ, *CCC* n° 12-2007, comm. n° 306.

1643 V. décision de l'Autorité n° 16-D-20, Mannequins, para. 437 à 442 et la note d'A.-S. CHONÉ-GRIMALDI, *Concurrences* n° 1-2017, p. 96. Ce syndicat de mannequinats n'a pas formé de recours contre la décision.

1644 V. décision du Conseil constitutionnel n° 2015-542, QPC du 18 mai 2016, Société ITM Alimentaire International et l'article de M. BEHAR-TOUCHAIS, « Une amende civile peut être prononcée à l'encontre de ma société absorbante pour des pratiques restrictives de concurrence commise par la société absorbée », *Revue des contrats* n° 4-2016, p. 683.

économique[1645]. Devant la Commission européenne, il en résulte que le repreneur est clairement menacé du recouvrement de l'amende[1646].

Conformément à la stricte interprétation du principe de responsabilité personnelle retenue en droit français, c'est à la personne morale, tant que cette dernière subsiste juridiquement, parce que les opérations de liquidation ne sont pas terminées, que doivent être imputées les pratiques qui peuvent être relevées à son encontre[1647]. Dans cette situation, le Conseil et l'Autorité ont souvent considéré, en opportunité, qu'il n'y avait pas lieu de prononcer une amende. Certaines entreprises en cours de redressement judiciaire ont été toutefois sanctionnées[1648]. Il en a été décidé de même pour une entreprise qui s'était vu transférer, en tant qu'associé unique, le patrimoine d'une société radiée du registre du commerce[1649]. Si la personne morale a disparu, l'Autorité devra tenir compte de l'application éventuelle de dispositions spécifiques du Code de commerce concernant les entreprises en difficulté. L'article L. 621-63, alinéa 3 du Code de commerce prévoit que le cessionnaire ne peut pas se voir imposer des charges autres que les engagements qu'il a souscrits au cours de sa préparation. En revanche, en l'absence de plan de cession et lorsque la cession des actifs est intervenue avant la liquidation, la société ayant reçu les actifs pourra être tenue pour responsable des pratiques mis en œuvre par la société ayant disparu[1650].

505. **Continuité économique et acceptation conventionnelle de l'acquéreur.** Il a déjà été observé que l'acquéreur revendique lui-même l'infraction mise en œuvre par une personne morale. Il s'agit d'une imputation « conventionnelle » par laquelle l'acquéreur accepte de prendre à sa charge l'amende infligée à l'auteur de l'infraction. L'Autorité et la Commission ont deux approches divergentes sur la question de savoir si une entreprise, ayant repris les activités d'une société, peut revendiquer la responsabilité des pratiques commises par celle-ci avant cette cession. En droit de l'Union, il est possible, sous conditions, que le transfert de charge du paiement de l'amende puisse être décidé par voie conventionnelle[1651]. De son côté, le

---

1645 TPICE, 11 mars 1999, aff. T-134/94, NMH Stahlwerke GmbH c/ Commission, points 126 et s.. Cet arrêt n'a pas été frappé d'un pourvoi.

1646 L. IDOT, « Cession d'entreprise - Reprise d'entreprises en difficulté et droit de la concurrence », *Revue des procédures collectives* n° 6, novembre 2015, dossier 57.

1647 V. décision du Conseil n° 03-D-12 du 3 mars 2003, Escaliers préfabriqués en béton, para. 133, confirmée sur ce point par CA Paris, 25 novembre 2003, SAS Préfall e. a., *BOCCRF* n° 2004-02.

1648 V. décision du Conseil n° 03-D-12, Escaliers préfabriqués en béton, para. 128 à 132 et 141 et CA Paris, 25 novembre 2003, SAS Préfall e. a., préc..

1649 V. décision du Conseil n° 98-D-67 du 27 octobre 1998, Distribution d'articles de prêt-à-porter féminin, p. 9 et 10. Cette décision n'a pas fait l'objet de recours.

1650 V. décision du Conseil n° 06-D-07 bis* du 21 mars 2006, Drapo, para. 773 à 775 et 838 à 839 et CA Paris, 24 juin 2008, France Travaux e. a., n° 2006/06913, p. 51.

1651 CJUE, 29 mars 2011, aff. C-352/09 P, ThyssenKrupp Nirosta GmbH c/ Commission, points 143 à 157 et l'article de M. BÉHAR-TOUCHAIS, S. CARVAL, « Le débiteur des dommages et intérêts dus en cas de pratique anticoncurrentielle », *Concurrences* n° 4-2015, p. 84.

Conseil et l'Autorité se sont toujours refusés à accepter que l'on puisse transférer par voie conventionnelle la responsabilité des infractions relatives au droit de la concurrence. Comme justification, il a notamment été rappelé qu'il s'agit d'une matière qui relève de l'ordre public auquel on ne peut déroger par la volonté des parties[1652].

506. **Continuité économique et acquisition des actifs de l'auteur de l'infraction.** Dans le cas, enfin, où aucune autre personne n'aurait reçu transmission de droits et obligations de l'auteur de l'infraction, les pratiques sont imputées à l'entreprise qui assure, de fait, sa continuité économique et fonctionnelle. Il conduit à désigner *in extremis* comme responsable le successeur économique qui a acquis les actifs de l'auteur de l'infraction, le plus souvent, dans des conditions spécifiques. Cette hypothèse d'imputation n'a pas souvent été mise en œuvre.

Il en est ainsi lorsqu'il s'agit d'un organisme public qui a repris les activités d'un autre[1653], ou d'une association qui a repris l'activité d'une autre association[1654]. C'est également l'hypothèse selon laquelle l'infraction suit le « fonds de commerce »[1655], encore que l'acquéreur d'un fonds de commerce n'ait pas toujours été désigné comme responsable des pratiques[1656].

En tout état de cause, cette méthode d'imputation « voiture-balai » n'a plus beaucoup d'utilité du fait qu'une autorité de concurrence n'est plus souvent confrontée à de telles situations. À cela s'ajoute enfin que le principe de continuité économique a été suffisamment étendu par ailleurs, en droit de l'Union notamment, pour que cette hypothèse *in extremis* et parfois discutable ne s'applique quasiment plus.

507. **Conclusion sur les règles de désignation de l'entreprise en cas de restructuration.** Si l'on tente de résumer les règles énoncées en la matière à ce stade, la personne morale qui détenait l'exploitation au moment des faits est la mieux placée pour être poursuivie. Cette règle de départ vaut tant pour l'Autorité que pour la Commission. À cet égard, le critère de la responsabilité personnelle ne peut être qu'approuvé dans l'optique d'infliger des amendes dissuasives. Par exception, le principe de continuité

1652 I. LUC, « L'approche des juridictions européennes et françaises en matière d'imputabilité et les incidences sur le montant de la sanction pécuniaire », *Revues Dalloz*, 2015, p. 58.

1653 V. décision du Conseil n° 00-D-28 Crédit immobilier, p. 43 confirmée sur ce point par CA Paris, 27 novembre 2001, CNCA e. a., *BOCCRF* du 31 janvier 2002 et confirmé sur ce point par Cass. com., 23 juin 2004, BNP Paribas e. a., n° 01-17.896 02-10.066.

1654 V. décision du Conseil n° 01-D-30 du 22 mai 2001, Installation et la maintenance de systèmes de détection incendie, p. 14. Cette décision n'a pas fait l'objet de recours.

1655 V. décision du Conseil n° 01-D-77 du 27 novembre 2001, Secteur du transport scolaire dans le département de l'Indre, p. 15 et 16. Cette décision n'a pas fait l'objet de recours.

1656 V. décision du Conseil n° 92-D-12 du 11 février 1992, Secteur de l'enseignement de la conduite des véhicules dans le département de Maine-et-Loire, réformée sur ce point par CA Paris, 19 novembre 1992, A.D.E.C.A. e. a., *BOCCRF* du 4 décembre 1992.

économique peut conduire à la désignation du successeur économique comme responsable des pratiques. Il en est ainsi lorsque l'entreprise responsable au moment des faits a changé de dénomination, encore que cela revienne en réalité à sanctionner la même entreprise.

L'application du critère de continuité économique ne conduit cependant pas nécessairement à faire condamner le véritable responsable des pratiques. Lors d'une fusion ou d'une absorption, la personne morale responsable au moment des pratiques a disparu. À défaut de mieux, l'absorbant sera tenu pour responsable des pratiques. Il sera toutefois observé que cette absorption n'a pas été gratuite et a bien donné lieu à une contrepartie. Soit les dirigeants qui ont mis en œuvre les pratiques et/ou qui en ont profité ont été repris par l'acquéreur, soit ils ne font pas partie de la nouvelle structure. Certes, rentrer dans de telles considérations pour déterminer le responsable en fait un examen à la fois très circonstancié et complexe. Mais si l'on suit l'argent pour désigner le responsable des pratiques[1657], il doit être constaté que les anciens dirigeants qui ont profité des pratiques ne seront pas forcément poursuivis. Il résulte de ce qui précède que la règle selon laquelle le tiers absorbant sera condamné s'explique d'abord par l'effectivité des règles de concurrence et non par la volonté de poursuivre l'auteur des faits.

Dans le même ordre d'idée, le critère de continuité économique peut également permettre de désigner *in extremis* le successeur économique comme responsable des pratiques. Suivant l'autorité de poursuite, le successeur économique pourra être éventuellement sanctionné parce qu'il aura repris l'ensemble des éléments matériels et humains d'une personne morale en difficulté, d'une association dissoute ou bien encore parce qu'il en aura accepté les conséquences.

§ 2 – Les règles de désignation de l'entreprise en cas de restructuration d'un groupe de sociétés

508. Entreprise et groupe de sociétés restructuré. Préalablement à l'examen de la désignation de l'auteur de l'infraction en cas de restructuration d'un groupe de sociétés, il est toujours utile de rappeler que l'entreprise est l'entité de référence. Cela implique que non seulement une personne morale peut être condamnée, mais également, le cas échéant, sa (ou ses) sociétés mères[1658]. Lorsqu'une autorité de concurrence procède à la détermination de l'entreprise responsable d'une infraction, il se peut qu'elle soit face à une multitude de sociétés issue d'un groupe de sociétés restructuré. C'est ainsi qu'elle peut être confrontée à l'ancienne société mère de la personne morale ayant mis en œuvre les pratiques, à cette personne morale, au successeur de

[1657] G. DECOCQ, « Synthèse du droit européen et français en matière d'imputabilité et de responsabilité civile et pénale », *Revues Dalloz*, 2015, p. 56.

[1658] V., *supra*, n°s 426 et 427, 452.

cette dernière, à son actuelle société mère, etc. étant précisé que chacune d'entre elles peut avoir été transformée entre le moment des pratiques et celui où la décision est rendue.

Si les règles énoncées aux points précédents sont déjà difficiles à appliquer en présence d'une personne morale qui fait l'objet de restructuration, il n'est toutefois pas possible d'échapper à l'examen de la situation complexe qui veut que cette personne morale ait pu ou continue d'être détenue par une ou plusieurs autres personnes morales. Il conviendra ainsi d'étudier le sort réservé à cette société mère au titre de l'entreprise qu'elle forme avec sa filiale au moment des faits. Au-delà de la règle visant à responsabiliser une société mère pour les agissements de sa filiale, se pose donc la question de la désignation de la société mère responsable en cas de restructuration.

509. **Responsabilité personnelle et groupes de sociétés restructurés.** Le critère de responsabilité personnelle demeure la règle dans la détermination de l'entreprise responsable et s'applique, *mutatis mutandis*, dans le cas d'un groupe de sociétés restructuré. Par exemple, le fait que les actifs d'une filiale détenue par une société mère aient été cédés après l'infraction à un tiers n'empêche pas que cette filiale et sa société mère soient poursuivies et sanctionnées[1659]. Son application n'est pas forcément remise en cause lorsque deux groupes de sociétés indépendants se sont succédé dans le contrôle d'une société en infraction ou des actifs litigieux. Il est fréquent, en effet, que les pratiques illicites ne cessent pas du seul fait que les actifs ou la société passent de main en main[1660]. Dans ces situations « à cheval »[1661], chaque société mère va se voir imputer l'infraction pour la période pendant laquelle la filiale était sous son emprise[1662]. Une autorité de concurrence a ensuite l'obligation de fixer séparément, pour chacune des entreprises concernées, le montant de l'amende à payer[1663].

[1659] Trib. UE, 6 décembre 2018, aff. T-531/15, Coveris Rigid France c/ Commission et la note d'É. THOMAS, *Concurrences* n° 1-2019, p. 76. Cet arrêt n'a pas été frappé d'un pourvoi.

[1660] Il est vrai qu'un audit de la société acquise est le plus souvent réalisé par le cessionnaire, encore faut-il y détecter l'infraction… (C. MATHONNIÈRE, « Un audit, mais pour quoi faire ? », *RLC* n° 47-2016).

[1661] M. BÉHAR-TOUCHAIS, C. LEMAIRE (dir.), Atelier de la DGCCRF du 23 juin 2014 « Restructuration d'entreprises et concurrence », disponible sur le site de la DGCCRF.

[1662] Trib. UE, 3 mars 2011, aff. T-122/07 à T-124/07, Siemens AG Österreich e. a. c/ Commission, points 137 à 141 et CA Paris, 14 avril 2016, Graham & Brown France e. a., n° 2015/01855, p. 7 et 8.

[1663] À toutes fins utiles, il est précisé qu'il n'est pas possible de tenir solidairement responsables les deux sociétés mères en ce qu'elles ne constituent pas une entreprise au sens du droit de la concurrence. Une telle obligation faite à une autorité de concurrence découle du principe de responsabilité personnelle, de la personnalité des peines mais également du principe de sécurité juridique (Trib. UE, 13 septembre 2010, aff. T-40/06, Trioplast Industrier AB c/ Commission, point 167 et la note de de L. IDOT, *Europe*, novembre 2010, comm. n° 11, p. 28 ; CJUE, 10 avril 2014, aff. C-247/11 P et C-253/11 P, Areva e. a. c/ Commission, point 130 et CA Paris, 14 avril 2016, Graham & Brown France e. a., n° 2015/01855, p. 7 et 8).

510. Continuité économique et groupes de sociétés restructurés. Même si l'application du critère de continuité économique à l'égard de groupes de sociétés restructurés engendre des raisonnements complexes, ce critère est d'un grand secours pour les autorités de concurrence. Parfois, il n'y a aucune différence à relever dans l'application de cette notion qu'il s'agisse d'une seule personne morale ou d'un groupe de sociétés restructurées. Par exemple, la nouvelle dénomination d'un groupe de sociétés n'a pas pour effet qu'il puisse se soustraire à sa responsabilité concurrentielle. Dans le même ordre d'idées, l'absorption d'un groupe de sociétés ayant mis en œuvre les pratiques aura pour effet que l'absorbant devra répondre de l'infraction. Cependant, la continuité économique peut aussi ne s'appliquer qu'à une ou quelques-unes des composantes de l'entreprise[1664]. Avec l'usage du critère de continuité économique, il peut en résulter une possible segmentation de l'entreprise telle qu'elle existait au moment des faits.

511. Division. Comme annoncé, le critère de continuité économique a progressivement empiété au fil des années sur la règle de la responsabilité personnelle. Plutôt cantonné aux cas de restructurations « internes » dans un premier temps (A), le critère de continuité économique est désormais de plus en plus souvent appliqué dans les restructurations « externes » (B).

A) – L'application du critère de continuité économique dans les restructurations internes

512. Critère de continuité économique et transfert d'actifs. Comme déjà évoqué[1665], l'existence de la société ayant commis les pratiques n'empêche pas systématiquement une autorité de concurrence de se référer au successeur économique de cette société. Cela vaut d'abord dans le cas de la réorganisation interne d'un groupe de sociétés (ou « intra-groupe »). Dans l'arrêt *Aalborg*, la Cour de justice a jugé que le critère de continuité économique pouvait jouer lorsque l'exploitant initial ne cesse pas nécessairement d'avoir une existence juridique, mais n'exerce plus d'activité économique sur le marché concerné alors qu'il existe des liens structurels entre l'exploitant initial et le nouvel exploitant de l'entreprise[1666]. En d'autres termes, l'exploitant initial a cédé l'activité litigieuse à un nouvel exploitant qui appartient lui aussi au même groupe de sociétés[1667].

1664 Trib. UE, 9 septembre 2011, aff. T-25/06, Alliance One International c/ Commission, points 220 et 221.

1665 V., *supra*, n°s 497 et s..

1666 CJCE, 7 janvier 2004, aff. C-204/00 P, Aalborg Portland e. a. c/ Commission, points 355 à 358 qui n'a pas suivi, sur ces points, les conclusions de l'avocat général Colomer présentées le 11 février 2003, points 59 à 75.

1667 Dans l'arrêt *Aalborg*, il doit être toutefois précisé que cette affaire ne se prêtait pas forcément à cet infléchissement jurisprudentiel. En effet, la société en cause n'était détenue qu'à hauteur de 50 % par

L'entreprise n'a pas réellement changé pour ainsi dire et c'est elle qui devra répondre de l'infraction[1668].

Dans l'arrêt *ArcelorMittal Luxembourg*, le Tribunal a précisé que ce critère du successeur économique peut s'appliquer « dans les cas de restructurations ou autres changements à l'intérieur d'un groupe d'entreprises »[1669]. Pour le dire autrement, une restructuration interne au groupe de sociétés (intragroupe) n'a pas vocation à modifier ou à masquer la réalité économique de l'auteur de l'infraction[1670]. Dans plusieurs arrêts[1671], le juge de l'Union a précisé qu'une telle mise en œuvre de la sanction est admissible lorsque ces entités ont été sous le contrôle de la même personne et ont, eu égard aux liens étroits qui les unissent sur le plan économique et organisationnel, appliqué pour l'essentiel les mêmes directives commerciales[1672]. Ces liens étroits entre le cédant et l'acquéreur doivent être avérés[1673], il incombe d'ailleurs aux autorités de concurrence d'en faire la démonstration[1674]. Il ressort de l'arrêt *Versalis SpA* que la Commission dispose d'une large marge d'appréciation lorsqu'il s'agit de déterminer s'il convient de se référer au successeur économique ou à l'auteur des pratiques qui appartiennent au même groupe de sociétés[1675].

513. **Continuité économique et absorption (ou liquidation) de la personne morale par le groupe.** Dans le même ordre d'idées, le critère de continuité économique peut jouer lorsque la filiale qui a mis en œuvre les pratiques a été absorbée ou a fusionné avec une autre entité du même groupe auquel

---

le cédant. Les autres 50 % du capital de cette société étaient détenus par un tiers (Conclusions de l'avocat général Colomer, préc., points 60 et 71).

1668 C'est ce qu'affirme également la Commission dans la décision du 29 novembre 2006, Caoutchouc synthétique, cons. 368.

1669 TPICE, 31 mars 2009, aff. T-405/06, ArcelorMittal Luxembourg e. a. c/ Commission, point 108 et la note de L. ARCELIN-LECUYER, *RLC* n° 20-2009, p. 25.

1670 Il n'est pas très approprié, à cet égard, de parler de continuité économique ou de successeur économique, car l'amende est en réalité infligée au même groupe de sociétés « conformément au principe de la responsabilité personnelle » (CJUE, aff. C-434/13 P, Commission c/ Parker Hannifin e. a., point 51). En d'autres termes, « le principe de responsabilité personnelle n'est pas véritablement remis en cause par celui de la continuité économique dans [ce type de situations] » (TPICE, aff. T-161/05, Hoechst c/ Commission, point 61 et Trib. UE, aff. T-25/06, Alliance One International c/ Commission, point 221).

1671 CJCE, aff. C-280/06, ETI e. a., points 48 et 49 et CJUE, 13 juin 2013, aff. C-511/11 P, Versalis SpA c/ Commission, point 52 et la note de G. DECOCQ, *CCC* n° 10-2013, comm. 220.

1672 Il sera remarqué que la démonstration de ces liens étroits entre le cédant et le cessionnaire d'une même entreprise peut être utile à la Commission, mais que l'absence de tels liens, lorsqu'elle est invoquée par les entreprises pour tenter de renverser la présomption capitalistique, n'est d'aucune pertinence (V., *supra*, n°s 455 et s.).

1673 CJCE, Aalborg Portland e. a. c/ Commission, préc., points 354 à 361 et TPICE, aff. T-161/05, Hoechst c/ Commission, point 52.

1674 CJUE, 18 décembre 2014, aff. C-434/13 P, Commission c/ Parker Hannifin e. a., point 50.

1675 CJUE, aff. C-511/11 P, Versalis SpA c/ Commission, points 52 à 58 et la note de L. IDOT, *Europe*, août 2013, comm. n° 8-9, p. 38.

elle appartient[1676]. Il en serait de même lorsque la société qui a mis en œuvre les pratiques a été liquidée, mais que sa société mère continue d'exister[1677]. En d'autres termes, la disparition de la filiale n'éteint pas le droit de poursuite à l'encontre des autres sociétés qui composent l'entité économique. Il est vrai que « lorsqu'une entité ayant commis une infraction aux règles de la concurrence fait l'objet d'un changement juridique ou organisationnel, ce changement n'a pas nécessairement pour effet de créer une nouvelle entreprise dégagée de la responsabilité des comportements contraires aux règles de la concurrence de la précédente entité si, du point de vue économique, il y a identité entre les deux entités »[1678]. Quand bien même la société en cause aurait disparu, c'est toujours la même entreprise qui est visée ou, à tout le moins, sa société mère[1679].

1676 Aussi étonnant soit-il à première vue, l'application du critère de continuité économique en cas de réorganisation interne (intragroupe) ne semble pas aller de soi en France. Certes, le Conseil n'avait pas exclu son application dans l'affaire de la *Rénovation de chaufferies* (V. décision du Conseil n° 08-D-15 du 2 juillet 2008, Secteur de rénovation de chaufferies en Saône-et-Loire, para. 112 et 114 et rapport annuel de l'Autorité pour l'année 2008, p. 204 et 205 et l'article de L. ARCELIN, « Imputabilité des pratiques anticoncurrentielles en cas de restructuration », *JCL Concurrence – Consommation*, Fasc. 360, 2016, n° 50. Cette décision n'a pas fait l'objet de recours). Il est également avéré que l'Autorité a fait prévaloir le critère de la continuité économique à l'encontre de la Banque postale dans la décision relative aux *Chèques* (V. décision de l'Autorité n° 10-D-28, Chèques, para. 601 à 612 et la note de G. DECOCQ, *CCC* n° 12-2010, comm. 278). Mais de manière générale, lorsque l'Autorité fait référence à l'arrêt *Aalborg*, c'est seulement pour indiquer que le changement de la forme juridique ou du nom d'une entreprise ne permet pas d'échapper à l'application du droit de la concurrence (CJCE, aff. C-204/00 P, Aalborg Portland e. a. c/ Commission, point 59 et la jurisprudence citée). Sauf erreur d'interprétation de notre part et malgré les différentes approches rédactionnelles de l'Autorité à ce sujet, elle n'indique pas dans ses décisions qu'elle se réserve le droit d'imputer les pratiques à celui qui a reçu les actifs de l'auteur des pratiques et, là est toute la différence, en dépit de la survie de ce dernier. C'est seulement en cas de disparition de la société en infraction que l'Autorité se permet d'imputer les pratiques à une autre société appartenant au même groupe (V. décision du Conseil n° 08-D-30, Carburéacteurs, para. 503 à 509). Cette question n'est toutefois plus de première importance dans la mesure où ces sociétés appartiennent à un même groupe et que ce dernier est désormais poursuivi par l'Autorité.

1677 Il est possible de poursuivre la société mère pour les agissements d'une filiale liquidée (Trib. UE, 16 septembre 2013, aff. T-399/09, Holding Slovenske elektrarne d.o.o. (HSE) c/ Commission, et la note de L. IDOT, *Europe*, février 2014, comm. n° 2, p. 35 et CJUE, 14 septembre 2017, aff. jtes. C-588/15 P et C-622/15 P, LG Electronics e. a. c/ Commission, et la note de L. IDOT, *Europe* 2017, comm. n° 420).

1678 CJUE, 5 décembre 2013, aff. C-448/11 P, SNIA c/ Commission, point 22.

1679 Dans ce type de restructuration intragroupe, il a été toutefois estimé que le critère de continuité économique a pu permettre à la Commission de s'affranchir de certaines règles probatoires. Dans l'affaire des *Méthacrylates*, la Commission avait démontré la participation de la société Caffaro à l'infraction relevée. Au moment des faits, Caffaro était détenue à 100 % par une société, elle-même partiellement détenue durant cette période par SNIA avec une participation variant de 53 à 59 %. SNIA a ultérieurement absorbé la société mère de Caffaro. C'est sur le fondement de cette absorption et non sur les règles classiques d'imputabilité des pratiques que la Commission a pu tenir SNIA pour responsable du comportement infractionnel de la société Caffaro (CJUE, 5 décembre 2013, aff. C-448/11 P, SNIA c/ Commission, point 22 et l'article d'A. BROWN, M. SCHONBERG, « Widening the Net : The General Court Extends the Principle of Successor Liability in EU Competition Law », *ECLR*, 34, 2013, 1).

514. **Conclusion sur le critère de continuité économique intragroupe.** À l'échelon européen, la jurisprudence susmentionnée a ainsi permis de faire échec aux stratégies de « coquille vide » qui auraient pu être mises en place par des groupes de sociétés afin d'échapper à une amende de la Commission. De son côté, il est à regretter que le Conseil de la concurrence n'ait pas eu la même inspiration que la Commission au cours de la période précédant la loi NRE de 2001. Il convient, en effet, de se souvenir à quel point le gendarme de la concurrence a eu à souffrir des stratégies de « coquilles vides » mises en place notamment par les acteurs du BTP[1680]. Pour éviter cela, il aurait fallu dans un premier temps ne pas s'en tenir exclusivement à l'existence de la société ayant mis en œuvre les pratiques et davantage envisager la mise en cause de la société ayant reçu les actifs litigieux. Dans un second temps, il aurait fallu procéder à l'analyse des liens structurels entre ces personnes morales, que ce soit à travers le groupe auquel elles appartenaient ou leurs propriétaires communs.

Ce problème aurait donc pu se régler autrement qu'en se référant, à partir de la loi NRE, au chiffre d'affaires mondial consolidé des groupes de sociétés[1681]. Avant la modification issue de cette loi, « le chiffre d'affaires hors taxes réalisé en France au cours du dernier exercice clos » était l'unique référence de sanction prévue par la loi. Mais il doit être rappelé que les sociétés mères n'étaient pas poursuivies à l'époque[1682]. Il doit être également dit que les sociétés ayant reçu les actifs n'étaient pas non plus inquiétées du moment que la société ayant mis en œuvre les pratiques subsistait. Dans ces conditions, il était donc aisé pour des groupes de sociétés de transférer les actifs de leurs filiales en infraction à d'autres filiales qui leur appartenaient et de maintenir en vie les filiales qui n'étaient donc plus que des « coquilles vides » devant le Conseil. Si ce dernier avait au moins poursuivi la société ayant reçu les actifs voire la société mère, il aurait été possible de déterminer une sanction effective calculée sur leurs chiffres d'affaires respectifs et non sur celui de la « coquille vide ».

Quoi qu'il en soit, il n'y a guère de reproches à formuler à l'application de la continuité économique dans les cas de restructurations internes. Contrairement aux conclusions de l'avocat général Colomer, une telle solution en cas de restructurations à l'intérieur du groupe ne revient pas à « focaliser le point de vue sur l'acte et non pas sur la personne qui en est l'auteur », pour la bonne et simple raison que ce sont toujours les mêmes personnes qui sont aux manettes. Tout autre est, en revanche, notre positionnement sur l'application de la continuité économique en cas de restructurations externes.

1680 V., *supra*, n° 267.

1681 Sur la prise en compte du chiffre d'affaires consolidé en France, v., *supra*, n°s 271 et s., et Rapport annuel du Conseil de la concurrence pour l'année 2005, p. 115 et 116.

1682 V., *supra*, n°s 437 et s..

B) – L'extension du critère de continuité économique dans les restructurations externes

515. **Application extensive de la continuité économique aux groupes de sociétés restructurés.** Jusqu'au début des années 2000, le critère de continuité économique était plutôt utilisé avec parcimonie et « de façon stricte »[1683]. En résumé, deux cas étaient principalement à relever suivant le fait que l'entité en cause existait encore ou non. Lorsque la personne morale subsistait, il pouvait y avoir recours à la continuité économique dans les cas de restructurations internes (changements de dénomination ou de forme juridique, transfert d'actifs). Lorsque l'entité qui avait commis les pratiques avait disparu, le plus souvent à l'issue d'une fusion ou d'une absorption, le critère de continuité économique conduisait faute de mieux à désigner l'absorbant pour responsable de l'infraction, que ce dernier appartienne ou non au même groupe de sociétés.

Mais de plus en plus confrontée à des groupes de sociétés restructurés, la Commission n'a pas hésité à faire usage de la continuité économique et à étendre son champ d'application au-delà des deux situations susmentionnées. Il est vrai que des situations de restructurations de plus en plus complexes voient le jour. Dans le cadre d'opérations mises en œuvre par des groupes de sociétés, il est surtout à noter qu'une société mère peut céder une filiale ou les actifs de celle-ci à un tiers, mais que cette société mère ne cessera pas pour autant d'exister. L'existence de l'ancienne mère est une donnée à prendre en compte au moment d'exercer les poursuites. Doit-on poursuivre l'ancienne société mère, l'absorbant et le groupe auquel il appartient, ou tous ensemble ?

Ces éléments étant à garder à l'esprit, il conviendra de déterminer dans quel cas il est fait recours à la continuité économique et d'examiner, en ce qui nous concerne, le lien de concordance entre celui qui a mis en œuvre les pratiques et le responsable de l'infraction.

516. **Prémisse de l'extension du critère de continuité économique dans les restructurations externes.** Limitée aux restructurations internes en cas de subsistance de la personne morale ayant commis les pratiques, la continuité économique n'était pas appliquée dans les restructurations externes. Une des premières entorses à cette pratique pourrait être née avec l'arrêt *ETI*[1684]. Les opinions sont divergentes à ce sujet. Certains auteurs n'ont pas vu dans cet arrêt de réelle évolution dans l'application du critère de continuité

[1683] Conclusions de l'avocat général Bot présentées le 26 octobre 2010 dans l'aff. C-352/09 P, ThyssenKrupp Nirosta c/ Commission, points 165 et 166.

[1684] CJCE, 11 décembre 2007, aff. C-280/06, ETI e. a. et la note de G. DECOCQ, *CCC* n° 2, février 2008, comm. n° 46.

économique[1685]. D'autres y ont vu une extension nouvelle et injustifiée du critère de continuité économique[1686].

Il s'agissait d'une question préjudicielle posée à la Cour de justice dans le cadre d'une affaire de l'autorité italienne de la concurrence. Dans les faits, il s'agissait d'une entente mise en place à partir de 1993 à laquelle avait participé l'administration autonome des monopoles d'État (AAMS). À la suite de la privatisation de l'AAMS, cette entente s'était poursuivie entre 1999 et 2001 avec son successeur ETI. Ce dernier a été condamné en mars 2003 pour la période totale de l'infraction[1687]. En apparence, il s'agissait d'un cas classique de restructuration intragroupe, le fait que l'AAMS et ETI aient été détenues en l'espèce par l'État italien, au lieu d'une personne morale de droit privé[1688], n'y changeait pas grand-chose.

À l'inverse de Madame l'avocat général Kokott dans ses conclusions, la Cour de justice n'a toutefois pas selon nous suffisamment tenu compte de la circonstance qu'ETI fut vendue après l'infraction au groupe British American Tobacco, à qui elle appartenait toujours au moment de la décision[1689]. Ce qui semblait n'être qu'un cas de restructuration interne était en réalité une restructuration externe, c'est-à-dire la cession d'une société entre deux entités indépendantes. En validant le choix d'imputer l'infraction à ETI, la Cour de justice a *de facto* justifié d'appliquer le critère de la continuité économique dans le cadre d'une cession externe entre deux personnes sans liens. Il peut donc être considéré que cet arrêt a contribué, peu ou prou, à modifier l'application du critère de continuité économique. Si l'on doit prendre position, c'est l'État italien qui aurait dû être prioritairement jugé responsable de l'infraction en sa qualité, par analogie, d'ancienne société mère d'AAMS et d'ETI sur toute la période de l'infraction[1690].

517. **Liens structurels entre le cédant et l'acquéreur ?** Il ressortait de notre précédente analyse relative aux restructurations internes qu'il semblait être exigé des liens structurels entre le cédant et l'acquéreur pour que le principe de continuité économique puisse jouer. Dans l'arrêt *ETI*, Madame l'avocat général Kokott avait déjà considéré que l'application du principe de continuité économique était « enfermée dans des limites particulièrement étroites » et notamment liée à l'existence de « liens structurels » lorsque

---

1685 L. BERNARDEAU, J-P. CHRISTIENNE (dir.), *Les amendes en droit de la concurrence*, Larcier, 2013, II.1226.

1686 V, SELINSKY, « Imputabilité - Comment violer le droit de la concurrence sans payer l'amende ? », *RLC* n° 15-2008, n° 1066 ; L. ARCELIN-LÉCUYER, *RLC* n° 14-2008, n° 978.

1687 CJCE, 11 décembre 2007, aff. C-280/06, ETI e. a., points 8 à 10.

1688 Cass. com., 28 février 2006, EFS e. a., n° 05-12.138, et la note « Imputation des sanctions en cas de transfert d'entreprises », *RLDA* n° 4-2006, n° 206.

1689 Conclusions de Madame l'avocat général Kokott dans l'aff. C-280/06, ETI e. a., points 95 à 97.

1690 V., *infra*, n°s 533 et s..

l'entreprise impliquée dans l'entente est cédée à un tiers indépendant[1691]. Ce critère a probablement été rendu caduc à la suite des arrêts *Parker* rendus dans l'affaire des *Tuyaux marins*.

Dans cette affaire aux faits trop complexes pour être contés, nous nous contenterons de dire qu'il n'existait aucun lien structurel entre le cédant et le dernier acquéreur. La Commission avait privilégié le critère de continuité économique au détriment du principe de responsabilité personnelle. C'est l'entreprise Parker, le dernier acquéreur des actifs litigieux, qui a été tenu pour responsable sur toute la période infractionnelle. À la lecture de ces arrêts, il convient d'approuver la position du Tribunal qui avait été sagement exprimée dans son premier arrêt. Il avait notamment été exigé l'existence de liens structurels entre le cédant et le cessionnaire, qu'il n'y avait pas en l'espèce, pour que le principe de continuité économique puisse jouer[1692]. En conséquence, le Tribunal avait annulé l'arrêt sur ce point.

Sur pourvoi, la Cour de justice a rendu un arrêt de cassation que l'on qualifierait volontiers d'obscure. La Cour suprême de l'Union a notamment jugé qu'il n'est pas requis que des liens structurels entre le cédant et l'acquéreur « perdurent [...] jusqu'à l'adoption de la décision sanctionnant l'infraction » pour que le critère de la continuité économique puisse trouver application[1693]. Dès lors et en dépit du fait qu'ITR SpA, la société ayant mis en œuvre les pratiques, subsistait et était détenue par l'ancienne société mère Saiag[1694], la Cour de justice a tout de même annulé l'arrêt et renvoyé l'affaire au Tribunal[1695]. Dans son arrêt de renvoi, le Tribunal n'a pas résisté et a confirmé la condamnation de l'acquéreur Parker[1696]. Dans cette affaire, il semble que ce soit l'effectivité de la sanction qui a primé sur l'objectif de sanctionner celui qui a commis les pratiques[1697].

518. **Continuité économique et absorption.** Le critère de continuité économique, permettant de condamner l'acquéreur, a pris une autre dimension à partir de l'arrêt *Raiffeisen Zentralbank* qui a été confirmé sur pourvoi par l'arrêt *Erste Group*. De notre point de vue, cette affaire a marqué un tournant dans les règles d'imputabilité en cas de restructurations

---

1691 Conclusions de Madame l'avocat général Kokott dans l'aff. C-280/06, ETI e. a., point 82.

1692 Trib. UE, 17 mai 2013, aff. T-146/09, Parker ITR e. a. c/ Commission, point 116 et la note de N. JALABERT-DOURY, *Concurrences* n° 3-2013, p. 68.

1693 CJUE, 18 décembre 2014, aff. C-434/13 P, Commission c/ Parker Hannifin e. a., point 51.

1694 L'actionnaire précédent avait logé les actifs de la société en infraction dans une autre société qui avait été vendue à Parker, « opération qui aurait dû avoir pour effet de laisser subsister la responsabilité au sein du groupe cédant ». On renvoie à l'excellente explication de Madame Jalabert-Doury concernant le premier arrêt du Tribunal.

1695 CJUE, aff. C-434/13 P, Commission c/ Parker Hannifin e. a., préc. et la note de M. BÉHAR-TOUCHAIS, *Concurrences* n° 2-2015, p. 77.

1696 Trib. UE, 14 juillet 2016, aff. T-146/09 RENV, Parker ITR e. a. c/ Commission, et la note de L. IDOT, *Europe*, octobre 2016, comm. n° 10, p. 30.

1697 La Commission a précisé en effet qu'elle avait condamné Parker et non l'ancienne société mère parce que les faits étaient prescrits à l'encontre de cette dernière...

externes. Dans l'hypothèse d'une fusion entre une filiale d'un groupe et une société tierce, le juge de l'Union a considéré en substance que l'absorbant peut répondre des comportements anticoncurrentiels de la société absorbée, nonobstant la survie de l'ancienne société mère, celle qui détenait cette filiale au temps de l'infraction[1698]. Qu'une autorité de concurrence puisse poursuivre l'entité absorbante était bien connu[1699], qu'elle le fasse alors même que l'ancienne société mère existait encore au moment de la décision l'était moins[1700]. Par le passé, le Tribunal avait pu estimer dans cette situation qu'il fallait « normalement » poursuivre l'ancienne société mère « plutôt » que l'exploitant actuel de l'entreprise[1701].

Dans l'arrêt *Erste Group Bank*, le juge de l'Union a même confirmé que la Commission avait le choix de poursuivre l'ancienne société mère ou le groupe de sociétés qui avait absorbé l'auteur de l'infraction[1702]. Une partie de la doctrine la plus autorisée n'a eu de cesse de critiquer cette solution en ce qu'il laissait le choix à la Commission d'imputer ou non les pratiques à l'ancienne société mère[1703]. Ces critiques étaient tout à fait justifiées de notre point de vue encore que, à choisir, c'est l'ancienne société mère qui devrait prioritairement être poursuivie dans ce type de situations et pas obligatoirement celui qui a absorbé l'auteur des pratiques. Dans les affaires qui ont suivi, c'est parfois l'ancienne société mère qui a été poursuivie[1704], y compris lorsqu'elle a elle-même fait l'objet d'une restructuration[1705]. Dans d'autres affaires sur lesquelles nous reviendrons, c'est le groupe acquéreur

---

1698 TPICE, 14 décembre 2006, aff. T-259/02 à T-264/02 et T-271/02, Raiffeisen Zentralbank Österreich e. a. c/ Commission, points 329, 332 et 334 et la note d'É. BARBIER DE LA SERRE, *RLC* n° 11-2009, n° 759 confirmé par CJCE, 24 septembre 2009, aff. jtes. C-125/07, C-133/07 P, C-135/07 P, C-137/07 P, Erste Group Bank e. a. c/ Commission, et la note de L. IDOT, *Europe*, novembre 2009, comm. n° 425.

1699 V., *supra*, n°s 502 et 503.

1700 Dans l'affaire *PVC II*, Atochem avait reproché à la Commission de ne pas avoir poursuivi l'ancienne maison mère des deux sociétés qu'elle avait absorbées (TPICE, 20 avril 1999, aff. jtes. T-305/94, T-306/94, T-307/94, T-313/94 à T-316/94, T-318/94, T-325/94, T-328/94, T-329/94 et T-335/94, Limburgse Vinyl Maatschappij NV e. a. c/ Commission, points 963 à 966).

1701 TPICE, 11 mars 1999, aff. T-134/94, NMH Stahlwerke c/ Commission, point 136 et l'article de M. PITTIE, P. HONORÉ, préc., *Cah. dr. eur.*, n° 1, 2012, vol. 48, p. 101.

1702 CJCE, aff. jtes. C-125/07 P, C-133/07 P, C-135/07 P et C-137/07 P, Erste Group Bank e. a. c/ Commission, préc., et la note de C. SARRAZIN, *Concurrences* n° 4-2009, p. 94. Dans ses conclusions du 26 mars 2009, points 228 à 234, l'avocat général Bot n'avait pas contesté l'arrêt du Tribunal sur ce point. Certes, il considérait que l'absorption de la filiale par le groupe acquéreur Erste avait pour conséquence d'engager ce dernier. Mais son premier argument avait été de préciser que l'ancienne société mère n'avait exercé aucune influence déterminante sur la filiale au moment où elle la détenait...

1703 M. BÉHAR-TOUCHAIS, préc., *Concurrences* n° 3-2014, p. 69 ; L. IDOT, *Europe*, novembre 2009, comm. n° 425 et « Sanctions des sociétés mères pour les agissements de leur filiale : Derniers développements », conférence de la revue *Concurrences* du 16 mars 2016.

1704 TPICE, 26 avril 2007, aff. jtes. T-109/02, T-118/02, T-122/02, T-125/02, T-126/02, T-128/02, T-129/02, T-132/02 et T-136/02, Bolloré SA e. a. c/ Commission, point 149 et la note de G. DECOCQ, *RJ com.*, 2007, p. 292.

1705 Trib. UE, 25 octobre 2011, aff. T-349/08, Uralita c/ Commission, point 62 et la note de N. JALABERT-DOURY, *Concurrences* n° 1-2012, p. 94.

qui a été poursuivi[1706]. Il ne semble pas y avoir de règles claires en la matière, sauf à considérer que décider par opportunité en est une.

519. Large marge d'appréciation. Depuis les arrêts *Schenker*, il est même clair désormais que le principe de responsabilité personnelle peut être aisément écarté au profit du critère de continuité économique. Pour une fois, les faits relatés étaient simples dans cet arrêt. La société Brink's détenait indirectement la société BUK au moment de sa participation aux pratiques condamnées dans l'affaire du *Transit*. Postérieurement à la fin des pratiques, cette société BUK avait été vendue puis absorbée par Schenker. Dans l'arrêt *Schenker*, la requérante soutenait que Brink's, l'ancienne société mère de la société BUK, aurait dû être condamnée à sa place conformément au principe de responsabilité personnelle. Cette situation n'est pas sans rappeler celle exposée au point précédent. Selon Schenker, la Commission n'était pas en droit de recourir au critère de continuité économique pour lui imputer les pratiques commises par une société qu'elle ne contrôlait pas au moment des pratiques.

Ses arguments n'ont pas convaincu le Tribunal ni la Cour sur pourvoi[1707]. Le Tribunal a estimé que le fait de ne pas poursuivre les anciennes sociétés mères ne relève pas d'une règle de droit, mais de la simple marge d'appréciation dont jouit la Commission. Selon le Tribunal, « une imputation de la responsabilité au successeur économique est justifiée aux fins de la mise en œuvre efficace des règles de la concurrence. En effet, si la Commission ne disposait pas d'une telle faculté, il serait aisé pour des entreprises de pouvoir échapper à des sanctions par des restructurations, des cessions ou d'autres changements juridiques ou organisationnels. L'objectif de réprimer les comportements contraires aux règles de la concurrence et d'en prévenir le renouvellement au moyen de sanctions dissuasives serait ainsi compromis »[1708].

À la lecture de ces arrêts, l'époque durant laquelle on appliquait scrupuleusement le critère de continuité économique semble déjà bien lointaine. Il ne faut pas oublier qu'il s'agissait d'une règle stricte justifiée par l'idée de faire prévaloir la responsabilité personnelle et qu'en conséquence l'application du critère de continuité économique ne pouvait être qu'« exceptionnelle »[1709]. Comme seule exception évoquée, il fallait garder un œil attentif sur de possibles ventes abusives ou frauduleuses –

1706 Trib. UE, 14 juillet 2016, aff. T-146/09 RENV, Parker Hannifin e. a. c/ Commission points 5 et s. ; Trib. UE, 26 février 2016, aff. T-265/12, Schenker Ltd c/ Commission, confirmé par CJUE, 1er février 2018, aff. C-263/16 P, Schenker Ltd c/ Commission, points 47 à 53.

1707 Trib. UE, 26 février 2016, aff. T-265/12, Schenker Ltd c/ Commission, confirmé par CJUE, 1er février 2018, aff. C-263/16 P, Schenker Ltd c/ Commission, points 47 à 53.

1708 Trib. UE, aff. T-265/12, Schenker Ltd c/ Commission, point 191 et les notes de L. IDOT, *Europe*, avril 2016, comm. n° 4, p. 27 et de R. PIKE, Y. TOSHEVA, *Global Competition Litigation Review*, 2016, vol. 9, n° 3, p. 104.

1709 TPICE, aff. T-161/05, Hoechst c/ Commission, point 51. Cet arrêt n'a pas été frappé d'un pourvoi.

inter-groupes – faites dans le but d'échapper à une amende[1710]. Les règles ont bien changé[1711]. Il résulte de ce qui précède qu'une autorité de concurrence dispose désormais d'une large marge d'appréciation dans la désignation de l'auteur de l'infraction, en choisissant l'ancienne mère, la filiale, l'actuelle mère de la filiale et même possiblement les trois ensemble.

520. **Condamnation solidaire de la filiale et de l'ancienne société mère.** Au lieu de choisir le responsable entre l'ancienne société mère et l'absorbant, certains pourraient estimer que l'on devrait condamner les deux ensembles. Ce raisonnement présente la cohérence de partir de la situation qui prévalait au moment des faits et de condamner la filiale et la société mère, même restructurées, comme cela se serait normalement passé. Sans explication véritable, la Commission n'applique pas simultanément le critère de continuité économique à la filiale et à l'ancienne société mère[1712]. Soit elle condamne l'absorbant, soit elle condamne l'ancienne société mère[1713], mais rarement les deux cumulativement à notre connaissance[1714]. Dans l'arrêt *Schenker*, le Tribunal a précisé que la Commission dispose « d'une faculté de tenir également [l']ancienne société mère [...] pour responsable »[1715]. Dans l'affaire des *Produits d'hygiène et d'entretiens*, l'Autorité a franchi le pas en condamnant Colgate-Palmolive (successeur d'une filiale)

1710 Conclusions de Madame l'avocat général Kokott dans l'aff. ETI e. a., points 81 à 84.

1711 Par exception, il convient de mentionner un arrêt récemment rendu par le Tribunal dans l'affaire du *Conditionnement alimentaire destiné à la vente au détail* (Trib. UE, 6 décembre 2018, aff. T-531/15, Coveris Rigid France c/ Commission. Cet arrêt n'a pas été frappé de pourvoi). Devant le Tribunal, Coveris se prévalait de la cession des actifs litigieux à une autre entreprise (ONPO Packaging) pour contester sa responsabilité et indiquer que seul le repreneur aurait dû être poursuivi. En résumé, la requérante demandait l'application de la solution retenue dans l'arrêt *Parker ITR* (V., *infra*, n° 517). Le Tribunal, logiquement en difficulté pour écarter la solution critiquable retenue dans l'arrêt *Parker ITR* (points 42 à 45), a été bien plus à son avantage pour rappeler la prévalence du critère de la responsabilité personnelle sur celui de la continuité économique. Il insiste notamment et opportunément sur la nécessité de démontrer l'existence d'une circonstance exceptionnelle qui justifie de se départir du critère de la responsabilité personnelle (points 50 à 54).

1712 Dans la situation évoquée, le cessionnaire a racheté ou absorbé la filiale après la commission des pratiques. Cette situation doit être distinguée d'une autre situation selon laquelle la filiale en infraction a continué à participer à l'infraction après son acquisition. Dans cette dernière hypothèse, la Commission a déjà condamné solidairement l'ancienne société mère avec la société en infraction et la société mère acquéreure avec la société en infraction au *prorata* de leur détention (CJUE, 10 avril 2014, aff. C-247/11 P et C-253/11 P, Areva e. a. c/ Commission, point 133). L'Autorité en a fait de même dans l'affaire du *Papier peint*, avec l'aval de la cour d'appel (CA Paris, 14 avril 2016, Graham & Brown France e. a., n° 2015/01855, p. 7 et 8).

1713 Il sera d'ailleurs observé que l'ancienne société mère a probablement plus de chances d'être sanctionnée lorsque l'acquéreur bénéficie de la clémence. Dans cette situation, il sera rappelé que l'ancienne société mère ne bénéficiera pas de la mesure de clémence (V., *supra*, n° 333, note en bas de page n° 1036, n° 339).

1714 Dans l'affaire du *Chlorate de sodium*, l'infraction avait été mise en œuvre par la filiale Aragonesas et sa société mère EIA. Lors de la décision, Uralita, en tant qu'absorbant d'EIA, a été condamnée solidairement avec Aragonesas, cette dernière n'appartenait plus à Uralita mais avait été cédée à Ercros Industrial (Trib. UE, aff. T-349/08, Uralita c/ Commission, points 12 et 63 à 66. Cet arrêt n'a pas été frappé d'un pourvoi).

1715 Trib. UE, aff. T-265/12, préc., point 198 et aff. T-267/12, préc., point 129.

solidairement avec Hillshire Brands (successeur de l'ancienne société mère). Cette dernière a contesté en vain cette condamnation qu'elle considérait notamment comme une forme nouvelle de responsabilité aggravée[1716].

521. **Position sur le principe de responsabilité personnelle et de continuité économique.** Ces règles de détermination de l'auteur de l'infraction énoncées, il convient de se prononcer sur leur pertinence. Il ressort de l'ensemble des cas étudiés qu'une application trop stricte de la responsabilité personnelle aurait privé le droit de la concurrence de son effectivité. À ses débuts, le critère de continuité·économique a parfaitement complété le principe de la responsabilité personnelle. Il sera surtout retenu qu'il était fait recours à ce critère afin de démontrer la responsabilité d'un groupe de sociétés malgré ses restructurations internes[1717]. En cela, le critère de la continuité économique semblait justement aller de l'idée de dépasser la « façade » des structures juridiques afin d'appréhender la réalité économique de l'auteur des pratiques. En d'autres termes, il n'était que le prolongement de la responsabilité personnelle.

Comme il a été ensuite démontré, le champ de la continuité économique a de plus en plus gagné du terrain sur celui de la responsabilité personnelle et trouve désormais à s'appliquer dans les restructurations externes[1718]. L'application du critère de continuité économique en cas d'absorption de l'auteur des pratiques est une règle qui est loin de faire l'unanimité. Elle est particulièrement critiquable dans les cas de restructurations externes de groupes de sociétés puisqu'elle ne conduit pas à désigner l'ancienne société mère comme responsable. Le principe de responsabilité personnelle devrait prévaloir en la matière et conduire à la poursuite de l'ancienne société mère au moment des faits, si elle existe toujours au moment de la décision. Cela implique que le dernier acquéreur de la personne morale, quel que soit son mode d'acquisition, ne puisse être responsable que si la personne morale qui est passée sous son contrôle a continué les pratiques et, le cas échéant, seulement pour la période de l'infraction durant laquelle elle a été sous son contrôle (et non la totalité de la période de l'infraction).

522. **Conclusion sur les règles d'imputabilité en cas de groupes de sociétés restructurés.** Quand bien même l'auteur de l'infraction a été cédé, absorbé ou vidé de ses actifs, il a été observé que cela ne change plus grand-chose au fait qu'un groupe de sociétés puisse être sanctionné. Ce qui importe aujourd'hui est surtout de savoir quel groupe de sociétés sera poursuivi. Au risque de déplaire, l'Autorité et la Commission semblent avoir aujourd'hui

1716 CA Paris, 27 octobre 2016, Beiersdorf e. a., n° 15/01673, points 159 à 169 confirmé par Cass. com., 27 mars 2019, L'Oréal e. a., n° E 16-26.472 e. a..

1717 Conclusions de l'avocat général Mischo sous CJCE, SCA Holding c/ Commission, préc., point 26.

1718 Ce que l'on nomme également « successions d'entreprises » dans la jurisprudence de l'Union.

une trop grande marge de liberté dans le choix de l'auteur de l'infraction en cas de restructurations.

De cet examen des règles et de leurs applications, il en résulte que les craintes liées aux restructurations des groupes de sociétés aux fins d'échapper à une amende ne sont pas totalement levées à ce jour. Ces craintes existent du fait qu'une autorité de concurrence a été laissée libre de se référer au dernier acquéreur de la personne morale qui a commis les pratiques. Par ailleurs, elle n'est nullement dans l'obligation de poursuivre la société mère qui détenait la personne morale en infraction au moment des pratiques et qui s'en est séparée. Cette application de plus en plus extensive du critère de continuité économique semble détournée de son objectif initial, à savoir empêcher que les restructurations puissent atténuer la responsabilité de ceux qui ont enfreint le droit de la concurrence.

De même, les interrogations relatives au fait qu'une autorité de concurrence puisse imputer les pratiques non pas aux personnes morales qui devraient être responsables, mais aux personnes morales solvables et/ou redevables d'une amende plus lourde restent entières. En tenant compte des règles énoncées et de leurs mises en œuvre, il reste encore à analyser la portée dissuasive des amendes qui sont prononcées à l'encontre de ces groupes de sociétés restructurés.

SECONDE SECTION – LA PORTÉE DISSUASIVE D'UNE AMENDE INFLIGÉE À UNE ENTREPRISE RESTRUCTURÉE

523. **Entreprise restructurée et amende dissuasive.** Lorsqu'une entreprise restructurée est sanctionnée, il ne fait aucun doute pour les autorités de concurrence qu'une amende tout autant dissuasive qu'à une entreprise non restructurée doit lui être infligée. Cette vision indifférenciée de la situation de l'entreprise condamnée, qu'elle ait été restructurée ou non, nécessite toutefois quelques précautions lorsque l'amende est infligée à une entreprise ayant muté. Il importe d'abord d'observer quels sont les actes de restructuration en cause et quelle entreprise a été finalement condamnée. Or, l'analyse de ces circonstances n'est évidemment pas la même selon que l'on se trouve dans une restructuration interne ou dans le cadre d'une restructuration externe. Ce n'est qu'à la lumière de ces considérations qu'il sera ensuite examiné la portée dissuasive de cette amende.

524. **Division.** Comme lors de l'examen relatif aux règles d'imputation en cas de restructuration, il convient de distinguer les amendes infligées aux entreprises dans le cas de restructurations internes (§1), de celles imposées lors de restructurations externes (§2).

§ 1 – La portée dissuasive de l'amende infligée aux entreprises dans le cadre de restructurations internes

525. **Restructurations internes, responsabilité personnelle et amende.** Il a été démontré dans le précédent paragraphe que les restructurations internes n'avaient pas eu réellement pour effet d'identifier une entreprise responsable autre que celle qui a commis l'infraction. Indépendamment de ses actes de restructuration interne (changements de dénomination, cession d'actifs d'une société à une autre du même groupe, absorption ou liquidation d'une filiale par le groupe, etc.), c'est concrètement la même entreprise qui est condamnée, si bien que l'on pourrait parler de responsabilité personnelle[1719]. En tout état de cause, il doit être tenu pour acquis que si l'on se raisonne par rapport à l'entreprise, celle qui a mis en œuvre les pratiques est bien celle qui sera condamnée et qui devra s'acquitter de l'amende. C'est donc en considération de la grande proximité entre l'auteur des pratiques et le condamné qu'il conviendra d'analyser la portée dissuasive de l'amende infligée par les autorités française ou européenne de la concurrence. Qu'elle soit une PME ou une multinationale, il sera toutefois vu que la restructuration interne de l'entreprise n'est pas forcément sans incidence sur la portée dissuasive des amendes.

1719 V., *supra*, n°s 500, 501 et 512.

526. **Portée dissuasive de l'amende infligée à une PME restructurée en interne.** Dans le cadre de cette analyse relative à la portée dissuasive de l'amende infligée, il avait été décidé de prendre pour exemple une petite entreprise qui engageait sa responsabilité du fait des pratiques commises par son dirigeant et principal actionnaire. Celle-ci nous semblait la plus à même d'être dissuadée par le prononcé d'une amende[1720]. Lorsque le dirigeant est resté aux commandes de l'entreprise, l'amende infligée en raison des faits passés sera vraisemblablement dissuasive. Les choses ne sont pas aussi simples si le dirigeant qui a mis en œuvre les pratiques ne détient plus l'entreprise au moment de la sanction. À cet égard, il doit être rappelé que les changements de dirigeants[1721] ou d'actionnaires personnes physiques sont sans emport sur l'entreprise poursuivie[1722]. Le fait que le nouveau dirigeant n'ait pas matériellement participé aux pratiques n'est, en effet, d'aucune importance dans l'examen de l'imputabilité[1723]. Pour les PME dans cette situation, il en résulte que la portée dissuasive de l'amende est moindre lorsque les personnes physiques de l'entreprise qui ont mis en œuvre et profité des pratiques relevées n'y sont plus, puisqu'elles ne sont pas mises à contribution.

Certes, il sera indiqué que les dispositions de l'ordonnance de 86 visaient « les entreprises ou organismes auteurs de pratiques anticoncurrentielles et non leur propriétaire »[1724]. Mais il est à signaler que l'on regarde bien le contrôle capitalistique d'une personne morale lorsqu'il émane d'une autre personne morale. C'est même une forme de discrimination, si l'on peut dire ainsi, selon que l'actionnaire soit une personne physique ou une personne morale[1725]. Par ailleurs, il sera également signalé qu'une action indémnisatrice contre l'ancien dirigeant pourra être engagée par l'entreprise[1726]. Il est également à prévoir qu'une clause de garantie de passif pourra être actionnée et conduira à ce que l'ancien dirigeant (et propriétaire cédant) soit condamné à reverser de l'argent au cessionnaire. Il n'a pas été recensé de nombreux contentieux à ce sujet. Cette circonstance, en tout état

---

1720 V., *supra*, n°s 468 et s..

1721 V. décision du Conseil n° 05-D-51 du 21 septembre 2005, Construction d'un hémicycle et de bureaux pour le Parlement Européen de Strasbourg, para. 150 et 151.

1722 L. ARCELIN, « Imputabilité des pratiques anticoncurrentielles en cas de restructuration », *JCL Concurrence – Consommation*, Fasc. 360, 2016, n° 37 et 38.

1723 V., par exemple, décisions du Conseil de la concurrence n° 91-D-18 du 10 avril 1991, Secteur de l'enseignement de la conduite des véhicules dans le sud de la France, p. 7 et n° 98-D-23 du 24 mars 1998, Travaux de voirie et de revêtement de sols dans les Alpes-Maritimes, p. 6 et 7.

1724 V. décision du Conseil n° 96-D-02 du 9 janvier 1996, Marché de l'imprimerie de labeur dans le département de l'Ain, p. 4.

1725 En cas d'entreprise restructurée, la personne morale (ancienne société mère) qui détenait l'entreprise en infraction pourra être poursuivie, ce qui ne sera pas le cas si cet actionnaire est une personne physique.

1726 De telles indemnités ne peuvent pas couvrir le *quantum* de l'amende infligée à l'entreprise (B. MOUNIER-KUHN, E. DIENY, « Responsabilité des dirigeants et collaborateurs de l'entreprise dans les pratiques anticoncurrentielles : perspectives », *JCP E*, février 2008 n° 7-8, n° 1232).

de cause, n'influe en rien sur le fait que l'amende, en frappant la mauvaise personne, n'aurait pas l'effet dissuasif recherché sur celle qui a commis les pratiques[1727].

527. **Portée dissuasive de l'amende infligée à un groupe de sociétés restructuré en interne.** Il a été constaté que le critère de continuité économique pouvait utilement jouer dans les restructurations internes afin d'appréhender la réalité économique de l'auteur de l'infraction[1728]. Cette jurisprudence valait essentiellement pour les groupes de sociétés, les plus à même de transférer les actifs litigieux d'une de leurs filiales à une autre. Pour justifier l'imputation des pratiques à la société qui avait reçu les actifs et non à celle qui les avait commises, il avait été estimé qu'une sanction infligée à une entreprise dont l'existence juridique demeure, mais qui n'exerce plus d'activité économique, « risqu[ait] d'être dépourvue d'effet dissuasif ». Que le contraire inciterait d'ailleurs les groupes de sociétés à procéder à « des restructurations, […] cessions ou […] autres changements juridiques ou organisationnels » dans le seul but d'obtenir une atténuation de l'amende qui va lui être infligée[1729]. En poursuivant la société qui a reçu les actifs litigieux et la société mère du groupe, les autorités de concurrence se sont donné en réalité les moyens de sanctionner une entreprise restructurée de la même manière que si elle ne l'était pas[1730]. En d'autres termes, le *quantum* de l'amende infligée à ce groupe de sociétés qui aura procédé à une restructuration interne sera le même que s'il n'avait pas évolué. Il s'agit d'un signe fort de la grande effectivité du droit des pratiques anticoncurrentielles.

1727 Cette action indémnisatrice n'influera que partiellement sur la portée négative de la condamnation. Par exemple, ce dédommagement ne réparera pas réellement le préjudice né de la mauvaise publicité qui s'ensuit de la condamnation et qui sera subi par le nouveau dirigeant et/ou actionnaire, ni même, le cas échéant, l'inscription de cette faute dans le casier judiciaire de l'entreprise.

1728 Sur l'imputabilité dans les restructurations intragroupes, v., *supra*, n°s 512 et s..

1729 CJUE, aff. C-280/06, ETI e. a., préc., points 40 et 41.

1730 Ce qui a pu être avéré par le passé n'était de toute façon plus possible depuis l'entrée en vigueur des lignes directrices de 2006 et, en France, du communiqué sanctions de 2011. Quand bien même une société serait vidée de ses actifs, l'assiette de l'amende, à savoir la valeur des ventes, est le chiffre d'affaires réalisé au moment de l'infraction et non au moment où la décision est rendue (Point 37 du communiqué sanctions et 13 des lignes directrices de 2006). Or, les sociétés ayant mis en œuvre les pratiques avaient réalisé un chiffre d'affaires effectif au moment de la commission des pratiques. Quant à l'argument selon lequel le plafond de l'amende serait réduit du fait que la société soit devenue une « coquille vide », cet obstacle est contourné par les autorités de concurrence dans la mesure où elles se réfèrent aux comptes consolidés (V., *supra*, n°s 265 à 273) et/ou qu'elles condamnent solidairement la filiale et sa société mère. Dans ces conditions, il n'y a plus lieu de s'inquiéter sur la prolifération des « coquilles vides ». Elles ne nous semblent plus d'aucune efficacité et, pour preuve, l'Autorité n'est plus réellement confrontée à ce type de stratégies.

528. Effet du temps et entreprise restructurée en interne. L'impact dissuasif d'une amende infligée à une entreprise restructurée en interne et à une entreprise non restructurée est donc en principe le même[1731]. Cependant, les restructurations observées, même internes, témoignent parfois de ce temps qui passe et qui, inévitablement, réduit la portée dissuasive des amendes imposées par les autorités de concurrence à ce type d'entreprises. Au-delà du *quantum* de l'amende infligée à l'auteur de l'infraction, c'est également le temps passé entre la date des pratiques et celle de la condamnation qui doit être pris en compte. Or, il est régulièrement soutenu à ce sujet qu'une peine est beaucoup plus efficace lorsque la condamnation est prononcée à une date relativement proche des faits et que la peine est immédiatement exécutée. Malheureusement, le temps judiciaire a inéluctablement pour effet d'amoindrir la portée dissuasive des amendes prononcées par les autorités de concurrence. En outre, il n'est pas inutile de rappeler que les personnes physiques ayant mis en œuvre les pratiques n'exercent plus forcément leurs fonctions, que l'on parle de dirigeants de grandes sociétés ou de PME. Comme il a été précédemment vu, ces dirigeants ont peu de chance de devoir rendre des comptes et c'est même l'entreprise qui, comble de l'histoire, en est parfois contrainte à demander leur aide (rémunérée ?) dans la défense de son dossier[1732].

1731 Sur l'imputabilité dans les restructurations intragroupes, v., *supra*, n°s 512 et s. ; sur l'amende infligée aux entreprises non restructurées, v., *supra*, n°s 473 et s.

1732 M. DEBROUX, « Le brouillard de la clémence en droit de la concurrence : quelles décisions stratégiques ? », *in Stratégies d'instrumentalisation juridique et concurrence*, A. MASSON (dir.), H. BOUTHINON-DUMAS, V. DE BEAUFORT et F. JENNY, *Larcier*, 2013, p. 161.

§ 2 – La portée dissuasive de l'amende infligée aux entreprises dans le cadre de restructurations externes

529. **Désignation de l'entreprise responsable et restructurations externes.** Dans l'examen de la portée dissuasive d'une amende, il nous semblait d'abord nécessaire de vérifier la règle selon laquelle une amende ne peut être dissuasive qu'à la condition d'être payée par l'auteur des pratiques. Cette vérification paraissait particulièrement importante dans le cas de restructurations externes, c'est-à-dire lorsque les actifs litigieux ou la société ayant mis en œuvre les pratiques passent d'une entreprise à une autre. Or, l'examen des règles de désignation de l'entreprise responsable en cas de restructuration externe et leurs applications parfois opportunes n'ont pas toujours conduit selon nous à appréhender celui qui aurait prioritairement dû être condamnée.

530. **Restructurations externes, responsabilité personnelle et amende.** L'application des règles peut conduire parfois à désigner comme responsable l'entreprise cédante et ce faisant les anciennes sociétés mères. Il est en effet possible, au regard du principe de responsabilité personnelle, de tenir le cédant pour responsable des pratiques commises malgré la cession des actifs litigieux. Il en est de même de l'ancienne société mère jugée seule responsable des pratiques commises par sa filiale dont elle s'est ensuite séparée. Dans cette dernière situation, il a été vu que le fait de se séparer des actifs litigieux, voire de la personne morale ayant mis en œuvre les pratiques, ne permet pas toujours à l'ancienne société d'échapper aux poursuites.

531. **Restructurations externes, continuité économique et amende.** Il a été également observé que l'acquéreur de ces actifs litigieux, ou de cette personne morale, a pu être désigné comme l'entreprise responsable des pratiques suivant le critère de continuité économique. À l'issue de l'acquisition, il se peut que l'ensemble de l'entreprise ait été absorbée dans le giron de l'absorbant. Il se peut aussi qu'une partie de l'entreprise cédante subsiste. Ces deux hypothèses de restructuration doivent être envisagées. En tout état de cause, la condamnation et la portée dissuasive de l'amende conférée à une entreprise qui s'est contentée de racheter ou d'absorber une société ne sont pas sans incidence sur l'effet dissuasif de l'amende.

532. **Division.** Ainsi, il conviendra d'examiner la question de la portée dissuasive de l'amende selon l'entreprise jugée responsable des pratiques, c'est-à-dire le cédant (le cas échéant l'ancienne société mère) (A) et/ou l'acquéreur (l'absorbant) (B).

A) – La portée dissuasive de l'amende infligée au cédant

533. **Condamnation du cédant.** Si les pratiques sont imputées au cédant, le plus souvent l'ancienne société mère, il n'y a aucune difficulté à lui infliger une amende aussi dissuasive qu'à une entreprise qui ne se serait pas séparée des actifs litigieux ou de la filiale en cause. Dans le cadre de l'examen des restructurations externes des groupes de sociétés, il a été défendu l'idée que la responsabilité de l'ancienne société mère pour les agissements de sa filiale devait prévaloir d'un point de vue dissuasif sur celle de l'absorbant[1733].

534. **Portée dissuasive de l'amende infligée à l'ancienne société mère.** Si la condamnation du cédant, le cas échéant l'ancienne société mère, dans les cas de restructurations externes nous semble justifiée, cette société échappe parfois aux poursuites[1734]. Par référence au principe de responsabilité personnelle, c'est elle pourtant qui contrôlait l'auteur des pratiques au moment des faits. Il faut dire à ce sujet que c'est aussi cette ancienne société mère qui aurait été poursuivie si elle n'avait pas cédé l'auteur des pratiques. Dans ce type de situation, il n'est pas inutile de rappeler que l'ancienne société mère et l'auteur de l'infraction formaient une entreprise au moment des pratiques. Par ailleurs, c'est encore cette ancienne société mère qui a reçu les dividendes de l'auteur de l'infraction au moment où celle-ci était commise. C'est toujours elle qui a reçu une contrepartie financière en cédant l'auteur des pratiques. En matière d'imputation et en particulier en cas de restructurations, la responsabilité devrait aussi « suivre l'argent »[1735]. Il résulte de ce qui précède que l'ancienne société mère devrait être poursuivie si, bien entendu, elle existe encore au moment de la décision. C'est une règle et non une faculté qui devrait s'imposer à une autorité de concurrence qui prétend infliger des amendes dissuasives. En tout état de cause, une autorité de concurrence ne devrait pas agir avec « une large marge d'appréciation » dans l'exercice de la désignation du responsable dans une matière répressive[1736].

535. **Conséquence de l'absence de sanction.** La possibilité d'échapper à une amende du seul fait d'avoir cédé l'auteur des pratiques peut favoriser la mise en œuvre de ces stratégies de restructuration que les autorités de concurrence prétendent précisément combattre. En effet, le groupe de sociétés qui s'apercevrait des pratiques illégales mises en œuvre par l'une

---

1733 V., *supra*, n°s 515 et s..

1734 V., *supra*, spéc. n°s 517 à 519.

1735 G. DECOCQ, « Synthèse du droit européen et français en matière d'imputabilité et de responsabilité civile et pénale », *Revues Dalloz*, 2015, p. 56. C'est en substance ce que préconisait également Madame l'avocat général Kokott dans ses conclusions du 3 juillet 2007 dans l'aff. C-280/06, ETI e. a., point 80.

1736 V., *supra*, n° 519.

de ses filiales pourrait être incité à s'en séparer si aucune suite judiciaire n'est encore engagée. Il est très paradoxal de prétendre que les règles en matière d'imputabilité soient guidées par l'objectif de contourner les restructurations sociétaires et d'encourager, dans le même temps, ce type de comportement par la poursuite du tiers acquéreur et la mise hors de cause de l'ancienne société mère.

536. ***Quantum* de l'amende infligée au cédant.** Il est fréquent que le cédant, jugé responsable des pratiques, demande à ce que le *quantum* de son amende soit atténué du fait que l'activité litigieuse a été cédée et que les pratiques ne pourront plus être reproduites à l'avenir. Selon lui, il serait dans l'impossibilité de recommencer lesdites pratiques et ce ne serait pas donc la peine de lui infliger une amende exemplaire. Mais pour le juge de l'Union, cet argument ne doit aucunement remettre en cause le caractère dissuasif de l'amende[1737]. Cette entreprise doit sans doute continuer d'exercer des activités économiques et il est nécessaire de s'assurer qu'elle ne réitère pas le même type de pratiques sur d'autres marchés. En outre, il ne faut pas oublier que les pratiques en cause ont profité au cédant au moment où elles ont été mises en œuvre. Pour ces deux raisons, il semble juste que le *quantum* de l'amende infligée au cédant ne soit pas revu à la baisse. De même, il est parfois demandé par le cédant de bénéficier aussi de la réduction au titre de la clémence formulée et obtenue par le cessionnaire. Selon nous, c'est également à juste titre que l'Autorité et la Commission lui refusent le bénéfice d'une réduction qu'il n'avait manifestement pas demandée au moment où il détenait la société en infraction[1738].

537. **Effet du temps et condamnation du cédant.** Comme évoqué précédemment, la condamnation d'entreprises restructurées est aussi le signe du temps qui passe et, en conséquence, de la portée dissuasive moindre des amendes qui leur sont infligées. Ce phénomène n'en est que plus renforcé lorsqu'il s'agit de restructurations externes. À cet égard, il a même été constaté que le cédant n'a parfois pas été poursuivi pour des raisons de prescription, signe qu'un certain temps s'était passé entre la commission des pratiques et l'adoption de la décision.

Dans cette étude, il a été constaté les multiples changements de direction de sociétés qui peuvent passer de main en main. Dans certains cas, il a été relevé que la personne morale responsable de l'exploitation a pu changer jusqu'à trois fois de propriétaires[1739]. Dans des pratiques au long cours et

---

[1737] Trib. UE, 16 juin 2011, aff. T-195/06, Solvay Solexis SpA c/ Commission, point 306 confirmé sur ce point par CJUE, 5 décembre 2013, aff. C-449/11 P, point 76.

[1738] Trib. UE, 23 janvier 2014, aff. T-384/09, SKW Stahl-Metallurgie e. a. c/ Commission, points 237 et 238 et CA Paris, 2 février 2017, GEA Group e a., n° 13/13058, points 83 à 90 et la note de C. LEMAIRE, S. NAUDIN, préc., *Concurrences* n° 2-2017, p. 159. Sur l'étendue de la clémence à l'égard des anciennes sociétés mères, v., *supra*, n° 333, note en bas de page n° 1036, et n° 339.

[1739] C'était notamment le cas dans l'affaire *Parker* (v., *supra*, n° 517).

lorsque le cédant est poursuivi, les dirigeants qui ont mis en œuvre et profité des pratiques ne seront peut-être plus présents dans l'entreprise au moment de la sanction, ce qui altère considérablement la portée dissuasive d'une amende.

B) – La portée dissuasive de l'amende infligée au cessionnaire

538. **Condamnation du cessionnaire.** Lorsque le cessionnaire est poursuivi et qu'il n'a pas participé aux pratiques, le raisonnement à tenir sur sa responsabilité et l'amende qui peut lui être infligée est tout autre. Il faut dire que l'acquéreur a été longtemps poursuivi du seul fait que le cédant n'existait plus[1740], ce qui démontre bien qu'il s'agit d'une approche *in extremis* et guidée par l'effectivité du droit de la concurrence plus que par la volonté de condamner le responsable des pratiques. Il en est ainsi de certains acquéreurs qui, faute d'identifier une autre entreprise, sont condamnés pour être devenus propriétaires des actifs de l'auteur de l'infraction.

Quoi qu'il en soit, la condamnation de plus en plus fréquente du tiers acquéreur au titre de l'effectivité du droit de la concurrence ne s'impose pas forcément dans un certain nombre de cas[1741]. À cet égard, il y a matière à discuter la responsabilité de l'acquéreur dans l'hypothèse où les principaux acteurs de ces pratiques n'auraient pas été repris par le cessionnaire et à défaut de fraude de la part de ce dernier[1742]. Mais c'est sans nul doute dans l'hypothèse où l'ancienne société mère subsisterait que la pertinence de la condamnation du tiers acquéreur est la plus contestable. En effet, le principe de responsabilité personnelle trouve à s'appliquer dans cette situation en désignant l'ancienne société mère comme responsable des pratiques.

539. **Portée dissuasive de l'amende infligée à l'acquéreur.** En cas de restructuration externe, c'est de plus en plus souvent l'acquéreur ou absorbant qui est sanctionné alors même que l'ancienne société mère continue d'exister. Il convient de s'interroger en premier lieu sur le contexte et la pertinence de sa condamnation. D'abord, l'acquéreur ne détenait pas la

---

1740 V., *supra*, n°s 502 et s..

1741 C'est sans doute de cette manière que la cour d'appel de Paris a pu raisonner, concernant une PME, à propos de la transmission d'un fonds de commerce (V. décision du Conseil n° 92-D-12 du 11 février 1992, Secteur de l'enseignement de la conduite des véhicules dans le département de Maine-et-Loire, réformée sur ce point par CA Paris, 19 novembre 1992, A.D.E.C.A. e. a., *BOCCRF* du 4 décembre 1992).

1742 Dans d'autres contentieux, le tiers acquéreur n'est pas condamné et seul le paiement de l'amende peut lui être imposé. C'est la solution retenue par le Conseil d'État concernant les amendes prononcées par des autorités administratives indépendantes à l'encontre de l'absorbant (Conseil d'État, Section, du 22 novembre 2000, Société du Crédit Agricole Indosuez Cheuvreux, n° 207697, publié au recueil Lebon). C'est également dans ce contexte qu'il convient également d'approuver l'existence de dispositions protectrices du cessionnaire en droit français dans le cadre de la reprise d'une société en cours de liquidation (V., *supra*, n° 504 et, *infra*, n°s 590 et 591).

société en cause au moment des faits. Il n'est pas impossible qu'il ignorât même l'existence de l'infraction commise par la société rachetée. À cet égard, les principaux responsables de l'infraction n'ont peut-être pas été repris dans le giron de l'absorbant[1743]. En résumé, l'acquéreur n'a peut-être pas grand-chose à voir avec l'infraction.

En faire le responsable de l'infraction du seul fait de l'absorption et au bon vouloir de l'autorité de poursuite semble critiquable et suscite, à tout le moins, des inquiétudes en termes de sécurité juridique[1744]. Il est également utile de rappeler que le groupe acquéreur ayant absorbé la filiale a bien dû verser une contrepartie financière à l'ancienne société mère. Au passage, ce groupe a sans doute « surpayé » le rachat de cette filiale dont la valeur a été artificiellement gonflée. C'est même plus une victime qu'un coupable en quelque sorte. Si l'on doit encore demander à l'acquéreur de payer l'amende d'une société qu'il a achetée plus cher qu'elle ne valait, la pilule devient très amère.

À cet égard, il sera indiqué la possibilité d'insérer une clause de garantie de passif dans le contrat de cession entre le cédant et l'acquéreur. Ce type de disposition contractuelle vise à ce qu'un acquéreur condamné pour des faits commis par le cédant puisse se retourner contre lui[1745]. Cette clause, certes opposable en matière civile, n'est cependant pas pertinente lorsqu'il s'agit de déterminer quelle personne est pénalement responsable[1746]. Elle n'empêche pas non plus la mauvaise publicité qui accompagne la décision de sanction[1747].

540. **Motivation relative à la condamnation de l'acquéreur.** Plusieurs des arguments qui ont été avancés pour justifier la poursuite de l'acquéreur et la mise hors de cause de l'ancienne société mère n'ont pas été des plus convaincants. Il en est ainsi de l'opportunité de condamner un acquéreur parce que les poursuites contre l'ancienne société mère étaient prescrites[1748]. Il est également prétendu que l'action des autorités de concurrence ne doit pas être entravée par les restructurations mises en œuvre par un groupe de sociétés[1749]. Cette justification vaut surtout dans les hypothèses de restructuration intragroupes. Elle l'est beaucoup moins dans les hypothèses

---

1743 CJUE, 11 juillet 2013, aff. C-444/11 P, Team Relocations NV e. a. c/ Commission, point 153.

1744 C. LEMAIRE, « Responsabilité concurrentielle - Responsabilité concurrentielle des groupes de Sociétés », *CCC* n° 7-2017, dossier 5.

1745 M. GINER ASINS, M. PFLIEGER, « Gérer les risques concurrence dans les opérations de fusion-acquisition : Kit de survie pragmatique pour une gestion efficace », *JCP E*, décembre 2015, n° 50, n° 1614.

1746 Trib. UE, 3 mars 2011, aff. T-117/07 et T-121/07, Areva e. a. c/ Commission, préc., points 140, 212 et 229 et CA Paris du 23 mai 2017, Laïta e. a., n° 15/08224, points 626 à 627 et 732 à 733.

1747 A. MASSON, « L'ambivalence du droit, source d'opportunités stratégiques : l'exemple du droit de la concurrence » *in Stratégies d'instrumentalisation juridique et concurrence*, Larcier, 2013.

1748 Trib. UE, aff. T-146/09, préc., points 78, 80, 98 et 112 et aff. T-146/09 RENV, préc., points 75 à 80.

1749 CJUE, aff. C-434/13 P, préc., point 40 et 51.

de restructuration inter-groupes. Il est difficile d'imaginer la stratégie mise en œuvre par un acquéreur dans ce type de situation. D'ailleurs, on fera remarquer que si tel avait été le cas dans la situation de Schenker, ce dernier aurait agi différemment. En effet, il n'aurait d'abord pas pris le risque d'absorber l'auteur de l'infraction. L'acquéreur se serait contenté d'acheter la société ou les actifs seulement de celle-ci[1750]. En effet, la jurisprudence actuelle ne permet pas à une autorité de concurrence de poursuivre conjointement la société mère d'une société qui a mis en œuvre des pratiques antérieures à son acquisition[1751]. En réalité, si des risques de stratégies de restructurations existent, c'est auprès de l'ancienne société mère qu'il faut les rechercher.

Il n'est pas plus pertinent de poursuivre l'acquéreur et non la société mère du fait que les enquêtes de la Commission seraient alourdies par la nécessité de vérifier dans quelle mesure les pratiques pourraient être imputées à l'ancienne société mère[1752]. Ce type d'argument n'est pas convaincant dans une matière répressive dans laquelle la Commission n'a pas pour habitude d'être effrayée par l'ancienneté des faits. Même lorsque les pratiques sont très anciennes, la Commission a parfois prouvé que l'effet du temps n'avait pas réellement entravé son action. En tout état de cause, cela ne justifierait pas de pratiquement donner un blanc-seing aux autorités de concurrence. En l'état, ce choix de poursuite laissé à une autorité de concurrence n'est évidemment pas sans incidence négative sur la portée dissuasive de l'amende infligée à ce successeur économique.

541. ***Quantum*** **de l'amende infligée au cessionnaire en droit de l'Union.** La Commission a constamment considéré que lorsqu'une société était tenue pour seule responsable de l'infraction, il convenait d'appliquer le plafond légal de l'amende sur la base de son seul chiffre d'affaires même si, au jour de l'adoption de la décision, cette société était intégralement détenue par

---

1750 À cet égard, le fait de poursuivre l'acquéreur qui a absorbé l'auteur de l'infraction et de ne pas poursuivre ce même acquéreur lorsque la filiale a été seulement achetée peut avoir des conséquences importantes en droit de l'Union, alors même qu'il ne s'agit que d'une différence dans la méthode d'acquisition. En droit français, on fera remarquer que l'absorption ou l'achat de la filiale n'est aujourd'hui d'aucune importance dans le *quantum* de l'amende, en ce que celle-ci sera déterminée au regard des comptes consolidés de l'acquéreur (V., *supra*, n°s 269 et s.).

1751 CJCE, 16 novembre 2000, aff. C-286/98 P, Stora Kopparbergs Bergslags c/ Commission, point 37 ; CJUE, 29 mars 2011, aff. C-352/09 P, ThyssenKrupp Nirosta c/ Commission, point 143 ; TPICE, 20 mars 2002, aff. T-9/99, HFB Holding e. a. c/ Commission, points 101 et s. et CA Paris, 23 mai 2017, Laïta e. a., préc., points 137 à 140 et l'article de M. PITTIE, P. HONORÉ, préc., *Cah. dr. eur.*, n° 1, 2012, vol. 48, p. 101. Une première entorse à cette règle est à relever dans la décision n° 13-D-12, *Commodités chimiques*, puisqu'il semble que la société mère de Solvadis ait été mise en cause alors même qu'elle n'avait pas absorbé cette dernière (CA Paris, du 2 février 2017, GEA Group e. a., n° 13/13058, points 13 et 15).

1752 TPICE, aff. T-259/02 à T-264/02 et T-271/02, Raiffeisen Zentralbank Österreich e. a. c/ Commission, point 335 et CJUE, aff. C-263/16 P, Schenker c/ Commission, point 50.

une société mère et formait avec elle une entreprise[1753]. Il en résulte une amende limitée au périmètre de l'entreprise sanctionnée, à savoir la filiale. L'acquisition de cette société aura été une opération neutre sur le *quantum* de l'amende qui lui a été infligée.

Lorsque la filiale a disparu dans une opération d'absorption, la solution est tout autre et l'amende sera déterminée en fonction du chiffre d'affaires de l'absorbant[1754]. Dans ce cas, l'amende est dimensionnée au regard du groupe de sociétés qui a absorbé la société ayant mis en œuvre les pratiques. En ce qui concerne la valeur des ventes, la Commission doit néanmoins bien distinguer, le cas échéant, la période précédant l'absorption durant laquelle la société a agi de manière autonome[1755]. En tout état de cause, l'opération d'absorption engendre une amende plus élevée qu'en cas de simple achat de la société en infraction.

542. ***Quantum* de l'amende infligée au cessionnaire en droit français.** Contrairement au droit de l'Union, le fait que le cessionnaire ait acheté ou absorbé la société en infraction importe peu du point de vue du *quantum* de l'amende en droit français. Cette amende sera calculée au regard du chiffre d'affaires qui figure dans les comptes consolidés[1756]. Ce paramètre est à prendre en compte même dans le cas où la filiale continuera d'exister et se trouvera la seule condamnée. En droit français, l'application de cette règle a été longtemps discutée devant le juge français[1757]. Cette référence aux comptes consolidés a été définitivement entérinée par un arrêt de la Cour de cassation rendu dans l'affaire des *Farines*[1758], pour être ensuite appliquée par la cour d'appel de Paris[1759]. Il en résulte que l'acquisition – sans absorption – d'une société en infraction devant l'Autorité peut coûter plus cher à l'acquéreur que devant la Commission.

1753 TPICE, 8 octobre 2008, aff. T-68/04, SGL Carbon, point 138 et, sur cette question, v. M. PITTIE, P. HONORÉ, préc., *Cah. dr. eur.*, n° 1, 2012, vol. 48, p. 101. Sur le plafond du chiffre d'affaires en droit de l'Union, v., *supra*, spéc. n°s 269 et 270.

1754 Trib. UE, 15 juillet 2015 aff. T-391/10, Nedri Spanstaal BV c/ Commission, point 105 ; 2 juin 2016, aff. jtes. T-426/10 à T-429/10, T-438/12 à T-441/12, Moreda-Riviere Trefilerías e. a. c/ Commission, points 175, 308 et 309 et la note de M. DEBROUX, *Concurrences* n° 3-2016, p. 59.

1755 Trib. UE, 11 juillet 2014, aff. T-540/08, Esso e. a. c/ Commission, points 92 à 103 et la note de J-P. CHRISTIENNE, *Concurrences* n° 4-2014, p. 119.

1756 CA Paris, 24 juin 2008, France Travaux e. a., n° 2006/06913, p. 55.

1757 Sur le plafond du chiffre d'affaires en droit français, v., *supra*, n°s 271 et s..

1758 Cass. com., 8 novembre 2016, VK-Mühlen AG e. a., n° 14-28.234 e. a., p. 34 et l'article de M. DUMARÇAY, « Des lignes de force au forçage des lignes, il n'y a qu'un pas : retour sur la méthode de fixation du maximum », *RLC* n° 57-2017, p. 20.

1759 CA Paris, 23 mai 2017, Laïta e. a., préc., points 605 à 628 ; CA Paris, 19 juillet 2018, Chronopost e. a., préc., points 1232 à 1260.

543. Portée dissuasive de l'amende infligée au cessionnaire. À de nombreuses reprises, il a pu être relevé que des groupes de sociétés ont été condamnés du fait de l'absorption ou de l'achat d'une société qui avait participé à des pratiques antérieures à son absorption. Lorsque l'amende est dimensionnée à la taille du groupe acquéreur et non à celle de la société en infraction, la portée dissuasive de celle-ci n'a rien d'évident. Il ne peut être reproché aucune pratique au groupe condamné ni aucun manquement à son devoir de vigilance d'une filiale qu'il ne détenait pas au moment des faits. La seule faute qu'on pourrait lui reprocher, c'est d'avoir acheté ou absorbé une société en infraction. Or, condamner le cessionnaire parce qu'il a racheté les moyens matériels et humains qui ont concouru à l'infraction nous semble détourné de la personnalité des peines. En d'autres termes, il n'y a pas besoin de le dissuader de ce qu'il n'a pas commis. Quant à la portée dissuasive de l'amende qui lui est infligée, elle sera parfois nulle, sauf à faire de la politique préventive ou encore à considérer que le fait de racheter une société en état d'infraction est une faute.

Dans le cas particulier où l'amende est calculée en fonction du chiffre d'affaires du groupe, mais imposée à la seule société qui a été rachetée, ce que l'on peut observer en droit français, il est certain que le groupe de sociétés devra payer une partie ou la totalité de l'amende infligée à la société rachetée. Cette dernière n'aura pas, très souvent, les moyens de payer une amende qui n'est pas dimensionnée à sa taille ni à ses moyens. Toutefois, le groupe acquéreur n'aura jamais le sentiment de payer pour des fautes ou omissions qu'il aurait commises. Il n'a, en effet, aucune responsabilité objective dans les agissements d'une société qu'il ne détenait pas au moment des pratiques. Partant, il se saura condamné pour avoir seulement racheté une société qui a fauté. Le paiement de l'amende sera vu comme une sanction infligée au groupe et n'emporte pas, en soi, d'effet dissuasif quant à commettre des pratiques anticoncurrentielles.

544. Influence générale des amendes infligées aux cessionnaires. Pour les groupes de sociétés en expansion, il est évident que ces derniers doivent redoubler de prudence lorsqu'ils souhaitent se porter acquéreurs d'une société. Pour eux, la portée dissuasive conférée à l'amende ne vise pas à ne pas commettre de pratiques anticoncurrentielles, mais à faire attention à qui on intègre dans son groupe de sociétés. À cet égard, la méthode d'intégration est également loin d'être neutre. L'opération d'absorption d'une société est d'abord l'option à écarter[1760]. Cette opération conduit en

[1760] Ce conseil ne vaut d'ailleurs pas qu'en droit des pratiques anticoncurrentielles. Dans une des plus grandes transactions du DOJ en termes pécuniaires, le groupe Bank of America a versé 16,65 milliards de dollars de pénalités et de dommages-intérêts, alors même que la plupart des emprunts toxiques qui ont été reprochés à la banque états-unienne avaient été vendus par Countrywide et Merrill Lynch, à une époque où ces entreprises n'étaient pas détenues par Bank of America (Communiqué de presse du DOJ du 21 août 2014). La même histoire est en train de se produire pour Bayer, ayant racheté

effet à ce que l'amende soit calculée en fonction du groupe de l'acquéreur. Il a pu être conseillé à un acquéreur de seulement acheter la société afin que l'acquéreur ne voie pas sa responsabilité engagée. Ce conseil ne vaudrait toutefois que dans le cadre d'une procédure menée par la Commission. Devant l'Autorité, il importe peu que l'acquéreur ait procédé au simple achat ou à l'absorption de la société dans la mesure où il est fait référence à une amende évaluée au regard des comptes consolidés du groupe. C'est donc la « double peine » pour l'acquéreur. Tout cela n'a malheureusement plus grand-chose à voir avec la portée dissuasive habituellement recherchée dans les amendes infligées par les autorités de concurrence.

Monsanto à l'été 2018, et qui doit faire face à de nombreuses poursuites en rapport avec le Round-Up…

CONCLUSION DU SECOND CHAPITRE ET DU PREMIER TITRE

545. **Appréhension et sanction de l'entreprise.** Dans une matière répressive où les amendes prononcées à l'encontre de personnes morales se veulent dissuasives, il semble indispensable qu'une grande proximité, à défaut d'une coïncidence parfaite, puisse exister entre celui ou ceux qui commettent les pratiques et celui ou ceux qui seront condamnés. Cette règle n'a pas été contredite du fait que les autorités de concurrence ont eu recours à la notion d'entreprise. Au contraire, la notion d'entreprise a rendu possible l'appréhension des auteurs réels des pratiques et a permis de les condamner à des amendes dimensionnées à leurs tailles et crédibles. Il est même à constater des amendes élevées, sévères et dont la portée dissuasive ne saurait être niée. Cependant, il a également été vu que la condamnation d'une société mère d'un groupe n'était pas forcément liée à son implication dans les pratiques illicites, mais, en réalité, au seul fait qu'elle détenait la société en infraction. Ce constat renvoie à l'examen de ces groupes de sociétés qui se sont largement agrandis ces dernières années. Plus les groupes de sociétés sont grands, moins l'effet dissuasif des amendes peut se faire ressentir. Ce constat n'est pas forcément lié au *quantum* de l'amende qui a été prononcé à leur encontre. De nombreux grands groupes ont sans doute la volonté sincère de ne plus être sévèrement sanctionnés par les autorités de concurrence. Cette politique vertueuse est toutefois difficile à mettre en place pour ces géants économiques sans doute dans l'incapacité de pleinement s'autocontrôler.

546. **Appréhension et sanction de l'entreprise restructurée.** Il est de plus en plus fréquent que l'entreprise en cause ait été restructurée et qu'il devienne très difficile d'identifier l'auteur matériel des faits. Certes, il est à relever de nombreux cas de restructuration qui n'ont pas empêché la Commission ou l'Autorité de sanctionner l'entreprise de la même manière qu'une entreprise non restructurée. Ces configurations n'entravent pas en soi la portée dissuasive de l'amende. Dans d'autres cas, la volatilité caractéristique des personnes morales a contraint les autorités de concurrence à sanctionner les entreprises qui avaient récupéré la société en infraction ou les actifs litigieux. Autrement dit, l'auteur de l'infraction a disparu et c'est parfois davantage l'effectivité que la dissuasion qui prévaut alors en matière de sanction. Cette situation prouve que le choix de la personne morale en cas de restructuration n'est pas toujours le réceptacle idéal du point de vue de l'effet dissuasif. Plus critiquable est la récente tendance des autorités de concurrence à sanctionner l'acquéreur de l'auteur de l'infraction alors même que le cédant existe toujours. Cette situation, qui dépend du bon vouloir des autorités de concurrence, tend à reléguer l'objectif de dissuasion derrière celui de l'effectivité du droit de la concurrence.

547. **Limites à l'appréhension de l'entreprise.** Il n'aura échappé à personne que la question des dirigeants et/ou salariés ayant participé à l'infraction n'a pas été totalement écartée de notre examen. Selon certains auteurs, la condamnation des personnes morales a montré ses limites. À une époque plus lointaine, il est vrai que le Conseil de la concurrence ou son prédécesseur, la Commission technique des ententes et des abus de position dominante ont pu condamner des personnes physiques qui exerçaient en leur nom propre. Il ne s'agissait toutefois pas de punir les dirigeants en tant qu'individus. La question de poursuivre civilement, disciplinairement et même pénalement les personnes physiques est de plus en plus évoquée[1761]. Il faut dire qu'il est tentant, à la lecture des difficultés rencontrées vis-à-vis des personnes morales, d'appréhender également les personnes physiques directement impliquées dans les pratiques[1762]. Mais à bien regarder ce qui se passe dans les pays adeptes de ces poursuites, l'exemple états-unien en tête, peut-on en conclure à une meilleure dissuasion et à une diminution plus marquée des infractions au droit de la concurrence qu'ailleurs ? Il y a lieu d'en douter et, pour preuve, le territoire états-unien ne semble pas plus épargné par les infractions mondiales au droit de la concurrence que le continent européen.

[1761] R. SAINT-ESTEBEN, « Une repénalisation du droit de la concurrence en France ? À propos de l'utilisation de l'article 40 du code de procédure pénale par les services d'instruction de l'Autorité », *Concurrences* n° 2-2019, p. 54.

[1762] D. GERADIN, K. SADRAK, « The EU Competition Law Fining System : A Quantitative Review of the Commission Decisions between 2000 and 2017 », disponible sur le site ssrn.com.

TITRE SECOND : LE CARACTÈRE DISSUASIF DE L'AMENDE LIMITÉ PAR LA CAPACITÉ CONTRIBUTIVE D'UNE ENTREPRISE

548. **Principe du paiement immédiat de l'amende.** Que ce soit en droit français ou en droit de l'Union, les amendes prononcées par l'Autorité de la concurrence et la Commission européenne sont immédiatement exigibles auprès des entreprises condamnées[1763]. En droit de l'Union, les amendes doivent être respectivement réglées dans les trois mois qui suivent la notification de la décision[1764]. En droit français, les entreprises ont en principe un mois pour payer leurs amendes. Il importe de préciser que les recours à l'encontre de décisions prises par ces deux autorités de concurrence ne sont pas suspensifs[1765]. À l'inverse d'autres contentieux, il est donc impossible d'opter pour la stratégie de recours abusifs aux fins d'éviter le recouvrement immédiat d'une amende infligée par l'Autorité ou la Commission.

549. **Exécution forcée.** Si une entreprise condamnée a dans l'idée de refuser de s'exécuter, un recouvrement forcé de l'amende se met en place avec, en sus, le prononcé d'intérêts moratoires. La Commission dispose, à cet égard, du pouvoir d'assortir les amendes d'intérêts de retard, de sorte que les entreprises tardant à payer leur amende ne soient pas avantagées par rapport à celles qui s'acquittent du paiement de leur amende à échéance[1766]. En France, une procédure de recouvrement forcé, avec à la clé des intérêts de retards, peut être également mise en place par le Trésor public pour les amendes infligées par l'Autorité. Au vu des montants principaux des amendes prononcées par les autorités de concurrence, les intérêts moratoires peuvent vite se chiffrer en dizaines de millions d'euros[1767]. Il est également possible d'infliger des astreintes aux entreprises qui n'auraient pas respecté

1763 Article L. 464-8 du Code de commerce et article 299, premier alinéa, du TFUE. Ailleurs, le paiement de l'amende ne devient définitif qu'une fois les recours juridictionnels épuisés. C'est le cas, par exemple, au Royaume-Uni (Rapport de l'OCDE de 2016 sur les sanctions infligées en droit de la concurrence, disponible sur le site de l'OCDE, p. 30 et s.).

1764 Article 20 de la décision C(2011) 4212 final de la Commission du 17 juin 2011 relative aux dispositions de procédures internes pour le recouvrement de créances nées de la gestion directe et le recouvrement des amendes, sommes forfaitaires et astreintes prévues par les traités.

1765 Article L. 464-8 du Code de commerce, alinéa 2.

1766 TPICE, 14 juillet 1995, aff. T-274/94, Groupement des cartes bancaires c/ Commission, points 46 à 49 et la note de F. THIBAULT, *RTD com.*, 1996, p. 161.

1767 V. décision de la Commission du 31 mars 2011 modifiant la décision du 19 septembre 2007, Articles de mercerie métalliques et plastiques : fermetures (résumé publié au JOUE C 210, p. 12), cons. 4 du résumé et l'article de J. WALCH-BARTON, « The EU Commission's Guidelines on the method of setting fines may allow an undertaking's inability to pay to be taken into account », *Concurrences*, art. n° 54031 ; Trib. UE, 29 avril 2015, aff. T-470/11, Total SA et Elf Aquitaine c/ Commission, point 48 et CJUE, 19 janvier 2017, aff. C-351/15 P, Commission c/ Total SA et Elf Aquitaine, et la note de L. IDOT, *Europe*, juin 2015, comm. n° 6, p. 38.

les mesures correctives qui leur ont été imposées ou qui n'auraient pas mis un terme à l'infraction constatée[1768]. Comme pour les intérêts moratoires, les montants de ces astreintes peuvent vite chiffrer. L'exemple le plus connu est sans doute celui de Microsoft qui, pour s'être longtemps opposé à l'exécution d'une décision de la Commission, a dû verser au total plus de 1,7 milliard d'euros d'astreintes[1769].

550. **Mise en recouvrement d'une amende solidaire.** Lorsqu'une entreprise est condamnée, le recouvrement s'effectue auprès de toutes les sociétés qui la composent[1770]. Ainsi, les règles en matière de recouvrement peuvent contraindre une société à s'acquitter du paiement de tout ou partie du montant de l'amende infligée à une autre société avec laquelle elle forme une entreprise[1771]. Ce mécanisme de solidarité « apparaît comme une conséquence normale de l'imputation de responsabilité du comportement d'une société à une autre »[1772]. Lorsqu'est condamné un organisme ou une association d'entreprises, ces derniers doivent payer l'amende. En cas d'insolvabilité, ils sont tenus de lancer à leurs membres un appel à contributions pour couvrir le montant de l'amende[1773].

551. **Capacité contributive et montant de l'amende.** Si les conditions semblent réunies pour qu'un recouvrement efficace des amendes se fasse, encore faut-il tenir compte du fait que toutes les entreprises condamnées ne sont pas solvables. Leur solvabilité ou « capacité contributive » à régler l'amende peut être plus ou moins limitée. Les raisons à cela sont multiples. L'objectif d'infliger des amendes sévères et dissuasives n'y est pas étranger[1774]. Toutes les entreprises n'ont pas forcément l'épargne nécessaire ni même les ressources pour s'acquitter d'une amende élevée. Au-delà de ce *quantum* de l'amende, certaines d'entre elles ne sont tout simplement pas en bonne santé financière. À cet égard, un contexte économique particulier pourrait expliquer les raisons pour lesquelles une entreprise est dans une situation financière délicate et n'a pas les moyens de payer. Vu les règles de recouvrement énoncées, une entreprise qui ne s'estimerait pas en capacité de pouvoir complètement payer le montant de l'amende qu'elle prédirait à

1768 Article L. 464-2, II du Code de commerce et article 24 du règlement n° 1/2003.

1769 Sur les amendes et astreintes de Microsoft, v., *supra*, n° 24.

1770 V., *supra*, n°s 425 et s..

1771 Sur cette question, v., *supra*, n°s 475 et s.. Pour aller plus loin, v. th. à paraître de J. SIMOND, *Les solidarités en droit de l'union et droit français de la concurrence*, M. BÉHAR-TOUCHAIS (dir.), Univ. Paris-1 Sorbonne.

1772 TPICE, 31 mars 2009, aff. T-405/06, ArcelorMittal Luxembourg e. a. c/ Commission, point 117 et la note de L. ARCELIN, *RLC* n° 20-2009, p. 25.

1773 Article 23, 4. du règlement n° 1/2003 et décision du Conseil n° 07-D-05 du 21 février 2007, Marché de la fourniture d'orthoprothèses, para. 92 à 94 confirmée par CA Paris, 29 janvier 2008, UFOP e. a., n° 2007/04524, p. 7.

1774 L. VOGEL, « Le droit de la concurrence à l'épreuve de la crise économique » *in* « Les actes des ateliers de la DGCCRF », 27 avril 2009, disponible sur le site de la DGCCRF.

son endroit doit donc faire preuve de réactivité devant l'Autorité ou la Commission. Il sera étudié à quelles conditions la Commission ou l'Autorité peuvent tenir compte, lors de cette dernière étape du calcul de l'amende[1775], de la situation financière d'une entreprise et de sa capacité à s'acquitter de l'amende[1776].

552. **Capacité contributive et paiement de l'amende.** Une entreprise peut aussi ne pas s'imaginer être autant pénalisée ou ne pas avoir réagi assez rapidement. Même diligente et en dépit de ses doléances, il est arrivé qu'une entreprise se voie imposer une amende qu'elle n'a pas les moyens de payer. La situation économique et financière d'une entreprise peut aussi s'être dégradée très rapidement après la notification de la décision. Les entreprises dans l'une ou l'autre de ces situations ne sont pas forcément condamnées à disparaître ou à être revendues. Il sera vu qu'elles peuvent encore éviter provisoirement le paiement de l'amende en activant des procédures d'urgence prévues devant les juges français et européen en complément d'un recours au fond.

553. **Division.** Il ressort ainsi de ces prolégomènes que la capacité contributive de l'entreprise peut influer sur le montant et la portée dissuasive des amendes autant au cours de la procédure administrative (CHAPITRE I) qu'ultérieurement au moment de sa mise en paiement (CHAPITRE II).

1775 Dans l'affaire du *Contreplaqué*, il sera noté que la prise en compte de la situation financière de l'entreprise est intervenue avant l'application de la procédure de non-contestation des griefs (V. décision du Conseil n° 08-D-12, Contreplaqué, para. 289).

1776 Il pourrait donc s'agir davantage de comptabilité que de droit même si les questions de comptabilité relèvent, en dernière analyse, du droit tant il est vrai que « la comptabilité n'est que l'algèbre du droit ; le droit donne la qualification et la comptabilité en induit l'expression chiffrée » (A. VIANDIER, « Arbitrage et garanties de passif », *Rev. arb.* 1994, n° 46).

CHAPITRE I – LA PRISE EN COMPTE DE LA CAPACITÉ CONTRIBUTIVE DANS LA DÉTERMINATION DE L'AMENDE

554. **Méthodes d'allègement du *quantum* de l'amende.** Dans un certain nombre d'affaires, l'Autorité ou la Commission ont très vite compris qu'elles étaient face à des entreprises qui n'auraient pas les capacités contributives de payer les amendes normalement encourues. Elles ont deux moyens, alternatifs ou cumulatifs, leur permettant de réduire le *quantum* des amendes infligées aux entreprises reconnues en difficultés financières. Soit une autorité de concurrence applique moins sévèrement sa méthode de calcul des amendes ou s'en écarte (PREMIÈRE SECTION), soit elle tient expressément compte des difficultés financières individuellement rencontrées par une entreprise eu égard à sa capacité contributive (SECONDE SECTION).

PREMIÈRE SECTION – LA DÉTERMINATION D'UNE AMENDE ATTÉNUÉE

555. **Souplesse et fermeté.** Devant l'incapacité partielle ou totale d'une entreprise à payer une amende, la Commission et l'Autorité font parfois preuve d'une relative souplesse dans le calcul de l'amende. Elles n'ont pas l'obligation d'interpréter strictement et sévèrement leurs méthodes de calcul des amendes qui, comme il a été vu par ailleurs, sont relativement souples. En d'autres termes, elles peuvent faire preuve d'une certaine indulgence dans la détermination du *quantum* des amendes (§1). Il aurait été possible d'imaginer, à cet égard, plus d'indulgence de la part des autorités pour les entreprises qui opèrent dans des secteurs en crise. Cependant, il sera observé que les autorités française et européenne de concurrence refusent catégoriquement d'admettre le contexte de crise comme étant en soi une circonstance atténuante (§2).

§ 1 – La détermination plus indulgente des amendes

556. **Malléabilité des grilles de sanction.** Quand l'Autorité et la Commission décident d'appliquer leurs grilles de sanction, elles ne s'enferment pas pour autant dans un calcul stéréotypé et intangible. De manière générale, il ne serait pas difficile de réduire le montant final d'une amende imposée à une entreprise en relativisant la gravité de l'infraction ou la participation à celle-ci. La seule difficulté qui se pose à une autorité de concurrence est de respecter le principe d'égalité de traitement qui veut qu'une entreprise, à situation égale, n'ait pas à être plus ou moins sanctionnée qu'une autre. Dans certaines affaires, c'est en prévision d'une amende trop élevée au regard de la capacité contributive de l'ensemble des entreprises que la grille de sanctions n'est pas appliquée avec la plus grande fermeté. Cependant, il n'est pas toujours évident de repérer tel ou tel élément dans les décisions qui ne serait pas pris en compte ou qui serait atténué. Le contexte de la transaction n'aide pas non plus à identifier les cas dans lesquels l'Autorité et la Commission ont pu faire preuve de mansuétude[1777].

557. **Inapplication des grilles de sanction.** Il est arrivé que l'Autorité se soit détournée partiellement ou totalement de son communiqué sanctions lorsque les circonstances l'exigeaient[1778]. La Commission, de son côté, est plus réticente à s'écarter de ses lignes directrices de 2006 sur les amendes. Comme il sera démontré plus loin, elle ne s'en écarte, le cas échéant, que

---

[1777] E. CLAUDEL, « Procédure de transaction « à la française » : l'heure d'un premier bilan », *RTD Com.* 2017, p. 865.

[1778] Point 7 du communiqué sanctions de l'Autorité de 2011.

partiellement et respecte son schéma de calcul des amendes[1779]. En France, le contexte légal et réglementaire, les probables difficultés de paiement et le contexte de crise ont pu justifier que l'Autorité se soit écartée de sa grille de sanctions dans un certain nombre de décisions. Il en a été ainsi dans les affaires de la *Volaille*[1780], des *Équipements de cuisine*[1781], ou bien encore des *Mannequins*[1782]. C'est encore plus flagrant dans les affaires dites de « transactions échouées » de la DGCCRF dans lesquelles ce sont souvent des petites entreprises qui sont sanctionnées[1783]. Il pourrait être présumé qu'une méthode « forfaitaire » de calcul des amendes est plus favorable aux entreprises mises en cause[1784]. Ce constat ne s'est cependant pas toujours vérifié[1785]. Cette méthode forfaitaire, en revanche, donne indéniablement de la souplesse à l'Autorité pour tenir compte de la capacité contributive limitée des entreprises mises en cause.

558. **Atténuation du taux sur la valeur des ventes.** Le caractère mécanique du calcul du montant de base est assez contraignant pour une autorité de concurrence. Lors de cette étape, les autorités de concurrence utilisent généralement des standards issus de la doctrine économique. Or, il a été vu que ces standards pouvaient s'avérer « surdissuasifs »[1786]. Aussi, ce n'est guère étonnant de constater qu'une autorité de concurrence ait pu parfois les appliquer avec un peu plus de souplesse ou s'en écarter. Ce fameux taux minimal de 15 % appliqué automatiquement aux ententes horizontales secrètes, par exemple, est très théorique.

Si les circonstances l'imposent, une autorité de concurrence peut décider de s'écarter du dogme économique. Cela fut le cas dans l'affaire des *Messageries* avec un taux de 9 % appliqué sur la valeur des ventes. À titre de comparaison, ce taux est bien plus faible que ceux de 15 % et 20 %

1779 Point 37 des lignes directrices de 2006 de la Commission. Sur l'entreprise mono-produit en droit de l'Union, v., *supra*, n°s 237 et s..

1780 V. décision de l'Autorité n° 15-D-08 du 5 mai 2015, Volaille, para. 293 à 324. Cette décision n'a pas fait l'objet de recours.

1781 V. décision de l'Autorité n° 16-D-26 du 24 novembre 2016, Équipements de cuisine et la note d'A. RONZANO, *Concurrences* n° 1-2017, art. n° 83195.

1782 V. décision de l'Autorité n° 16-D-20 du 29 septembre 2016, Mannequins, para. 496 à 498 et la note d'A.-S. CHONÉ-GRIMALDI, *Concurrences* n° 1-2017, p. 96, confirmée sur ce point par CA Paris, 6 juillet 2017, Smith & Smith Characters e. a., n° 2016/22365, p. 8 à 10. Cet arrêt n'a pas été frappé de pourvoi.

1783 Par exemple, v. décisions de l'Autorité n° 16-D-02, n° 17-D-13, n° 18-D-05 et 19-D-05. À notre connaissance, la seule affaire de transaction échouée dans laquelle l'Autorité a suivi son communiqué sanctions est la décision n° 18-D-17, DASRI. Cette décision a été annulée et fait l'objet d'un pourvoi devant la Cour de cassation (CA Paris, 14 novembre 2019, Sanicorse e. a., n° 18/23992).

1784 V. les résultats pécuniaires des deux méthodes de calculs appliquées pour les deux griefs retenus dans la décision n° 15-D-19, Messageries.

1785 Tel n'était pas *a priori* le cas dans la décision n° 12-D-08, Endives, dans laquelle les amendes prononcées représentaient environ 3 à 4 % du chiffre d'affaires des auteurs de l'infraction et la note d'A. RONZANO, *Concurrences* n° 2-2012, art. n° 55088.

1786 V., *supra*, n° 108.

appliqués dans les affaires des *Produits d'hygiène et d'entretien* et des *Farines*. La Commission, pour sa part, n'utilise pas ce biais. Soutenue d'ailleurs par le juge de l'Union, elle s'arc-boute derrière ce plancher théorique de 15 % qu'elle applique aux ententes horizontales secrètes[1787]. À cet égard, elle n'a jamais non plus décidé de moduler le mécanisme à vocation dissuasive de l'*entry fee*[1788].

559. **Réduction du coefficient de durée.** Les autorités de concurrence peuvent également retenir une période infractionnelle plus resserrée à l'égard d'une ou de l'ensemble des entreprises. Le coefficient de durée sera en conséquence atténué. Il est simple d'estimer, en effet, que l'infraction a démarré plus tard, qu'elle a été interrompue et/ou qu'elle s'est terminée plus tôt. Dans l'affaire *Umicore*, l'Autorité a considéré, par exemple, que la date de fin des pratiques correspondait à la date de la dernière manifestation connue de représailles de l'entreprise vis-à-vis d'un distributeur. Dans cette affaire, rien n'obligeait l'Autorité à s'arrêter à la date de ce dernier acte de représailles connu. Cette démarche peut sembler relativement favorable à l'entreprise de la part de l'Autorité, car les contrats sources de l'infraction étaient toujours en cours après cette dernière mesure de représailles[1789].

560. **Absence de circonstance aggravante ou de majoration dissuasive.** L'étape d'individualisation de l'amende donne encore plus de marge de manœuvre aux autorités de concurrence. Il est d'abord relativement simple d'ignorer des circonstances aggravantes. De même, il est tout aussi aisé de ne pas retenir des majorations dissuasives à l'encontre des entreprises condamnées. Par exemple, dans l'affaire des *Messageries*, l'Autorité n'a appliqué aucune majoration dissuasive à l'égard des entreprises. Il a été constaté la même attitude de la part de la Commission dans des affaires où elle n'a pas sanctionné plus durement des entreprises qui étaient pourtant d'une dimension certaine[1790].

561. **Réduction du montant de base de l'amende.** Devant la Commission, c'est surtout la prise en compte du caractère mono-produit des entreprises qui a mis en lumière le fait que les amendes infligées dans plusieurs affaires avaient été réduites[1791]. Pour rappel, cette réduction n'est pas prévue dans ses lignes directrices de 2006. Il est toutefois politiquement plus intéressant

---

[1787] V., *supra*, n°s 110 et s..

[1788] V., *supra*, n°s 114 et 116.

[1789] V. décision de l'Autorité n° 16-D-14 du 23 juin 2016, Umicore, para. 1015 et 1042 à 1045 et la note d'A. WACHSMANN, *Concurrences* n° 4-2016, p. 101, réformée par CA Paris, 17 mai et 5 juillet 2018, Umicore e. a., n° 2016/16621. Les pourvois contre ces arrêts ont été rejetés (Cass. com., 2 septembre 2020, Umicore e. a., n° H 18-18.501, V 18-18.582, P 18-19.933).

[1790] V., par exemple, décisions de la Commission du 4 décembre 2013, Euribor, cons. 27 du résumé et du 21 octobre 2014, Produits dérivés de taux d'intérêt libellés en francs suisses, cons. 16 du résumé.

[1791] V., *supra*, n°s 245 et s..

pour la Commission de réduire une amende sous l'angle de la proportionnalité plutôt qu'au regard de la capacité contributive de l'entreprise[1792]. Selon un auteur, la Commission ne souhaite pas donner l'impression que les difficultés liées à l'environnement socio-économique permettent à une entreprise d'éviter d'être pleinement sanctionnée pour son comportement[1793]. D'où la préférence pour la Commission de réduire, en amont, le montant des amendes infligées aux seules entreprises qui sont majoritairement mono-produits. Que ce soit en amont ou en aval, il faut veiller à ce que la méthode de sanction soit cohérente, au sens qu'aucune inégalité de traitement entre les entreprises condamnées ne doive pouvoir être relevée et contestée devant le juge de contrôle.

562. **Atténuation de l'amende et transaction.** En cas de transaction, il a été observé que cette procédure permet à une entreprise de « négocier » ou de « discuter » les éléments de calcul de l'amende qui va lui être infligée. Plus important encore, c'est le montant maximal de l'amende qui peut être convenu entre une autorité de concurrence et une entreprise[1794]. Cette procédure de transaction est tout à fait propice à ce que des éléments atténuants soient intégrés dans le calcul de l'amende imposée à l'entreprise[1795]. Certes, l'Autorité exige d'une entreprise souhaitant entrer en voie de transaction de ne pas contester l'amende au regard de sa capacité contributive[1796]. Cette procédure négociée n'occulte cependant pas la prise en compte de la capacité contributive de l'entreprise au moment où le rapporteur général de l'Autorité lui propose une amende[1797].

1792 À cet égard, le Tribunal a récemment laissé entendre que l'application du point 37 des lignes directrices (mono-produit) excluait qu'une entreprise puisse se prévaloir du point 35 du même texte (difficultés de paiement) (Trib. UE, 12 décembre 2018, aff. T-701/14, Niche Generics Ltd c/ Commission, point 368. Cet arrêt fait l'objet d'un pourvoi dans l'aff. C-164/19 P).

1793 G. MUGUET-POULLENNEC, « Les amendes et le juge des référés : ce qui est attendu du demandeur », *RLC* n° 24-2010, p. 40.

1794 V., *supra*, n° 347.

1795 V., *supra*, n°s 404 et 405.

1796 V. décision de l'Autorité n° 19-D-21 du 28 octobre 2019, Secteur du transport routier de marchandises, para. 120 à 122 et la note de M. DEBROUX, *Concurrences* n° 1-2020, p. 80. Cette décision a fait l'objet de transactions.

1797 Sur la capacité contributive des entreprises, v., *infra*, n°s 569 et s..

§ 2 – L'absence de prise en compte du secteur en crise

563. **Contexte de crise et pratiques anticoncurrentielles.** Il n'y a guère de doute sur le fait que la cartellisation ait souvent été l'une des réponses défensives données de la part des entreprises aux périodes de dépression de l'économie[1798]. De nombreuses entreprises ont souvent tenté de justifier leurs pratiques illicites en raison de l'existence d'un contexte de crise économique. C'était particulièrement le cas en Allemagne où la crise d'un secteur d'activité pouvait justifier la création d'accords anticoncurrentiels[1799]. Cet argument a été également et continue même d'être développé devant les gendarmes français et européen de la concurrence. Selon ces entreprises, ce contexte de crise justifierait d'atténuer le montant de leurs amendes, à défaut d'exempter les pratiques[1800].

564. **Prise en compte exceptionnelle du contexte de crise.** À l'aune des lignes directrices de 1998, l'existence d'un contexte de crise pouvait justifier selon la Commission de réduire les amendes infligées aux entreprises sanctionnées. Au point 5, b), elle énonçait qu'il convenait, « selon les circonstances, […], de prendre en considération certaines données objectives telles qu'un contexte économique spécifique, l'avantage économique ou financier éventuellement acquis par les auteurs de l'infraction […], les caractéristiques propres des entreprises en cause ainsi que leur capacité contributive réelle dans un contexte social particulier pour adapter, *in fine*, les montants d'amende envisagés ». Jusqu'en 2003, la Commission a parfois considéré qu'un contexte de crise sectoriel ou général justifiait de réduire les amendes des entreprises condamnées[1801]. Une forte réduction de 60 % avait même été accordée dans l'affaire du *Bœuf français*[1802]. Ces rares analyses favorables aux entreprises n'ont pas perduré puisque la Commission a ensuite pris une position diamétralement

---

1798 F. BRUNET, « Le droit de la concurrence face aux défis de la crise mondiale », *RLC* n° 20-2009, p. 104.

1799 L. NICOLAS-VULLIERME, *La notion de restriction de concurrence en droit des ententes. Approche comparative : droit allemand, droit français et droit communautaire*, J.-B. BLAISE (dir.), th. Univ. Paris II - Panthéon-Assas, 2000 ; L. ARCELIN, « L'entreprise en difficulté face au droit de la concurrence », RLC n° 1-2004, p. 159.

1800 L. VOGEL, C. MONTALCINO *in* Les actes des ateliers de la DGCCRF : « Le droit de la concurrence à l'épreuve de la crise économique », 27 avril 2009, disponible sur le site de la DGCCRF.

1801 V. décisions de la Commission du 21 janvier 1998, Extra d'alliage (JOCE L 100, p. 55), cons. 83 et 84 confirmée par TPICE, 13 décembre 2001, aff. jtes. T-45/98 et T-47/98, Krupp Thyssen Stainless GmbH e. a. c/ Commission, point 317 ; du 8 décembre 1999, Tubes d'acier sans soudure (JOCE 2003, L 140, p. 1), cons. 168 et 169, confirmée par TPICE, 8 juillet 2004, aff. jtes. T-67/00, T-68/00, T-71/00 et T-78/00, JFE Engineering Corp. e. a. c/ Commission e. a., point 590.

1802 V. décision de la Commission du 2 avril 2003, Viandes bovines françaises, cons. 10 à 35 et 180 à 185, réformée par TPICE du 13 décembre 2006, aff. jtes. T-217/03 et T-245/03, FNCBV, FNSEA e. a. c/ Commission, points 359 et 360, qui a fait passer la réduction de 60 à 70 % et la note de M. DEBROUX, *Concurrences* n° 1-2007, p. 88.

opposée[1803], estimant que « les ententes risquent de se produire non pas lorsque les entreprises font de gros profits, mais précisément lorsqu'un secteur connaît des problèmes »[1804]. Elle a maintenu durablement cette position jusqu'à l'adoption d'une nouvelle grille de sanctions, si bien que la prise en compte du contexte économique ne figure d'ailleurs plus en tant que telle dans les actuelles lignes directrices de 2006.

565. Contexte de crise exclu par la Commission. Ce contexte économique et social, pour ne pas dire la crise, n'est désormais pris en compte que dans l'évaluation individuelle de la capacité contributive d'une entreprise[1805]. C'est ainsi que la Commission a rejeté les argumentations tendant à obtenir une réduction au regard des difficultés rencontrées par un secteur au moment des pratiques[1806], voire au moment de l'adoption de la décision[1807]. Le juge de l'Union a avalisé l'approche restrictive de la Commission. Le Tribunal avait déjà jugé que la Commission n'était pas tenue de considérer comme circonstance atténuante la mauvaise santé financière du secteur en cause[1808]. Dans l'arrêt *Danone*, il avait précisé que des circonstances, telles qu'une baisse continue de la demande, une capacité de production excédentaire ou encore les pressions que la grande distribution aurait exercées sur les prix relèvent des risques inhérents à toute activité économique qui, en tant que tels, ne caractérisent pas une situation exceptionnelle susceptible d'être retenue dans la fixation du montant de l'amende[1809].

Dans l'arrêt *SGL Carbon*, la Cour avait jugé sur pourvoi que le contexte économique n'était pas un élément d'analyse suffisant en soi, mais devait s'insérer dans l'examen de la capacité contributive d'une entreprise. Cette capacité contributive ne devrait jouer que dans un contexte social particulier constitué par les conséquences négatives que le paiement de l'amende pourrait avoir, notamment sur l'emploi ou la santé des secteurs

---

1803 V., notamment, décisions de la Commission du 1er octobre 2003, Sorbates (résumé publié au JOUE 2005, L 182, p. 20), cons. 469 ; du 16 décembre 2003, Tubes industriels (résumé publié au JOUE 2004, L 125, p. 50), cons. 370 à 375, et du 14 septembre 2005, Fil industriel (résumé publié au JOUE 2008, C 21, p. 10), cons. 378.

1804 V. décision de la Commission du 9 décembre 2004, Chlorure de choline (résumé publié au JOUE 2005 L 190, p. 22), cons. 19 du résumé.

1805 Trib. UE, 11 juillet 2019, aff. T-523/15, Italmobiliare SpA c/ Commission, points 136 à 142. Cet arrêt a été frappé d'un pourvoi dans l'aff. C-694/19 P ; v. l'article de F. CASTILLO DE LA TORRE, « The 2006 Guidelines on Fines : Reflections on the Commission's Practice », *World Competition*, 2010, 33, n° 3, p. 396.

1806 V. décision de la Commission du 22 juillet 2009, Réactifs, cons. 328 à 331.

1807 V. décision de la Commission du 11 novembre 2009, Stabilisants thermiques, cons. 734 à 737.

1808 TPICE, du 29 avril 2004, aff. jtes T-236/01, T-239/01, T-244/01 à T-246/01, T-251/01 et T-252/01, Tokaï e. a. c/ Commission, point 345 et la note de L. IDOT, *Europe*, juin 2004, comm. n° 220, p. 30.

1809 TPICE, 25 octobre 2005, aff. T-38/02, Groupe Danone c/ Commission, point 414 confirmé par CJCE, 8 février 2007, aff. C-3/06 P, Groupe Danone c/ Commission.

économiques situés en amont et en aval de l'entreprise concernée[1810]. Il semble toutefois que la Commission, aux dires de l'un de ses éminents membres, ne soit pas tout à fait fermée à l'idée de retenir à nouveau le contexte de crise comme étant en soi un élément d'atténuation de l'amende[1811].

566. **Contexte de crise exclu par l'Autorité.** L'Autorité a la même approche que la Commission concernant le contexte de crise. Dans sa décision relative à la *Route des Estuaires*, le Conseil de la concurrence avait tout d'abord affirmé que « ni une crise générale du secteur concerné ni une situation provoquée par un choix de politique économique de l'entreprise, ne constituent un état de nécessité »[1812]. L'Autorité l'a encore rappelée récemment dans la décision relative aux *Messageries*[1813]. Concernant le secteur en crise invoqué comme un élément atténuant l'amende, l'Autorité maintient son refus d'en tenir compte. Au point 62 du communiqué sanctions, elle allègue que « les éventuelles difficultés générales du secteur concerné par les infractions ne figurent pas parmi les critères énumérés par l'article L. 464-2 du Code de commerce ». Cette absence de base légale avait d'ailleurs été relevée par la Cour de cassation dans l'arrêt du *Travail temporaire*[1814]. Depuis cet arrêt rendu par la Cour suprême française, la cour d'appel de Paris s'est alignée sur la position de la Cour de cassation et considère qu'en absence de disposition de nature légale, les difficultés du secteur ne sont pas à prendre en compte lors de la détermination du montant des sanctions[1815]. C'est même au visa du point 62 du communiqué sanctions qu'elle rejette désormais la prise en compte des difficultés du secteur[1816]. Ce ne sont désormais que des facteurs endogènes, propres à la demanderesse[1817], qui sont généralement pris en compte dans l'examen de ses difficultés de paiement.

1810 CJCE, 29 juin 2006, aff. C-308/04 P, SGL Carbon c/ Commission, point 106 et la note de J. PHILIPPE, T. JANSSENS, *Gaz. Pal.* 2006, n° 256-257, I, Jur., p. 16.

1811 V. l'article de F. CASTILLO DE LA TORRE, « The 2006 Guidelines on Fines : Reflections on the Commission's Practice », *World Competition*, 2010, 33, n° 3, p. 396.

1812 V. décision du Conseil n° 05-D-19 du 12 mai 2005, Marchés de construction des ouvrages d'art pour la réalisation de l'autoroute A 84, dite « Route des Estuaires », dans le département de la Manche, para. 177 et la note d'E. CLAUDEL, *Concurrences* n° 3-2005, p. 71.

1813 V. décision de l'Autorité n° 15-D-19, Messageries, para. 682.

1814 Cass. com., 29 mars 2011, Manpower e. a., n° T 10-12.913 et G 10-13.686 et la note d'A. RONZANO, *Concurrences* n° 2-2011, art. n° 54045. Il est difficile de s'empêcher de penser, à la lecture de cet arrêt de la Cour de cassation, à une censure implicite de l'arrêt *Acier* rendu quelques mois auparavant par la cour d'appel de Paris et qui reprochait au Conseil d'avoir abordé de manière trop brève le contexte de crise économique (CA Paris, 19 janvier 2010, AMD Sud ouest e. a., n° 2009/334, p. 29 et 30 et la note de M. DEBROUX, *Concurrences* n° 2-2010, p. 68).

1815 CA Paris, 11 octobre 2012, Entreprise H. Chevalier Nord e. a., n° 2011/03298, p. 73 et 74.

1816 CA Paris, du 23 mai 2017, Laïta e. a., n° 2015/08224, point 430 et du 19 juillet 2018, Chronopost e. a., n° 16/01270, point 1378. Ces arrêts ont été frappés de pourvois.

1817 CA Paris, 29 septembre 2009, Ets. A. Mathé e. a., n° 2008/12495, p. 15 et la note d'É. CHEVRIER, *Dalloz Actualités*.

567. **Pour une prise en compte de la crise.** Le refus quasi systématique d'admettre la modulation d'une amende d'une entreprise en activité dans un secteur reconnu en crise est parfois regrettable. Les entreprises exposent parfois à ce sujet que leur seule issue dans une crise est de se rapprocher[1818], en d'autres termes de s'entendre ou de fusionner[1819]. Comme si l'économie libérale était par essence un régime de crises cycliques où la faillite joue finalement le rôle de régulateur. Cette analyse ne semble pas si éloignée que cela de la vérité tant il est à déplorer un monde économique sans cesse plus concentré. Or, à choisir entre une entente passagère et la concentration (définitive ?) d'un secteur, il semble encore préférable pour un régulateur que les entreprises aient choisi la première voie[1820]. Même face à des entreprises en entente, il est toujours possible de rétablir les conditions d'une « animation concurrentielle »[1821] si les acteurs en cause sont suffisamment nombreux. Un tel rétablissement semble plus difficile à obtenir dans le cadre d'un monopole ou d'un oligopole. Il est également trop facile de dire qu'accorder cette circonstance reviendrait à réduire les amendes dans la quasi-totalité des cas. À l'inverse, ne pas tenir compte de cette situation et imposer une amende qui peut conduire à la faillite ou à la restructuration, c'est inciter les concurrents à ce qu'ils fusionnent, s'absorbent, se rachètent, etc.[1822] Or, si une décision infligeant de lourdes sanctions engendre une concentration du marché, cela peut revenir à administrer un « remède [...] pire que le mal » en cause[1823].

568. **Critères de crise.** À supposer que la crise soit prise en compte, il reste encore à définir les critères permettant d'estimer que les entreprises font face à une crise qui nécessite une forme d'indulgence à leurs égards. Tel pourrait être le cas, par exemple, lorsque toutes ou pratiquement toutes les entreprises font état de situations financières largement déficitaires. Cette configuration semble s'être présentée dans plusieurs affaires et en particulier dans la décision relative à la *Volaille*. Dans cette affaire où le

---

1818 A. WINCKLER, « La théorie de l'entreprise défaillante « Failing Firm Defense » : une renaissance dans la crise ? », *RLC* n° 20-2009, p. 9.

1819 T. FOSSIER, « Le « sentencing » en droit de la concurrence », *RLDA* n° 50-2010, p. 71.

1820 Cette concentration des acteurs économiques est également de la responsabilité des autorités de concurrence au regard de leur contrôle des concentrations. Selon Madame Idot, il y aurait eu moins de 30 opérations de concentration refusées sur plus de 6000 soumises aux services de la Commission européenne... (L. IDOT, « Procédures quasi-répressives en droit de la concurrence », *Dalloz*, 2017, p. 639).

1821 V. décision n° 15-D-03, Produits laitiers frais, préc., para. 404 et 405 et CA Paris du 23 mai 2017, Laïta e. a., n° 2015/08224, point 727. Cet arrêt a été frappé de pourvois.

1822 A. WINCKLER, « Le point de vue de l'avocat » *in* « Sanctions : Is more always better ? », *Concurrences* n° 2-2010, p. 87.

1823 É. BARBIER DE LA SERRE, « Les lignes directrices de 2006 pour le calcul des amendes », *RLC* n° 9-2006 et les articles d'E. COMBE, « Quelles sanctions contre les cartels, Une perspective économique », *RIDE*, 2006, p. 9 et W. WILS, « Optimal Antitrust Fines : Theory and Practice », *World Competition*, 2006, vol. 29, 2, p. 183.

contexte de crise a été souligné, l'Autorité de la concurrence a admis l'existence de difficultés financières pour pratiquement toutes les entreprises mises en cause et a prononcé des sanctions modérées[1824]. Ce secteur en crise pourrait, par exemple, être plus facilement présumé lorsque de nombreux acteurs du secteur ont disparu ces dernières années[1825]. Pris comme facteur atténuant de la gravité de l'infraction, le secteur en crise présente, en outre, l'avantage de pouvoir s'appliquer à toutes les entreprises concernées. À la différence de la « capacité contributive », elle ne pose pas la question de favoriser les mauvais acteurs d'un marché et de discriminer les bons élèves, car la reconnaissance d'un secteur en crise vaut en principe pour tous.

[1824] V. décision de l'Autorité n° 15-D-08 du 5 mai 2015, Volaille, para. 42 à 43 et 383 à 390 et la note de M. DEBROUX, *Concurrences* n° 3-2015, p. 71. Cette décision n'a pas fait l'objet de recours.

[1825] V. décision de l'Autorité n° 15-D-19, Messageries, préc., para. 24 à 26 et CA Paris, 19 juillet 2018, Chronopost e. a., n° 2016/01270.

SECONDE SECTION – LA DÉTERMINATION D'UNE AMENDE LIMITÉE PAR LA CAPACITÉ CONTRIBUTIVE

569. **Notion de « capacité contributive ».** Après toutes ces différentes étapes de calcul, l'amende est pratiquement « mûre » pour être imposée aux infracteurs. Se pose encore toutefois à ce stade une dernière question et non des moindres au sujet de l'amende : l'entreprise est-elle en mesure de s'acquitter de l'amende envisagée à son encontre ? C'est dans ce contexte qu'intervient la prise en compte de la capacité contributive de l'entreprise qui va être condamnée. À cette fin, il sera d'abord procédé à l'examen de la capacité contributive des entreprises (§1) avant que ne soient étudiées les réductions qui auront pu être accordées aux entreprises condamnées (§2).

§ 1 – L'examen de la capacité contributive d'une entreprise

570. **Capacité contributive en droit de l'Union.** Comme dernière circonstance susceptible d'atténuer le montant de l'amende infligée à une entreprise, la Commission peut tenir compte de sa capacité contributive. Ce ne peut être qu'exceptionnellement le cas, aux dires de la Commission dans ses lignes directrices de 2006 et de Messieurs Almunia et Lewandowski dans leur note rédigée concernant l'absence de capacités contributives[1826]. Ainsi, la Commission « peut, sur demande, tenir compte de l'absence de capacité contributive d'une entreprise dans un contexte social et économique particulier. Aucune réduction d'amende ne sera accordée à ce titre par la Commission sur la seule constatation d'une situation financière défavorable ou déficitaire. Une réduction ne pourrait être accordée que sur le fondement de preuves objectives que l'imposition d'une amende [...] mettrait irrémédiablement en danger la viabilité économique de l'entreprise concernée et conduirait à priver ses actifs de toute valeur »[1827]. Une telle annonce n'incite pas franchement à l'optimisme pour les entreprises se prétendant en difficultés financières, surtout celles actives sur un marché en plein essor[1828]. Cette circonstance est, à cet égard, interprétée de façon restrictive par les juridictions de l'Union européenne[1829]. Cette annonce de la Commission est quoi qu'il en soit la bienvenue. Car jusqu'au point 35 des lignes directrices, il n'est nullement pris en compte la rentabilité intrinsèque

---

1826 J. ALMUNIA, J. LEWANDOWSKI, 12 juin 2010, Absence de capacité contributive au titre du paragraphe 35 des Lignes directrices du 1/09/2006 concernant le calcul des amendes infligées en application du règlement (CE) n° 1/2003 relatif à la mise en œuvre des règles de concurrence, disponible sur le site de la Commission.

1827 Point 35 des lignes directrices de 2006 de la Commission.

1828 F. BRUNET, J.-S. DUPREY, « La situation de l'entreprise en incapacité de faire face au paiement de l'amende de la Commission européenne », *in Le Lamy Droit Économique*, 2018, Wolter Kluwer, n° 1449.

1829 Trib. UE, 8 septembre 2016, aff. T-54/14, Goldfish BV e. a. c/ Commission, points 135 et s. et l'article de L. IDOT, « Actualité du droit des cartels », *RTD Eur.*, 2016, p. 822.

du secteur d'activités concerné ni même les liquidités dont disposent les entreprises.

571. **Capacité contributive en droit français.** Le Conseil, puis l'Autorité, ont toujours tenu compte des capacités contributives limitées des entreprises condamnées. Cette prise en compte a été actée aux points 62 et suivants de la section IV.D.3 du communiqué sanctions de l'Autorité. Le point 65 dudit communiqué précise qu'une entreprise doit démontrer « l'existence des difficultés financières particulières [...] et leur incidence sur sa capacité contributive, en s'appuyant sur les éléments énumérés dans le questionnaire mis à leur disposition par l'Autorité et le cas échéant sur d'autres documents ».

Une réduction du montant final de l'amende ne peut être accordée à ce titre que si ces éléments constituent des preuves fiables, complètes et objectives attestant de difficultés réelles et actuelles empêchant l'intéressée de s'acquitter, en tout ou partie, de l'amende pouvant lui être imposée. Sa situation s'apprécie au jour de la prise de la décision de l'Autorité et au regard de l'ensemble des exercices pertinents.

Ces exigences ont été précisées dans un questionnaire qui doit être rempli par les entreprises[1830]. Ce questionnaire doit être adressé par document séparé lors de leur réponse au rapport des services d'instruction. Il s'agit concrètement d'une liste de documents comptables et bancaires que les entreprises doivent fournir en vue d'apprécier la réalité des difficultés financières alléguées. À la lecture des communiqués respectifs des deux autorités, l'approche de l'Autorité semble *a priori* plus conciliante que celle de la Commission.

572. **Démarche volontaire de l'entreprise.** Pour l'Autorité comme pour la Commission, c'est à l'entreprise de prendre l'initiative d'exposer ses difficultés financières pendant la procédure administrative[1831]. Il lui appartient de justifier l'existence de telles difficultés en s'appuyant sur des preuves fiables, complètes et objectives attestant de leur réalité et de leurs conséquences concrètes sur sa capacité contributive[1832]. À des entreprises peu prévoyantes et/ou mal conseillées qui n'auraient pas fait état de leurs difficultés financières durant la procédure administrative, il ne leur reste

---

1830 Questionnaire relatif à la capacité contributive des entreprises et des organismes, adopté en mai 2011, disponible sur le site de l'Autorité.

1831 J. LUCAS, « De la prise en compte par l'Autorité de la concurrence des difficultés de l'entreprise », *Revue des procédures collectives* n° 2, mars 2012, étude 11.

1832 CA Paris, 4 juillet 2019, Goodmills Deutschland e. a., n° 16/23609, point 683 ; CA Paris, 11 octobre 2012, Entreprise H. Chevalier Nord e. a., n° 2011/03298, p. 73 et CJUE, 11 juillet 2013, aff. C-439/11 P, Ziegler SA c/ Commission, point 168 et Trib. UE, 24 mars 2011, aff. T-384/06, IBP Ltd e. a. c/ Commission, point 122.

plus qu'à faire un recours et[1833], si nécessaire, demander un sursis à exécution.

573. **Division.** Si l'entreprise peut attester de l'état de ses ressources, elle ne peut toutefois parfaitement anticiper le montant de l'amende qui va lui être infligée. Sauf en cas de transaction, cette information n'est connue que de l'Autorité ou de la Commission. Or, il s'agit évidemment de l'autre donnée déterminante dans l'évaluation de la capacité contributive d'une entreprise. L'examen de la solvabilité du débiteur ne peut donc être réalisé qu'au regard de ces deux indicateurs qui seront successivement examinés, à savoir le *quantum* de l'amende exigée à l'entreprise (A) et ses ressources pour s'en acquitter (B).

A) – L'évaluation du *quantum* de l'amende dans l'examen de la capacité contributive

574. ***Quantum* de l'amende encourue.** Le *quantum* de l'amende envisagée par une autorité de concurrence est le premier indicateur à prendre en compte dans l'évaluation de la capacité contributive d'une entreprise. Il est possible que le montant de l'amende encourue par une entreprise obère significativement ses capacités contributives, même si celle-ci n'était pas en difficulté financière à proprement parler. Quand bien même l'Autorité et la Commission appliqueraient moins sévèrement leurs grilles de sanctions[1834], les amendes restent en effet très élevées. Or, il n'est pas toujours évident pour une entreprise de payer, en une fois, tout ce qu'elle aurait indûment engrangé (et même plus) sur une période donnée. La difficulté de payer la totalité de la somme exigée dans un très court délai renvoie aux facilités de paiement qui peuvent être le cas échéant accordées[1835]. Cependant, ces facilités de paiement sont parfois insuffisantes pour qu'une entreprise puisse s'acquitter de son amende.

575. **Absence de quote-part.** Il y a lieu de prendre en compte le montant total de l'amende exigible dans l'évaluation de la capacité contributive d'une entreprise. Il faut aussi en déduire que la capacité contributive n'est pas examinée société par société dans le cas d'une entreprise, mais à l'échelle de cette dernière. Ce raisonnement n'est pas si évident que cela, car les sociétés qui composent cette entreprise sont, en réalité, les débitrices de

---

[1833] Ce n'est donc pas la peine pour une entreprise d'invoquer devant le juge un traitement discriminatoire de la part de l'Autorité par rapport à des entreprises qui, elles, auraient sollicité cette réduction (CA Paris, 19 juillet 2018, Chronopost e. a., n° 2016/01270, point 1387).

[1834] V., *supra*, n°s 556 et s..

[1835] V., *infra*, n°s 617 et s., n°s 640 et s..

l'amende[1836]. Comme il a été vu[1837], ni la Commission ni l'Autorité n'expliquent comment se répartit le paiement de l'amende entre les sociétés qui forment l'entreprise. Autrement dit, elles n'établissent pas les quotes-parts de l'amende[1838]. Comme l'explique Madame Béhar-Touchais, à la différence du *private enforcement* qui raisonne de manière traditionnelle en répartissant le poids final de la condamnation à des dommages-intérêts, on ne se préoccupe pas en *public enforcement* de la répartition finale de l'amende entre les différentes personnes composant l'entreprise[1839]. Cette question n'est donc pas prise en compte dans l'examen de la capacité contributive qui reste focalisé sur l'entreprise. À cet égard, il y a lieu de présumer que les sociétés composant l'entreprise, aux intérêts communs, s'arrangent sans trop de difficultés pour payer l'amende[1840].

Le problème n'est plus le même en cas de restructurations sociétaires, autrement dit lorsque l'entreprise au moment des pratiques n'est plus la même lors de l'adoption de la décision ou n'existe tout simplement plus. Cette situation n'est pas sans créer des difficultés et des contentieux lorsqu'une société ne veut pas payer pour une autre avec laquelle elle n'entretient pas ou plus de liens[1841]. Il faut dire, à ce sujet, que les accords conventionnels (clause de « garantie de passif ») entre les cédants et les acquéreurs n'ont aucune influence ni sur la détermination de l'entreprise responsable[1842] ni sur l'évaluation de la capacité contributive de cette entreprise[1843].

576. ***Quantum* et cumul d'amendes prononcées par une autorité de concurrence.** Le cumul d'amendes infligées par la même autorité de concurrence dans des périodes rapprochées pourrait également jouer sur ce qui doit être réellement payé par le débiteur. Deux situations doivent être envisagées : lorsqu'une autorité de concurrence inflige plusieurs amendes dans la même décision et lorsqu'elle impose plusieurs amendes dans plusieurs décisions. Premièrement, il semble que la capacité contributive

1836 M. BÉHAR-TOUCHAIS, « Du débiteur de la réparation dans l'ordonnance du 9 mars 2017 relative aux actions en dommages et intérêts du fait des pratiques anticoncurrentielles », *Revue des contrats* n° 2-2017, p. 310.

1837 V., *supra*, n°s 475 et 476.

1838 Cette question est laissée, le cas échéant, aux juridictions nationales de droit commun.

1839 M. BÉHAR-TOUCHAIS, préc., *Revue des contrats*, n° 2-2017, p. 310.

1840 Cette situation n'est pas toujours aussi simple lorsqu'un actionnariat minoritaire est concerné par le paiement de l'amende (V., *infra*, note en bas de page n° 2077).

1841 C'est d'ailleurs, dans ces cas spécifiques de restructurations de sociétés, que Monsieur l'Avocat général Mengozzi préconisait d'établir des quotes parts d'amendes aux sociétés sanctionnées (Conclusions présentées le 19 septembre 2013, aff. jtes. C-247/11 P et C-253/11 P, Areva SA e. a. c/ Commission, points 160 et s. et 215 et s. ; aff. jtes. C-231/11 P et C-232/11 P, Commission c/ Siemens Österreich e. a., points 55, 85 et 86 et 126).

1842 Trib. UE, 3 mars 2011, aff. T-117/07 et T-121/07, Areva e. a. c/ Commission, point 140 et la note de L. IDOT, *Europe*, mai 2011, comm. n° 5, p. 31.

1843 CA Paris, 23 mai 2017, Laïta e. a., n° 2015/08224, point 733. Cet arrêt a été frappé de pourvois.

d'une entreprise doive être évaluée au regard de toutes les amendes prononcées à son encontre dans une seule et même décision[1844]. Deuxièmement, les amendes précédemment infligées par une autorité de concurrence ne sont habituellement pas considérées comme des éléments pertinents dans l'évaluation de la nouvelle amende et de la capacité contributive, même lorsque les paiements successifs de plusieurs amendes se sont effectués dans un court intervalle[1845].

577. ***Quantum* et cumul d'amendes prononcées par plusieurs autorités de concurrence.** Il est fréquent qu'une entreprise, en particulier dans le cas de cartels internationaux, doive faire face à autant de procédures que de pays touchés par les pratiques. Il n'empêche que l'accumulation de sanctions infligées dans un court laps de temps peut tout à fait obérer les capacités contributives d'une entreprise. Il peut même être soutenu, à cet égard, que plusieurs décisions de sanctions ont été rendues sur la base des mêmes faits[1846]. La doctrine la plus autorisée rappelle que « les autorités de concurrence sont hostiles à l'application du principe *non-bis in idem* »[1847]. Ce principe ne s'applique pas à des situations dans lesquelles les ordres juridiques et les autorités de la concurrence d'États tiers sont intervenus dans le cadre de leurs compétences propres[1848]. Il en est notamment ainsi dans les relations transatlantiques où le principe *non-bis in idem* a été écarté par le juge de l'Union[1849].

578. ***Quantum* des amendes au sein du REC.** En Europe, de plus en plus d'amendes aux montants élevés sont infligées par les autorités du réseau européen de la concurrence (ci-après le « REC »). Il est peut-être temps, au vu de la montée en puissance de toutes les autorités du REC, d'évaluer le *quantum* des amendes à la lumière des différentes affaires en cours d'instruction ou condamnées par les autorités du réseau[1850]. Cette réflexion

---

1844 CA Paris, 4 juillet 2019, Goodmills Deutschland e. a., n° 16/23609, points 681 et s..

1845 Dans une décision isolée, il sera noté que la Commission avait toutefois accordé une réduction de 33 % à SGL Carbon à la suite d'une troisième condamnation en l'espace d'une année et demie (V. décision de la Commission du 17 décembre 2002, Graphites spéciaux (résumé publié au JOCE 2006, L 180, p. 20), cons. 41 à 44).

1846 CA Paris, Beiersdorf e. a., préc., points 451 et s., confirmé par Cass. com., 27 mars 2019, L'Oréal e. a., n° E 16-26.472 e. a..

1847 L. IDOT, « Réflexions sur l'application de certains principes et notions du droit pénal en droit des pratiques anticoncurrentielles » *in Les droits et le droit : Mélanges dédiés à Bernard Bouloc*, Dalloz, 2007, p. 457.

1848 CJCE, 29 juin 2006, aff. C-308/04 P, SGL Carbon c/ Commission, point 32 et l'article de L. DONNEDIEU DE VABRES-TRANIÉ, « Dans une économie mondialisée, quel peut être l'avenir des droits nationaux de la concurrence ? », *RLC* n° 10-2007, p. 126.

1849 CJCE, 29 juin 2006, aff. C-301/04 P, Commission c/ SGL Carbon AG ; aff. C-289/04 P, Showa Denko ; aff. C-308/04 P, SGL Carbon, et la note de L. IDOT, *Europe*, août 2006, comm. n° 250.

1850 CJCE, 7 janvier 2004, aff. jtes. C-204/00 P, C-205/00 P, C-211/00 P, C-213/00 P, C-217/00 P et C-219/00 P, Aalborg Portland A/Se. A. c/ Commission, points 338 à 340 et conclusions de l'avocat général Colomer dans l'aff. C-213/00 P, points 87 à 98.

devrait exister au moins lorsque le cumul d'amendes peut altérer la capacité contributive d'une entreprise. En France, la multiplicité d'amendes infligées par plusieurs autorités de concurrence du REC, y compris la Commission, n'a pas été jugée opérante aux fins d'obtenir une réduction[1851]. Les conséquences des autres condamnations pécuniaires ne sont prises en compte que dans le cadre général de l'analyse d'éléments financiers et comptables[1852].

Des initiatives ont eu lieu dans le REC et il est à mentionner, dans ce contexte, les actions du *Bundeskartellamt* (autorité allemande de la concurrence) et de l'*Autoriteit Consument & Markt* (autorité néerlandaise de la concurrence). Cette dernière avait condamné en 2010 plusieurs meuniers pour s'être entendus. Elle a cependant réduit le montant des amendes infligées à plusieurs entreprises à la suite de leur condamnation par l'Autorité dans l'affaire des *Farines* en 2012 et par le *Bundeskartellamt* en 2013[1853]. À cet égard, l'*Autoriteit Consument & Markt* et le *Bundeskartellamt* s'étaient coordonnées sur le montant de l'amende lorsqu'ils ont condamné Grain Millers[1854], ce dernier étant impliqué dans plusieurs cartels. Il est intéressant de noter que c'est sous l'angle de la capacité contributive que l'*Autoriteit Consument & Markt* a décidé de réduire le montant des amendes de ces entreprises[1855].

579. ***Quantum* de l'amende et dommages-intérêts.** Certes, le versement de dommages-intérêts a pu occasionnellement être retenu à titre de circonstance atténuante par la Commission européenne[1856]. Plus que dans la détermination du *quantum* de l'amende, c'est au stade final de la capacité contributive que le versement de lourdes indemnités pourrait intervenir. Ce qu'il convient de communément appeler le *private enforcement* n'a pas été envisagé dans le cadre de cette étude. Il n'est cependant pas très risqué de dire que le versement de très lourdes indemnités va devenir de plus en plus fréquent pour les cartellistes. À cet égard, le législateur français a récemment introduit cette possibilité de tenir compte des dommages-

1851 CA Paris du 27 octobre 2016, Beiersdorf e. a., points 451 à 456, confirmé par Cass. com., 27 mars 2019, L'Oréal e. a., n° E 16-26.472 e. a..

1852 Cass. com., 20 novembre 2014, Grands Moulins de Strasbourg e. a., n° 2012/06826, p. 86 et la note de M. BEHAR-TOUCHAIS, *Concurrences* n° 1-2015, p. 90.

1853 Cette affaire aurait normalement dû être traitée par la Commission européenne, en ce que les pratiques couvraient au minimum trois États membres (Communication de la Commission relative à la coopération au sein du REC (JOCE C 101, p. 3), point 14).

1854 « European Competition Network Brief, The German Competition Authority coordinates with the Dutch NCA its fining against a German mill involved in a cartel in the flour industry (Mühlen) », 12 février 2013, *e-Competitions Bulletin*, art. n° 51205.

1855 E. MATTIOLI, « The Dutch Competition Authority reduces the fines imposed on companies in the flour milling industry based on the 'inability to pay' in light of fines imposed by the German and French Competition Authorities (Grain Millers, Ranks) », 12 février 2013, *e-Competitions Bulletin*, art. n° 57295.

1856 V., *supra*, n° 174.

intérêts déjà versés par une entreprise dans l'article L. 464-2 du Code de commerce[1857]. En effet, il est prévu que « l'Autorité [...] peut décider de réduire le montant de la sanction pécuniaire infligée à une entreprise ou à un organisme lorsque cette entreprise [...] a, en cours de procédure devant l'Autorité, versé à la victime de la ou des pratiques anticoncurrentielles sanctionnées une indemnité due en exécution d'une transaction au sens de l'article 2044 du Code civil ». Aucun cas n'est encore à signaler. En laissant le choix à l'Autorité de prendre en compte ou non ces accords transactionnels dans le *quantum* des sanctions, il y a de fortes chances que cette disposition nouvelle reste lettre morte.

580. *Quantum* de l'amende et autres sanctions pécuniaires. Si les amendes en droit de la concurrence ont été jusqu'à représenter 95 % de toutes les amendes versées par les entreprises en Europe, les autres amendes et, de manière générale, les autres sanctions pécuniaires versées dans le cadre d'autres contentieux prennent aussi de l'ampleur. Certes, il semble selon les autorités de concurrence qu'il faille en tenir compte dans le cadre de l'évaluation financière générale d'une entreprise. Cependant, la question se posera peut-être, un jour ou l'autre, de les prendre en compte dans le calcul des amendes infligées en droit des pratiques anticoncurrentielles. Pourrait être cité, par exemple, le cas de Wolkswagen qui s'est dépouillé d'environ quinze milliards d'euros à verser aux victimes états-uniennes dans l'affaire du *Dieselgate*[1858]. Ce n'est pas peu dire que la capacité contributive de Wolkswagen a été touchée après cette affaire. À cet égard, il n'est pas impossible que cette donnée ait été prise en compte par la Commission dans l'intérêt du constructeur allemand qui a été sanctionné dans le cadre d'un cartel sur les *Émissions de voitures*[1859].

581. *Quantum* de l'amende et transaction. La procédure de transaction est sans doute idéale pour faire part de ces difficultés de paiement[1860]. Même en cas de transaction, la Commission applique ses lignes directrices de 2006. Il en ressort que la prise en compte des difficultés financières, lors de l'étape finale du calcul de l'amende, est sans doute débattue ou « discutée » entre l'autorité et l'entreprise concernée. Le montant final de l'amende proposée à l'entreprise dans le cadre d'une transaction peut inclure la réduction. C'est ainsi que plusieurs entreprises ont déjà transigé avec la Commission en

---

[1857] Ordonnance n° 2017-303 du 9 mars 2017, article 7 et l'article de M. DUMARÇAY, « La transposition de la directive « dommages » en droit français : vers une nouvelle architecture des contentieux du droit des pratiques anticoncurrentielles ? », *RLC* n° 62-2017, p. 25.

[1858] Ce n'est pas la peine de se prononcer sur la légitimité de ce montant. On se contentera simplement de dire que si Wolkswagen avait versé les mêmes indemnités pour chaque véhicule concerné dans tous les pays d'Europe, « Das Auto » n'existerait plus à l'heure actuelle.

[1859] V. décision de la Commission du 8 juillet 2021, Épuration des gaz d'échappement (communiqué de presse IP/21/3581). Cette décision a fait l'objet de transactions.

[1860] V. décision de la Commission du 6 avril 2016, Champignons, cons. 160.

ayant simultanément invoqué leur capacité contributive limitée. Certaines ont obtenu un allègement de leur amende à ce titre[1861], d'autres non[1862].

B) – L'évaluation des ressources du débiteur dans l'examen de la capacité contributive

582. **Division.** L'évaluation des ressources du débiteur n'étant pas tout à fait la même selon qu'elle est réalisée par la Commission européenne ou l'Autorité de la concurrence, il sera d'abord procédé à l'examen réalisé par la Commission (1) et, ensuite, par l'Autorité (2).

1) – L'évaluation des ressources du débiteur par la Commission

583. **Situation financière déficitaire d'une entreprise.** Des raisons qui ne sont pas à mettre en lien direct avec le *quantum* de l'amende peuvent expliquer l'incapacité d'une entreprise à s'acquitter d'une amende encourue. Une entreprise, plus ou moins bien gérée et responsable de sa situation, peut rencontrer des difficultés financières ou être déficitaire. Cependant, le Tribunal a souvent rappelé que « la Commission n'est pas obligée, lors de la détermination du montant de l'amende, de tenir compte de la situation financière déficitaire d'une entreprise intéressée, étant donné que la reconnaissance d'une telle obligation reviendrait à procurer un avantage concurrentiel injustifié aux entreprises les moins adaptées aux conditions du marché »[1863]. Si l'on faisait du mauvais esprit, il serait dit que la Commission ne souhaite pas que certaines entreprises s'en sortent grâce à leurs difficultés financières.

584. **Entreprise en insolvabilité.** Le fait qu'une entreprise soit en procédure d'insolvabilité n'empêche pas la Commission de retenir un constat d'infraction à son encontre[1864]. Cela étant dit, l'enjeu principal est plutôt de savoir si une amende va lui être prononcée et, le cas échéant, si elle sera réduite et recouvrée. Qu'une société soit en liquidation ne lui permet pas non plus, en règle générale, d'échapper à l'imposition d'une amende. La Commission soutient que la liquidation d'une société n'implique pas

---

1861 V. décisions de la Commission du 7 décembre 2011, Compresseurs frigorifiques, cons. 20 du résumé et du 11 décembre 2014, Enveloppes, cons. 104 à 107.

1862 V. décisions de la Commission du 20 juillet 2010, Phosphates pour l'alimentation animale, cons. 372 et la note de N. JALABERT-DOURY, *Concurrences* n° 4-2012, art. n° 49480.

1863 CJUE, 8 novembre 1983, IAZ e. a. c/ Commission, aff. 96/82 à 102/82, 104/82, 105/82, 108/82 et 110/82, point 55 ; TPICE, du 20 mars 2002, aff. T-23/99, LR AF 1998 c/ Commission, point 308 ; du 20 mars 2002, aff. T-9/99, HFB e. a. c/ Commission, et du 9 mars 2003, aff. T-213/00, CMA CGM e. a. c/ Commission, point 351 et la jurisprudence citée.

1864 Sur l'imputabilité des pratiques à des entreprises en procédures d'insolvabilité, v., *supra*, n°s 504, 590 et 591.

nécessairement la disparition de la société en cause, celle-ci pouvant continuer à subsister en cas de recapitalisation. Il est possible, par exemple, qu'une société soit déclarée en liquidation, mais que l'activité continue et que la majeure partie des emplois soient sauvés dans le cadre d'une reprise[1865]. En principe, l'auteur de l'infraction sera ainsi tenu de payer l'amende aussi longtemps qu'il subsiste juridiquement. Ce n'est, par exception, que si la période de déclaration de créance a expiré que la Commission ne prononcera pas d'amende à la société en cours de liquidation[1866]. Si la société disparaît, les pratiques et l'amende doivent être imputées, le cas échéant, à la personne morale à laquelle la société a été transmise juridiquement, ou à défaut, à l'entreprise qui assure en fait sa continuité économique et fonctionnelle. Il en résulte que le repreneur est clairement menacé du recouvrement de l'amende[1867]. En droit des pratiques anticoncurrentielles, il n'est définitivement pas conseillé de racheter une société qui a fauté[1868].

585. Notion de « perte totale des valeurs d'actifs ». La question se pose enfin de savoir si le risque de liquidation est alors pris en compte dans la détermination du *quantum* de l'amende. À ce sujet, le juge de l'Union répète souvent qu'il n'est pas interdit en tant que tel qu'une amende puisse provoquer la liquidation d'une société[1869]. Pour ceux qui pensent que la peine de mort n'était plus d'actualité, il pourrait leur être répondu que ce n'est pas forcément le cas en droit de la concurrence. Cette approche darwinienne n'est remise en cause que dans l'hypothèse d'une perte constatée de la valeur des éléments personnels, matériels et immatériels d'une société, en d'autres termes, de tous ses actifs[1870].

Aux termes du point 35 des lignes directrices, la requérante doit donc être capable de rapporter la preuve que le paiement de l'amende conduirait à la perte de valeur « totale » de ses actifs. Cette disposition doit être comprise comme la situation dans laquelle la reprise de l'entreprise paraît improbable, voire impossible. Dans une telle hypothèse, les éléments d'actif de cette entreprise seront offerts à la vente séparément. Il doit être probable qu'un grand nombre de ces éléments d'actifs ne puissent trouver aucun acheteur

---

1865 Trib. UE, 8 septembre 2016, aff. T-54/14, Goldfish BV e. a. c/ Commission, point 167.

1866 V. décision de la Commission du 22 juillet 2009, Réactifs, cons. 286 et note en bas de page n° 597.

1867 L. IDOT, « Cession d'entreprise - Reprise d'entreprises en difficulté et droit de la concurrence », *Revue des procédures collectives* n° 6, novembre 2015, dossier 57.

1868 Sur la mise en jeu de la responsabilité de l'acquéreur, v., *supra*, n°s 538 et s..

1869 Trib. UE, 2 juin 2016, aff. jtes. T-426/10 à T-429/10, T-438/12 à T-441/12, Moreda-Riviere Trefilerías, SA e. a. c/ Commission, point 494 et la note de L. IDOT, *Europe*, septembre 2016, comm. n° 8-9, p. 38 et M. DEBROUX, *Concurrences* n° 3-2016, p. 59.

1870 TPICE du 29 avril 2004, Tokaï Carbon e. a. c/ Commission, point 372 ; du 29 novembre 2005, aff. T-64/02, Heubach c/ Commission, point 163, et Trib. UE du 28 avril 2010, aff. T-452/05, BST c/ Commission, point 96.

ou, au mieux, n'être vendus qu'à un prix fortement réduit, de sorte que l'on peut effectivement parler de la perte totale de valeur des actifs[1871].

586. **Situation de perte totale de valeur des actifs.** Dans l'esprit de la Commission, il est donc possible que le paiement d'une amende puisse conduire à la cession des actifs d'une société à un prix inférieur au marché. Cette conséquence n'est pas suffisante pour obtenir une réduction de l'amende infligée[1872]. Dans l'arrêt *Westfälische Drahtindustrie*, une perte de la valeur des actifs évaluée à 25 % a été notamment jugée insuffisante par le Tribunal[1873]. Dans ces conditions, il est donc nécessaire que la liquidation prive les actifs de toute leur valeur. Certains pourraient s'interroger sur le caractère trop strict de la perte de toute valeur des actifs d'une entreprise.

Cette question légitime pourrait néanmoins s'avérer secondaire dans un premier temps d'analyse. C'est d'abord, en effet, le fait d'être contraint de vendre la société ou ses actifs pour payer une amende qui interpelle. Une telle conséquence, qui n'est pas si rare en pratique[1874], nous semble disproportionnée. Il semble discutable qu'une amende en droit de la concurrence puisse conduire à la cession ou à la disparition d'une société. Il pourrait même s'agir là d'une atteinte au droit de propriété. Or, les sanctions administratives sont pécuniaires et non privatives de droit, comme l'a rappelé la Cour européenne des droits de l'Homme dans son arrêt *Jussila*[1875].

587. **Situation d'un contexte économique et social particulier.** Pour qu'une entreprise bénéficie d'une réduction au titre du point 35, encore faut-il démontrer l'existence d'un contexte économique et social particulier. Cela renvoie, selon la jurisprudence, aux conséquences que le paiement de l'amende pourrait entraîner, notamment en termes d'augmentation du chômage ou de détérioration des secteurs économiques situés en amont et en aval de l'entreprise concernée[1876]. Sans surprise, cette condition est en

---

1871 Trib. UE, du 12 décembre 2012, aff. T-400/09, Ecka Granulate et non ferrum Metallpulver c/ Commission, point 98, et du 15 juillet 2015, aff. T-398/10, Fapricela c/ Commission, point 387 et la note de L. IDOT, *Europe*, octobre 2015, comm. n° 10, p. 34.

1872 Trib. UE, 8 septembre 2016, aff. T-54/14, Goldfish BV e. a. c/ Commission points 135 et s. et l'article de L. IDOT, « Actualité du droit des cartels », *RTD Eur.*, 2016, p. 822.

1873 Trib. UE, 15 juillet 2015, aff. T-393/10, Westfälische Drahtindustrie e. a. c/ Commission, point 350 confirmé par CJUE, ord., 7 juillet 2016, aff. C-523/15 P.

1874 A. WINCKLER, « Le point de vue de l'avocat » *in* « Sanctions : Is more always better ? », *Concurrences* n° 2-2010, p. 87.

1875 Cour EDH, du 23 novembre 2006, Jussila c/ Finlande, n° 73-053/01 et la note d'I. COSTEA, « L'arrêt Jussila de Cour européenne : vers une pénalisation au rabais du régime des sanctions fiscales ? », *Rev. trim. Dr. H.*, (73/2008), p. 239.

1876 CJCE, du 29 juin 2006, aff. C-308/04 P, SGL Carbon c/ Commission, point 106 ; Trib. UE, du 12 décembre 2012, aff. T-400/09, Ecka Granulate et non ferrum Metallpulver c/ Commission, point 99, et du 2 juin 2016, aff. jtes. T-426/10 à T-429/10, T-438/12 à T-441/12, Moreda-Riviere Trefilerías, SA e. a., point 498 et la note de L. IDOT, *Europe*, septembre 2016, comm. n° 8-9, p. 38 ; M. DEBROUX, *Concurrences* n° 3-2016, p. 59.

pratique difficile à remplir[1877]. Cette exigence semble motivée par la volonté de restreindre cette réduction aux cas les plus graves[1878]. Elle a pu être précisée par la Commission dans l'affaire des *Phosphates pour l'alimentation animale* qui relate le contexte de « crise économique »[1879], et également dans l'affaire des *Tubes cathodiques pour téléviseurs et écrans d'ordinateur*, où elle semble avoir pris en compte des arguments tirés des conséquences du paiement de l'amende sur l'emploi dans d'autres secteurs[1880].

588. **Capacité contributive de l'entreprise.** Comme déjà précisée, dans l'hypothèse où une amende est infligée à une entreprise composée de plusieurs sociétés, la capacité contributive de ces dernières ne saurait être prise en considération de manière individualisée[1881]. À une amende infligée solidairement à un groupe de sociétés, la capacité de recouvrement doit s'évaluer à l'échelle de celui-ci. C'est donc au regard des ressources de l'entreprise et, plus largement, du groupe de sociétés que doit s'analyser la capacité contributive. Il est donc possible pour la Commission européenne de se retourner contre la société mère solvable[1882]. C'est même fréquemment le cas puisqu'une filiale n'a généralement pas la capacité contributive lui permettant de payer totalement l'amende. En effet, les amendes représentent généralement des pourcentages très élevés du chiffre d'affaires de la filiale. Il est évident, à titre d'exemple, qu'une seule filiale n'a pu entièrement se libérer d'une amende qui représente 90 % de son chiffre d'affaires[1883]. Le groupe de sociétés est, par conséquent, le débiteur effectif de l'amende auprès de la Commission.

1877 CJUE, 11 juillet 2013, aff. C-439/11 P, Ziegler SA c/ Commission, points 27 et 28.

1878 La prise en compte d'un contexte économique et social particulier n'est pas sans soulever diverses questions relatives à ses critères d'évaluation et notamment lorsqu'il s'agit de conséquences dans un État tiers à l'Union européenne.

1879 V. décision de la Commission, Phosphates pour l'alimentation animale, cons. 369.

1880 V. décision de la Commission, 5 décembre 2012, Tubes cathodiques pour téléviseurs et écrans d'ordinateur, note en bas de page n° 2080.

1881 CJUE, 18 juillet 2013, aff. C-501/11 P, Schindler e. a. c/ Commission, point 169 et la note de L. IDOT, *Europe*, octobre 2013, comm. n° 10, p. 32.

1882 Trib. UE, 16 septembre 2013, aff. T-368/10, Rubinetteria Cisal SpA c/ Commission, point 118 et du 13 décembre 2013, aff. T-399/09, Holding Slovenske elektrarne d.o.o. (HSE) c/ Commission, et la note de L. IDOT, *Europe*, février 2014, comm. n° 2, p. 35.

1883 CJUE, 9 juin 2016, aff. C-608/13 P, Compañía Española de Petróleos (CEPSA) c/ Commission, points 46 à 52 et la note d'A.-S. CHONÉ-GRIMALDI, *Concurrences* n° 3-2016, p. 56.

2) – L'évaluation des ressources du débiteur par l'Autorité

589. **Situation financière déficitaire d'une entreprise.** Devant l'Autorité, d'éventuelles difficultés économiques rencontrées par les entreprises ne sont pas suffisantes pour la convaincre de l'existence d'un réel problème de capacité contributive. Cette approche a pu être confirmée par la cour d'appel de Paris[1884], pour qui la diminution des résultats nets ne constitue pas nécessairement l'indice de difficultés économiques, mais, tout au plus, un indice de la rentabilité ne constituant pas un critère de l'amende[1885]. Une entreprise doit d'abord démontrer son absence de trésorerie. Il est également regardé si l'entreprise dispose de valeurs mobilières de placement et si elle a contracté des emprunts[1886].

590. **Procédure collective.** En France, il faut d'abord relever que l'Autorité est plus souvent confrontée à des sociétés en difficultés financières que la Commission[1887]. Or, elle semble moins sévère que la Commission avec les entreprises qui font l'objet d'une procédure judiciaire[1888]. En droit français, c'est surtout l'issue de la procédure collective qui détermine si la société se verra imposer ou non une amende. Lorsqu'une société a été mise en liquidation judiciaire ou qu'elle survit pour les besoins de sa liquidation, le Conseil ne l'exemptait pas de ses poursuites[1889]. Il renonçait toutefois à lui infliger une sanction pécuniaire[1890]. Cette pratique ne s'est pas démentie avec l'Autorité qui n'a, par exemple, prononcé aucune amende à l'encontre de plusieurs des entreprises concernées dans les affaires de la *Volaille*, des *Treillis soudés* et des *Mannequins*[1891].

[1884] Par le passé, la cour d'appel de Paris semblait plus facilement accorder des réductions à des entreprises qui justifiaient de la « modestie » de leurs ressources (CA Paris, 20 avril 1989, Marie-Claire Duytschaever e. a., *BOCCRF* du 3 mai 1989).

[1885] CA Paris, 16 septembre 2010, Raffali et Cie e. a., n° 2009/24813, p. 10 et la note de M. DEBROUX, *Concurrences* n° 4-2010, p. 108.

[1886] V. décision de l'Autorité n° 13-D-03, Porc charcutier, para. 469.

[1887] L. IDOT, « Cession d'entreprise - Reprise d'entreprises en difficulté et droit de la concurrence », *Revue des procédures collectives* n° 6, novembre 2015, dossier 57.

[1888] Certes, une large partie de la doctrine pénaliste pourrait d'abord s'étonner qu'un constat d'infraction soit maintenu envers une société déjà liquidée. Dans cette matière répressive, il pourrait être soutenu que le décès de la personne poursuivie éteint *ipso facto* l'action publique. Cette règle ne semble toutefois pas s'imposer à l'Autorité (V., par exemple, décisions n° 16-D-09, Treillis soudés, et n° 16-D-20, Mannequins).

[1889] V., par exemple, décision du Conseil n° 06-D-07 bis*, Drapo, préc., para. 750 et s..

[1890] V., par exemple, décisions du Conseil n° 02-D-62 du 27 septembre 2002 relative aux pratiques relevées dans le secteur du déménagement des personnels de la marine nationale en Bretagne et n° 04-D-15 du 28 avril 2004 relative à des pratiques relevées dans le secteur des revêtements synthétiques pour sols sportifs. Sur cette question, v. M-C. BOUTARD LABARDE, G. CANIVET, E. CLAUDEL, V. MICHEL-AMSELLEM, J. VIALENS, *L'application en France du droit des pratiques anticoncurrentielles*, LGDJ, Coll. Droit des Affaires, 2008, p. 501.

[1891] V. décisions de l'Autorité n° 15-D-08, Volaille, préc., para. 359 ; n° 16-D-09, Treillis soudés, préc., para. 555 ; n° 16-D-20, Mannequins, préc., para. 516 et 517 et l'article de L. IDOT, préc., *Revue des procédures collectives* n° 6, novembre 2015, dossier 57. Madame Idot s'était interrogée sur la

591. **Issue de la procédure collective.** Lorsque la société a été reprise dans le cadre d'un plan de cession judiciaire, seule la société cédée pourra éventuellement se voir imputer les pratiques prohibées. Aucune sanction, en effet, n'a jamais été imposée à la société cessionnaire. Pourtant, lorsqu'une société a été en difficulté, mais faisait l'objet d'un plan de continuation, le Conseil n'hésitait pas, cette fois-ci, à la sanctionner[1892]. Une telle différence d'approche ne manque pas d'interpeller, car le plan de continuation de l'entreprise poursuit, tout autant que le plan de cession de l'entreprise à une autre, l'objectif prioritaire de sauvetage de l'entreprise posé à l'article L. 620-1 du Code de commerce. Comme l'a très justement souligné un auteur autorisé, il ne s'agit pas en vérité de tenir compte des objectifs du droit des procédures collectives en cherchant à garantir le succès du redressement judiciaire de l'entreprise. C'est la loi et l'alinéa 3 de l'article L. 626-10 du Code de commerce qui imposent à l'Autorité que « les personnes qui exécuteront le plan [de cession] ne puissent pas se voir imposer des charges autres que les engagements qu'elles ont souscrits au cours de sa préparation »[1893]. En d'autres termes, le droit français des procédures collectives exclut le recours au critère de la continuité économique et fonctionnelle de l'entreprise pour imputer l'amende au repreneur[1894]. De là à dire que les intérêts du droit de la concurrence et celui des entreprises en difficulté sont parfois opposés, il n'y a qu'un pas[1895].

592. **Critère légal de la capacité contributive ?** Dans le projet de la loi Macron, un amendement concernant l'introduction d'une disposition spécifique à la situation financière des entreprises au sein de l'article L. 464-2, paragraphe 1, du Code de commerce avait été adopté par le Sénat le 5 mai 2015. Cet amendement numéro 847 devait modifier l'article L. 464-2, I du Code de commerce dans les termes suivants : « Les sanctions pécuniaires sont déterminées individuellement pour chaque entreprise ou organisme sanctionné et de façon motivée pour chaque sanction en s'assurant que la sanction infligée ne mette pas irrémédiablement en danger la viabilité économique de l'entreprise concernée et ne conduise pas à priver ses actifs de toute valeur ».

---

pérennité de cette solution lorsque les décisions étaient fondées sur la base du droit de l'Union européenne. Dans l'affaire des *Messageries*, dans laquelle deux ententes ont été déclarées contraires aux articles 101 du TFUE, cette base légale n'a cependant eu aucune incidence puisque ni l'infraction ni les amendes n'ont été imputées aux cessionnaires (V. décision n° 15-D-19, Messageries, préc., para. 109 à 112 à 115, 129 à 134 et 150 à 153.

[1892] V. décision du Conseil n° 03-D-12, du 3 mars 2003, Escaliers préfabriqués en béton, dans laquelle ces plans de continuation et plan de cession sont envisagés.

[1893] L. ARCELIN, « L'entreprise en difficulté face au droit de la concurrence », *RLC* n° 1-2004, p. 159.

[1894] L. CHATAIN-AUTAJON, « Pratiques anticoncurrentielles et restructurations : qui supporte la sanction ? », *RLC* n° 9-2006, n° 663.

[1895] L. IDOT, « Reprise d'entreprises en difficulté et droit de la concurrence », *Revue des procédures collectives* n° 6, novembre 2015, dossier 57.

Certes, la proposition de cet amendement est bien le signe d'un intérêt porté par les pouvoirs publics quant aux conséquences potentiellement néfastes qui découleraient de l'imposition d'amendes trop élevées. Mais le mieux est parfois l'ennemi du bien. Selon nous, cet amendement était déjà superflu si l'on part du postulat que l'Autorité est dans l'obligation de prononcer des amendes proportionnées. De même, l'Autorité a également prévu de tenir compte des difficultés financières d'une entreprise dans son communiqué sanctions. Cet amendement, fortement inspiré du point 35 des lignes directrices, n'a pas été adopté. C'est au final une très bonne chose au regard de l'interprétation trop restrictive de cette disposition qui en est faite par la Commission et avalisée par le juge de l'Union[1896]. En droit de l'Union, cette disposition est interprétée de sorte qu'une société peut être dissoute sans que cela contrevienne au principe de proportionnalité[1897]. Une conséquence aussi lourde ne devrait pas être envisageable sauf à ce qu'elle soit prévue par la loi.

593. **Conséquences de l'amende sur la situation de l'emploi.** L'infliction d'une amende peut indirectement avoir des répercussions sur les emplois d'une entreprise ou d'un secteur. Dans le cadre d'une économie française marquée par le chômage, de nombreuses voix s'élèvent pour dire que la disparition d'une société et ses conséquences sociales doivent être évitées si elles ont pour origine l'infliction d'une amende. Tout le monde, en effet, n'est pas pleinement convaincu par la théorie de la destruction créatrice d'emplois[1898]. D'autres raisons peuvent être également avancées pour dire qu'une amende ne devrait pas avoir de telles conséquences sociales s'il est considéré, par exemple, que des travailleurs n'ont pas à subir les erreurs commises par leurs dirigeants[1899].

594. **Exigences renforcées pour la mise à contribution du groupe.** La mise à contribution du groupe auquel appartient la société fautive n'est pas aussi automatique en droit français qu'elle l'est en droit de l'Union. De manière générale, le Conseil et l'Autorité ont considéré que la situation déficitaire d'une filiale n'est pas de nature à justifier une réduction si le groupe auquel

---

1896 C'est d'ailleurs ce que laisse entendre le Garde des Sceaux dans une Circulaire du 23 mars 2017 consacrée aux dispositions de l'ordonnance n° 2017-303 du 9 mars 2017 relative aux actions en dommages et intérêts du fait des pratiques anticoncurrentielles et du décret d'application n° 2017-305 du 9 mars 2017 (NOR : JUSC1708788C).

1897 V., *supra*, n° 585.

1898 J.-P. KOVAR, « Droit de la concurrence et droit de la solvabilité », *RLDA* n° 45-2010, n° 2674.

1899 Il y a bien l'article L. 420-4, I, 2° du Code de commerce qui précise que l'exemption peut être octroyée aux auteurs des pratiques prohibées qui ont eu pour effet d'assurer un progrès économique, y compris par la création ou le maintien d'emploi. Cette disposition est restée lettre morte (CA Paris, 19 juillet 2018, Chronopost e. a., points 633 à 644).

elle appartient dispose d'une bonne situation financière[1900]. Dans l'arrêt des *Monuments historiques*, la Cour de cassation avait considéré que l'Autorité ne pouvait pas se contenter de dire que la société en infraction appartenait à un groupe pour refuser de prendre en compte ses difficultés financières. Pour cela, l'Autorité aurait dû rechercher si cette société avait la faculté de mobiliser les fonds nécessaires au règlement de l'amende auprès du groupe auquel elle appartient[1901]. Cette solution n'a pas été remise en cause avec le premier arrêt de cassation rendu dans l'affaire des *Farines* qui, à notre sens, s'est prononcé sur le plafond de l'amende applicable à une société appartenant à un groupe et non sur la capacité contributive[1902]. Sur renvoi de cassation, la cour d'appel de Paris a d'ailleurs rappelé à l'Autorité qu'elle doit démontrer qu'une société condamnée peut mobiliser les fonds nécessaires auprès des sociétés du groupe auquel elle appartient[1903].

595. Mise à contribution du groupe et imputabilité. Dans l'arrêt des *Produits laitiers*, la cour d'appel de Paris a repris les prescriptions de l'arrêt rendu par la Cour de cassation dans l'affaire des *Monuments historiques*. Plus précisément, elle a formulé deux reproches à l'Autorité dans l'évaluation des capacités contributives de plusieurs groupes de sociétés. Premièrement, la Cour a estimé que la capacité contributive de la société Senagral devait être examinée au regard de la situation de cette seule société dans la mesure où sa société mère au moment de la commission des pratiques, Senoble Groupe Services, n'avait pas été mise en cause régulièrement[1904]. Deuxièmement, les magistrats de la chambre 5-7 ont relevé qu'il n'avait pas été démontré pour plusieurs des sociétés condamnées qu'elles avaient les moyens de mobiliser leurs actuelles sociétés mères pour le paiement de la sanction[1905].

Ces exigences divergent de celles qui existent en droit de l'Union et il n'est d'ailleurs pas dit que l'Autorité se les impose toujours[1906]. D'une part, l'imputabilité des pratiques n'est pas un critère pertinent au stade de la

---

1900 V. décision du Conseil n° 07-D-48, Déménagement national et international, para. 320 à 322 et la note de E. CLAUDEL, *Concurrences* n° 1-2008, p. 108 et décision de l'Autorité n° 16-D-14, Umicore, para. 1042 à 1045.

1901 Cass. com., 18 février 2014, n° 199 FS-P+B, Pradeau et Morin e. a., et la note de M. BEHAR-TOUCHAIS, *Concurrences* n° 2-2014, p. 80 et l'article d'E. CLAUDEL, « L'appartenance à un groupe au crible du principe d'individualisation de la sanction en l'absence d'unité économique : la valse à quatre temps de la Cour de cassation », *RTD Com.* 2015, p. 84.

1902 V., *supra*, n° 273.

1903 CA Paris, 4 juillet 2019, Goodmills Deutschland e. a., n° 16/23609, points 697, 709 et 734 et la note d'A. RONZANO, *Concurrences* n° 4-2019, art. n° 91112.

1904 CA Paris, 23 mai 2017, Laïta e. a., préc., point 733.

1905 *Ibidem*, points 713 et 733.

1906 V. décision de l'Autorité n° 15-D-04 du 26 mars 2015, Boulangerie artisanale, para. 404 à 406 et la note de M. BÉHAR-TOUCHAIS, *Concurrences* n° 3-2015, p. 70. Cette question n'a pas été abordée devant la cour d'appel (CA Paris, 22 septembre 2016, Grands Moulins de Strasbourg e. a., n° 2015/09009. Cet arrêt n'a pas été frappé de pourvoi).

capacité contributive pour le juge de l'Union[1907]. La seule appartenance à un groupe au moment de la décision est suffisante pour que celui-ci puisse être mis à contribution. D'autre part, la charge de la preuve est renversée en droit de l'Union. Ce n'est pas à la Commission de prouver que la société ait les moyens de mobiliser son groupe. C'est à la requérante de prouver qu'il est impossible que le groupe lui vienne en aide, ce qui n'a jamais été démontré à notre connaissance.

596. **Limites à la prise en compte des capacités du groupe.** L'arrêt rendu dans l'affaire des *Produits laitiers* témoigne, par ailleurs, des difficultés que peut rencontrer une autorité de concurrence et, ensuite, le juge, quand ils doivent décider de réduire ou non le montant de l'amende infligée à une entreprise qui s'estime en difficultés financières. Dans cette affaire, Novandie et sa société mère Andros estimaient que l'Autorité n'avait pas suffisamment tenu compte des difficultés exposées par Novandie. Pour la cour, l'imputation des pratiques à la société mère et la condamnation solidaire subséquente de cette dernière impliquaient bien d'examiner la capacité contributive au regard des comptes consolidés. L'examen de la situation financière de la société mère, toujours selon la cour, lui permettait même de faire face à l'amende imposée à sa filiale.

Mais la cour n'a pas suivi son raisonnement jusqu'au bout et a préféré abaisser la sanction de 63,5 millions à 35 millions d'euros[1908], par crainte que la sanction mette en péril la « continuité d'exploitation de la société Novandie au détriment de la dynamique concurrentielle à laquelle elle contribue ». Autrement dit, la cour craignait qu'Andros liquide sa filiale. L'Autorité avait eu visiblement la même inquiétude au cours de la procédure administrative puisqu'elle avait également abaissé l'amende de Novandie au regard de sa capacité contributive[1909].

En résumé, il n'est pas toujours aisé de se référer au groupe de la filiale concernant la capacité contributive. Si la filiale est dans une situation financière trop précaire, cette filiale pourrait être liquidée. Si elle n'est pas stratégique pour un groupe, ce dernier peut aussi décider de s'en séparer ou de la faire disparaître avec les emplois qui l'accompagnent. En somme, les règles en matière d'imputabilité des pratiques n'ont pas fait disparaître tous les enjeux et difficultés liés à la condamnation d'une filiale appartenant un groupe de sociétés.

[1907] Sur l'analyse en référé de la capacité contributive d'une entreprise en droit de l'Union, v., *infra*, n° 654.

[1908] CA Paris, 23 mai 2017, Laïta e. a., préc., points 723 à 727.

[1909] Para. 401 de la décision n° 15-D-03, Produits laitiers.

597. Menaces de liquidation de la filiale. Bien que les grands groupes soient le plus souvent solvables, ils n'hésitent pas pour certains à faire pression sur les autorités de concurrence en menaçant de fermer leur filiale ou de licencier massivement. Le rationalisme économique commanderait de se séparer d'une filiale qui ne serait pas assez profitable et qui, surtout, lui coûterait plus que ce qu'elle ne rapporterait. De tels arguments ont été développés par exemple dans l'affaire des *Messageries*. En l'espèce, le groupe Royal Mail plc (l'ancienne Poste britannique) menaçait de fermer sa filiale GLS très déficitaire en France si l'Autorité prononçait une amende trop élevée. Selon l'Autorité, aucune difficulté financière ne ressortait de l'examen des éléments financiers et comptables. Plus précisément, le groupe avait la capacité à s'acquitter de l'amende que l'Autorité envisageait de leur imposer. Devant la cour d'appel de Paris, il a été expliqué que la filiale ne devait sa survie qu'aux renflouements répétés du groupe. La fermeture ou la revente de cette filiale en cours de restructuration était envisageable aux yeux du groupe. Dans son arrêt, la cour d'appel a rejeté cette éventualité dommageable en expliquant notamment que l'amende a été prononcée à l'encontre du groupe et que c'est ce dernier qui devait la supporter[1910]. Quoi qu'il en soit, il est toujours très difficile de savoir si l'on est face à une menace réelle ou s'il s'agit de tentatives de chantage[1911]. Si les liquidations à la suite de sanctions pécuniaires ne sont pas si fréquentes que cela, tel n'est pas le cas des reventes de sociétés. Un arbitrage doit parfois s'opérer entre la politique répressive mise en place et les conséquences de celle-ci, comme cela s'est d'ailleurs vu pour la Commission dans l'affaire *ArcelorMittal*[1912].

[1910] CA Paris, 19 juillet 2018, Chronopost e. a., n° 2016/01270, point 779.

[1911] V., par exemple, les propos de B. LASSERRE dans l'article « Umicore écope d'une amende pour abus de position dominante dans le zinc », paru dans le journal *Les échos*, 23 juin 2016.

[1912] V., *infra*, n° 643.

§ 2 – L'influence de la capacité contributive d'une entreprise sur les amendes infligées par les autorités de concurrence

598. Division. Dès lors que la question de la capacité contributive des entreprises n'est pas abordée de façon identique en droit français et en droit de l'Union, il convient d'examiner séparément l'impact de la prise en compte de la capacité contributive sur le *quantum* de l'amende selon qu'elle est infligée par l'Autorité (A) ou la Commission (B).

A) – L'impact de la capacité contributive sur le *quantum* de l'amende infligée par l'Autorité

599. Hausse du nombre d'entreprises reconnues en difficultés financières. Ces dernières années, les demandes de réductions d'amendes au titre de la capacité contributive ont fortement augmenté devant l'Autorité. La corrélation entre l'accroissement du nombre de ces demandes, plus ou moins préventives de la part des entreprises, et les montants des amendes prononcées, sans cesse plus élevés, est aisément observable. Sans doute, la crainte pour une entreprise de se voir infliger une amende insoutenable a joué, en effet, un rôle dans la hausse des demandes de prise en compte de ses difficultés financières[1913]. Il importe de souligner à nouveau que l'Autorité est statistiquement plus confrontée que la Commission à des entreprises de tailles limitées[1914], et par conséquent, plus facilement en proie à des difficultés financières[1915].

1913 De manière générale, imposer à une entreprise de faire état de ses difficultés financières pour qu'une autorité puisse en tenir compte semble sévère. À notre sens, une autorité de concurrence devrait avoir l'obligation de vérifier le caractère « soutenable » et proportionné de l'amende qu'elle va prononcer à condition, bien évidemment, que l'entreprise joue le jeu et lui fournisse toutes les données comptables nécessaires. Cette exigence se justifierait ensuite parce que l'intéressée ne connaît exactement le montant de son amende qu'au moment de la décision. Il n'est pas toujours simple pour elle de se prédire incapable de payer une amende dont elle ne connaît pas précisément le montant, hormis dans le cadre de la transaction. Cette obligation de vérification, enfin, s'expliquerait du fait que l'éventuel recours contre la décision formé par cette entreprise n'est pas suspensif.

1914 E. CLAUDEL, « La sanction, une institution au cœur de la politique de la concurrence » *in Les sanctions en droit contemporain*, vol. 1, La sanction, entre technique et politique, C. CHANAIS et D. FENOUILLET (dir.), *Dalloz*, p. 425 et s..

1915 L. IDOT, préc., *Revue des procédures collectives* n° 6, novembre 2015, dossier 57.

600. Pratique décisionnelle de l'Autorité. Par le passé, il n'était pas toujours possible en France d'évaluer l'écart entre le montant encouru et le montant finalement prononcé en raison de difficultés financières rencontrées par une entreprise[1916]. Parfois, il était seulement dit que le Conseil ou l'Autorité avait tenu compte de la situation financière de certaines entreprises dans le calcul des amendes sans plus de précisions. Il en a été ainsi dans les affaires du *Contreplaqué* ou des *Transports publics dans le Pas-de-Calais*[1917]. Comme déjà observée[1918], la mise en redressement ou la liquidation judiciaire d'une société au cours de la procédure administrative a pu justifier l'absence de toute sanction[1919]. L'application du communiqué sanctions par l'Autorité a apporté de la transparence en permettant de mesurer la réduction accordée à une entreprise en cas de difficultés de paiement. Depuis l'entrée en vigueur du premier communiqué sanctions en mai 2011, les réductions accordées aux entreprises en difficulté sont parfois spectaculaires, comme en atteste le tableau de la page suivante :

[1916] V., par exemple, décision de l'Autorité n° 11-D-07 du 24 février 2011, Peinture d'infrastructures métalliques, para. 171 et la note de N. JALABERT-DOURY, *Concurrences* n° 2-2011, p. 106. Cette décision n'a pas fait l'objet de recours.

[1917] V. décisions du Conseil n° 01-D-13, Secteur du transport public de voyageurs dans le département du Pas-de-Calais et n° 08-D-12, Contreplaqué.

[1918] V., *supra*, n°s 504, 590 et 591.

[1919] V. décisions du Conseil n° 02-D-23 du 27 mars 2002, Appel d'offres lancé par le Centre hospitalier d'Épinal ; n° 06-D-08 du 24 mars 2006, Marchés publics de construction de trois collèges dans le département de l'Hérault et n° 06-D-15 du 14 juin 2006, Secteur de la pose et de l'entretien des voies de chemin de fer.

Décision de l'Autorité*	Entreprise	Amende théorique (€)	Amende finale après prise en compte de la capacité contributive (€)
Panneaux de signalisation (10-D-39)	SES	700 000 €	350 000 €
Endives (12-D-08)	Fraileg	648 026 €	83 000 €
	Nord Alliance	82 794 €	0 €
Farines (12-D-09)	GMS	11 635 000 € et 22 274 000 €	9 890 000 € et 18 930 000 €
Papier peint (14-D-20)	MCF	2 200 161 €	1 415 000 €
Produits laitiers frais (15-D-03)	Alsace Lait	5 200 000 €	3 600 000 €
	Novandie	54 800 000 €	38 300 000 €
Volaille (15-D-08)	Gastronome Distribution	5 000 000 €	2 000 000 €
	Duc	1 000 000 €	100 000 €
Messageries (15-D-19)	Ziegler	8 226 000 €	10 000 €
	Transport Henri Ducros	4 299 000 €	300 000 €
	Heppner	34 112 000 €	3 000 000 €
Treillis soudés (16-D-09)	Mer Union	158 976 €	20 000 €
	Organitrans	953 914 €	0 €
Mannequins (16-D-20)	Metropolitan	300 000 €	150 000 €

601. **Analyse des réductions accordées.** Le tableau ne recense pas toutes les réductions accordées à des entreprises, mais elles sont régulières et, selon nous, de plus en plus fréquentes. Certaines de ces réductions ont été accordées dans des décisions où les pratiques étaient particulièrement graves comme dans les affaires de l'*Acier* et des *Produits laitiers frais*. Le record de réductions, en proportion de l'amende, a sans doute été atteint en France dans l'affaire des *Messageries*. L'Autorité a accordé dans cette décision une réduction de plus de 99 % du montant encouru par Ziegler,

* Liste non exhaustive.

l'amende de 8 226 000 euros ayant été ramenée à 10 000 euros[1920]. La réduction d'Heppner est également impressionnante en montant nominal, la sanction passant de 34 112 000 à 3 000 000 euros. L'Autorité tient en particulier compte « de la baisse importante du chiffre d'affaires et du résultat de ces entreprises entre la période de commission des pratiques et la date à laquelle la sanction doit être payée »[1921]. D'autres réductions sont plus « symboliques », même si un sou est un sou pour de très petites entreprises. Certaines réductions comme celle infligée à la société Catlinka-Privilège dans l'affaire des *Mannequins*, la sanction passant de 3 000 euros à 1 000 euros, témoignent du fait que des très petites sociétés peuvent être encore attraites devant l'Autorité[1922].

602. **Profil type de l'entreprise en difficultés devant l'Autorité.** Jusqu'à très récemment, il semble que les principales entreprises reconnues en difficulté étaient des sociétés du type PME. Ces difficultés financières étaient souvent préexistantes et n'avaient pas forcément de rapport avec l'imposition d'une amende. Avec l'augmentation générale des amendes, de nouvelles entreprises en difficulté sont apparues. Des entreprises d'une taille moyenne et impliquées dans des pratiques prohibées avec de grands groupes ont été confrontées aux paiements de lourdes amendes. Certaines d'entre elles n'avaient pas en tant que tel des situations financières catastrophiques, mais elles auraient pu le devenir si ces entreprises avaient eu à payer une amende très élevée. D'une part, leurs amendes sont proportionnellement, au regard de leur chiffre d'affaires, plus élevées que celles infligées aux grands groupes. Comme son homologue européen, le juge français ne voit aucune illégalité à cela[1923]. D'autre part, les petites et moyennes entreprises ne peuvent compter sur l'adossement à un groupe pour se répartir le paiement de l'amende. Or, il a été vu que les amendes infligées à des filiales sont principalement payées par les groupes auxquels elles appartiennent[1924]. Enfin, le fait que le secteur soit en crise est un excellent « marqueur » de la présence d'entreprises en difficultés financières et qui sollicitent l'indulgence de l'Autorité de la concurrence. C'est ainsi que l'Autorité a dû en particulier réduire le montant des amendes infligées aux entreprises du secteur agroalimentaire, même s'il a été vu que les montants en question étaient encore très élevés et le plus souvent contestés devant les juridictions de contrôle[1925].

1920 Para. 1398 de la décision de l'Autorité n° 15-D-19, Messageries.

1921 Para. 346 de la décision n° 14-D-20, Papier peint.

1922 Para. 521 de la décision n° 16-D-20, Mannequins.

1923 CA Paris, 11 octobre 2012, Entreprise H. Chevalier Nord e. a., n° 2011/3298, p. 74 et l'article de T. FOSSIER, « Le « sentencing » en droit de la concurrence », *RLDA* n° 50-2010, p. 71.

1924 V., *supra*, n° 477.

1925 CA Paris, 4 juillet 2019, Goodmills Deutschland e. a., n° 16/23609, points 676 et s. ; du 1er juillet 2021, SCA Cambresis Artois Picardie Endives – CAP Endives e. a., n° 19/00595, points 756 et s..

B) – L'impact de la capacité contributive sur le *quantum* de l'amende infligée par la Commission

603. **Hausse du nombre d'entreprises reconnues en difficultés financières.** À l'instar de l'Autorité, la Commission doit faire face à un nombre croissant de demandes émanant d'entreprises qui sont relatives à leurs absences de capacités contributives[1926]. Dans l'affaire de l'*Acier de précontrainte*, ce ne sont pas moins de 14 des entreprises condamnées qui ont prétendu être dans l'incapacité à payer[1927]. Il y avait encore 10 entreprises à faire la même demande dans l'affaire des *Installations sanitaires pour salles de bains*. À l'exception notable du bénéficiaire de l'immunité, ce sont parfois toutes ou presque toutes les entreprises sanctionnées qui peuvent demander à bénéficier d'une réduction au titre du point 35 des lignes directrices de 2006[1928].

604. **Pratique décisionnelle de la Commission.** L'estimation chiffrée en euro des réductions accordées n'est pas un exercice aisé à la lecture des décisions de la Commission. Dans le cadre de cette procédure confidentielle[1929], le nom de ces « bénéficiaires » n'est pas toujours connu et il ne peut être retrouvé[1930], parfois, que lorsqu'un recours a été formé par l'un d'eux ou un autre membre de l'entente. Ainsi, il a été recensé plusieurs des réductions accordées à ce titre dans le tableau suivant :

1926 L. IDOT, « Actualité du droit des cartels », *RTD Eur.*, 2016, p. 822.

1927 Trib. UE, 15 juillet 2015, aff. T-398/10, Fapricela c/ Commission, point 34 et la note de L. IDOT, *Europe*, octobre 2015, comm. n° 10, p. 34.

1928 V. décision de la Commission, Réactifs, préc., cons. 364.

1929 Ces informations sont relativement bien protégées en droit de l'Union, v. Trib. UE, 20 mars 2014, aff. T-181/10, Reagens Spa c/ Commission et la note de L. IDOT, *Europe*, mai 2014, comm. n° 5, p. 36 et C. CHARALAMBOUS, *Journal of ECL*, 2014, vol. 5, n° 7, p. 466.

1930 V., par exemple, décisions de la Commission du 23 juin 2010, Installations sanitaires pour salles de bains (résumé publié au JOUE 2011, C 348, p. 9), cons. 17 à 20 du résumé ; du 7 décembre 2011, Compresseurs frigorifiques, cons. 20 du résumé, et du 28 mars 2012, Quincaillerie pour fenêtres et portes-fenêtres, cons. 20 du résumé.

Décision de la Commission*	Entreprise	Amende théorique**(€)	Amende finale après prise en compte de la capacité contributive (€)
Fermetures (2007 et 2011)	William Prym	24 913 000 € 6 727 500 € 8 897 500 €	9 549 021 € 2 578 615 € 3 410 364 €
Déménagements internationaux (2008)	Interdean	10 616 000 €	3 185 000 €
Installations sanitaires pour salles de bains (2010)	Mamoli Robinetteria	2 090 000 €	1 041 531 €
Tubes cathodiques pour téléviseurs et écrans d'ordinateur (2012)	Technicolor	219 000 000 €	38 000 000 €
Enveloppes (2014)	Bong	13 900 000 €	3 118 000 €
	Hamelin	22 600 000 €	4 996 000 €
Conditionnement alimentaire destiné à la vente au détail (2015)	CCPL	14 292 500 € 12 977 500 € 12 075 000 € 738 750 €	11 434 000 € 10 382 000 € 9 660 000 € 591 000 €

Jusqu'à la fin des années 2010, la Commission a prononcé un grand nombre de rejets aux demandes de réduction d'amendes formulées au titre des lignes directrices de 1998, puis, lorsqu'elles sont devenues applicables, celles de 2006[1931]. La crise est brusquement venue rappeler à la Commission la nécessité de « faire preuve de réalisme quant à l'impact sur le marché des amendes ou des rectifications de périmètre qu'elles imposent et [de] prendre pleinement en compte la capacité d'une entreprise de payer une amende, en particulier si cela a pour effet d'affaiblir la concurrence »[1932].

Dans la décision relative à la *Quincaillerie pour fenêtres et porte-fenêtre*, la Commission a analysé la situation financière d'une entreprise, sans la mentionner, afin d'évaluer si elle pouvait ou non payer le montant final de l'amende infligée. Compte tenu des effets néfastes que ce paiement aurait eus sur la viabilité économique de l'entreprise, la Commission lui a accordé

* Liste non exhaustive.

** Estimations

1931 É. Barbier de La Serre, C. Winckler, « A Survey of Legal Issues Regarding Fines Imposed in EU Competition Proceedings (2010) », *Journal of ECL*, 2011, vol. 2, 4, p. 356.

1932 F. Brunet, « Le droit de la concurrence face aux défis de la crise mondiale », *RLC* n° 20-2009, p. 104.

une réduction de 45 %[1933]. Dans l'affaire des *Installations sanitaires pour salles de bains*, l'incidence de la crise économique et financière mondiale sur le secteur a été également prise en considération. Certaines entreprises ont vu leurs amendes être réduites jusqu'à 50 % compte tenu de leur situation financière difficile.

Dans d'autres décisions, les réductions au titre du point 35 des lignes directrices sont plus importantes. Dans la décision relative aux *Déménagements internationaux*, c'est une baisse de 70 % du montant de l'amende encourue qui a été octroyée à Interdean[1934]. Dans l'affaire des *Tubes cathodiques pour téléviseurs et écrans d'ordinateur*, une source particulièrement bien informée affirme que l'entreprise Technicolor a bénéficié d'une réduction d'amende record de 219 millions d'euros pour une amende finale d'un montant de 38 millions d'euros[1935]. Il est vrai que quelques mois avant la décision, une branche de cette société à Angers avait été mise en liquidation judiciaire et 351 salariés avaient perdu leur emploi. Elle n'a pas formé de recours devant le Tribunal de l'Union européenne, ce qui laisse penser que cette amende n'a peut-être même pas été totalement recouvrée…

605. **Profil type de l'entreprise en difficulté devant la Commission.** La Commission condamne des entreprises qui sont, le plus souvent, de taille plus importante que celles d'une autre autorité du REC. Certes, devant la Commission, des groupes de sociétés d'une certaine dimension ont déjà fait état de difficultés financières qui n'étaient pas limitées à la seule filiale. Mais comme devant l'Autorité, ce sont avant tout des entreprises d'une taille limitée, dites mono-produits, qui le plus souvent demandent et, le cas échéant, bénéficient d'une amende allégée en raison de leurs difficultés financières[1936].

L'une des critiques relevées dans l'application des lignes directrices de 1998, qui était de pénaliser davantage les petites entités que les grands groupes, n'a pas été corrigée avec l'adoption des lignes directrices de 2006[1937]. Il faut dire que la Commission considère ne pas devoir accorder de réductions spécifiques à ce type de sociétés[1938]. Sa position a été avalisée

---

1933 V. décision de la Commission du 28 mars 2012, Quincaillerie pour fenêtres et portes-fenêtres, cons. 20 du résumé.

1934 V. décision de la Commission du 11 mars 2008, Services de déménagements internationaux, cons. 662.

1935 S. BERRA, « CRT cartelist obtains record inability-to-pay fine cut », *GCR*, 18 décembre 2012.

1936 Trib. UE, 19 mai 2010, aff. T-25/05, KME Germany e. a. c/ Commission, point 167 et TPICE, 29 novembre 2005, aff. T-62/02, Union Pigments c/ Commission, point 177.

1937 É. BARBIER DE LA SERRE, « Les lignes directrices de 2006 pour le calcul des amendes », *RLC* n° 9-2006, n° 620.

1938 Sur l'entreprise mono-produit, v., *supra*, n°s 234 e s. et l'article de F. CASTILLO DE LA TORRE, « The 2006 Guidelines on Fines : Reflections on the Commission's Practice », *World Competition*, 2010, 33, n° 3, p. 396.

par le juge de l'Union[1939]. Autrefois hésitante[1940], la Commission ne peut pas toujours faire la sourde oreille sur l'application trop sévère de sa grille de sanctions vis-à-vis de ces entreprises. La note de la Commission relative aux difficultés de paiement a d'ailleurs reconnu ce type de société comme étant sujette à disparaître du marché en cas d'infliction d'une amende élevée[1941]. Le lien entre entreprise mono-produit et capacité contributive est même clairement fait par les membres de la Commission. Cette réduction a été accordée dans plusieurs décisions en raison du fait que les entreprises en cause étaient mono-produits et auraient rencontré des difficultés à s'acquitter de l'amende normalement encourue. Tel a été le cas dans les affaires des *Déménagements internationaux*, des *Réactifs* et *Enveloppes*.

Les réductions accordées aux entreprises mono-produits seraient beaucoup plus intéressantes que celles données en raison de la capacité contributive[1942]. Dans ces conditions, cela explique que ces entreprises, dont les amendes approchent le fameux plafond de 10 %, soient celles qui s'estiment[1943], et qui sont les plus reconnues dans l'incapacité de payer[1944]. De même, il n'est guère étonnant que des entreprises puissent cumuler des réductions au regard de leur caractère mono-produit et de leur capacité contributive[1945].

Contrairement à ce que soutient généralement le juge de l'Union, la seule circonstance que l'amende infligée à une entreprise avoisine ou égale cette limite, à la différence de celles infligées à d'autres entreprises condamnées, n'est pas du tout sans pertinence aux fins d'apprécier si cette amende est proportionnée ou non[1946]. Le Tribunal a même pu reconnaître l'inverse dans un arrêt *Prym* qu'il convient d'approuver sur ce point. Ce plafond de 10 % a été ainsi qualifié de « limite supérieure absolue » et « abstraite » qui ne peut donner lieu à une réponse définitive à la question de savoir si l'amende

---

1939 CJUE, 7 septembre 2016, aff. C-101/15 P, Pilkington Group Ltd e. a. c/ Commission, points 65 et s. et la jurisprudence citée.

1940 V. décisions de la Commission du 28 mars 2012, Quincaillerie pour fenêtres et portes-fenêtres, cons. 15 du résumé ; du 25 juin 2014, Champignons, cons. 73, et du 11 décembre 2014, Enveloppes, cons. 94 et 95 et Trib. UE, 13 décembre 2016, aff. T-95/15, Printeos e. a. c/ Commission, et l'article d'A. APEL, *RLC* n° 62-2017, « Première annulation d'une transaction par le Tribunal : un coup d'épée dans l'eau », n° 3402. Cet arrêt n'a pas été frappé d'un pourvoi.

1941 J. ALMUNIA, J. LEWANDOWSKI, 12 juin 2010, Absence de capacité contributive au titre du paragraphe 35 des Lignes directrices du 1/09/2006 concernant le calcul des amendes infligées en application du règlement (CE) n° 1/2003 relatif à la mise en œuvre des règles de concurrence.

1942 P. KIENAPFEL, G. WILS, « Inability to Pay – First cases and practical experiences », *Competition Policy Newsletter*, n° 3-2010, p. 3.

1943 Trib. UE, 14 mai 2014, aff. T-30/10, Reagens c/ Commission, point 309.

1944 Trib. UE, ord., 15 juillet 2011, aff. T-398/10 R, Fapricela c/ Commission et Trib. UE, 15 juillet 2015, aff. T-398/10, Fapricela c/ Commission, et la note d'A. RONZANO, *Concurrences* n° 4-2015, art. n° 76667.

1945 V. décision de la Commission, Enveloppes et Trib. UE, 13 décembre 2016, aff. T-95/15, Printeos e. a. c/ Commission, points 17 et 21 et l'article d'A. APEL, préc., *RLC* n° 62-2017, n° 3402.

1946 Trib. UE, 17 décembre 2014, aff. T-72/09, Pilkington Group Ltd e. a. c/ Commission, point 281 et la note de G. DECOCQ, *CCC* n° 3-2015, comm. 69.

est proportionnée dans un cas d'espèce. Le Tribunal a d'ailleurs rappelé, dans ce même arrêt, que le principe de proportionnalité fait partie des principes généraux du droit de l'Union et jouit donc d'une valeur juridique supérieure à celle du règlement n° 1/2003[1947]. Le fait que l'amende respecte le plafond de 10 % ne permet pas non plus d'en conclure que l'entreprise a les moyens de payer[1948]. Les révisions des montants d'amendes, à ce titre, sont toutefois très rares.

606. **Retour sur les affaires *Novácke chemické závody* et *1.garantovaná.*** Sans verser dans la casuistique, les affaires *Novácke chemické závody* et *1.garantovaná* doivent être évoquées à ce stade. Elles sont, sans nul doute, parmi les affaires qui ont mis le plus à mal la politique de concurrence de la Commission. Ces entreprises slovaques étaient actives dans le secteur des produits chimiques et avaient été solidairement condamnées à payer une amende de 19,6 millions d'euros dans l'affaire des *Réactifs*. *Novácke chemické závody* s'était déclarée en liquidation peu de temps après l'adoption de la décision. Il importe de préciser que cette société avait préalablement fait part de sa capacité contributive très limitée à la Commission[1949]. Cette dernière n'en a pas tenu compte dans sa décision et c'est ce qui lui reprochait notamment l'entreprise slovaque devant le Tribunal au fond et en référé[1950]. Pour la Commission, le fait que la société se soit déclarée en liquidation avant le paiement de l'amende attestait de l'absence de lien de cause à effet entre le paiement de l'amende et sa déclaration de liquidation[1951]. Pourtant, on fera remarquer qu'une société ne paye jamais toutes ses dettes avant de se déclarer officiellement en cessation des paiements. C'est la définition même de la cessation des paiements en droit français, soit la situation dans laquelle l'entreprise ne peut plus payer avec son actif disponible son passif exigible. C'est en effet la masse de dettes qui conduit à la liquidation, non le paiement effectif de celles-ci. Sinon à quoi bon se déclarer en liquidation après avoir payé ? Au fond, le Tribunal en arrive à la conclusion que la requérante n'avait pas suffisamment éclairé la Commission sur sa situation financière critique[1952]. Cette analyse n'est guère satisfaisante. Car quoi qu'en dise le Tribunal, c'est à tort que la Commission avait estimé que le risque de liquidation n'était pas « significatif » en l'espèce, ne serait-ce qu'en raison de la liquidation

---

1947 TPICE, 12 septembre 2007, aff. T-30/05, William Prym GmbH & Co. KG et Prym Consumer GmbH & Co. KG c/ Commission, point 226 et la note de C. SARRAZIN, *Concurrences* n° 4-2007, p. 64.

1948 F. CASTILLO DE LA TORRE, « The 2006 Guidelines on Fines : Reflections on the Commission's Practice », *World Competition*, 2010, 33, n° 3, p. 396.

1949 V. décision de la Commission du 22 juillet 2009, Réactifs, cons. 377.

1950 Sur le refus d'accorder des mesures provisoires dans cette affaire, v., *infra*, n° 653.

1951 Trib. UE, 12 décembre 2012, aff. T-352/09, Novácke chemické závody c/ Commission, point 179 et l'article de F. CASTILLO DE LA TORRE, « The 2006 Guidelines on Fines : Reflections on the Commission's Practice », *World Competition*, 2010, 33, n° 3, p. 396.

1952 *Ibidem*, point 206 à 210.

effective de l'entreprise. L'examen ensuite réalisé par le Tribunal, à qui il incombe d'évaluer les difficultés financières rencontrées par une entreprise au moment où il statue, n'aura, de toute façon, pas permis à la requérante d'obtenir une diminution de l'amende.

607. **Effets de la politique de concurrence de la Commission.** Cette affaire étant perdue pour perdue, *Novácke chemické závody*, soutenue par la Slovaquie, avait tiré à boulets rouges sur la politique de concurrence de la Commission européenne. Selon le Tribunal, l'entreprise soulignait le « résultat absurde et inéquitable auquel pourrait conduire l'application mécanique et incompétente des règles du droit de la concurrence. Akzo Nobel, un géant économique qui détiendrait des parts de marché significatives sur les marchés en cause, qui aurait déjà été sanctionné pour sa participation à d'autres ententes et qui aurait été un membre actif de l'entente litigieuse, tirerait, en définitive, un profit de la décision attaquée, dès lors que non seulement elle aurait obtenu une immunité d'amendes, mais qu'elle acquerrait également les clients de la requérante. Selon la requérante, un tel résultat était manifestement contraire non seulement aux objectifs du droit de la concurrence, mais également aux principes élémentaires d'équité »[1953]. Pire situation était en effet difficilement possible. Au risque de choquer et pour reprendre les termes d'un auteur, il s'agissait là parfaitement d'une situation dans laquelle « le remède [administré] est pire que le mal »[1954]. Le refus assez dogmatique du Tribunal, aux motifs des plus classiques, témoigne à regret du manque de remise en cause de la politique de sanction menée par la Commission.

608. **Controverse liée au critère du chiffre d'affaires.** En analysant les décisions dans lesquelles le caractère insoutenable des amendes prononcées était évoqué, la question du chiffre d'affaires de référence revient très régulièrement. Cette analyse s'est vérifiée pour différentes raisons, à l'échelon européen, dans les décisions relatives aux *Déménagements internationaux*, *Acier de précontrainte*, *Fermetures* et, en France, dans les décisions relatives à l'*Acier*, aux *Farines* et aux *Endives* notamment. Dans certaines de ces affaires, des réductions mono-produits ont pu être réclamées et accordées à des entreprises. Cela atteste déjà de l'importance de la prise en compte du chiffre d'affaires comme critère de l'amende et non comme simple maximum légal de celle-ci. La détermination du maximum légal, celui de l'entité condamnée ou du groupe auquel elle appartient, a également engendré des amendes s'avérant parfois partiellement ou totalement impayables, si bien que les débiteurs n'ont eu d'autre choix que

---

1953 Trib. UE, 12 décembre 2012, aff. T-352/09, Novácke chemické závody a.s. c/ Commission, point 232.

1954 É. BARBIER DE LA SERRE, « Les lignes directrices de 2006 pour le calcul des amendes », *RLC* n° 9-2006 et W. WILS, « Optimal Antitrust Fines : Theory and Practice », *World Competition*, 2006, p. 183.

de demander un allègement de peine au vu de leurs ressources. Il y a sans doute dans ces décisions des motifs pour revoir la grille de sanctions des autorités de concurrence. Il conviendrait de réfléchir à d'autres critères qui devraient intervenir dans le calcul de l'amende. Les critères du chiffre d'affaires total et de la profitabilité, par exemple, pourraient faire partie intégrante ou avoir un plus grand rôle à jouer dans la réflexion relative au *quantum* d'une amende. L'objectif serait d'aboutir à des montants d'amendes où la question de la capacité contributive se poserait de façon moins régulière qu'au cours de ces dernières années et ne concernerait pas seulement les entreprises mono-produits.

CONCLUSION DU PREMIER CHAPITRE

609. **Prise en compte *in extremis* de la capacité contributive.** Lorsqu'une autorité de concurrence détermine les amendes à infliger dans une affaire, la question de la capacité contributive ne sera pas traitée si elle peut être évitée. Il est politiquement préférable pour une autorité de réduire en amont le montant de l'amende en appliquant moins sévèrement et plus subtilement sa grille de sanctions, voire en s'en écartant totalement. Lorsqu'une entreprise est néanmoins dans l'incapacité de payer une amende, il est également aisé d'en réduire le montant, le cas échéant, sous l'angle mono-produit plutôt que sous l'angle des capacités contributives. Certes, ni la crise économique ni l'absence de capacité contributive ne sont, en principe, des excuses acceptables pour les autorités française et européenne de concurrence. Le dur principe de « réalité économique » les oblige cependant à revoir, de plus en plus souvent, leur politique d'amendes punitives et dissuasives édictées dans leurs grilles de sanctions. Les limites de ces dernières commencent notamment à être atteintes en raison du contexte de contraction de l'économie et d'une capacité contributive d'une grande partie des opérateurs qui n'est pas extensible à souhait.

610. **Conséquences néfastes du paiement d'une amende.** Les entreprises reconnues ou qui se prétendent en difficulté durant la procédure administrative ne sont pas si fréquentes que cela. Elles sont toutefois plus nombreuses que par le passé. Que la capacité contributive ait été ou non prise en compte dans le calcul de l'amende, ce sont surtout des conséquences parfois observées, comme la cession ou la liquidation de la société, qui paraissent excessives et qu'il convient de déplorer. De telles conséquences vont au-delà, selon nous, de ce qu'une sanction en droit des pratiques anticoncurrentielles devrait pouvoir engendrer. Ce type de résultats, enfin, ne semble pas économiquement justifié dans la mesure où la perte d'un opérateur sur un marché va souvent nuire à la dynamique concurrentielle de ce marché.

CHAPITRE II – LA PRISE EN COMPTE DE LA CAPACITÉ CONTRIBUTIVE AU MOMENT DU PAIEMENT DE L'AMENDE

611. **Paiement immédiat de l'amende.** Dès lors que la décision est adoptée, les amendes y afférentes doivent être, par principe, réglées dans des délais très courts. Un recours au fond reste possible pour les entreprises, mais cela ne change rien à l'exigibilité quasi immédiate de l'amende. Or, une entreprise qui s'estime dans l'incapacité de payer l'amende, à tort ou à raison, sera dans l'obligation de s'acquitter de celle-ci avant que son recours au fond n'ait été traité. Dans ce contexte, les difficultés à payer l'amende peuvent également survenir postérieurement à l'adoption de la décision[1955], si bien que l'analyse de l'Autorité ou de la Commission dans leur décision n'est pas fondamentalement remise en cause.

612. **Exceptions au paiement immédiat de l'amende.** Deux échappatoires au paiement de l'amende, alternatives ou cumulatives, demeurent encore possibles pour une entreprise qui s'estime dans l'impossibilité immédiate de s'en acquitter. Soit elle demande des facilités de paiement et/ou un paiement partiel de l'amende infligée, soit elle demande un sursis à l'exécution de la décision s'agissant du paiement de l'amende. En France comme en Europe, un certain nombre d'entreprises ont eu recours à ces procédures exceptionnelles dont l'examen en dit long sur l'effet dissuasif des amendes qui leur ont été imposées.

613. **Facilités de paiement.** Sans à proprement parler de difficultés financières irréversibles, certaines entreprises peuvent seulement ne pas disposer de toutes les liquidités nécessaires pour payer la totalité de la somme exigée dans un délai très restreint. Parfois, de simples délais de paiement sont en effet suffisants aux entreprises. Ces dernières peuvent alors négocier l'étalement du paiement de leur sanction avec les autorités compétentes. Parfois, le montant de l'amende reste dirimant aux yeux de l'entreprise et l'échelonnement de celle-ci demeure une voie intéressante, mais insuffisante. Dans cette situation, l'entreprise a encore la possibilité d'obtenir une remise gracieuse temporaire de la part de l'autorité en charge du recouvrement.

[1955] Trib. UE, 2 juin 2016, aff. T-426/10 e. a., Moreda-Riviere Trefilerías, SA e. a. c/ Commission, points 528 et s. et la note de L. IDOT, *Europe*, septembre 2016, comm. n° 8-9, p. 38 et de M. DEBROUX, *Concurrences* n° 3-2016, p. 59.

614. **Sursis au paiement.** Certaines entreprises se prétendent incapables de pouvoir payer, totalement ou partiellement, le montant d'une amende qui leur est infligée. Il leur est possible, en parallèle d'un recours en annulation, de demander à ce que l'on neutralise les effets des décisions qui les condamnent, à savoir principalement le paiement d'une amende. Ces ordonnances qui peuvent accorder un sursis à l'exécution pécuniaire de la décision, en droit français comme à l'échelon européen, ont un caractère provisoire qui ne préjuge en rien de l'arrêt rendu dans l'affaire au principal.

615. **Division.** Les deux procédures de recouvrement évoquées n'ayant pas exactement le même objet ni les mêmes analyses en France et en Europe, il y a lieu de les distinguer. Il sera d'abord examiné la procédure de recouvrement en droit français (PREMIÈRE SECTION) avant d'étudier celle existant en droit de l'Union européenne (SECONDE SECTION).

PREMIÈRE SECTION – LE RECOUVREMENT DE L'AMENDE EN DROIT FRANÇAIS

616. **Facilités et sursis au paiement de l'amende.** Il y a lieu d'envisager, dans un premier temps, les facilités de paiement qui peuvent être accordées en France (§1) et, dans un second temps, les mesures relatives à l'absence de paiement de l'amende dans l'attente de l'arrêt rendu par la juridiction de contrôle (§2).

§ 1 – Les facilités de paiement accordées en droit français

617. **Recouvrement des amendes.** L'Autorité de la concurrence est une autorité administrative indépendante qui ne procède pas elle-même au recouvrement des amendes[1956]. Les sanctions pécuniaires qu'elle prononce sont recouvrées par les services fiscaux de l'État. À cet égard, l'Autorité de la concurrence fonctionne avec un budget, évalué à 20 millions d'euros, dont la dotation est indépendante des amendes qu'elle prononce[1957]. Le risque d'une « dérive répressive » mise en place par une autorité administrative aux fins de soutenir son budget n'est pas susceptible de se produire.

618. **Compétence spécifique de la Direction des Créances Spéciales du Trésor de Châtellerault.** En application de l'article L. 464-4 du Code de commerce, les amendes prononcées par l'Autorité de la concurrence sont recouvrées comme des créances de l'État étrangères à l'impôt et au domaine[1958]. De ce fait, la Direction des Créances Spéciales du Trésor de Châtellerault est exclusivement compétente pour le recouvrement de ces amendes[1959]. Cette précision a en effet de l'importance, car, il fût un temps où les amendes prononcées par l'Autorité étaient recouvrées par les services régionaux des impôts. Le taux de recouvrement avait littéralement chuté durant cette courte période et il a été décidé de réattribuer ce recouvrement spécifique à la Trésorerie de Châtellerault. Comme l'indique régulièrement l'Autorité de la concurrence dans ses rapports annuels, les taux actuels de recouvrement sont excellents et approchent les 100 %[1960]. Ce taux de recouvrement des amendes prononcées en droit des pratiques

---

1956 Seule l'Autorité des marchés financiers, à notre connaissance, perçoit partiellement le produit des amendes qu'elle inflige.

1957 Fasc. de l'Autorité « 50 mots pour comprendre la concurrence », au mot « budget », disponible sur le site de l'Autorité, p. 7.

1958 Pour aller plus loin, v. *Le Lamy Droit Économique*, Wolters Kluwer, 2016, n° 1374 - Recouvrement des sanctions.

1959 Rapport annuel de l'Autorité de 2016, p. 23.

1960 Rapport annuel de l'Autorité de 2013, p. 35.

anticoncurrentielles est même largement supérieur à ceux observés dans d'autres domaines répressifs[1961].

619. **Examen de la demande de facilités de paiement.** De la même manière que devant l'Autorité, il incombe à l'entreprise de justifier de la réalité de ses prétendues difficultés financières. La demande d'échelonnement au paiement d'une amende formulée par une entreprise n'est pas accordée de droit par la Trésorerie de Châtellerault. Cette dernière procède à un examen de la capacité des entreprises qui se rapproche sans doute de celui réalisé par l'Autorité. Seules, dès lors, des difficultés financières démontrant que l'entreprise est incapable de payer immédiatement l'intégralité de l'amende sont susceptibles de justifier la mise en place d'un plan de règlement adapté à sa situation particulière et au montant de son amende. Il lui appartient sans doute aussi de démontrer qu'elle est dans l'impossibilité de recourir à d'autres types de financement pour faire face à son obligation pécuniaire, que ce soit auprès d'établissements bancaires, de ses actionnaires ou, le cas échéant, du groupe de sociétés dont elle est membre.

620. **Facilités de paiement accordées.** En pratique, il semble que la plupart des entreprises sanctionnées règlent leurs amendes dans leur intégralité et à échéance, sans demander de délai ou d'échelonnement, même en cas de recours juridictionnels. Deux arrêts rendus par la cour d'appel de Paris dans les affaires des *Endives* et des *Produits laitiers* permettent cependant de constater que les services de recouvrement ont pu accorder des facilités de paiement à un certain nombre d'entreprises[1962]. Ces dernières ont ainsi pu bénéficier d'un paiement suspendu ou échelonné jusqu'au rendu des arrêts de la cour d'appel de Paris. Lorsqu'une entreprise bénéficie de délais de paiement, les juges du fond ne semblent pas insensibles à cette circonstance au moment d'évaluer sa capacité contributive dans le cadre de l'examen du *quantum* de l'amende[1963].

621. **Facilités de paiements et effets dissuasifs de l'amende.** Si l'attractivité de cette procédure auprès des entreprises en difficulté semble avérée, il ne faudrait cependant pas en déduire que la Trésorerie de Châtellerault accorde régulièrement des facilités de paiement. Une entreprise ne doit en principe pas s'attendre à se voir accorder des délais de paiement. La mission première de cette autorité de recouvrement n'est pas de préserver la capacité financière des entreprises. Elle a également pour objectif de recouvrer des amendes qui participent dans une certaine mesure au budget de l'État. Elle a aussi, sans doute, l'objectif de procéder à un recouvrement efficace et

---

[1961] Rapport d'information du Sénat n° 330, du 20 février 2019, sur le recouvrement des amendes pénales (A. LEFÈVRE), disponible sur le site du Sénat.

[1962] CA Paris, ord., 26 juin 2012, France endives e. a., n° 12/08906, et CA Paris, 23 mai 2017, Laïta e. a., n° 2015/08224, spéc. point 753.

[1963] CA Paris, 11 mai 2010, Aaction Dem e. a., n° 2009/14280, p. 11.

rapide des amendes, qui permet de s'assurer de l'exemplarité répressive et dissuasive des amendes. Ce recouvrement est particulièrement bien mené par ces services fiscaux spécialisés puisque le taux de recouvrement atteint les 100 %. En s'assurant du rapide paiement des amendes ou en se contentant de le différer dans le temps, l'action de la Trésorerie de Châtellerault s'inscrit donc dans la démarche d'amende dissuasive voulue par l'Autorité de la concurrence.

§ 2 – La procédure de sursis à exécution en droit français

622. **Procédure d'urgence devant le Premier Président de la cour d'appel de Paris.** L'article L. 464-8 du Code de commerce prévoit que le Premier Président de la cour d'appel de Paris peut ordonner le sursis à exécution d'une décision « susceptible d'entraîner des conséquences manifestement excessives » ou s'il est intervenu postérieurement à sa notification des « faits nouveaux d'une exceptionnelle gravité »[1964]. Il n'appartient donc pas au magistrat délégué de contrôler, à ce stade, la légalité de la décision objet du recours[1965]. La jurisprudence a cependant précisé que le Premier Président pouvait vérifier que la décision n'était pas sérieusement menacée d'annulation en raison d'une irrégularité grave de procédure, de sorte que son exécution serait de nature à engendrer des conséquences manifestement excessives[1966]. Une telle appréciation suppose que la violation alléguée apparaisse manifeste, c'est-à-dire qu'elle résulte à l'évidence de la décision contestée et des pièces produites, toute autre contestation relevant de l'examen au fond[1967]. Un pourvoi en cassation peut enfin être intenté par la requérante ou le Président de l'Autorité contre l'ordonnance. Il doit être exercé dans le délai d'un mois suivant la notification de l'ordonnance.

[1964] L. IDOT, « Les mesures provisoires en droit de la concurrence, nouvel exemple de symbiose entre le droit français et le droit communautaire de la concurrence », *RTD Eur*, 1993, p. 581 ; R. PERROT, « L'évolution des référés », *in Mélanges Hebraud*, Univ. des sciences sociales de Toulouse, 1981, p. 645 ; E. PUTMAN, « Les spécificités du droit processuel économique de l'urgence », *Rev. conc. conso*, 1997, n° 98, p. 35 ; E. PUTMAN, « Les mesures conservatoires en droit français de la concurrence », *Revue de la recherche juridique*, droit prospectif, 1997, n° 3, p. 837.

[1965] CA Paris, ord., 26 juin 2012, France endives e a., n° 12/08906 et la note de C. LEMAIRE, S. NAUDIN, *Concurrences* n° 3-2012, p. 195.

[1966] CA Paris, ord., 23 janvier 2007, SA Eiffage Construction, n° 06/21 198 et la note de V. MICHEL-AMSELLEM, *Concurrences* n° 2-2007, p. 152 et, 15 septembre 2011, Entreprise Pradeau et Morin e. a., n° 2011/08109, p. 5.

[1967] CA Paris, ord., 29 mai 2007, Laboratoire GlaxoSmithKline et la note de É. BARBIER DE LA SERRE, *RLC* n° 12-2007, n° 866.

623. **Examen du Premier Président.** Les demandes de sursis à exécution présentées par les entreprises sont principalement motivées par leur difficulté immédiate à s'acquitter d'une amende[1968]. Ainsi, il appartient au magistrat délégué de vérifier que le paiement de l'amende n'entraînerait pas des conséquences manifestement excessives pour la requérante au sens de l'article L. 464-8 du Code du commerce. Un auteur autorisé a pu opportunément s'interroger sur l'existence d'une approche différente en matière de détermination de l'amende et en matière de sursis, en ce sens que l'article L. 464-2 du Code de commerce vise le calcul de la sanction alors que l'article L. 464-8 vise le paiement de celle-ci[1969]. Comme il sera examiné plus loin, c'est à la lumière des déterminants de l'amende fixée à l'article L. 464-2 du Code de commerce que le magistrat délégué décide le plus souvent d'octroyer ou non un sursis à la requérante. Le cas échéant, le magistrat délégué peut ordonner un sursis, total ou partiel[1970], au paiement de l'amende.

624. **Sursis accordés par le Premier Président.** Il n'est pas rare que les magistrats délégués du Premier Président de la cour d'appel de Paris aient accordé des sursis au paiement d'une amende. Plusieurs de ces sursis sont recensés dans le tableau suivant :

1968 Plus rarement, le délégué du Premier Président a eu aussi (CA Paris, ord., 17 mars 2011, Sécurité et signalisation e. a. (ci-après « SES »), n° 2011/03184, p. 4), ou seulement (CA Paris, ord., 4 mars 2009, Chevron Products Company e. a., n° 2009/00456), à se prononcer sur les mesures de publications ou les injonctions prévues en exécution de la décision (CA Paris, ord., du 23 janvier 2019, Andreas Stihl e. a., n° 18/26546).

1969 C. LEMAIRE, « Sursis à exécution : La cour d'appel de Paris ordonne le sursis à l'exécution provisoire des sanctions prononcées par l'Autorité de la concurrence dans l'affaire des farines compte tenu des difficultés économiques des entreprises concernées (Axiane Meunerie - Minoteries Cantin) », *Concurrences* n° 4-2012, p. 150.

1970 CA Paris, ord., 11 mars 2009, Éts. Marc Morel et Fils, n° 2009/02483, p. 3.

Décision du Conseil ou de l'Autorité*	**Entreprise**	**Amende infligée (€)**	**Montant du sursis accordé (€)**
Lunettes d'optique (02-D-36)	L'AMY	800 000 €	800 000 €
Signalisation routière (05-D-67)	Unidoc	250 000 €	250 000 €
Contreplaqué (08-D-12)	Ets. Allin	726 000 €	726 000 €
	Ets. Mathé	260 800 €	260 800 €
	Plysorol	4 240 000 €	4 240 000 €
Acier (08-D-32)	Ets. Marc Morel et Fils	12 000 000 €	9 000 000 €
Monuments historiques (11-D-02)	T.E.R.H.	503 000 €	503 000 €
Endives (12-D-08)	SICA Cap' Endives	103 800 €	103 800 €
	SCA France Endives	587 430 €	587 430 €
	SCA Primacoop	891 000 €	891 000 €
Farines (12-D-09)	Axiane Meunerie	64 000 000 €	64 000 000 €
	Minoteries Cantin	23 600 000 €	19 600 000 €

625. **Analyse des ordonnances en matière de sursis.** Il n'est pas aisé de commenter les ordonnances rendues par la cour d'appel de Paris et, sur pourvoi, par la Cour de cassation. La multitude de délégués nommés, qui ont une approche assez libre en la matière, n'y est sans doute pas étrangère. Certains magistrats délégués ont pu sembler plus sévères que d'autres, encore qu'ils soient statistiquement plus souvent intervenus en faveur de requérantes que le Président du Tribunal de l'Union[1971]. Malgré quelques divergences d'approches, les ordonnances rendues par les délégués du Premier Président de la cour d'appel de Paris ont été d'un apport fort intéressant sur des questions relatives aux amendes. Par exemple, la question de savoir si le maximum légal de l'amende encourue est un critère d'évaluation du montant de celle-ci, ou seulement un « plafond »[1972], s'est souvent posée au juge des référés. De même, la question de la prise en compte du groupe auquel appartient la société en infraction a été

---

* Liste non exhaustive.

1971 Sur les mesures provisoires ordonnées en droit de l'Union, v., *infra*, n°s 651 et s..

1972 CA Paris, ord., 11 mars 2009, Éts. Marc Morel et Fils, préc., p. 3 et du 15 septembre 2011, Entreprise Pradeau et Morin e. a., n° 2011/08109, p. 5.

régulièrement soulevée devant le juge des référés et ses analyses témoignent finalement des mêmes difficultés que celles rencontrées par le juge du fond.

626. **Exigence de sérieuses difficultés financières.** Le sursis sera refusé si la requérante se contente de faire état d'un « désavantage concurrentiel »[1973], de « conséquences fortement dommageables »[1974] et, à plus forte raison encore si elle est « solide »[1975], voire « florissante et peu endettée »[1976]. Les demandes seront généralement rejetées si elles ne sont fondées que sur la dégradation de la situation financière de l'entreprise. Par exemple, le simple fait de devoir renoncer à des investissements pour payer l'amende, ou de les différer, n'est pas suffisant pour obtenir un sursis[1977].

Pour que le sursis soit accordé, il faut que le paiement de l'amende soit de nature à porter une atteinte irrémédiable à l'entreprise[1978]. De telles conséquences sont réunies lorsque les entreprises justifient que le paiement immédiat des sanctions pécuniaires est de nature à mettre en péril la poursuite même de leurs activités[1979]. Tel est le cas lorsque la société est déjà en état de cessation des paiements ou que le recouvrement de l'amende est de nature à précipiter sa faillite[1980]. Seules de telles circonstances, en effet, sont considérées par la jurisprudence française comme des « conséquences manifestement excessives »[1981].

Le contexte économique particulièrement tendu au moment de l'assignation est un élément qui a pu être pris en compte par le juge des référés[1982]. Dans l'affaire des *Endives*, le juge des référés a pu juger, à cet égard, que l'obligation de rembourser des aides reçues de l'État français que la Commission a déclaré illégales pouvait être des éléments additionnels justifiant de prononcer un sursis. En outre, le fait que le paiement de l'amende infligée à un syndicat soit supporté par des « secteurs autres que l'endive », compte tenu de l'absence de ressources de cette section du syndicat, a pu être analysé comme une conséquence manifestement excessive[1983]. Le fait, par ailleurs, que la société mère ne soit elle-même pas

---

1973 CA Paris, ord., 22 octobre 2002, Thomson Multimédia, *BOCCRF* 2003/17, p. 1054.

1974 CA Paris, ord., 13 septembre 2005, Demathieu & Bard, n° 2005/14062, p. 2.

1975 CA Paris, ord., 27 janvier 2011, Nocibé France, n° 2011/0008, p. 3.

1976 CA Paris, ord., 22 septembre 2004, Mayenne Viandes, n° 04/14 608 et 04/14 881.

1977 CA Paris, ord., du 27 janvier 2011, Nocibé France, préc. et du 15 septembre 2011, Entreprise Pradeau et Morin e. a., préc., p. 5.

1978 CA Paris, ord., du 12 mai 2003, SARL Normandie Béton et SAS Socarel, et du 15 septembre 2011, Ets. George Lanfry e. a., n° 2011/10118, p. 5.

1979 CA Paris, ord., du 5 mai 2008, Maxi Toys France, n° 2008/05127 ; du 25 juillet 2008, Ets. Mathé, du 1er octobre 2008, Ets. Allin, et du 15 septembre 2011, T.E.R.H., n° 2011/09019

1980 CA Paris, ord., du 9 août 2002, SARL L'Amy, *Dict. perm. dr. aff.*, Bull. 583, p. 7523 et du 20 mai 2003, Morin Système Architectonique, n° 2003/08059.

1981 B. CHEYNEL, « Risque pour la survie de l'entreprise et sursis à exécution », *RLC* n° 1882009, n° 1313.

1982 CA Paris, ord., 11 mars 2009, Éts. Marc Morel et Fils, n° 2009/02483, p. 3.

1983 CA Paris, ord., 26 juin 2012, FNPE e. a., n° 12/08904 ; Fraileg e. a., n° 12/08905 et France endives e. a., n° 12/08906 et la note de C. LEMAIRE, S. NAUDIN, *Concurrences* n° 3-2012, p. 195.

financièrement capable de venir au soutien de sa filiale peut également jouer[1984]. Les conséquences sociales ne sont pas non plus à négliger dans le cadre d'une procédure en urgence, le juge des référés a pu déjà ordonner un sursis au paiement d'une sanction qui aurait entre autres généré un « plan social »[1985].

Il semble enfin plus difficile d'obtenir un sursis lorsque l'Autorité a déjà accordé une large réduction au regard des difficultés rencontrées par une entreprise[1986]. En revanche, aucune base légale n'impose à une entreprise de préalablement demander l'échelonnement du paiement de la sanction avant de demander le sursis à exécution[1987].

627. **Profil type des entreprises ayant demandé ou bénéficié d'un sursis.** Dans l'analyse des entreprises ayant formé une demande de sursis, plusieurs circonstances reviennent régulièrement et permettent de dégager un profil type de l'entreprise qui engage un référé. Sans surprise, ce sont les entreprises qui se voient imposer les plus lourdes amendes, au vu de leurs ressources, qui demandent le plus à bénéficier de mesures d'urgence. Plus l'amende représente une part importante dans le chiffre d'affaires des entreprises condamnées, plus le risque est grand qu'elle soit contestée sur le terrain de l'incapacité de paiement et, le cas échéant, dans le cadre d'une procédure d'urgence[1988]. Il en a été ainsi dans l'affaire des *Monuments historiques*, où les amendes étaient très lourdes pour plusieurs entreprises, certaines se situant au-delà de 5 % de leur chiffre d'affaires, et dans laquelle un sursis au paiement de l'amende a été ordonné par le magistrat délégué de la cour d'appel de Paris[1989]. De nombreuses entreprises, en outre, se sont également manifestées en raison du fait que leur secteur se trouvait en crise. C'est notamment ce qui a justifié l'octroi de sursis dans l'affaire des *Endives* et des *Produits de charcuterie*. L'analyse de l'Autorité n'est pas toujours fautive, car les entreprises ont pu ne pas évoquer leurs facultés contributives limitées au cours de la procédure administrative. Ces difficultés financières, enfin, ont pu apparaître postérieurement à l'adoption de la décision attaquée. Ces situations financières ont été, par exemple, à l'origine des sursis de paiement accordés dans plusieurs ordonnances rendues dans l'affaire du *Contreplaqué*.

1984 CA Paris, ord., 23 août 2002, Distribution de lunettes d'optique sur le marché de l'agglomération lyonnaise, n° 2002/12598 et 23 septembre 2008, Plysorol et la note de B. CHEYNEL, *RLC* n° 18-2009, n° 1313.

1985 CA Paris, ord., 25 juillet 2008, Éts. A. Mathé, n° 2008/13658, p. 3.

1986 CA Paris, ord., 17 mars 2011, SES e. a., n° 2011/03184, p. 4.

1987 CA Paris, ord., 26 juin 2012, FNPE e. a., Fraileg e. a., et France endives e. a., préc..

1988 V., par exemple, décisions n° 08-D-32, Acier, n° 11-D-02, Monuments historiques, n° 12-D-09, Farines, n° 12-D-08, Endives, n° 14-D-20, Papier peint, préc..

1989 V. décision de l'Autorité n° 11-D-02, Monuments historiques, préc. et la note de N. JALABERT-DOURY, *Concurrences* n° 2-2011, p. 106 et CA Paris, ord., du 15 septembre 2011, T.E.R.H. e. a., n° 2011/09019.

628. Mise à contribution du groupe. Comme souvent en matière de sanction, ce sont les groupes de sociétés qui ont soulevé le plus de difficultés au juge des référés. Le fait que la requérante appartienne à un groupe de sociétés n'a pas été, en général, un élément favorable à l'octroi d'un sursis[1990]. Certains magistrats délégués ont aimé à rappeler que le maximum légal de l'amende est calculé en référence au chiffre d'affaires consolidé du groupe auquel appartient la société[1991]. D'autres ne s'en sont pas tenus à la lettre de l'article L. 464-2 du Code de commerce et ont préféré se référer au chiffre d'affaires de l'entité sanctionnée et non au groupe d'appartenance[1992]. Il n'est pas si loin le temps où la responsabilité de groupe n'était pas nécessairement recherchée en France. Il faut aussi rappeler, à cet égard, que l'imputation des pratiques au groupe, qui n'était au départ qu'une faculté[1993], n'a été systématisée par l'Autorité que récemment.

Ce n'est donc pas étonnant si, dans ce contexte, le juge des référés a pu estimer que le fait de faire supporter une amende à une entité qui ne devait ainsi sa survic qu'aux avanccs rćpćtćcs ct significatives de sa société mère était une conséquence manifestement excessive[1994]. Dans la même veine, il a déjà été jugé que le paiement de l'amende infligée à un syndicat soit supporté par des secteurs autres que ceux concernés par l'infraction comme une conséquence manifestement excessive[1995]. Bien que pris parfois dans des contextes spécifiques, ces exemples révèlent l'approche nuancée qui a pu être adoptée en France en comparaison avec la position très ferme du juge des référés de l'Union sur la capacité contributive des groupes de sociétés[1996].

629. Controverse née des ordonnances rendues dans l'affaire des *Farines*. C'est aussi en référé que la décision relative aux *Farines* a stigmatisé les questions de détermination du plafond légal de l'amende pour les groupes de sociétés. Cette affaire a condamné de nombreuses sociétés qui estimaient éprouver des difficultés financières et qui, pour certaines, appartenaient à des groupes de sociétés. Plusieurs de ces groupes de sociétés ont saisi en urgence, en plusieurs temps, le Premier Président de la cour d'appel de Paris. Les différentes réponses qui ont été apportées auxdites entreprises méritent que l'on s'y attarde.

1990 CA Paris, ord., 13 septembre 2005, Demathieu & Bard, n° 2005/14062, p. 2.

1991 CA Paris, ord., 11 mars 2009, Éts. Marc Morel et Fils, n° 2009/02483, p. 3, et du 15 septembre 2011, Entreprise Pradeau et Morin e. a., n° 2011/08109, p. 5.

1992 C. MOMÈGE, *Concurrences* n° 2-2009, p. 183.

1993 V., *supra*, n°s 439 et s..

1994 CA Paris, ord., 23 septembre 2008, Sté Plysorol, n° 2008/15800.

1995 CA Paris, ord., 26 juin 2012, FNPE e. a., n° 12/08904 ; Fraileg e. a., n° 12/08905 et France endives e. a., n° 12/08906 et la note de C. LEMAIRE, S. NAUDIN, *Concurrences* n° 3-2012, p. 195.

1996 V., *infra*, n°s 651 et s..

630. Référence à la capacité contributive de la filiale. Par ordonnances du 3 juillet 2012, le délégué du Premier Président de la cour d'appel de Paris avait accordé à Axiane Meunerie et Minoterie Cantin un sursis au paiement de leur amende. Comme précédemment dit, il n'avait pas été possible de prouver l'implication des groupes, pour la bonne et simple raison qu'ils ne détenaient pas les filiales en cause au moment des pratiques[1997]. Ayant sans doute été influencé par cet élément, le magistrat délégué avait notamment estimé que « les conséquences manifestement excessives de l'exécution de la décision doivent être appréciées au vu de la seule situation financière de la société frappée de l'amende », ajoutant que « le chiffre d'affaires du groupe n'est, en effet, évoqué aux termes de l'article L. 464-2 du Code de commerce que pour déterminer le maximum légal de la sanction »[1998]. Sans l'appui de leur groupe mis hors de cause, il était incontestable que ces deux sociétés n'eussent pas la capacité contributive suffisante pour s'acquitter de leur amende.

631. Référence à la capacité contributive du groupe. Puis un autre magistrat délégué, dans le cadre d'une ordonnance rendue dans la même affaire, avait lui rejeté la demande de sursis au paiement de la sanction pécuniaire formulée par la société Grands Moulins de Strasbourg. Cette dernière, pourtant, était dans une situation similaire à celles des sociétés Axiane et Minoterie, en ce sens qu'elle n'appartenait pas au groupe au moment des pratiques. Mais pour ce magistrat délégué, « dès lors que l'Autorité de la concurrence dispose ainsi du pouvoir de fixer chaque sanction en fonction du chiffre d'affaires consolidé de la société, dans l'hypothèse où celle-ci appartient à un groupe de sociétés et dans la limite du plafond légal de 10 %, les conséquences que l'application de la sanction est susceptible d'entraîner doivent nécessairement être appréciées également au regard de ce chiffre d'affaires consolidé ».

Ce sont notamment les principes comptables qui ont permis au magistrat de dire que « le seul chiffre d'affaires de la société, pris individuellement, [...] ne permet pas en effet de donner une image du patrimoine et de la performance du groupe auquel elle appartient et dont les comptes consolidés présentent la situation financière comme s'il ne s'agissait que d'une seule entité ». De cette ordonnance, il en ressort que la question préalable de l'imputation des pratiques à la société mère était sans incidence dans la détermination du *quantum* de la sanction. La circonstance que la requérante appartenait à un groupe au moment de la décision imposait de se référer au chiffre d'affaires consolidé, cette référence aux comptes consolidés résultant de la stricte interprétation de la loi.

1997 V., *supra*, n° 273.

1998 CA Paris, ord., 3 juillet 2012, Axiane Meunerie, n° 12/09395, et Minoteries Cantin, n° 12/09397.

632. **Référence confirmée de la capacité contributive du groupe.** La Cour de cassation s'est ensuite positionnée sur la question centrale de la prise en compte des capacités contributives du groupe soulevée par les deux affaires susmentionnées. En effet, le Président de l'Autorité avait formé un pourvoi contre les ordonnances rendues dans les affaires *Axiane Meunerie* et *Minoterie Cantin*[1999]. Ayant eu gain de cause, la Cour de cassation a annulé l'ordonnance en jugeant que l'on ne pouvait exclure d'impliquer les capacités contributives du groupe dans le paiement d'une amende infligée à sa filiale. La Cour a jugé, en effet, « qu'il n'est pas interdit au premier président, saisi en application de ce texte, de tenir compte, s'il l'estime justifié par les circonstances de l'espèce, de l'appartenance de la personne morale sanctionnée à un groupe pour apprécier si l'exécution immédiate de la décision est susceptible d'entraîner des conséquences manifestement excessives ». Sans être aussi affirmative que le juge européen des référés, la Cour de cassation a estimé possible de pouvoir se référer au groupe auquel appartient une société en infraction, alors même que la responsabilité de celui-ci dans l'infraction n'aurait pas été démontrée. Le cas échéant, il conviendrait toutefois de motiver les raisons qui amènent à tenir compte de l'appartenance de la personne morale sanctionnée à un groupe[2000].

633. **Remise en cause de la référence systématique au groupe.** Il serait cependant prématuré d'estimer qu'il faille systématiquement prendre en compte l'appartenance à un groupe dans l'évaluation de la capacité contributive d'une société condamnée. Cette solution a été, à notre sens, précisée de manière restrictive dans l'arrêt des *Monuments historiques*. Dans cet arrêt, il sera rappelé que la Cour de cassation a imposé à l'Autorité de rechercher si une société avait la faculté de mobiliser les fonds nécessaires au règlement de l'amende auprès du groupe auquel elle appartient. Cette condition renvoie, pour l'essentiel, à celle de l'imputabilité des pratiques qui n'était pas démontrée dans cette affaire. Or, comme l'a illustré ensuite l'arrêt de la cour d'appel de Paris rendu dans l'affaire des *Produits laitiers*, il semble impraticable de tenir compte des ressources du groupe en l'absence de la mise en cause de celui-ci et à défaut de démontrer que la société en infraction avait les moyens de le mettre à contribution[2001]. Dans l'affaire du *Papier peint* jugée sur renvoi, enfin, la cour d'appel de

---

[1999] Axiane Meunerie avait d'ailleurs déposé, en vain, une QPC relative la question de la prise en compte de la capacité contributive du groupe auquel appartenait la société, alors que seule cette dernière avait mis en œuvre les pratiques (Cass. com., 24 avril 2013, QPC, Axiane Meunerie e. a., n° 12-23486. Pour aller plus loin, v. l'article d'E. CLAUDEL, « Pratiques anticoncurrentielles – L'essor des sanctions en droit de la concurrence. Quelle efficacité ? Quelles garanties ? », *CCC* n° 6-2014, dossier 13).

[2000] Cass. com., 22 octobre 2013, Président de l'Autorité c/ Axiane meunerie e. a. et Président de l'Autorité c/ Minoteries Cantin e. a., n° B -12-23 486 et C 12-23.487 et la note de C. LEMAIRE, *Concurrences* n° 1-2014, p. 176. Cet arrêt de la Cour de cassation n'a pas connu de suites, les sociétés en cause n'ayant pas saisi à nouveau le Premier Président de la cour d'appel de Paris.

[2001] CA Paris, Laïta e. a., préc., point 733.

Paris a ajouté que la société mère qui n'avait pas été condamnée avec sa filiale n'avait pas l'obligation de l'aider à payer son amende[2002].

634. **Influence du sursis sur l'arrêt rendu au fond.** L'obtention d'un sursis à exécution n'offre donc qu'un répit à une entreprise et ne lui donne aucune garantie quant à la révision à la baisse des amendes infligées ou l'illégalité du montant de celles-ci. Le juge du fond n'est pas lié, en effet, par le juge de l'urgence. Cela se justifie aussi par le fait que le juge du fond évalue la capacité contributive d'une requérante au jour où il statue[2003]. Suivant les circonstances, il pourrait toutefois être contradictoire qu'une amende apparaissant disproportionnée au juge des référés soit confirmée par le juge du fond. Certaines décisions ont été entièrement confirmées au fond malgré l'obtention d'un sursis. D'autres ont été réformées en leurs montants. D'autres, enfin, ont été purement annulées[2004]. L'existence d'un lien entre le prononcé d'un sursis et la révision à la baisse d'une amende par le juge au fond doit être examinée.

635. **Absence de lien direct entre la procédure de référé et le recours au fond.** La seule diminution d'une amende ne peut caractériser l'influence de l'obtention d'un sursis au paiement sur la décision qui sera rendue au fond, encore faut-il pour cela que l'amende ait été réduite sous l'angle de la proportionnalité et/ou de la capacité contributive des entreprises. Dans l'affaire du *Contreplaqué*, la cour d'appel a réformé le montant des sanctions infligées à trois des six entreprises condamnées en reprenant les constatations du juge des référés[2005], à savoir que l'une est en liquidation judiciaire, l'autre en redressement judiciaire et la dernière lourdement endettée[2006].

Cependant, l'ordonnance et l'arrêt rendu au fond ne révèlent pas toujours une approche cohérente. L'ordonnance *Éts. Marc Morel et Fils* rendue dans l'affaire de l'*Acier* doit être signalée. Dans cette décision, le magistrat délégué avait d'abord considéré qu'il fallait se référer aux comptes consolidés de l'entreprise, estimant que la décision n'était pas « sérieusement menacée d'annulation »[2007]. Il avait néanmoins accordé un sursis au regard de la situation financière de la filiale du groupe. Or, c'est

---

2002 CA Paris, 20 décembre 2018, Graham & Brown e. a., n° 17/21459, point 93.

2003 CA Paris, Laïta e. a., préc., point 702.

2004 CA Paris, 15 mai 2014, Cerafel e. a., n° 2012/06498. Cet arrêt a été annulé par la Cour de cassation et l'affaire renvoyée devant la cour d'appel de Paris (Cass. com., 12 septembre 2018, APVE e. a., n° H 14-19.589), laquelle a sensiblement réduit le montant des amendes (CA Paris, 1er juillet 2021, SCA Cambresis Artois Picardie Endives – CAP Endives e. a., n° 19/00595).

2005 CA Paris, ord., Plysorol, préc..

2006 CA Paris, 29 septembre 2009, Éts A. Mathé e. a., n° 2008/12495, et la note de L. NICOLAS-VULLIERME, *Concurrences* n° 4-2009.

2007 CA Paris, ord., 11 mars 2009, Éts. Marc Morel et Fils, n° 2009/02483, p. 3.

plutôt l'inverse qui a été décidé au fond avec la réduction des amendes au regard notamment de la détermination de ce plafond de la sanction[2008].

Le fait de ne pas obtenir un sursis, enfin, ne préjuge pas du fait que l'amende ait bien été calculée. Dans l'affaire des *Monuments historiques*, la cour d'appel de Paris a réduit l'amende d'une entreprise qui n'avait pourtant pas obtenu de sursis[2009]. Dans l'affaire de la *Signalisation routière verticale*, le juge des référés n'avait pas accordé de sursis à SES, estimant que l'amende pouvait être payée[2010]. C'est pourtant quelques semaines après cette ordonnance que la société SES s'est déclarée en redressement puis en liquidation judiciaire justifiant, pour le juge du fond, d'accorder cette fois-ci une réduction de moitié de son amende[2011].

636. **Procédure tombée en désuétude.** Malgré l'intérêt incontestable et démontré que présente cette procédure à une entreprise, il n'y a quasiment plus eu de recours engagés en urgence ces dernières années. Il ne faudrait cependant pas en conclure qu'aucune des entreprises récemment condamnées n'a pu éprouver de réelles difficultés de paiement. Pour comprendre la désaffection des entreprises pour cette procédure tombée en désuétude, il convient de revenir sur quelques règles procédurales. La demande de sursis à exécution se fait impérativement par voie d'assignation[2012]. Dans son ancienne version, l'article R. 464-24 du Code de commerce prévoyait que l'assignation devait être délivrée à toutes les parties en cause devant l'Autorité de la concurrence. Or, l'obligation qu'une assignation soit délivrée à toutes les parties en cause, à peine d'irrecevabilité[2013], n'était pas sans poser des difficultés aux éventuelles demanderesses[2014]. En effet, le fait de délivrer l'assignation aux autres parties en cause leur permettait d'avoir accès à des informations hautement sensibles du demandeur[2015]. Ces entreprises pouvaient même être présentes à l'audience. C'est précisément ce qui s'est passé dans l'affaire des *Farines*, où les meuniers allemands étaient très intéressés d'en apprendre plus sur les

---

2008 V., *supra*, n° 272.

2009 CA Paris, ord., 15 septembre 2011, Pradeau et Morin e. a., 2011/08109, p. 5 et CA Paris, 28 mai 2015, Société Degaine e. a., n° 2014/09272.

2010 CA Paris, ord., 17 mars 2011, SES e. a., n° 2011/03184, p. 4.

2011 CA Paris, 29 mars 2012, Lacroix signalisation e. a., n° 2011/01228, p. 38 et 39 et la note de N. JALABERT-DOURY, *Concurrences* n° 3-2012, p. 95.

2012 CA Paris, ord., 15 septembre 2011, TERH e. a., n° 2011/09019, p. 6.

2013 CA Paris, ord., 4 mars 2009, Chevron Products Company e. a., n° 2009/00456, p. 4 ; 17 mars 2011, SES, n° 2011/03184, p. 3 et 15 septembre 2011, Entreprise Pradeau et Morin e. a., n° 2011/08109, p. 5.

2014 Ce n'est qu'à titre exceptionnel qu'il n'avait pas été imposé à une entreprise de mettre en cause toutes les autres parties présentes devant le Conseil de la concurrence (CA Paris, ord., 23 janvier 2007, SA Eiffage Construction, n° 06/21 198 et la note de G. DECOCQ, *CCC*, avril 2007, p. 28).

2015 Ces informations sont relativement bien protégées en droit de l'Union, v. Trib. UE, du 20 mars 2014, aff. T-181/10, Reagens Spa c/ Commission, et la note de L. IDOT, *Europe*, mai 2014, comm. n° 5, p. 36 et C. CHARALAMBOUS, *Journal of ECL*, 2014, vol. 5, n° 7, p. 466.

difficultés financières éprouvées par leurs concurrents français[2016]. Il est notoire que cette affaire a depuis fait renoncer tous les éventuels demandeurs à un sursis au paiement de l'amende. Preuve en est qu'un certain nombre d'entreprises n'ont fait part de leurs sérieuses difficultés qu'à l'Autorité et à la Trésorerie de Châtellerault[2017]. D'où, au final, la désuétude d'une procédure d'urgence pourtant indispensable en matière économique.

637. **Regain d'intérêt pour cette procédure ?** Cette modification est passée relativement inaperçue, mais un décret de 2017 relatif au recours exercé contre les décisions de l'Autorité est venu supprimer l'obligation pour une entreprise de délivrer l'assignation aux autres parties en cause[2018]. Ce nouveau cadre procédural français, plus confidentiel, est le bienvenu et se rapproche sur ce point de celui prévu à Luxembourg. Il n'est donc pas exclu que cette procédure d'urgence connaisse un regain d'intérêt en France[2019]. L'ordonnance rendue par la cour d'appel de Paris dans l'affaire des *Produits de charcuterie* en est une première illustration[2020].

638. **Sursis au paiement et effet dissuasif de l'amende.** De manière générale, il n'y a pas eu lieu de constater de nombreux sursis de paiements accordés aux entreprises à la suite des amendes prononcées par le Conseil ou l'Autorité. En d'autres termes, les entreprises règlent intégralement leurs amendes et à échéance. À cet égard, le fait que les amendes soient payées très rapidement par les entreprises permet de contribuer au caractère dissuasif des amendes. Pour autant, il est à noter que les débiteurs réels des amendes, les sociétés mères propriétaires, sont de plus en plus éloignés des pratiques généralement mises en œuvre par leurs filiales prestataires. La mise à contribution de ces sociétés mères, lorsqu'elles n'ont pas été condamnées, reste encore discutée. Elle reste toutefois inévitable la plupart du temps si ces sociétés mères ne souhaitent pas que leurs filiales disparaissent.

Des sursis ont été toutefois accordés à des entreprises dans plusieurs affaires et, en particulier, dans les affaires où les secteurs étaient en crise et

---

2016 CA Paris, ord., 3 juillet 2012, Axiane Meunerie e. a., n° 12/09395 ; Minoteries Cantin e. a., n° 12/09397.

2017 Aucune demande de sursis n'a été formulée devant le Premier Président de la cour d'appel de Paris dans le cadre de l'exécution des décisions n° 15-D-03, Produits laitiers, et n° 15-D-19, Messageries. Dans les arrêts rendus au fond par la cour d'appel de Paris, il apparaît que ces entreprises avaient demandé des délais de paiement.

2018 Article 12 du décret n° 2017-823 du 5 mai 2017 relatif aux recours exercés devant la cour d'appel de Paris contre les décisions de l'Autorité et aux recours exercés devant le Premier Président de la cour d'appel de Paris contre certaines décisions du rapporteur général de l'Autorité (JORF n° 0108 du 7 mai 2017, texte n° 87).

2019 Il faudra néanmoins tempérer cet avis au regard de la prédominance de plus en plus visible de la voie transactionnelle (V., *supra*, spéc. n°s 371, 379 et 391).

2020 CA Paris, ord., 24 mars 2021, Brocéliande-ALH, Cooperl e. a..

dans lesquelles les amendes infligées étaient très (trop ?) lourdes. Ce sont les affaires des *Farines* et des *Endives* qui viennent en premier à l'esprit. Ces sursis aux paiements de l'amende rappellent que l'Autorité a pu parfois infliger des amendes qui ont contribué à mettre en jeu la pérennité des entreprises. Ce n'est pas l'effet dissuasif des amendes souhaité, sauf à considérer que la cession ou la disparition forcée d'une entreprise puisse être une éventualité acceptable.

SECONDE SECTION – LE RECOUVREMENT DE L'AMENDE EN DROIT DE L'UNION EUROPÉENNE

639. Recouvrement de l'amende. Comme en France, il y a lieu d'envisager, dans un premier temps, les facilités de paiement qui peuvent être accordées par la Commission européenne (§1) et, dans un second temps, les mesures relatives à l'absence de paiement de l'amende dans l'attente de l'arrêt rendu au fond par le juge du Luxembourg (§2).

§ 1 – Les facilités de paiement accordées en droit de l'Union européenne

640. Recouvrement de l'amende en droit de l'Union. Les services de la Commission européenne sont compétents pour procéder au recouvrement des amendes qu'elle inflige aux entreprises. Le produit de ces amendes prélevé auprès d'elles vient en déduction du budget de la Commission[2021]. Au vu des sommes de plus en plus importantes recouvrées, il est parfois prétendu que les entreprises financent le budget de l'Union européenne. À partir du moment où ce qui est prélevé rentre dans ses propres caisses, il existe en effet le risque de sanctionner afin de budgéter. L'argument de la Commission selon lequel le recouvrement des amendes « bénéficie, en fin de compte, au contribuable européen » n'a pas toujours été jugé des plus convaincants, mais, au contraire, corrobore l'existence de ce risque[2022].

641. Facilités de paiement accordées par la DG Budget. Il sera d'abord précisé que la Commission est en droit d'accorder des délais de paiement[2023]. En interne, c'est à la DG Budget qu'il incombe de procéder au recouvrement des amendes. C'est cette direction qui décide d'accorder ou non des facilités de paiement[2024]. Peu d'informations nous sont fournies sur les modalités des délais de paiement accordés par la DG Budget. Il ressort toutefois de plusieurs décisions que l'agent comptable de la Commission a accordé des délais de paiement à plusieurs entreprises condamnées dans les affaires des *Acides aminés*[2025], des *Poutrelles en acier*, des *Déménagements*

[2021] V. section « Questions et réponses », sur le site Internet de la Commission.

[2022] J. SCHWARZE, « Les sanctions imposées pour les infractions au droit européen de la concurrence », *RTD eur.* 43 (1), 2007.

[2023] Le paiement échelonné peut aussi être décidé par le juge des référés. Sur les échelonnements accordés par le Président du Tribunal ou de la Cour, v., *infra*, n° 651.

[2024] Règlement (CE, EURATOM) n° 2342/2002 de la Commission du 23 décembre 2002 établissant les modalités d'exécution du règlement (CE, Euratom) n° 1605/2002 du Conseil portant règlement financier applicable au budget général des Communautés européennes, art. 85.

[2025] V. décision de la Commission du 7 juin 2000, Acides aminés, cons. 438.

internationaux[2026], et des *Phosphates pour l'alimentation animale*[2027]. Plus récemment encore, un arrêt du Tribunal rendu dans l'affaire du *Recyclage de batteries automobiles* a constaté qu'une entreprise avait bénéficié d'un plan de paiement[2028]. Le paiement de l'amende pourrait être parfois étalé sur de longues années[2029]. Les échanges entre la Commission et l'entreprise peuvent même se poursuivre longtemps après que la décision ait été adoptée, comme ce fut le cas dans l'affaire de l'*Acier de précontrainte*[2030].

642. **Paiements partiels accordés.** En plus d'accorder des délais et des échelonnements, la Commission a déjà pu réviser d'elle-même son jugement sur la capacité contributive d'une entreprise et, ainsi, réduire le *quantum* de son amende. Il est possible, en effet, que la Commission tienne compte des difficultés de paiement d'une entreprise postérieurement à sa condamnation. Une demande de réexamen a, en effet, été prévue dans la note de Messieurs Almunia et Lewandowski consacrée à la capacité contributive des entreprises[2031]. Cette réduction est alors actée dans le cadre d'une décision dite de réadoption. Il en a été ainsi de l'entreprise Prym qui a vu son amende passée d'environ 38 à 14 millions d'euros dans l'affaire des *Fermetures*, avec la suppression au passage des 4,5 millions d'euros d'intérêts moratoires[2032].

643. **Décisions de réadoption dans l'affaire *ArcelorMittal*.** L'affaire *ArcelorMittal* est l'exemple parfait qui démontre que la décision ne marque pas la fin des débats sur le montant des amendes entre les entreprises et la Commission. Initialement, le groupe ArcelorMittal avait été condamné à une amende d'un montant de 276,48 millions d'euros dans l'affaire de

---

2026 F. CASTILLO DE LA TORRE, « The 2006 Guidelines on Fines : Reflections on the Commission's Practice », *World Competition*, 2010, 33, n° 3, p. 396.

2027 Trib. UE, 26 juin 2014, aff. T-564/10, Quimitécnica.com e. a. c/ Commission et l'article d'É. BARBIER DE LA SERRE, E. LAGATHU, « The Law on Fines Imposed in EU Competition Proceedings : Fifty Shades of Undertakings », *Journal of ECL*, 2015, vol. 6, 7, p. 530.

2028 Trib. UE, 23 mai 2019, aff. T-222/17, Recylex SA e. a. c/ Commission, points 166 et 170 à 172.

2029 F. BRUNET, J.-S. DUPREY, « La situation de l'entreprise en incapacité de faire face au paiement de l'amende de la Commission européenne », *in Le Lamy Droit Économique*, 2018, Wolter Kluwer, n° 1463.

2030 Trib. UE, aff. T-426/10, Moreda-Riviere e. a. c/ Commission, points 517 et s..

2031 J. ALMUNIA, J. LEWANDOWSKI, 12 juin 2010, Absence de capacité contributive au titre du paragraphe 35 des Lignes directrices du 1/09/2006 concernant le calcul des amendes infligées en application du règlement (CE) n° 1/2003 relatif à la mise en œuvre des règles de concurrence, et CJUE, 26 octobre 2017, aff. jtes. C-454/16 P à C-456/16 P et C-458/16 P, Global Steel Wire SA e. a. c/ Commission, points 24 et 31.

2032 V. décision de la Commission du 31 mars 2011 modifiant la décision du 19 septembre 2007, Articles de mercerie métalliques et plastiques : fermetures (résumé publié au JOUE C 210, p. 12) et l'article de J. WALCH-BARTON, « The EU Commission's Guidelines on the method of setting fines may allow an undertaking's inability to pay to be taken into account », *e-Competitions Bulletin*, septembre 2006, art. n° 54031.

l'*Acier de précontrainte*[2033]. Sans réelle explication, cette amende avait été réduite une première fois à 158,4 millions d'euros, puis une seconde fois à un peu moins de 46 millions d'euros[2034]. Une mauvaise délimitation de la valeur des ventes pourrait d'abord être à l'origine de la réduction des amendes infligées dans cette affaire[2035]. Dans son recours au fond, ArcelorMittal avait contesté la délimitation du maximum légal de son amende et avait demandé à ce que son amende soit en conséquence réduite[2036]. Convaincue avant même le rendu de l'arrêt du Tribunal, la Commission aurait recalculé les plafonds légaux des amendes et, ainsi, réduit les amendes du leader mondial de l'acier[2037]. Cependant, il ne faudrait pas croire qu'il s'agissait seulement, en l'espèce, d'une application anticipée de la « jurisprudence *YKK* » par la Commission[2038].

La Commission n'a pas pour habitude de céder aussi facilement face à un groupe de sociétés, aussi puissant soit-il. Il semble cependant que cette rectification ait été l'habillage juridique justifiant la baisse sensible des amendes infligées. Il a été également révélé que dans cette affaire, les hauts représentants d'ArcelorMittal avaient menacé la Commission de la fermeture de hauts fourneaux en Europe si elle maintenait le montant des amendes. Plusieurs auteurs n'ont pas manqué de s'interroger sur ses menaces proférées par ArcelorMittal à l'encontre de la Commission[2039]. Cette hypothèse est plausible dans la mesure où ArcelorMittal a brandi les mêmes menaces devant le Président du Tribunal en référé[2040]. L'amende finalement imposée à ArcelorMittal, d'un montant de 46 millions d'euros, a satisfait cette dernière puisqu'elle s'est désistée dans ses recours[2041]. Cela

---

2033 V. décision de la Commission du 30 juin 2010, Acier de précontrainte (résumé publié au JOUE 2011 C 339, p. 7).

2034 V. décisions de la Commission du 30 septembre 2010, et du 4 avril 2011, Acier de précontrainte (IP/11/403), et la note critique d'A. RONZANO, *Concurrences* n° 3-2011, art. n° 54124.

2035 Trib. UE, du 15 juillet 2015, aff. T-393/10, Westfälische Drahtindustrie e. a. c/ Commission, point 81.

2036 Recours introduit le 13 septembre 2010 devant Trib. UE, aff. T-385/10, ArcelorMittal Wire France e. a. c/ Commission.

2037 Communiqué de presse de la Commission (IP/11/403), cons. 1072a de la décision du 4 avril 2011, Acier de précontrainte et l'article de M. SCHONBERG, J. COHEN, « The European Commission dramatically slashes the fine in its second amendment to the pre-stressing steel cartel fines (ArcelorMittal) », *e-Competitions Bulletin*, avril 2011, art. n° 36454. Pour faire simple, il semble que la Commission ait initialement retenu un plafond légal calculé sur la base du chiffre d'affaires du groupe, pour toute la période d'infraction, y compris la période pendant laquelle le groupe n'était pourtant pas tenu solidairement responsable de l'infraction. Pour cette période, les filiales étaient seules redevables d'une amende calculée à la hauteur du groupe. Les amendes infligées à ces sociétés durant cette période ont donc dû être révisées sur la base de leurs propres chiffres d'affaires.

2038 CJUE, 4 septembre 2014, aff. C-408/12 P, YKK e. a. c/ Commission, point 65 et la note de M. BÉHAR-TOUCHAIS, *Concurrences* n° 4-2014, p. 108, et de G. DECOCQ, *CCC* n° 11-2014, comm. 252.

2039 M. SCHONBERG, J. COHEN, préc., *e-Competitions Bulletin*, avril 2011, art. n° 36454.

2040 Trib. UE, ord., 7 décembre 2010, aff. T-385/10 R, ArcelorMittal e. a. c/ Commission, point 52 et l'article d'É. BARBIER DE LA SERRE, M. LAVEDAN, « Le référé en droit de la concurrence devant le juge de l'Union », *Concurrences* n° 1-2012, art. n° 41913.

2041 Trib. UE, ord., aff. T-385/10 et T-399/10, ArcelorMittal e. a. c/ Commission.

n'a néanmoins pas empêché ArcelorMittal, comme chacun sait, de fermer les hauts fourneaux de France et de Belgique quelques années plus tard[2042].

644. **Facilités de paiement et effet dissuasif de l'amende.** Il semble que les amendes infligées par la Commission soient intégralement et à échéance réglées par les entreprises. De la même manière qu'en France, le paiement rapide et intégral de la sanction pécuniaire contribue à l'effet dissuasif des amendes imposées aux entreprises. Certes, les amendes sont plus élevées que celles infligées par l'Autorité. Elles sont néanmoins imposées à des entreprises qui ont des capacités contributives plus grandes. À ce sujet, il conviendra de voir, dans le cadre de la procédure de sursis devant les juridictions de l'Union, quelles sont les entités qui peuvent être amenées à participer aux paiements de ces amendes. En l'absence d'informations à ce sujet, il a été difficile de recenser l'ensemble des mesures prises par la Commission qui ont facilité le paiement de ces amendes. Quelques difficultés de paiements ont été relevées dans des affaires où les secteurs d'activités sont traversés par la crise et les entreprises en difficultés financières. Il est enfin difficile d'estimer si de nombreuses entreprises ont été cédées ou ont disparu après leurs condamnations.

§ 2 – La procédure de sursis à exécution en droit de l'Union européenne

645. **Procédure de sursis à exécution.** Il résulte de la combinaison des articles 256, 278 et 279 du TFUE qu'il est permis au juge des référés, s'il estime que les circonstances l'exigent, d'ordonner le sursis à l'exécution d'un acte attaqué devant les juridictions de l'Union ou de prescrire les mesures provisoires nécessaires[2043]. En droit de l'Union, les sursis à exécution et autres mesures provisoires peuvent être accordés par le juge des référés à condition tout d'abord que le recours au fond n'apparaisse pas, *prima facie*, dépourvu de sérieux (*fumus boni juris*). Il est également nécessaire de démontrer l'urgence de ces mesures sans lesquelles la requérante subirait un préjudice grave et irréparable, et, enfin, que les intérêts de la requérante prévalent en l'espèce sur ceux de l'intérêt général. Ces conditions sont cumulatives, de sorte que les mesures provisoires doivent être rejetées dès lors que l'une d'elles n'est pas remplie[2044].

2042 Les récents problèmes de concurrence dans ce secteur sont sans doute à rechercher ailleurs. La fusion de Mittal et Arcelor, ces deux géants mondiaux de la sidérurgie, a été aussi bien validée par les autorités de la concurrence américaine qu'européennes.

2043 Pour aller plus loin, v. K. LENAERTS, D. ARTS et I. MASELIS, *Procedural Law of the European Union*, Sweet & Maxwell, Londres, 2ème éd., 2006.

2044 CJUE, ord., 14 octobre 1996, aff. C-268/96 P R, SCK et FNK c/ Commission, point 30 et la note de F. LAGONDET, *Europe*, décembre 1996, comm. n° 441, p. 5 et Trib. UE, ord., 7 décembre 2010, aff. T-385/10 R, ArcelorMittal e. a. c/ Commission, point 13 et la note d'A. MEXIS, *RLC* n° 27-2011, p. 85.

646. **Objet de la procédure : impossibilité de constituer une garantie bancaire.** Il importe de préciser que les entreprises sanctionnées par la Commission disposent de la possibilité, à titre d'alternative au paiement de l'amende, de constituer une garantie financière couvrant le montant de la dette principale ainsi que les intérêts dus. D'après la Commission, la possibilité de constituer une garantie bancaire est une solution moins onéreuse que le paiement provisoire des amendes[2045]. Lorsqu'une entreprise s'adresse au Président du Tribunal ou à celui de la Cour intervenant en tant que juge des référés, elle lui demande donc de prononcer le sursis à l'obligation de constituer une garantie bancaire en remplacement du paiement provisoire de l'amende[2046].

647. **Conditions d'obtention d'un sursis à la constitution d'une garantie bancaire.** Il appartient à la requérante de prouver que sont réunies les trois conditions traditionnelles du référé, à savoir, premièrement, l'existence d'un *fumus boni juris*, en ce sens que le recours au principal contre la décision de sanction de la Commission n'est pas manifestement infondé. Cette condition est relativement aisée à remplir. Deuxièmement, il est nécessaire de démontrer l'existence d'une urgence, c'est-à-dire la probabilité que survienne un préjudice grave et irréparable en l'absence des mesures provisoires demandées. En matière de concurrence, il s'agit le plus souvent d'un préjudice de nature financière. Troisièmement, les mesures provisoires ne seront accordées que si la balance des intérêts en cause penche en faveur de l'octroi de ces mesures[2047].

648. **Condition de l'urgence.** L'octroi d'un sursis à l'exécution d'une décision est subordonné à l'urgence de la situation, en ce sens qu'il doit être essentiel pour éviter qu'un préjudice grave et irréparable ne soit occasionné aux intérêts de la requérante. La condition relative à l'urgence est la plus difficile à satisfaire. La requérante doit prouver qu'attendre l'issue de la procédure au fond lui causerait irrémédiablement un préjudice. Quand bien même l'imminence du préjudice n'a pas à être établie avec une certitude absolue, le préjudice allégué doit être, à tout le moins, établi par le demandeur avec une probabilité suffisante. L'urgence d'une demande en référé s'apprécie

---

2045 Trib. UE, ord., 13 avril 2011, aff. T-393/10 R, Westfälische Drahtindustrie GmbH e. a. c/ Commission, point 16 et la note de C. WINCKLER, *RLC* n° 28-2011, p.72.

2046 TPICE, ord., 13 juillet 2006, aff. T-11/06 R, Romana Tabacchi c/ Commission, points 23 à 26 et la note d'É. BARBIER DE LA SERRE, *RLC* n° 9-2006, p. 84, et du 13 avril 2011, aff. T-385/10 R, Westfälische Drahtindustrie GmbH e. a. c/ Commission, point 17 et l'article de G. MUGUET-POULLENNEC, « Les amendes et le juge des référés : ce qui est attendu du demandeur », *RLC* n° 24-2010, p. 40. Pour aller plus loin, v. les articles d'É. BARBIER DE LA SERRE, M. LAVEDAN, « Le référé en droit de la concurrence devant le juge de l'Union », *Concurrences* n° 1-2012, art. n° 41913, et de F. CASTILLO DE LA TORRE, « Interim Measures in Community Courts : Recent Trends », *CML Rev* 44 (2007), p. 273.

2047 CJCE, ord., 14 octobre 1996, aff. C-268/96 P R, SCK et FNK c/ Commission, point 30 ; CJCE, ord., 23 février 2001, aff. C-445/00 R, Autriche c/ Conseil, point 73.

en fonction des circonstances existant au moment de l'introduction de la demande et il est nécessaire que cette urgence persiste jusqu'au moment où le juge des référés adopte sa décision finale.

649. **Notion de préjudice grave.** Il va sans dire que le préjudice invoqué par les sociétés est essentiellement de nature financière et relatif au montant des amendes infligées. Or, pour le juge européen des référés, un tel préjudice n'est pas, sauf circonstances exceptionnelles, irréparable. En matière d'aide d'État, le juge des référés avait même estimé qu'un préjudice financier qui représente moins de 1 % du chiffre d'affaires d'un groupe ne peut être qualifié de grave[2048]. Il est considéré que ce préjudice peut, en règle générale, faire l'objet d'une compensation financière ultérieure. Toutefois, une mesure provisoire se justifie s'il apparaît que la partie demanderesse, en cas de refus, se trouverait dans une situation susceptible de mettre en péril son existence avant l'intervention de la décision mettant fin à la procédure principale[2049].

650. **Balance des intérêts.** La mise en balance des intérêts consiste à prendre en considération les intérêts respectifs des parties. En matière d'amende, l'intérêt de l'entreprise est d'éviter qu'il soit procédé au recouvrement immédiat de l'amende. Celui de la Commission, au contraire, est d'en recouvrer le montant. Dans l'ordonnance *Romana Tabacchi*, le Président du Tribunal a constaté que si la Commission procédait à l'exécution forcée de la décision, elle n'en obtiendrait pas le paiement puisque la créance de la Commission ne bénéficierait d'aucun privilège par rapport aux autres créanciers. Il en a conclu que les intérêts de la Commission seraient mieux protégés en « permettant à la requérante de continuer son activité et de générer un profit qui pourrait alors être utilisé pour le paiement de l'amende »[2050]. L'idée est donc bien de partir des intérêts financiers de l'Union[2051], lesquels seraient menacés si l'entreprise venait à disparaître et surtout à ne pas payer[2052]. Il est toutefois à regretter que d'autres intérêts comme la survie d'une société, l'emploi et la dynamique concurrentielle ne soient pas pris en compte, lesquels prévalent à notre sens sur celui de recouvrer une amende.

2048 TPICE, ord., 4 décembre 2007, aff. T-326/07 R, Cheminova e. a. c/ Commission, points 104 et s..

2049 Trib. UE, ord., 12 juillet 2011, aff. T-422/10 R, Emme Holding c/ Commission, point 17.

2050 TPICE, ord., 13 juillet 2006, aff. T-11/06 R, Romana Tabacchi SpA c/ Commission, point 136 et la note de G. DECOCQ, *CCC* n° 11-2006, comm. n° 230.

2051 M. WATHELET et J. WILDEMEERSCH, *Contentieux européen*, Larcier, 2010, p. 398 et 399.

2052 Trib. UE, ord., 2 mars 2011, aff. T-392/09 R, 1.Garantovaná a.s. c/ Commission, point 111 et l'article d'É. BARBIER DE LA SERRE, M. LAVEDAN, « Le référé en droit de la concurrence devant le juge de l'Union », *Concurrences* n° 1-2012, art. n° 41913.

651. **Sursis accordés par le juge des référés.** Le résultat de l'examen des ordonnances rendues par les Présidents de la Cour et du Tribunal officiant en tant que juge des référés n'est guère encourageant pour les entreprises. Il est très difficile d'éviter l'exécution immédiate d'une décision de sanction. Moins d'une dizaine de sursis relatifs à la constitution d'une garantie bancaire ou au paiement provisoire du montant des amendes infligées ont été relevés. Ces sursis accordés aux entreprises et aux associations d'entreprises sont recensés dans le tableau suivant :

Décision de la Commission	**Entreprise**	**Amende infligée (€)**	**Sursis accordé (€)**
Viandes bovines françaises (T-217/03 R)	FNCBV	480 000 €	Sursis de 2 mois puis 140 000 € à payer et garantie de 60 000 € ou garantie bancaire de 200 000 €
Viandes bovines françaises (T-245/03 R)	FNSEA e. a.	15 480 000 €	Sursis de 3 semaines puis 1 500 000 € à payer et garantie de 1 700 000 € ou garantie bancaire de 3 200 000 €
Tabac brut italien (T-11/06 R)	Romana Tabacchi	2 500 000 €	Sursis de 2 semaines puis 200 000 € à payer et garantie bancaire de 400 000 € puis échéances mensuelles de 100 000 €
Réactifs (T-392/09 R)	1.garantovaná	19 600 000 €	2 100 000 € à payer de suite et échéancier mis en place
Acier de précontrainte (T-393/10 R)	Westfälische Drahtindustrie	46 550 000 €	X millions € à payer de suite puis échéances mensuelles de 300 000 €
Conditionnement alimentaire destiné à la vente au détail (T-522/15 R)	CCPL e. a.	33 694 000 €	Sursis et 5 000 000 € à payer au moment de la cession de parts sociales

652. **Analyse des ordonnances en matière de garantie bancaire.** Un auteur très autorisé a relevé une certaine forme de « sévérité »[2053] de la part des Présidents de la Cour et du Tribunal de l'Union européenne en matière de référé. D'autres auteurs l'ont également constatée[2054]. De l'aveu même du juge des référés, la partie qui sollicite les mesures provisoires ne peut être dispensée d'une telle obligation qu'en présence de « circonstances exceptionnelles »[2055]. Six sursis, en tout et pour tout, ont été seulement accordés alors que le juge des référés a été saisi plus de 180 fois pour le sursis à la constitution d'une garantie bancaire. Le juge des référés requiert du demandeur qu'il apporte la preuve qu'il lui est objectivement impossible de constituer cette garantie ou que sa constitution mettrait en péril son existence[2056]. Certes, il était certain que les sursis ont été accordés à des sociétés qui auraient disparu en l'absence de ces mesures provisoires[2057]. Mais la réciproque n'est pas vraie et toutes les sociétés en difficulté ne se voient pas, loin de là, accorder des sursis au paiement d'une garantie bancaire. Il est même permis de croire que le juge des référés a participé à la sévérité croissante de la Commission s'agissant de l'évaluation de la capacité contributive d'une entreprise.

653. **Retour sur les affaires *Novácke chemické závody* et *1.garantovaná*.** Cette fermeté a été particulièrement critiquée dans les affaires *Novácke chemické závody* et *1.garantovaná*, lesquelles ont également fait l'objet de recours en référés[2058]. Le Président du Tribunal a relevé qu'en se déclarant en liquidation à peine deux jours après l'introduction de la demande en référé, le préjudice lié à la perte d'une chance d'arriver à un redressement de l'entreprise était déjà survenu et que l'octroi de la mesure provisoire demandée ne permettrait donc pas d'éviter qu'un tel préjudice soit occasionné à la requérante[2059]. Il en a conclu que la condition relative à l'urgence faisait défaut en l'espèce.

Certes, une fois que le dommage lié à l'entrée en procédure collective est survenu, cela semble trop tard. Mais était-il nécessaire de maintenir, pour autant, une amende qui ne sera vraisemblablement jamais recouvrée ? Cette sanction a d'ailleurs conduit un auteur à en conclure que « la règle selon

---

2053 L. IDOT, *RSC*, 2000, p. 52.

2054 É. BARBIER DE LA SERRE, M. LAVEDAN, « Le référé en droit de la concurrence devant le juge de l'Union », *Concurrences* n° 1-2012, art. n° 41913 et G. MUGUET-POULLENNEC, « Les amendes et le juge des référés : ce qui est attendu du demandeur », *RLC* n° 24-2010, p. 40.

2055 Trib. UE, ord., 12 mai 2010, aff. T-30/10 R, Reagens c/ Commission, point 42 et la jurisprudence citée.

2056 TPICE, ord., 28 juin 2000, aff. T-191/98 R II, Cho Yang Shipping c/ Commission, point 43 et CJCE, ord., 15 décembre 2000, aff. C-361/00 P R, Cho Yang Shipping Co. Ltd c/ Commission, point 88.

2057 É. BARBIER DE LA SERRE, M. LAVEDAN, préc., *Concurrences* n° 1-2012, art. n° 41913.

2058 Sur les recours au fond dans ces affaires, v., *supra*, n° 606.

2059 TPICE, ord., 29 octobre 2009, aff. T-352/09 R, Novácke chemické závody e. a. c/ Commission, point 49.

laquelle il n'est pas possible de tirer sur une ambulance ne s'applique pas aux corbillards »[2060]. Plus fondamentalement, cette entreprise n'a-t-elle pas perdu tout espoir de rachat ou de reprise de certaines branches de son activité en raison du maintien de cette amende ? Il ne doit pas être oublié que la Commission n'hésite pas, le cas échéant, à poursuivre les repreneurs d'une société en cours de liquidation. Il convient d'admettre que cette éventualité n'est guère encourageante pour les intéressés au rachat.

Dans l'affaire *1.garantovaná*, la requérante a été plus prompte à faire part au Président du Tribunal des difficultés qu'elle rencontrait pour constituer une garantie bancaire. La requérante faisait observer, à cet égard, qu'elle avait été condamnée à payer 20 millions d'euros solidairement avec *Novácke chemické závody*. Cette dernière étant déclarée en liquidation, il lui incombait désormais de payer l'intégralité de l'amende. La Commission contestait cette affirmation de la requérante, considérant qu'elle appartenait à l'un des plus puissants groupes financiers de Slovaquie et de République tchèque[2061]. En dépit des doutes exprimés par la Commission, le juge des référés a considéré qu'aucun actionnaire ou tiers n'était en mesure de lui porter assistance. Il a, par conséquent, conclu à l'existence de circonstances exceptionnelles justifiant que la requérante soit dispensée de l'obligation de constituer une garantie bancaire[2062].

654. **Mise à contribution du groupe.** Ces affaires de référés reviennent assez souvent à s'interroger sur la délimitation de la sphère de débiteurs de l'amende. À cet égard, il est fréquent que la requérante ne soit pas en mesure de fournir une garantie bancaire susceptible d'éviter le recouvrement immédiat de l'amende infligée. Ce constat n'est d'ailleurs même pas nié par la Commission, cette dernière admettant que la constitution d'une telle garantie mettrait en péril l'existence de nombreuses requérantes[2063]. Cependant, l'examen du caractère soutenable de l'amende n'est pas toujours réalisé au regard de la capacité contributive de la seule requérante[2064]. Il intègre, en effet, le groupe de sociétés dont elle peut faire

2060 C. WINCKLER, « Urgence et paiement des amendes – Chronique d'une mort annoncée ? », *RLC* n° 22-2010, n° 1544.

2061 K. KECSMAR, « Le droit de la concurrence à l'épreuve des structures sociétales obscures : état des lieux et réflexions », *RLC* n° 33-2012, p. 95, dans lequel il est également dit que « les propriétaires de la société assujettie à l'amende demeuraient dans l'ombre compte tenu de la structure opaque de la société ».

2062 Trib. UE, ord., 2 mars 2011, aff. T-392/09 R, 1.garantovaná a. s. c/ Commission, point 119 et la note de P. CARDONNEL, *Concurrences* n° 2-2011, p. 187.

2063 Trib. UE, ord., 7 décembre 2010, aff. T-385/10 R, ArcelorMittal e. a. c/ Commission, point 38.

2064 CJUE, ord., 30 avril 2010, aff. C-113/09 P R, Ziegler c/ Commission, points 44 et s. et l'article de G. MUGUET-POULLENNEC, « Les amendes et le juge des référés : ce qui est attendu du demandeur », *RLC* n° 24-2010, p. 40, et Trib. UE, 12 juillet 2011, aff. T-422/10 R, Emme Holding c/ Commission, points 26 et s..

partie et, ainsi, les ressources dont dispose ce groupe[2065]. En principe, même un refus unilatéral d'assistance de la part du groupe en cause ne suffirait pas à exclure la prise en compte de la situation financière de ce groupe dans la mesure où les intérêts des sociétés appartenant à un même groupe se confondent[2066].

Cette solution a pour effet de faire supporter à tout un groupe les conséquences de la condamnation au paiement d'une amende d'une de ses filiales[2067], y compris dans l'hypothèse où sa responsabilité n'a même pas été retenue[2068]. Il y a toutefois lieu de s'interroger quant à la compatibilité de cette solution avec les principes de personnalité des peines et des droits de la défense. Il sera rappelé que ce sujet aurait pu être évoqué dans l'affaire *DSR Senator Lines*[2069], qui avait donné lieu à une saisine de la Cour européenne des droits de l'Homme sur une question similaire. Cette dernière n'a néanmoins pas pu y répondre, le Tribunal ayant entre-temps annulé l'amende infligée à la requérante[2070].

655. **Justification de la référence au groupe.** Lorsque la société mère du groupe est solidairement condamnée avec sa filiale, il est normal de se référer à la capacité contributive de ce groupe concernant l'amende qui leur a été imposée. Au-delà d'y voir le groupe comme la « poche profonde » de référence[2071], sans laquelle le recouvrement ne serait pas le plus souvent possible, cette solution présente surtout l'avantage d'appréhender les moyens financiers qui ont pu être transférés à des sociétés liées, après la notification des griefs, avec la volonté apparente ou l'effet d'éviter le paiement d'une amende[2072]. À cet égard, le fait que le groupe n'ait pas été sanctionné avec la filiale est sans incidence sur sa contribution au paiement d'une amende. Si, en effet, la société mère a vocation à récupérer les

---

2065 CJCE, ord., 14 décembre 1999, aff. C-364/99 P R, DSR-Senator Lines c/ Commission, point 49 ; ord., 30 avril 2010, aff. C-113/09 P R, Ziegler c/ Commission, point 44 et TPICE, ord., 13 juillet 2006, aff. T-11/06 R, Romana Tabacchi SpA c/ Commission, point 111.

2066 Trib. UE, ord., aff. T-385/10 R, point 40 et la jurisprudence citée.

2067 Par exception, la situation financière du groupe ne sera pas prise en compte lorsqu'il est juridiquement empêché d'aider sa filiale (CJCE, ord., DSR-Senator Lines, préc., point 52). Deux auteurs estiment que tel pourrait être le cas lorsque l'investissement réalisé par la société mère est clairement à fonds perdu et sans bénéfice pour elle, auquel cas il pourrait être contraire à son intérêt social (É. BARBIER DE LA SERRE, M. LAVEDAN, préc., *Concurrences* n° 1-2012, art. n° 41913). Cette hypothèse reste très théorique puisqu'il n'a été trouvé aucune jurisprudence allant en ce sens, la règle quasi immuable étant bel et bien celle de se référer au groupe au moment de la contribution à l'amende.

2068 Trib. UE, ord., Romana Tabacchi SpA c/ Commission, préc., point 111 et l'article de C. LEMAIRE, préc., *CCC* n° 7-2017, dossier 5.

2069 TPICE, ord., 21 juillet 1999, aff. T-191/98 R, confirmée par CJCE, ord., 14 décembre 1999, aff. C-364/99 P R, DSR-Senator Lines c/ Commission.

2070 TPICE, 30 septembre 2003, aff. jtes. T-191/98, T-212/98 à T-214/98, Atlantic Container Line AB e. a. c/ Commission.

2071 M. DEBROUX, « Sanction des cartels en droit communautaire : Définition et conséquences d'une "responsabilité de groupe" », *Concurrences* n° 1-2008, p. 42.

2072 Trib. UE, Westfälische Drahtindustrie e. a., préc., point 271.

dividendes de sa filiale, elle doit aussi assumer, le cas échéant, les dettes de celle-ci. L'un sans l'autre ne serait pas cohérent ni responsabilisant. Il sera répété une fois encore que le rôle d'une société mère est aussi d'assumer les actes de sa filiale reconnue en infraction en étant sa caution[2073].

656. **Mise à contribution de l'actionnariat minoritaire.** Il résulte de la jurisprudence des juges des référés que la sphère des débiteurs, dans le cadre de l'analyse de la mobilisation des ressources, peut excéder celle de l'entité économique sanctionnée. Depuis l'ordonnance *Almamet*[2074], le juge des référés a considéré qu'il était possible de tenir compte de l'actionnariat minoritaire de l'entreprise en infraction, selon la structure de l'actionnariat au cas d'espèce[2075]. À cet égard, la Commission ne s'est pas fait prier pour reprendre à son compte cette analyse lorsqu'elle est amenée à examiner les difficultés financières des entreprises[2076]. La responsabilité pécuniaire n'est donc pas forcément limitée à la filiale en cause et au groupe qui la détient majoritairement, mais peut être étendue, chose récente, à une personne physique ou morale qui pourrait n'avoir qu'une participation réduite dans la filiale[2077]. Il est donc possible, pour reprendre l'expression, de punir « des minoritaires qui n'ont rien à voir avec l'infraction »[2078]. Par conséquent, une requérante devra en outre justifier, dans sa demande en référé, que son actionnariat minoritaire ne peut pas non plus satisfaire au paiement, et ce, afin d'offrir une « image globale et fidèle » de la situation de l'entreprise[2079]. Pour tenir compte de l'actionnariat minoritaire, il est toutefois nécessaire de démontrer une « communauté d'intérêts ». Cela ne peut être le cas, par exemple, lorsque cette participation minoritaire est celle d'une société ou d'un groupe concurrent[2080].

2073 Cette question du paiement solidaire de l'amende doit être toutefois distinguée de celle du *quantum* de l'amende en raison de l'appartenance à un groupe.

2074 Trib. UE, ord., 7 mai 2010, aff. T-410/09 R, Almamet c/ Commission, point 57.

2075 Trib. UE, ord., 9 juin 2010, aff. T-79/10 R, Colt Télécommunications France c/ Commission, point 39 et la note d'É. Barbier de La Serre, *RLC* n° 25-2010, n° 1704.

2076 Par exemple, v. décisions de la Commission, du 20 octobre 2010, Phosphates pour l'alimentation animale, cons. 368 et du 24 juin 2015, Conditionnement alimentaire destiné à la vente au détail, cons. 1101.

2077 Cette situation n'est d'ailleurs pas sans créer des difficultés lors du paiement d'une amende. En Allemagne, les actionnaires minoritaires de Wolskwagen se sont retournés contre les actionnaires majoritaires du groupe à la suite de l'affaire du *Dieselgate*. En France, à la suite de la condamnation de SFR et d'Altice par l'Autorité à une amende de 80 millions d'euros, un actionnaire minoritaire de SFR a réclamé devant les juridictions de droit commun à ce qu'Altice paye la moitié de l'amende.

2078 M.-H. Huertas *in* « Autorité de la concurrence : les sanctions en débat », Option Finance/Option Droit & Affaires, mars 2011.

2079 Selon le juge de l'Union, un actionnaire minoritaire est celui dont la participation dans le capital d'une société n'excède pas les 50 % du capital (à propos d'une détention de 25 % de la filiale, v. Trib. UE, du 9 septembre 2015, aff. T-104/13, Toshiba Corp. c/ Commission, point 96 et du 12 juillet 2011, aff. T-132/07, Fuji Electric c/ Commission, point 182).

2080 Trib. UE, ord., 13 avril 2011, aff. T-393/10 R, Westfälische Drahtindustrie GmbH e. a. c/ Commission, points 39 et 40.

657. Influence du sursis sur l'arrêt rendu au fond. Les rares cas dans lesquels un sursis a été accordé ne permettent pas d'en tirer des conclusions quant aux arrêts rendus au fond. Il faut toutefois préciser qu'une ordonnance favorable du Président du Tribunal ne signifie pas obligatoirement que l'amende sera réduite. C'est d'autant plus vrai que l'appréciation de la capacité contributive d'une entreprise se fait au jour où le juge de contrôle statue, si bien que sa situation a pu s'améliorer et pourrait justifier de ne plus maintenir ce sursis lié à la capacité contributive[2081]. Dans l'affaire *Romana Tabacchi*, le Tribunal a relevé un certain nombre d'erreurs d'appréciation de la Commission dans le calcul de l'amende infligée à la requérante et qui expliquait le caractère disproportionné de celle-ci[2082]. Dans les arrêts concernant les *FNCBV* et *FNSEA*, des erreurs d'appréciation ont été relevées dans la détermination de l'amende, mais le Tribunal n'a fait finalement que réduire l'amende infligée de 10 % de plus pour mieux tenir compte du contexte de crise[2083]. Dans l'affaire de l'*Acier de précontrainte*, la requérante qui avait obtenu un sursis quant à la constitution d'une garantie bancaire n'a, au final, pas obtenu de réductions devant le Tribunal au regard de ses capacités contributives[2084]. Enfin, la malheureuse *1.garantovaná* aura joué de malchance du début jusqu'à la fin. Ses recours ont été rejetés au fond, le Tribunal ayant estimé que la Commission n'avait ni violé le principe de proportionnalité dans le calcul de l'amende ni commis d'erreurs dans l'appréciation de la capacité contributive[2085]. Mais pire encore, elle s'est retrouvée à devoir payer des intérêts de retard pour ne pas avoir pu respecter l'échéancier fixé par le Président du Tribunal[2086]...

658. Procédure tombée en désuétude. Depuis 2010, les demandes de sursis au paiement des amendes ou à la constitution de garanties bancaires présentées aux Présidents du Tribunal et de la Cour de justice se sont raréfiées. L'ordonnance rendue en 2015 dans l'affaire *CCPL* est même la dernière recensée à ce jour. Le faible nombre de sursis accordés pourrait laisser croire que les entreprises se sont découragées à emprunter cette procédure. Comme en droit français, les raisons semblent cependant toutes autres. Ainsi qu'il a été précédemment observé, la Commission a largement

---

2081 Trib. UE, 15 juillet 2015, aff. T-393/10, Westfälische Drahtindustrie e. a. c/ Commission, point 356 et la note d'É. THOMAS, *Concurrences* n° 4-2015, p. 111, et CJUE, ord., 7 juillet 2016, aff. C-523/15 P, points 35 et s..

2082 Trib. UE, 5 octobre 2011, aff. T-11/06, Romana Tabacchi srl c/ Commission, point 276 et la note de L. IDOT, *Europe*, décembre 2011, comm. n° 12, p. 469.

2083 TPICE, 13 décembre 2006, aff. jtes. T-217/03 et T-245/03, FNCBV e. a. c/ Commission, points 361 à 364 et la note d'É. BARBIER DE LA SERRE, *RLC* n° 11-2007, p. 35.

2084 Trib. UE, aff. T-393/10, point 358, confirmé par CJUE, ord., aff. C-523/15 P.

2085 Trib. UE, 12 décembre 2012, aff. T-392/09, 1.garantovaná a. s. c/ Commission, point 149 confirmé par CJUE, 15 mai 2014, aff. C-90/13 P et la note de L. IDOT, *Europe*, juillet 2014, comm. n° 7, p. 35.

2086 Trib. UE, ord., 19 novembre 2013, aff. T-42/13, 1.garantovaná a. s. c/ Commission, et la note de V. SAVOV, *e-Competitions Bulletin*, janvier 2013, art. n° 57716.

développé sa politique de transaction avec les entreprises, si bien que les recours au fond se font de plus en plus rares devant les juridictions de l'Union[2087]. L'absence de recours au fond prive ainsi l'entreprise de la possibilité de former une demande de sursis. Le montant « discuté » ou « négocié » dans le cadre de la transaction laisse imaginer, en outre, que l'entreprise est en état de pouvoir s'acquitter de l'amende qui lui sera infligée.

659. **Sursis au paiement et effet dissuasif de l'amende.** Comme en France, la très grande majorité des entreprises sanctionnées par la Commission règlent leurs amendes intégralement et à échéance. De la même manière, le fait que les amendes soient payées très rapidement par les entreprises et avant même le résultat des recours au fond contribue au caractère dissuasif des amendes. Il a été également observé que les débiteurs réels des amendes, les sociétés mères propriétaires, sont de plus en plus éloignés des pratiques généralement mises en œuvre par leurs filiales prestataires. Contrairement au droit français, la mise à contribution des sociétés mères ne fait plus l'objet d'aucune discussion, que ces sociétés mères aient été condamnées ou non. En droit de l'Union, la capacité contributive n'est pas limitée à l'entreprise sanctionnée, mais au groupe de sociétés, ce qui intègre les actionnaires minoritaires. Puisque la sphère des débiteurs est susceptible d'être plus étendue que la sphère de l'entité économique, la Commission se donne des moyens supplémentaires de justifier et de recouvrer le montant de lourdes amendes. Cela ne signifie pas pour autant que cet objectif de recouvrement rejoint toujours l'objectif dissuasif des amendes. Les débiteurs de l'amende, parfois éloignés des pratiques sanctionnées et de leurs auteurs directs, payent en raison de leur responsabilité en tant que détenteurs de ces auteurs et non en tant que participants à ces pratiques.

[2087] V., *supra*, n°s 371 et 391.

CONCLUSION DU SECOND CHAPITRE ET DU SECOND TITRE

660. **Amende et capacité contributive des entreprises.** Malgré la hausse des amendes imposées aux entreprises, la majorité de ces amendes n'ont pas trop entravé la marge d'action des entreprises sanctionnées. Certes, des amendes théoriquement encourues auraient pu affecter, voire excéder la capacité contributive des entreprises, si l'Autorité ou la Commission n'avait pas procédé à des ajustements opportuns. Ainsi, des amendes moins lourdes que celles normalement encourues ont été prononcées par ces deux autorités et résultent d'une application adaptée et mesurée de leurs grilles de sanctions, voire en s'en écartant totalement. Cependant, certaines amendes infligées aux entreprises ont tout de même pu largement les priver de leurs ressources. Les entreprises qui sont le plus en difficulté à la suite d'une amende opèrent régulièrement dans un secteur dit en crise. Il est à regretter la fermeté de principe des autorités de concurrence à l'égard des entreprises qui sont actives sur un secteur traversé par une crise, alors qu'une forte atténuation des amendes infligées à ces entreprises ne revient pas nécessairement à altérer leur effet dissuasif.

661. **Recouvrement de l'amende.** Il sera rappelé qu'un recouvrement efficace des amendes participe indéniablement à l'effet dissuasif des politiques de sanctions mises en place par les autorités de concurrence. À cet égard, le recouvrement de l'amende, tant en droit français qu'en droit de l'Union, est très efficace. Non seulement les amendes sont recouvrées à 100 %, mais elles le sont de surcroît très rapidement. Certes, des facilités de paiement ou des sursis ont pu être occasionnellement admis. Il n'en demeure pas moins que la très grande majorité des entreprises règlent leurs amendes intégralement et à échéance. En France, il a été observé que des échelonnements et des délais ont pu être accordés à des entreprises. Sans prétention à l'exhaustivité, certains des sursis accordés à ces entreprises ont mis en lumière le fait que le Conseil ou l'Autorité ont parfois pu avoir la « main lourde » dans certaines décisions, comme dans les affaires des *Farines*, des *Produits laitiers* ou des *Endives*. À ce sujet, il faut aussi se réjouir que le Président de la cour d'appel de Paris ait joué pleinement son rôle de juge des référés. À l'échelon européen, il est à regretter l'extrême fermeté du Président du Tribunal et de la Cour de justice qui n'ont quasiment jamais accordé de sursis à la constitution d'une garantie bancaire. Les hypothèses très préjudiciables que sont la cession ou la liquidation de la société en infraction en raison ou à la suite de l'imposition d'une amende ne sont même pas des motifs suffisants dans le cadre d'un sursis à Luxembourg. C'est précisément ce qui s'est passé dans plusieurs affaires, la plus notable étant sans doute l'affaire des *Réactifs* qui a mis à mal la politique de concurrence de la Commission européenne.

662. **Élargissement et éloignement des contributeurs à l'amende.** Un pourcentage de recouvrement de l'amende proche de 100 % n'aurait sans doute pas été possible si les autorités de concurrence ne s'étaient pas prononcées pour une large délimitation de la capacité contributive des entreprises. Ce que l'on peut également dénommer la sphère des débiteurs a été notamment éclairci et élargi par les affaires de sursis devant les juridictions de contrôle. En la matière, la jurisprudence va jusqu'à impliquer des sociétés de plus en plus éloignées de la personne morale ayant commis les pratiques, y compris lorsqu'elles ne sont pas condamnées. La mise à contribution d'un actionnaire majoritaire, la société mère généralement, est bien connue et le plus souvent indispensable en vue du recouvrement. Mais celle d'un actionnaire minoritaire l'est beaucoup moins. La prise en compte de ces débiteurs n'est pas forcément en rapport avec la volonté de sanctionner les auteurs réels de l'infliction[2088]. Elle est davantage guidée par l'idée de recouvrement de ces amendes.

[2088] Ces débiteurs ont parfois des difficultés à être entendus devant les juridictions. En règle générale, les sociétés mères sont attraites à la cause et condamnées solidairement, ce qui ne pose aucune difficulté. Cependant, la société mise à contribution et dont la responsabilité n'a pas été visée durant la procédure administrative ne peut pas former un recours contre la décision de sanction (CA Paris, 11 mars 2003, Chronopost SA e. a., n° 2002/13735 et l'article de T. FOSSIER, M. SALTIEL, « Parties et tiers en droit répressif de la concurrence : Leur statut devant la cour d'appel de Paris », *Concurrences* n° 1-2011, art. n° 33854). En France, certains groupes de sociétés ont dû même opter pour la voie de l'intervention volontaire devant la cour d'appel de Paris (CA Paris, 23 mai 2017, Laïta e. a., n° 2015/08224, points 11 à 14).

CONCLUSION DE LA SECONDE PARTIE

663. **Identification de l'entreprise responsable.** Pour qu'une amende puisse être dissuasive, il a été énoncé le postulat selon lequel l'amende doit être d'abord payée principalement par celui qui a commis les pratiques. Or, en ayant fait le choix d'appréhender et de sanctionner les entreprises en droit de la concurrence, cet objectif n'est pas toujours évident à atteindre. Certes, la notion d'entreprise a eu un effet indéniable sur l'identification de l'auteur réel des pratiques. Ce mécanisme a notamment permis d'appréhender et de sanctionner les groupes de sociétés masqués derrière l'une de leurs filiales et même de les responsabiliser pour les agissements de celles-ci. Des amendes très élevées ont été, en conséquence, imposées à ces groupes de sociétés qui désormais les redoutent et en tiennent compte dans leurs décisions.

664. **Agrandissement de l'entreprise responsable.** Cependant, toutes les décisions relatives à l'adoption ou à la poursuite d'un comportement anticoncurrentiel ne sont pas prises par les sociétés mères, mais parfois par leurs filiales. L'agrandissement de la taille de ces grands groupes sanctionnés fait, en effet, qu'ils comptent en leur sein de plus en plus de membres. Or, ces groupes ont un contrôle relatif sur l'ensemble de leurs filiales qui fait que l'amende prononcée, aussi sévère soit-elle, n'empêchera pas nécessairement la réitération des pratiques prohibées. Ce phénomène d'agrandissement de la taille des entreprises a sans doute conduit à relativiser l'effet dissuasif des amendes infligées à de très grands groupes. À cet égard, les autorités de concurrence n'ont pas réellement tiré toutes les conséquences de cette forte concentration des acteurs des marchés, sauf à responsabiliser toujours plus les groupes de sociétés. D'ailleurs, c'est désormais le critère de contrôle ou d'appartenance qui prime au moment d'identifier l'entreprise responsable et d'imputer les pratiques prohibées au groupe de sociétés. Ce dernier voit en effet sa responsabilité être fréquemment engagée en raison d'un défaut de surveillance, voire du seul fait de détenir la filiale en faute, plutôt qu'en raison de son implication directe dans l'infraction.

665. **Modification de l'entreprise responsable.** Dans le prolongement de ce constat, il faut également ajouter l'effet du temps sur les entreprises. De nombreuses sociétés forment des entreprises qui ont muté durant ou après l'infraction, ou bien avant le rendu de la décision ou encore avant que les juridictions de contrôle ne statuent, de sorte que l'entreprise identifiée comme responsable n'est pas toujours satisfaisante d'un point de vue dissuasif. Si les restructurations au sein d'un groupe ne posent pas le plus de difficultés, il n'en est pas de même dans les cas de restructurations qui mêlent différents groupes de sociétés. Il a été observé que l'Autorité et la

Commission n'hésitent pas à sanctionner l'acquéreur de l'auteur de l'infraction alors même que le cédant existe toujours. Cette situation, qui dépend du bon vouloir des autorités de concurrence, tend à faire prévaloir l'effectivité du droit de la concurrence sur l'objectif de dissuasion. Cette tendance jurisprudentielle concernant le recouvrement « brouille la personnalisation des amendes »[2089] et nuit à leur effet dissuasif.

666. **Paiement de l'amende par l'entreprise.** La référence au groupe de sociétés, lors de l'étape d'identification de l'entreprise responsable, se prolonge jusqu'au paiement de l'amende. C'est ainsi que la participation du groupe auquel appartient la société en infraction est requise. La mise à contribution du groupe de sociétés, qui ne pourra pas se contenter de liquider sa filiale, est un indicateur fort de l'effet dissuasif des amendes. Comme toutefois relevée au moment d'identifier l'entreprise responsable, la parfaite concordance entre le responsable de l'infraction et le responsable du paiement de l'amende infligée en conséquence de l'infraction n'est pas assurée. Si l'entité qui commet les pratiques n'est pas toujours celle qui sera condamnée, celle qui sera condamnée n'est pas toujours la seule à contribuer au paiement de l'amende. Cette dichotomie est peut-être plus marquée encore au stade du paiement de l'amende. C'est d'abord le groupe de la société en infraction qui paye principalement l'amende, y compris lorsque sa responsabilité n'a pas été mise en jeu par l'Autorité ou la Commission. Le phénomène d'agrandissement des groupes de sociétés fait que les débiteurs sont de plus en plus éloignés des pratiques mises en œuvre le cas échéant par l'une des sociétés du groupe. À cet égard, il est même tenu compte de l'actionnariat minoritaire dans l'évaluation de la capacité contributive des entreprises sanctionnées. Si cette politique se comprend vis-à-vis de la responsabilité qui est exigée d'un groupe de sociétés et de l'objectif de recouvrement de l'amende, elle n'est pas aussi pertinente que cela du point de vue de l'effet dissuasif des amendes.

667. **Effet dissuasif de l'amende payée par l'entreprise.** Il est d'abord à souligner que les amendes sont, en pratique, entièrement réglées par les entreprises et à échéance. Ce sont davantage leurs effets qui préoccupent les observateurs. Les lourdes amendes prononcées par l'Autorité ou la Commission peuvent diminuer les ressources des entreprises consacrées à l'investissement, ce qui peut avoir paradoxalement pour effet de nuire *in fine* à la concurrence. De même, le fait que les secteurs en cause soient en crise n'a pas toujours été pris suffisamment en compte dans le *quantum* des amendes infligées à certaines entreprises, les autorités de concurrence se sont parfois trop réfugiées derrière l'idée que les cartels naissaient en temps de crise. Plus dommageables encore, les amendes sont parfois si

---

[2089] A. WINCKLER, « Le point de vue de l'avocat » *in* « Sanctions : Is more always better ? », *Concurrences* n° 2-2010, p. 87.

élevées qu'elles peuvent mettre la pérennité de certaines entreprises en jeu. Si la dissolution d'une entreprise est une peine effectivement dissuasive, elle n'est pas pour autant souhaitable. En particulier, il y a lieu de désapprouver l'idée selon laquelle la disparition d'une entreprise à la suite d'une amende est une conséquence jugée acceptable. À cet égard, certaines amendes pourraient même être contreproductives si elles contribuent ou ont pour effet de réduire le nombre d'acteurs sur le marché et, en conséquence, l'intensité de la concurrence. Or, ce phénomène de restructuration d'entreprises a déjà été observé à la suite d'une décision de sanction. Le danger pourrait être alors de mettre en place une politique de sanction des cartels, dont la nature temporaire ne doit pas être oubliée, qui favoriserait ce phénomène de restructuration et de concentration des marchés, qui se caractérise, lui, par sa permanence et qui restreindrait durablement la concurrence.

CONCLUSION GÉNÉRALE ET RÉSUMÉ DES PROPOSITIONS DE THÈSE

668. **Conclusion sur les amendes en droit de la concurrence.** Au risque de verser dans l'« amendologie »[2090], si ce n'est déjà fait, il est désormais temps de conclure cette démonstration. Il sera rappelé les deux principales questions posées dans cette étude : les amendes infligées aux entreprises ayant enfreint le droit de la concurrence sont-elles punitives ? Ces amendes infligées aux entreprises sont-elles également dissuasives ? Chacune de ces questions a fait l'objet d'une partie dans le cadre de notre étude.

669. **Amendes punitives ?** À la première question, il n'y a aucun doute, selon nous, sur le fait que les amendes en droit de la concurrence sont généralement punitives et même, toutes catégories confondues, les plus punitives de toutes celles infligées aux entreprises. Il a été démontré que ces entreprises font face, en conséquence, à des amendes de plus en plus lourdes et dimensionnées, le cas échéant, à la taille des plus grands groupes de sociétés. Cette hausse exponentielle des amendes a été d'abord le principal déterminant de la crédibilité des autorités de concurrence[2091].

Les effets de cette politique sanctionnatrice ont été ensuite envisagés. La menace de lourdes amendes a incité et orienté les entreprises à négocier avec les autorités de concurrence en dénonçant, en transigeant, voire en s'engageant envers elles[2092]. Ce risque concurrentiel est même souvent l'élément prédominant dans leurs décisions d'entrer ou non en négociation avec les autorités de concurrence, prévalant sur la volonté de se repentir.

670. **Amendes dissuasives ?** À la seconde question, il a été répondu que le « risque concurrentiel »[2093] est pris très au sérieux par les entreprises qui se savent étroitement surveillées, voire possiblement dénoncées. Pour autant, il y a lieu d'émettre un certain nombre de réserves quant à la portée dissuasive des amendes, et ce, indépendamment de l'idée d'un *quantum* dissuasif. À la théorie économique des amendes dissuasives, il a été rappelé que les amendes sont infligées à des sociétés et que certaines d'entre elles appartiennent à d'autres sociétés. Vu la taille acquise par certaines entreprises, il ne leur est plus possible, même avec la meilleure des volontés, de contrôler effectivement leur multitude de sociétés. Il a été également relevé qu'en raison du caractère « volatile » et éphémère des personnes morales, ce ne sont pas toujours celles qui ont mis en œuvre les pratiques qui se retrouvent condamnées. Les grands groupes de sociétés restructurées en sont le parfait exemple. Quoi qu'il en soit, le choix de viser la personne

---

2090 L. IDOT, « Le Tribunal de l'Union se prononce pour la première fois sur la procédure de transaction », *Revue des contrats* n° 4-2015, p. 928.

2091 B. LASSERRE, « 20ème anniversaire de l'ordonnance du 1er décembre 1986 « Vingt ans après » », disponible sur le site de l'Autorité.

2092 E. CLAUDEL, « Procédures négociées, accessoires ou alternatives à la sanction en droit de la concurrence : Raison garder ! », *Concurrences* n° 4-2015, p. 61.

2093 B. CHEYNEL, « Public enforcement du droit de la concurrence - Actualité d'un risque concurrentiel grandissant », *RLC* n° 22-2010, n° 1564.

morale ne permet pas toujours de satisfaire la condition *sine qua non* de sanctionner celui qui a commis les pratiques. La nature abstraite des personnes morales n'est pas assez prise en compte dans le raisonnement des autorités de concurrence. Dès lors, il est lacunaire de souhaiter orienter le comportement d'une personne morale en éludant systématiquement de l'examen les dirigeants qui sont (ou ont été) aux commandes. À cet égard, il a été vu que les limites de cette politique sanctionnatrice menée par les autorités de concurrence ont été à plusieurs reprises atteintes. Certaines amendes, en effet, atteignent, voire dépassent, parfois, les capacités contributives des entreprises. Ces amendes ont pu avoir des effets néfastes sur les entreprises et le marché, allant d'un affaiblissement disproportionné à la disparition pure et simple de certaines entreprises. Pour la Commission et l'Autorité, il est sans doute venu le temps d'aménager leur politique sanctionnatrice.

671. **Recommandations finales et conclusions.** La critique est aisée, mais l'art est difficile. Cette étude n'a de valeur qu'à la condition de se montrer force de propositions. Certes, il aurait été préférable d'émettre des propositions au regard des critères légaux qui fixent l'amende[2094]. Mais la Commission et l'Autorité ont réussi le véritable tour de force d'imposer leurs grilles de sanctions *de facto* voire *de jure* au juge[2095]. À ces conditions, il est préférable, pour des raisons de lisibilité et d'effectivité, de formuler des recommandations visant à améliorer la détermination du *quantum* des amendes telles que fixé par les actuelles grilles de sanctions de l'Autorité et de la Commission (1). Pour terminer cette conclusion, on s'essayera à élever le débat sur le sujet des amendes en droit de la concurrence en replaçant la lutte contre les cartels dans le choix politique qui a été fait d'une économie à la fois ouverte et internationale (2).

[2094] *Rapport pour une réforme du droit de la concurrence. Le club des juristes*, G. CANIVET, F. JENNY (dir.), préc., proposition n° 46 : « - réécrire intégralement le dispositif sur les sanctions de l'article L. 464-2 du Code de commerce ; - supprimer sans attendre le plafond spécial pour les organismes de l'article L. 464-2-1, al. 4 du Code de commerce ».

[2095] Cass. com., 8 novembre 2017, Graham & Brown France e. a., n° E 16-17.226 et T 16-17.330, p. 5 et 6.

§ 1 – Recommandations sur les amendes infligées par l'Autorité et la Commission

672. **Rééquilibrer et ajuster la détermination du *quantum* de l'amende.** Il a d'abord été prouvé que les petits acteurs d'un marché sont plus sévèrement condamnés par les autorités de concurrence que les grands groupes diversifiés. Ce phénomène n'a rien de nouveau, ce différentiel de proportionnalité avait déjà été constaté avant l'adoption des grilles de sanctions[2096]. L'étape de l'individualisation d'un montant de base, supposée proportionner le *quantum* de l'amende à la taille de l'entreprise, n'est pas satisfaisante en ce qui concerne les petites entreprises. La prise en compte de la situation mono-produit d'une entreprise, dont la suppression n'avait un temps pas été vue d'un mauvais œil par l'Autorité[2097], pose trop de difficultés d'application pour que l'on puisse s'en contenter[2098].

Selon nous, cet écueil implique de revenir à la source de cette difficulté qu'est la détermination du montant de base de l'amende. Le principe de proportionnalité doit davantage irriguer cette étape cruciale de la sanction. Il est donc nécessaire de revenir sur les critères de calcul du montant de base. On fera remarquer que les autorités de concurrence, au nom de la proportionnalité, se sont de plus en plus référées au critère de la valeur des ventes au détriment du chiffre d'affaires total, jusqu'à l'avoir codifié dans leurs grilles de sanctions. Cette méthode n'a toutefois profité qu'aux grands groupes diversifiés et non aux entreprises de taille limitée et mono-produits. Que le critère de la valeur des ventes n'ait pas été jugé discriminatoire n'ôte rien à son caractère injuste, tant il est patent qu'il génère les amendes les plus sévères pour les entreprises de taille limitée et mono-produits. Il est donc préconisé de remédier à cette injustice. Contrairement aux apparences, réintroduire dans la balance la prise en compte du chiffre d'affaires total permettrait de mieux dimensionner l'amende à la taille de l'entreprise. D'autres variables pourraient être également introduites dans cette perspective, comme la profitabilité par exemple.

Quant au taux appliqué sur la valeur des ventes, on rappellera qu'il est possible de retenir une proportion comprise entre 0 et 30 %. Or, un taux moyen avoisinant les 15 % est ordinairement retenu par les autorités de concurrence, par la Commission en particulier. Ce taux moyen, identique pour tout le monde, démontre que la gravité des pratiques n'est pas suffisamment distinguée selon les affaires en cause. Il en résulte ce

---

2096 F. THIBAULT, *La proportionnalité des sanctions prononcées par les autorités de concurrence françaises et communautaires*, M.-C. BOUTARD-LABARDE (dir.), th. Univ. Toulon, Sudoc, 2000.

2097 Cass. com., 8 novembre 2017, Graham & Brown France e. a., n° E 16-17.226 et T 16-17.330, p. 4 et 5 et la note d'A. RONZANO, *L'actu-concurrence* n° 44-2017.

2098 M. DUMARÇAY, « L'entreprise « mono-produit » cause de minoration de la sanction des pratiques anticoncurrentielles en droit français et de l'Union européenne : un enfer pavé de bonnes intentions ? », *RLC* n° 67-2017.

sentiment contrasté que si tout est grave, rien ne l'est véritablement. L'autre variable retenue en droit français, le dommage à l'économie, a été abrogée par le législateur. Il s'agit d'un concept à la fois flou et inquantifiable dont la suppression avait été proposée en 2019 au moment de la soutenance de cette thèse et qui est la bienvenue[2099]. Enfin, l'importance disproportionnée d'une autre variable qu'est la durée de l'infraction devrait être amoindrie. Ce constat vaut tant pour la Commission que, désormais, l'Autorité qui a renforcé la prise en compte du facteur temps dans son communiqué sanctions de 2021. Il est également proposé de proportionner la prise en compte de la durée de l'infraction en fonction des caractéristiques de l'infraction, le même calcul ne devrait pas pouvoir s'opérer selon qu'il s'agisse, par exemple, d'un cartel ou bien encore d'une infraction reconnue comme inédite.

1. *Proposition à l'Autorité et à la Commission : retenir le chiffre d'affaires en relation directe, et non indirecte, avec les objectifs de l'infraction au titre de la valeur des ventes ;*

2. *Proposition à la Commission : affiner davantage le pourcentage appliqué sur la valeur des ventes en fonction de la gravité de l'infraction ;*

3. *Proposition à l'Autorité et à la Commission : cesser la prise en compte du dommage à l'économie ou continuer de ne pas l'appliquer ;*

4. *Proposition à l'Autorité et à la Commission : revoir à la baisse l'importance du critère de la durée de l'infraction ;*

5. *Proposition à l'Autorité et à la Commission : ajuster le coefficient de la durée en fonction de l'infraction en cause ;*

6. *Proposition à l'Autorité et à la Commission : proportionner et individualiser le montant de base en tenant compte du chiffre d'affaires total de l'entreprise, de la taille de l'entreprise, ou bien encore sa profitabilité ;*

7. *Proposition à l'Autorité et à la Commission : réviser la prise en compte insatisfaisante de la situation mono-produit des entreprises au titre de l'ajustement du montant de base.*

673. **Réviser le régime de la récidive et de la réitération.** De nombreux observateurs ont critiqué le régime de la réitération, en droit français, et de la récidive, en droit de l'Union. Quelques propositions visant à rendre plus juste le régime de cette circonstance aggravante seront énoncées : certaines

---

[2099] Rapport Folz, p. 35.

facilitant sa prise en compte, d'autres, au contraire, la restreignant. S'agissant du précédent constat d'infraction, il nous semble que les ententes anticoncurrentielles et les abus de position dominante devraient être considérés comme des délits assimilés en matière de réitération ou de récidive. Les juges français et de l'Union s'y refusent jusqu'ici. De même, il importe que l'Autorité tienne compte des précédents constats d'infractions relevés par la Commission européenne (et inversement). Cette possibilité est, à cet égard, l'une des principales nouveautés énoncées dans son communiqué sanctions de 2021. Il est en effet assez fréquent que l'Autorité condamne des entreprises qui ont été sanctionnées peu de temps avant par la Commission.

Le délai, ensuite, entre le précédent constat d'infraction et le début des nouvelles pratiques devrait être ramené à 10 ans. Cette règle devrait particulièrement s'appliquer à la Commission, laquelle a déjà « exhumé » des décisions rendues plus de vingt ou trente ans auparavant pour retenir la récidive à l'encontre de plusieurs entreprises. En droit français, l'actuel délai de 15 ans pourrait être ramené à 10 ans[2100].

S'agissant enfin de l'opportunité de retenir ou non la récidive à l'encontre d'une entreprise, l'approche de la Commission pourrait être critiquée. Il n'y a pas véritablement de cohérence dans son approche, si bien que la retenue de cette circonstance aggravante reste assez aléatoire pour ne pas dire discrétionnaire et finalement injuste. L'Autorité, de son côté, a une approche plus rigoureuse sur la retenue de la réitération.

8. *Proposition aux juges français et européen : considérer les ententes anticoncurrentielles et les abus de position dominante comme des délits assimilés en matière de réitération ou de récidive ;*

9. *Proposition à l'Autorité et à la Commission : tenir compte des précédents constats d'infraction au droit des pratiques anticoncurrentielles relevés par les autorités du REC ;*

10. *Proposition à l'Autorité et la Commission : ne plus opposer la réitération ou la récidive lorsque le délai écoulé entre le précédent constat d'infraction et le début de la nouvelle pratique dépasse 10 ans ;*

2100 Ce délai de 10 ans pourrait nécessiter toutefois de revenir sur la condition selon laquelle le précédent constat d'infraction doit avoir acquis un caractère définitif à la date à laquelle l'Autorité statue sur la nouvelle pratique. Cette obligation, qui n'existe pas en droit de l'Union, pourrait parfois priver l'Autorité de retenir la réitération, en ce que le précédent constat d'infraction ne devient définitif qu'à la suite de longs recours contentieux propres au droit des pratiques anticoncurrentielles.

11. Proposition à la Commission : avoir une approche cohérente et non discrétionnaire dans le fait de retenir ou non la récidive à l'égard des entreprises.

674. **Sanctionner les sociétés mères personnellement responsables de l'infraction.** Il a été approuvé la démarche de nos autorités de concurrence qui visent à systématiquement responsabiliser les sociétés mères pour les agissements de leurs filiales. Il importe toutefois de préalablement mettre à la cause la société mère avant de pouvoir tenir compte de la puissance économique de cette dernière dans la détermination du montant de l'amende.

Quelques difficultés et inquiétudes relatives à la société mère jugée responsable des pratiques ont été relevées en cas de restructurations d'entreprises. Ces inquiétudes nous conduisent à recommander aux autorités de poursuivre les anciennes sociétés au moment des faits et à faire au mieux pour que les entreprises étrangères aux pratiques ne soient pas condamnées.

Il aura été vu également que la responsabilité directe d'une société mère dans l'infraction à laquelle participait sa filiale n'avait aucune incidence sur le *quantum* de l'amende. En d'autres termes, le régime de responsabilité personnelle de la société mère et celui à raison de la détention de la filiale ayant mis en œuvre les pratiques est, en termes pécuniaires, le même. Une telle indifférenciation nous a semblé injuste et potentiellement néfaste. Lorsque les sociétés mères ont pris une part déterminante dans l'infraction, il est suggéré de les sanctionner beaucoup plus durement par rapport à celles qui n'ont pas pris part à l'infraction mise en œuvre par leurs filiales.

12. Proposition à l'Autorité et à la Commission : poursuivre prioritairement les anciennes sociétés mères en cas de restructurations externes ;

13. Proposition à l'Autorité : retenir la majoration dissuasive sous condition de préalablement imputer les pratiques à la société mère ;

14. Proposition à l'Autorité : se référer au chiffre d'affaires consolidé d'un groupe de sociétés sous condition de préalablement imputer les pratiques à la société mère ;

15. Proposition à l'Autorité et à la Commission : sanctionner plus sévèrement les groupes de sociétés impliqués directement dans l'infraction que ceux sanctionnés en raison de l'infraction mise en œuvre par leurs filiales.

675. **Désenclencher la politique du tout « clémence ».** Il a été estimé nécessaire de revenir sur la politique du tout « clémence » mise en place par les autorités de concurrence et, en premier lieu, par la Commission. Cette dernière est en effet devenue tributaire de sa politique de clémence. Or, cette politique semble devoir être remise en cause à un moment où celle-ci n'est plus aussi efficace que par le passé et alors même que l'intérêt à la clémence est amené à fortement décroître à l'ère du *private enforcement*[2101].

Il a été démontré par ailleurs que les programmes de clémence n'avaient pas eu que des effets positifs et qu'une analyse empirique *ex post* des décisions invitait à la prudence. Si les amendes infligées à des entreprises sont parfois source d'inquiétudes, c'est particulièrement le cas lorsqu'une affaire a été détectée à la suite d'une demande de clémence formulée par le leader d'un secteur sinistré, situation qui est loin d'être rare en pratique. Or, la clémence ne doit pas avoir pour effet de renforcer le leadership d'une entreprise et de fragiliser les autres entreprises d'un secteur, ni même de participer à ce phénomène de rachat d'entreprises affaiblies par les amendes.

À cet égard, il semble plus juste de faire en sorte que la clémence soit ouverte à tous et non, en réalité, aux seuls leaders du marché et autres groupes de sociétés dominants. Ainsi, il est suggéré d'adopter une politique de clémence plus incitative et protectrice des entreprises qui ne sont pas leaders du marché. C'est à ces entreprises, qui ne sont ni à l'origine ni les organisateurs des cartels que la clémence devrait être prioritairement proposée. En revanche, ceux qui sont « au cœur » des cartels ne devraient pas en bénéficier. Partant, il est proposé aux autorités de concurrence d'exclure insidieusement du cadre de la clémence les meneurs, incitateurs, récidivistes et autres entreprises ayant exercé des pressions et mesures de représailles. Pour cela, il est nécessaire que les autorités de concurrence réétudient plus finement le comportement des entreprises au sein du cartel.

16. *Proposition à la Commission : réinvestir dans les services d'enquêtes et sortir de la politique du tout « clémence » ;*

17. *Proposition à la Commission : accorder moins de réductions au titre de la clémence ;*

18. *Proposition à l'Autorité et à la Commission : déclarer les organisateurs, incitateurs, meneurs, récidivistes et auteurs de représailles comme inéligibles à l'immunité ou à l'exonération totale ;*

[2101] R. AMARO, *Le contentieux privé des pratiques anticoncurrentielles*, M. BÉHAR-TOUCHAIS (dir.), th. Univ. Paris Descartes, 2012, Concurrences, Bruylant et M. BÉHAR-TOUCHAIS, D. BOSCO, C. PRIETO (dir.), *L'intensification de la réparation des dommages issus des pratiques anticoncurrentielles*, t. 70, IRJS Éd., 2016.

19. Proposition à l'Autorité et à la Commission : imposer aux demandeurs de clémence de dénoncer toutes les ententes auxquelles ils participent au risque de perdre ultérieurement le bénéfice de la clémence, voire d'être condamné plus sévèrement (« penalty plus »).

676. **Renoncer à la « transaction ».** L'importance prise par la procédure de transaction, d'abord introduite à l'échelon européen et ensuite en France[2102], a été analysée dans le cadre de cette étude. À l'encontre totale des politiques judiciaires actuelles[2103], il est proposé à la Commission et à l'Autorité de renoncer à la transaction. Parmi l'ensemble des raisons invoquées, nous soutenons principalement que les gains de temps escomptés par la transaction pour traiter d'autres affaires ne sont pas opportuns si l'on part du constat que le stock d'affaires en cours se réduit sans cesse. De manière générale, la politique de transaction est également, selon nous, le signe d'une justice qui s'affaiblit et qui négocie plus qu'elle ne juge.

À ceux qui nous trouveraient bien radicaux et estimeraient que la transaction et la procédure classique peuvent cohabiter, nous répondrons que la transaction aura toujours tendance, en concurrence et en toute matière, à être privilégiée, à progressivement rendre désuète la procédure classique et que, *in fine*, c'est le choix entre ces deux procédures qui se posera.

20. Proposition à l'Autorité et à la Commission : renoncer à la politique transactionnelle en matière de pratiques anticoncurrentielles ;

21. Proposition à l'Autorité : renoncer à la transaction dans les affaires de micro-PAC échouées soumises par la DGCCRF.

677. **Ne pas récompenser la « compliance ».** À l'ère de la « compliance », le droit de la concurrence a souvent été cité en exemple dans la promotion des programmes de conformité. Avant-gardiste, l'Autorité avait développé une pratique visant à encourager l'adoption et l'amélioration de programmes de conformité. Mais de façon assez inattendue, l'Autorité a récemment décidé de ne plus récompenser par une réduction d'amende l'entreprise qui s'engageait à adopter ou améliorer son programme de conformité. Il convient de saluer cette décision adoptée à contre-courant de l'ère de la *compliance* et prise peu de temps avant que la division *antitrust* du DOJ ait annoncé son intention de tenir compte des programmes de conformité à

[2102] S. Martin, M. Béhar-Touchais, M. Thill-Tayara « Les transactions en droit de la concurrence : Réelle opportunité ou fausse aubaine pour les entreprises ? », conférence de la revue *Concurrences* du 14 mai 2018.

[2103] V., encore récemment, la création de la Convention judiciaire d'intérêt public (CJIP) par la loi « Sapin II ». Les premières CJIP ont été publiées sur le site de l'agence française anti-corruption.

l'avenir[2104]. Cette décision est cohérente, ne serait-ce que par le fait que tous les grands groupes sont dotés d'un programme de conformité à l'heure actuelle et que les législations l'imposent désormais de plus en plus. Il y a d'ailleurs quelque chose de curieux à récompenser l'action visant à respecter la loi. En outre, faire peser le risque concurrentiel sur les groupes de sociétés n'a pas comme contrepartie qu'elle soit réalisée aux frais du contribuable. La réalité démontre enfin les limites de la *compliance*, sa rentabilité n'étant assurée qu'à ceux qui sont payés pour les mettre en place.

22. Proposition à l'Autorité et à la Commission : ne pas accorder de réductions aux entreprises qui s'engagent à adopter ou améliorer leurs programmes de conformité.

678. **Réévaluer la prise en compte de la capacité contributive (*Inability to pay*).** Il a été observé que les amendes imposées à certaines entreprises ont pu menacer leur pérennité dans plusieurs affaires. À contre-courant là aussi des tendances actuelles, il est préconisé aux autorités de concurrence française et de l'Union d'assouplir la prise en compte de difficultés financières. Une amende ne doit pas, selon nous, pouvoir conduire à une restructuration de l'entreprise qui a été condamnée, voire à sa disparition. Pour le dire autrement, la « peine d'exclusion de la famille » voire la « peine de mort » n'est pas concevable en droit de la concurrence. Des peines aussi extrêmes vont au-delà des effets normalement attendus et qui sont, en dernière analyse, politiquement et économiquement contreproductives.

23. Proposition à l'Autorité et à la Commission : tenir compte d'un contexte de crise ;

24. Proposition à l'Autorité et à la Commission : ne plus considérer que le paiement d'une amende puisse conduire à la disparition de l'entreprise ;

25. Proposition à l'Autorité et à la Commission : infliger des amendes qui ne conduisent pas à des restructurations et à une concentration du marché ;

26. Proposition aux juridictions de contrôle de l'Union : assouplir leur interprétation de la capacité contributive et leurs exigences en cas de demande de sursis à exécution au paiement de l'amende.

2104 V. communiqué de presse du DOJ du 11 juillet 2019, « Antitrust Division Announces New Policy to Incentivize Corporate Compliance », disponible sur le site Internet du DOJ.

§ 2 – Réflexions sur la politique des amendes en droit de la concurrence

679. **Amendes, cartels et autres infractions.** Considérée abusivement selon nous comme un « cancer de l'économie »[2105], voire « le mal suprême de l'antitrust »[2106], la lutte contre les cartels a été la grande priorité et le *leitmotiv* des autorités de concurrence depuis les années 90. À tel point que les autres infractions au droit de la concurrence n'intéressent plus énormément les autorités de concurrence[2107]. Seuls les cartellistes, ou presque, sont au cœur de la tempête et se voient prononcées de lourdes amendes. Certes, les cartels trompent les autres acteurs économiques sur la réalité de la concurrence et occasionnent une perte qui est considérée comme injustifiable par la grande majorité de la doctrine. Cela étant, on fera également remarquer que d'autres types d'infractions trompeuses et tout aussi néfastes existent sans que leurs sanctions soient à ce jour d'une sévérité équivalente. Ce constat a fait dire à un avocat spécialisé en droit de la concurrence qu'il vaut mieux, pour une entreprise, se livrer au blanchiment d'argent, au délit d'initié ou à la fraude fiscale, que de courir le risque d'être impliquée dans une pratique anticoncurrentielle[2108]. Bien qu'il existe pour d'autres infractions de nombreuses sanctions totalement inadaptées aux entreprises condamnées et qui font sourire[2109], les politiques de sanctions sévères semblent s'être récemment développées ailleurs qu'en droit de la concurrence[2110]. Les cas topiques d'UBS, Bank of America, BNP, BP et Volkswagen, condamnés chacun à payer plusieurs milliards d'euros, témoignent parfaitement de la sévérité grandissante des sanctions pécuniaires infligées en matière financière, de protection des données, environnementale et de consommation. À terme se posera la question de la « soutenabilité » de tels régimes de sanctions qui ne seraient plus consacrés

---

2105 M. MONTI, « Fighting Cartels : Why and How ? », discours au Third Nordic Competition Policy Conference, Stockholm, 11-12 septembre 2000.

2106 Rapport de l'OCDE sur les ententes injustifiables de 2005, disponible sur le site de l'OCDE, p. 8, citant la Cour suprême des États-Unis dans l'aff. Verizon Communications c/ Trinko, 540 U.S. 398, 408(2004).

2107 Il est cependant à noter un net regain d'intérêt pour les sanctions en matière d'abus de position dominante et de pratiques verticales de la part de la Commission ces trois dernières années.

2108 J.-P. TRAN THIET, « Dissuasion et proportion », Le bulletin de l'Ilec, n° 418, mars 2011, disponible sur le site ilec.asso.fr.

2109 Il sera rappelé l'amende de 150 000 euros infligée en 2014 à Google par la CNIL qui représentait, d'après un article de Numérama, 0,000 3 % du chiffre d'affaires mondial de Google en 2012. Ou encore, deux minutes de chiffre d'affaires… La CNIL a été bien plus crédible en sanctionnant en 2020 cette même entreprise à 100 millions d'euros.

2110 En France, la récente condamnation d'UBS à une amende de 3,7 milliards d'euros et à des dommages-intérêts de 800 millions d'euros par le Tribunal correctionnel de Paris est une première et pourrait marquer un véritable tournant dans la politique judiciaire adoptée à l'égard des grandes entreprises (Trib. corr. Paris, 20 février 2019, n° 11055092033 et l'article de J. GALLOIS, « UBS : amende record infligée à la banque suisse », 1er mars 2019, *Revues Dalloz*).

qu'en concurrence[2111]. Il y a lieu d'avoir quelques craintes et les autorités de concurrence devront un jour tenir compte de la tendance générale d'une montée en puissance des autres amendes infligées aux entreprises[2112].

680. **Cartels et relations avec les autres formes de concentration.** L'autre aspect justifiant la lutte contre les cartels est qu'ils engendrent une concentration horizontale des entreprises d'un marché injustifié. Cela étant, la politique des autorités de concurrence a quelque chose de très paradoxale, selon nous, à toujours condamner plus fort les formes de cartels et à se montrer toujours plus souple devant les formes de concentrations horizontales et verticales auxquelles nous assistons de plus en plus[2113]. D'ailleurs, il a déjà été avancé l'idée qu'une politique efficace de lutte contre les cartels incite en conséquence les entreprises à se regrouper[2114]. Il est indéniable, en effet, que nous vivons dans le monde de la « concentration du capital », à un moment peut-être où l'économie n'a jamais été aussi concentrée et oligopolistique. Même les plus grandes entreprises d'un secteur, comme Bayer et Monsanto, Arcelor et Mittal, ont été autorisées à fusionner. Il est même notable que de tels consentements aient été donnés à d'anciens cartellistes qui s'étaient entendus par le passé, à l'image de Lafarge et de Holcim. D'autres, enfin, n'attendent même plus l'autorisation des autorités de concurrence[2115].

Or, il n'est pas inutile de rappeler que les *trusts*, *holdings* et autres résultantes des fusions-acquisitions sont des formes de concentrations plus abouties que ne le sont les ententes et même les cartels[2116]. L'histoire nous démontre d'ailleurs que ces formes de cartels, aussi puissantes soient-elles, ont pu être conquises par d'autres formes de concentrations encore plus puissantes, comme nous le rappelle l'histoire des *konzerns* allemands[2117]. De tels propos ne visent pas à disculper les formes de cartels[2118], encore que

---

2111 H. CALVET, « Les sanctions » *in* « 20e anniversaire du Conseil de la concurrence. Quel statut et quels moyens pour les autorités de contrôle de la concurrence ? », *RLC* n° 13-2007, p. 212.

2112 V. la convention judiciaire d'intérêt public (CJIP) de 300 millions d'euros signée entre le parquet national financier et la Banque HSBC, disponible sur le site de l'agence française anti-corruption.

2113 Sur les enjeux du contrôle des concentrations, v. les articles de L. IDOT, « Le contrôle des concentrations », *RIDE* 2002/2 t. XVI, p. 175, « Contrôle des concentrations et contrôle des investissements étrangers : Réflexions de juriste », *Concurrences* n° 2-2015, p. 54.

2114 A. COSNITA-LANGLAIS, J.-P. TROPEANO « Contrôle des concentrations et lutte anticartels. Substituts ou compléments ? », *Revue économique*, n° 3-2010, vol. 61, p. 623.

2115 Sur les pratiques de *gun jumping*, v. décision de l'Autorité n° 16-D-24 du 8 novembre 2016, Altice et SFR, et l'intervention d'I. DE SILVA dans « Les Rendez-vous de l'Autorité », du 23 mars 2017, disponible sur le site de l'Autorité ; v. décision de la Commission du 24 avril 2018, Altice et PT Portugal, M.7993 (IP/18/3522).

2116 O. HARDY-HÉMERY, « Une limite au libéralisme intégral ? Ententes et cartels dans le monde au XIXe et dans le premier tiers du XXe siècle », *Revue du Nord*, t. 75, n° 300, p. 319.

2117 F. MAURO, *Histoire de l'Économie mondiale*, 1790-1970, éd. Sirey, 1971, p. 303.

2118 Nous n'en dirions pas autant de toutes les formes d'ententes dont le caractère bénéfique de certaines peut être temporairement justifié.

leurs effets sur les prix ne semblent pas à chaque fois démontrés[2119]. Cette lutte contre les cartels se justifie pleinement par le caractère occulte des pratiques et pour l'excellente raison qu'ils participent, eux aussi, à cette concentration du marché. Les cartels ont également pour finalité de faire en sorte que « les petits soient mangés encore plus rapidement par les autres »[2120]. Il s'agit toutefois de replacer le cartel dans les multiples formes existantes de concentration du capital. La grande majorité des politiques de concurrence actuelles présentent l'incohérence de lutter contre les cartels et, en même temps, de ne pas suffisamment s'opposer à la concentration de l'économie. Comme si le cartel, en somme, était la seule forme de domination injustifiée.

Ces géants économiques sont souvent dénoncés, à l'image des GAFAM[2121], ils continuent néanmoins d'avoir le droit de s'agrandir et d'absorber bon nombre de sociétés[2122]. Il est d'ailleurs inquiétant de constater que ce phénomène est parfois encouragé par les États eux-mêmes avec le développement de leurs « champions nationaux » taillés pour affronter la concurrence internationale[2123], à l'image du sud-coréen Samsung.

Or, la régulation d'un marché monopolistique ou oligopolistique semble plus difficile que la régulation d'une multitude d'acteurs de taille limités sur un marché, furent-ils en entente. D'abord, la concentration d'un marché induite par une entente cartel est par nature « instable » et « temporaire » quand le monopole a un caractère plus permanent. À la suite d'un cartel, il semble en général plus aisé de revenir à la normale. Ensuite se pose la question des moyens de réguler les plus grandes entreprises qui ont, elles aussi, leurs moyens de pression. Il n'y a parfois plus d'emprise sur ces entreprises. Lorsqu'une entreprise acquiert une taille telle qu'elle dicte les règles, ne se pose plus la question de lui infliger une amende, mais de reprendre la main. Pour répondre à cette question, il faut comme souvent revenir à l'histoire, cet éternel recommencement, qui nous a présenté deux alternatives face à ces situations d'extrême domination. La première est la

---

2119 A. WINCKLER, « Sanctions : Is more always better ? », *Concurrences* n° 2-2010, art. n° 31041 ; M. SPROUL, « Antitrust and Prices », *Journal of Political Economy*, 1993, 101, p. 741.

2120 K. MARX, F. ENGELS, *Le capital*, t. 3, 1894.

2121 *L'effectivité du droit face à la puissance des géants de l'Internet.* Actes des journées du 20, 21 et 22 octobre 2015, M. BÉHAR-TOUCHAIS (dir.), t. 74, volume 2, *IRJS Éd.*, 2016.

2122 Les acquisitions d'Instagram et de WhatsApp par Facebook en sont des exemples problématiques (V., à cet égard, décision de la Commission du 17 mai 2017, Facebook/WhatsApp (M. 8228). Le 9 décembre 2020, la Federal Trade Commission a d'ailleurs engagé une procédure afin d'établir la position dominante abusive de Facebook depuis l'acquisition de WhatsApp et d'Instagram et de contraindre l'entreprise californienne à revendre ses filiales afin de rétablir un environnement propice à la concurrence (« FTC Sues Facebook for Illegal Monopolization », disponible sur le site de la FTC).

2123 V. notamment l'atelier concurrence de la DGCCRF, « Champions nationaux et droit de la concurrence », M.-A. FRISON-ROCHE et N. DIRICQ (dir.), *Rev. conc. conso.*, janvier 2006, n° 144, « Mondialisation, politique industrielle et droit communautaire de la concurrence », A. MOURRE (dir.), *Bruylant*, 2006.

nationalisation des entreprises dominantes comme l'avait prévu, par exemple, le neuvième alinéa du préambule de la Constitution de 1946[2124]. Étant donné que ce préambule a été repris par la Constitution de la cinquième République[2125], ce neuvième alinéa aurait pu s'avérer utile[2126]. La seconde alternative est le démantèlement de ces entreprises comme l'a fait l'Allemagne avec ses *konzerns* et le Japon avec ses *zaibatsus* au lendemain de la Seconde Guerre mondiale. Il n'y a d'ailleurs rien de hasardeux au fait que le droit de la concurrence soit né aux États-Unis à la suite du démantèlement du premier *trust*[2127], la Standard-Oil, en 34 entreprises indépendantes[2128].

Quelles que soient les solutions qui devront être entreprises, il n'en reste pas moins que les autorités de concurrence demeurent à ce stade focalisées sur les cartels, ce qui peut paraître étonnant si l'on se souvient de l'analyse antéprédicative d'Adam Smith, le père de l'école libérale classique, qui considérait comme impossible d'échapper aux formes de cartels. Cette réalité inhérente à l'économie de la concurrence dite libre prouve, d'une part, qu'il est constamment nécessaire d'organiser et de réguler l'économie et, d'autre part, que cette régulation ne peut être laissée dans les seules mains des entreprises. D'après Monsieur Guy Canivet, ancien Premier Président de la Cour de cassation, l'histoire a démontré que « l'idée d'un marché s'ajustant lui-même est utopique. Sans contrôle, il tend au contraire à s'autodétruire en conférant aux opérateurs une puissance qui leur permet de porter atteinte à sa propre intégrité »[2129]. Or, ce rôle de contrôle et de régulation appartient à l'État et il doit être regretté qu'il soit si peu exercé[2130], une réelle régulation allant au-delà de l'interdiction et de la sanction des cartels. Pendant ce temps, cartels ou non, les plus grandes

---

2124 « Tout bien, toute entreprise, dont l'exploitation a ou acquiert les caractères d'un service public national ou d'un monopole de fait, doit devenir la propriété de la collectivité », Préambule de la Constitution du 27 octobre 1946, neuvième alinéa. V. l'article de P. HUBERT, A. CASTAN, « Droit constitutionnel et liberté de la concurrence », *Nouveaux Cahiers du Conseil constitutionnel*, n° 49, octobre 2015, p. 15.

2125 V. décision du Conseil constitutionnel n° 71-44 DC du 16 juillet 1971, « Liberté d'association ».

2126 Cette disposition a été invoquée en vain devant le Conseil constitutionnel concernant la privatisation d'aéroports de Paris et de la Française des Jeux (Décision du Conseil constitutionnel n° 2019-781 DC du 16 mai 2019, Loi relative à la croissance et la transformation des entreprises, cons. 43 à 47 et 88 à 95).

2127 D. ENCAOUA, R. GUESNERIE (dir.), *Politiques de la Concurrence. Conseil d'Analyse Économique*, La Documentation française, 2006, spéc. p. 19 à 20.

2128 Standard Oil Co. of New Jersey v. United States, 221 U.S. 1 (1911) et l'article de N. ABROUG, « La législation antitrust à géométrie variable des États-Unis » publié sur le site de l'École de Guerre économique, avril 2018.

2129 G. CANIVET, « Prolégomènes à l'étude de la doctrine du Conseil constitutionnel en matière de concurrence » *in À quoi sert la concurrence ?*, préc..

2130 D. FASQUELLE, J.-L. FOURGOUX, « Daniel FASQUELLE, Assemblée nationale : Un Professeur de droit à l'Assemblée nationale - La fabrique des lois de concurrence sous l'œil d'un universitaire », *Concurrences* n° 2-2018, p. 6.

entreprises continuent de grandir, d'être toujours plus dominantes et, par conséquent, de moins en moins appréhendables.

681. **Amende, instrument de politique économique et protectionnisme.** Vu les montants parfois étudiés, les amendes infligées par les autorités de concurrence peuvent être qualifiées de véritables « armes de guerre économique ». L'amende record de 6,5 milliards d'euros infligée à Gazprom par l'Office anti-monopole polonais nous l'a rappelée avec force dans l'affaire du *Gazoduc Nordstream 2*. Il importe alors d'avoir une approche politique et comparative des amendes infligées en droit de la concurrence en France et à l'échelon européen avec celles des autres autorités de concurrence. Au sein du REC, la France est le meilleur élève et de loin. Il est même arrivé qu'elle inflige sur une année des amendes plus élevées que le DOJ qui couvre pourtant le territoire entier des États-Unis. L'Allemagne, l'Italie et les Pays-Bas sont les autres autorités du REC les plus actives. Mais la grande majorité des autorités du REC sont en décalage avec l'action menée par la Commission et les autorités citées.

Il est de plus en plus avancé l'idée d'une internationalisation du droit de la concurrence. Cela étant, nous sommes encore loin d'une application uniforme du droit de la concurrence à l'échelle mondiale et, pour s'en convaincre, il suffit d'observer les amendes infligées en Russie, en Chine, au Japon, ou bien encore en Inde. Si tout le monde ne joue pas à ce jeu – même si cela tendrait à changer[2131] – se pose la question de l'intérêt de continuer à sanctionner majoritairement ses propres entreprises dans un contexte international et à les fragiliser par rapport à la concurrence d'entreprises relativement protégées[2132]. Hormis les amendes infligées par certains États membres du REC et quelques pays anglo-saxons, il appert que les entreprises des autres pays sont relativement préservées par leurs autorités de concurrence. En résumé, il s'agit d'une forme discrète de protectionnisme.

Cela étant, ce serait une erreur de s'en tenir au simple constat d'une politique de concurrence effective menée par un pays, encore faut-il précisément analyser son orientation politique. Comme exemple, il n'y a pas mieux que les États-Unis. À bien y regarder, peu d'entreprises américaines figurent parmi les 15 entreprises les plus sanctionnées par les autorités états-uniennes de concurrence[2133]. Cette attitude générale de clémence envers les siens combinée à de sanctions lourdes envers les autres

---

2131 Rapport de l'OCDE sur les sanctions en cas d'infraction au droit de la concurrence, 21 novembre 2016, DAF/COMP/GF(2016)6, disponible sur le site de l'OCDE, spéc. p. 7 à 9.

2132 C. ARENS, « Propos conclusifs (Les entretiens de la concurrence III, 18 octobre 2016, Paris) », *Concurrences* n° 1-2017, art. n° 83416.

2133 I. LIANOS, F. JENNY, F. WAGNER VON PAPP, E. MOTCHENKOVA, E. DAVID e. a., « An Optimal and Just Financial Penalties System for Infringements of Competition Law : a Comparative Analysis », CLES Research paper series 3/2014, UCL Faculty of Laws : London, p. 136 et 137.

prouvent bien que les amendes ne sont pas neutres et peuvent affaiblir les entreprises d'un pays. Les États-Unis l'ont très bien compris[2134]. Au-delà des apparences, la politique de concurrence n'a pas forcément vocation à mettre fin à des logiques protectionnistes. Ces logiques protectionnistes peuvent se retrouver ailleurs. Dans la très médiatisée affaire du *Dieselgate*, les États-Unis n'auraient sans doute jamais réclamé 20 milliards d'euros à Ford comme ils l'ont fait avec Volkswagen[2135].

À l'échelon européen, c'est tout le contraire. Les entreprises états-uniennes sont assez curieusement épargnées par la Commission, cette dernière condamne prioritairement les Asiatiques et les Européens. Les entreprises françaises et allemandes figurent en bonne position parmi les plus condamnées par la Commission. En France, ce sont également des entreprises françaises, généralement des anciens monopoleurs publics, qui sont les plus lourdement condamnées. Il résulte de ces politiques de concurrence disparates et à géométrie variable que des entreprises sévèrement condamnées font face à la concurrence « déloyale » d'entreprises épargnées, voire protégées[2136]. Une telle tendance a de quoi être inquiétante pour certaines entreprises françaises dans le contexte d'une économie ouverte à la concurrence internationale, alors même que les conditions à cette concurrence internationale ne sont pas réunies[2137]. Ces quelques réflexions nous rappellent que l'économie n'est pas politiquement neutre, pas plus que la concurrence qui ne devrait être qu'un des outils d'une économie à notre ressemblance, elle-même n'étant, *in fine*, qu'au service de la politique de notre pays.

[2134] E. SNYDER, P. CREMIEUX, « Enforcement of anticollusion laws against domestic and foreign firms », *Concurrences* n° 4-2017, art. n° 84878.

[2135] Il faut toutefois reconnaître que la justice états-unienne est de manière générale très sévère avec les banques et les banques états-uniennes ne font pas exception (Bank of America, JP Morgan, Citigroup).

[2136] H. CALVET, « Les sanctions » *in* « 20e anniversaire du Conseil de la concurrence. Quel statut et quels moyens pour les autorités de contrôle de la concurrence ? », *RLC* n° 13-2007, p. 212.

[2137] D. BRAULT, *Droit de la concurrence comparé. Vers un ordre concurrentiel mondial ?*, Economica, 1995, p. 127 à 130.

TABLE CHRONOLOGIQUE DES DÉCISIONS CITÉES (AU 30 JUILLET 2021)

Les décisions de la Commission européenne ont été consultées depuis son site Internet (https://ec.europa.eu/competition-policy/cartels/cases_en) et depuis le site Internet Eur-lex (https://eur-lex.europa.eu).

Les décisions des juridictions de l'Union européenne ont été consultées depuis le site Curia de la Cour de justice (https://curia.europa.eu) et depuis le site Internet Eur-lex (https://eur-lex.europa.eu).

Les décisions du Conseil et de l'Autorité de la concurrence ont été consultées depuis le site de l'Autorité (http://www.autoritedelaconcurrence.fr).

Les décisions de la cour d'appel de Paris, de la Cour de cassation et du Conseil constitutionnel ont été consultées depuis le site de l'Autorité de la concurrence et le site Légifrance (https://www.legifrance.gouv.fr/).

TABLE CHRONOLOGIQUE DES DÉCISIONS DU CONSEIL ET DE L'AUTORITÉ DE LA CONCURRENCE CITÉES (AU 30 JUILLET 2021)

Décision du Conseil de la concurrence n° 89-D-34 du 7 novembre 1989, Marchés publics de travaux routiers, BOCCRF du 8 novembre 1989

Décision du Conseil de la concurrence n° 91-D-18 du 10 avril 1991, Secteur de l'enseignement de la conduite des véhicules dans le sud de la France

Décisions du Conseil de la concurrence n° 91-D-33 du 9 juillet 1991, Secteur du bâtiment et des travaux publics (Alpes-de-Haute-Provence)

Décision du Conseil de la concurrence n° 91-D-55 du 3 décembre 1991, Secteur des géomètres experts

Décision du Conseil de la concurrence n° 92-D-08 du 4 février 1992, relative à des pratiques d'entreprises de transports sanitaires lors d'appels d'offres des hospices civils de Lyon

Décision du Conseil de la concurrence n° 92-D-09 du 11 février 1992, Secteur de l'enseignement de la conduite des véhicules dans le département de l'Hérault

Décision du Conseil de la concurrence n° 92-D-12 du 11 février 1992, Secteur de l'enseignement de la conduite des véhicules dans le département de Maine-et-Loire

Décision du Conseil de la concurrence n° 92-D-69 du 6 décembre 1992, Secteur de la lingerie féminine

Décision du Conseil de la concurrence n° 94-D-21 du 22 mars 1994, relative à des pratiques de l'Office d'annonces, régisseur exclusif de la publicité dans les annuaires de France Télécom

Décision du Conseil de la concurrence n° 94-D-37 du 21 juin 1994, relative à des pratiques mises en œuvre par divers concessionnaires et agents automobiles de Perpignan

Décision du Conseil de la concurrence n° 94-D-60 du 13 décembre 1994, Secteur des lessives

Décision du Conseil de la concurrence n° 94-D-61 du 29 novembre 1994, Secteur de la production et de la commercialisation du veau

Décision du Conseil de la concurrence n° 95-D-23 du 14 mars 1995, Marchés d'aménagements hydrauliques et divers travaux publics dans les régions Provence-Alpes-Côte d'Azur et Languedoc-Roussillon

Décision du Conseil de la concurrence n° 95-D-43 du 13 juin 1995, Secteur de la production et de la commercialisation du veau

Décision du Conseil de la concurrence n° 95-D-67 du 24 octobre 1995, relative à des pratiques mises en œuvre par des entreprises de transport sanitaire lors de la passation d'un marché avec le centre hospitalier général Robert-Boulin de Libourne

Décision du Conseil de la concurrence n° 95-D-77 du 5 décembre 1995, relative à la situation de la concurrence sur le marché du miel

Décision du Conseil de la concurrence n° 95-D-78 du 5 décembre 1995, Secteur de l'expédition des huîtres dans le bassin de Marennes-Oléron

Décision du Conseil de la concurrence n° 96-D-02 du 9 janvier 1996, Marché de l'imprimerie de labeur dans le département de l'Ain

Décision du Conseil de la concurrence n° 96-D-60 du 15 octobre 1996, Secteur des plants de pommes de terre

Décision du Conseil de la concurrence n° 97-D-20 du 25 mars 1997, relative à des pratiques mises en œuvre par la société Reynoird dans les départements de la Guadeloupe, de la Martinique et de la Guyane

Décision du Conseil de la concurrence n° 97-D-39 du 17 juin 1997, Secteur du béton prêt à l'emploi dans la région Provence-Alpes-Côte d'Azur

Décision du Conseil de la concurrence n° 97-D-53 du 1er juillet 1997, relative à des pratiques mises en œuvre par France Télécom et par la société Transpac dans le secteur de la transmission de données

Décision du Conseil de la concurrence n° 98-D-23 du 24 mars 1998, Secteur des travaux de voirie et de revêtement de sols dans les Alpes-Maritimes

Décision du Conseil de la concurrence n° 99-D-14 du 23 février 1999, relative à des pratiques mises en œuvre par la société Télédiffusion de France (TDF)

Décision du Conseil de la concurrence n° 00-D-20 du 17 mai 2000, Marchés d'électrification rurale dans la Somme

Décision du Conseil de la concurrence n° 00-D-28 du 19 septembre 2000, Secteur du crédit immobilier

Décision du Conseil de la concurrence n° 00-D-29 du 5 juillet 2000, Secteur du traitement de l'amiante

Décision du Conseil de la concurrence n° 00-D-50 du 5 mars 2001, Secteurs de la maintenance informatique et du mobilier de comptoir

Décision du Conseil de la concurrence n° 00-D-67 du 13 février 2001, Secteur de la vente d'espaces publicitaires visuels

Décision du Conseil de la concurrence n° 01-D-13 du 19 avril 2001, Secteur du transport public de voyageurs dans le département du Pas-de-Calais

Décision du Conseil de la concurrence n° 01-D-14 du 4 mai 2001, Marchés de fabrication et de mise en œuvre des enrobés bitumineux sur les routes départementales de l'Isère

Décision du Conseil de la concurrence n° 01-D-30 du 22 mai 2001, relative à la qualification AP-MIS délivrée aux entreprises assurant l'installation et la maintenance de systèmes de détection incendie

Décision du Conseil de la concurrence n° 01-D-36 du 28 juin 2001, Secteur du béton prêt à l'emploi et des produits en béton en Côte-d'Or

Décision du Conseil de la concurrence n° 01-D-46 du 23 juillet 2001, relative à des pratiques mises en œuvre par la société France Télécom à l'occasion d'une offre sur mesure conclue en 1999

Décision du Conseil de la concurrence n° 01-D-77 du 27 novembre 2001, Secteur du transport scolaire dans le département de l'Indre

Décision du Conseil de la concurrence n° 02-D-23 du 27 mars 2002, relative à des pratiques de l'association d'ambulanciers Urgence 88 à l'occasion de la passation d'un appel d'offres lancé par le Centre hospitalier d'Épinal

Décision du Conseil de la concurrence n° 02-D-59 du 25 septembre 2002, Secteur des transports routiers de voyageurs dans le département de l'Ain

Décision du Conseil de la concurrence n° 02-D-62 du 27 septembre 2002, Secteur du déménagement des personnels de la marine nationale en Bretagne

Décision du Conseil de la concurrence n° 03-D-12 du 3 mars 2003, Secteur des escaliers préfabriqués en béton

Décision du Conseil de la concurrence n° 03-D-17 du 31 mars 2003, Marché de la distribution des carburants sur autoroutes

Décision du Conseil de la concurrence n° 04-D-07 du 11 mars 2004, Secteur de la boulangerie dans le département de la Marne

Décision du Conseil de la concurrence n° 04-D-13 du 8 avril 2004, Secteur des fromages à pâte persillée

Décision du Conseil de la concurrence n° 04-D-15 du 28 avril 2004, Secteur des revêtements synthétiques pour sols sportifs

Décision du Conseil de la concurrence n° 04-D-18 du 13 mai 2004, concernant l'exécution de la décision n° 00-MC-01 du 18 février 2000 relative à une demande de mesures conservatoires présentée par la société Télécom Réseau

Décision du Conseil de la concurrence n° 04-D-32 du 8 juillet 2004, relative à la saisine de la société More group France contre les pratiques du groupe Decaux

Décision du Conseil de la concurrence n° 04-D-74 du 21 décembre 2004, Marché des liaisons maritimes entre la France et les îles anglo-normandes

Décision du Conseil de la concurrence n° 05-D-19 du 12 mai 2005, Marchés de construction des ouvrages d'art pour la réalisation de l'autoroute A 84, dite « Route des Estuaires », dans le département de la Manche

Décision du Conseil de la concurrence n° 05-D-27 du 15 juin 2005, Secteur du thon blanc

Décision du Conseil de la concurrence n° 05-D-32 du 22 juin 2005, Pratiques mises en œuvre par la société Royal Canin et son réseau de distribution

Décision du Conseil de la concurrence n° 05-D-49 du 28 juillet 2005, Secteur de la location entretien des machines d'affranchissement postal

Décision du Conseil de la concurrence n° 05-D-51 du 21 septembre 2005, Construction d'un hémicycle et de bureaux pour le Parlement Européen de Strasbourg

Décision du Conseil de la concurrence n° 05-D-59 du 7 novembre 2005, relative à des pratiques mises en œuvre par la société France Télécom dans le secteur de l'Internet haut débit

Décision du Conseil de la concurrence n° 05-D-64 du 25 novembre 2005, Marché des Palaces parisiens

Décision du Conseil de la concurrence n° 05-D-65 du 30 novembre 2005, Secteur de la téléphonie mobile

Décision du Conseil de la concurrence n° 06-D-03 bis* du 9 mars 2006, Secteur des appareils de chauffage, sanitaires, plomberie, climatisation

Décision du Conseil de la concurrence n° 06-D-04 bis* du 13 mars 2006, Secteur de la parfumerie de luxe

Décision du Conseil de la concurrence n° 06-D-07 bis* du 21 mars 2006, Secteur des travaux publics dans la région Île-de-France

Décision du Conseil de la concurrence n° 06-D-08 du 24 mars 2006, Marchés publics de construction de trois collèges dans le département de l'Hérault

Décision du Conseil de la concurrence n° 06-D-09 du 11 avril 2006, Secteur de la fabrication des portes

Décision du Conseil de la concurrence n° 06-D-13 du 6 juin 2006, Marché public de travaux pour la reconstruction du stade Armand Cesari à Furiani

Décision du Conseil de la concurrence n° 06-D-15 du 14 juin 2006, Secteur de la pose et de l'entretien des voies de chemin de fer

Décision du Conseil de la concurrence n° 07-D-01 du 17 janvier 2007, Marchés publics de travaux de canalisations dans le département du Morbihan

Décision du Conseil de la concurrence n° 07-D-05 du 21 février 2007, Marché de la fourniture d'orthoprothèses

Décision du Conseil de la concurrence n° 07-D-15 du 9 mai 2007, Secteur des marchés publics relatifs aux lycées d'Île-de-France

Décision du Conseil de la concurrence n° 07-D-26 du 26 juillet 2007, Marchés de fourniture de câbles à haute tension

Décision du Conseil de la concurrence n° 07-D-33 du 15 octobre 2007, Secteur de l'accès à Internet à haut débit

Décision du Conseil de la concurrence n° 07-D-44 du 11 décembre 2007, GIE Ciné Alpes

Décision du Conseil de la concurrence n° 07-D-48 du 18 décembre 2007, Secteur du déménagement national et international

Décision du Conseil de la concurrence n° 07-D-50 du 20 décembre 2007, Secteur de la distribution de jouets

Décision du Conseil de la concurrence n° 08-D-03 du 21 février 2008, Fédération Nationale des Gîtes de France et le réseau Bienvenue à la ferme

Décision du Conseil de la concurrence n° 08-D-06 du 2 avril 2008, relative à des consignes syndicales de dépassement des tarifs conventionnels par les médecins spécialistes de secteur I

Décision du Conseil de la concurrence n° 08-D-12 du 21 mai 2008, Secteur de la production du contreplaqué

Décision du Conseil de la concurrence n° 08-D-13 du 11 juin 2008, Secteur de l'entretien courant des locaux

Décision du Conseil de la concurrence n° 08-D-15 du 2 juillet 2008, Secteur de rénovation de chaufferies en Saône-et-Loire

Décision du Conseil de la concurrence n° 08-D-25 du 29 octobre 2008, Secteur de la distribution de produits cosmétiques et d'hygiène corporelle vendus sur conseils pharmaceutiques

Décision du Conseil de la concurrence n° 08-D-30 du 4 décembre 2008, relative à des pratiques mises en œuvre par les sociétés des Pétroles Shell, Esso SAF, Chevron Global Aviation, Total Outre-Mer et Total Réunion

Décision du Conseil de la concurrence n° 08-D-32 du 16 décembre 2008, Secteur du négoce des produits sidérurgiques

Décision du Conseil de la concurrence n° 08-D-33 du 16 décembre 2008, relative à des pratiques mises en œuvre à l'occasion d'appels d'offres de la ville d'Annecy et du conseil général de Haute-Savoie pour le transport par autocar

Décision du Conseil de la concurrence n° 09-D-05 du 2 février 2009, Secteur du travail temporaire

Décision du Conseil de la concurrence n° 09-D-07 du 12 février 2009, Marché de l'assurance complémentaire santé

Décision de l'Autorité n° 09-D-17 du 22 avril 2009, Conseil régional de l'ordre des pharmaciens de Basse-Normandie

Décision de l'Autorité n° 09-D-36 du 9 décembre 2009, Marchés de services de communications électroniques dans les départements de la Martinique, de la Guadeloupe et de la Guyane

Décision de l'Autorité n° 10-D-11 du 24 mars 2010, Syndicat national des ophtalmologistes de France

Décision de l'Autorité n° 10-D-15 du 11 mai 2010, GIE « groupement des Taxis amiénois et de la métropole »

Décision de l'Autorité n° 10-D-21 du 30 juin 2010, relative au respect, par les sociétés Neopost France et Satas, des engagements pris dans la décision du Conseil de la concurrence n° 05-D-49 du 28 juillet 2005

Décision de l'Autorité n° 10-D-22 du 22 juillet 2010, Secteur des transports sanitaires en Seine-Maritime

Décision de l'Autorité n° 10-D-28 du 20 septembre 2010, relative aux tarifs et aux conditions liées appliquées par les banques et les établissements financiers pour le traitement des chèques remis aux fins d'encaissement

Décision de l'Autorité n° 10-D-36 du 17 décembre 2010, Secteur du gaz de pétrole liquéfié

Décision de l'Autorité n° 10-D-38 du 22 décembre 2010, relative à une demande de mesures conservatoires concernant des pratiques mises en œuvre par la société PagesJaunes SA

Décision de l'Autorité n° 10-D-39 du 22 octobre 2010, Secteur de la signalisation routière verticale

Décision de l'Autorité n° 11-D-02 du 26 janvier 2011, Secteur de la restauration des monuments historiques

Décision de l'Autorité n° 11-D-07 du 24 février 2011, Secteur des travaux de peinture d'infrastructures métalliques

Décision de l'Autorité n° 11-D-13 du 5 octobre 2011, Secteurs des travaux d'électrification et d'installation électrique dans les régions Midi-Pyrénées, Languedoc-Roussillon, Auvergne et limitrophes

Décision de l'Autorité n° 11-D-17 du 8 décembre 2011, Secteur des lessives

Décision de l'Autorité n° 11-D-19 du 15 décembre 2011, Secteur de la distribution des gadgets et articles de fantaisie

Décision de l'Autorité n° 12-D-02 du 12 janvier 2012, Secteur de l'ingénierie des loisirs, de la culture et du tourisme

Décision de l'Autorité n° 12-D-06 du 26 janvier 2012, Secteur des agrégats et des marchés aval à Saint-Pierre-et-Miquelon

Décision de l'Autorité n° 12-D-08 du 6 mars 2012, Secteur de la production et de la commercialisation des endives

Décision de l'Autorité n° 12-D-09 du 13 mars 2012, Secteur des farines alimentaires

Décision de l'Autorité n° 12-D-10 du 20 mars 2012, Secteur de l'alimentation pour chiens et chats

Décision de l'Autorité n° 12-D-24 du 13 décembre 2012, Secteur de la téléphonie mobile à destination de la clientèle résidentielle en France métropolitaine (On net/Off net)

Décision de l'Autorité n° 12-D-25 du 18 décembre 2012, Secteur du transport ferroviaire de marchandises

Décision de l'Autorité n° 12-D-27 du 20 décembre 2012, Secteur de la billetterie de spectacles

Décision de l'Autorité n° 13-D-03 du 13 février 2013, Secteur du porc charcutier

Décision de l'Autorité n° 13-D-06 du 28 février 2013, Marché de la télétransmission de données fiscales et comptables sous format EDI à l'administration fiscale

Décision de l'Autorité n° 13-D-09 du 17 avril 2013, Marché de la reconstruction des miradors du centre pénitentiaire de Perpignan

Décision de l'Autorité n° 13-D-11 du 14 mai 2013, Secteur pharmaceutique

Décision de l'Autorité n° 13-D-12 du 28 mai 2013, Secteur des commodités chimiques

Décision de l'Autorité n° 13-D-20 du 17 décembre 2013, Secteur des services destinés à la production d'électricité photovoltaïque

Décision de l'Autorité n° 13-D-21 du 18 décembre 2013, Marché français de la buprénorphine haut dosage commercialisée en ville

Décision de l'Autorité n° 14-D-02 du 20 février 2014, Secteur de la presse d'information sportive

Décision de l'Autorité n° 14-D-05 du 13 juin 2014, Secteur de la téléphonie mobile à destination de la clientèle résidentielle à La Réunion et à Mayotte

Décision de l'Autorité n° 14-D-16 du 18 novembre 2014, Secteur du déménagement des militaires affectés en Martinique

Décision de l'Autorité n° 14-D-19 du 18 décembre 2014, Secteur des produits d'entretien et des insecticides et secteur des produits d'hygiène et de soins pour le corps

Décision de l'Autorité n° 14-D-20 du 22 décembre 2014, Secteur du papier peint en France

Décision de l'Autorité n° 15-D-01 du 5 février 2015, Secteur de la diffusion de la télévision par voie hertzienne terrestre en outre-mer

Décision de l'Autorité n° 15-D-03 du 11 mars 2015, Secteur des produits laitiers frais

Décision de l'Autorité n° 15-D-04 du 26 mars 2015, Secteur de la Boulangerie artisanale

Décision de l'Autorité n° 15-D-08 du 5 mai 2015, Secteur de la commercialisation de la viande de volaille

Décision de l'Autorité n° 15-D-10 du 11 juin 2015, relative à des pratiques mises en œuvre par TDF sur le site de la Tour Eiffel

Décision de l'Autorité n° 15-D-17 du 30 novembre 2015, Secteur la téléphonie mobile à destination de la clientèle non résidentielle à La Réunion et à Mayotte

Décision de l'Autorité n° 15-D-19 du 15 décembre 2015, Secteurs de la messagerie et de la messagerie express

Décision de l'Autorité n° 15-D-20 du 17 décembre 2015, Secteur des communications électroniques

Décision de l'Autorité n° 16-D-02 du 27 janvier 2016, Secteur du transport scolaire par autocar dans le Bas-Rhin

Décision de l'Autorité n° 16-D-05 du 13 avril 2016, Secteur de la fourniture, l'installation et la maintenance d'équipements professionnels de cuisine

Décision de l'Autorité n° 16-D-06 du 13 avril 2016, Secteur de la fourniture, l'installation et la maintenance d'équipements professionnels de cuisine

Décision de l'Autorité n° 16-D-09 du 12 mai 2016, Secteurs des armatures métalliques et des treillis soudés sur l'île de la Réunion

Décision de l'Autorité n° 16-D-11 du 6 juin 2016, Secteur de la diffusion de la télévision par voie hertzienne terrestre

Décision de l'Autorité n° 16-D-14 du 23 juin 2016, Secteur du zinc laminé et des produits ouvrés en zinc destinés au bâtiment

Décision de l'Autorité n° 16-D-15 du 6 juillet 2016, Secteur de la distribution des produits de grande consommation en Outre-mer

Décision de l'Autorité n° 16-D-17 du 21 juillet 2016, Secteur des appareils de chauffage mobiles à combustible liquide

Décision de l'Autorité n° 16-D-20 du 29 septembre 2016, Secteur des prestations réalisées par les agences de mannequins

Décision de l'Autorité n° 16-D-24 du 8 novembre 2016, relative à la situation du groupe Altice au regard du II de l'article L. 430-8 du Code de commerce

Décision de l'Autorité n° 16-D-26 du 24 novembre 2016, relative à des pratiques mises en œuvre par le Groupement des Installateurs Français dans le secteur de la fourniture, l'installation et de la maintenance d'équipements professionnels de cuisine

Décision de l'Autorité n° 16-D-27 du 2 décembre 2016, Marché de l'assistance foncière de l'établissement public foncier de l'Ouest Rhône-Alpes

Décision de l'Autorité n° 16-D-30 du 21 décembre 2016, Confédération Nationale du Crédit Mutuel dans le secteur bancaire

Décision de l'Autorité n° 17-D-01 du 26 janvier 2017, Secteur des arts de la table et de la cuisine

Décision de l'Autorité n° 17-D-02 du 10 février 2017, Secteur des boules de pétanque de compétition

Décision de l'Autorité n° 17-D-06 du 21 mars 2017, Secteur de la fourniture de gaz naturel, d'électricité et de services énergétiques

Décision de l'Autorité n° 17-D-13 du 27 juillet 2017, Secteur des pompes funèbres dans le département de l'Ain

Décision de l'Autorité n° 17-D-14 du 27 juillet 2017, Secteur de la distribution des produits de grande consommation en Outre-mer

Décision de l'Autorité n° 17-D-20 du 18 octobre 2017, Secteur des revêtements de sols résilients

Décision de l'Autorité n° 17-D-25 du 20 décembre 2017, Secteur des dispositifs transdermiques de fentanyl

Décision de l'Autorité n° 17-D-27 du 21 décembre 2017 relative à des pratiques d'obstruction mises en œuvre par Brenntag

Décision de l'Autorité n° 18-D-04 du 20 février 2018, Secteur de la production et de la commercialisation de viande en Martinique

Décision de l'Autorité n° 18-D-05 du 13 mars 2018, Sécurisation des débits de tabac en Isère

Décision de l'Autorité n° 18-D-06 du 23 mai 2018, Secteur de la commercialisation des vins en vrac AOC des Côtes du Rhône

Décision de l'Autorité n° 18-D-15 du 26 juillet 2018, Secteur de la distribution de médicaments vétérinaires

Décision de l'Autorité n° 18-D-17 du 20 septembre 2018, Secteur de l'élimination des déchets d'activités de soins à risque infectieux en Corse

Décision de l'Autorité n° 18-D-23 du 24 octobre 2018, Secteur de la distribution de matériel de motoculture

Décision de l'Autorité n° 18-D-24 du 5 décembre 2018, Secteur des produits électroménagers

Décision de l'Autorité n° 18-D-26 du 20 décembre 2018, Secteur des fertilisants liquides pour la production hors-sol dédiés à la culture domestique

Décision de l'Autorité n° 19-D-05 du 28 mars 2019, Secteur des taxis à Antibes Juan-les-Pins

Décision de l'Autorité n° 19-D-09 du 22 mai 2019 relatives à des pratiques d'obstruction mises en œuvre par le groupe Akka

Décision de l'Autorité n° 19-D-11 du 29 mai 2019, Secteur de la commercialisation de réactifs et consommables pour laboratoires hospitaliers sur le territoire de la Guyane

Décision de l'Autorité n° 19-D-21 du 28 octobre 2019, Secteur du transport routier de marchandises

Décision de l'Autorité n° 19-D-24 du 17 décembre 2019, Secteur des fruits vendus en coupelles et en gourdes

Décision de l'Autorité n° 19-D-26 du 19 décembre 2019, Secteur de la publicité en ligne liée aux recherches

Décision de l'Autorité n° 20-D-04 du 16 mars 2020, Secteur de la distribution de produits de marque Apple

Décision de l'Autorité n° 20-D-05 du 23 mars 2020, Secteur des déménagements des personnels militaires au départ de La Réunion

Décision de l'Autorité n° 20-D-09 du 16 juillet 2020, Secteur des achats et ventes des pièces de porc et de produits de charcuterie

Décision de l'Autorité n° 20-D-11 du 9 septembre 2020, Secteur du traitement de la dégénérescence maculaire liée à l'âge (DMLA)

Décision de l'Autorité n° 20-D-19 du 25 novembre 2020, Marchés de fourniture de produits alimentaires de l'établissement public national France AgriMer

Décision de l'Autorité n° 21-D-05 du 4 mars 2021, Secteur de la gestion technique des bâtiments de Lille métropole communauté urbaine

Décision de l'Autorité n° 21-D-06 du 11 mars 2021, Secteur des travaux de sécurisation des débits de tabac dans les régions Pays de la Loire et Nouvelle-Aquitaine

Décision de l'Autorité n° 21-D-09 du 24 mars 2021, Secteur de la fabrication et de la commercialisation de sandwichs sous marque de distributeur

Décision de l'Autorité n° 21-D-11 du 7 juin 2021, Secteur de la publicité en ligne

TABLE CHRONOLOGIQUE DES DÉCISIONS DE LA COUR D'APPEL DE PARIS (CA Paris), DE LA COUR DE CASSATION (Cass. com.) ET DU CONSEIL CONSTITUTIONNEL (AU 30 JUILLET 2021)

- *Décisions de la cour d'appel de Paris*

CA Paris, 28 janvier 1988, Lyonnaise des eaux e. a., BOCCRF 87-88 *[déc. n° 87-D-24]*

CA Paris, 20 avril 1989, Marie-Claire Duytschaever e. a., BOCCRF du 3 mai 1989

CA Paris, 19 novembre 1992, A.D.E.C.A. e. a., BOCCRF du 4 décembre 1992 *[déc. n° 92-D-12]*

CA Paris, 29 avril 1993, Juin International e. a., BOCCRF du 18 juin 1993 *[déc. n° 92-D-37]*

CA Paris, 23 mai 1995, Gonfrand Frères e. a., BOCCRF du 16 juin 1995 *[déc. n° 94-D-51]*

CA Paris, 2 avril 1996, Pro-Gec SA e. a., BOCCRF du 15 mai 1996 *[déc. n° 95-D-23]*

CA Paris, 6 mai 1997, Société Bouygues e. a., BOCCRF du 8 juillet 1997 *[déc. n° 95-D-76]*

CA Paris, 19 janvier 1999, Gerland routes e. a., BOCCRF du 16 juillet 1998 *[déc. n° 98-D-23]*

CA Paris, 2 mars 1999, SA Seco Desquenne et Giral Construction, SA Surbeco e. a., BOCCRF du 8 février 2000 *[déc. n° 98-D-30]*

CA Paris, 5 décembre 2000, Entreprise industrielle e. a., BOCCRF du 23 janvier 2001 *[déc. n° 00-D-20]*

CA Paris, 27 novembre 2001, CNCA e. a., BOCCRF du 31 janvier 2002 *[déc. n° 00-D-28]*

CA Paris, 29 janvier 2002, SA Appia e. a., BOCCRF du 26 février 2002 *[déc. n° 01-D-14]*

CA Paris, 9 avril 2002, Geodis Overseas France e. a., n° 2001/19855, 19 925 et 19 931 *[déc. n° 01-D-63]*

CA Paris, ord., 9 août 2002, SARL L'Amy *[déc. n° 02-D-36]*

CA Paris, ord., 23 août 2002, Distribution de lunettes d'optique sur le marché de l'agglomération lyonnaise, n° 2002/12598 *[déc. n° 02-D-36]*

CA Paris, ord., 22 octobre 2002, Thomson Multimédia, BOCCRF 2003/17 *[déc. n° 02-D-42]*

CA Paris, 11 mars 2003, Chronopost SA e. a., n° 2002/13735 *[déc. n° 02-D-09]*

CA Paris, ord., 12 mai 2003, SARL Normandie Béton et SAS Socarel *[déc. n° 03-D-12]*

CA Paris, ord., 20 mai 2003, Morin Système Architectonique, n° 2003/08059 *[déc. n° 03-D-12]*

CA Paris, ord., 22 septembre 2004, Mayenne Viandes, n° 04/14 608 et 04/14 881 *[déc. n° 04-D-39]*

CA Paris, 9 novembre 2004, Société anonyme des caves et des producteurs réunis de roquefort e. a., n° 2004/08960 *[déc. n° 04-D-13]*

CA Paris, 11 janvier 2005, France Télécom e. a., ct0175 *[déc. n° 04-D-18]*

CA Paris, ord., 13 septembre 2005, Demathieu & Bard e. a., n° 2005/14062 *[déc. n° 05-D-19]*

CA Paris, 12 décembre 2006, Ministre de l'Économie e. a., n° 2006/01743 *[déc. n° 05-D-75]*

CA Paris, ord., 23 janvier 2007, SA Eiffage Construction e. a., n° 06/21 198 *[déc. n° 06-D-07bis]*

CA Paris, 30 janvier 2007, Le Foll e. a., n° 06/00566 *[déc. n° 05-D-69]*

CA Paris, 24 avril 2007, JH Industries SAS e. a., n° 2006/06912 *[déc. n° 06-D-09]*

CA Paris, ord., 29 mai 2007, Laboratoire GlaxoSmithKline e. a., n° 2007/07009 *[déc. n° 07-D-09]*

CA Paris, 26 juin 2007, Beauté Prestige International, n° 2006/07821 *[déc. n° 06-D-04 bis]*

CA Paris, 25 septembre 2007, Entreprise Vendasi et Cie e. a., n° 2006/07961 *[déc. n° 06-D-13]*

CA Paris, 23 octobre 2007, SNC Eiffage Construction Languedoc e. a., n° 2006/07494 *[déc. n° 06-D-08]*

CA Paris, 29 janvier 2008, Le Goff Confort e. a., n° 2006/07820 *[déc. n° 06-D-03 bis]*

CA Paris, 29 janvier 2008, UFOP e. a., n° 2007/04524 *[déc. n° 07-D-05]*

CA Paris, ord., 5 mai 2008, Maxi Toys France, n° 2008/05127 *[déc. n° 07-D-50]*

CA Paris, 24 juin 2008, France Travaux e. a., n° 2006/06913 *[déc. n° 06-D-07 bis]*

CA Paris, ord., 25 juillet 2008, Ets. Mathé, n° 2008/13658 *[déc. n° 08-D-12]*

CA Paris, ord., 23 septembre 2008, Plysorol, n° 2008/15800 *[déc. n° 08-D-12]*

CA Paris, ord., 1er octobre 2008, Ets. Allin, *[déc. n° 08-D-12]*

CA Paris, ord., 15 septembre 2011, T.E.R.H. e. a., n° 2011/09019 *[déc. n° 11-D-02]*

CA Paris, 28 janvier 2009, Epsé Joué Club, n° 2008/00255 *[déc. n° 07-D-50]*

CA Paris, 25 février 2009, Transeuro Desbordes Worldwide relocations SAS e. a., n° 2008/02003 *[déc. n° 07-D-48]*

CA Paris, ord., 4 mars 2009, Chevron Products Company e. a., n° 2009/00456 *[déc. n° 08-D-30]*

CA Paris, ord., 11 mars 2009, Éts. Marc Morel et Fils, n° 2009/02483 *[déc. n° 08-D-32]*

CA Paris, 31 mars 2009, Agence funéraire lyonnaise pompes funèbres Viollet e. a., n° 2008/11353 *[déc. n° 08-D-09]*

CA Paris, 29 septembre 2009, Ets. A. Mathé e. a., n° 2008/12495 *[déc. n° 08-D-12]*

CA Paris, 24 novembre 2009, Chevron Products Compagny e. a., n° 2009/00315 *[déc. n° 08-D-30]*

CA Paris, 19 janvier 2010, AMD Sud ouest e. a., n° 2009/334 *[déc. n° 08-D-32]*

CA Paris, 26 janvier 2010, Adecco France e. a., n° 2009/03532 *[déc. n° 09-D-05]*

CA Paris, 11 mai 2010, Aaction Dem e. a., n° 2009/14280 *[déc. n° 09-D-19]*

CA Paris, 29 juin 2010, Colas Rail e. a., n° 2009/19724 *[déc. n° 09-D-25]*

CA Paris, 16 septembre 2010, Raffali et Cie e. a., n° 2009/24813 *[déc. n° 09-D-34]*

CA Paris, 23 septembre 2010, Digicel Antilles Françaises Guyane e. a., n° 2010/00163 *[déc. n° 09-D-36]*

CA Paris, 28 octobre 2010, Maquet e. a., n° 2010/03405 *[déc. n° 10-D-04]*

CA Paris, ord., 27 janvier 2011, Nocibé France e. a., n° 2011/0008 *[déc. n° 06-D-04]*

CA Paris, ord., 17 mars 2011, Sécurité et signalisation e. a., n° 2011/03184 *[déc. n° 10-D-39]*

CA Paris, ord., 15 septembre 2011, Entreprise Pradeau et Morin e. a., 2011/08109 *[déc. n° 11-D-02]*

CA Paris, ord., 15 septembre 2011, T.E.R.H., n° 2011/09019 *[déc. n° 11-D-02]*

CA Paris, ord., 15 septembre 2011, Ets. George Lanfry e. a., n° 2011/10118 *[déc. n° 11-D-02]*

CA Paris, 26 janvier 2012, Beauté Prestige International e. a., n° 2012/23945 *[déc. n° 06-D-04]*

CA Paris, 29 mars 2012, Lacroix Signalisation e. a., n° 2011/01228 *[déc. n° 10-D-39]*

CA Paris, ord., 26 juin 2012, FNPE e. a., n° 12/08904 *[déc. n° 12-D-08]*

CA Paris, ord., 26 juin 2012, Fraileg e. a., n° 12/08905 *[déc. n° 12-D-08]*

CA Paris, ord., 26 juin 2012, France endives e. a., n° 12/08906 *[déc. n° 12-D-08]*

CA Paris, ord., 3 juillet 2012, Axiane Meunerie, n° 12/09395, et Minoteries Cantin, n° 12/09397 *[déc. n° 12-D-09]*

CA Paris, 11 octobre 2012, Entreprise H. Chevalier Nord e. a., n° 2011/03298 *[déc. n° 11-D-02]*

CA Paris, 16 mai 2013, Kontiki e. a., n° 2012/01227 *[déc. n° 11-D-19]*

CA Paris, 6 juin 2013, Gefil e. a., n° 2012/02945 *[déc. n° 12-D-02]*

CA Paris, 4 juillet 2013, Orange Caraïbe e. a., n° 2012/05160 *[déc. n° 09-D-36]*

CA Paris, 10 octobre 2013, Nestlé Purina Care France e. a., n° 2012/07909 *[déc. n° 12-D-10]*

CA Paris, 10 octobre 2013, Razel e. a., n° 2012/1374 *[déc. n° 06-D-07bis]*

CA Paris, 30 janvier 2014, Colgate Palmolive e. a., n° 2012/00723 *[déc. n° 11-D-17]*

CA Paris, 15 mai 2014, Cerafel e. a., n° 2012/06498 *[déc. n° 12-D-08]*

CA Paris, 25 septembre 2014, Groupe Bigard e. a., n° 2013/05595 *[déc. n° 13-D-03]*

CA Paris, 6 novembre 2014, SNCF e. a., n° 2013/01128 *[déc. n° 12-D-25]*

CA Paris, 20 novembre 2014, Grands Moulins de Paris e. a., n° 2012/06826 *[déc. n° 12-D-09]*

CA Paris, 18 décembre 2014, Sanofi e. a., n° 2013/12370 *[déc. n° 13-D-11]*

CA Paris, 26 février 2015, ECMA e. a., n° 2013/06663 *[déc. n° 15-D-06]*

CA Paris, 15 mai 2015, Amaury e. a., n° 2014/05554 *[déc. n° 14-D-02]*

CA Paris, 21 mai 2015, EDF e. a., n° 2014/02694 *[déc. n° 13-D-20]*

CA Paris, 28 mai 2015, Société Degaine e. a., n° 2014/09272 *[déc. n° 11-D-02]*

CA Paris, 21 janvier 2016, Inéo Réseaux Sud-Ouest e. a., n° 2014/22811 *[déc. n° 11-D-13]*

CA Paris, 14 avril 2016, Graham & Brown e. a., n° 2015/01855 *[déc. n° 14-D-20]*

CA Paris, 19 mai 2016, Orange e. a., n° 2013/01006 *[déc. n° 12-D-24]*

CA Paris, 19 mai 2016, Mobilitas e. a., n° 2014/25803 *[déc. n° 14-D-]*

CA Paris, 27 octobre 2016, Beiersdorf e. a., n° 2015/01673 *[déc. n° 14-D-19]*

CA Paris, 15 décembre 2016, Cemex Béton Sud-Est e. a., n° 2012/08968 *[déc. n° 97-D-39]*

CA Paris, 2 février 2017, GEA Group e. a., n° 2013/13058 *[déc. n° 13-D-12]*

CA Paris, 23 mai 2017, Laïta e. a., n° 2015/08224 *[déc. n° 15-D-03]*

CA Paris, 6 juillet 2017, Smith & Smith Characters e. a., n° 16/22365 *[déc. n° 16-D-20]*

CA Paris, 6 juillet 2017, Direct Énergie e. a., n° 2017/07296 *[déc. n° 17-D-06]*

CA Paris, 26 octobre 2017, Services Conseil Expertises et Territoires e. a., n° 2017/01658 *[déc. n° 16-D-28]*

CA Paris, 21 décembre 2017, LCL – Le Crédit Lyonnais e. a., n° 2015/17638 *[déc. n° 10-D-28]*

CA Paris, 21 décembre 2017, Royer Holding e. a., n° 16/06962 *[déc. n° 16-D-02]*

CA Paris, 21 décembre 2017, TDF e. a., n° 16/15499 *[déc. n° 16-D-14]*

CA Paris, 25 janvier 2018, Direct Énergie e. a., n° 2017/07296 *[déc. n° 17-D-06]*

CA Paris, 15 mars 2018, Sermétal Réunion e. a.,n° 16/14231 *[déc. n° 16-D-09]*

CA Paris, 17 mai 2018, Umicore e. a., n° 16/16621 *[déc. n° 16-D-11]*

CA Paris, 5 juillet 2018, Umicore e. a., n° 16/16621 *[déc. n° 16-D-11]*

CA Paris, 19 juillet 2018, Chronopost e. a., n° 16/01270 *[déc. n° 15-D-19]*

CA Paris, 27 septembre 2018, EDF e. a., n° 17/22720 *[déc. n° 13-D-20]*

CA Paris, 20 décembre 2018, SNCF Mobilités e. a., n° 17/01304 *[déc. n° 12-D-25]*

CA Paris, 20 décembre 2018, Graham & Brown e. a., n° 17/21459 *[déc. n° 14-D-20]*

CA Paris, 20 décembre 2018, Sécurité Vol Feu e. a., n° 18/07722 *[déc. n° 18-D-05]*

CA Paris, ord., 23 janvier 2019, Andreas Stihl e. a., n° 18/26546 *[déc. n° 18-D-23]*

CA Paris, 13 juin 2019, Alcyon e. a., n° 18/20229 *[déc. n° 18-D-15]*

CA Paris, 4 juillet 2019, Goodmills Deutschland e. a., n° 16/23609 *[déc. n° 12-D-09]*

CA Paris, 11 juillet 2019, Janssen-Cilag, n° 18/01945 *[déc. n° 17-D-25]*

CA Paris, 17 octobre 2019, Andreas Stihl e. a., n° 18/24456 *[déc. n° 18-D-23]*

CA Paris, 14 novembre 2019, Sanicorse e. a., n° 18/23992 *[déc. 18-D-17]*

CA Paris, 16 janvier 2020, Canna France SASU e. a., n° 19/34010 *[déc. n° 18-D-26]*

CA Paris, 18 juin 2020, L'Oréal e. a., n° 19/08826 *[déc. n° 14-D-19]*

CA Paris, 3 décembre 2020, Brenntag SA e. a., n° 13/13058 *[déc. n° 13-D-12]*

CA Paris, 17 décembre 2020, Brenntag SA e. a., n° 18/04601 *[déc. n° 17-D-27]*

CA Paris, ord., 24 mars 2021, Brocéliande-ALH, Cooperl e. a. *[déc. n° 20-D-09]*

CA Paris, 6 mai 2021, Transports-Transit-Déménagements e. a., n° 20/07505 *[déc. n° 20-D-05]*

CA Paris, 1er juillet 2021, SCA Cambresis Artois Picardie Endives – CAP Endives e. a., n° 19/00595 *[déc. n° 12-D-08]*

CA Paris, 2 décembre 2021, BNP Paribas SA, Crédit Mutuel e. a., n° 20/04626 *[déc. n° 10-D-28]*

- *Décisions de la Cour de cassation*

Cass. com., 10 mars 1992, France loisirs, n° 90-16.298 *[déc. n° 89-D-41]*

Cass. com., 6 octobre 1992, Colas Sud-Ouest e. a., n° 90-16.755 e. a. *[déc. n° 89-D-34]*

Cass. com., Assemblée plénière, 14 mars 1997, SPIE Batignolles et SPIE Trindel e. a., n° 94-15133 *[déc. n° 89-D-42]*

Cass. com., 13 mai 1997, Gondrand frères e. a., n° 95-16378 *[déc. n° 94-D-51]*

Cass. com., 24 mars 1998, Sade-CGTH e. a. *[déc. n° 95-D-23]*

Cass. com., 20 novembre 2001, Société Bec frères e. a., n° 99-16776 et 99-18253 *[déc. n° 98-D-33]*

Cass. com., 28 janvier 2003, Domoservices e. a., n° 01-00528 *[déc. n° 00-D-22]*

Cass. com., 13 novembre 2003, Colas Rhône Alpes e. a., n° 02-12.084 *[déc. n° 01-D-14]*

Cass. com., 18 février 2004, CERP e. a., n° 02-11754 *[déc. n° 01-D-07]*

Cass. com., 28 avril 2004, Colas Midi-Méditerranée e. a., n° 02-15203 *[déc. n° 01-D-67]*

Cass. com., 23 juin 2004, Société Générale e. a., n° 01-17896 et 02-10066 *[déc. n° 00-D-28]*

Cass. com., avis du 11 juillet 2005, OGF, n° 05-0006 *[déc. n° 04-D-36]*

Cass. com., 28 février 2006, EFS e. a., n° 05-12.138 *[déc. n° 04-D-26]*

Cass. com., 14 mars 2006, France Télécom e. a., n° 05-11232 *[déc. n° 04-D-18]*

Cass. com., 28 novembre 2006, OGF n° 05-20181 *[déc. n° 04-D-36]*

Cass. com., 23 octobre 2007, France Télécom e. a., n° D 06-17.852 *[déc. n° 05-D-59]*

Cass. com., 15 janvier 2008, Colas Île-de-France e. a., n° 07-11677 ; 07-12132 et 07-12357 *[déc. n° 05-D-69]*

Cass. com., 13 octobre 2009, Spie e. a., n° Z 08-18.224 *[déc. n° 07-D-15]*

Cass. com., 7 avril 2010, Orange e. a., n° 09-12.984, 09-13.163 et 09-65.940 *[déc. 05-D-65]*

Cass. com., 7 avril 2010, Carrefour France e. a., n° K 09-11.936 *[déc. n° 07-D-50]*

Cass. com., QPC, 17 septembre 2010, Randstad e. a., 10-13.686 *[déc. n° 09-D-05]*

Cass. com., 29 mars 2011, Manpower e. a., n° T 10-12.913 et G 10-13.686 *[déc. n° 09-D-05]*

Cass. com., 12 juillet 2011, Lafarge ciments e. a., n° 10-17482 et 10-17791 *[déc. n° 07-D-08]*

Cass. com., 30 mai 2012, Orange France e. a., n° X 11-22.144 *[déc. n° 05-D-65]*

Cass. com., QPC, 18 septembre 2012, Sephora e. a., n° 12-14.401 e. a. *[déc. n° 06-D-04]*

Cass. com., QPC, 24 avril 2013, Axiane Meunerie, n° 12-23486 *[déc. n° 12-D-09]*

Cass. com., 28 mai 2013, Lacroix Signalisation e. a., n° A 12-18.195, J 12-18.410, R 12-18.577 *[déc. n° 10-D-39]*

Cass. com., 22 octobre 2013, Président de l'Autorité c/ Axiane meunerie e. a. et Minoteries Cantin e. a., n° B -12-23 486 et C 12-23.487 *[déc. n° 12-D-09]*

Cass. com., QPC, 19 novembre 2013, société Inéo réseaux Sud-Ouest, n° 13-16.602 *[déc. n° 11-D-13]*

Cass. com., 18 février 2014, Société Pradeau et Morin e. a., n° 12-27.643, FS+P+B *[déc. n° 11-D-02]*

Cass. com., 7 octobre 2014, Kontiki e. a., n° P 13-19.476 *[déc. n° 11-D-19]*

Cass. com., 21 octobre 2014, Société Spie Sud-Ouest e. a., n° 934 FS-P+B *[déc. n° 11-D-13]*

Cass. com., 20 novembre 2014, Grands Moulins de Strasbourg e. a., n° 2012/06826 *[déc. n° 12-D-09]*

Cass. com., 6 janvier 2015, Orange Caraïbe e. a., n° B 13-21.305 et A 13-22.477 *[déc. n° 09-D-36]*

Cass. com., 20 janvier 2015, Chevron Products Company e. a., n° V 13-16.745, R 13-16.764, S 13-16.765 et V 13-16.955 *[déc. n° 08-D-30]*

Cass. com., 17 mars 2015, Royal Canin e. a., n° G 13-26.003, V 13-26.083 et F 13-26.185 *[déc. n° 12-D-10]*

Cass. com., 18 octobre 2016, Sanofi e. a. n° X 1 510 384 *[déc. n° 13-D-11]*

Cass. com., 8 novembre 2016, Goodmills Deutschland GmbH venant aux droits de VK-Mühlen e. a., n° D 14-28.234 e. a. *[déc. n° 12-D-09]*

Cass. com., 22 novembre 2016, Euro cargo rail e. a., n° T 14-28.224 et M 14-28.862, *[déc. n° 12-D-25]*

Cass. com., 8 février 2017, ECMA e. a., n° V 15-15.005 *[déc. n° 15-D-06]*

Cass. com., 1er mars 2017, EPA e. a., M 15-19.068 *[déc. n° 14-D-02]*

Cass. com., 27 septembre 2017, EDF e. a., n° U 15-20.087 et R 15-20.291 *[déc. n° 13-D-20]*

Cass. com., 18 octobre 2017, Mobilitas e. a., n° P 16-19.120 *[déc. n° 14-D-16]*

Cass. com., 8 novembre 2017, Graham & Brown France e. a., n° E 16-17.226 et T 16-17.330 *[déc. n° 14-D-20]*

Cass. com., 5 avril 2018, SFR e. a., n° K 16-19.186 et F 16-19.274 *[déc. n° 12-D-24]*

Cass. com., 10 juillet 2018, GEA Group e. a., n° Q 17-13.973 et W 17-14.140 *[déc. n° 13-D-12]*

Cass. com., 12 septembre 2018, APVE e. a., n° H 14-19.589 *[déc. n° 12-D-08]*

Cass. com., 27 mars 2019, L'Oréal e. a., n° E 16-26.472 e. a. *[déc. n° 14-D-19]*

Cass. com., 9 juin 2019, SNCF Mobilités e. a., n° N 19-10.943 *[déc. n° 12-D-25]*

Cass. com., 20 janvier 2020, La Banque postale e. a., n° T 18-10.967 et E 18-11.001 *[déc. n° 10-D-28]*

Cass. com., 24 juin 2020, CDC e. a., n° M 17-28.115 *[déc. n° 16-D-28]*

Cass. com., 2 septembre 2020, Umicore e. a., n° H 18-18.501, V 18-18.582, P 18-19.933 *[déc. n° 16-D-14]*

Cass. com., 13 janvier 2021, Akka technologies e. a., n° C 20-16.849 *[déc. n° 19-D-19 et déc. n° 17-D-27]*

Cass. com., 10 février 2021, Goodmills Deutschland GmbH e. a., n° G 19-20.599 *[déc. n° 12-D-09]*

Cass. com., 22 septembre 2021, Chronopost SAS e. a., n° X 18-21.436 e. a. *[déc. n° 15-D-19]*

- *Décisions du Conseil constitutionnel*

Décision du Conseil constitutionnel n° 71-44 DC, du 16 juillet 1971, « Liberté d'association »

Décision du Conseil constitutionnel n° 86-224 DC, du 23 janvier 1987 relatif à la loi transférant à la juridiction judiciaire le contentieux des décisions du Conseil de la concurrence et les commentaires

Décision du Conseil Constitutionnel n° 89-260 DC, du 28 juillet 1989 relative à la loi sur la sécurité et à la transparence du marché financier

Décision du Conseil Constitutionnel n° 2009-580 DC, du 10 juin 2009 relative à la loi sur la diffusion et la protection de la création sur Internet

Décision du Conseil constitutionnel n° 2015-489, QPC du 14 octobre 2015, Société Grands Moulins de Strasbourg SA e. a. *[déc. n° 12-D-09]*

Décision du Conseil constitutionnel n° 2015-510, QPC du 7 janvier 2016, Association Expert-comptable média association *[déc. n° 13-D-06]*

Décision du Conseil constitutionnel n° 2015-542, QPC du 18 mai 2016, Société ITM Alimentaire International

Décision du Conseil constitutionnel n° 2019-781 DC, du 16 mai 2019, Loi relative à la croissance et la transformation des entreprises

Décision du Conseil constitutionnel n° 2021-892, QPC du 26 mars 2021, Akka Technologies e. a. *[déc. n° 19-D-09 et n° 17-D-27]*

TABLE CHRONOLOGIQUE DES DÉCISIONS DE LA COMMISSION CITÉES (AU 30 JUILLET 2021)

Décision de la Commission du 14 décembre 1972, Zoja/CSC–ICI (JOCE L 299, p. 51)

Décision de la Commission du 23 juillet 1984, Verre plat dans les pays du Benelux (JOCE L 212, p. 13)

Décision de la Commission du 14 décembre 1985, ECS/AKZO Chemie (JOCE L 374, p. 1)

Décision de la Commission du 23 avril 1986, Polypropylène (JOCE L 230, p. 1)

Décision de la Commission du 22 décembre 1987, Eurofix-Bauco/Hilti (JOCE 1988 L 65, p. 19)

Décision de la Commission du 18 juillet 1988, Napier Brown - British Sugar (JOCE L 284, p. 41)

Décision de la Commission du 7 décembre 1988, Verre plat (publiée au JOCE 1989, L 33, p. 44)

Décision de la Commission du 19 décembre 1990, Carbonate de soude (JOCE 1991 L 152, p. 1)

Décision de la Commission du 24 juillet 1991, Tetra Pak II (JOCE 1992, L 72, p. 1)

Décision de la Commission du 16 février 1994, Producteurs européens de poutrelles (JOCE L 116, p. 1)

Décision de la Commission du 21 janvier 1998, Extra d'alliage (JOCE L 100, p. 55)

Décision de la Commission du 28 janvier 1998, Volkswagen (JOCE L 124, p. 60)

Décision de la Commission du 21 octobre 1998, Conduites précalorifugées (JOCE 1999, L 24, p. 1)

Décision de la Commission du 8 décembre 1999, Tubes d'acier sans soudure (JOUE 2003, L 140, p. 1)

Décision de la Commission du 7 juin 2000, Acides aminés (JOCE 2001, L 152, p. 24)

Décision de la Commission du 21 décembre 2000, JCB (JOCE 2002 L 69, p. 1)

Décision de la Commission du 2 octobre 2001, Gluconate de sodium (COMP/E-1/36.756)

Décision de la Commission du 21 novembre 2001, Vitamines (JOUE 2003, L 6, p. 1)

Décision de la Commission du 5 décembre 2001, Acide citrique (JOCE 2002, L 239, p. 18)

Décision de la Commission du 20 décembre 2001, Papier autocopiant (JOUE 2004, L 115, p. 1)

Décision de la Commission du 30 octobre 2002, Consoles de jeux (JOCE 2003, L 255, p. 33)

Décision de la Commission du 17 décembre 2002, Graphites spéciaux (résumé publié au JOUE 2006 L 180, p. 20)

Décision de la Commission du 2 avril 2003, Viandes bovines françaises (résumé publié au JOUE L 209, p. 12)

Décision de la Commission du 1er octobre 2003, Sorbates (résumé publié au JOUE 2005, L 182, p. 20)

Décision de la Commission du 3 décembre 2003, Produits de base de carbone et de graphite pour applications électriques et mécaniques (résumé publié au JOUE 2004 L 125, p. 45)

Décision de la Commission du 10 décembre 2003, Peroxydes organiques (résumé publié au JOUE 2005, L 110, p. 44)

Décision de la Commission du 16 décembre 2003, Tubes industriels (résumé publié au JOUE 2004, L 125, p. 50)

Décision de la Commission du 24 mars 2004, Lecteur Windows Media (résumé publié au JOUE 2007, L 32, p. 23)

Décision de la Commission du 9 décembre 2004, Chlorure de choline (résumé publié au JOUE 2005, L 190, p. 22)

Décision de la Commission du 19 janvier 2005, Acide monochloracétique (résumé publié au JOUE 2006, L 353, p. 12)

Décision de la Commission du 14 septembre 2005, Fil industriel (résumé publié au JOUE 2008, C 21, p. 10)

Décision de la Commission du 20 octobre 2005, Tabac brut italien (résumé publié au JOUE 2006, L 353, p. 45)

Décision de la Commission du 21 décembre 2005, Produits chimiques pour le traitement du caoutchouc (JOUE 2006, L 353, p. 50)

Décision de la Commission du 3 mai 2006, Agents blanchissants (résumé publié au JOUE L 353, p. 54)

Décision de la Commission du 31 mai 2006, Méthacrylates (résumé publié au JOUE L 322, p. 20)

Décision de la Commission du 12 juillet 2006, Microsoft (résumé publié au JOUE 2008, C 138, p. 7)

Décision de la Commission du 13 septembre 2006, Bitume néerlandais (résumé publié au JOUE 2007, L. 196, p. 40)

Décision de la Commission du 20 septembre 2006, Raccords en cuivre (résumé publié au JOUE 2007, L 283, p. 63)

Décision de la Commission du 29 novembre 2006, Caoutchouc butadiène (résumé publié au JOUE 2008, C 7, p. 7)

Décision de la Commission du 24 janvier 2007, Appareillages de commutation à isolation gazeuse (résumé publié au JOUE 2008 C 5, p. 7)

Décision de la Commission du 21 février 2007, Ascenseurs et escaliers mécaniques (résumé publié au JOUE 2008 C 75, p. 10)

Décision de la Commission du 4 juillet 2007, Internet haut débit en Espagne (résumé publié au JOUE 2008 C 83, p. 5)

Décision de la Commission du 19 septembre 2007, Fermetures (résumé publié au JOUE 2011, C 210, p. 26)

Décision de la Commission du 20 novembre 2007, Bandes vidéo professionnelles (résumé publié au JOUE 2008, C 57, p. 10)

Décision de la Commission du 28 novembre 2007, Verre plat (résumé publié au JOUE 2008, C 127, p. 11)

Décision de la Commission du 5 décembre 2007, Caoutchouc chloroprène (résumé publié au JOUE 2008 C 251, p. 11)

Décision de la Commission du 23 janvier 2008, Caoutchouc butadiène-nitrile (résumé publié au JOUE C 86, p. 7)

Décision de la Commission du 30 janvier 2008, E.ON Energie AG (résumé publié au JOUE C 240, p. 6)

Décision de la Commission du 27 février 2008, Microsoft (résumé publié au JOUE 2009 C 166, p. 8)

Décision de la Commission du 11 mars 2008, Déménagements internationaux (résumé publié au JOUE 2009 C 188, p. 16)

Décision de la Commission du 11 juin 2008, Chlorate de sodium (résumé publié au JOUE 2009 C 137, p. 6)

Décision de la Commission du 25 juin 2008, Fluorure d'aluminium (résumé publié au JOUE 2011 C 40, p. 22)

Décision de la Commission du 1er octobre 2008, Cire de bougies (résumé publié au JOUE 2009 C 295, p. 17)

Décision de la Commission du 15 octobre 2008, Bananes (résumé publié au JOUE 2009 C 189, p. 12)

Décision de la Commission du 12 novembre 2008, Verre automobile (résumé publié au JOUE 2009, C 173, p. 8)

Décision de la Commission du 28 janvier 2009, Tuyaux marins (résumé publié au JOUE C 168, p. 6)

Décision de la Commission du 13 mai 2009, Intel (résumé publié au JOUE C 227, p. 7)

Décision de la Commission du 10 juin 2009, Electrabel/Compagnie nationale du Rhône (résumé publié au JOUE C 279, p. 8)

Décision de la Commission du 8 juillet 2009, E.ON/GDF (résumé publié au JOUE C 248, p. 5)

Décision de la Commission du 22 juillet 2009, Réactifs à base de carbure de calcium et de magnésium destinés aux secteurs sidérurgique et gazier (résumé publié au JOUE C 301, p. 14)

Décision de la Commission du 7 octobre 2009, Transformateurs de puissance (JOUE C 296, p. 21)

Décision de la Commission du 11 novembre 2009, Stabilisants thermiques (résumé au JOUE 2010, C 307, p. 9)

Décision de la Commission du 8 décembre 2009, Ronds à béton (résumé publié au JOUE 2011, C 98, p. 16)

Décision de la Commission du 19 mai 2010, DRAM (résumé publié au JOUE 2011 C 180, p. 15)

Décision de la Commission du 23 juin 2010, Installations sanitaires pour salles de bains (résumé publié au JOUE 2011, C 348, p. 9)

Décision de la Commission du 30 juin 2010, Acier de précontrainte (résumé publié au JOUE 2011 C 339, p. 7)

Décision de la Commission du 20 juillet 2010, Phosphates pour l'alimentation animale (résumé publié au JOUE 2011 C 111, p. 19)

Décision de la Commission du 30 septembre 2010, Acier de précontrainte

Décision de la Commission du 9 novembre 2010, Fret aérien (résumé publié au JOUE 2014 C 371, p. 11)

Décision de la Commission du 8 décembre 2010, Écrans LCD (résumé publié au JO 2011 C 295, p. 8)

Décision de la Commission du 31 mars 2011 modifiant la décision du 19 septembre 2007, Articles de mercerie métalliques et plastiques : fermetures (résumé publié au JOUE C 210, p. 12)

Décision de la Commission du 4 avril 2011, Acier de précontrainte

Décision de la Commission 13 avril 2011, Détergents domestiques (résumé publié au JOUE C 193, p. 14)

Décision de la Commission du 24 mai 2011, Suez Environnement (résumé publié au JOUE C 251, p. 4)

Décision de la Commission du 19 octobre 2011, Verre pour tubes cathodiques (résumé publié au JOUE 2012 C 48, p. 18)

Décision de la Commission du 7 décembre 2011, Compresseurs frigorifiques (résumé publié au JOUE 2012, C 122, p. 4)

Décision de la Commission du 28 mars 2012, EPH e. a. (résumé publié au JOUE, C 316, p. 8)

Décision de la Commission du 28 mars 2012, Transit (résumé publié au JOUE, C 375, p. 5)

Décision de la Commission du 28 mars 2012, Quincaillerie pour fenêtres et portes-fenêtres (résumé publié au JOUE, C 292, p. 5)

Décision de la Commission du 27 juin 2012, Fabricants de produits de gestion de l'eau (résumé publié au JOUE C 335, p. 4)

Décision de la Commission du 27 juin 2012, Appareillages de commutation à isolation gazeuse (résumé publié au JOUE 2013 C 70, p. 12)

Décision de la Commission du 5 décembre 2012, Tubes cathodiques pour téléviseurs et écrans d'ordinateur (résumé publié au JOUE 2013 C 303, p. 7)

Décision de la Commission du 6 mars 2013, Microsoft – Ventes liées (résumé publié au JOUE C 120, p. 6)

Décision de la Commission du 10 juillet 2013, Faisceaux de fils électriques automobiles (résumé publié au JOUE C 283, p. 5)

Décision de la Commission du 27 novembre 2013, Crevettes (résumé publié au JOUE 2014, C 453, p. 16)

Décision de la Commission du 4 décembre 2013, Produits dérivés de taux d'intérêt libellés en yens (résumé publié au JOUE 2017 C 206, p. 7)

Décision de la Commission du 29 janvier 2014, Mousse de polyuréthane (résumé publié au JOUE C 354, p. 7)

Décision de la Commission du 5 mars 2014, Bourses d'électricité (résumé publié au JOUE C 334, p. 6)

Décision de la Commission du 19 mars 2014, Roulements (résumé publié au JOUE C 238/09, p. 10)

Décision de la Commission du 2 avril 2014, Câbles électriques (résumé publié au JOUE C 319, p. 6)

Décision de la Commission du 25 juin 2014, Champignons (résumé publié au JOUE C 453, p. 11)

Décision de la Commission du 9 juillet 2014, Perindopril (AT.39612)

Décision de la Commission du 3 septembre 2014, Producteurs de Puces pour cartes (résumé publié au JOUE 2017, C 27, p. 17)

Décision de la Commission du 11 décembre 2014, Enveloppes (résumé publié au JOUE 2015 C 74, p. 5)

Décision de la Commission du 4 février 2015, Produits dérivés de taux d'intérêt libellés en yens (résumé publié au JOUE 2017 C 305 p. 10)

Décision de la Commission, 17 avril 2015, Slovak Telekom (AT.39523)

Décision de la Commission du 8 mai 2015, Fret aérien (résumé publié au JOUE 2017 C 188, p. 14)

Décision de la Commission du 17 juin 2015, Systèmes de chauffage de stationnement (résumé publié au JOUE C 425, p. 14)

Décision de la Commission du 24 juin 2015, Conditionnement alimentaire destiné à la vente au détail (résumé publié au JOUE C 402, p. 8)

Décision de la Commission du 15 juillet 2015, Trains-blocs (résumé publié au JOUE C 351, p. 5)

Décision de la Commission du 21 octobre 2015, Fournisseurs de lecteurs de disques optiques (résumé publié au JOUE 2016 C 484, p. 10)

Décision de la Commission du 27 janvier 2016, Alternateurs et démarreurs (résumé publié au JOUE C 137, p. 7)

Décision de la Commission du 6 avril 2016, Champignons (résumé publié au JOUE 2017 C 67, p. 5)

Décision de la Commission du 25 mai 2016, Grenaille abrasive métallique (résumé publié au JOUE C 366, p. 6)

Décision de la Commission du 19 juillet 2016, Producteurs de camions (résumé publié au JOUE 2017 C 108, p. 6)

Décision de la Commission du 20 septembre 2016, ARA Foreclosure (AT.39759)

Décision de la Commission du 7 décembre 2016, Produits dérivés de taux d'intérêt en euro (résumé publié au JOUE 2019 C 130, p. 5)

Décision de la Commission du 12 décembre 2016, Fabricants de batteries rechargeables (résumé publié au JOUE 2017 C 117, p. 9)

Décision de la Commission du 8 février 2017, Recyclage de batteries automobiles (résumé publié au JOUE C 396, p. 6)

Décision de la Commission du 8 mars 2017, Systèmes thermiques (résumé publié au JOUE C 169, p. 15)

Décision de la Commission du 17 mars 2017, Fret aérien (résumé publié au JOUE 2017 C 188, p. 11)

Décision de la Commission du 17 mai 2017, Facebook/WhatsApp (M. 8228)

Décision de la Commission du 21 juin 2017, Systèmes d'éclairage pour voitures (résumé publié au JOUE C 333, p. 4)

Décision de la Commission du 27 juin 2017, Google (Shopping) (Résumé publié au JOUE 2018 C 9, p. 8)

Décision de la Commission du 27 septembre 2017, Producteurs de camions (Communiqué de presse IP/17/3502)

Décision de la Commission du 22 novembre 2017, Systèmes de sécurité pour occupants fournis à des constructeurs automobiles japonais (résumé publié au JOUE 2018, C 135, p. 5)

Décision de la Commission du 21 février 2018, Systèmes de freinage (résumé publié au JOUE C 143, p. 4)

Décision de la Commission du 21 février 2018, Transporteurs maritimes de véhicules automobiles (résumé publié au JOUE C 314, p. 8)

Décision de la Commission du 24 avril 2018, Altice et PT Portugal (M.7993) (Communiqué de presse IP/18/3522)

Décision de la Commission du 18 juillet 2018, Android (Communiqué de presse IP/18/4581)

Décision de la Commission du 24 juillet 2018, Fabricants d'électronique grand public (Communiqué de presse IP/18-4601)

Décision de la Commission du 18 décembre 2018, Guess (résumé publié au JOUE 2019, C 47, p. 5)

Décision de la Commission du 22 janvier 2019, Mastercard II (Communiqué de presse IP/19/582)
Décision de la Commission du 5 mars 2019, Fournisseurs d'équipements de sécurité pour véhicules automobiles II (Communiqué de presse IP/19/151)
Décision de la Commission du 20 mars 2019, Google (AdSense for Search) (Communiqué de presse IP/19/1770)
Décision de la Commission du 25 mars 2019, Ventes transfrontières de produits dérivés Nike (Communiqué de presse IP/19/1828)
Décision de la Commission du 13 mai 2019, InBev (Communiqué de presse IP/19/2488)
Décision de la Commission du 27 septembre 2019, Légumes en conserve (résumé publié au JOUE C 69, p. 3)
Décision de la Commission du 20 avril 2021, Services transfrontières de fret ferroviaire par trains-blocs (Communiqué de presse IP/21/1843)
Décision de la Commission du 8 juillet 2021, Épuration des gaz d'échappement (Communiqué de presse IP/21/3581)
Décision de la Commission du 2 décembre 2021, FOREX (Communiqué de presse IP/21/6548)

TABLE CHRONOLOGIQUE DES DÉCISIONS DU TRIBUNAL (TPICE / Trib. UE) ET DE LA COUR DE JUSTICE (CJCE / CJUE) CITÉES (AU 30 JUILLET 2021)

- *Décisions du Tribunal* (TPICE/Trib UE)

TPICE, 17 décembre 1991, aff. T-6/89, Enichem Anic SpA c/ Commission *[déc. du 23 avril 1986]*

TPICE, 28 avril 1994, aff. T-38/92, All Weather Sports Benelux BV c/ Commission *[déc. du 18 mars 1992]*

TPICE, 12 janvier 1995, aff. T-102/92, Viho c/ Commission *[déc. du 30 sept. 1992]*

TPICE, 6 avril 1995, aff. T-141/89, Tréfileurope c/ Commission *[déc. du 2 août 1989]*

TPICE, 6 avril 1995, aff. T-148/89, Trefilunion c/ Commission *[déc. du 2 août 1989]*

TPICE, 14 juillet 1995, aff. T-275/94, Groupement des cartes bancaires « CB » c/ Commission *[déc. du 25 mars 1992]*

TPICE, 14 mai 1998, aff. T-311/94, Kartonfabriek de Eendracht c/ Commission *[déc. du 13 juill. 1994]*

TPICE, 11 mars 1999, aff. T-134/94, NMH Stahlwerke GmbH c/ Commission *[déc. du 16 févr. 1994]*

TPICE, 20 avril 1999, aff. jtes T-305/94 e. a., Limburgse Vinyl Maatschappij NV e. a. c/ Commission *[déc. du 27 juill. 1994]*

TPICE, ord., 21 juillet 1999, aff. T-191/98 R, DSR-Senator Lines c/ Commission *[déc. du 16 sept. 1998]*

TPICE, ord., 28 juin 2000, aff. T-191/98 R II, Cho Yang Shipping c/ Commission *[déc. du 16 sept. 1998]*

TPICE, 6 juillet 2000, aff. T-62/98, Volkswagen c/ Commission *[déc. du 28 janv. 1998]*

TPICE, 13 décembre 2001, aff. jtes. T-45/98 et T-47/98, Krupp Thyssen Stainless GmbH e. a. c/ Commission *[déc. du 21 janv. 1998]*

TPICE, 20 mars 2002, aff. T-9/99, HFB Holding e. a. c/ Commission *[déc. du 21 oct. 1998]*

TPICE, 20 mars 2002, aff. T-21/99, Dansk Rørindustri c/ Commission *[déc. du 21 oct. 1998]*

TPICE, 20 mars 2002, aff. T-23/99, LR AF 1998 c/ Commission *[déc. du 21 oct. 1998]*

TPICE, 9 mars 2003, aff. T-213/00, CMA CGM e. a. c/ Commission *[déc. du 16 mai 2000]*

TPICE, 30 septembre 2003, aff. jtes. T-191/98, T-212/98 à T-214/98, Atlantic Container Line AB e. a. c/ Commission *[déc. du 16 sept. 1998]*

TPICE, 30 septembre 2003, aff. T-203/01, Michelin c/ Commission *[déc. du 20 juin 2001]*

TPICE, 13 janvier 2004, aff. T-67/01, JCB Service c/ Commission *[déc. du 21 déc. 2000]*

TPICE, 29 avril 2004, aff. jtes T-236/01, T-239/01, T-244/01 à T-246/01, T-251/01 et T-252/01, Tokaï Carbon e. a. c/ Commission *[déc. du 18 juill. 2001]*

TPICE, 8 juillet 2004, aff. jtes. T-67/00, T-68/00, T-71/00 et T-78/00, JFE Engineering Corp. e. a. c/ Commission *[déc. du 8 déc. 1999]*

TPICE, 15 juin 2005, aff. T-71/03, T-74/03, T-87/03 et T-91/03, Tokaï Carbon Co. Ltd e. a. c/ Commission e. a. *[déc. du 17 déc. 2002]*

TPICE, 27 juillet 2005, aff. jtes. T-49/02 à T-51/02, Brasserie nationale e. a. c/ Commission *[déc. du 5 déc. 2001]*

TPICE, 25 octobre 2005, aff. T-38/02, Groupe Danone c/ Commission *[déc. du 5 déc. 2001]*

TPICE, 29 novembre 2005, aff. T-62/02, Union Pigments c/ Commission *[déc. du 11 déc. 2001]*

TPICE, 29 novembre 2005, aff. T-64/02, Heubach c/ Commission *[déc. du 11 déc. 2001]*

TPICE, ord., 13 juillet 2006, aff. T-11/06 R, Romana Tabacchi SpA c/ Commission *[déc. du 20 oct. 2005]*

TPICE, 13 décembre 2006, aff. jtes T-217/03 et T-245/03, FNCBV e. a. c/ Commission *[déc. du 2 avril 2003]*

TPICE, 14 décembre 2006, aff. T-259/02 à T-264/02 et T-271/02, Raiffeisen Zentralbank Österreich e. a. c/ Commission *[déc. du 11 juin 2002]*

TPICE, 27 septembre 2006, aff. T-314/01, Avebe c/ Commission *[déc. du 2 oct. 2001]*

TPICE, 27 septembre 2006, aff. T-43/02, Jungbunzlauer AG c/ Commission *[déc. du 5 déc. 2001]*

TPICE, 5 décembre 2006, aff. T-303/02, Westfalen Gassen Nederland c/ Commission *[déc. du 24 juill. 2002]*

TPICE, 13 décembre 2006, aff. jtes. T-217/03 et T-245/03, Fédération nationale de la coopération bétail et viande (FNCBV), Fédération nationale des syndicats d'exploitants agricoles (FNSEA) e. a. c/ Commission *[déc. du 2 avril 2003]*

TPICE, 8 mars 2007, aff. T-340/04, France Télécom SA c/ Commission *[déc. du 18 mai 2004]*

TPICE, 26 avril 2007, aff. T-109/02 e. a., Bolloré e. a. c/ Commission *[déc. du 20 déc. 2001]*

TPICE, 12 septembre 2007, aff. T-30/05, William Prym GmbH & Co. KG et Prym Consumer GmbH & Co. KG c/ Commission *[déc. du 26 oct. 2004]*

TPICE, 17 septembre 2007, aff. T-201/04, Microsoft Corp. e. a. c/ Commission e. a. *[déc. du 24 mars 2004]*

TPICE, ord., 4 décembre 2007, aff. T-326/07 R, Cheminova e. a. c/ Commission

TPICE, 12 décembre 2007, aff. T-101/05 et T-111/05, BASF et UCB c/ Commission *[déc. du 9 déc. 2004]*

TPICE, 12 décembre 2007, aff. T-112/05, Akzo Nobel e. a. c/ Commission *[déc. du 9 déc. 2004]*

TPICE, 8 juillet 2008, aff. T-53/03, BPB c/ Commission *[déc. du 27 nov. 2002]*

TPICE, 8 juillet 2008, aff. T-54/03, Lafarge c/ Commission *[déc. du 27 nov. 2002]*

TPICE, 8 octobre 2008, aff. T-68/04, SGL Carbon *[déc. du 3 déc. 2003]*

TPICE, 8 octobre 2008, aff. T-69/04, Schunk GmbH e. a. c/ Commission *[déc. du 3 déc. 2003]*

TPICE, 31 mars 2009, aff. T-405/06, ArcelorMittal Luxembourg e. a. c/ Commission *[déc. du 8 nov. 2006]*

TPICE, 30 avril 2009, aff. T-12/03, Itochu c/ Commission *[déc. du 30 oct. 2002]*

TPICE, 6 mai 2009, aff. T-127/04, KME Germany e. a. c/ Commission *[déc. du 16 déc. 2002]*

TPICE, 30 septembre 2009, aff. T-161/05, Hoechst GmbH c/ Commission *[déc. du 19 janv. 2005]*

TPICE, 30 septembre 2009, aff. T-175/05, Akzo Nobel e. a. c/ Commission *[déc. du 19 janv. 2005]*

TPICE, ord., 29 octobre 2009, aff. T-352/09 R, Novácke chemické závody e. a. c/ Commission *[déc. du 22 juill. 2009]*

Trib. UE, 17 décembre 2009, aff. T-57/01, Solvay c/ Commission *[déc. du 13 déc. 2000]*

Trib. UE, 28 avril 2010, aff. T-452/05, BST c/ Commission *[déc. du 14 sept. 2005]*

Trib. UE, 28 avril 2010, aff. T-456/05 et T-457/05, Gütermann AG et Zwicky & Co. AG c/ Commission *[déc. du 14 sept. 2005]*

Trib. UE, ord.,7 mai 2010, aff. T-410/09 R, Almamet c/ Commission *[déc. du 22 juill. 2009]*

Trib UE, ord., 12 mai 2010, aff. T-30/10 R, Reagens c/ Commission *[déc. du 11 nov. 2009]*

Trib. UE, 19 mai 2010, aff. T-25/05, KME Germany e. a. c/ Commission *[déc. du 3 sept. 2004]*

Trib. UE, 25 juin 2010, aff. T-66/01, ICI c/ Commission *[déc. du 13 déc. 2000]*

Trib. UE, 13 septembre 2010, aff. T-40/06, Trioplast Industrier AB c/ Commission *[déc. du 30 nov. 2005]*

Trib. UE, 27 octobre 2010, aff. T-24/05, Alliance One International e. a. c/ Commission *[déc. du 20 oct. 2004]*

Trib. UE, ord., 7 décembre 2010, aff. T-385/10 R, ArcelorMittal e. a. c/ Commission *[déc. du 30 juin 2010]*

Trib. UE, 15 décembre 2010, aff. T-141/08, E.ON Energie AG c/ Commission *[déc. du 30 janv. 2008]*

Trib. UE, ord., 4 janvier 2011, aff. T-370/10, Rubinetterie Teorema c/ Commission *[déc. du 23 juin 2010]*

Trib. UE, ord., 2 mars 2011, aff. T-392/09 R, 1.garantovaná a.s. c/ Commission *[déc. du 23 juill. 2009]*

Trib. UE, 3 mars 2011, aff. T-117/07 et T-121/07, Areva e. a. et Alstom c/ Commission *[déc. du 24 janv. 2007]*

Trib. UE, 3 mars 2011, aff. T-122/07 à T-124/07, Siemens AG Österreich e. a. c/ Commission *[déc. du 21 févr. 2007]*

Trib. UE, 8 mars 2011, aff. T-37/05, World Wide Tobacco España c/ Commission *[déc. du 20 oct. 2004]*

Trib. UE, 24 mars 2011, aff. T-377/06, Comap SA c/ Commission *[déc. du 20 sept. 2006]*

Trib. UE, 24 mars 2011, aff. T-382/06, Tomkins plc. c/ Commission *[déc. du 20 sept. 2006]*

Trib. UE, 24 mars 2011, aff. T-384/06, IBP Ltd e. a. c/ Commission *[déc. du 20 sept. 2006]*

Trib. UE, 24 mars 2011, aff. T-385/06, Aalberts Industries e. a. c/ Commission *[déc. du 20 sept. 2006]*

Trib. UE, ord., 13 avril 2011, aff. T-393/10 R, Westfälische Drahtindustrie GmbH e. a. c/ Commission *[déc. du 30 juin 2010]*

Trib. UE, 17 mai 2011, aff. T-299/08, Elf Aquitaine SA c/ Commission *[déc. du 11 juin 2008]*

Trib. UE, 17 mai 2011, aff. T-343/08, Arkema France c/ Commission *[déc. du 11 juin 2008]*

Trib. UE, 7 juin 2011, aff. T-217/06, Arkema France e. a. c/ Commission *[déc. du 31 mai 2006]*

Trib. UE, 16 juin 2011, aff. T-185/06, L'Air Liquide SA c/ Commission *[déc. du 3 mai 2006]*

Trib. UE, 16 juin 2011, aff. T-186/06, Solvay SA c/ Commission *[déc. du 3 mai 2006]*

Trib. UE, 16 juin 2011, aff. T-192/06, Caffaro c/ Commission *[déc. du 3 mai 2006]*

Trib. UE, 16 juin 2011, aff. T-195/06, Solvay c/ Commission *[déc. du 3 mai 2006]*

Trib. UE, 16 juin 2011, aff. T-199/08, Ziegler SA c/ Commission *[déc. du 11 mars 2008]*

Trib. UE, 16 juin 2011, aff. T-204/08 et T-212/08, Team Relocations NV e. a. c/ Commission *[déc. du 11 mars 2008]*

Trib. UE, 16 juin 2011, aff. T-208/08 et T-209/08, Gosselin Group et Stichting Administratiekantoor Portielje c/ Commission *[déc. du 11 mars 2008]*

Trib. UE, 16 juin 2011, aff. T-211/08, Putters International c/ Commission *[déc. du 11 mars 2008]*

Trib. UE, 12 juillet 2011, aff. T-132/07, Fuji Electric c/ Commission *[déc. du 24 janv. 2007]*

Trib. UE, ord., 12 juillet 2011, aff. T-422/10 R, Emme Holding c/ Commission *[déc. du 30 juin 2010]*

Trib. UE, 13 juillet 2011, aff. T-39/07, Eni SpA c/ Commission *[déc. du 29 nov. 2006]*

Trib. UE, 13 juillet 2011, aff. T-42/07, The Dow Chemical Company e. a. c/ Commission *[déc. du 29 nov. 2006]*

Trib. UE 13 juillet 2011, aff. T-59/07, Polimeri Europa c/ Commission *[déc. du 29 nov. 2006]*

Trib UE, 13 juillet 2011, aff. T-138/07, Schindler e. a. c/ Commission *[déc. du 21 févr. 2007]*

Trib. UE, 13 juillet 2011, aff. T-141/07, T-142/07, T-145/07 et T-146/07, General Technic-Otis e. a. c/ Commission *[déc. du 21 févr. 2007]*

Trib. UE, 13 juillet 2011, aff. T-144/07 e. a., ThyssenKrupp Liften Ascenseurs e. a. c/ Commission *[déc. du 21 févr. 2007]*

Trib. UE, 14 juillet 2011, aff. T-190/06, Total et Elf Aquitaine c/ Commission *[déc. du 3 mai 2006]*

Trib. UE, ord., 15 juillet 2011, aff. T-398/10 R, Fapricela c/ Commission *[déc. du 30 juin 2010]*

Trib. UE, 9 septembre 2011, aff. T-12/06, Deltafina SpA c/ Commission *[déc. du 20 oct. 2005]*

Trib. UE, 9 septembre 2011, aff. T-25/06, Alliance One International c/ Commission *[déc. du 20 oct. 2005]*

Trib. UE, 15 septembre 2011, aff. T-234/07, Koninklijke Grolsch c/ Commission *[déc. du 18 avril 2007]*

Trib. UE, 5 octobre 2011, aff. T-11/06, Romana Tabacchi c/ Commission *[déc. du 20 oct. 2005]*

Trib. UE, 5 octobre 2011, aff. T-19/06, Mindo Srl c/ Commission *[déc. du 20 oct. 2005]*

Trib. UE, 12 octobre 2011, aff. T-41/05, Alliance One International c/ Commission *[déc. du 20 oct. 2004]*

Trib. UE, 25 octobre 2011, aff. T-349/08, Uralita c/ Commission *[déc. du 11 juin 2008]*

Trib. UE, 16 novembre 2011, aff. T-72/06, Groupe Gascogne SA c/ Commission *[déc. du 30 nov. 2005]*

Trib. UE, 16 novembre 2011, aff. T-79/06, Sachsa Verpackung c/ Commission *[déc. du 30 nov. 2005]*

Trib. UE, 30 novembre 2011, aff. T-208/06, Quinn Barlo e. a. c/ Commission *[déc. du 31 mai 2006]*

Trib. UE, 2 février 2012, aff. T-77/08, The Dow Chemical Company c/ Commission *[déc. du 5 déc. 2007]*

Trib. UE, 2 février 2012, aff. T-83/08, Denki Kagaku Kogyo Kabushiki Kaisha et Denka Chemicals GmbH c/ Commission *[déc. du 5 déc. 2007]*

Trib. UE, 29 mars 2012, aff. T-336/07, Telefónica e. a. c/ Commission e. a. *[déc. du 4 juill. 2007]*

Trib. UE, 5 juin 2012, aff. T-214/06, Imperial Chemical Industries c/ Commission *[déc. du 31 mai 2006]*

Trib. UE, 27 juin 2012, aff. T-167/08, Microsoft Corp. e. a. c/ Commission *[déc. du 27 fév. 2008]*

Trib. UE, 27 juin 2012, aff. T-372/10, Bolloré c/ Commission *[déc. du 20 déc. 2001]*

Trib. UE, 29 juin 2012, aff. T-360/09, E.ON Ruhrgas et E.ON c/ Commission *[déc. du 8 juill. 2009]*

Trib. UE, 29 juin 2012, aff. T-370/09, GDF Suez c/ Commission *[déc. du 8 juill. 2009]*

Trib. UE, 27 septembre 2012, aff. T-343/06, Shell Petroleum NV e. a. c/ Commission *[déc. du 13 sept. 2006]*

Trib. UE, 12 décembre 2012, aff. T-352/09, Novácke chemické závody a.s. c/ Commission *[déc. du 22 juill. 2009]*

Trib. UE, 12 décembre 2012, aff. T-392/09, 1.garantovaná a.s. c/ Commission *[déc. du 22 juill. 2009]*

Trib. UE, 12 décembre 2012, aff. T-400/09, Ecka Granulate et non ferrum Metallpulver c/ Commission *[déc. du 22 juill. 2009]*

Trib. UE, 12 décembre 2012, aff. T-410/09, Almamet GmbH Handel mit Spänen und Pulvern aus Metall c/ Commission *[déc. du 22 juill. 2009]*

Trib. UE, 14 mars 2013, aff. T-587/08, Fresh Del Monte Produce c/ Commission *[déc. du 15 oct. 2008]*

Trib. UE, 14 mars 2013, aff. T-588/13, Dole Food et Dole Germany c/ Commission *[déc. du 15 oct. 2008]*

Trib. UE, 17 mai 2013, aff. T-146/09, Parker ITR e. a. c/ Commission *[déc. du 28 janv. 2009]*

Trib. UE, 17 mai 2013, aff. T-154/09, Manuli Rubber Industries SpA (MRI) c/ Commission *[déc. du 28 janv. 2009]*

Trib. UE, 13 septembre 2013, aff. T-566/08, Total Raffinage Marketing c/ Commission *[déc. du 1er oct. 2008]*

Trib. UE, 16 septembre 2013, aff. T-368/10, Rubinetteria Cisal c/ Commission *[déc. du 23 juin 2010]*

Trib. UE, 16 septembre 2013, aff. T-376/10, Mamoli Robinetteria SpA c/ Commission *[déc. du 23 juin 2010]*

Trib. UE, 16 septembre 2013, aff. T-378/10, Masco e. a. c/ Commission *[déc. du 23 juin 2010]*

Trib. UE, 16 septembre 2013, aff. T-380/10, Wabco e. a. c/ Commission *[déc. du 23 juin 2010]*

Trib. UE, 16 septembre 2013, aff, T-496/07, Repsol e. a. c/ Commission *[déc. du 3 oct. 2007]*

Trib. UE, 16 octobre 2013, aff. T-408/10, Roca Sanitario c/ Commission *[déc. du 23 juin 2010]*

Trib. UE, ord., 19 novembre 2013, aff. T-42/13, 1.garantovaná a.s. c/ Commission *[déc. du 22 juill. 2009]*

Trib. UE, 13 décembre 2013, aff. T-399/09, Holding Slovenske elektrarne d.o.o. (HSE) c/ Commission *[déc. du 22 juill. 2009]*

Trib. UE, 23 janvier 2014, aff. T-384/09, SKW Stahl-Metallurgie Holding AG et SKW Stahl-Metallurgie GmbH c/ Commission *[déc. du 22 juill. 2009]*

Trib. UE, 23 janvier 2014, aff. T-391/09, Evonik Degussa GmbH et AlzChem AG c/ Commission *[déc. du 22 juill. 2009]*

Trib. UE, 23 janvier 2014, aff. T-395/09, Gigaset AG c/ Commission *[déc. du 22 juill. 2009]*

Trib. UE, 6 février 2014, aff. T-27/10, AC Treuhand c/ Commission *[déc. du 11 nov. 2009]*

Trib. UE, 6 février 2014, aff. T-40/10, Elf Aquitaine SA c/ Commission *[déc. du 11 nov. 2009]*

Trib. UE, 20 mars 2014, aff. T-46/10, Faci SpA c/ Commission *[déc. du 11 nov. 2009]*

Trib. UE, 20 mars 2014, aff. T-181/10, Reagens Spa c/ Commission *[déc. du 11 nov. 2009]*

Trib. UE, 27 mars 2014, aff. T-56/09 et T-73/09, Saint-Gobain Glass France e. a. c/ Commission *[déc. du 12 nov. 2008]*

Trib. UE, 14 mai 2014, aff. T-30/10, Reagens c/ Commission *[déc. du 11 nov. 2009]*

Trib. UE, 14 mai 2014, aff. T-406/09, Donau Chemie AG c/ Commission *[déc. du 22 juill. 2009]*

Trib. UE, 21 mai 2014, aff. T-519/09 Toshiba Corporation e. a. c/ Commission *[déc. du 7 oct. 2009]*

Trib. UE, 26 juin 2014, aff. T-564/10, Quimitécnica.com – Comércio e Indústria Química, SA e. a. c/ Commission *[déc. du 20 juill. 2010]*

Trib. UE, 11 juillet 2014, aff. T-540/08, Esso e. a. c/ Commission *[déc. du 1er oct. 2008]*

Trib. UE, 11 juillet 2014, aff. T-541/08, Sasol e. a. c/ Commission *[déc. du 1er oct. 2008]*

Trib. UE, 10 octobre 2014, aff. T-68/09, Soliver NV c/ Commission *[déc. du 12 nov. 2008]*

Trib. UE, 26 novembre 2014, aff. T-272/12, Energetický a průmyslový et EP Investment Advisors c/ Commission *[déc. du 28 mars 2012]*

Trib. UE, 27 novembre 2014, aff. T-517/09, Alstom c/ Commission *[déc. du 7 oct. 2009]*

Trib. UE, 9 décembre 2014, aff. T-472/09 et T-55/10, SP SpA c/ Commission *[déc. du 30 sept. 2009]*

Trib. UE, 17 décembre 2014, aff. T-72/09, Pilkington Group Ltd e. a. c/ Commission *[déc. du 12 nov. 2008]*

Trib. UE, 29 avril 2015, aff. T-470/11, Total SA et Elf Aquitaine SA c/ Commission *[déc. du 31 mai 2006]*

Trib. UE, 20 mai 2015, aff. T-456/10, Timab Industries et CFPR c/ Commission *[déc. du 20 juill. 2010]*

Trib. UE, 15 juillet 2015, aff. T-389/10 et T-419/10, Siderurgica Latina Martin SpA (SLM) e. a. c/ Commission *[déc. du 30 juin 2010]*

Trib. UE, 15 juillet 2015 aff. T-391/10, Nedri Spanstaal BV c/ Commission *[déc. du 30 juin 2010]*

Trib. UE, 15 juillet 2015, aff. T-393/10, Westfälische Drahtindustrie e. a. c/ Commission *[déc. du 30 juin 2010]*

Trib. UE, 15 juillet 2015, aff. T-398/10, Fapricela c/ Commission *[déc. du 30 juin 2010]*

Trib. UE, 9 septembre 2015, aff. T-84/13, Samsung SDI e. a. c/ Commission *[déc. du 5 déc. 2012]*

Trib. UE, 9 septembre 2015, aff. T-104/13, Toshiba Corp. c/ Commission *[déc. du 5 déc. 2012]*

Trib. UE, 29 février 2016, aff. T-251/12, EGL e. a. c/ Commission *[déc. 28 mars 2012]*

Trib. UE, 29 février 2016, aff. T-254/12, Kühne + Nagel International e. a. c/ Commission *[déc. 28 mars 2012]*

Trib. UE, 29 février 2016, aff. T-264/12, UTi Worldwide e. a. c/ Commission *[déc. du 28 mars 2012]*

Trib. UE, 29 février 2016, aff. T-265/12, Schenker Ltd c/ Commission *[déc. du 28 mars 2012]*

Trib. UE, 29 février 2016, aff. T-267/12, Deutsche Bahn AG e. a. c/ Commission *[déc. du 28 mars 2012]*

Trib. UE, 29 février 2016, aff. T-270/12, Panalpina World Transport (Holding) Ltd e. a. c/ Commission *[déc. du 28 mars 2012]*

Trib. UE, ord., 2 mars 2016, aff. T-98/14, Société Générale c/ Commission *[déc. du 4 déc. 2013]*

Trib. UE, 2 juin 2016, aff. jtes. T-426/10 à T-429/10, T-438/12 à T-441/12, Moreda-Riviere Trefilerías e. a. c/ Commission *[déc. du 30 juin 2010]*

Trib. UE, 14 juillet 2016, aff. T-146/09 RENV, Parker Hannifin Manufacturing Srl e. a. c/ Commission *[déc. du 28 janv. 2009]*

Trib. UE, 8 septembre 2016, aff. T-54/14, Goldfish BV e. a. c/ Commission *[déc. du 27 nov. 2013]*

Trib. UE, 8 septembre 2016, aff. T-467/13, Arrow Group ApS e. a. c/ Commission *[déc. du 19 juin 2013]*

Trib. UE, 13 décembre 2016, aff. T-95/15, Printeos e. a. c/ Commission *[déc. du 10 déc. 2014]*

Trib. UE, 15 décembre 2016, aff. T-762/14, Philips c/ Commission *[déc. du 3 sept. 2014]*

Trib. UE, 10 novembre 2017, aff. T-180/15, Icap e. a. c/ Commission *[déc. du 4 fév. 2015]*

Trib. UE, 12 juillet 2018, aff. T-419/14, The Goldman Sachs Group c/ Commission *[déc. du 2 avril 2014]*

Trib. UE, 13 juillet 2018, aff. T-58/14 Stührk Delikatessen Import c/ Commission *[déc. du 27 nov. 2013]*

Trib. UE, 6 décembre 2018, aff. T-531/15, Coveris Rigid France c/ Commission *[déc. du 24 juin 2015]*

Trib. UE, 12 décembre 2018, aff. T-677/14, Biogaran c/ Commission *[déc. du 9 juill. 2014]*

Trib. UE, 12 décembre 2018, aff. T-691/14, Servier e. a. c/ Commission *[déc. du 9 juill. 2014]*

Trib. UE, 12 décembre 2018, aff. T-701/14, Niche Generics Ltd c/ Commission *[déc. du 9 juill. 2014]*

Trib. UE, 13 décembre 2018, aff. T-827/14, Deutsche Telekom AG c/ Commission e. a. *[déc. du 15 oct. 2014]*

Trib. UE, 28 mars 2019, aff. T-433/16, Pometon SpA c/ Commission *[déc. du 25 mai 2016]*

Trib. UE, 23 mai 2019, aff. T-222/17, Recylex SA e. a. c/ Commission *[déc. du 8 févr. 2017]*

Trib. UE, 11 juillet 2019, aff. T-522/15, CCPL e. a. c/ Commission *[déc. du 24 juin 2015]*

Trib. UE, 11 juillet 2019, aff. T-523/15, Italmobiliare SpA c/ Commission *[déc. du 24 juin 2015]*

Trib. UE, 24 septembre 2019, aff. T-105/17, HSBC Holdings plc e. a. c/ Commission *[déc. du 7 sept. 2016]*

Trib. UE, 24 septembre 2019, aff. T-466/17, Printeos e. a. c/ Commission *[déc. du 16 juin 2017]*

Trib. UE, 10 novembre 2021, aff. T-612/17, Google e. a. c/ Commission *[déc. du 27 juin 2017]*

- *Décisions de la Cour de justice* (CJCE/CJUE)

CJCE, 14 juillet 1972, aff. 48/69, Imperial Chemical Industries c/ Commission *[déc. du 24 juill. 1969]*

CJCE, 6 mars 1974, aff. 6 et 7/73, Commercial Solvents e. a. c/ Commission *[déc. du 14 déc. 1972]*

CJCE, 11 novembre 1981, aff. 203/80, Casati

CJCE, 7 juin 1983, aff. 100 à 103/80, Musique Diffusion française e. a. c/ Commission *[déc. du 14 déc. 1979]*

CJCE, 25 octobre 1983, aff. 107/82, AEG-Telefunken c/ Commission *[déc. du 6 janv. 1982]*

CJCE, 8 novembre 1983, IAZ e. a. c/ Commission, aff. 96/82 à 102/82, 104/82, 105/82, 108/82 et 110/82 *[déc. du 17 déc. 1981]*

CJCE, 23 avril 1991, aff. C-41/90, Klaus Höfner et Fritz Elser c/ Macrotron GmbH

CJCE, 2 mars 1994, aff. C-53/92 P, Hilti AG e. a. c/ Commission *[déc. du 22 déc. 1987]*

CJCE, ord., 14 octobre 1996, aff. C-268/96 P R, SCK et FNK c/ Commission *[déc. du 29 nov. 1995]*

CJCE, 8 juillet 1999, aff. C-49/92 P, Commission c/ Anic Partecipazioni SpA *[déc. du 23 avril 1986]*

CJCE, 14 septembre 1999, aff. C-310/97 P, Commission c/ AssiDomän Kraft Products AB e. a. *[déc. du 19 déc. 1994]*

CJCE, ord., 14 décembre 1999, aff. C-364/99 P R, DSR-Senator Lines c/ Commission *[déc. du 16 sept. 1998]*

CJCE, 16 novembre 2000, aff. C-286/98 P, Stora Kopparbergs Bergslags c/ Commission *[déc. du 13 juill. 1994]*

CJCE, 16 novembre 2000, aff. C-294/98 P, Metsä-Serla Oyj e. a. c/ Commission *[déc. du 13 juill. 1994]*

CJCE, 16 novembre 2000, aff. C-297/98 P, SCA Holding Ltd c/ Commission *[déc. du 13 juill. 1994]*

CJCE, ord., 15 décembre 2000, aff. C-361/00 P R, Cho Yang Shipping Co Ltd c/ Commission *[déc. du 16 sept. 1998]*

CJCE, 7 janvier 2004, aff. C-204/00 P, Aalborg Portland e. a. c/ Commission *[déc. du 30 nov. 1994]*

CJCE, 28 juin 2005, aff. C-189/02 P, Dansk Rørindustri e. a. c/ Commission *[déc. du 18 juill. 2001]*

CJCE, 26 juin 2006, aff. C-289/04 P, Showa Denko KK c/ Commission *[déc. du 18 juill. 2001]*

CJCE, 29 juin 2006, aff. C-301/04 P, Commission c/ SGL Carbon AG *[déc. du 18 juill. 2001]*

CJCE, 29 juin 2006, aff. C-308/04 P, SGL Carbon c/ Commission *[déc. du 18 juill. 2001]*

CJCE, 21 septembre 2006, aff. C-167/04 P, JCB Service c/ Commission *[déc. du 21 déc. 2000]*

CJCE, 8 février 2007, aff. C-3/06 P, Groupe Danone c/ Commission *[déc. du 5 déc. 2001]*

CJCE, 7 juin 2007, aff. C-76/06 P, Britannia Alloys & Chemicals c/ Commission *[déc. du 11 déc. 2001]*

CJCE, 11 décembre 2007, aff. C-280/06, ETI e. a.

CJUE, 4 juin 2009, aff. C-8/08, T-Mobile Netherlands BV, KPN Mobile NV, Orange Nederland NV et Vodafone Libertel NV

CJCE, 11 juin 2009, aff. C-429/07, Inspecteur van de Belastingdienst c/ X BV

CJCE, 9 juillet 2009, aff. C-511/06 P, ADM c/ Commission *[déc. du 5 déc. 2001]*

CJCE, 3 septembre 2009, aff. C-534/07 P, Prym et Prym Consumer c/ Commission *[déc. du 26 oct. 2004]*

CJCE, 10 septembre 2009, aff. C-97/08 P, Akzo Nobel NV e. a. c/ Commission *[déc. du 9 déc. 2004]*

CJCE, 24 septembre 2009, aff. jtes. C-125/07 P, C-133/07 P, C-135/07 P et C-137/07 P, Erste Group Bank e. a. c/ Commission *[déc. du 11 juin 2002]*

CJUE, ord., 30 avril 2010, aff. C-113/09 P R, Ziegler c/ Commission *[déc. du 11 mars 2008]*

CJUE, 17 juin 2010, aff. C-413/08 P, Lafarge c/ Commission *[déc. du 27 nov. 2002]*

CJUE, 14 octobre 2010, aff. C-280/08 P, Deutsche Telekom AG c/ Commission *[déc. du 21 mai 2003]*

CJUE, 20 janvier 2011, aff. C-90/09 P, General Química e. a. c/ Commission *[déc. du 21 déc. 2005]*

CJUE, 29 mars 2011, aff. jtes. C-201/09 P et C-216/09 P, ArcelorMittal Luxembourg SA e. a. c/ Commission *[déc. du 8 nov. 2006]*

CJUE, 29 mars 2011, aff. C-352/09 P, ThyssenKrupp Nirosta c/ Commission *[déc. du 20 déc. 2006]*

CJUE, 29 septembre 2011, aff. C-521/09 P, Elf Aquitaine c/ Commission *[déc. du 15 janv. 2005]*

CJUE, 25 octobre 2011, aff. C-109/10 P, Solvay SA c/ Commission *[déc. du 13 déc. 2000]*

CJUE, 8 décembre 2011, aff. C-272/09 P, KME e. a. c/ Commission *[déc. du 3 sept. 2004]*

CJUE, 8 décembre 2011, aff. C-386/10 P, Chalkor c/ Commission *[déc. du 3 sept. 2004]*

CJUE, 8 décembre 2011, aff. C-389/10 P, KME Germany e. a. c/ Commission *[déc. du 3 sept. 2004]*

CJUE, ord., 2 février 2012, aff. C-404/11 P, Elf Aquitaine SA c/ Commission *[déc. du 11 juin 2008]*

CJUE, ord., 20 avril 2012, aff. C-507/11 P R, Fapricela c/ Commission *[déc. du 30 juin 2010]*

CJUE, 3 mai 2012, aff. C-240/11 P, World Wide Tobacco España c/ Commission *[déc. du 20 oct. 2004]*

CJUE, 3 mai 2012, aff. C-290/11 P, Comap c/ Commission *[déc. du 20 sept. 2006]*

CJUE, ord., 15 juin 2012, aff. C-493/11 P, United Technologies e. a. c/ Commission *[déc. du 21 févr. 2007]*

CJUE, ord., 15 juin 2012, aff. C-494/11 P, Otis Luxembourg e. a. c/ Commission *[déc. du 21 févr. 2007]*

CJUE, 15 juin 2012, aff. C-501/11 P, Schindler Holding e. a. c/ Commission *[déc. du 21 févr. 2007]*

CJUE, 19 juillet 2012, aff. C-628/10 P et C-14/11 P, Alliance One International e. a. c/ Commission *[déc. du 20 oct. 2004]*

CJUE, ord., 13 septembre 2012, aff. C-495/11 P, Total SA e. a. c/ Commission *[déc. du 3 mai 2006]*

CJUE, 22 novembre 2012, aff. C-89/11 P, E.ON Energie AG c/ Commission *[déc. du 30 janv. 2008]*

CJUE, 6 décembre 2012, aff. C-441/11 P, Commission c/ Verhuizingen Coppens NV *[déc. du 11 mars 2008]*

CJUE, 22 janvier 2013, aff. C-286/11 P, Commission c/ Tomkins *[déc. du 20 sept. 2006]*

CJUE, ord., 11 avril 2013, aff. C-585/12 P, Shell Petroleum e. a. c/ Commission *[déc. du 13 sept. 2006]*

CJUE, 8 mai 2013, aff. C-508/11 P, Eni SpA c/ Commission *[déc. du 29 nov. 2006]*

CJUE, 30 mai 2013, aff. C-70/12 P, Quinn Barlo Ltd e. a. c/ Commission *[déc. du 31 mai 2006]*

CJUE, 13 juin 2013, aff. C-511/11 P, Versalis SpA c/ Commission *[déc. du 29 nov. 2006]*

CJUE, 4 juillet 2013, aff. C-287/11 P, Commission c/ Aalberts Industries NV e. a *[déc. du 20 sept. 2006]*

CJUE, 11 juillet 2013, aff. C-444/11 P, Team Relocations NV e. a. c/ Commission *[déc. du 11 mars 2008]*

CJUE, 11 juillet 2013, aff. C-439/11 P, Ziegler SA c/ Commission *[déc. du 11 mars 2008]*

CJUE, 11 juillet 2013, aff. C-440/11 P, Commission c/ Stichting Administratiekantoor Portielje e. a. *[déc. du 11 mars 2008]*

CJUE, 18 juillet 2013, aff. C-499/11 P, The Dow Chemical Company e. a. c/ Commission *[déc. du 29 nov. 2006]*

CJUE, 18 juillet 2013, aff. C-501/11 P, Schindler Holding e. a. c/ Commission *[déc. du 21 févr. 2007]*

CJUE, 26 septembre 2013, aff. C-179/12 P, The Dow Chemical Company c/ Commission *[déc. du 5 déc. 2007]*

CJUE, 26 novembre 2013, aff. C-50/12 P, Kendrion NV c/ Commission *[déc. du 30 nov. 2005]*

CJUE, 26 novembre 2013, aff. C-58/12 P, Groupe Gascogne SA c/ Commission *[déc. du 30 nov. 2005]*

CJUE, 26 septembre 2013, aff. C-668/11 P, Alliance One International c/ Commission *[déc. du 20 oct. 2004]*

CJUE, 5 décembre 2013, aff. C-447/11 P, Caffaro Srl c/ Commission *[déc. du 3 mai 2006]*

CJUE, 5 décembre 2013, aff. C-448/11 P, SNIA c/ Commission *[déc. du 3 mai 2006]*

CJUE, 5 décembre 2013, aff. C-449/11 P, Solvay Solexis SpA c/ Commission *[déc. du 3 mai 2006]*

CJUE, 10 avril 2014, aff. jtes. C-247/11 P et C-253/11 P, Areva SA e. a. c/ Commission *[déc. du 24 janv. 2007]*

CJUE, 10 avril 2014, aff. jtes. C-231/11 P à C-233/11 P, Commission c/ Siemens e. a. *[déc. du 24 janv. 2007]*

CJUE, 12 juin 2014, aff. C-578/11 P, Deltafina SpA c/ Commission *[déc. du 20 oct. 2005]*

CJUE, 15 mai 2014, aff. C-90/13 P, 1.garantovaná a.s. c/ Commission *[déc. du 22 juill. 2009]*

CJUE, 19 juin 2014, aff. C-243/12 P, FLS Plast c/ Commission *[déc. du 30 nov. 2005]*

CJUE, 10 juillet 2014, aff. C-295/12 P, Telefónica e. a. c/ Commission e. a. *[déc. du 4 juill. 2007]*

CJUE, 4 septembre 2014, aff. C-408/12 P, YKK e. a. c/ Commission *[déc. du 19 sept. 2007]*

CJUE, 9 octobre 2014, aff. C-467/13 P, Industries Chimiques du Fluor SA c/ Commission *[déc. du 25 juin 2008]*

CJUE, 12 novembre 2014, aff. C-580/12 P, Guardian Industries et Guardian Europe c/ Commission *[déc. du 28 nov. 2007]*

CJUE, 18 décembre 2014, Avis n° 2/13 de l'assemblée plénière

CJUE, 18 décembre 2014, aff. C-434/13 P, Commission c/ Parker Hannifin e. a. *[déc. du 28 janv. 2009]*

CJUE, 5 mars 2015, aff. jtes. C-93/13 P et C-123/13 P, Versalis et Eni c/ Commission *[déc. du 5 déc. 2007]*

CJUE, 19 mars 2015, aff. C-286/13 P, Dole Food et Dole Fresh Fruit Europe e. a. c/ Commission *[déc. du 15 oct. 2008]*

CJUE, 23 avril 2015, aff. C-227/14 P, LG Display e. a. c/ Commission *[déc. du 8 déc. 2010]*

CJUE, 24 juin 2015, aff. jtes. C-293/13 P et C-294/13 P, Fresh Del Monte Produce e. a. c/ Commission *[déc. du 15 oct. 2008]*

CJUE, 9 juillet 2015, aff. C-231/14 P, InnoLux Corp. c/ Commission *[déc. du 8 déc. 2010]*

CJUE, 17 septembre 2015, aff. C-597/13 P, Total SA e. a. c/ Commission *[déc. du 1er oct. 2008]*

CJUE, 17 septembre 2015, aff. C-634/13 P, Total Marketing Services SA c/ Commission *[déc. du 1er oct. 2008]*

CJUE, 22 octobre 2015, aff. C-194/14 P, AC-Treuhand c/ Commission *[déc. du 11 nov. 2009]*

CJUE, 20 janvier 2016, aff. C-373/14 P, Toshiba Corporation e. a. c/ Commission *[déc. du 7 oct. 2009]*

CJUE, 21 janvier 2016, aff. C-603/13 P, Galp Energía España e. a. c/ Commission *[déc. du 3 oct. 2007]*

CJUE, 9 juin 2016, aff. C-608/13 P, Compañía Española de Petróleos (CEPSA) c/ Commission *[déc. du 3 oct. 2007]*

CJUE, 9 juin 2016, aff. C-617/13 P, Repsol Lubricantes y Especialidades SA e. a. c/ Commission *[déc. du 3 oct. 2007]*

CJUE, 16 juin 2016, aff. C-155/14 P, Evonik Degussa et AlzChem c/ Commission *[déc. du 22 juill. 2009]*

CJUE, ord., 7 juillet 2016, aff. C-523/15 P, Westfälische Drahtindustrie e. a. c/ Commission *[déc. du 30 juin 2010]*

CJUE, 7 juillet 2016, aff. C-608/15 P, Panasonic c/ Commission *[déc. du 5 déc. 2012]*

CJUE, 7 septembre 2016, aff. C-101/15 P, Pilkington e. a. c/ Commission *[déc. du 12 nov. 2008]*

CJUE, 14 septembre 2016, aff. jtes. C-490/15 P et C-505/15 P, Ori Martin SA e. a. c/ Commission *[déc. du 30 juin 2010]*

CJUE, 12 janvier 2017, aff. C-411/15 P, Timab Industries e. a. c/ Commission *[déc. du 20 juill. 2010]*

CJUE, 18 janvier 2017, aff. C-623/15 P, Toshiba Corp. c/ Commission *[déc. du 5 déc. 2012]*

CJUE, 19 janvier 2017, aff. C-351/15 P, Commission c/ Total SA e. a. *[déc du 31 mai 2006]*

CJUE, 26 janvier 2017, aff. C-611/13 P, Hansa Metallwerke e. a. c/ Commission *[déc. du 23 juin 2010]*

CJUE, 26 janvier 2017, aff. C-614/13 P, Masco e. a. c/ Commission *[déc. du 23 juin 2010]*

CJUE, 26 janvier 2017, aff. C-618/13 P, Zucchetti Rubinetteria SpA c/ Commission *[déc. du 23 juin 2010]*

CJUE, 26 janvier 2017, aff. C-619/13 P, Mamoli Robinetteria SpA c/ Commission *[déc. du 23 juin 2010]*

CJUE, 26 janvier 2017, aff. C-625/13 P, Villeroy & Boch AG c/ Commission *[déc. du 23 juin 2010]*

CJUE, 26 janvier 2017, aff. C-626/13 P, Villeroy & Boch Austria c/ Commission *[déc. du 23 juin 2010]*

CJUE, 26 janvier 2017, aff. C-636/13 P, Roca Sanitario c/ Commission *[déc. du 23 juin 2010]*

CJUE, 16 février 2017, aff. C-95/15 P, H&R ChemPharm GmbH c/ Commission *[déc. du 1er oct. 2008]*

CJUE, 9 mars 2017, aff. C-615/15 P, Samsung SDI e. a. c/ Commission *[déc du 5 déc. 2012]*

CJUE, 27 avril 2017, aff. C-516/15 P, Akzo Nobel NV e. a. c/ Commission *[déc. du 11 nov. 2009]*

CJUE, 6 juillet 2017, aff. C-180/16 P, Toshiba Corp. c/ Commission *[déc. du 24 janv. 2007]*

CJUE, 14 septembre 2017, aff. jtes. C-588/15 P et C-622/15 P, LG Electronics e. a. c/ Commission *[déc. du 5 déc. 2012]*

CJUE, 26 octobre 2017, aff. jtes. C-454/16 P à C-456/16 P et C-458/16 P, Global Steel Wire SA e. a. c/ Commission *[déc. du 30 juin 2010]*

CJUE, 1er février 2018, aff. C-261/16 P, Kühne + Nagel e. a. c/ Commission *[déc. du 28 mars 2012]*

CJUE, 1er février 2018, aff. C-263/16, Schenker Ltd c/ Commission *[déc. du 28 mars 2012]*

CJUE, 1er février 2018, aff. C-264/16 P, Deutsche Bahn c/ Commission *[déc. du 28 mars 2012]*

CJUE, 1er février 2018, aff. C-271/16 P, Panalpina World Transport e. a. c/ Commission *[déc. du 28 mars 2012]*

CJUE, 26 septembre 2018, aff. C-99/17 P et C-98/17 P, Koninklijke Philips NV e. a. c/ Commission *[déc. du 28 mars 2014]*

CJUE, 26 décembre 2018, aff. C-99/17 P, Infineon Technologies c/ Commission *[déc. du 3 sept. 2014]*

CJUE, 10 juillet 2019, aff. C-39/18 P, Commission c/ NEX (anciennement ICAP) *[déc. du 4 févr. 2015]*

CJUE, 25 octobre 2020, aff. C-611/18 P, Pirelli c/ Commission e. a. *[déc. du 2 avril 2014]*

CJUE, 27 janvier 2021, aff. C-595/18 P, The Goldman Sachs Group c/ Commission *[déc. du 2 avril 2014]*

CJUE, 18 mars 2021, aff. C-440/19 P, Pometon c/ Commission *[déc. du 25 mai 2016]*

CJUE, 25 mars 2021, aff. C-601/16 P, Arrow Group ApS e. a. c/ Commission *[déc. du 8 sept. 2016]*

CJUE, 15 avril 2021, aff. C-694/19 P, Italmobiliare SpA e. a. c/ Commission *[déc. du 24 juin 2015]*

CJUE, 3 juin 2021, aff. C-563/19 P, Recylex SA c/ Commission *[déc. du 8 févr. 2017]*

TABLE CHRONOLOGIQUE DES DÉCISIONS DE TRANSACTIONS-INJONCTIONS DE LA DGCCRF CITÉES (AU 30 JUILLET 2021)

Communiqué de la DGCCRF, en 2011, Marché du transport sanitaire d'urgence en région Rhône-Alpes

Communiqué de la DGCCRF, en 2011, Organisation d'une manifestation nautique sur la Seine

Communiqué de la DGCCRF, en 2012, Secteur de l'entretien des espaces verts – arrosage automatique dans la région nantaise

Communiqué de la DGCCRF, en 2013, Secteur des services funéraires à Apt (Vaucluse)

Communiqué de la DGCCRF, en 2015, Secteur de la sécurisation des débits de tabac en Rhône-Alpes, en Bourgogne et en Lorraine

Communiqué de la DGCCRF, en 2015, Secteur de la sécurisation des débits de tabac en Isère et en Haute-Savoie

Communiqué de la DGCCRF, en 2016, Marchés publics de maintenance de matériels contre l'incendie

Communiqué de la DGCCRF, en 2016, Secteur de la construction et la rénovation de bâtiments d'élevage en Bretagne

Communiqué de la DGCCRF, en 2016, Secteur du transport de personnes handicapées par taxis en Vendée

Communiqué de la DGCCRF, en 2016, Secteur des services funéraires à Albi (Tarn)

Communiqué de la DGCCRF, en 2016, Secteur des services funéraires à Méru (Oise)

Communiqué de la DGCCRF, en 2017, Secteur des prestations topographiques et foncières en Haute-Loire

Communiqué de la DGCCRF, en 2017, Secteur de la sécurisation des débits de tabac dans l'Allier, du Cher, du Loiret, du Puy-de-Dôme et de la Saône-et-Loire

Communiqué de la DGCCRF, en 2017, Marchés de travaux et fourniture de matériel pour la rénovation de cuisine

Communiqué de la DGCCRF, en 2017, Secteur de l'éclairage public dans le département de l'Ardèche

Communiqué de la DGCCRF, en 2018, Secteur de la sécurisation des débits de tabac dans la région Bourgogne–Franche-Comté et dans le département de l'Ain

Communiqué de la DGCCRF, en 2018, Secteur de la commercialisation de recharges téléphoniques Orange Caraïbe et Digicel en Martinique et Guadeloupe

Communiqué de la DGCCRF, en 2019, Secteur de la gestion technique des bâtiments de la Communauté urbaine de Lille

INDICATIONS BIBLIOGRAPHIQUES

NB : La présente bibliographie est sélective et ne sont donc citées que les références les plus utiles au traitement du sujet.

I. Ouvrages, thèses, monographies

AMARO (R.), *Le contentieux privé des pratiques anticoncurrentielles : Étude des contentieux privés autonome et complémentaire devant les juridictions judiciaires*, M. BÉHAR-TOUCHAIS (dir.), th. Univ. Paris-Descartes, 2012

ARCELIN-LÉCUYER (L.), *L'entreprise en droit de la concurrence français et communautaire*, SELINSKY (V.) (dir.), th. Univ. Montpellier 1, *Lexis Nexis*, 2001

BAILLAT (M.), *La preuve en droit des pratiques anticoncurrentielles*, BÉHAR-TOUCHAIS (M.) (dir.), th. Univ-Paris 1 - Panthéon-Sorbonne, 2014

BAINVILLE (J.), *Histoire de France*, éd. Tallandier, 1924

BECCARIA (C.), *Des délits et des peines*, Flammarion, 1764

BÉHAR-TOUCHAIS (M.), CHARBIT (N.), AMARO (R.) (dir.), *À quoi sert la concurrence ?*, Concurrences, 2014

BEHAR-TOUCHAIS (M.), BOSCO (D.), PRIETO (C.) (dir.), L'intensification de la réparation des dommages issus de pratiques concurrentielles, IRJS Éd., t. 70, 2016

BEHAR-TOUCHAIS (M.) (dir), *L'effectivité du droit face à la puissance des géants de l'Internet.* Actes des journées du 20, 21 et 22 octobre 2015, t. 74, vol. 2, IRJS Éd., 2016

BELLIS (J.-F.), *Droit européen de la concurrence*, Concurrences, 2ème éd., 2017

BENZIOUCHE (S.), *Les sanctions des pratiques anticoncurrentielles : une approche critique*, REIS (P.) (dir.), th. Univ. Nice, 2015

BERNARDEAU (L.), CHRISTIENNE (J.-P.) (dir.), *Les amendes en droit de la concurrence*, Larcier, 1ère éd., 2013

BORK (R.), *The Antitrust Paradox : A Policy at War with Itself*, Basic Books, 1978

BOSCO (D.), PRIETO (C.), *Droit européen de la concurrence : Ententes et abus de position dominante*, Bruylant, 2013

BOULOC (B.), *Droit pénal général*, Précis Dalloz, 21ème éd., 2009

BOUTARD-LABARDE (M.-C.), *Le nouveau Droit de la concurrence : commentaire de l'ordonnance du 1er décembre 1986 relative à la liberté des prix et de la concurrence*, Montchrestien, 1987

BOUTARD-LABARDE (M.-C.), CANIVET (G.), CLAUDEL (E.), MICHEL-AMSELLEM (V.), VIALENS (J.), *L'application en France du droit des pratiques anticoncurrentielles*, LGDJ, 2008

CANIVET (G.), BRUNET (F.) (dir.), *Le nouveau droit communautaire de la concurrence*, LGDJ, 2008

CANIVET (G.), JENNY (F.) (dir.), *Rapport pour une réforme du droit de la concurrence. Le club des juristes*, 2018

CHAGNY (M.) (dir.), *Le Lamy droit économique*, Wolters Kluwer, 2018

CHANAIS (C.), FENOUILLET (D.) (dir.), *Les sanctions en droit contemporain*, vol. 1, La sanction, entre technique et politique, *Dalloz*, 2012

CLAUDEL (E.), *Ententes anticoncurrentielles et droit des contrats*, BOUTARD-LABARDE (M.-C.) (dir.), th. Univ. Paris X, 1994

CONDOMINES (A.), *Guide pratique du droit français de la concurrence*, Lextensoéditions, 2014

CORNU (G.), *Vocabulaire juridique*, PUF, Coll. Quadrige, 2000 et 2020

COZIAN (M.), VIANDIER (A.) et DEBOISSY (F.), *Droit des sociétés*, Litec, 19e éd., 2006

DAVID (É.), *Les sanctions des pratiques anticoncurrentielles en droit comparé*, KOVAR (R.) (dir.), th. Univ. Strasbourg, 2004

DE MONCUIT DE BOISCUILLÉ (G.), *La faute lucrative en droit de la concurrence*, CHAGNY (M.) (dir.), th. Univ. Paris – Saclay, Concurrences, 2020

DECOCQ (G.), DECOCQ (A.), *Droit de la concurrence - Droit interne et droit de l'Union européenne*, 8ème éd., LGDJ, 2018

DESPORTES (F.), LE GUNEHEC (F.), *Droit pénal général*, Economica, 2009

DOMAT (J.), *Les Lois civiles dans leur ordre naturel*, 1689

DOMAT (J.), *Le droit public, suite des loix civiles dans leur ordre naturel*, Coignard, 1697

DUMARÇAY (M.), *La situation de l'entreprise victime dans les procédures de sanction des pratiques anticoncurrentielles : étude des procédures française et communautaire d'application du droit communautaire des pratiques anticoncurrentielles*, SÉLINSKY (V.) (dir.), th. Univ. Montpellier 1, 2008

EHLERMANN (C.-D.), MARQUIS (M.), WILKS (S.) (dir.), *European Competition Law Annual 2008 : Antitrust Settlements under EC Competition Law*, Hart Publishing Ltd, 2010

ENCAOUA (D.), GUESNERIE (R.) (dir.), *Politiques de la concurrence*, La Documentation française, Paris, 2006

FAVOREU (L.), PHILIP (L.), *Grandes décisions du Conseil constitutionnel*, Sirey, 1991, 6ème éd.

FRISON-ROCHE (M.-A.) (dir.), *Régulation, supervision, compliance*, Dalloz, octobre 2017

FRISON-ROCHE (M.-A.), PAYET (M.-S.), *Droit de la concurrence*, Précis Dalloz, 2018

GIACOBBO PEYRONNEL (V.), VERDURE (C.) (dir.), *Contentieux du droit de la concurrence de l'Union européenne, Questions d'actualité et perspectives*, Larcier, 2017

HEGEL (G. F.), *Phénoménologie de l'esprit*, 1807

HEGEL (G. F.), *Principes de la philosophie du droit*, Gallimard, 1821

KERSE (C.), KHAN (N.), *EC Antitrust Procedure*, Thomson – Sweet&Maxwell, 5e éd., 2005

KIPIANI (P.), *Les engagements en matière de pratiques anticoncurrentielles. Analyse des droits français, européen et américain*, LGDJ, 2014

LAGET-ANNAMAYER (A.) (dir.), *L'ordre public économique*, coll. Droit et Économie, LGDJ, Lextenso éd., 2018

LENAERTS (K.), ARTS (D.), MASELIS (I.), *Procedural Law of the European Union*, Sweet & Maxwell, Londres, 2ème éd., 2006

LENAERTS (K.), GUTMAN (K.), MASELIS (I.), *EU Procedural Law*, Oxford University Press, 2014

LONG (M.), WEIL (P.), BRAIBANT (G.), DELVOLVE (P.) et GENEVOIS (B.), *Grands arrêts de la jurisprudence administrative*, Sirey, 9ème éd., 1990

MAIL-FOUILLEUL (S.), *Les sanctions de la violation du droit communautaire de la concurrence*, KOVAR (R.) (dir.), th. Univ. Strasbourg, 2000

MALAURIE-VIGNAL (M.), *L'abus de position dominante*, LGDJ, 2003

MALAURIE-VIGNAL (M.), *Droit de la concurrence interne et européen*, Sirey, 7ème éd., 2017

MARX (K.), ENGELS (F.), *Le capital*, t. 3, 1894

MASSON (A.) (dir.), BOUTHINON-DUMAS (H.), DE BEAUFORT (V.) JENNY (F.), *Stratégies d'instrumentalisation juridique et concurrence*, Larcier, 2013

MELIN (F.), *Les programmes de clémence en droit de la concurrence - Droit français et droit communautaire*, Joly éd., 2010.

MERLE (R.), VITU (A.), *Traité de droit criminel*, Cujas éd., 7e éd.

MEZAGUER (M.), *L'approche transactionnelle en droit Antitrust de l'Union européenne : recherche sur un exercice transactionnel de l'autorité publique*, BLANQUET (M.) (dir.), th. Univ. Toulouse 1 – Capitole, Bruylant, 2015

MONTESQUIEU (C.), *De l'esprit des lois*, Flammarion, 1748

NICOLAS-VULLIERME (L.), *La notion de restriction de concurrence en droit des ententes. Approche comparative : droit allemand, droit français et droit communautaire*, BLAISE (J.-B.) (dir.), th. Univ. Paris II - Panthéon-Assas, 2000

ORTOLAN (J.), *Éléments de droit pénal*, Plon, 2ème éd., 1859

PARIENTE (M.), *Les groupes de sociétés. Aspects juridique, social, comptable, fiscal*, Paris, Litec, 1993

PETIT (N.), *Droit européen de la concurrence*, 2ème éd., LGDJ, 2018

PRADEL (J.), Le nouveau code pénal (Partie générale) Loi n° 92-683 du 22 juillet 1992, Dalloz, 1993

PRADEL (J.), *Droit pénal général*, 18ème éd., Cujas éd., 2015

RODA (J.-C.), *La clémence en droit de la concurrence : étude comparative des droits américain et européens*, PRIETO (C.) (dir.), th. Univ. Aix-Marseille 3, 2006

ROSENSTOK (J.), *Analysis of self-reporting in law enforcement against cartels in the Netherlands*, th. Univ. Maastricht, 2005, disponible sur le site Internet http://www.encore.nl/publications/Rosenstok.pdf

SALEILLES (R.), *L'individualisation de la peine, étude de criminalité sociale*, Paris, 1898

SERRA (Y.), *Le droit français de la concurrence*, Dalloz, 1992

SCHUMPETER (J.), *Capitalisme, Socialisme et Démocratie*, éd. Payot, 1942

SIBONY (A.-L.), *Le juge et le raisonnement économique en droit de la concurrence*, th. Univ. Paris-Dauphine, VERSTERDORF (B.) (avant-propos), CANIVET (G.) (préf.), FRISON-ROCHE (M.-A.) (dir.), LGDJ, 2008

SMITH (A.), *La richesse des nations*, GF-Flammarion, 1776

STIGLITZ (J.), *Le prix de l'inégalité*, Babel, 2013

TERRYN (F.), MARTIAL-BRAZ (N.) (dir.), *Le silence saisi par le droit privé*, vol. 1, IRJS Éd., 2014

THIBAULT (F.), *La proportionnalité des sanctions prononcées par les autorités de concurrence françaises et communautaires*, BOUTARD-LABARDE (M.-C.) (dir.), th. Univ. Toulon, Sudoc, 2000

TOMLJENOVIC (V.), BODIROGA-VUKOBRAT (N.), BUTORAC MALNAR (V.B.), KUNDA (I.) (dir.), *EU Competition and State Aid Rules : Public and Private Enforcement*, Springer-Verlag Berlin Heidelberg, 2017

VOGEL (L.), *Droit français de la concurrence*, Lawlex, JuriScience, 2009

VOGEL (L.), *Traité de droit des affaires. Du droit commercial au droit économique*, t. 1, LGDJ, 2016

VOILLEMOT (D.), *Gérer la clémence*, 2005

WALRAS (L.), *Éléments d'économie politique pure*, 1874

WATHELET (M.), WILDEMEERSCH (J.), *Contentieux européen*, Larcier, 2010

WHISH (R.), BAILEY (D.), *Competition Law*, 9ème éd., Oxford, 2018

WILS (W.), *The Optimal Enforcement of EC Antitrust Law. Essays in Law and Economics*, Kluwer Law International, 2001

ZEVOUNOU (L.), *Les usages de la notion de la concurrence en droit*, LGDJ, 2012, coll. « Droit Public ».

II. Actes de colloques, articles, discours et rapports

ABRANTES-METZ (R.), SOKOL (D.), « The Lessons from Libor for Detection and Deterrence of Cartel Wrongdoing », *Harvard Business Law Review Online*, 2012, n° 3

ALLAIN (M.-L.), BOYER (M.), PONSSARD (J.-P.), « The determination of optimal fines in cartel cases : Theory and practice », *Concurrences* n° 4-2011, p. 32

ALLAIN (M.-L.), BOYER (M.), KOTCHONI (R.), PONSSARD (J.-P.), « The Determination of Optimal Fines in Cartel cases : The Myth of Underdeterrence », CIRANO 2011s-35

ALMUNIA (J.), « Fighting against cartels: A priority for the present and for the future », 3 avril 2014, disponible sur le site de la Commission européenne

ANCELIN-MENAIS (O.), « L'imputabilité des pratiques anticoncurrentielles », *JCP E* n° 14-2008, p. 1428

APEL (A.), « La réduction de l'assiette du montant de base dans la clémence : une troisième voie en trompe l'œil ? », *RLC* n° 37-2013, p. 96

APEL (A.), « À propos des concepts de Leniency plus et Penalty plus en droit de la concurrence », *RLC* n° 40-2014, p. 168

APEL (A.), « Entreprise, amendes solidaires… et personnelles », *RLC* n° 43-2015, p. 79

APEL (A.), « À propos de la transaction sur la transaction… », *RLC* n° 53-2016, n° 3034

APEL (A.), « Première annulation d'une transaction par le Tribunal : un coup d'épée dans l'eau », *RLC* n° 62-2017, n° 3402

APEL (A.), « Amende et groupe de sociétés : la cour d'appel de Paris s'oppose à la Cour de cassation dans l'affaire des Produits d'hygiène et d'entretien et persiste à inclure la valeur des ventes d'une filiale non poursuivie dans l'assiette de la sanction infligée à sa société mère », *RLC* n° 98-2020, n° 3900

APEL (A.), « L'Autorité condamne douze entreprises dans l'affaire des produits de charcuterie à la suite d'une demande de clémence et prononce à leur encontre des amendes élevées et individualisées », *RLC* n° 101-2021, n° 3963

ARCELIN (L.), « L'entreprise en difficulté face au droit de la concurrence », *RLC* n° 1-2004, p. 159

ARCELIN-LECUYER (L.), « Imputation de l'infraction et prescription : les enjeux de la notion d'entreprise en droit de la concurrence », *RLC* n° 20-2009, p. 25

ARCELIN (L.), « La Responsabilité de la société mère du fait des agissements de sa filiale : une présomption devenue irréfragable ? » *in* « Les actes des ateliers de la DGCCRF : Imputabilité, sanctions, groupe », disponible sur le site du ministère de l'Économie, 2010

ARCELIN-LÉCUYER (L.), « Imputabilité de l'infraction au sein d'un groupe : réception de la jurisprudence communautaire par l'Autorité de la concurrence », *RLC* n° 27-2011, p. 26

ARCELIN (L.), « Notion d'entreprise en droit interne et communautaire de la concurrence », *JCL Concurrence – Consommation*, 2016, Fasc. 35

ARCELIN (L.), « Imputabilité des pratiques anticoncurrentielles en cas de restructuration », *JCL Concurrence – Consommation*, 2016, Fasc. 360

ARCELIN (L.), « Les notions d'entreprise en droit de la concurrence français », *RLC* n° 48-2016, n° 2929

ARCELIN (L.), GÉNIN (H.), VOGEL (J.), « Décision n° 2015-510 QPC du Conseil constitutionnel : faut-il craindre une remise en cause de la cohérence du droit de la concurrence ? », *RLC* n° 52-2016, n° 3006

ARENS (C.), « Propos conclusifs (Les entretiens de la concurrence III, 18 octobre 2016, Paris) », *Concurrences* n° 1-2017, art. n° 83416

ARENS (C.), « La cour d'appel de Paris, au cœur des droits de la concurrence », *Concurrences* n° 3-2018, p. 1.

ARENS (C.), Discours en ouverture du colloque « Autonomie et droit de la concurrence », 29 novembre 2019, disponible sur le site de la Cour de cassation.

ARHEL (P.), « L'instauration par la loi NRE d'une procédure de clémence en droit de la concurrence », *LPA*, 2001, n° 109, p. 4

AUBERT (C.), REY (P.), KOVACIC (W.), « The impact of leniency and whistle-blowing programs on cartels », *International Journal of Industrial Organization*, 2006, 24, p. 1241

BACCICHETI (É.), « Comment choisir entre clémence et transaction ? », *in* « Rencontres Lamy du Droit de la concurrence, Questions d'actualité », *RLC* n° 15-2008, p. 159

BADINTER (R.), « On tombe dans la répression administrée et on ouvre la voie à tous les soupçons », à propos de l'introduction en France d'une procédure de « plaider coupable » pour les infractions mineures paru le 27 janvier 2004 dans le journal *Le Monde*

BARBIER DE LA SERRE (É.), « Les lignes directrices de 2006 pour le calcul des amendes », *RLC* n° 9-2006, n° 620

BARBIER DE LA SERRE (É.), « Le dispositif communautaire en matière de transactions », *RLC* n° 17-2008, p. 95

BARBIER DE LA SERRE (É.), WINCKLER (C.), « A Survey of Legal Issues Regarding Fines Imposed in EU Competition Proceedings (2010) », *Journal of ECL*, 2011, vol. 2, n° 4, p. 356

BARBIER DE LA SERRE (É.), LAVEDAN (M.), « Le référé en droit de la concurrence devant le juge de l'Union », *Concurrences* n° 1-2012, art. n° 41913

BARBIER DE LA SERRE (É.), LAGATHU (E.), « The Law on Fines Imposed in EU Competition Proceedings : Fifty Shades of Undertakings », *Journal of ECL*, 2015, vol. 6, 7, p. 530

BARBIER DE LA SERRE (É.), LAGATHU (E.), « The Law on Fines Imposed in EU Competition Proceedings: Consolidating the Foundations Before the Tide Goes Out », *Journal of ECL*, 2016, vol. 7, 5, p. 335

BARBIER DE LA SERRE (É.), LAGATHU (E.), « The Law on Fines Imposed in EU Competition Proceedings: Time for a Refresh of the Fining Guidelines ? », *Journal of ECL*, 2017, vol. 8, 6, p. 409

BARBIER DE LA SERRE (É.), LAGATHU (E.), « The Law on Fines Imposed in EU Competition Proceedings: Converging Towards Hazier Lines », *Journal of ECL*, 2018

BARBIER DE LA SERRE (É.), LAGATHU (E.), « The Law on Fines Imposed in EU Competition Proceedings: The Ever-Increasing Reach of Settlements », *Journal of ECL*, 2019, vol. 10, n° 8

BARENNES (M.), « L'arrêt du Tribunal Timab c/ Commission ou comment une transaction en matière de cartels aurait mieux valu qu'un bon procès... », *RLC* n° 45-2015, n° 2864

BARENNES (M.), « The Role of the Settlement Procedure and Leniency Programme in the European Commission's Fight Against Cartels », *in EU Competition and State Aid Rules : Public and Private Enforcement*, TOMLJENOVIC (V.), BODIROGA-VUKOBRAT (N.), BUTORAC MALNAR (V.B.), KUNDA (I.) (dir.), Springer-Verlag Berlin Heidelberg, 2017

BARSAN (I. M.), « La personnalité des peines appliquée aux personnes morales en cas de fusion », *Revue des sociétés* 2018, p. 156

BEAUMEUNIER (V.) *in* « Sanction du défaut de notification dans une opération de concentration : expériences française et européenne », Conférence de la revue *Concurrences* du 12 mai 2015

BEAUMEUNIER (V.) *in* « Mise en œuvre de la procédure de transaction – Regards croisés », Conférence de la revue *Concurrences* du 20 juin 2016

BECKER (G. S.), « Crime and punishment : an economic approach », *The Journal of Political Economy*, vol. 76, 1968

BÉHAR-TOUCHAIS (M.), « Vers une réorientation du contrôle du Conseil de la concurrence sur les pratiques les plus graves », *in Vingtième anniversaire de l'ordonnance du 1er décembre 1986. Évolutions et perspectives*, CANIVET (G.), IDOT (L.) (dir.), Litec, p. 81

BÉHAR-TOUCHAIS (M.), « La reconnaissance mutuelle des sanctions pécuniaires et la règle « Non Bis In Idem » », *Travaux du Comité français de droit international privé*, 2008, 17, Éd. Pedone, p. 165

BÉHAR-TOUCHAIS (M.) (dir.), *La dénonciation en droit privé*, Economica, 2010

BÉHAR-TOUCHAIS (M.), « À quoi sert la concurrence ? *(Préface à l'ouvrage « Anniversaire des 10 ans de la Revue Concurrences »)* », *Concurrences* n° 3-2014, art. n° 68458

BÉHAR-TOUCHAIS (M.), « L'ambivalence du silence des opérateurs économiques en droit de la concurrence » *in Le silence saisi par le droit privé*, TERRYN (F.) et MARTIAL-BRAZ (N.) (dir.), vol. 1, IRJS Éd., 2014, p. 33

BÉHAR-TOUCHAIS (M.), CARVAL (S.), « Le débiteur des dommages et intérêts dus en cas de pratique anticoncurrentielle », *Concurrences* n° 4-2015, p. 84

BÉHAR-TOUCHAIS (M.), « Une amende civile peut être prononcée à l'encontre de ma société absorbante pour des pratiques restrictives de concurrence commise par la société absorbée », *Revue des contrats* n° 4-2016, p. 683

BÉHAR-TOUCHAIS (M.), « Du débiteur de la réparation dans l'ordonnance du 9 mars 2017 relative aux actions en dommages et intérêts du fait des pratiques anticoncurrentielles », *Revue des contrats* n° 2-2017, p. 310

BÉHAR-TOUCHAIS (M.), « Une application curieuse de la solidarité : la solidarité avec bénéfice de discussion », *Revue droits des contrats* n° 2-2017, p. 312

BELLIS (J.-F.), « La détermination des amendes pour infraction au droit communautaire de la concurrence : bilan de cinq années d'application des lignes directrices de 1998 », *Cah. dr. eur.*, 2003, n° 3-4, p. 373

BERNARD (E.), « L'activité économique, un critère d'applicabilité du droit de la concurrence rebelle à la conceptualisation », *RIDE* n° 3-2009, p. 353

BLAISE (J.-B.), « La sanction pénale » *in* colloque « Les sanctions du droit de la concurrence », *Concurrences* n° 1-2013, p. 23

BLOTTIN (B.), « Le calcul des amendes en droit de la concurrence : vers une véritable science ? », *Revue des affaires européennes*, 2016, p. 519

BOMBARDIER (J.), « La transaction en droit pénal de la consommation : faut-il céder à la tentation ? », *RLDA* n° 78-2013, p. 65

BOMBOIS (T.), « L'arrêt Menarini c/ Italie de la CEDH. Droit *antitrust*, champ pénal et contrôle de pleine juridiction », *Cah. dr. eur.*, 2011, p. 541

BONTINCK (T.), PUEL (F.), « Ordres professionnels et droit de la concurrence - Plaidoyer pour une entente cordiale », *in Liber amicorum Georges-Albert Dal*, Larcier, 2013, p. 141

BOSCO (D.), « Ombres et lumières du traitement de la récidive par le droit des pratiques anticoncurrentielles », *Concurrences* n° 4-2010, p. 13

BOUGETTE (P.), DONNEDIEU DE VABRES (L.), MONTET (C.), VENAYRE (F.), « Stratégie et droit de la concurrence : une enquête auprès de grandes entreprises françaises », *Rev. conc. conso.*, janvier-février 2006, n° 144, p. 2

BOULOC (B.), « La responsabilité pénale des entreprises en droit français », *Revue internationale de droit comparé*, 1994, n° 46-2, p. 669

BOULOC (B.), « Remarques en vue d'un aménagement du droit pénal de la concurrence », *RLC* n° 14-2008, n° 1012

BOULOC (B.), « Le principe de la responsabilité personnelle est-il en péril en droit de la concurrence ? », *in* « Les actes des ateliers de la DGCCRF : Imputabilité, sanctions, groupe », disponible sur le site du ministère de l'Économie, 2010

BOULOC (B.), COLIN (C.), « De quelques concepts pénaux maltraités en droit de la concurrence », *RLC* n° 27-2011, p. 54

BOY (L.), DESCHAMPS (M.), « « Plus, n'est pas nécessairement mieux » ou la difficulté de faire apparaître la (les) vraie(s) question(s) de droit dans la masse des décisions des autorités de concurrence », *RLC* n° 20-2009, p. 129

BRANKIN (S.-P), « The first cases under the Commission's cartel-settlement procedure : problems solved ? », *ECLR*, 2011, n° 4, p. 169

BRAULT (D.), MAULIN (R.), « La procédure de non-contestation des griefs : Un succès non contestable », *Concurrences* n° 2-2011, p. 80

BRAULT (D.), « Dominique BRAULT : Les grandes mutations de l'État et de l'économie française dans les années 1980 », *Concurrences* n° 3-2015, p. 9

BRENNER (S.), « An empirical study of the European corporate leniency program », *International Journal of Industrial Organization*, 2009, 27, p. 639

BROCK-WENZEK (J.), « Closing the so called "Sausage gap" – Cartel fine procedures after the 9th amendment of the German Act against Restraints of Competition (GWB) », disponible sur le site hlregulation.com

BROOS (S.), GAUTIER (A.), MARCOS RAMOS (J.), PETIT (N.), « Analyse statistique des affaires d'ententes dans l'UE (2004-2014) », *Revue économique*, 2016

BROWN (A.), SCHONBERG (M.), « Widening the Net : The General Court Extends the Principle of Successor Liability in EU Competition Law », *ECLR* n° 34-2013, 1

BRUNET (F.), « La nouvelle politique de la Commission européenne à l'égard des ententes horizontales : ententes illicites et coopération licite » *in Le nouveau droit communautaire de la concurrence*, CANIVET (G.), BRUNET (F.) (dir.), LGDJ, 2008

BRUNET (F.), « Le droit de la concurrence face aux défis de la crise mondiale », *RLC* n° 20-2009, p. 104

CALVET (H.), « Les sanctions » *in* « 20e anniversaire du Conseil de la concurrence. Quel statut et quels moyens pour les autorités de contrôle de la concurrence ? », *RLC* n° 13-2007, p. 212

CARON (F.), « Ententes et stratégies d'achat dans la France du XIXe siècle », *Revue française de gestion* n° 70, 1988, p. 127

CASTILLO DE LA TORRE (F.), « Interim Measures in Community Courts : Recent Trends », *CML Rev* 44 (2007), p. 273

CASTILLO DE LA TORRE (F.), « The 2006 Guidelines on Fines : Reflections on the Commission's Practice », *World Competition*, 33, n° 3, 2010, p. 359

CHAGNY (M.), « La prime à la dénonciation (clémence et repentis) », *in La dénonciation en droit privé*, M. BÉHAR-TOUCHAIS (dir.), *Economica*, 2010, p. 137

CHAPSAL (A.), « Vers une réelle prise en compte du dommage causé à l'économie ? », *in* « Refonte des sanctions concurrence : Le projet de communiqué de l'AdlC », *Concurrences*, n° 1-2011, p. 13

CHAPUT (F.), « l'autonomie de la filiale en droit des pratiques anticoncurrentielles », *CCC* n° 1, janvier 2010, étude 1

CHAPUT (Y.), « Philosophie des programmes de clémence et de transaction », disponible sur le site Internet du CREDA creda.ccip.fr, 2005

CHARALAMBOUS (C.), « Reagens : Access to Documents Re the Inability of an Undertaking to Pay the Fine », *Journal of ECL*, 2014, vol. 5, n° 7, p. 466

CHARBIT (N.), BÖGE (U.), « Dr. Ulf Böge : Cinq ans à la tête du Bundeskartellamt », *Concurrences* n° 3-2005, p. 6

CHATAIN-AUTAJON (L.), « Pratiques anticoncurrentielles et restructurations : qui supporte la sanction ? », *RLC* n° 9-2006, n° 663

CHEYNEL (B.), « Risque pour la survie de l'entreprise et sursis à exécution », *RLC* n° 18-2009, n° 1313

CHEYNEL (B.), « La responsabilité des sociétés mères du fait de leurs filiales » *in Contentieux du droit de la concurrence de l'Union européenne, Questions d'actualité et perspectives*, GIACOBBO PEYRONNEL (V.), VERDURE (C.) (dir.), Larcier, 2017

CHONÉ-GRIMALDI (A.-S.), « Les géants du numérique face à l'interdiction des abus de dépendance économique : Les Français contre-attaquent », *Concurrences* n° 4-2020, p. 84

CLAUDEL (E.), « Sanctions pénales des pratiques anticoncurrentielles : le printemps de l'article L. 420-6 du code de commerce », *RTD Com.* 2003, p. 80

CLAUDEL (E.), « La participation à une entente fait-elle la preuve d'une entente : le droit français entre singularité et mimétisme », *RTD. Com.* 2004, p. 455

CLAUDEL (E.), « La réitération en droit de la concurrence, un régime juridique sui generis bien sévère », *RTD Com.* 2008, p. 63

CLAUDEL (E.), « LME - Micro-PAC : La DGCCRF soumet à consultation un avant projet de décret portant sur les pouvoirs de transaction et d'injonction du ministre en matière de pratiques anticoncurrentielles de dimension locale », *Concurrences* n° 4-2008, p. 133

CLAUDEL (E.), « L'art (et les limites) du communiqué », *Concurrences* n° 1-2011, p. 7

CLAUDEL (E.), « Le rapport sur l'appréciation de la sanction en matière de pratiques anticoncurrentielles, présenté par Jean-Martin Folz, Christian Raysseguier, Alexander Schaub : de multiples et intéressantes propositions », *RTD Com.* 2011, p. 70

CLAUDEL (E.), « La sanction, une institution au cœur de la politique de la concurrence » *in Les sanctions en droit contemporain*, vol. 1, La sanction, entre technique et politique, CHANAIS (C.), FENOUILLET (D.) (dir.), *Dalloz*, 2012, p. 425

CLAUDEL (E.), « L'appartenance à un groupe au crible du principe d'individualisation de la sanction en l'absence d'unité économique : la valse à quatre temps de la Cour de cassation », *RTD Com.* 2015, p. 84

CLAUDEL (E.), « Pratiques anticoncurrentielles – L'essor des sanctions en droit de la concurrence. Quelle efficacité ? Quelles garanties ? », *CCC* n° 6-2014, dossier 13

CLAUDEL (E.), « Procédures négociées, accessoires ou alternatives à la sanction en droit de la concurrence : Raison garder ! », *Concurrences* n° 4-2015, p. 61

CLAUDEL (E.), « L'appartenance à un groupe au crible du principe d'individualisation de la sanction en l'absence d'unité économique : la valse à quatre temps de la Cour de cassation », *RTD Com.* 2015, p. 84

CLAUDEL (E.), « Dommages collatéraux ou les effets inattendus de la nouvelle procédure française de transaction », *Concurrences* n° 1-2018, p. 1

CLAUDEL (E.), « Procédure de transaction « à la française » : l'heure d'un premier bilan », *RTD Com.* 2017, p. 865

COMBE (E.), « Quelles sanctions contre les cartels ? Une perspective économique », *RIDE* 2006/1, t. XX, 1, p. 11

COMBE (E.), CONNOR (J.), JENNY (F.), BUCCIROSSI (P.), SPAGNOLO (G.), « L'efficacité des sanctions contre les cartels : une perspective économique », *Concurrences* n° 4-2006, p. 10

COMBE (E.), MONNIER-SCHLUMBERGER (C.), « Le calcul de l'amende en matière de cartel : Une approche économique », *Concurrences* n° 3-2007, p. 39

COMBE (E.), MONNIER (C.), « Les amendes contre les cartels : la Commission européenne en fait-elle trop ? », *Concurrences* n° 4-2009, p. 41

COMBE (E.), « Une introduction économique » *in* « Le dommage à l'économie et sanction pécuniaire », *Concurrences* n° 4-2010

COMBE (E.), MONNIER (C.), « Les cartels en Europe, une analyse empirique », *Revue française d'économie*, vol. xxvii, n° 2, 2012, p. 187

CONDOMINÈS (A.), « La durée des pratiques anticoncurrentielles : enjeux et critères d'appréciation en droit français et européen », *CCC* n° 11-2016, étude 10

CONNOR (J.), BOLOTOVA (Y.), « Cartel Overcharges : Survey and Meta-Analysis », *International Journal of Industrial Organization*, 24, 2006, p. 1109

CONNOR (J.), LANDE (R.), « The Size of Cartel Overcharges : Implications for U.S. and EU Fining Policies », *Antitrust Bulletin*, 51, 2006, p. 983

CONNOR (J.), « Recidivism Revealed : Private International Cartels 1990-2009 », 2010, disponible sur le site ssrn.com

CONNOR (J.), « About cartel overcharges : Kroes is correct », *Concurrences* n° 1-2010, p. 1

COSTEA (I.), « L'arrêt Jussila de Cour européenne : vers une pénalisation au rabais du régime des sanctions fiscales ? », *Rev. trim. Dr. H.*, (73/2008), p. 239

CRAYCRAFT (C.), CRAYCRAFT (J.), GALLO (J.), « Antitrust Sanctions and a Firm's Ability to Pay », *Review of Industrial Organization*, avril 1997, Vol. 12, Issue 2, p. 171

CUZIAT (É.), TIERNO CENTELLA (M. L.), « La procédure de transaction communautaire », *Concurrences* n° 2-2008, p. 76

CUZIAT (É.) « La clémence, une procédure exigeante », *Concurrences* n° 3-2013, p. 204

D'ORMESSON (O.), « Regard interculturel sur le droit de la concurrence », mai 2016, disponible sur le site regards-interculturels.fr

DAHAN (T.), « Qu'est-ce que le dommage à l'économie ? », Conférence de la revue *Concurrences* du 29 juin 2016

DAHAN (T.), « Sanctions des infractions aux règles de concurrence. Bilan de la pratique décisionnelle de l'Autorité de la concurrence », Conférence de la revue *Concurrences* du 22 novembre 2016

DANET (J.), « Le droit pénal et la procédure pénale sous le paradigme de l'insécurité », *Archives de politique criminelle*, vol. 25, n° 1, 2003, p. 37

DAVID (É.), « Les poursuites pénales contre les auteurs de pratiques anticoncurrentielles », *Concurrences* n° 2-2006, p. 175

DAVID (É.), « L'incidence des procédures "alternatives" sur l'établissement des pratiques anticoncurrentielles devant l'Autorité de la concurrence et la Commission européenne », *Concurrences* n° 1-2011, p. 67

DE BROCA (H.), « Les nouvelles Lignes directrices de la Commission en matière d'amendes », *Concurrences* n° 4-2006, p. 37

DE LAMY (B.), « Principe d'individualisation des peines : la personnalité du condamné n'est qu'un critère parmi d'autres », *RSC* 2008, p. 136

DE LAMY (B.), « Le principe de la légalité criminelle dans la jurisprudence du Conseil constitutionnel », *Cahiers du Conseil constitutionnel* n° 26 (Dossier : La Constitution et le droit pénal), août 2009

DE MUIZON (G.), « Mais pourquoi l'Autorité de la concurrence refuse-t-elle de mobiliser les outils de la théorie économique dans la détermination des sanctions pécuniaires ? », *RLDA* n° 62-2011, n° 3547

DE SILVA (I.), « Pratiques anticoncurrentielles : amende record pour Google », *Recueil Dalloz* 2017, p. 164

DE SILVA (I.), WACHSMANN (A.), « Isabelle DE SILVA (ADLC) : L'Autorité de la concurrence, entre renouvellement et continuité », *Concurrences* n° 3-2017, p. 9

DE SILVA (I.), « Gun-jumping : Quelles sont les pratiques à éviter ? », *Concurrences* n° 3-2018, p. 55

DE SILVA (I.), « 10 years of the French *Autorité de la concurrence*: looking back and looking ahead, *Journal of Antitrust Enforcement* », 2019, 7, p. 129

DE SILVA (I.), « La conformité en droit de la concurrence », *Revue internationale de la compliance et de l'éthique des affaires*, n° 3, juin 2020, p. 7.

DE SILVA (I.), « Une réforme en deux volets pour rationaliser et renforcer l'application du droit de la concurrence en France », *Concurrences* n° 1-2021, p. 33

DEBROUX (M.), « Sanction des cartels en droit communautaire : Définition et conséquences d'une" responsabilité de groupe" », *Concurrences* n° 1-2008, p. 42

DEBROUX (M.), « Le brouillard de la clémence en droit de la concurrence : quelles décisions stratégiques ? », *in Stratégies d'instrumentalisation juridique et concurrence*, MASSON (A.) (dir.), BOUTHINON-DUMAS (H.), DE BEAUFORT (V.) et JENNY (F.) *Larcier*, 2013, p. 161

DECOCQ (G.), « Synthèse du droit européen et français en matière d'imputabilité et de responsabilité civile et pénale », *Revues Dalloz*, 2015, p. 56

DÉLVOLVE (P.), « La cour d'appel de Paris, juridiction administrative », *in Mélanges Jean-Marie Auby*, Dalloz, 1992, p. 463

DERENNE (J.), CHIRARU (C.), « « Transactions » et restrictions verticales : la « bonne affaire » ou le « bon droit » ? », *L'Observateur de Bruxelles*, n° 210-2020, p. 45

DESBROSSE (P.), « Les programmes de Clémence à l'épreuve de la globalisation des marchés », *RIDE* n° 2010/2 (t. XXIV), p. 211

DESCHAMPS (M.), REIS (P.), « Contourner le droit de la concurrence par les organisations professionnelles : Une analyse des limites de l'interdit », *in Stratégies d'instrumentalisation juridique et concurrence*, MASSON (A.) (dir.), BOUTHINON-DUMAS (H.), DE BEAUFORT (V.), JENNY (F.), 2013, Larcier, p. 191

DEWAELE (M.), « L'application par la Commission européenne du programme de clémence de 2002 », *Concurrences* n° 4-2011, p. 232

DOHMEN (F.) et HAWRANEK (D.), « The Cartel - Collusion Between Germany's Biggest Carmakers », *Der-Spiegel*, 27 juillet 2017

DONNEDIEU DE VABRES (H.), « Les limites de la responsabilité pénale des personnes morales », *Revue international de droit pénal*, 1950, p. 341

DONNEDIEU DE VABRES-TRANIÉ (L.), « Dans une économie mondialisée, quel peut être l'avenir des droits nationaux de la concurrence ? », *RLC* n° 10-2007, p. 126

DUMARÇAY (M.), « Des lignes de force au forçage des lignes, il n'y a qu'un pas : retour sur la méthode de fixation du maximum légal de l'amende encourue au titre d'une pratique anticoncurrentielle », *RLC* n° 57-2017, p. 20

DUMARÇAY (M.), « La transposition de la directive « dommages » en droit français : vers une nouvelle architecture des contentieux du droit des pratiques anticoncurrentielles ? », *RLC* n° 62-2017, p. 25

DUMARÇAY (M.), « L'extension des compétences du Parquet National Financier en droit de la concurrence : la clef d'une revalorisation du contentieux pénal de la concurrence ? », *RLC* n° 96-2020, n° 3855

EHMER (C.), ROSATI (F.), « Science, Myth, and Fines: Do Cartels Typically Raise Prices by 25 % ? », *Concurrences* n° 4-2009, art. n° 28784

Fasc. de l'Autorité *50 mots pour comprendre la concurrence*, disponible sur le site de l'Autorité

FLOCHEL (L.), « De nouvelles pratiques pour les autorités de concurrence : les programmes de clémence », *in Politiques de la concurrence*, ENCAOUA (D.), GUESNERIE (R.) (dir.), La Documentation française, Paris, 2006, p. 248

FOLZ (J. M.), RAYSSEGUIER (C.), et SCHAUB (A.), *Rapport sur l'appréciation de la sanction en matière de pratiques anticoncurrentielles*, septembre 2010, disponible sur le site Internet ladocumentationfrancaise.fr

FOSSIER (T.), « Le « sentencing » en droit de la concurrence », *RLDA* n° 50-2010, p. 71

FOSSIER (T.), SALTIEL (M.), « Parties et tiers en droit répressif de la concurrence : Leur statut devant la cour d'appel de Paris », *Concurrences* n° 1-2011, art. n° 33854

FRISON-ROCHE (M.-A.), *Les différentes natures de l'ordre public économique*, *in* « Archives de philosophie du droit, L'ordre public », t. 58, *Dalloz*, 2015, p. 105

FRISON-ROCHE (M.-A.), « Droit de la concurrence et droit de la compliance », *Concurrences* n° 4-2018, p. 1

FROT (E.), « communiqué sanctions : mise en œuvre et sévérité des sanctions », *Concurrences* 2-2012, p. 8

GALOKHO (C.), « Les atteintes au principe d'égalité dans le cadre du calcul des amendes en droit européen des ententes », *RIDE* 2014/2 (t. XXVIII), p. 183

GÄRTNER (D.), ZHOU (J.), « Delays in leniency application : is there really a race to the enforcer's door ? », décembre 2012, disponible sur le site ssrn.com

GAUER (C.), CHRIST (F.), « Les infractions procédurales en droit européen de la concurrence », *Concurrences* n° 4-2012, p. 29

GAUER (C.), LÜBKING (J.), « Cooperation with the European Commission in antitrust cases : A new way paved by the ARA case », *Concurrences* n° 1-2017, p. 81

GERADIN (D.), SADRAK (K.), « The EU Competition Law Fining System : A Quantitative Review of the Commission Decisions between 2000 and 2017 », disponible sur le site ssrn.com

GERBER (D.), « Le temps, le droit et la construction de la concurrence : Construire un modèle européen de la concurrence » *in À quoi sert la concurrence ?*, BÉHAR-TOUCHAIS (M.), CHARBIT (N.), AMARO (R.) (dir.), *Concurrences*, 2014

GIACOBBO-PEYRONNEL (V.), SINGER (P.), « Quelques réflexions et interrogations au sujet de l'effet dissuasif des amendes en droit communautaire de la concurrence », *Concurrences* n° 4-2009, p. 74

GINER ASINS (M.), PFLIEGER (M.), « Gérer les risques concurrence dans les opérations de fusion-acquisition : Kit de survie pragmatique pour une gestion efficace », *JCP E*, décembre 2015, n° 50, n° 1614

GRALL (J.-C.), DE CROUY-FOURNIER (N.), « La politique de sanction de l'Autorité de la concurrence : de l'unité à la diversité. L'intention du cartelliste : un facteur de diversification des sanctions ? », *RLC* n° 35-2013, n° 2319

GRYNFOGEL (C.), « Sanctions du droit communautaire de la concurrence » *in Juris-Classeur*, fasc. 287, n° 53

HAHN (M.), RHARROUCHI (A.), « Droit de la concurrence et TTIP » *in Contentieux du droit de la concurrence de l'Union européenne, Questions d'actualité et perspectives*, GIACOBBO PEYRONNEL (V.), VERDURE (C.) (dir.), *Larcier*, 2017, p. 3

HARDY-HÉMERY (O.), « Une limite au libéralisme intégral ? Ententes et cartels dans le monde au XIXe et dans le premier tiers du XXe siècle », *Revue du Nord*, t. 75, n° 300, p. 319

HARRINGTON (J.), « Optimal corporate leniency programs », *Journal of Industrial Economics*, 2008, 56 (2), p. 215

HAUVILLER (M.), PERRET (G.), « La procédure de transaction en droit de la concurrence : Bilan de la pratique décisionnelle de la Commission européenne (mai 2010-mai 2015) », *Concurrences* n° 3-2015, p. 232

HOANG (C. T.), HÜSCHELRATH (K.), LAITENBERGER (U.) et SMUDA (F.), « Determinants of self-reporting under the European corporate leniency program », *International Review of Law and Economics*, 2014, 40, p. 15

HOMOBONO (N.), VOGEL (L.), MONTALCINO (C.) *in* « Les actes des ateliers : le droit de la concurrence à l'épreuve de la crise économique », 27 avril 2009, disponible sur le site du ministère de l'Économie

HOMOBONO (N.), MARIE (A.), « Le rôle de la DGCCRF dans l'application du droit des pratiques anticoncurrentielles depuis la réforme de 2008 », *Concurrences* n° 1-2012, p. 30

HOMOBONO (N.), MARIE (A.), CLUZEL (O.), « Le rôle du ministre de l'Économie en matière de pratiques anticoncurrentielles et de pratiques restrictives de concurrence (AFEC, 7 juillet 2015) », *Concurrences* n° 4-2015, art. n° 76042

HUBERT (P.), CASTAN (A.), « Droit constitutionnel et liberté de la concurrence », *Nouveaux Cahiers du Conseil constitutionnel*, n° 49, octobre 2015, p. 15

HUERTAS (M.-H.), « Autorité de la concurrence : les sanctions en débat », Option Finance/Option Droit & Affaires, mars 2011

IDOT (L.), « Les mesures provisoires en droit de la concurrence, nouvel exemple de symbiose entre le droit français et le droit communautaire de la concurrence », *RTD Eur* 1993, p. 581

IDOT (L.), « Réflexions sur l'application de certains principes et notions du droit pénal en droit des pratiques anticoncurrentielles », *Concurrences* n° 2-2006, art. n° 46440

IDOT (L.), « Réflexions sur l'application de certains principes et notions du droit pénal en droit des pratiques anticoncurrentielles » *in Les droits et le droit : Mélanges dédiés à Bernard Bouloc*, Dalloz, 2007, p. 457

IDOT (L.), « Présentation » *in* « Les procédures négociées en droit de la concurrence : Engagements et transactions. Droit français – Droit communautaire », *Concurrences* n° 2-2008

IDOT (L.), CONNOR (J.), WINCKLER (A.), VESTERDORF (B.), MILLER (D.), WILS (W.), « Sanctions : Is more always better ? (Colloque New Frontiers of Antitrust - 15 février 2010 - Panel III) », *Concurrences* n° 2-2010, art. n° 31039

IDOT (L.), « Récidive ou réitération ? », *Concurrences* n° 4-2010, p. 26

IDOT (L.), « Les procédures de clémence en droit de la concurrence » *in La clémence et le droit*, JUDE (J-M.) (dir.), *Economica*, 2011

IDOT (L.), « La responsabilité pénale des personnes morales : Les leçons du droit européen de la concurrence », *Concurrences* n° 1-2012, p. 55

IDOT (L.), « La répression des pratiques anticoncurrentielles par les institutions de l'Union européenne (1er juill. 2010 - 1er mai 2012) », *RSC* 2012, p. 315

IDOT (L.), « Procédures quasi-répressives en droit de la concurrence », *RSC* 2014, p. 77

IDOT (L), introduction *in* IDOT (L.), KOVACIC (W. E.), FONTEIJN (C.), « Détection des pratiques anticoncurrentielles : Faut-il réformer les outils existants ou introduire de nouveaux outils ? Clémence, observation des marchés, récompenses financières... (New Frontiers of Antitrust, 21 février 2014, Paris) », *Concurrences* n° 2-2014, art. n° 66158

IDOT (L.), « Cession d'entreprise - Reprise d'entreprises en difficulté et droit de la concurrence », *Revue des procédures collectives* n° 6, novembre 2015, dossier 57

IDOT (L.), « Sanctions des sociétés mères pour les agissements de leur filiale : Derniers développements », Conférence de la revue *Concurrences* du 16 mars 2016

IDOT (L.), « Actualité du droit des cartels », *RTD* Eur. 2016, p. 822

IDOT (L.), « Halte à la renationalisation rampante du droit des pratiques anti-concurrentielles ! », *Concurrences* n° 3-2017, p. 1

IDOT (L.), « Réflexions sur l'évolution de la preuve des pratiques anticoncurrentielles devant les autorités de concurrence », *Concurrences* n° 4-2017, p. 45

IDOT (L.), « Procédures quasi-répressives en droit de la concurrence », *RSC* 2017, p. 639

ISRAEL (J.-J.), « Contentieux administratif et contentieux de la concurrence », *in Mélanges en l'honneur de René Chapus*, Montchrestien, 1992, p. 315

ITALIANER (A.), interview accordée à l'American Bar Association en avril 2011, disponible sur le site antitrustsource.com

JACQUES (A.), « Politique de la concurrence contre la collusion », disponible sur le site http://cemoi.univ-reunion.fr, septembre 2015

JALABERT-DOURY (N.), « L'Autorité de la concurrence officialise et précise la refonte de sa politique de sanction » *in* « Refonte des sanctions concurrence : Le projet de communiqué de l'AdlC », *Concurrences* n° 1-2011, p. 11

JARRETT ARP (D.), SPRATLING (G. R.), « A new paradigm for counsel responding to international cartel investigation », *GCR* 2003, n° 6, p. 28

JAZOTTES (G.), « La Commission se dote d'une procédure simplifiée pour l'application de l'interdiction des ententes : la procédure dite de transaction », *RTD com.* 2009, p. 230

JEANDIDIER (W.), « Les apports de la loi sur les nouvelles régulations économiques à la lutte contre le blanchiment », *Revue Droit et Patrimoine*, 2001, n° 99

JENNY (F.), « Approche économique et internationale de l'expérience française » *in* « Clémence et transaction en matière de concurrence : Premières expériences et interrogations de la pratique », Colloque du 19 janvier 2005, disponible sur le site Internet du CREDA creda.ccip.fr

JENNY (F.), « Autorité de la concurrence : les sanctions en débat », Option Finance/Option Droit & Affaires, mars 2011

JENNY (F.), « L'articulation des sanctions en matière de droit de la concurrence du point de vue économique » *in* « Les sanctions du droit de la concurrence *(Paris, 31 octobre 2012)* », *Concurrences* n° 1-2013, art. n° 50 524

KHAN (L.), « Amazon's Antitrust Paradox », *Yale Law Journal*, Vol. 126, février 2017.

KECSMAR (K.), « Le droit de la concurrence à l'épreuve des structures sociétales obscures : état des lieux et réflexions », *RLC* n° 33-2012, p. 95

KIENAPFEL (P.) et WILS (G.), « Inability to Pay – First cases and practical experiences », *Competition Policy Newsletter*, n° 3-2010, p. 3

KOVACIC (W.), « The Value of Policy Diversification in Cartel Detection and Deterrence », DAF/COMP(2013)22

KOVAR (J.-P.), « Droit de la concurrence et droit de la solvabilité », *RLDA* n° 42-2010, n° 2674

KOVAR (J.-P.), « Sanction des pratiques anticoncurrentielles et personnalité des peines », *Europe*, 2015, 362

KRENZER (A.), « Présomption de responsabilité des sociétés mères du fait de leurs filiales en droit communautaire des pratiques anticoncurrentielles », *RLC* n° 15-2008, p. 111

KRENZER (A.), « Comment gérer une demande de clémence ? La clémence vue d'une perspective de l'autorité française » *in* « Comment gérer une demande de clémence ? », *Concurrences* n° 3-2012, p. 259

KRENZER (A.), « Les coulisses de la demande de clémence en France : L'Autorité de la concurrence donne la parole aux acteurs », *Concurrences* n° 3-2014, art. n° 67 246

KROES (N.), discours du 7 avril 2005, SPEECH/05/2005, disponible sur le site de la Commission européenne

KROES (N.), discours du 8 octobre 2009, « Tackling cartels – a never-ending task », SPEECH/09/454, disponible sur le site de la Commission

LAGARDE (C.), « Christine LAGARDE : Le Ministre-avocat de la concurrence », *Concurrences* n° 4-2008, p. 5

LAINA (F.), « Politique de clémence et lutte contre les cartels (Forum de concurrence européen) », *Concurrences* n° 3-2006, p. 73

LAINA (F.), LAURINEN (E.), « The EU Cartel Settlement Procedure : Current Status and Challenges », *Journal of ECL*, 2013

LAINA (F.), VAN GERVEN (G.), HANSEN (M.), « EU Cartels Settlements : Are they working ? » interview par D. ASCOTT du 8 avril 2013, *GCR*

LAINA (F.), BOGDANOV (A.), « The EU Cartel Settlement Procedure : Latest Developments », *Journal of ECL*, 2014, vol. 5, n° 10, p. 717

LAINA (F.), BOGDANOV (A.), « The EU Cartel Settlement Procedure : Latest Developments », *Journal of ECL*, 2016, vol. 7, n° 1, p. 72

LAINA (F.), *in* « Mise en œuvre de la procédure de transaction – Regards croisés », *Concurrences*, séminaire du 20 juin 2016

LAINA (F.), BOGDANOV (A.), « The EU Cartel Settlement Procedure : Latest Developments », *Journal of ECL*, 2017, vol. 8, n° 5, p. 333

LANDES (W.), « Optimal sanctions for Antitrust », *University of Chicago Law Review*, 1983, p. 652

LASSERRE (B.), « Le Conseil de la concurrence dans le réseau communautaire », *Concurrences* n° 3-2005, p. 42

LASSERRE (B.), « Le Conseil de la concurrence dans le réseau communautaire », allocution prononcée à la Cour de cassation le 21 avril 2005 à l'occasion de l'Assemblée générale de l'Association Française d'Étude de la Concurrence, disponible sur le site de l'Autorité

LASSERRE (B.), « 20ème anniversaire de l'ordonnance du 1er décembre 1986 « Vingt ans après » », disponible sur le site de l'Autorité

LASSERRE (B.), *in* « Conférence – Economic Theory and Competition Law », Paris, 9 décembre 2006, disponible sur le site de l'Autorité

LASSERRE (B.), « La coopération entre Autorités de concurrence en Europe et hors d'Europe », exposé prononcé à l'European American Chamber of Commerce – Groupe interparlementaire France-USA le 8 janvier 2007, disponible sur le site de l'Autorité

LASSERRE (B.), « Bruno Lasserre, entretien avec le président du Conseil de la concurrence « Nos sanctions sont de plus en plus dissuasives » », 18 octobre 2007, disponible sur le site Internet Le Moniteur

LASSERRE (B.), « La non contestation des griefs en droit français de la concurrence : Bilan et perspectives d'un outil pionnier », *Concurrences* n° 2-2008, p. 93

LASSERRE (B.), RONZANO (A.), LEMAIRE (C.), « Bruno Lasserre : La nouvelle Autorité de la concurrence », *Concurrences* n° 1-2009, p. 6

LASSERRE (B.), « Le rôle de la sanction pécuniaire en droit de la concurrence », *RLC* n° 24-2010, p. 74

LASSERRE (B.), Audition de Monsieur Bruno Lasserre du 23 juin 2010 devant la Commission des affaires économiques, compte-rendu n° 78

LASSERRE (B.), « Il faut avoir le courage de sanctionner de manière dissuasive » paru dans le journal Les Échos, n° 20849, entretien du 17 janvier 2011, p. 14

LASSERRE (B.), « Propos introductifs » *in* « Les PME face au droit de la concurrence », disponible sur le site du CREDA, 2011, p. 14

LASSERRE (B.), « L'expérience de l'Autorité de la concurrence » *in* colloque New Frontiers of Antitrust du 10 février 2012, *Concurrences* n° 2-2012

LASSERRE (B.), « Introduction : dialogue ou collision ? » *in* « L'entreprise, les règles de concurrence et les droits fondamentaux : quelle articulation? » DEWOST (J.-L.), LASSERRE (B.), SAINT-ESTEBEN (R.), Les Nouveaux Cahiers du Conseil constitutionnel, 2012/2, n° 35, *Dalloz*, p. 52

LASSERRE (B.), « *In memoriam* : Marie-Dominique Hagelsteen, décembre 2012 », *Concurrences* n° 4-2012, art. n° 49307

LASSERRE (B.), audition du 19 février 2014 par la Commission des affaires économiques de l'Assemblée nationale, disponible sur le site de l'Assemblée

LASSERRE (B.), audition au Sénat du 22 octobre 2014, relatif à l'avis de l'Autorité rendu dans le secteur des autoroutes

LASSERRE (B.), « La culture de la concurrence : La démonstration par la preuve », *in À quoi sert la concurrence ?*, M. BÉHAR-TOUCHAIS (M.), N. CHARBIT (N.), AMARO (R.) (dir.), *Concurrences*, 2014

LASSERRE (B.), « La culture de la concurrence : La démonstration par la preuve » *(Préface à l'ouvrage « Anniversaire des 10 ans de la Revue Concurrences »)* », *Concurrences* n° 3-2014, art. n° 68458

LASSERRE (B.), « Clémence contre délation : l'arme redoutable de l'Autorité de la Concurrence », article du 9 juillet 2015 de G. MACKE pour la revue *Challenges*

LASSERRE (B.), Audition du 6 mai 2015 de M. Bruno Lasserre, Président de l'Autorité, accompagné de Mme Virginie Beaumeunier, Rapporteure générale de l'Autorité, à la Commission des affaires économiques de l'Assemblée nationale, compte rendu n° 56, disponible sur le site de l'Assemblée nationale

LASSERRE (B.), LEMAIRE (C.), « Bruno LASSERRE : Regards en arrière… et en avant sur la régulation concurrentielle en France », *Concurrences* n° 2-2017, p. 14

LEGAL (H.), « Le contentieux communautaire de la concurrence entre contrôle restreint et pleine juridiction », *Concurrences* n° 2-2005, p. 1

LEMAIRE (C.), « Sursis à exécution : La Cour d'appel de Paris ordonne le sursis à l'exécution provisoire des sanctions prononcées par l'Autorité de la concurrence dans l'affaire des farines compte tenu des difficultés économiques des entreprises concernées (Axiane Meunerie - Minoteries Cantin) », *Concurrences* n° 4-2012, p. 150

LEMAIRE (C.), « Sanction : La Cour de cassation casse les ordonnances de sursis à exécution dans l'affaire des farines et prend position dans le débat relatif à la prise en compte de l'appartenance à un groupe au moment d'apprécier les difficultés économiques d'une entreprise condamnée pour pratiques anticoncurrentielles (Axiane meunerie c/ Minoteries Cantin) », *Concurrences* n° 1-2014, p. 176

LEMAIRE (C.), NAUDIN (S.), « Transaction : Le Président de la République promulgue la loi pour la croissance, l'activité et l'égalité des chances économiques (Loi Macron) », *Concurrences* n° 4-2015, p. 182

LEMAIRE (C.), « Responsabilité concurrentielle - Responsabilité concurrentielle des groupes de sociétés », *CCC* n° 7-2017, dossier 5

LENOIR (N.), DAVID (É.), « L'organisation des compétences entre la Commission européenne et les autorités nationales de concurrence », *Le Lamy droit économique*, Wolters Kluwer, 2018, n° 1068

LESUR (L.), BUHART (J.), « Séminaire droit et économie "Amendes : Un an de mise en œuvre du communiqué sanctions" », *Concurrences* n° 2-2013, art. n° 51479

LIANOS (I.), JENNY (F.), WAGNER VON PAPP (F.), MOTCHENKOVA (E.), DAVID (É.) e. a., « An Optimal and Just Financial Penalties System for Infringements of Competition Law : a Comparative Analysis », CLES Research paper series 3/2014, UCL Faculty of Laws, Londres, p. 149

LINDFELT (P.), « The European Commission find a company's private equity unit to be "jointly and severally liable" with its portfolio company (Goldman Sachs / Prysmian / Pirelli) », *e-Competitions Bulletin*, avril 2014, art. n° 79561

LUC (I.), « Ordres professionnels et concurrence », *LPA*, 2004, n° 192, p. 5

LUC (I.), « L'approche des juridictions européennes et françaises en matière d'imputabilité et les incidences sur le montant de la sanction pécuniaire », *Revues Dalloz*, 2015, p. 58

LUC (I.), *in* « Amendes concurrence : Is the sky the limit ? », Conférence de la revue *Concurrences* du 14 mai 2019

LUCAS (J.), « De la prise en compte par l'Autorité de la concurrence des difficultés de l'entreprise », *Revue des procédures collectives* n° 2, mars 2012, étude 11

LUCAS DE LEYSSAC (M.-P.), LUCAS DE LEYSSAC (C.), « L'inquiétant art. L. 420-6 du C. com., et comment se rassurer », *in Mélanges dédiés à Bernard Bouloc*, Dalloz, 2007, p. 651

LUCAS DE LEYSSAC (C.), « Sanction pécuniaire ou amende ? », *Concurrences* n° 2-2010, p. 1

LUCAS DE LEYSSAC (C.), *in* « La PME, « auteur » des pratiques anticoncurrentielles », *RLC* n° 29-2011, p. 155

MARIE (A.), « Les pratiques anticoncurrentielles de dimension locale : le rôle de la DGCCRF », *RLC* n° 55-2016, p. 30

MARIE (A.), « Les pratiques anticoncurrentielles de dimension locale » *in Le Lamy droit économique*, Wolter Kluwer, 2018, n° 1548

MARTIN (S.), « Enquêtes pénales, transactions... : Entre efficacité de l'action de l'Autorité de la concurrence et effectivité des droits de la défense », *Concurrences* n° 4-2018

MARVÃO (C.), SPAGNOLO (G.), « Pros and cons of leniency, damages and screens », *Competition Law & Policy Debate*, 2015, 1, p. 47

MASSON (A.), « L'ambivalence du droit, source d'opportunités stratégiques : l'exemple du droit de la concurrence » *in Stratégies d'instrumentalisation juridique et concurrence*, MASSON (A.) (dir.) e. a., Larcier, 2013, p. 15

MATHONNIÈRE (C.), éditorial, « La DGCCRF, (l'autre) bras armé de la lutte contre les pratiques anticoncurrentielles ? », *RLC* n° 62-2017

MATHONNIÈRE (C.), « Un audit, mais pour quoi faire ? », *RLC* n° 47-2016

MATTIOLI (E.), « The Dutch Competition Authority reduces the fines imposed on companies in the flour milling industry based on the 'inability to pay' in light of fines imposed by the German and French Competition Authorities (Grain Millers, Ranks) », 12 février 2013, *e-Competitions Bulletin*, art. n° 57295

MC ELWEE (D.), « Should the European Commission adopt "Amnesty Plus" in its Fight Against Hard Core Cartels ? », *ECLR*, 2004, p. 558

MICHEL-AMSELLEM (V.), « Qu'est-ce que le dommage à l'économie ? », Conférence de la revue *Concurrences* du 29 juin 2016

MILLER (N.), « Strategic leniency and cartel enforcement », *American Economic Review*, 2009, 99 (3), p. 750

MONTI (M.), « Fighting Cartels : Why and How? », discours au Third Nordic Competition Policy Conference, Stockholm, 11-12 septembre 2000

MORGAN DE RIVERY (É.), BARBIER DE LA SERRE (É.), « Faut-il contrôler ex ante les participations minoritaires ne donnant pas lieu à contrôle ? Quelques raisons d'être sceptique » *in* « Participations minoritaires et concentrations », *Concurrences* n° 1-2012, art. n° 41 504

MOTTA (M.), POLO (M.), « Leniency programs and cartel prosecution », 2003, 21, *International Journal of Industrial Organization*, p. 347

MOTTA (V.), REY (P.), ANGELUCCI (C.), « Observations relatives à l'adoption du communiqué sanctions », disponible sur le site de l'Autorité

MOUNIER-KUHN (B.), DIENY (E.), « Responsabilité des dirigeants et collaborateurs de l'entreprise dans les des pratiques anticoncurrentielles : perspectives », *JCP E*, février 2008 n° 7-8, n° 1232

MUGUET-POULLENNEC (G.), « Les amendes et le juge des référés : ce qui est attendu du demandeur », *RLC* n° 24-2010, p. 40

MUGUET-POULLENNEC (G.), DOMENICUCCI (D.), « Amende infligée par une autorité de concurrence et droit à une protection juridictionnelle effective : les enseignements de l'arrêt Menarini de la CEDH », *RLC* n° 30-2012, n° 1988

MUGUET-POULLENNEC (G.), DOMENICUCCI (D.), HOSEINIAN (F.), « Sanctions prévues par le règlement n° 1/2003 et droit à une protection juridictionnelle effective : les leçons des arrêts KME et Chalkor de la CJUE », *RLC* n° 32-2012, p. 57

NICOLELLA (M.), « Qui doit payer l'amende d'une société devenue filiale d'une autre, lorsque les deux sont impliquées et condamnées en raison des mêmes pratiques anticoncurrentielles ? », *Gaz. Pal.* 2001, I, Jur., p. 903

O'BRIEN (A.), « Cartel Settlements in the U.S. and EU : Similarities, Differences and Remaining Questions » *in European Competition Law Annual 2008 : Antitrust Settlements under EC Competition Law*, EHLERMANN (C.-D.), MARQUIS (M.), WILKS (S.) (dir.), *Hart Publishing Ltd*, 2010, p. 171

PAPANIKOLAOU (A.) *in* « Antitrust fines : Is the sky the limit ? », Conférence de la revue *Concurrences* du 14 mai 2019

PATAT (P.), GUIBERT (P.), « L'imputabilité du comportement anticoncurrentiel d'une filiale dont la totalité du capital est détenue par sa société mère, encore et toujours… », *RLC* n° 28-2011, n° 1885

PATAT (P.), « Bilan de trois années d'application du communiqué sur les sanctions », *RLC* n° 41-2014, p. 39

PERROT (R.), « L'évolution des référés », *in Mélanges Hebraud*, Univ. sciences sociales de Toulouse, 1981

PERROT (A.), « L'évaluation des dommages à l'économie » *in* « Compte-rendu du séminaire DGTPE-Concurrence » du 4 décembre 2008, disponible sur le site du ministère de l'Économie

PETIT (N.), « Les stratégies juridiques en droit des coordinations entre entreprises – Une approche scénarisée », *The Global Competition Law Centre Working Papers Series*, GCLC Working Paper 01/09

PITTIE (M.), HONORÉ (P.), « Imputabilité des infractions et plafond légal des amendes en droit européen de la concurrence », *Cah. dr. eur.*, vol. 48, n° 1, 2012, p. 101

PRIETO (C.), « Responsabilité d'une société mère et participation d'une filiale à un cartel international », *Bulletin Joly Sociétés*, 2010, n° 1, Lextenso, p. 69

PRIETO (C.), « Détermination des sanctions pécuniaires : Tenants et aboutissants de la méthode retenue par l'Autorité de la concurrence », *Concurrences* n° 3-2011, p. 54

PUEL (F.), FRANÇOIS-MARTIN (L.), « Méthodologie d'une démarche de clémence », *in* « Politique de clémence et lutte contre les cartels (Forum de concurrence européen) », *Concurrences* n° 3-2006, p. 73

PUEL (F.), « Droit européen de la concurrence : La « nouvelle » politique de la Commission pour la fixation des amendes », *Journal des Tribunaux Droit européen*, 2007, n° 140, p. 161

PUTMAN (E.), « Les mesures conservatoires en droit français de la concurrence », *Revue de la recherche juridique*, droit prospectif, 1997, n° 3, p. 837

PUTMAN (E.), « Les spécificités du droit processuel économique de l'urgence », *Rev. conc. conso*, 1997, n° 98, p. 35

Rapport pour le Conseil de la CEE sur un premier règlement d'application des articles 85 et 86 du Traité de la CEE, DERINGER (A.), 7 septembre 1961, document 57

Rapports annuels de la CJUE de 2012 à 2018, disponibles sur le site de la CJUE

Rapports annuels du Conseil et de l'Autorité de la concurrence de 1987 à 2017, disponible sur le site de l'Autorité

Rapport de l'ECA de 2008 sur « Les sanctions pécuniaires des entreprises en droit de la concurrence - Principes pour une convergence », disponible sur le site de l'Autorité

Rapport de l'OCDE de 2005 sur « les ententes injustifiables », disponible sur le site de l'OCDE

Rapport de l'OCDE de 2008, « Plea bargaining/settlement of cartel cases », disponible sur le site de l'OCDE

Rapport de l'OCDE de 2012, « Application des programmes de clémence aux demandeurs suivants », disponible sur le site de l'OCDE

Rapport de l'OCDE de 2016 sur « les sanctions infligées en droit de la concurrence », disponible sur le site de l'OCDE

REINDL (A.), « Revue sur le droit et la politique de la concurrence », éd. de l'OCDE, n° 2007/3, vol. 9, p. 17

RODA (J.-C.), « La clémence introduite en droit français de la concurrence par la loi sur les nouvelles régulations économiques », *Droit 21*, 2002, Chr., AJ 004

ROUX (C.), LEFOUILI (Y.), « Leniency Programs for Multimarket Firms : The Effect of Amnesty Plus on Cartel Formation », *International Journal of Industrial Organization*, 2012, 30 (6), p. 624

RIFFAUT-SILK (J.), « Autorité de la concurrence : les sanctions en débat », Option Finance/Option Droit & Affaires, mars 2011

SAINT-ESTEBEN (R.), *in* « Projet de réforme du droit interne de la concurrence », *Concurrences* n° 2-2008, art. n° 17452

SAINT-ESTEBEN (R.), « L'Autorité de la concurrence dans la loi Macron », *Concurrences* n° 4-2015, p. 14

SAINT-ESTEBEN (R.), « Une repénalisation du droit de la concurrence en France ? À propos de l'utilisation de l'article 40 du code de procédure pénale par les services d'instruction de l'Autorité », *Concurrences* n° 2-2019, p. 54

SAUTEL (O.), « Comment l'analyse économique peut-elle éclairer la question d'une sanction aggravée en cas de récidive ? », *Concurrences* n° 4-2010, p. 13

SCHONBERG (M.), COHEN (J.), « The European Commission dramatically slashes the fine in its second amendment to the pre-stressing steel cartel fines (ArcelorMittal) », *e-Competitions Bulletin*, avril 2011, art. n° 36 454

SCHWARZE (J.), « Les sanctions imposées pour les infractions au droit européen de la concurrence », *RTD eur.* 43 (1), 2007

SELINSKY (V.), « La clémence, un moyen exceptionnel pour dépister les cartels injustifiables », *RLC* n° 32-2012, n° 2093

SELINSKY (V.), DEFFAINS (B.), COMBE (E.), Compte-rendu du séminaire Philippe Nasse du mardi 3 mai 2016 : « La sanction des pratiques anticoncurrentielles », disponible sur le site du ministère de l'Économie, p. 11

SEVY (D.), « L'évaluation des dommages causés par les pratiques anticoncurrentielles » *in* « Le dommage à l'économie et sanction pécuniaire », *Concurrences* n° 4-2010

SIPROUDHIS (J.-B.), « Conformité concurrence 2.0 », *Concurrences* n° 1-2017, art. n° 83480

SORINAS (S.), « Autorité de la concurrence : les sanctions en débat », Option Finance/Option Droit & Affaires, mars 2011

SPAGNOLO (G.), « *Divide et Impera* : Optimal Leniency Programs », 2005, Centre for Economic and Policy Research, n° 4840, disponible sur le site <cepr.org>

SPECTOR (D.), « La définition économique du dommage à l'économie, l'importance de son évaluation dans la mise en œuvre de la politique de la concurrence et les techniques d'évaluation » *in* « Compte-rendu du séminaire DGTPE-Concurrence » du 4 décembre 2008

TAHENY (S.), « Case T-95/15 Printeos, SA a.o. v European Commission : First Successful Challenge to a Cartel Settlement Decision », *Journal of ECL*, 2017, vol. 8, n° 7, p. 454

TERCINET (A.), « Le programme de clémence américain : un modèle placé sous le sceau du pragmatisme », *RD aff. int.* 2007, n° 6, p. 767

THEOPHILE (D.), « Notion actuelle et évolutions possibles » *in* « Le dommage à l'économie et sanction pécuniaire », *Concurrences* n° 4-2010, n° 32 731

THOMAS (D.), « Quelques réflexions de politiques criminelles à propos de certains aspects de la loi du 12 décembre 2005 relative au traitement de la récidive des infractions pénales », *in Mélanges en l'honneur de Bernard Bouloc, « Le droit et les droits »*, Dalloz, 2006, p. 1119

TOLOT (L.), « Le prix de l'appartenance à un groupe en cas de sanction de la filiale », *RLC* n° 36-2013, n° 2381

TRUCHOT (L.), « Le régime de la récidive en matière de pratiques anticoncurrentielles : Garanties et dissuasion », *Concurrences* n° 4-2010, p. 17

VAN BAEL (I.), « Fining à la carte : the Lottery of EU Competition law », *ECLR*, 1995, p. 237

VELJANOVSKI (C.), « European Cartel Fines under the 2006 Penalty Guidelines : A Statistical Analysis », disponible sur le site ssrn.com, 2010

VELJANOVSKI (C.), « Deterrence, Recidivism and European Cartel Fines », disponible sur le site ssrn.com, 2011

VESTAGER (M.), communiqué du 19 juillet 2016 dans l'affaire des Producteurs de camions (Statement/16/2585), disponible sur le site de la Commission

VESTERDORF (B.), « Are fines the final answer to cartels in Europe ? », *Concurrences* n° 2-2009, p. 1

VIANDIER (A.), « Arbitrage et garanties de passif », *Rev. arb.* 1994, n° 46

VOGEL (L.), « Les sanctions administratives : Efficacité du contrôle ou sécurité juridique ? » *in* « Les sanctions du droit de la concurrence », *Concurrences* n° 1-2013, art. n° 50524

VOGEL (L.), MONTALCINO (C.), « Le droit de la concurrence à l'épreuve de la crise économique », *in* Les actes des ateliers de la DGCCRF, 27 avril 2009, disponible sur le site de la DGCCRF

VOILLEMOT (D.), « Dominique Voillemot : 40 ans de Barreau de droit de la concurrence », *Concurrences* n° 2-2006, p. 6

VÖLCKER (S. B.), « Developments in EC Competition Law in 2003 : An Overview », *Common Market Law Review*, 2004, 41, n° 1027

WACHSMANN (A.), « Les sanctions des cartels en France : Un point de vue d'avocat » *in* « La lutte anti-cartels en France et en Allemagne Panel II : Les sanctions des cartels en droits allemand et français de la concurrence », *Concurrences* n° 4-2010

WALBROECK (D.), « Le développement en droit européen de la concurrence des solutions négociées (engagements, clémence, non-contestation des faits et transactions) : que va-t-il rester aux juges ? », *GCL*, Working Paper 01/08

WALCH-BARTON (J.), « The EU Commission's Guidelines on the method of setting fines may allow an undertaking's inability to pay to be taken into account », *Concurrences*, art. n° 54031

WALRAS (L.), « L'État et les chemins de fer », *Revue du Droit public et de la Science politique*, 1875

WERDEN (G. J.), HAMMOND (S. D.) et BARNETT (B. A.), « Deterrence and Detection of Cartels : Using All the Tools and Sanctions », *Antitrust Bull.* 2011, 56, p. 207

WILS (W.), « Optimal Antitrust Fines : Theory and Practice », *Journal of Competition Law and Economics*, 2005, vol. n° 4

WILS (W.), « Optimal Antitrust Fines : Theory and Practice », *World Competition*, 2006, vol. 29, n° 2

WILS (W.), « Leniency in Antitrust Enforcement : Theory and Practice », *World Competition*, 2007, n° 30, p. 25

WILS (W.), « The Use of Settlements in Public Antitrust Enforcement: Objectives and Principles », *World Competition*, 2008, vol. 31, n° 3

WILS (W.), « Public Antitrust Enforcement : Objectives and Principles », *World Competition*, 2008, vol. 31, n° 3

WILS (W.), « Recidivism in EU Antitrust Enforcement : A Legal and Economic Analysis », 2011, disponible sur le site ssrn.com

WILS (W.), « The Use of Leniency in EU Cartel Enforcement : An Assessment after Twenty Years », *World Competition*, 2016, n° 39, p. 327

WILS (W.), « Competition Authorities : Towards More Independence and Prioritisation ? – The European Commission's 'ECN+' Proposal for a Directive to Empower the Competition Authorities of the Member States to Be More Effective Enforcers », 2017, disponible sur le site ssrn.com

WINCKLER (A.), « Une comparaison entre la pratique communautaire et la pratique française » *in* « Compte-rendu du séminaire DGTPE-Concurrence du 4 décembre 2008 », disponible sur le site du ministère de l'Économie

WINCKLER (A.), « La théorie de l'entreprise défaillante « Failing Firm Defense » : une renaissance dans la crise ? », *RLC* n° 20-2009, p. 9

WINCKLER (A.), « La récidive en droit européen de la concurrence : un droit d'exception ? », *Concurrences* n° 4-2010, p. 21

WINCKLER (A.), « Le point de vue de l'avocat » *in* « Sanctions : Is more always better ? (New Frontiers of Antitrust Conference - Paris, 15 février 2010 - Panel III) », *Concurrences* n° 2-2010, art. n° 31041

WINCKLER (A.), « Parent's Liability : New case extending the presumption of liability of a parent company for the conduct of its wholly owned subsidiary », *Journal of ECL*, 2011, vol. 2, n° 3, p. 231

WINCKLER (C.), « Urgence et paiement des amendes – Chronique d'une mort annoncée ? », *RLC* n° 22-2010, n° 1544

YSEWYN (J.), KAHMANN (S.), « The decline and fall of the leniency programme in Europe », *Concurrences* n° 1-2018, p. 44

ZIMMERMAN (J.), CONNOR (J.), « Determinants of Cartel Duration : A Cross-Sectional Study of Modern Private International Cartels », 2005

ZIVY (F.), « Les programmes de conformité aux règles de concurrence : de l'auto-évaluation à l'auto-régulation ? », *JCP E*, 2012, p. 1474

III. Annotations, chroniques et commentaires de décisions

ARCELIN (L.), « Identification après une restructuration de la personne juridique responsable d'une pratique anticoncurrentielle prohibée », *JCP E* n° 27-2002, 1044

ARCELIN-LÉCUYER (L.), « Imputabilité de l'infraction au sein d'un groupe : réception de la jurisprudence communautaire par l'Autorité de la concurrence », *RLC* n° 27-2011, p. 26

ARHEL (P.), « Le cartel des vitamines : des sanctions exemplaires », *LPA*, 2003, n° 73, p. 4

ARHEL (P.), « Application conjointe des systèmes de clémence et de transaction dans le secteur du contreplaqué », *RLC* n° 16-2008, n° 1129

ATLEE (L.), KERES (C.), « Fresh Del Monte : Liability for an 80 per cent-Owned Indirect Subsidiary and Formalistic Application of the Leniency Notice », *Journal of ECL*, 2016, vol. 7, n° 1, p. 25

BANKES (C.), GREEN (D.), « The EU General Court finds flaws in a Commission's decision and quashes the €14.9m fine, but sustains underlying liability for "facilitation" of a cartel (Icap) », *e Competitions Bulletin*, novembre 2017, art. n° 85619

BARBIER DE LA SERRE (É.), « Sursis à l'exécution de l'obligation de constituer une caution », *RLC* n° 9-2006, p. 84

BARBIER DE LA SERRE (É.), « Le contrôle du Tribunal sur l'application des Lignes directrices », *RLC* n° 11-2007, p. 35

BARBIER DE LA SERRE (É.), « Imputabilité des infractions en cas d'acquisition suivie d'une fusion », *RLC* n° 11-2007, n° 759

BARBIER DE LA SERRE (É.), « Sursis à l'exécution d'une décision du Conseil et sérieux du recours au principal », *RLC* n° 12-2007, n° 866

BARBIER DE LA SERRE (É.), « Forclusion devant le Tribunal en cas de reconnaissance expresse des faits lors de la phase administrative », *RLC* n° 18-2009, p. 68

BARBIER DE LA SERRE (É.), LAVEDAN (M.), « Une leçon de la Cour sur l'ampleur de l'amitié : la Commission *amicus curiae* et les juridictions nationales », *RLC* n° 21-2009, p. 68

BARBIER DE LA SERRE (É.), « La notion d'entreprise au crible de la procédure », *RLC* n° 22-2010, p. 75

BARBIER DE LA SERRE (É.), « Illégalité dans la hausse, égalité à la baisse », *RLC* n° 24-2010, p. 56

BARBIER DE LA SERRE (É.), « Les effets différés d'un recours sur la récidive », *RLC* n° 25-2010, p. 65

BARBIER DE LA SERRE (É.), « Urgence et perte de parts de marché », *RLC* n° 25-2010, n° 1704

BARBIER DE LA SERRE (É.), « La clémence à l'épreuve de la falsification », *RLC* n° 27-2011, p. 69

BARBIER DE LA SERRE (É.), « La non-contestation peut-elle se transformer en preuve parfaite *erga omnes* ? », *RLC* n° 28-2011, n° 1867

BARBIER DE LA SERRE (É.), « De l'estoppel devant la cour d'appel », *RLC* n° 32-2012, n° 2121

BARBIER DE LA SERRE (É.), « Sois raisonnable ou tu seras puni », *RLC* n° 33-2012, p. 63

BARBIER DE LA SERRE (É.), « Délai raisonnable : sur la (non-)prise en compte des procédures judiciaires », *RLC* n° 34-2013, p. 69

BARBIER DE LA SERRE (É.), « Portée d'un arrêt d'annulation sur la situation de la société mère », *RLC* n° 35-2013, p. 96

BÉHAR-TOUCHAIS (M.), « Infraction unique : Le Tribunal de l'Union européenne rejette les recours dans l'affaire du cartel des stabilisants thermiques », *Concurrences* n° 2-2014, p. 73

BÉHAR-TOUCHAIS (M.), « Sanctions : La Cour de cassation décide que le principe d'individualisation de la sanction implique, dans certaines circonstances, de ne pas tenir compte de l'appartenance d'une société à un groupe, dans la détermination de la sanction qui lui est infligée », *Concurrences* n° 2-2014, p. 80

BÉHAR-TOUCHAIS (M.), « Entente complexe : La Cour d'appel de Paris rejette le recours contre la décision de l'Autorité de la concurrence sanctionnant le cartel des lessives », *Concurrences* n° 2-2014, p. 82

BÉHAR-TOUCHAIS (M.), « Amende : La Commission européenne condamne le cartel des producteurs de mousse », *Concurrences* n° 2-2014, art. n° 65655

BÉHAR-TOUCHAIS (M.), « Imputabilité : La Cour de justice de l'Union européenne se prononce sur l'imputabilité des pratiques anticoncurrentielles en cas de succession de sociétés mères et sur la solidarité des amendes en cas de succession de sociétés mères dans les restructurations d'entreprises », *Concurrences* n° 3-2014, p. 69

BEHAR-TOUCHAIS (M.), « Calcul de l'amende : La Cour de justice de l'Union européenne rappelle que pour fixer la sanction, la Commission doit apprécier l'impact recherché sur l'entreprise concernée, notamment en tenant compte d'un chiffre d'affaires qui reflète la situation économique réelle de celle-ci *(Garantovana)* », *Concurrences* n° 3-2014, p. 74

BÉHAR-TOUCHAIS (M.), « Plafond légal de l'amende – succession d'entreprises responsables – coefficient multiplicateur : La Cour de justice de l'Union européenne fait le lien entre le plafond de l'amende et la notion d'entreprise, en cas de succession d'entreprises responsables, mais considère que le coefficient multiplicateur de dissuasion doit prendre en considération la taille et les ressources des entreprises concernées au moment de la décision les condamnant de l'amende », *Concurrences* n° 4-2014, p. 108

BÉHAR-TOUCHAIS (M.), « Imputabilité d'une pratique anticoncurrentielle de la filiale à sa mère et action privée », *Revue des contrats* n° 4-2014, p. 730

BÉHAR-TOUCHAIS (M.), « Autonomie du droit de la concurrence par rapport au droit civil quant aux recours contributoires en cas de condamnation solidaire au paiement d'une amende », *Revue des contrats* n° 4-2014, p. 735

BÉHAR-TOUCHAIS (M.), « Transaction : La Commission européenne inflige une amende de plus de 19,4 millions d'euros à cinq fabricants d'enveloppes dans le cadre d'une procédure de transaction », *Concurrences* n° 1-2015, p. 88

BÉHAR-TOUCHAIS (M.), « Accords de commercialisation : La Cour d'appel de Paris réforme partiellement la décision de l'Autorité de la concurrence relative à des pratiques mises en œuvre dans le secteur des farines alimentaires (Grands moulins de Paris) », *Concurrences* n° 1-2015, p. 90

BÉHAR-TOUCHAIS (M.), « Imputabilité : La Cour de justice de l'Union européenne annule l'arrêt du Tribunal qui avait refusé d'appliquer le principe de continuité économique à un transfert d'activités réalisé par une société mère à sa filiale à 100 % (Parker Hannifin) », *Concurrences* n° 2-2015, p. 77

BÉHAR-TOUCHAIS (M.), « Echange d'informations : La Cour de justice de l'Union européenne maintient le caractère de restriction par l'objet des échanges d'informations stratégiques (Dole Food, Dole Fresh Fruit Europe) », *Concurrences* n° 2-2015, p. 81

BÉHAR-TOUCHAIS (M.), « Entente sur les prix : L'Autorité de la concurrence condamne les producteurs de produits laitiers frais à une amende totale de 192,7 millions d'euros (Produits laitiers frais) », *Concurrences* n° 2-2015, p. 91

BÉHAR-TOUCHAIS (M.), « Hausse de prix : L'Autorité de la concurrence sanctionne 3 meuniers pour s'être entendus sur les hausses de prix de la farine vendue aux boulangeries artisanales », *Concurrences* n° 3-2015, p. 70

BÉHAR-TOUCHAIS (M.), « Cartel des LCD : La Cour de justice de l'Union européenne refuse de suivre les conclusions de l'Avocat général Wathelet et admet que la Commission européenne ait pu infliger à une entreprise une amende prenant en compte la valeur des livraisons intragroupes (Innolux) », *Concurrences* n° 4-2015, p. 102

BÉHAR-TOUCHAIS (M.), « La responsabilité de la société mère pour les actes de sa filiale est une responsabilité personnelle. Et la prescription des poursuites contre la filiale laisse survivre les poursuites contre la mère, si elles ne sont pas elles-mêmes prescrites », *Revue des contrats* n° 3-2017, p. 505

BERRA (S.), « CRT cartelist obtains record inability-to-pay fine cut », *GCR*, 18 décembre 2012

BLAISE (J.-B.), ROBIN-DELAINE (C.), « Concurrence. Ententes - Accords et pratiques concertées », *Revue des affaires européennes*, 1995, n° 3, p. 104

BOSCO (D.), « Du caractère personnel de la responsabilité de la société mère du fait de ses filiales », *CCC* n° 7-2017, comm. n° 155

BOTTKA (V.), « T-68/09 Soliver v Commission, 'Single and Continuous' Development of the Case Law », *Journal of ECL* 2015, vol. 6, n° 4, p. 250

BOULOC (B.), « Favoritisme et participation à une entente », *RLC* n° 4-2005, n° 298

BOULOC (B.), « Une entente illicite devant le juge pénal », *RLC* n° 17-2008, n° 1225

BOY (L.), « Cartel de l'acier : des sanctions surprenantes pour une méthodologie exemplaire », *RLC* n° 23-2010, p. 21

BURTON (R.), « Saint-Gobain : Recidivism Revisited », *Journal of ECL* 2014, vol. 5, n° 9, p. 624

CARDONNEL (P.), « Ententes – Référé : Le président du Tribunal de l'UE ordonne le sursis à exécution du paiement d'une amende pour entente », *Concurrences* n° 2-2011, p. 187

CARDONNEL (P.), « Obligation de motivation : Le Tribunal de l'Union européenne annule une décision de transaction pour insuffisance de motivation », *Concurrences* n° 2-2017, p. 152

CARTAPANIS (M.), « Amendes : L'Autorité de la concurrence sanctionne une entreprise à une amende de 150 millions d'euros pour abus d'exploitation sur le marché de la publicité en ligne liée aux recherches (Google) », *Concurrences* n° 2-2020, p. 87

CHARBIT (N.), *L'actualité juridique ; droit administratif*, 2004 p. 75

CHEYNEL (B.), « Risque pour la survie de l'entreprise et sursis à exécution », *RLC* n° 18-2009, n° 1313

CHONÉ-GRIMALDI (A.-S.), « La Cour d'appel de Paris réaffirme sa jurisprudence selon laquelle la simple appartenance à un groupe ne saurait entraîner une majoration automatique de l'amende et ce, même lorsque le comportement infractionnel de la filiale aurait pu être imputable à sa société mère », *Concurrences* n° 2-2016, p. 100

CHONÉ-GRIMALDI (A.-S.), « L'Autorité de la concurrence sanctionne lourdement quatre entreprises qui ont refusé la transaction proposée par le ministre de l'Économie en application du dispositif prévu par l'article L. 464-9 du C. com., étant précisé que trois autres membres de l'entente l'avaient acceptée », *Concurrences* n° 2-2016, p. 102

CHONÉ-GRIMALDI (A.-S.), « La Cour de justice de l'Union européenne considère qu'une amende représentant plus de 90 % du chiffre d'affaires de la filiale, auteur de la pratique, n'est pas disproportionnée dès lors qu'elle est inférieure au plafond de 10 % du chiffre d'affaires de toutes les sociétés du groupe, même à supposer établie l'absence d'effet concret de l'entente sur le marché », *Concurrences* n° 3-2016, p. 56

CHONÉ-GRIMALDI (A.-S.), « Présence à une seule réunion anticoncurrentielle : L'Autorité de la concurrence sanctionne un syndicat professionnel et ses membres pour avoir élaboré des grilles tarifaires et en profite pour affiner, en droit français, les critères permettant de retenir la responsabilité d'une entreprise n'ayant participé qu'à une seule réunion à caractère anticoncurrentiel », *Concurrences* n° 1-2017, p. 96

CHONÉ-GRIMALDI (A.-S.), « Assiette de l'amende : La Cour de justice de l'Union européenne confirme qu'il faut prendre en compte, dans le montant de base de l'amende, les ventes négociées à l'extérieur de l'EEE qui ont ensuite été livrées sur le territoire de l'EEE », *Concurrences* n° 2-2017, p. 88

CHONÉ-GRIMALDI (A.-S.), « Participation à une seule réunion : La Cour d'appel de Paris valide l'approche de l'Autorité de la concurrence qui, lorsqu'elle statue sur le fondement du seul droit national, exige d'autres indices que la seule présence de l'entreprise à une réunion anticoncurrentielle pour retenir sa participation à l'entente », *Concurrences* n° 4-2017, p. 87

CHONÉ-GRIMALDI (A.-S.), « Marché pertinent : La Cour de justice de l'Union européenne rejette les pourvois formés par certains membres du cartel des services de transit international aérien, en établissant une distinction entre le périmètre des infractions incriminées et la délimitation du marché pertinent affecté par ces infractions », *Concurrences* n° 2-2018, p. 65

CHONÉ-GRIMALDI (A.-S.), « Appel d'offres : L'Autorité de la concurrence décide, dans la droite ligne de la jurisprudence européenne, que le dépôt concerté de plusieurs réponses à un appel d'offres, par des filiales d'un même groupe, ne constitue pas une entente anticoncurrentielle », *Concurrences* n° 1-2021, p. 126.

CHRISTIENNE (J.-P.), « Divulgation par un membre de l'entente de sa coopération – étendue du contrôle juridictionnel : La Cour de justice de l'Union européenne confirme l'arrêt du Tribunal jugeant légale la décision de la Commission de ne pas accorder l'immunité d'amende à une société, en raison de la divulgation par celle-ci, à d'autres membres de l'entente, de sa coopération avec la Commission européenne », *Concurrences* n° 3-2014, p. 76

CHRISTIENNE (J.-P.), « Durée de l'infraction – égalité de traitement – lignes directrices de 2006 : Le Tribunal de l'Union européenne réduit le montant de l'amende infligée à certaines sociétés ayant participé à une entente aux motifs que la Commission a violé les principes d'égalité de traitement et de proportionnalité, ainsi que l'article 23, § 3, du règlement n° 1/2003 », *Concurrences* n° 4-2014, p. 119

CHRISTIENNE (J.-P.), « Imputabilité à la société mère – notions de contrôle et d'exercice effectif d'une influence déterminante : Le Tribunal de l'Union européenne annule partiellement la décision de la Commission au motif que cette dernière n'a pas établi l'existence de l'exercice effectif d'une influence déterminante de deux sociétés mères sur la filiale ayant participé à l'infraction », *Concurrences* n° 4-2014, p. 122

CHRISTIENNE (J.-P.), « Immunité d'amende – réduction d'amendes– communication relative aux procédures de transaction : La Commission européenne sanctionne, dans le cadre d'une procédure de transaction, la participation de plusieurs entreprises à une entente sur le marché des champignons en conserve », *Concurrences* n° 4-2014, p. 126

CLAUDEL (E.), « Sanctions pénales des pratiques anticoncurrentielles : le printemps de l'article L. 420-6 du code de commerce », *RTD com.* 2003, p. 80

CLAUDEL (E.), « Notion d'état de nécessité : Le Conseil de la concurrence interprète restrictivement l'état de nécessité », *Concurrences* n° 3-2005, p. 71

CLAUDEL (E.), « Clémence : La Cour d'appel de Paris valide la première décision du Conseil de la concurrence sur la clémence et fait échapper la procédure au principe du contradictoire », *Concurrences* n° 3-2007, p. 92

CLAUDEL (E.), « Ententes de prix : Le Conseil de la concurrence sanctionne une entente tendant à boycotter une procédure d'appel d'offres », *Concurrences* n° 1-2008, p. 108

CLAUDEL (E.), « Compliance - Sanctions civiles : Le Conseil de la concurrence accueille une nouvelle fois des programmes de mises en conformité et contribue indirectement à la réflexion sur les sanctions civiles des pratiques anticoncurrentielles », *Concurrences* n° 3-2008, p. 91

CLAUDEL (E.), « Amendes : la cour d'appel de Paris face au cartel de l'acier, ou lorsque l'exigence louable, mais confusément exprimée d'une sanction « juste et acceptable » conduit à une réduction drastique des amendes prononcées par le Conseil », *RTD Com.* 2010, p. 289

CLAUDEL (E.), « L'affaire Orange, ou les conséquences insoupçonnées de la nouvelle procédure de transaction : une sanction redevenue opaque ? », *RTD Com.* 2016, p. 279

DEBROUX (M.), « Personnalité des sanctions : La CJCE rappelle le principe de personnalité des sanctions dans l'affaire "extra d'alliage" », *Concurrences* n° 4-2005, p. 64

DEBROUX (M.), « Fixation des amendes : La CJCE et le TPICE rappellent les principes de détermination des amendes en matière de cartels », *Concurrences* n° 3-2006, p. 85

DEBROUX (M.), « Affaire de la viande bovine française : Le TPICE confirme pour l'essentiel la décision tout en sanctionnant la Commission européenne pour défaut de motivation sur un point de sa décision, et réduit légèrement l'amende au regard des circonstances exceptionnelles de l'affaire », *Concurrences* n° 1-2007, p. 88

DEBROUX (M.), « Sanction - Imputabilité : Le TPICE précise la notion d'infraction "unique et continue" dans un cas d'entente s'étant interrompue au niveau mondial, mais poursuivie au niveau européen *(BASF - UCB)* et s'attache à définir la notion d'influence déterminante d'une société mère sur la politique commerciale de sa filiale », *Concurrences* n° 1-2008, p. 106

DEBROUX (M.), « Infractions de filiales : La CJCE rejette le pourvoi dans l'affaire Chlorure de choline et précise sa jurisprudence Stora sur l'imputabilité à la société mère des infractions commises par une filiale », *Concurrences* n° 4-2009, p. 93

DEBROUX (M.), « Rôle du plafond des sanctions : La Cour d'appel de Paris confirme la compétence du Conseil de la concurrence et sa qualification des faits dans l'affaire du négoce des produits sidérurgiques, mais réduit fortement la sanction, au motif d'une atteinte « moyennement grave » à l'économie et sur le fondement d'une lecture surprenante du rôle du plafond des sanctions », *Concurrences* n° 2-2010, p. 68

DEBROUX (M.), « Condamnation - Pratiques de boycott : L'Autorité de la concurrence condamne un syndicat d'ophtalmologistes pour des pratiques de boycott de certains opticiens-lunetiers sur le marché du renouvellement des lunettes de vue », *Concurrences* n° 2-2010, p. 75

DEBROUX (M.), « Échanges d'informations et fixation de prix – Imputabilité – Relations mère filiale – Responsabilité Solidaire : La CJUE annule l'arrêt du Tribunal pour défaut de motivation, mais rejette le recours contre la décision de la Commission en admettant l'application de la présomption de responsabilité de la société mère qui détient - même d'une manière indirecte - 100 % du capital de sa filiale », *Concurrences* n° 2-2011, p. 94

DEBROUX (M.), « Preuve de l'entente – Imputabilité – Transmission d'entreprise – Amendes : Le Tribunal de l'UE réduit les amendes de certains membres de l'entente sur les appareils de commutation à isolation gazeuse, pour méconnaissance des principes d'égalité de traitement et de proportionnalité », *Concurrences* n° 2-2011, p. 100

DEBROUX (M.), « Cartel : La Commission européenne publie la décision Chlorate de sodium du 11 juin 2008 dans laquelle elle réaffirme sa pratique en matière de cartel, notamment sur la notion d'infraction unique et continue et en matière d'imputabilité », *Concurrences* n° 3-2012, p. 94

DEBROUX (M.), « Cartel - Amende : La Cour de cassation clôt définitivement l'affaire du cartel des opérateurs mobiles, en rejetant un pourvoi relatif à la question du dommage à l'économie », *Concurrences* n° 3-2012, p. 95

DEBROUX (M.), « Coordination des prix – Répartition des marchés et des clients – Infraction unique, complexe et continue – Clémence : L'Autorité de la concurrence prononce des amendes à l'encontre de plusieurs sociétés pour avoir mis en œuvre une infraction unique, complexe et continue, et fournit plusieurs précisions importantes sur la procédure de clémence », *Concurrences* n° 3-2013, p. 74

DEBROUX (M.), « organisations professionnelles – organisation commune de marché : La Cour d'appel de Paris réforme en toutes ses dispositions la décision de l'Autorité de la concurrence dans le secteur des endives », *Concurrences* n° 3-2014, p. 89

DEBROUX (M.), « Présomption de la responsabilité de la société mère – durée excessive de la procédure – clémence : La Cour de justice de l'Union européenne rejette le pourvoi formé par une société mère visant à annuler l'arrêt du Tribunal qui avait retenu à son encontre une présomption de responsabilité pour les actes commis par sa filiale », *Concurrences* n° 4-2014, p. 107

DEBROUX (M.), « Imputabilité – Récidive – Droits de la défense : La Cour de justice de l'Union européenne rejette les pourvois dans l'affaire du caoutchouc chloroprène mais malmène sévèrement les droits de la défense en ouvrant la voie à une extension "rétroactive" du domaine de la récidive appliquée à la maison mère », *Concurrences* n° 2-2015, p. 79

DEBROUX (M.), MOYRAND (A.), « L'Autorité de la concurrence sanctionne lourdement deux cartels dans le domaine de l'approvisionnement de la grande distribution en produits d'entretiens et d'hygiène, décelés grâce au programme de clémence et considérés comme des ententes uniques, complexes et continues », *Concurrences* n° 2-2015, p. 88

DEBROUX (M.), « Échanges d'informations – Standard de preuve – Sanction : L'Autorité de la concurrence sanctionne des pratiques d'échanges d'informations sur le marché français du papier peint », *Concurrences* n° 2-2015, p. 90

DEBROUX (M.), « Entreprise commune : La Cour de justice de l'Union européenne affirme que la valeur des ventes d'une entreprise commune à ses sociétés mères peut être prise en compte dans le calcul de la sanction, ces ventes étant considérées comme faites à des "tiers indépendants" », *Concurrences* n° 3-2015, p. 59

DEBROUX (M.), « Engagement collectif : L'Autorité de la concurrence joue un rôle de régulation actif dans le secteur de la viande de volaille en France, en sanctionnant une entente mise en œuvre par plusieurs acteurs de la filière, mais en dérogeant à sa pratique en matière de sanctions en considération d'un engagement collectif inédit des parties en cause, visant à la création d'une interprofession au sein de la filière avicole », *Concurrences* n° 3-2015, p. 71

DEBROUX (M.), « La Cour de justice de l'Union européenne affirme que le non-respect par une filiale d'une instruction expresse, donnée par sa société mère, de ne pas se livrer à des pratiques anticoncurrentielles, ne suffit pas à renverser la présomption capitalistique conduisant à mettre en cause la responsabilité de la société mère », *Concurrences* n° 3-2016, p. 57

DEBROUX (M.), « La Cour de justice de l'Union européenne apporte des précisions sur les modalités de mise en œuvre du droit d'être entendu et sur le renversement de la présomption capitalistique face à l'influence déterminante d'une ancienne société mère », *Concurrences* n° 3-2016, p. 58

DEBROUX (M.), « Le Tribunal de l'Union européenne rejette, dans la saga du cartel de l'acier de précontrainte, les recours de quatre sociétés espagnoles en appliquant une nouvelle fois la notion d'unité économique qui fonde la responsabilité de la société mère », *Concurrences* n° 3-2016, p. 59

DEBROUX (M.), « Programmes de conformité : L'Autorité de la concurrence sanctionne lourdement un cartel dans le secteur des revêtements de sols, et signale un durcissement de sa politique en matière de programme de conformité », *Concurrences* n° 1-2018, p. 84

DEBROUX (M.), « Groupement d'entreprises – Clauses de non-concurrence –Transaction : L'Autorité de la concurrence sanctionne un groupement d'entreprises de transport routier pour des pratiques de non-concurrence entre ses membres, et précise les conditions d'obtention d'une transaction », *Concurrences* n° 1-2020, p. 80

DEBROUX (M.), « Non-contestation des griefs : La Cour d'appel de Paris invoque la présomption d'innocence pour rejeter l'opposabilité d'une décision de non-contestation des griefs aux entreprises n'ayant pas fait ce choix procédural (jurisprudence Manpower), mais confirme toutefois pour l'essentiel les sanctions imposées par l'Autorité de la concurrence dans l'un des volets de l'affaire des commodités chimiques (Brenntag) », *Concurrences* n° 1-2021, p. 120

DEBROUX (M.), « Boycott : L'Autorité de la concurrence sanctionne le Conseil national et cinq conseils départementaux de l'Ordre des chirurgiens-dentistes pour des pratiques de boycott à l'encontre de réseaux de soins dentaires proposés par des organismes complémentaires d'Assurance Maladie (OCAM), et réaffirme son soutien de principe à ces derniers (CDOCD) », *Concurrences* n° 1-2021, p. 124

DECOCQ (G.), « Un nouveau moyen d'obtenir le sursis à l'exécution d'une décision du Conseil de la concurrence ? », *CCC* n° 4-2007, p. 28

DECOCQ (G.), « Quel chiffre d'affaires prendre en compte pour le calcul du plafond de l'amende ? », *CCC* n° 8-9-2007, p. 210

DECOCQ (G.), « Forte réduction des amendes dans l'affaire du cartel dans le secteur de la sidérurgie », *CCC* n° 3-2010, comm. 79

DECOCQ (G.), « Entente et procédure - 384,9 millions d'euros d'amende pour 11 banques en raison de commissions interbancaires », *CCC* n° 12-2010, comm. 278

DECOCQ (G.), « La société mère est présumée responsable des pratiques anticoncurrentielles commises par ses filiales détenues directement ou indirectement à 100 % », *Bulletin Joly Sociétés*, n° 4-2011, p. 318

DECOCQ (G.), « Confirmation des amendes dans l'affaire du chlorate de sodium », *CCC* n° 8-9-2011, comm. 194

DECOCQ (G.), « La prise en compte de la récidive doit être motivée », *CCC* n° 10-2013, comm. 220

DECOCQ (G.), « La Commission doit en principe infliger une amende aux sociétés mères responsables des infractions commises par leurs filiales », *CCC* n° 12-2013, comm. 272

DECOCQ (G.), « D'utiles précisions sur le régime de la solidarité pour le paiement d'une amende », *CCC* n° 7-2014, comm. 165

DECOCQ (G.), « La notion d'entreprise s'applique au calcul du plafond de 10 % de l'amende », *CCC* n° 11-2014, comm. 252

DECOCQ (G.), « L'appartenance à un groupe ne conduit pas automatiquement à une majoration de l'amende », *CCC* n° 1-2015, comm. 15

DECOCQ (G.), « 357 millions d'euros d'amende infligés dans l'affaire du verre automobile », *CCC* n° 3-2015, comm. 69

DECOCQ (G.), « Les ventes aux sociétés mères peuvent être prises en compte dans le calcul de l'amende », *CCC* n° 7-2015, comm. 181

DECOCQ (G.), « La cour d'appel suit la Cour de cassation », *CCC* n° 3-2016, n° 72

DECOCQ (G.), « Échelonnement du paiement de l'amende et fourniture d'une garantie bancaire », *CCC* n° 5-2016, comm. 102

DECOCQ (G.), « La société mère est responsable de sa filiale même lorsqu'elle lui a donné comme consigne de ne pas participer à une entente », *CCC* n° 8-9-2016, comm. 196

DECOCQ (G.), « Suite et fin dans l'affaire des tubes cathodiques », *CCC* n° 6-2017, comm. 132

DECOCQ (G.), « De la difficulté de rapporter la preuve de l'autonomie d'une filiale détenue à 100 % », *CCC* n° 1-2018, comm. 13

DECOCQ (G.), « Pas de clémence pour l'ancienne société mère », *CCC* n° 10-2018, comm. 181

DECOCQ (G.), « Sanctions des échanges d'informations organisés par un syndicat professionnel », *CCC* n° 11-2018, comm. 195

DECOCQ (G.), « Le Tribunal de l'Union européenne doit contrôler la proportionnalité de l'amende », *CCC* n° 1-2019, comm. 13

DECOCQ (G.), « La confirmation de la sanction de deux ententes entre fabricants de produits d'hygiène et d'entretien », *CCC* n° 6-2019, comm. 108

DELEBECQUE (P.), « Sociétés de messagerie. Ententes. Autorité de la concurrence. Amende. », *Revue Énergie - Environnement - Infrastructures* n° 2, février 2016, comm. 18

DORANDEU (N.), « Retour sur la notion de dommage à l'économie », *RLC* n° 23-2010, n° 1709

DUMARÇAY (M.), « Clémence-transaction : la combinaison procédurale gagnante ? Regards sur la décision de l'Autorité de la concurrence sanctionnant l'entente sur le marché des produits électroménagers », *RLC* n° 81-2019, n° 3527

FERRÉ (D.), BIANCONE (K.), « Quand la Cour d'appel de Paris s'en prend à la politique de sanction du Conseil de la concurrence, devenu Autorité de la concurrence... », *RLDA* n° 47-2010, p. 37

GUIBERT (P.), PATAT (P.), « Cartel des lessives : la clémence au sens propre », *RLC* n° 31-2012, n° 2050

HALLOUIN (J.-C.), « La modification des statuts n'entraîne pas la disparition de la personne morale : l'exemple du changement de dénomination », *Bull. Joly* 1996, n° 4, p. 295

IDOT (L.), « Réduction des amendes dans l'affaire des électrodes de graphite. Une nouvelle illustration du contrôle opéré par le Tribunal sur l'application par la Commission des lignes directrices de 1998 et de la communication de juillet 1996 », *Europe*, juin 2004, comm. n° 220, p. 30

IDOT (L.), « Ententes internationales et principe non-bis in idem », *Europe*, août-septembre 2006, comm. n° 250, p. 22

IDOT (L.), « Restrictions à l'approvisionnement entre zones et distribution des engins de chantier », *Europe*, novembre 2006, comm. n° 332, p. 32

IDOT (L.), « Calcul du plafond de l'amende et chiffres d'affaires de références, », *Europe*, août-septembre 2007, comm. n° 219, p. 26

IDOT (L.), « Nouvelles précisions sur les amendes », *Europe*, février 2008, comm. n° 60, p. 28

IDOT (L.), « Ententes horizontales et amendes », *Europe*, juillet 2009, comm. n° 277, p. 15

IDOT (L.), « Entente et échanges d'informations », *Europe*, août-septembre 2009, comm. n° 323, p. 33

IDOT (L.), « Entente dans le secteur bancaire », *Europe*, novembre 2009, comm. n° 425, p. 33

IDOT (L.), « Entente horizontale », *Europe*, novembre 2009, comm. n° 426, p. 34

IDOT (L.), « Groupe de sociétés et responsabilité personnelle », *Europe*, novembre 2009, comm. n° 427, p. 35

IDOT (L.), « Entente et échanges d'informations », *Revue des contrats* 2009, p. 1401

IDOT (L.), « L'affaire du « cartel de l'acier » et la politique de sanction au sein du Réseau européen de la concurrence », *Europe*, mars 2010, alertes, 12

IDOT (L.), « Entente horizontale », *Europe*, juin 2010, comm. n° 213, p. 2

IDOT (L.), « Entente et responsabilité solidaire des sociétés mères », *Europe*, novembre 2010, comm. n° 11, p. 28

IDOT (L.), « Abus de position dominante, secteur régulé et ciseau tarifaire - En rejetant le pourvoi dans l'affaire Deutsche Telekom, la Cour confirme qu'une pratique de ciseau tarifaire peut être jugée abusive, même si l'un des deux tarifs a été approuvé par une autorité sectorielle », *Europe*, décembre 2010, comm. n° 12, p. 31

IDOT (L.), « Groupe de sociétés et imputabilité du comportement », *Europe*, mars 2011, comm. n° 3, p. 21

IDOT (L.), « Cartels et participation à une entente globale », *Europe*, mai 2011, comm. n° 5, p. 31

IDOT (L.), « Cartels, appartenance à un groupe et sanctions », *Europe*, mai 2011, comm. n° 5, p. 32

IDOT (L.), « Cartels et amendes infligées à un groupe de sociétés », *Europe*, juillet 2011, comm. n° 7, p. 28

IDOT (L.), « Ententes horizontales et groupes de sociétés », *Europe*, août-septembre 2011, comm. n° 8-9, p. 32

IDOT (L.), « Cartels, groupes de sociétés et récidive », *Europe*, octobre 2011, comm. n° 10, p. 34

IDOT (L.), « Cartel, groupes de sociétés et imputabilité des comportements », *Europe*, octobre 2011, comm. n° 10, p. 34

IDOT (L.), « Cartels, groupes, amendes... », *Europe*, décembre 2011, comm. n° 12, p. 469

IDOT (L.), « Étendue du contrôle juridictionnel », *Europe*, février 2012, comm. n° 2, p. 30

IDOT (L.), « Cartels, imputabilité du comportement d'une filiale commune », *Europe*, avril 2012, comm. n° 4, p. 22

IDOT (L.), « Exécution des obligations et astreinte », *Europe*, août-septembre 2012, comm. n° 8-9, p. 44

IDOT (L.), « Cartels et « double entente horizontale » », *Europe*, novembre 2012, comm. n° 11, p. 36

IDOT (L.), « Conséquences procédurales d'une participation limitée à un cartel. S'il est établi qu'une entreprise a participé à l'une des composantes d'un cartel, sans pouvoir être tenue de l'ensemble d'une entente complexe, elle n'est pas exonérée de sa responsabilité et doit néanmoins se voir sanctionner », *Europe*, février 2013, comm. n° 2, p. 39

IDOT (L.), « Cartels, amendes et capacité contributive. Premier examen par le Tribunal de la procédure dite « inability to pay » (ITP) dans l'affaire du marché du carbure de calcium et de magnésium, », *Europe*, février 2013, comm. n° 2, p. 40

IDOT (L.), « Conséquences d'une annulation partielle d'une décision. La Cour tire les conséquences procédurales de la qualification d'un groupe de sociétés en entreprise unique : une société mère peut bénéficier des conséquences d'un recours introduit par une filiale à condition de présenter elle-même un recours dont l'objet est identique », *Europe*, mars 2013, comm. n° 3, p. 29

IDOT (L.), « Responsabilité en matière de cartels. Le Tribunal revient sur la distinction entre infraction continue et répétée et précise les conditions d'imputabilité en cas de restructuration de l'entreprise », *Europe*, juillet 2013, comm. n° 7, p. 39

IDOT (L.), « Cartels et responsabilité des groupes de sociétés. La Cour rejette deux pourvois dans l'affaire du cartel du caoutchouc butadiène », *Europe*, août 2013, comm. n° 8-9, p. 38

IDOT (L.), « Cartels, notion d'entreprise et valeur des lignes directrices. La Cour apporte d'importantes précisions sur l'utilisation de la notion d'entreprise à des fins de détermination des responsabilités et confirme la portée tant des lignes directrices relatives à l'affectation du commerce entre États membres que de celles relatives au calcul des sanctions de 2006 », *Europe*, octobre 2013, comm. n° 10, p. 31

IDOT (L.), « Cartels, sanctions et droits fondamentaux. La Cour confirme une nouvelle fois sa jurisprudence traditionnelle sur l'interprétation de l'article 6 CEDH et de l'article 47 de la Charte », *Europe*, octobre 2013, comm. n° 10, p. 32

IDOT (L.), « Cartels et responsabilité des sociétés mères. La Cour confirme sa jurisprudence sur l'imputabilité des comportements des filiales aux sociétés mères », *Europe*, novembre 2013, comm. n° 11, p. 36

IDOT (L.), « Retour sur l'utilisation de la notion de groupe », *Europe*, février 2014, comm. n° 2, p. 35

IDOT (L.), « Durée des cartels et calcul du montant de l'amende », *Europe*, mars 2014, comm. n° 3, p. 28

IDOT (L.), « Cartels et participation d'une société de conseil », *Europe*, avril 2014, comm. n° 4, p. 29

IDOT (L.), « Cartels et récidive », *Europe*, mai 2014, comm. n° 5, p. 35

IDOT (L.), « Règlement « transparence » et accès aux documents des procédures ITP », *Europe*, mai 2014, comm. n° 5, p. 36

IDOT (L.), « Responsabilité des sociétés mères et" solidarité" », *Europe*, juin 2014, comm. n° 6, p. 31

IDOT (L.), « Cartels et sanctions », *Europe*, juillet 2014, comm. n° 7, p. 30

IDOT (L.), « Concurrence : rejet de pourvoi dans l'affaire des réactifs à base de carbure de calcium », *Europe*, juillet 2014, comm. n° 7, p. 35

IDOT (L.), « Cartels et responsabilités », *Europe*, octobre 2014, comm. n° 10, p. 38

IDOT (L.), « Cartels et conséquence d'une acquisition sur le calcul du plafond de l'amende », *Europe*, novembre 2014, comm. n° 11, p. 35

IDOT (L.), « Cartels et infraction unique et continue », *Europe*, décembre 2014, comm. n° 12, p. 28

IDOT (L.), « Assiette de l'amende et non prise en compte des ventes internes », *Europe*, janvier 2015, comm. n° 1, p. 24

IDOT (L.), « Cartels et montant des amendes », *Europe*, juin 2015, comm. n° 6, p. 38

IDOT (L.), « Cartel et participation à l'infraction unique via un agent », *Europe*, octobre 2015, comm. n° 10, p. 34

IDOT (L.), « Étendue des responsabilités », *Europe*, novembre 2015, comm. n° 11, p. 31

IDOT (L.), « Le Tribunal de l'Union se prononce pour la première fois sur la procédure de transaction », *Revue des contrats* n° 4-2015, p. 928

IDOT (L.), « Cartels, responsabilités des sociétés mères et transaction », *Europe*, avril 2016, comm. n° 4, p. 27

IDOT (L.), « Un nouvel arrêt sur le cartel de l'acier précontrainte permet au Tribunal de revenir sur la notion d'unité économique et sur le défaut de capacité contributive », *Europe*, septembre 2016, comm. n° 8-9, p. 38

IDOT (L.), « Succession d'entreprises et calcul de l'amende », *Europe*, octobre 2016, comm. n° 10, p. 30

IDOT (L.), « Accords de report d'entrée dans le secteur pharmaceutique », *Europe*, novembre 2016, comm. n° 11, p. 29-30

IDOT (L.), « Responsabilité du fait d'une filiale commune », *Europe* 2017, comm. n° 11, p. 40

IDOT (L.), « Cartel international, inspections digitales et responsabilité d'une banque d'investissement », *Europe*, octobre 2018, comm. n° 10, p. 40

IDOT, (L.) « Fixation de l'amende et obligation de motivation », *Europe* 2019, comm. n° 10, p. 34

JALABERT-DOURY (N.), « Traité CECA – Imputabilité – Relations Mère-Filiale : La CJUE valide les conditions de poursuite d'infractions au traité CECA postérieurement à son expiration et anéantit pour l'heure les espoirs suscités par les conclusions de son Avocat général s'agissant de l'imputabilité », *Concurrences* n° 2-2011, p. 95

Jalabert-Doury (N.), « Appels d'offres – Entente Complexe et Continue – Imputabilité – Relations Mère-Filiale – Amendes : L'Autorité de la concurrence s'aligne complètement sur la jurisprudence européenne en matière d'imputabilité mère-filiale », *Concurrences* n° 2-2011, p. 106

Jalabert-Doury (N.), « Imputabilité : La Cour de Justice dégage une obligation de motivation renforcée à la charge de la Commission européenne dans l'affaire de l'acide monochloracétique », *Concurrences* n° 4-2011, p. 87

Jalabert-Doury (N.), « Standard de preuve – Imputabilité : Le Tribunal de l'UE réduit substantiellement la période d'infraction d'une entreprise, mais maintient les principes ayant conduit à la responsabilité conjointe et solidaire d'une autre entreprise dans l'affaire du chlorate de sodium », *Concurrences* n° 1-2012, p. 94

Jalabert-Doury (N.), « Exclusivité – Prix de revente imposés : L'Autorité de la concurrence condamne les trois principaux fabricants d'alimentation pour chiens et chats à 35 millions € d'amende pour avoir significativement entravé la concurrence entre leurs distributeurs », *Concurrences* n° 2-2012, p. 61

Jalabert-Doury (N.), « Cartel - Amende : La Cour d'appel de Paris impose la prise en compte du chiffre d'affaires réalisé dans le secteur concerné s'agissant de la décision relative à la signalisation verticale, quand bien même elle a été adoptée avant le communiqué de l'Autorité de la concurrence relatif à la détermination des sanctions pécuniaire », *Concurrences* n° 3-2012, p. 95

Jalabert-Doury (N.), « Transaction hybride : La Commission européenne publie sa première décision de transaction hybride dans l'affaire du cartel des phosphates destinés à l'alimentation animale », *Concurrences* n° 4-2012, art. n° 49480

Jalabert-Doury (N.), « Infraction continue – Infraction répétée – Durée – Imputabilité : Le Tribunal de l'Union européenne apporte plusieurs précisions importantes à l'occasion de l'affaire des tuyaux marins », *Concurrences* n° 3-2013, p. 68

Jalabert-Doury (N.), « Marchés publics : La Cour de cassation rejette les pourvois introduits dans l'affaire de la signalisation routière », *Concurrences* n° 3-2013, p. 77

Jalabert-Doury (N.), « Amendes : La Cour d'appel de Paris valide le Communiqué sanctions mais indique qu'elle s'assurera dans chaque cas de la conformité des sanctions infligées aux dispositions applicables », *Concurrences* n° 1-2014, p. 62

Lacresse (A.), « Recours juridictionnel effectif : La Cour de Justice confirme l'exercice par le Tribunal d'un contrôle de pleine juridiction sur les sanctions infligées par la Commission en matière de concurrence », *Concurrences* n° 1-2012, p. 181

Lacresse (A.), « Récidive : La Cour de justice de l'Union européenne juge que la société mère d'une société précédemment sanctionnée peut se trouver en état de récidive même si elle n'a pas fait précédemment l'objet de poursuites pour les faits antérieurement reprochés à sa filiale », *Concurrences* n° 2-2015, p. 157

Lacresse (A.), « Délai raisonnable : La Cour de justice de l'Union européenne constate une nouvelle fois la violation par le Tribunal de l'Union européenne du délai raisonnable de jugement et renvoie à ce dernier la charge de statuer sur la réparation du préjudice subi », *Concurrences* n° 3-2016, p. 143

Lacresse (A.), « Amendes : La Cour de justice de l'Union européenne juge que la valeur des ventes doit seulement refléter l'importance économique de l'infraction et le poids de l'entreprise dans celle-ci », *Concurrences* n° 4-2016, p. 160

Lacresse (A.), « Transaction hybride : La Cour de justice de l'Union européenne confirme que le montant de l'amende proposé à titre de transaction ne permet pas de nourrir la confiance légitime des parties à l'entente sur le montant finalement décidé dans le cadre de la procédure ordinaire à la suite de leur retrait de la procédure de transaction », *Concurrences* n° 2-2017, p. 150

Lemaire (C.), Naudin (S.), « Amendes : Le Premier président de la Cour d'appel de Paris ordonne le sursis à l'exécution des sanctions prononcées par l'Autorité de la concurrence dans l'affaire des *endives* compte tenu des difficultés économiques des producteurs concernés », *Concurrences* n° 3-2012, p. 195

LEMAIRE (C.), NAUDIN (S.), « Sanctions : La Cour de cassation censure la Cour d'appel de Paris qui avait jugé que l'appartenance d'une entreprise à un groupe important justifiait une aggravation de sa sanction et l'exclusion de toute prise en compte des difficultés économiques propres à cette entreprise », *Concurrences* n° 2-2014, p. 167

LEMAIRE (C.), NAUDIN (S.), « QPC : La Cour de cassation rejette une demande de QPC portant sur les dispositions de l'art. L. 464-2 c. com. relatives à la procédure de clémence », *Concurrences* n° 2-2015, p. 162

LEMAIRE (C.), NAUDIN (S.), « Clémence : L'Autorité de la concurrence apporte des précisions sur la mise en œuvre de la clémence au niveau national », *Concurrences* n° 2-2015, p. 162

LEMAIRE (C.), « Calcul de l'amende : La Cour d'appel de Paris confirme les circonstances dans lesquelles l'appartenance à un groupe d'envergure peut être prise en compte dans le calcul de la sanction pécuniaire », *Concurrences* n° 3-2015, p. 151

LEMAIRE (C.), NAUDIN (S.), « QPC : Le Conseil constitutionnel déclare conforme à la Constitution la faculté d'auto-saisine du Conseil de la concurrence avant l'entrée en vigueur de l'ordonnance du 13 novembre 2008 et le plafond d'amende issu de la loi NRE du 15 mai 2001 », *Concurrences* n° 1-2016, p. 179

LEMAIRE (C.), « Transaction : L'Autorité de la concurrence fait une application anticipée de la procédure de transaction issue de la loi Macron », *Concurrences* n° 1-2016, p. 182

LEMAIRE (C.), CHIKH (S.), « Pratiques anticoncurrentielles locales : L'Autorité de la concurrence sanctionne pour la première fois des entreprises ayant refusé de transiger avec le ministre en matière de pratiques anticoncurrentielles de dimension locale », *Concurrences* n° 2-2016, p. 179

LEMAIRE (C.), NAUDIN (S.), « Égalité des armes : L'Autorité de la concurrence publie – sept mois après leur adoption – ses deux premières décisions d'application formelle de la transaction "Macron" », *Concurrences* n° 1-2017, p. 191

LEMAIRE (C.), NAUDIN (S.), « Entité économique unique : La Cour d'appel de Paris étend l'annulation d'une décision visant une filiale au profit de son ex-société mère, refuse l'extension d'une immunité "clémence" au profit d'une ex-société mère dans un même cas de figure, et précise l'intérêt à agir du demandeur de clémence contre un avis de clémence antérieur au sien », *Concurrences* n° 2-2017, p. 159

LEMAIRE (C.), « Lanceur d'alertes : La Commission européenne lance un nouvel outil de détection des pratiques anticoncurrentielles par la mise en place d'un dispositif de lancement d'alertes anonyme (*Outil de lancement d'alertes anonyme*) », *Concurrences* n° 3-2017, p. 124

LEMAIRE (C.), NAUDIN (S.), « Communiqué "*Sanctions*" : L'Autorité de la concurrence adopte un communiqué rétractant le principe selon lequel les engagements de mise en œuvre de programmes de conformité justifient, sous conditions, une réduction d'amende et abrogeant en conséquence le document-cadre du 10 février 2012 (*La procédure de transaction et les programmes de conformité*) », *Concurrences* n° 1-2018, p. 156

LEMAIRE (C.), CHIKH (S.), « Obstruction à l'instruction : L'Autorité de la concurrence sanctionne pour la première fois une entreprise pour obstruction à l'instruction », *Concurrences* n° 2-2018, art. n° 86969

MAINGUY (D.), « La cour de Paris réduit les amendes dans le cartel de la sidérurgie », *Actualités du droit économique*, janvier 2010

MARTINEZ (J.), « Devoir de vigilance : Le Conseil constitutionnel censure partiellement un dispositif législatif instituant un devoir de vigilance applicable à des sociétés mères et des entreprises donneuses d'ordres (Loi relative au devoir de vigilance des sociétés mères et des entreprises donneuses d'ordre) », *Concurrences* n° 4-2017, p. 185

MEXIS (A.), « Plaie d'argent n'est pas mortelle - sauf exception : dispense de garantie bancaire et santé financière d'un groupe d'entreprises », *RLC* n° 27-2011, p. 85

MICHEL-AMSELLEM (V.), « Imputabilité : La Cour d'appel de Paris ordonne le sursis à statuer d'une sanction prononcée contre une société ayant absorbé une société auteur de pratiques anticoncurrentielles », *Concurrences* n° 2-2007, p. 152

MOMÈGE (C.), « Clémence : Le Conseil de la concurrence publie son programme de clémence et la Commission européenne son projet de révision des lignes directrices », *Concurrences* n° 2-2006, p. 144

MOMÈGE (C.), « Non-contestation des griefs : Le Conseil de la concurrence donne des signaux sur l'évolution de la procédure de non-contestation des griefs à l'occasion de deux nouvelles affaires », *Concurrences* n° 4-2007, p. 70

MOMÈGE (C.), « Non-contestation des griefs : La Cour d'appel de Paris confirme que la non contestation des griefs ne constitue ni un aveu ni une reconnaissance de responsabilité », *Concurrences* n° 2008, p. 159

MOMÈGE (C.), « Sursis à exécution : La Cour d'appel de Paris rend trois nouvelles ordonnances de sursis à exécution », *Concurrences* n° 2-2009, p. 183

MUGUET-POULLENEC (G.), BARBIER DE LA SERRE (É.), « Portée de l'annulation constatant une participation limitée à une infraction complexe : vues croisées sur l'arrêt *Coppens* », *RLC* n° 35-2013, p. 81

MUGUET-POULLENNEC (G.), « Du demandeur d'immunité, de ses incitations à dénoncer une infraction et de l'incidence que cela peut avoir sur sa crédibilité », *RLC* n° 36-2013, n° 2362

NICOLAS-VULLIERME (L.), « Entente sur les prix - Organisation professionnelle : L'Autorité de la concurrence sanctionne une nouvelle fois un groupement de taxis », *Concurrences* n° 3-2010, p. 85

PHILIPPE (J.), JANSSENS (T.), « Droit de la concurrence - Législation communautaire », *Gaz. Pal.*, 2006, n° 256-257, I, Jur., p. 16

PHILIPPE (J.), TRABUCCHI (M.), « Jurisprudence du Tribunal de l'Union européenne. Concurrence. L'amende imposée à Arkema et à ses filiales est réduite de près de moitié après la remise en cause de la majoration appliquée au titre de l'effet dissuasif », *Gaz. Pal.*, 2011, n° 259-260, Jur. p. 20

PICOD (F.), « Imputabilité de comportements anticoncurrentiels d'une filiale », *JCP G*, 2011, n° 5, p. 224

PICOD (F.), « Annulation d'une décision d'imputabilité d'une infraction commise par une filiale à la société mère », *JCP G*, 2011, n° 42, p. 1877

PIKE (R.), TOSHEVA (Y.), « Buyer Beware : Liability of Acquiring Companies in Schenker Ltd v European Commission and Deutsche Bahn AG and others v European Commission », *GCLR*, 2016, vol. 9, n° 3, p. 104

PRIETO (C.), RODA, (J.-C.), « Concurrence. Mise en œuvre des articles 101 et 102 TFUE », *Journal du droit international*, 2011, p. 553

PRIETO (C.), « Chronique de jurisprudence du Tribunal et de la Cour de justice des Communautés européennes », *Journal du droit international*, 2004, p. 622

PRIETO (C.), « Jurisprudence de la CJUE 2015 », p. 622, *Bruylant*, p. 517

PRIETO (C.), « Nouveaux abus de position dominante de Google : après celui lié à Google Shopping, ceux relatifs à Android », *RTD Eur.* 2018, p. 513

RESPAUD (J.-L.), « Cartel des lessives : clémence lave plus blanc », *RLC* n° 31-2011, n° 2026

ROBIN (C.), « Lien entre imputabilité de l'entente et effet dissuasif de la sanction », *RLC* n° 28-2011, p. 25

ROBIN (C.), « La présomption d'influence déterminante de la société mère sur sa filiale n'est pas irréfragable, même s'il est difficile de la renverser », *RLC* n° 30-2012, p. 26

ROBIN (C.), « Présomption d'influence déterminante et contrôle conjoint de la filiale », *RLC* n° 34-2013, n° 2201, p. 33

ROBIN (C.), « Présomption d'influence déterminante et bien- fondé de la décision d'imputabilité de l'infraction aux sociétés mères », *RLC* n° 34-2013, p. 32

ROBIN (C.), « Participation à une partie de l'entente complexe multiforme », *RLC* n° 35-2013, p. 26

ROBIN (C.), « Les efforts du Tribunal pour accepter le renversement de la présomption d'influence déterminante de la société mère sur la filiale anéantis ! », *RLC* n° 37-2013, p. 30

RONZANO (A.), « Sanction : Le Conseil de la concurrence se trouve dans l'incapacité de sanctionner une entente faute de combattants sanctionnables », *Concurrences* n° 2-2005, art. n° 60912

RONZANO (A.), « Prix minima communs : Le Conseil de la concurrence décide d'une sanction de principe à l'encontre de producteurs de poisson pour la fixation en commun de prix minima », *Concurrences* n° 3-2005, art. n° 63340

RONZANO (A.), « Echange d'informations - Répartition de marché : Le Conseil de la concurrence inflige des amendes record aux trois opérateurs de téléphonie mobile », *Concurrences* n° 1-2006, art. n° 54824

RONZANO (A.), « Sanction : La Cour de cassation confirme l'amende de 40 millions d'euros infligée à France Télécom pour non-respect d'injonction dans l'affaire des opérateurs ADSL », *Concurrences* n° 3-2006, art. n° 55626

RONZANO (A.), « Boycott : La Cour d'appel de Paris confirme pour l'essentiel la décision fleuve du Conseil relative à des pratiques mises en œuvre dans le secteur des appareils de chauffage, sanitaires, plomberie, climatisation », *Concurrences* n° 2-2008, art. n° 62693

RONZANO (A.), « Sanctions suspendues : La Cour d'appel de Paris ordonne le sursis à l'exécution des sanctions infligées par le Conseil de la concurrence à deux entreprises condamnées dans une affaire de cartel en raison de la mise en œuvre du programme de clémence », *Concurrences* n° 2-2009, art. n° 58440

RONZANO (A.), « Calcul de la sanction : La Cour de cassation rend une décision de rejet dans une affaire dans le secteur du travail temporaire », *Concurrences* n° 2-2011, art. n° 54045

RONZANO (A.), « Réduction de la sanction : La Commission réduit de moitié l'amende dans une affaire de cartel sans juger utile de s'expliquer (Cartel des producteurs d'acier de précontrainte) », *Concurrences* n° 3-2011, art. n° 54124

RONZANO (A.), « Sanctions : L'Autorité de la concurrence publie son communiqué sur les sanctions », *Concurrences* n° 3-2011, art. n° 54436

RONZANO (A.), « Sanction : La Cour de cassation confirme que l'annulation d'un des deux griefs sur la base desquels des entreprises ont été sanctionnées n'implique pas nécessairement une réduction de l'amende et approuve le recours à la méthode du contrefactuel », *Concurrences* n° 4-2011, art. n° 52914

RONZANO (A.), « Entente sur les prix : L'Autorité de la concurrence fait un exemple en sanctionnant sévèrement une entente sur les prix », *Concurrences* n° 2-2012, art n° 55088

RONZANO (A.), « Cartel : L'Autorité de la concurrence sanctionne trois ententes à hauteur de 242,4 millions d'euros », *Concurrences* n° 2-2012, art. n° 55227

RONZANO (A.), « Amende : La Cour d'appel de Paris réforme la décision de l'Autorité de la concurrence sur le montant des sanctions dans une affaire de cartel », *Concurrences* n° 2-2012, art. n° 55815

RONZANO (A.), « Article 462-2 Code de Commerce : La Cour de Cassation refuse de poser une question prioritaire de constitutionnalité au Conseil constitutionnel à propos de l'article L. 464-2 du code de commerce », *Concurrences* n° 4-2012, art. n° 52877

RONZANO (A.), « Cartel : Le Tribunal de l'Union européenne valide pour l'essentiel la condamnation du cartel du bitume routier aux Pays-Bas, mais rappelle à l'ordre la Commission sur l'application de la circonstance aggravante tenant à la qualité de meneur, ainsi que sur ses obligations d'information en termes d'implication des entreprises mises en cause dans la communication des griefs », *Concurrences* n° 4-2012, art. n° 52881

RONZANO (A.), « Secteur du porc charcutier : L'Autorité de la concurrence sanctionne, à hauteur de 4,576 millions d'euros, quatre ententes dans le secteur de l'abattage-découpe et de la commercialisation du porc charcutier, au prix d'une application extrêmement contestable du principe de proportionnalité et de l'objectif de dissuasion dans la prise en compte des autres éléments d'individualisation de la sanction (Entreprises « mono-produit ») », *Concurrences* n° 2-2013, art. n° 52639

RONZANO (A.), « Articulation clémence/non-contestation des griefs : L'Autorité de la concurrence sanctionne un cartel dans le secteur de la commercialisation de commodités chimiques et apporte à cette occasion de nombreuses précisions sur la procédure de clémence, fournit une nouvelle illustration du cumul entre clémence et non-contestation des griefs et admet le renversement de la présomption d'imputabilité à la société mère du comportement anticoncurrentiel de sa filiale à 100 % », *Concurrences* n° 3-2013, art. n° 53556

RONZANO (A.), « Sanction des cartels : Le Tribunal de l'Union précise les conditions d'application de la communication de 2002 sur l'immunité d'amendes et réduit les amendes infligées à certaines sociétés dans l'affaire du cartel des installations sanitaires pour salles de bains », *Concurrences* n° 4-2013, art. n° 59601

RONZANO (A.), « Dissuasion de la sanction et appartenance à un groupe : La Chambre commerciale de la Cour de cassation conclut au non-lieu à renvoi au Conseil constitutionnel de deux questions prioritaires de constitutionnalité sur la prise en compte du groupe au titre des effets dissuasifs », *Concurrences* n° 1-2014, art. n° 67967

RONZANO (A.), « Amende : L'Autorité de la concurrence sanctionne sept fabricants de papiers peints à hauteur de 5, 276 millions d'euros pour avoir mis en œuvre diverses pratiques d'entente », *Concurrences* n° 1-2015, art. n° 71771

RONZANO (A.), « Montant de l'amende : La Cour de justice de l'Union valide l'interprétation opérée par le Tribunal de l'Union du point 18 des lignes directrices pour le calcul des amendes de 2006, qui arrête la méthode à appliquer dans le cas d'ententes dont l'étendue géographique dépasse le territoire de l'Espace économique européen (ICF) », *Concurrences* n° 1-2015, art. n° 70803

RONZANO (A.), « Calcul du montant de l'amende : La Cour de justice de l'Union réduit sensiblement l'amende infligée à un groupe non verticalement intégré actif dans la manufacture de verre pour remédier à la discrimination dont il a été l'objet du fait de l'absence de prise en compte des ventes internes dans l'assiette des amendes infligées aux autres trois cartellistes verticalement intégrés », *Concurrences* n° 1-2015, art. n° 71691

RONZANO (A.), « Calcul de la sanction : La Cour d'appel de Paris confirme en tous points la décision de l'Autorité du 28 février 2013 relative à des pratiques mises en œuvre sur le marché de la télétransmission de données fiscales et comptables sous format EDI à l'administration fiscale », *Concurrences* n° 2-2015, art. n° 73322

RONZANO (A.), « Droits fondamentaux : La Cour de cassation confirme en tous points l'approche de la Cour d'appel de Paris concernant la légalité du communiqué sanctions du 16 mai 2011 et approuve sa mise en œuvre dans l'affaire des ententes dans le secteur de l'alimentation pour chiens et chats », *Concurrences* n° 2-2015, art. n° 73328

RONZANO (A.), « Responsabilité de la société mère pour le comportement infractionnel d'une filiale : La Cour d'appel de Paris confirme l'interdiction faite à l'Autorité de la concurrence de prendre en compte l'appartenance à un groupe puissant au titre de la dissuasion en l'absence d'imputation de la pratique à la société de tête du groupe et réforme partiellement la décision de l'Autorité dans l'affaire de la restauration des monuments historiques », *Concurrences* n° 3-2015, art. n° 75339

RONZANO (A.), « PAC locales : La DGCCRF se targue de respecter le principe du contradictoire et des droits de la défense dans la procédure de transaction-injonction », *Concurrences* n° 4-2015, art. n° 76643

RONZANO (A.), « QPC : Le Conseil constitutionnel conforte le pouvoir d'auto-saisine de l'Autorité et son pouvoir de sanction des entreprises appartenant à des groupes en déclarant conformes à la Constitution les dispositions déférées des articles L. 462-5 et L. 464-2 du code de commerce », *Concurrences* n° 1-2016, art. n° 78072

RONZANO (A.), « Associations d'entreprise : L'Autorité de la concurrence sanctionne sévèrement les principaux opérateurs du secteur de la messagerie pour des échanges d'informations opérés au sein de leur syndicat professionnel », *Concurrences* n° 1-2016, art. n° 78044

RONZANO (A.), « Transaction : L'Autorité de la concurrence applique par avance la nouvelle procédure issue de la loi Macron et inflige une amende record de 350 millions d'euros à l'opérateur historique des télécommunications pour avoir mis en œuvre des pratiques d'éviction sur le marché des services de communications électroniques mobiles à destination de la clientèle non résidentielle, distinct de celui de la clientèle résidentielle », *Concurrences* n° 1-2016, art. n° 78048

RONZANO (A.), « Répartition de marchés : L'Autorité de la concurrence sanctionne six entreprises pour leur participation à des ententes dans les secteurs des armatures métalliques et des treillis soudés à la Réunion », *Concurrences* n° 3-2016, art. n° 80998

RONZANO (A.), « Tarifs syndicaux : L'Autorité de la concurrence sanctionne pour entente le principal syndicat professionnel du secteur du mannequinat ainsi que 37 agences de mannequins », *Concurrences* n° 4-2016, art. n° 82163

RONZANO (A.), « Fixation des prix : L'Autorité de la concurrence sanctionne une entente horizontale et deux ententes verticales intervenues dans le secteur des appareils de chauffage mobiles à combustible liquide en France entre deux grossistes importateurs et un distributeur », *Concurrences* n° 4-2016, art. n° 82169

RONZANO (A.), « Calcul de l'amende : La Cour de justice de l'Union adopte à nouveau une acception large des ventes en relation avec l'infraction pour le calcul de l'assiette de l'amende, confirme le choix opéré par le Tribunal dans l'affaire du cartel du verre automobile s'agissant du taux de change applicable pour la conversion monétaire de l'amende lorsqu'une entreprise ne publie pas son chiffre d'affaires en euros et adresse une fin de non-recevoir aux entreprises dont l'activité est peu ou pas diversifiée », *Concurrences* n° 4-2016, art. n° 82232

RONZANO (A.), « Transaction : L'Autorité de la concurrence sanctionne sévèrement une institution financière publique française pour une pratique locale », *Concurrences* n° 1-2017, art. n° 83173

RONZANO (A.), « Gun Jumping : L'Autorité de la concurrence sanctionne la réalisation par un groupe majeur de télécommunications de deux opérations de concentration avant son feu vert à la faveur d'une transaction de 80 millions d'Euros », *Concurrences* n° 1-2017, art. n° 83122

RONZANO (A.), « Procédure de transaction : L'Autorité de la concurrence rend publiques ses deux premières décisions, dans le cadre d'une première transaction hybride », *Concurrences* n° 1-2017, art. n° 83195

RONZANO (A.), « Calcul de l'amende : La Cour d'appel de Paris confirme presque intégralement la décision « produits d'hygiène et produits d'entretien » et, partant, le milliard d'euros d'amendes ou presque prononcé par l'Autorité », *Concurrences* n° 1-2017, art. n° 83205

RONZANO (A.), « Affaire des farines : La Chambre commerciale de la Cour de cassation revient sur la réformation opérée par la Cour de Paris à propos du verrouillage du marché français par l'entente entre les meuniers », *Concurrences* n° 1-2017, art. n° 83215

RONZANO (A.), « Dénigrement : La Chambre commerciale de la Cour de cassation confirme que l'utilisation de différences objectives entre un princeps et ses génériques n'empêche pas la mise en œuvre d'une stratégie condamnable et conforte la politique de sanction de l'Autorité en validant notamment la prise en compte de la durée des effets d'une pratique », *Concurrences* n° 1-2017, art. n° 83217

RONZANO (A.), « Transaction : L'Autorité de la concurrence épargne (relativement) l'opérateur gazier historique en lui imposant une sanction de 100 millions d'euros », *Concurrences* n° 2-2017, art. n° 84021

RONZANO (A.), « JURISPRUDENCE : Confirmant l'approche de l'Autorité et de la Cour de cassation visant à limiter l'application de la réduction d'amende pour cause d'activité « mono-produit », la Chambre 5-7 de la Cour d'appel de Paris réforme à la marge la décision sanctionnant des échanges d'informations dans le secteur du papier peint en France », *L'actu-concurrence* n° 48-2019

RONZANO (A.), « Amende : La Cour d'appel de Paris réduit très fortement des amendes infligées par l'Autorité de la concurrence en prenant en compte la capacité contributive des entreprises, la durée de la participation à l'entente et l'existence d'une réglementation des prix », *Concurrences* n° 4-2019, art. n° 91112

RONZANO (A.), « JURISPRUDENCE : La Cour de cassation confirme presque intégralement l'arrêt de la Cour d'appel de Paris dans l'affaire des « produits d'hygiène et produits d'entretien » et, partant, le quasi-milliard d'euros d'amendes prononcé par l'Autorité », *L'actu-concurrence* n° 12-2019

RONZANO (A.), « Cartel : La Cour de cassation valide le principe selon lequel, en participant à des réunions anticoncurrentielles sans se distancier publiquement de leur contenu, une entreprise donne à penser aux autres participants qu'elle souscrit aux résultats attendus de l'entente », *Concurrences* n° 1-2021, art. n° 99310

SARRAZIN (C.), « Gravité et durée de l'infraction : Le TPICE confirme la décision en cause, mais réduit le montant de l'amende infligée dans l'entente sur le marché des produits de mercerie », *Concurrences* n° 4-2007, p.64

SARRAZIN (C.), « Régime de l'imputabilité : La CJCE confirme l'arrêt du TPICE et se prononce sur le régime de l'imputabilité entre des sociétés mère et filiale », *Concurrences* n° 4-2009, p. 94

SARRAZIN (C.), « Imputabilité du comportement infractionnel : Le Tribunal de l'UE confirme pour partie la décision de la Commission de sanction de deux sociétés mères au titre du comportement leur filiale », *Concurrences* n° 1-2011, p. 84

SARRAZIN (C.), « Notion d'entreprise – Imputabilité : Le Tribunal l'UE accepte de renverser la présomption capitalistique d'influence déterminante mère-filiale », *Concurrences* n° 3-2011, p. 101

SARRAZIN (C.), « Amendes : La Cour de Justice rejette les pourvois et examine de manière détaillée les éléments pris en considération pour fixer le montant de l'amende dans l'affaire des tubes industriels en cuivre et tubes sanitaires en cuivre », *Concurrences* n° 1-2012, p. 89

SARRAZIN (C.), « Imputabilité : La Cour de justice rejette les pourvois et encadre le recours par la Commission à la méthode dite de la « double base » au regard du principe de l'égalité de traitement », *Concurrences* n° 4-2012, p. 66

SARRAZIN (C.), « Infraction unique et continue - Défaut de preuve de la connaissance : La Cour de Justice accueille le pourvoi de la Commission européenne et réduit le montant de l'amende infligée à 35 000 euros », *Concurrences* n° 1-2013, p. 62

SARRAZIN (C.), « Imputation – Pleine juridiction : La Cour de justice de l'Union européenne rejette le pourvoi et précise l'objet du coefficient multiplicateur à finalité dissuasive », *Concurrences* n° 3-2013, p. 65

SAURON (J.-L.), « L'avis 2/13 de la Cour de justice de l'Union européenne : la fin d'une idée anachronique ? », *Gaz. Pal.* 2014, n° I, Jur., p. 4

SAVOV (V.), « The EU General Court grants interim measures to a company fined by the Commission raising the issue whether late payment interest should be suspended », *e-Competitions Bulletin*, janvier 2013, art. n° 57 716

SÉLINSKY (V.), « La Cour ne partage pas toujours le point de vue du Conseil sur les critères de sanction », *RLC* n° 14-2008, n° 984

SÉLINSKY (V.), « La Cour de cassation rejette toute possibilité d'une présomption de dommage à l'économie » *RLC* n° 24-2010, n° 1641

SÉLINSKY (V.), « Téléphonie mobile : les opérateurs leaders condamnés pour pratiques anticoncurrentielles « tribales » », *RLC* n° 35-2013, n° 2267

SELINSKY (V.), « Amaury m'a tué ! L'abus révélé par l'irrationalité économique d'une stratégie de l'entreprise dominante », *RLC* n° 39-2014, n° 2511

SIBONY (A.-L.), « Distribution exclusive : L'Autorité de la Concurrence inflige conjointement et solidairement à France Télécom et à Orange Caraïbes une amende de 52,5 millions d'euros au titre de la violation des articles L. 420-1 C. com. et 82 CE par des pratiques de distribution exclusive et par ailleurs sanctionne individuellement à hauteur de 10,5 millions d'euros des pratiques de ciseau tarifaire de France Télécom », *Concurrences* n° 1-2010, p. 107

SIMIC (I.), « La Cour de justice récidive dans l'erreur », *RLC* n° 25-2010, p. 91

SOLTANI (S.), « Entente : étendue de la responsabilité dérivée de la société mère », *RLDA* n° 109-2015, p. 27

THOMAS (E.), « Restructurations sociétaires : La Cour d'appel de Paris rejette la plupart des recours introduits contre la décision de l'Autorité de la concurrence dans l'affaire hygiène et entretien, mais en accueille certains, en raison d'erreurs dans la détermination du montant des amendes », *Concurrences* n° 1-2017, p. 94

THOMAS (E.), « Amende : La Cour de justice de l'Union européenne rejette la plupart des pourvois formés contre les arrêts prononcés par le Tribunal de l'Union européenne dans l'affaire du cartel des installations sanitaires pour salle de bain, mais en accueille deux après avoir constaté plusieurs erreurs de droit concernant, d'une part, l'application du plafond de 10 % de l'amende et, d'autre part, l'appréciation de la force probante des déclarations faites dans le cadre de la clémence », *Concurrences* n° 2-2017, p. 86

THOMAS (E.), « Amendes : La Cour d'appel de Paris annule partiellement la décision de l'Autorité de la concurrence rendue dans l'affaire des Produits laitiers, en raison, notamment, d'erreurs de droit dans la détermination du montant de l'amende, et réforme in fine son montant », *Concurrences* n° 3-2017, p. 70

THOMAS (E.), « Transaction hybride : La Cour d'appel de Paris rejette le recours formé contre la décision n° 16 D-28 de l'Autorité de la concurrence, mais la réforme en ce qu'elle avait notamment imputé les pratiques à une "entité" dépourvue de la personnalité juridique », *Concurrences* n° 1-2018, p. 83

TUOMINEN (N.), « La jurisprudence de la Cour de justice et du Tribunal de première instance. Commentaires des arrêts. Arrêt « Areva e. a. c. Commission » », *Revue du droit de l'Union européenne*, 2011, n° 2, p. 271

TUOMINEN (N.), « La jurisprudence de la Cour de justice et du Tribunal de l'Union européenne. Chronique des arrêts. Arrêt « L'Air Liquide SA c. Commission » », *Revue du droit de l'Union européenne*, 2011, n° 3, p. 491

VALLERY (A.), SCHELL (C.), « AC-Treuhand : Substantial Fines for Facilitators of Cartels », *Journal of ECL*, 2016, vol. 7, n° 4, p. 254

VAN HUFFEL (M.), « De l'importance de bien rédiger ses conclusions dans les affaires qui concernent la mère et la fille… », *RLC* n° 28-2011, n° 1871

VENAYRE (F.), « Fin du feuilleton judiciaire de la téléphonie mobile », *RLC* n° 33-2012, n° 2143

VOGEL (J.), « The French Court of Cassation rules that non-contestation of the objections by certain parties limits others' defence to non-participation in the infringement », *Concurrences*, art. n° 35762

WACHSMANN (A.), « Clause d'exclusivité : L'Autorité de la concurrence sanctionne une entreprise à hauteur de 69 millions d'euros pour avoir abusé de sa position dominante envers ses concurrents en mettant en place, pendant 9 ans, une politique commerciale visant à contraindre ses distributeurs à s'approvisionner exclusivement auprès d'elle », *Concurrences* n° 4-2016, p. 101

WACHSMANN (A.), ZACHARIE (N.), « Stratégie d'éviction : La Cour de cassation rejette le pourvoi contre l'arrêt de la Cour d'appel de Paris qui avait confirmé la décision de l'Autorité de la concurrence sanctionnant le propriétaire d'un journal pour un comportement d'éviction abusif fondé sur le lancement économiquement non justifiable d'un nouveau quotidien dans le but de stopper l'entrée d'un concurrent sur le marché de la presse quotidienne d'information sportive », *Concurrences* n° 2-2017, p. 102

WACHSMANN (A.), ZACHARIE (N.), « Position dominante collective : L'Autorité de la concurrence sanctionne trois laboratoires pharmaceutiques pour des pratiques de dénigrement et pour avoir diffusé un discours alarmiste, voire trompeur, auprès des autorités publiques (Novartis, Roche, Genentech) », *Concurrences* n° 4-2020, p. 137

WECK (T.), RUMMEL (P.), « Allemagne : Les changements apportés à la loi contre les restrictions à la concurrence par la neuvième loi additionnelle », *Concurrences* n° 2-2017, p. 208

WILHELM (P.), PROVOST (É.), « La Cour de justice précise la notion d'objet contenue dans l'article 81 CE et impose le niveau de preuve des pratiques concertées requis », *RLDA* n° 41-2009, p. 45

WINCKLER (C.), « Des éclaircissements sur la dispense de garanties bancaires comme condition au non-recouvrement d'une amende pendant la durée d'une procédure en annulation », *RLC* n° 28-2011, p. 72

WINCKLER (C.), « La difficile résolution d'une « tension intrinsèque » : précisions sur l'obligation de coopération des entreprises demandeuses de clémence », *RLC* n° 30-2012, p. 75

WOODGATE (T.), KAINTH (A.), « The EU Court of Justice rules that a parent company may be held liable for infringement by its subsidiary in which it holds an 80 % indirect shareholding and that responses to simple requests for information do not justify a reduction of the fine within the meaning of the Leniency Notice », *e-Competitions Bulletin*, art. n° 77254

INDEX ALPHABÉTIQUE

Les numéros renvoient aux paragraphes, sauf si précédés de la lettre « n. », pour note en bas de page.

*Le signe « * » invite le lecteur à consulter l'entrée ainsi signalée.*

A

C

D

E

G

M

O

P

R

S

T

V

TABLE DES MATIÈRES

Structures éditoriales du groupe L'Harmattan

L'Harmattan Italie
Via degli Artisti, 15
10124 Torino
harmattan.italia@gmail.com

L'Harmattan Hongrie
Kossuth l. u. 14-16.
1053 Budapest
harmattan@harmattan.hu

L'Harmattan Sénégal
10 VDN en face Mermoz
BP 45034 Dakar-Fann
senharmattan@gmail.com

L'Harmattan Cameroun
TSINGA/FECAFOOT
BP 11486 Yaoundé
inkoukam@gmail.com

L'Harmattan Burkina Faso
Achille Somé – tengnule@hotmail.fr

L'Harmattan Guinée
Almamya, rue KA 028 OKB Agency
BP 3470 Conakry
harmattanguinee@yahoo.fr

L'Harmattan RDC
185, avenue Nyangwe
Commune de Lingwala – Kinshasa
matangilamusadila@yahoo.fr

L'Harmattan Congo
67, boulevard Denis-Sassou-N'Guesso
BP 2874 Brazzaville
harmattan.congo@yahoo.fr

L'Harmattan Mali
Sirakoro-Meguetana V31
Bamako
syllaka@yahoo.fr

L'Harmattan Togo
Djidjole – Lomé
Maison Amela
face EPP BATOME
ddamela@aol.com

L'Harmattan Côte d'Ivoire
Résidence Karl – Cité des Arts
Abidjan-Cocody
03 BP 1588 Abidjan
espace_harmattan.ci@hotmail.fr

L'Harmattan Algérie
22, rue Moulay-Mohamed
31000 Oran
info2@harmattan-algerie.com

L'Harmattan Maroc
5, rue Ferrane-Kouicha, Talaâ-Elkbira
Chrableyine, Fès-Médine
30000 Fès
harmattan.maroc@gmail.com

Nos librairies en France

Librairie internationale
16, rue des Écoles – 75005 Paris
librairie.internationale@harmattan.fr
01 40 46 79 11
www.librairieharmattan.com

Lib. sciences humaines & histoire
21, rue des Écoles – 75005 Paris
librairie.sh@harmattan.fr
01 46 34 13 71
www.librairieharmattansh.com

Librairie l'Espace Harmattan
21 bis, rue des Écoles – 75005 Paris
librairie.espace@harmattan.fr
01 43 29 49 42

Lib. Méditerranée & Moyen-Orient
7, rue des Carmes – 75005 Paris
librairie.mediterranee@harmattan.fr
01 43 29 71 15

Librairie Le Lucernaire
53, rue Notre-Dame-des-Champs – 75006 Paris
librairie@lucernaire.fr
01 42 22 67 13

www.ingramcontent.com/pod-product-compliance
Lightning Source LLC
LaVergne TN
LVHW010631051026
849532LV00001B/27
* 9 7 8 2 3 4 3 2 5 1 2 7 1 *